古代出雲の深層と時空

関　和彦　著

同成社

序文

出雲、古代出雲……、「いづも」その言葉を耳にするとき、人びとは心のどこかに微妙な響きを感じるのではなかろうか。すでに出雲の大地を踏んだひと、未だ出雲に身を置いたことがないひとにも、その響きが漂わす何ともいえない郷愁は誰にも平等にもたらされるものであろう。

この四十余年、わたしの出雲への旅はその郷愁に誘われた古代出雲びとへの旅であった。

それは現地を彷徨い、佇み、そして人びとと出会い、出雲ごころに包まれる旅であり、そのすべてがわたしの「神財《かむたくら》」となった。

本書はあくまで学術的論文集であるが、自身の歴史研究が学術的で終わらず、「人術」的なものでありたいとの思いを込めて書名を「深層と時空」にした。「学術」ではない「人術」的とは何か。「学」者としてではなく、生身の「人」、人生を歩く一人という立場、歴史学の単一研究対象としての古代出雲ではなく、今の出雲にも身を置き、そして古代出雲にこころを寄せる、そんな歴史の旅人でありたいとのこころを込めた言葉として選んだものである。

今、日本古代史の研究において地域史研究が重要な地位を占めつつある。その数ある地域の歴史の研究のなかで出雲史の研究はとりわけ重要であり、異色であり、そして他の地域史を主導する立場にあるといえよう。

出雲の古代史研究の注目度は神話を通した神々の「出雲」世界への憧憬など心情的な側面に求められそうである。その点は出雲世界が醸し出す特性であり今後も大切にすべきであるが、古代出雲は歴史研究の源泉である史料・資料が他地域を圧倒し、最も豊富な地域であることを認識すべきであろう。そしてその古代力が今も出雲の自然を育み、豊かな「里山の国、里海の国」として光り輝かせているのである。

しかし、神々が織りなす神話世界への憧憬の中で貴重な史・資料が個別的に分散し、希薄化し、トータルとして歴史像を結べないという現状もある。神話は歴史社会の中で湧出してきた古代びとの描いた世界像であり、神話を包み活かす古代出雲、否、神話を包み、今に活かす出雲という視点で見直していくことが望まれるところである。

「神々の国・出雲」は、じつに「人びとの国・出雲」であった。出雲の人びとがこころに抱いてきた神々、ともに暮らしてきた人びとと神々、その神と人の間にはいかなる「深層」、そして「時空」があったのであろうか。

出雲という地域は、古代びとも最も関心を抱いた地域の一つであった。『古事記』・『日本書紀』を紐解くと出雲地方を舞台とする神々の生活誌が描かれていることに気づく。わたしたちは「神話はこころの故郷」と口にするが、それは古代びとも同じであった。それを出雲に感じるこころは古代から連綿と続いてきたのである。

和銅六（七一三）年に奈良の都で出された風土記撰進の命令は当時の六十余国の国司の元に送られ、地域社会に大きな影響を与えたと思われる。

出雲国の国庁で命令を受けたのは出雲国国司である忌部宿禰子首であったと思われる。忌部子首は和銅元(七〇八)年三月十三日に出雲守に任じられ、官位は正五位下であった。当時の国司の任期は四年であり、本来ならば和銅四年が在任期限であるが、次の国司とされる船秦勝が任命されたのが霊亀二（七一六）年であり、和銅六年の風土記編纂の官命、霊亀二年の出雲国造神賀詞奏上という二大事業の完遂のために特別に数年の猶予が与えられた人事であったと思われる。

忌部子首が風土記編纂の官命を受けた和銅六年はじつに国司任期六年目であった。記紀の神話のなかで特別の位置を与えられた出雲を舞台にした神話と歴史、その「深層と時空」は中央政府が間違いなく大きな関心を寄せるものであった。

忌部子首は天武十（六八一）年に詔を受け、川島皇子・忍壁皇子のもとで帝紀および上古の諸事をまとめることになり、子首は自ら筆を執ってそれを録したという。これが『日本書紀』編纂事業のはじまりといわれている。また伊勢神宮への奉幣使としても遣わされており、子首は歴史・神事に長けた人物であったことがわかる。

「記紀の神話で特別の位置を与えられた出雲」、それを具体的に示すのが出雲国造の神賀詞奏上儀礼である。新任の出雲国造ははるばる都に上り、太政官の庁舎で任命式に臨む。任命された出雲国造はただちに出雲国に戻り、一年間の潔斎に入り、その後国司の引率のもと祝部らとともに再度都に入り、天皇の前で神賀詞を奏上する習わしであった。それは出雲国造のみの儀礼であり、これほど長期にわたる、そして潔斎が重視される儀式は例をみないのである。その神賀詞奏上は国造が勝手に行うというものではなく、国司が国造以下祝部・子弟を引率して上京するかたちをとった。

最初に行われたとされる神賀詞奏上は霊亀二（七一六）年であった。時の国司である忌部子首は任期最後の年にあたり、万感の思いを抱き、出雲国造果安の神賀詞奏上に引率の立場で同行したのであろう。子首が出雲守に就任したのが和銅元年、果安が出雲国造を継いだのも同年と考えられ、国司子首・国造果安の出雲国の二頭体制、そしてその絆は強いものがあったのではなかろうか。

歴史の継承、神事の継続の重要性を過去の経験から熟知している忌部子首は『出雲国風土記』の編纂に臨むにあたって、出雲国の歴史の悠久性、神事の永遠性を第一義に据えたものと思われる。子首はその出雲世界の重要性から『出雲国風土記』の編纂は長期の大事業となることを覚悟したのであろう。『出雲国風土記』の編纂完了が天平五（七三三）年であり、官命が出されてから二十年を要しているが、それを見越していたのは忌部子首だったのではなかろうか。

天皇家の始祖、「天忍穂根命」の弟神である「天穂日命（アメノホヒ命）」を始祖とする出雲臣果安と忌部子首は神代の歴史、「神史」について語ることがあったのであろう（神名は『日本書紀』）。そういう中、子首は自身を含め、永続的大事業である『出雲国風土記』の編纂は都から派遣され任期で縛られる国司では務まらないことを痛感し、

『日本書紀』編纂にかかわった出雲国国司としての責任、そしてその自負から『出雲国風土記』の編纂を出雲国の宗教的為政者である出雲国造に委ねることを心に決め、中央政府に交渉したのであろう。

そこには忌部子首が抱いた出雲国造果安への強い信頼と絆があったと思われる。その『出雲国風土記』編纂の出雲国造家への依頼は、霊亀二（七一六）年の神賀詞奏上の旅で直接忌部子首から出雲国造果安に向けて行われたのではなかろうか。

和銅五（七一二）年の『古事記』では、出雲国造の祖先神の「天菩比神（アメノホヒノ神）」は高天原からの国譲りの最初の使者として天降るが、交渉相手の大国主神に「媚び附く」という失態を呈している。しかし、霊亀二年、出雲国造果安は都に上り、神賀詞で「媚び附く」は作戦であり、任務を完遂したとの奏上しているのである。この神賀詞の作成に関しては忌部子首もかかわっていたと思われる。

養老四（七二〇）年に完成した『日本書紀』では「天穂日命」の「媚び附く」は作戦との申し出が理解され「汝（大国主神）が祭祀を主らむは、天穂日命」と結論が出されるのである。『日本書紀』編纂最終段階での子首・果安の国譲神話の共通理解がそこに表出しているのであろう。『日本書紀』編纂の中心人物が出雲国国司として派遣された事実は、大和王権の歴史を描くには出雲国を知ることが最重要課題であったことを物語っているのであろう。

忌部子首は霊亀二年に出雲国国司の職を降りたと思われるが、それ以降の動静は不明である。そして三年後の養老三（七一九）年閏七月十五日に、散位従四位上の忌部宿禰子首は亡くなった。

その忌部子首が人生の仕事とした『日本書紀』が舎人親王のもと完成したのは、じつに翌年の養老四年五月二十一日であった。

子首から『出雲国風土記』の編纂を委嘱された出雲臣果安であるが、編纂の実務者の神宅臣金太理の登用、そして出雲国内の全郡司との連携を確認し、編纂の体制を整えたが、子首の後を追うようにこの世を去っていった。

しかし、子首が期待したように出雲国造家では果安から出雲臣広島へと魂の火継が行われ、広島は神亀元（七二四）

年に神賀詞奏上を行い、『出雲国風土記』は風土記編纂の官命からじつに二十年の歳月を経た、天平五（七三三）年二月三十日に完成したのである。

その『出雲国風土記』の序に、

老、枝葉を細し思へ、詞源を裁り定め、亦、山野・濱浦の處、鳥獣の棲、魚貝・海菜の類、やや繁く多にして、悉には陳べず。然はあれど、止むことを得ざれるは、粗、梗概を挙げて、記の趣を成ぬ。

と記されている。

最初の一字「老」、『出雲国風土記』編纂の実務者の神宅臣金太理はそこで自身を「老《おきな》」とよんでいる。果安・広島の二代国造に仕えてなしえた大事業への誇りをその一字にみる。

また最後の「記の趣を成ぬ」という言葉には八束水臣津野命の「今は、国は引き訖へつ」と同じ、責任を果たした満足と喜びを感じる。

「老」、筆者も神宅臣金太理と同じ年齢に達しているのであろう。今年は幸いに風土記編纂の官命が出されて千三百年にあたり、そして出雲大社においては五月十日に六十年ぶりの本遷宮が斎行されたところである。果安、広島、そして歴代国造を経てアメノホヒ命の魂を火継された第八十四代出雲国造、出雲大社千家尊祐宮司のもと、この度の大国主大神の御遷座に供奉させて頂いたその年に序の分を書いていることは吉事の巡り合わせなのであろう。

なお、本書は古代出雲世界を四部構成で解き明かしたいと考え、第一部は主に政治世界を中心に「『出雲国風土記』の歴史的探求」と題し、第二部では神社と神々、そして神話・儀礼を含め、「神話の舞台・出雲」、第三部では地域社会に照準を合わせ、その裾野の広がりも視野に入れ、「地域社会とその広がり」という少し背伸びした表現を採用した。

そして第四部であるが、「古代出雲研究と近世国学者」という題目を掲げた。古代出雲研究は「古代出雲史」研究に止まるものではなく、じつは近世国学という産みの親がいたことを知ったからである。著者は第四部を礎として今後の古代出雲の研究を試みたいと思っている。

不思議である。

近世の国学者が古代出雲、『出雲国風土記』研究の同志としてわたしの周りに姿を見せ、身近に感じるようになった。

「老」の身ではあるが、そこに新たな研究の道が見えはじめたようである。

平成二十五（二〇一三）年十一月

目　次

なお、本書では索引は設けない。じつは拙著『日本古代社会生活史の研究』の索引作成でも一言したが、索引で引いてもその言葉があるだけで何の意味もないことがほとんどである。同書においてその無駄を運ぶ索引を作成したが、それでも充実した目次があれば事足りることを思い知った。目次は生きた「索引」である。研究論文集に「索引」は必要なのか考えたいところである。

古代出雲の深層と時空

第一部　『出雲国風土記』の歴史的探求

第一章　神宅臣金太理の基礎的考察

Ⅰ　『出雲国風土記』の源

天平五（七三三）年に編纂された『出雲国風土記』の巻末に同書の編纂責任者の署名がみえる。ここでは一番流布している岩波古典文学大系『風土記』（秋本吉郎校訂）を掲げる。

　天平五年二月の卅日、勘へ造る。
　秋鹿の郡の人　神宅臣全太理
　国造にして意宇の郡の大領を帯びたる外正六位上勲十二等　出雲臣広島

この「神宅臣全太理」という人物は『出雲国風土記』に氏名を載せるだけで、他の古代史料に姿を見せないので今までその人物像などに関してほとんど言及されることはなかった。近年の『出雲国風土記』、そしてそれを基にした古代出雲研究の進展を鑑みるとき、多くの基本情報を提供した責任者像が不明ということは、後世において砂上の楼闇という批判も起こるであろう。たしかに「神宅臣全太理」に関する情報は無に等しいが、情報が「無」であるという先入観を捨て、一度は考察の対象とすべきであろう。

Ⅱ　「神宅臣金太理」

1　「金太理」・「全太理」

秋本吉郎氏は神宅臣「全太理」の名前の「全」に関して、『出雲国風土記』の写本の校合を行い「蓬佐文庫本・日御碕神社本などの系統の傅本及びそれによる校本は『金』とするが、庭・鈔『全』にするに従う」とし、古代の人名には「金…」よりも「全…」の事例が多いことをも勘案し、「全太理」（マタタリ）と校訂する。

この「全」「金」に関しては、最古の写本細川本の出現により現時点においては「金」を採用すべきであろう。細川本を基にした『出雲国風土記』の一番新しい校本である沖森卓也・佐藤信・矢嶋泉氏の『出雲国風土記』では、迷いなく「金太理」を採用するに至っている(1)。本章においては章題、そして以後の叙述について「神宅臣金太理」を用いる。

ただし、「金太理」（カナタリ）の読みに関しては大正十五年の後藤蔵四郎の『出雲国風土記考證』では「コンタリ」としていることを付け加えておこう(2)。

2　「神宅」の読み

名前とともに俎上に載せるべき問題は氏名の「神宅」の読みであろう。今まで一般に「神宅」を「みやけ」と読むのが慣例であった。筆者自身もその読みを自然に覚え、口にし、疑いを持つことなく今日に至っている。たしかにどの本をみても「みやけ」と読んでいることが分かる。古く幕末の横山永福は『出雲風土記考』で「神宅訓美夜毛」とする。先に言及した大正十五年の後藤蔵四郎の『出雲国風土記考證』でも「みやけ」と読ませている。

『出雲国風土記』をひもとくと、「神宅臣」の他に「神須佐乃烏命」「神名樋山」「神魂命」「神戸里」「神代社」「神門郡」「神門臣」「神原郷」「神原社」「神財」など「神」の字を冠する固有名詞が多数目に入ってくる。その中で「神」を「み」と呼んだ事例はただ一例、「神宅臣」だけという思いがけない事実が浮上してくる。今まで研究者はなぜ、その点に気づかず、「みやけ」と読み、慣れ親しんできたのであろうか。それは秋鹿郡条の山の頂で「足日山」「足高野山」と「足」を関する山名が並ぶところで、「足日」を「たるひ」、「足高野」を「あしたかの」と呼んで不思議に思わないのと同一である。自身、『出雲国風土記』の研究に入り、何の疑問も感じず「みやけ」と呼んできたという惰性的研究に驚かざるをえない。

なお、現在も「神宅」の姓は生きていて、千家統子氏のご教示によれば大阪府で行われた塗り絵コンテストで優秀な成績を修めた子供の中に「神宅芽衣」ちゃん、「神宅優輔」くんがいたという。調べたところ「神宅芽衣」は「かみやけ」、「神宅優輔」は「かんやけ」と読むらしい。ともに堺市の住人である。

また地名としては徳島県上板町に大字「神宅」があり、「かんやけ」と呼称されている。「かみやけ」「かんやけ」という今に生きる呼称は「みやけ」の読みの不審性を暗示するが、問題の古代の神宅臣金太理の場合は「かみやけ」「かんやけ」のどちらであろうか。前述した古代の「神…」のほとんどは「かむ」であり、特に同じ氏名である「神門」（かむど）氏の事例からして「神宅」呼称として「かむやけ」を採用しておきたい。

「神宅」を「みやけ」とすると「三宅」「屯倉」が連想されるが、「みやけ」ではなく、「かむやけ」と読むことにより、「神宅」氏の職掌が具体的に浮かび上がってくるであろう。加藤義成氏が「神宅」氏を「秋鹿社」を奉ずる「神官の家」としたことは、その具体的神社名はともかくとして注目されるところである。(3) 氏名が「神」の「宅」そのものであり、特にその点を強調した名であることを勘案すると、「神宅」氏は有力神社の祭祀に携わる一族であった可能性が大きい。

また井上寛司氏が「神宅」氏を佐陀神社の祭祀権を掌握した家と想定したことは重要である。(4) たしかに「神宅」氏の本拠である秋鹿郡に限定して考えるならば、『出雲国風土記』で詳細に誕生神話を載せる佐太大神を祭る「佐太御子社」を念頭に置くべきであろう。また同大神にかかわる可能性がある「許曽志社」も視野に入れておきたい。ただし、佐太大神の奉祭にかかわった氏族としては「社部」氏が想定され、「社部」と「神宅」との関係も問題になろう。『出雲国風土記』が佐太大神、そして社部氏に関して比較的詳細な記事を載せていることは、それは取りも直さず神宅臣金太理の関心事ということになろう。

3　神宅臣金太理と国造

加藤義成氏は『修訂出雲国風土記参究』の中で、『出雲国風土記』の編纂に関して次のような解説をしている。

太政官の命を受けた国庁では、先ずその編纂責任者として、出雲国造であって、しかも国庁と同所に郡家のあった意宇郡の大領（長官）をも兼ねている出雲臣広島を委嘱した。（略）次に直接編纂執筆にあたるべき人としては、かねて漢字にも通じ、文筆にも長けていた秋鹿郡の人、神宅臣金太理を選任した。そこで金太理は、政府の要求を考え、記述の体裁・文辞等については、中国の古典に学び、また自分の創意をも加えることとし、内容には、直接中央政府の要求に応ずるのは勿論、更に時局的・地方的・文化的諸問題をも勘案し、資料としては、国庁や郡家にある記録を活用するのは勿論、必要に応じて古老に問い、また実地に調査することとして、相互参酌補正して編纂計画を立てたのであろう。

加藤義成氏の文意からいえば、国庁が『出雲国風土記』の編纂責任者として出雲臣広島、そして実務者として神宅臣金太理を任じたと捉えることができるが、国庁が「郡人」神宅臣金太理までを認識していたとは考えられず、その任命は編纂責任者の出雲国造であろう。出雲九郡から編纂に関与した郡司三十二名の中、七名（果安、後の広島を除く）が出雲臣であったことも出雲国造の編纂上の立場がうかがえよう。

問題は国庁が『出雲国風土記』の編纂を出雲臣広島に委嘱したとする理解である。これは『出雲国風土記』の編纂がいつ始まったかにかかわる問題であり、加藤見解によるならば編纂開始は広島が国造に就任した養老五年（七二一・『続日本紀』「辛丑外六位下出雲臣広島を国造となす」）以降ということになろう。しかし、風土記編纂は一般的には

『続日本紀』和銅六（七一三）年五月甲子条にみえる次の官命にもとづき始まったとされているのである。

畿内七道諸国。郡郷の名は好字を著け、其の郡内に生ずる所の銀・銅・彩色・草木・禽獣・魚虫等の物、具さに色目を録し、及び土地の沃塉、山川原野の名号の由る所、又古老の相伝ふる旧聞・異事、史蹟に載せて言上せよ。

養老五年はこの風土記編纂の官命が出されて、じつに八年余を経過しており、出雲国の特殊な編纂事業遅延の事情が想定できない限り、出雲においても風土記の編纂開始は和銅六年の官命を受けた直後と考えるのが普通であろう。その和銅六年時点における出雲国造はすでに言及したように広島ではなく、先代の出雲臣果安であった。今まで『出雲国風土記』の末尾の署名から編纂者を出雲臣広島とする理解が一般的であるが、果安・広島二代の仕事を考えるべきである。

ただし、先代の果安自身も出雲国造系図では和銅元年国造就任とされているが、史料上の確実な初見は『続日本紀』霊亀二（七一六）年の神賀詞奏上記事であることにも注意しておきたい（果安の先代として国造系譜に名を残す「叡屋臣」が編纂開始当時の国造として歴史上、初めて姿を現すこともありえるからである）。

神宅臣金太理は『出雲国風土記』編纂時の国造の果安によって編纂実務責任者として任用されたとすべきであろう。神宅臣金太理は『出雲国風土記』の序において編纂の方針について次のように論じている。

老、枝葉を細し思へ、詞源を裁り定め、亦、山野・濱浦の処、鳥獣の棲、魚貝・海菜の類、やや繁く多にして、悉には陳べず。然はあれど、止むことを得ざれるは、粗、梗概を挙げて、記の趣を成ぬ。

この一文の冒頭にみえる「老」は神宅臣金太理自身のことであるが、『出雲国風土記』完成時には自身が「老」と感じる年齢に達していたのであろう。じつに『出雲国風土記』編纂開始の和銅六年から果安・広島の国造二代に仕え、二十年の歳月が経っていたのである。その長い年月を踏まえ「老」の言葉が冒頭に出たのであろうが、律令規定によれば「凡男女三歳以下為黄、十六以下為小、廿以下為中、廿一為丁、六十一為老、六十六為耆」とあり、知識人の金太理は、その規定を前提に「老」の字を用いたのであろう。完成時には六十代になっていた金太理ではあるが、果安に委嘱された時は四十代の行動的な知識人として知られていたのであろう。

4　神宅臣金太理の学問形成の環境

加藤義成氏によれば『出雲国風土記』の編纂にあたり参考にされた資料は中国の古典籍に及んでいたという。また神宅臣金太理に関しては「かねて漢学に通じ、文筆にも長けていた秋鹿郡の人」を選任したという。しかし、官位をもたない「秋鹿郡人」である神宅臣金太理は果安に見出された四十代までにどのような場で学問を積み上げてきたのであろうか。

当時の地方社会での学問の場としては国ごとに置かれたとされる国学がある。出雲国に律令規定のように国学が設置された確証はないが、『続日本紀』養老七年十月条に「按察使に勅し、治む所の国、博士・医師、自余国博士を補する並びに之を停めよ」とあり、当時按察使の管理下にあった出雲国はこの時点までは国学はあったのであろう。

律令規定によれば「国学生。郡司の子弟を取りて之と為せ」とあり、金太理には無縁の存在であった。未だ学問の場としての寺院も未成熟であり、一般集落で農耕生活を送っている「秋鹿郡人」に学問への道は基本的になかったと考えるべきであろう。

可能性として考えられるのは閉ざされている国学への入学であろう。律令の運用に際して「古記」は「郡司子弟数を満たすを得ず。若処分為す。答ふ。兼ねて庶人の子を取る耳」として定員が満たない場合にのみ「庶人」への門を開くこともあったからである。問題は国学規定のある大宝律令は周知の通り七〇一年の制定であり、当時『出雲国風土記』の完成時に六十代に達していたと思われる金太理は三十歳そこそこの年齢であったことである。律令では国学入学年齢は十三から十六歳までとされており、金太理が十三から十六歳頃といえば、じつに六八八から六九一年頃であり、浄御原令制下になり、果たしてその頃に国学があったかどうかは不明である。

『日本霊異記』上巻二十三話に「難波の宮に宇御めたまひし天皇のみ代に、学生に類せる人」とみえ、孝徳天皇の時代に「学生（大学寮）」の名称がみえ、連動して国学の存在もうかがえるが、編纂史料という性格をふまえ、後世の用語の使用と考えるべきであろう。

しかし、事実として「秋鹿郡人　神宅臣金太理」は四十代までに出雲を代表する知識人としての地位を固めていたのである。秋鹿郡に生を受け、研究者が考える「律令制」の下で居住、生活をしていたならば金太理の教養、学問は育まれることはなかったと思われる。現在の制度史中心の古代史研究で金太理の学問形成の場を探し求めることはできないのである。

歴史の実像を追うならば、金太理の学問は非律令的な学問環境の中で形成されたと考えるべきであろう。往生伝史料などを通覧すると幼少時から能力を発揮する子供も見えるが、金太理もそのような少年であったと思われる。時代・地域・家族環境は異なるが、天台座主の円珍は未だ讃岐国那珂郡「金倉郷の人」であった頃、「年十歳。毛詩・論語・漢書・文選を読む（『天台宗延暦寺座主円珍伝』）」とみえ、地方における「頗殖資産」の家の学問環境がうかがえて興味深い。

まず神宅臣金太理に関して想定できることは、学問への目覚めは「神宅臣」が有力神社の神官家であったこと、幼き頃から古老伝承、神話に囲まれていたことなどが浮かんでくる。「社部」氏との関係、国造・意宇郡郡司である出雲臣氏との個人的な関係も想定しておくべきであろう。可能性としては風土記編纂以前から、秋鹿郡家、その後、出雲臣家に仕え、国造館で学問に触れていた可能性が高いのではなかろうか。

5　神宅臣金太理の本拠地

神宅臣金太理の本拠が「秋鹿郡」であることは確実であるが、それ以上のことは不明である。ここでは後世の伝承などを勘案し、金太理の本拠地を推測してみたい。

『東福寺文書』によれば佐陀朝山氏系図に「廃帝天皇天平宝字八年、以官兵異賊追討之時、於播磨国蟹坂、持棟討勝異賊、依叡慮、改神宅臣勝部連姓」とみえ、そこには神宅臣氏の後裔が勝部氏であるとの主張がみえるが、井上寛司氏が指摘しているように後世の事情の反映であろう(5)。

ここでは取り上げられることがない『中倉家文書』の江戸時代の元和五年十月十日の「秋鹿郡社家中はつとの事」

文書に注目してみたい。(6)「秋鹿郡社家中はつとの事」は佐陀御座替神事など郡内神社の取り決めである。その取り決めに連判したのが次の人物である。

それは、

こそし　吉岡、岡本ノ丹波、あいか　外記、長江　宮内・左馬・佐渡、古浦ノ　越前、こそし　石見・伊豆　佐陀郷ノ武蔵、長江ノ神宅、佐陀宮内の長門

である。ここで注目されるのは「長江ノ神宅」である。文書にはいくつかの付箋があり、「神宅」の署名の下の付箋には、「神宅と申神職は長江村堀の内と申所ニ而数十代相続の旧家ニ御座候處慶安の頃退轉いたし候と古老之申傳ニ御座候」とあるという。付箋がいつの時代のものかは定かではないが、内容は特に『出雲国風土記』の「神宅臣」を意識していないようであり、江戸初期の古老伝承として貴重である。

『八束郡誌』によれば秋鹿村の旧跡地として「政尾屋敷」の旧跡があるという。(7)

政尾屋敷の旧址は大字西長江字堀の内（幡垣氏宅の上）に在り、出雲風土記の撰者神宅臣金太理に関係あるものらしい（略）時代は不明なれども此神宅家の政尾なるもの佐陀村宮内の幡垣家の勘兵衛を養子に貰ひ、爾後神宅の姓を幡垣に改めたと傳へている。政尾屋敷の跡今畑となり、其畑の中に政尾の墳墓を存し神宅塚と称し小五輪塔一臺と周囲に小石塚が数十列んで居る。故に幡垣家は天平中出雲風土記を撰した神宅臣金太理の後裔ならずやとの説もあるが、もとより確證はない。「秋鹿郡社家中はつとの事」の文書は幡垣氏に尋ねたけれど見ることは出来なかった。

西長江の幡垣氏は現・国司神社の宮司家であり、かつて実地踏査したところ字堀の内の邸宅後ろの藪の中には小石塚が確認できた。この「秋鹿郡社家中はつとの事」は「中倉文書」として紹介されているが、未だ実見している研究者はいないようである。『八束郡誌』の編者たちは同文書を求めて幡垣家を訪れているが、確認できなかったという。「秋鹿郡社家中はつとの事」の文書は中倉家に秘蔵されているのであろう。佐太神社先代宮司の朝山皓氏の論文

「秋鹿郡家の跡」を開くと「西長江の宗垣、即ち中倉清造氏」とみえており、[6]字「宗垣」を参考に同氏の所在地を求めると西長江の国司神社付近の旧家と思われる。その中倉家は昭和十年までは確実に西長江に実在しており、その所蔵文書による限り明らかに「神宅」を名乗る神職一族が近世初頭まで「長江」に居住していたことが判明するのである。

今後の神宅臣金太理の研究進展のためにも同家の文書調査が望まれるところである。

なお、この神宅臣の伝・旧宅地は想定秋鹿郡家（東長江字「郡崎」の北方・字「細工堀」「公家田」付近）の西北にあたり、想定古代枉北道のルートに近い所に立地している点が注目されよう（図1）。

図1　神宅臣伝承地・関連地図

Ⅲ　神宅臣金太理と『出雲国風土記』

大正十五年に発行された後藤蔵四郎の『出雲国風土記註解』は近世以来の研究成果を批判的に取り上げ、『出雲国風土記』の校訂と注釈を行っている。その成否はともかくとして、本章が注目した『出雲国風土記』冒頭部分にみえる「老」に関しても「考」であるとし、「老」とし

表1　『出雲国風土記』の構成

国の概説的記載
郡単位の記載
郡名　郷・里・余戸・神戸・駅家の数 郷名とその歴史 郡名の由来 郷への距離と郷名の由来 寺院 神社名 山野名と距離・伝承 草木禽獣の種類 河川名と水源池・流路 池・堤 海岸・嶋・海産物 郡家より隣郡迄の距離 郡の編纂責任者の署名
国内の通路関係・軍団・烽・戍
最終編纂責任者の署名

て「古老または金太理と考える説は取るに足らぬ」と強烈に批判する。その後藤は神宅臣金太理の『出雲国風土記』編纂とのかかわりに関して基本的な疑問を投げかけている。金太理の勘造は「道度」以下であるか、あるいは各郡から書き直したものを修正し、これに「道度」以下を勘造して加えたということであるが、それについては明らかでないとする。この疑問は神宅臣金太理がどういう形で『出雲国風土記』の編纂にかかわったかという根本の問題であろう。

1　編纂説明と指示

和銅六年の風土記編纂の官命は国庁を通して出雲国にももたらされ、そして国庁から出雲臣果安に編纂の委嘱がなされたのであろう。その後のことに関しては不明な点が多い。加藤義成氏はその点に関して「(金太理は)計画書を国庁を通じて各郡に送り、各郡の史料の整理と実地調査を依頼した」とする。果たして国庁を通した間接的な文書による指示であの整然とした『出雲国風土記』ができるのであろうか。

『出雲国風土記』を通覧するとわかるように出雲国内九郡の郡司がそれぞれの郡域に責任を持って作製に関与していることがうかがえる。その各郡の記載をみると表1のように基本的に報告事項はほとんど洩れることなくすべての郡で一致しており、金太理自身から各郡司に直接具体的な説明、指示がなされたとみるべきであろう。

最終編纂責任者の出雲臣広島は署名において「国造にして意宇の郡の大領を帯びたる外正六位上勲十二等　出雲臣広島」としており、「意宇の郡の大領」よりも「国造」を前面に出している点は重要である。『出雲国風土記』の編纂という大事業を行うに際し、大国主神を奉祭する出雲国造、そして出雲国九郡の中で五郡に郡司七名を配する出雲臣の族長としての地位を重視したものと考える。

神宅臣金太理が身分的に上位の郡司に指示できたのはその出雲国造の権威が背景にあったからであろう。その説明・指示の場は出雲国庁、意宇郡家ではなく、出雲国造館を想定すべきである。

2　金太理の割注

『出雲国風土記』には数多くの割注がある。その中には郡レベルではなく最終的に金太理が施した注も見受けられる。金太理が明らかに注を入れた部分としては出雲郡条の出雲大川の部分である。

「河の口より河上の横田の村に至る間の五の郡の百姓は、河に便りて居めり。出雲・神門・飯石・仁多・大原の郡なり」の注部分の郡名記載順は出雲郡郡司であるならば、「出雲・神門・大原・飯石・仁多」というように下流から上流に向けて書くはずである。注記の記載順は『出雲国風土記』における郡記事配列順であり、その書き方は神宅臣金太理以外には想定できないものである。

また、後述することにかかわるが、国引き神話の最後の「謂はゆる意宇の社は、郡家の東北の辺、田の中にある塾、是なり。囲み八歩ばかり、其の上に一もとの茂れるあり」、また意宇郡安来郷条の「安来の郷の人、語の臣与が女なり。その時より以来、今日に至るまで、六十歳を経たり」も他の割注とは異なり、金太理の挿入であろう。

その他、意宇郡出雲神戸条の「他郡どもの神戸も是の如し」、楯縫郡神戸里条などにみえる「名を説くこと、意宇の郡の如し」などの事例は郡を越えた記述であり、金太理の手になるものである。

3　金太理の本文加筆

割注ではなく最終編纂叙述段階において神宅臣金太理の個人的な意識が文章に反映した箇所も多々確認できる。秋鹿郡神名火山条をみると「神名火山　郡家の東北の方九里卌歩なり。高さ二百卌丈、周り一十四里なり。謂はゆる佐太の大神の社は、即ち彼の山下なり」とみえる。ここで注目したいのは「謂はゆる」という表記である。「謂はゆる」という表現はある事項を世間的に知られている言葉で言い換えることであり、当然その表現を使った人物も十二分に承知している際に用いられる言葉である。表2に示したように『出雲国風土記』におい

表2　「謂はゆる」郡別一覧

意宇	謂はゆる意宇社
嶋根	謂はゆる嶋の里・謂はゆる隠岐国に渡る津・謂はゆる佐太大神・謂はゆる瀬崎戍
秋鹿	謂はゆる佐太川・謂はゆる多久川・謂はゆる佐太大神
楯縫	謂はゆる石神・謂はゆる神名樋山
出雲	謂はゆる斐伊の河・謂はゆる所造天下大神
神門	謂はゆる所造天下大神
飯石	謂はゆる神門山
仁多	★
大原	★

てはじつに十四の「謂はゆる」事例が確認されるが、表のように神宅臣金太理の居住地の秋鹿郡、そして隣郡の島根郡に多く、道遠き雲南地方ではほとんど用いられていない事実が浮上してくる。これは神宅臣金太理自身が雲南地域の情報には疎く、「謂はゆる」という知識を持ち合わせていなかった反映であろう。「謂はゆる」という言葉は知識の濃淡を自然と教えてくれる言葉なのである。

4　全体の整合性の取り方

島根・秋鹿・楯縫・出雲郡からなる島根半島は日本海、そして中海・宍道湖に囲まれ漁業資源が豊富な地域である。『出雲国風土記』はその漁業資源を郡別に詳細に報告している。ただし表3のようにその表記はきわめて複雑な形式をとっていることがわかる。この点に関してはすでに別の観点で詳述しているのでここでは必要な部分のみを示しておきたい[9]。「北海」、すなわち日本海に限定すれば、島根・秋鹿郡では海産物を細かに網羅するが、楯縫郡では「秋鹿郡に同じ」、出雲郡では「楯縫郡に同じ」、神門郡でも「楯縫郡に同じ」という表現には、複数郡の海産物帳を並べ、比較し、確認する立場の人物がいたことがわかる。さらに各郡に大きな影響を与えるであろう「紫菜」の品評まで行っていることも判明する。このような複数郡を鳥瞰することができるのは神宅臣金太理であり、品評に関しては国造の権威の後ろ盾が必要であったと思われる。海は郡を越えてつながっており、各郡から報告された同じ海産物名をいちいち載せ、冗長になることを避け、簡略に「…郡に同じ」という形で処理したのも賢明である。

先に後藤の疑問を紹介したが、金太理の「勘造」は各郡から提出された「報告書」を点検し、全体の整合性を想定し、そして不備を補いながら、文章・文体まで立ち入った形でなされたようである。

そして各郡報告書を参考にしながら巻末の通道・駅・軍団・烽・戍を書き入れ、次いで巻頭の総記を飾ったのであろう。その総記をまとめる際には郷・里数などの数の見直し、そして各郡に分散して載せられている「社名」、社数に関しても、安来郷条にみえる「三九十九社」を念頭において漏れがないかなどの点検も怠ることはなかったと思われる。そして養老五年二月三十日に国造出雲臣広島に献上し、自身、そして国造が署名し、一大事業が完成したのである。

表3　郡記事の前後関係

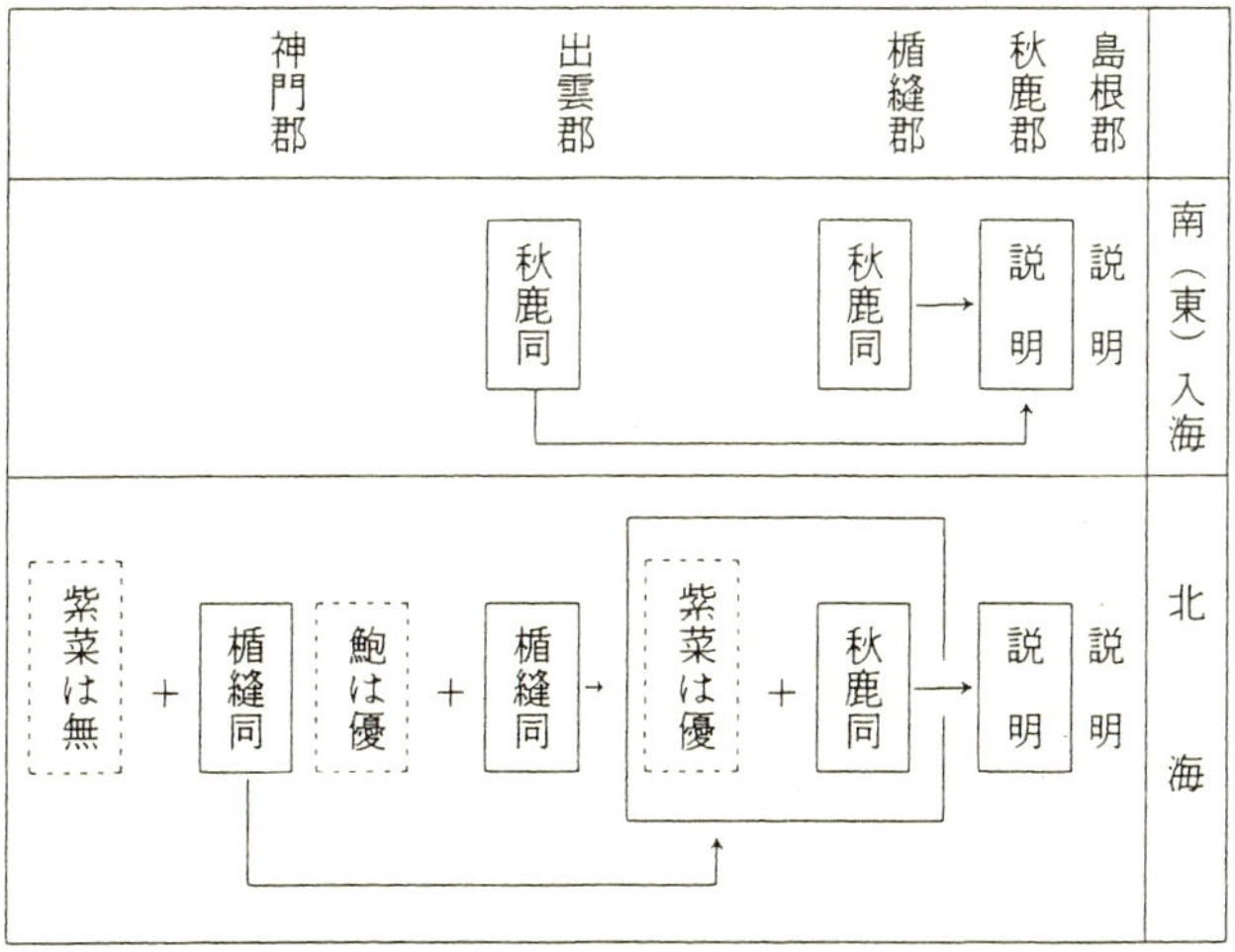

5　署名問題と風土記編纂奉賛会

現存の『出雲国風土記』をみると各郡で編纂事業にかかわった郡司の署名が各郡記の末にみえるが、すべて氏の名だけであり、名が見えない点が気になる。この点に関して加藤義成氏は「大領以下は行の上から連記して各々姓の下に名をも署していたものと思われるが、編集の際にこのような形にしたのであろう」とする。しかし、なぜそのような形にしたのかに関しては明言することはない。この点に関しては加藤義成氏が想定するように各郡から出された報告書にはすべての郡司の氏と名とも書かれていたとするか、それとも不揃いであったが、編纂開始時点での指示で「氏」名だけと指示されていたかで事情が異なってくる。

『出雲国風土記』の編纂は出雲国を挙げての大事業であり、そこに名前を残せるかどうかは個人としても大きな関心事であったと思われる。『出雲国風土記』が勘造された天平五年二月三十日からそう遠くない日に国造館でお披露目的な儀式が行われた可能性も否定はできない。出雲臣広島はともかくとして「秋鹿郡人」が名前を残すということは郡司からの反発も当然予想されよう。

この問題に関してただちに結論を引き出すことは不可能であるが、現存の『出雲国風土記』はすべてそのようになっており、その形に決着するしかない事情、状況があったのであろう。それは編纂事業二十年という時の流れとかかわっていたのであろう。

われわれは現存する『出雲国風土記』に幻惑されていることに気がつくべきであろう。署名をしている郡司は計三十三名であるが、それは最終段階であり、二十年間には国造家と同様に郡司の世代交代も数多くあったことは容易に察することができよう。しばしば新造院の問題で取り上げられる大原郡屋裏郷の記事はそういう意味でも重要な史料である。

新造院　屋裏の郷の中にあり。郡家の東北のかた一十一里一百廿歩なり。□層の塔を建立つ。僧一躰あり。前の少領額田部臣押嶋が造るところなり。今の少領伊去美が従父兄なり。

この記事は大原郡末の郡司署名の「少領外従八位上　額田部臣」の名前が「伊去美」であったことを教える史料としても注目されているが、観点を変えれば前少領であった「押嶋」が『出雲国風土記』の編纂にかかわっていたことを物語る史料でもある。

また意宇郡山代郷の新造院を造立した出雲臣弟山は飯石郡の少領であり、後には広島に代わり出雲国造、意宇郡大領に就任しており、出雲臣一族においては郡司の「郡」を越えた人事異動もあったことがうかがえる。可能性として現・郡司でありながらまったく編纂事業にかかわらなかった新・郡司もいた可能性もあろう。個々の郡司ではなく、氏族としての「郡司」家が重要であったと見るべきである。

二十年間、『出雲国風土記』の編纂に一貫して携わった人物として、確実に認定できるのは神宅臣金太理一人である。二十年余の歳月は多くの郡司の関与を生み、個々の郡司の名前署名の次元ではなく、大事業を継続することに主眼が置かれ、『出雲国風土記』編纂奉賛会のような性格を持つようになっていたのであろう。

Ⅳ　課題の回帰

『出雲国風土記』の研究に勤しんでから三十年余を経過した。『出雲国風土記』の編纂期間を優に十年上回ってしまった。その時期に至り初めて『出雲国風土記』の編纂の中心にいて実務を行った神宅臣金太理に目を向けることができた。遠回りのようであるが、逆にいえば今が『出雲国風土記』研究の入口にたどり着いたのかもしれない。伝神宅氏旧宅跡、政尾屋敷を訪れたのはもう十年前である。

本章ではその記憶を基に机上での憶測を重ねる論述となった。改めて現地を再訪し、中倉文書の調査などを含めて神宅臣金太理の故郷を逍遙してみたいと思う。

註

(1)『出雲国風土記』沖森卓也・佐藤信・矢島泉（山川出版社、二〇〇五年）。
(2)『出雲国風土記考證』後藤蔵四郎（大岡山書店、一九二七年）。
(3)『修訂出雲国風土記参究』加藤義成（今井書店、一九五七年）。
(4)「中世佐陀神社の構造と特質」（『重要文化財 佐太神社』鹿島町立歴史民俗資料館、一九九七年）。
(5)註(4)に同じ。
(6)『八束郡誌』（臨川書店、一九八六年）。
(7)註(6)に同じ。
(8)朝山晧「秋鹿郡家の跡」（『島根評論』一二九号、一九三五年）。
(9)拙論「『出雲国風土記』の編纂」（山本清編『風土記の考古学3　出雲国風土記の巻』同成社、一九九六年）。

第二章　水上からの「八雲立つ出雲」

Ⅰ　出雲の海を鳥瞰す

古代出雲世界をどのように描くか、この問題はただちに古代出雲が生んだ『出雲国風土記』をどのように読み込むかにかかわる。すでに多くの『出雲国風土記』論、また『出雲国風土記』を活用した古代出雲論が出されているが、ここでは視点を変えて古代の日本海海域を意識し、海・湖をフィールドとして水上から古代出雲世界を眺め、『出雲国風土記』の歴史的世界の特性を描いてみたいと思う。

古代出雲を海・湖上から眺める場合、日本海、そして宍道湖・中海がその視座となろう。それは『出雲国風土記』にみえる「北海」、そして「二つ」の「入海」である。また今ではほとんど姿を消し、わずかに神西湖として面影を残す「神門水海」も忘れてはならない。出雲の国土・国勢といえばすぐに『出雲国風土記』の冒頭を飾る八束水臣津野命の国引神話が取り沙汰されてきた。

八束水臣津野命は「八雲立つ出雲国は、狭布の稚国なるかも、初国小さく作らせり。故、作り縫はな」と、出雲の小国を嘆き、以後、「狭布の稚国」に引きつける形で、西の「志羅紀の三埼」、北の「北門の佐伎国」「北門の裏波国」、東の「高志の都都の三埼」の「国の餘」を割き取り、日本海上を「三身の綱」を使いながら引き寄せ、「石見国と出雲国との堺なる、名は佐比賣山」と「伯耆国なる火神岳」を杭として結び、固定したという。その鳥瞰的な、そして雄大に展開された神話空間は優れた古代文学として高く評価されてきた。

われわれはこの神話を目にするとき、すぐに「国引き」で構成された島根半島に目を奪われよう。しかし、看過してならないのは島根半島を半島として生成せしめているのは宍道湖、中海、風土記がいう「入海」の存在である。この逆転的な発想を展開しない限り、古代出雲論が真に「八雲立つ出雲」の世界空間を組み込んで描かれることはないであろう。また海の文化世界を毛細管現象のように内陸部に浸透させる河川にも目を向けることが肝要である。

今まで大地を中心に検討されていた出雲世界を裏返すように「海」「川」から見つめ、「八雲立つ出雲」の検証を試みる。

Ⅱ　「北海」「入海」と出雲世界

1　『出雲国風土記』の周到性

『出雲国風土記』に描かれた出雲の地域世界を明らかにするには、同書がどのような組織、人材により、いかなる過程を経て叙述、編纂されたのかを検討することが重要である。

『出雲国風土記』の編纂は、延暦十七（七九八）年に成立した『続日本紀』にみえる和銅六（七一三）年の官命に始まる。

和銅六年五月甲子、制すらく、畿内七道諸国の郡郷名は好き字を著けよ。其の郡内に生ずる所の、銀・銅・彩色・草木・禽獣・魚虫等の物は、具に色目を録せしむ。及び土地の沃堉、山川原野の名号の所由、又古老の相伝旧聞異事は史籍に載せて亦宜しく言上すべし。

この官命にもとづき各国では国司を中心に『風土記』の編纂に入ったと思われる。しかし、出雲国の場合は『出雲国風土記』巻末記の署名を見ると、国司ではなく出雲の最大地域首長の出雲国造が編纂の中心に座ったことがうかがえる。

天平五年二月の卅日、勘へ造る。
秋鹿の郡の人　神宅臣金太理
国造にして意宇の郡の大領を帯びたる外正六位上勲十二等　出雲臣広島

この署名によれば、出雲国造である出雲臣広島の監修の下、秋鹿郡の人、神宅臣金太理が「勘造」したことがわかる。しかし、風土記編纂の命令を受けた和銅六（七一三）年当時の出雲国造は「広島」の先代の出雲臣「果安」であったことを看過してはならない。命令を受けた出雲臣「果安」は出雲九郡の全郡司を動員し、当時の出雲世界を調査させ、執筆・編纂作業を展開させたと思われる。

その作業は大事業であり、『出雲国風土記』の完成まで二十年が経過した。「果安」から「広島」へと監修作業は引き継がれ、「勘造」人の神宅臣金太理も、自らを「老《おきな》」と呼ぶ年齢となった。この二十年という余裕ある歳月は他の風土記の場合には環境的に許されなかったのであろう。当時の国司の任期は四年であり、常陸・播磨の『風土記』の場合などは世に「和銅風土記」といわれるように短期間での編纂が想定され、国司一代の間に編纂が完了した事例が多かったのではなかろうか。

出雲の場合、国造が代替わりしても一族的なつながりから『風土記』編纂方針は確実に受け継がれたであろう。その方針は神宅臣金太理の次の一文に垣間みることができる。

老。枝葉を細くわしく思へ、詞源もとを裁り定め、また山野・浜浦の処、鳥獣の棲、魚貝・海菜の類、やや繁く多にして、悉には陳べず。然はあれど、止むことをえざるは、粗、梗概を挙げて、記の趣を成しぬ。

この一文に見える基本の編集方針は、「枝葉」の先まで細やかに考え、「詞源」、すなわち伝承・地名の根本を確定し、山野、浜浦の調査、動物の住処、海産物などを挙げることにあったことがわかる。ここで注目したいのは「山野・浜浦の処」とあるように「処」を強調している点である。単に「山野・浜浦」の名称ではなく「処」を付したところに神宅臣金太理の現地主義が見えてくる。

2　『出雲国風土記』の現地主義　　ここで『出雲国風土記』島根郡条の海岸描写に目を転じ、その現地主義を確認する。

a　南は入海。〔西より東に行く。〕

b　栗江埼（略）北は大海。埼の東は大海の堺なり。〔猶西より東に行く。〕

c　久毛等浦　広さ一百歩なり。（東より西に行く。十の船泊つべし。）

aは島根半島の海岸描写の冒頭の記載である。その地点は『出雲国風土記』の島根郡条の編纂拠点である島根郡家から抂北道を南下し、「南は入海」に出会った場所であり、国庁・意宇郡家方面への交通拠点「朝酌促戸」「朝酌渡」であることが注目される。国造から命令を受けた島根郡司は島根半島の海岸部調査の船を島根郡司のお膝元の「朝酌渡」から派遣したのであろう。船はそこから「西より東に行く」という形で半島南部の海岸を半島の東端である美保に向かったことがわかる。

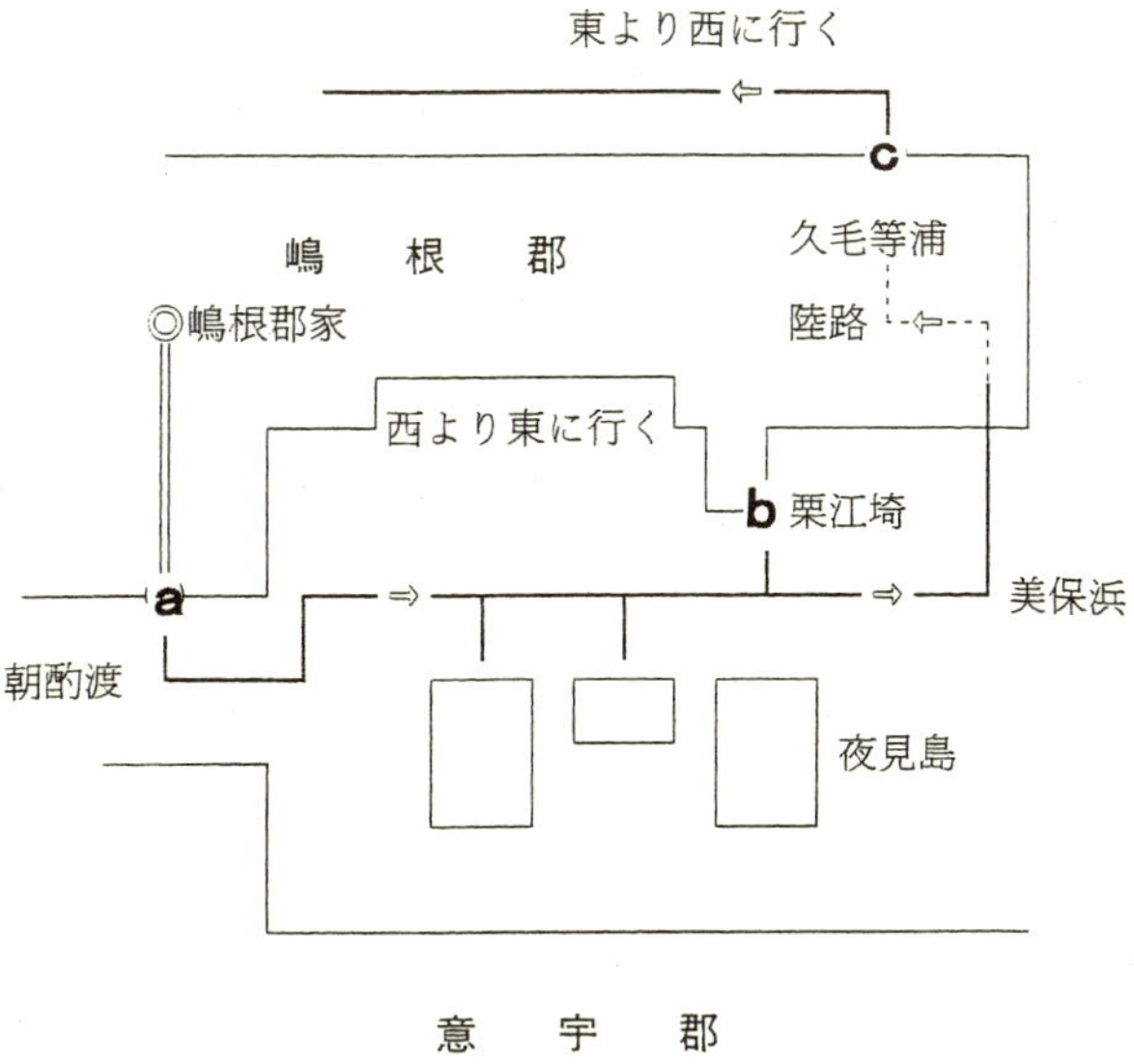

図2　島根半島調査船の航行路

bでは「入海」から「北海」に抜けて、さらに継続調査を続けたことがうかがえる。問題はcの「久毛等浦　広さ一百歩なり。（東より西に行く十の船泊つべし。）」であるが、半島南岸の調査は一端切り上げられ「久毛等浦」から「東より西に行く」形で調査が再開されたことである（図2）。

島根半島の北岸はリアス式海岸であり、複雑に入り込んだ海岸、そして海底岩礁も多く、沿岸航行は危険な地域である。半島先端の「美保埼」は「周りの壁は、峙ちて崩しき定岳なり」、島根郡・秋鹿郡堺は「浜は壁峙崔嵬しく、風静かなりとも、往来の船停泊つる由なき頭なり」という状況であった。しかし、調査船はその沿岸航行を行い、「質留比浦　広さ二百廿歩なり。（南に神社あり。北に百姓の家あり。卅の船泊つべし）」と、神宅臣金太理の指示した「浜浦之処」を忠実に調査していることが判明する。「勝間埼　二つの窟あり。（一つは高さ一丈五尺、裏の周りは一十八歩、一つは高さ一丈五尺、裏の周りは廿歩なり。）」にいたっては地域の人びとの生活には直接関係ない洞窟の内部の厳密な高さ、周囲の数値などを計る調査も行っている。

3　「海図」と「澪標」

海岸記述の中で注目されるのは「中鑿」という三カ所の記載である。(1)

a　衣島　周り一百廿歩、高さ五丈なり。中を鑿ちて、南と北とに船ながら往来ふ。

b　稲積島　周り卅八歩、高さ六丈なり。（松の木に鳥の栖あり。）中を鑿ちて、南と北とに船ながら往来ふ。

c　蘇島（紫菜・海藻生ふ。）中を鑿ちて、南と北にと船ながら往来ふ。

三例とも島の記載の後に「中を鑿ちて」と見えることから、一般に島を穿って船を通すと理解するが、(2)考えれば島の側を通ればすむことであり、わざわざ島を穿ち、その中を通すことは常識的にありえないことである。

この「中鑿」であるが、それを「中を鑿ち」と書き下すことに問題があり、「中鑿」とは一つの地理的呼称と考えられる。明治初年に編纂された『皇国地誌』をみるとａｂｃの島付近に「暗礁　中繰《なかくり》」なる名称がみえる。これは島付近にみえる暗礁であり、沿岸航行にとって難所であった。ただし、長年の航海の経験の積み重ねから、その暗礁地帯を「南と北とに船ながら往来ふ」というように無事に通り抜ける水路が周知されていたのである。その「暗礁」を切り抜ける「水の道」こそ自然が作った「中鑿」であり、すでに船人らの航海上の常識であったと思われる。すでに船人の頭には「海図」が形成されており、その一部が「中鑿　南と北とに船猶往来ふ」として『出雲国風土記』に反映されたのであろう。

『万葉集』の「遠江　引佐細江の　澪標　吾を頼めて　あさましものを」に見える「澪標《みをつくし》」は「水脈串」であり、「暗礁」帯に串を立て、安全航路を示したものであり、「南と北とに船猶往来ふ」水路にもそのような目印が設けられていたのかもしれない。

島根郡司が派遣した調査船も沿岸航行を主旨としており、当然、水先案内人を擁して安全を確保したのであろう。

古代において水先案内人が存在したことは『日本書紀』神武即位前紀に「漁人に椎檣が末を授して、執へしめ、皇舟を率き納れて、海導者《みちびきひと》とす」とすでに確認できる。後の史料であるが『拾遺和歌集』に「玉藻刈る海人の行き方さす棹の長くや人を怨渡らん」の「行き方さす棹」も暗礁を探す長い棹なのであろう(3)。

調査船が内海と外海の航行を分けたのは、内海・外海にそれぞれ精通した地域の船人を「海導者」、また水夫として雇用したからではなかろうか。それは出雲を取り巻く海は内海（入海／中湖・宍道湖）と外海（北海／日本海）に分かれ、その両海の環境は大きく異なっていたからと思われる。

なお、外海の日本海について『出雲国風土記』は一貫して「北海」と呼び、単に陸からみた方角で示すに留まる。『備後国風土記』逸文の蘇民将来伝承では「北海に坐し武塔の神、南海の神の女子をよばひに出」とあり、『肥前国風土記』松浦郡値嘉郷条では「志式島の行宮に在して、西海を御覧」とする。この方角を用いて「海」を呼ぶ習わしは西日本に限定された表現ではなく、『常陸国風土記』にも「東海」とみえ、風土記からすれば全国的な海呼称であったことが判明する。それは藤原俊成の『長秋詠藻』の「四方の海を硯の水につくすともわが思ふことは書きもやられじ」にみえる「四方の海」の意識につながるものである(4)。

古代の日本を囲んでいた日本海、東シナ海、太平洋は、その地域で海が開ける方角で北・西・南・東を冠して呼ばれていたのであろう。そのような古代の日本海、東シナ海、太平洋を固有名詞をつけずに呼称する生活習慣は海が「公的」なものであり、どの国・郡・里という行政体にも付属しない、分断・領有されることのない「一衣帯水」的なものと認識されていた反映であろう。

その意識こそ先に取り上げた国引神話が、遠く「新羅紀の三埼」、「北門の佐伎国」、「北門の裏波国」、「高志の都都の三埼」から「公的」な海上を堂々と国引きする構想を可能にしたのであろう。その発想の土壌は出雲国が内包する「水運」に求めることができそうである。

4　出雲国水上交通網の析出

危険をともなう沿岸航行に付随し、港湾の整備は必要不可欠な事業であった。『出雲国風土記』島根郡条をひもとくと改めて「久毛等浦　広さ一百歩なり。(東より西に行く。十の船泊つべし。)」が注目される。この「久毛等浦」には「十の船」が停泊できるという。同様の記載は「質留比浦」に「卅の船」、「手結浦」に「船二つばかり泊つ」と見える。この船に関しては軍船、「浦」は軍港などという理解もなされているが、『出雲国風土記』からは軍船、軍港と断定できる情報はない。ここで注目すべきはその三例はすべて「浦」であり、数多くみえる「浜」にはそのような船数の記事は皆無という事実である。一般の民衆、漁民の船は操業の後はそれぞれの集落が立地する「浜」に引き上げられたのであろう。

「浦」は『肥前国風土記』松浦郡条の「西に船を泊つる停二処あり。(一処の名は相子田停といひ、廿余りの船を泊つべし。一処の名は川原浦といひ、十一余りの船を泊つべし)」にみえるように「船を泊つる停」であった。その二つの「停《とまり》」は遣唐使船の停泊にも用いられ、砂浜に引き上げることができない構造船の官船が停泊できるような湾内環境のところであるが、あくまで寄港地であり、公的交通機関の「津」とは性格的に異なるものであった。出雲の「北海(日本海)」航海において東から「久毛等浦」、「質留比浦」、「手結浦」、「恵雲(浦)」、「宇礼保浦」が寄港地として人びとに認知されていたものと思われる。

その寄港地としての「浦」であるが、軍港、公的な津として民間の船を排除するものではなかった。当然、「浦」にも漁民集落はあり、一部には「浜」的な砂州もあり、「浜」に引き上げられる漁民の小舟もあったのであろう。漁民世界は「板子一枚下は地獄」といわれる世界である。突如として時化に見舞われ、困惑した漁民は『実方集』にみえる「誰そやこの鳴門の下に音するは、と言ひたりしかば、泊まりもとむる海人に釣り舟」に語られているように良好な「泊まり」を懸命に探したのであろう(5)。

また島根半島の南側では東端の「美保」が注目される。『出雲国風土記』は「美保」を「浜」とするが、もともと「美保」の「保(ほ・浦)」は『肥前国風土記』神埼郡条の「船帆郷(郡の西にあり)同じき天皇、巡り行でましし時、諸の氏人等、落挙りて船に乗り、帆を挙げて、三根川の津に参集ひて、天皇に供へ奉りき。因りて船帆郷とい

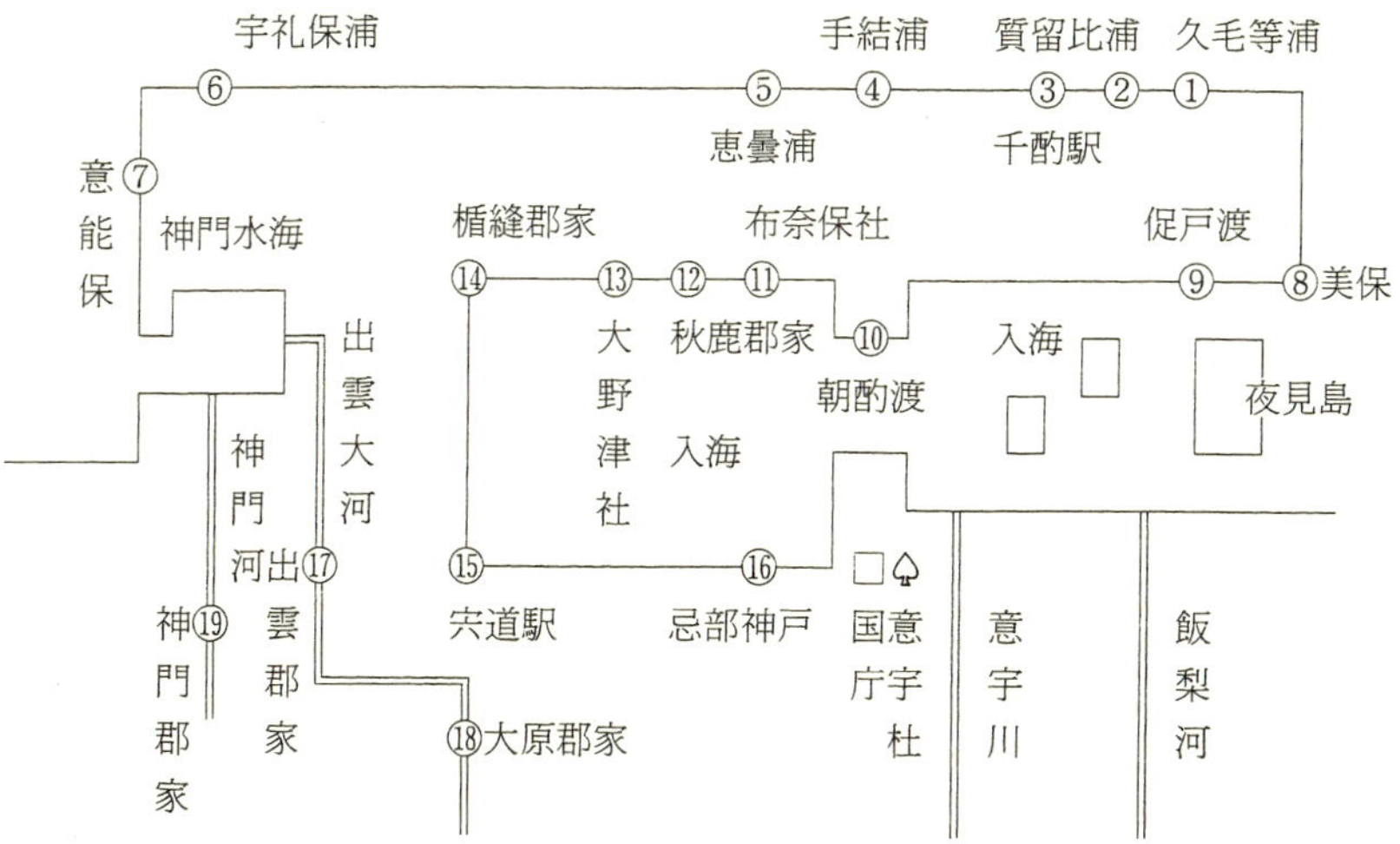

図3　出雲国水上交通路図

ふ」の「帆」に通じるものであり、島根半島東端の重要水上拠点であったと思われる。

「入海（中海）」では伯耆国の「夜見島」に対置する「粟（栗）江埼」に「促戸渡」が設けられ、中海と宍道湖の堺に「朝酌渡」が確認できる。また明記はされないが、島根郡の「布奈保社」、秋鹿郡の「大野津社」の付近にも「浦」、「津」があったと思われる。また記載の内容から市が開かれた忌部神戸、そして秋鹿・楯縫郡家・宍道駅にも付随した「津」が想定される。

Ⅲ　水上からみた出雲神話と神々の足跡

1　国引神話と「入海」

『出雲国風土記』に登場する海は「北海」と二つの「入海」（ただし、「野代海」「出雲海」の呼称は除く）とされている。二つの「入海」とは中海と宍道湖のことである。現在、その中海と宍道湖は明らかに異なる「湖」であり、松江市を東西に流れる大橋川でわずかに繋がっているに過ぎない。その先入観があるのであろうか、われわれは『出雲国風土記』に見える「入海」を二つの入海ととらえるが、古代びとの認識では中海・宍道湖の区分はなく、「一つの入海」であったのではなかろうか。現に中海・宍道湖を分ける大橋川に位置する朝酌の所在地に関して、『出雲国風土記』は「南は入海」と表しており、二

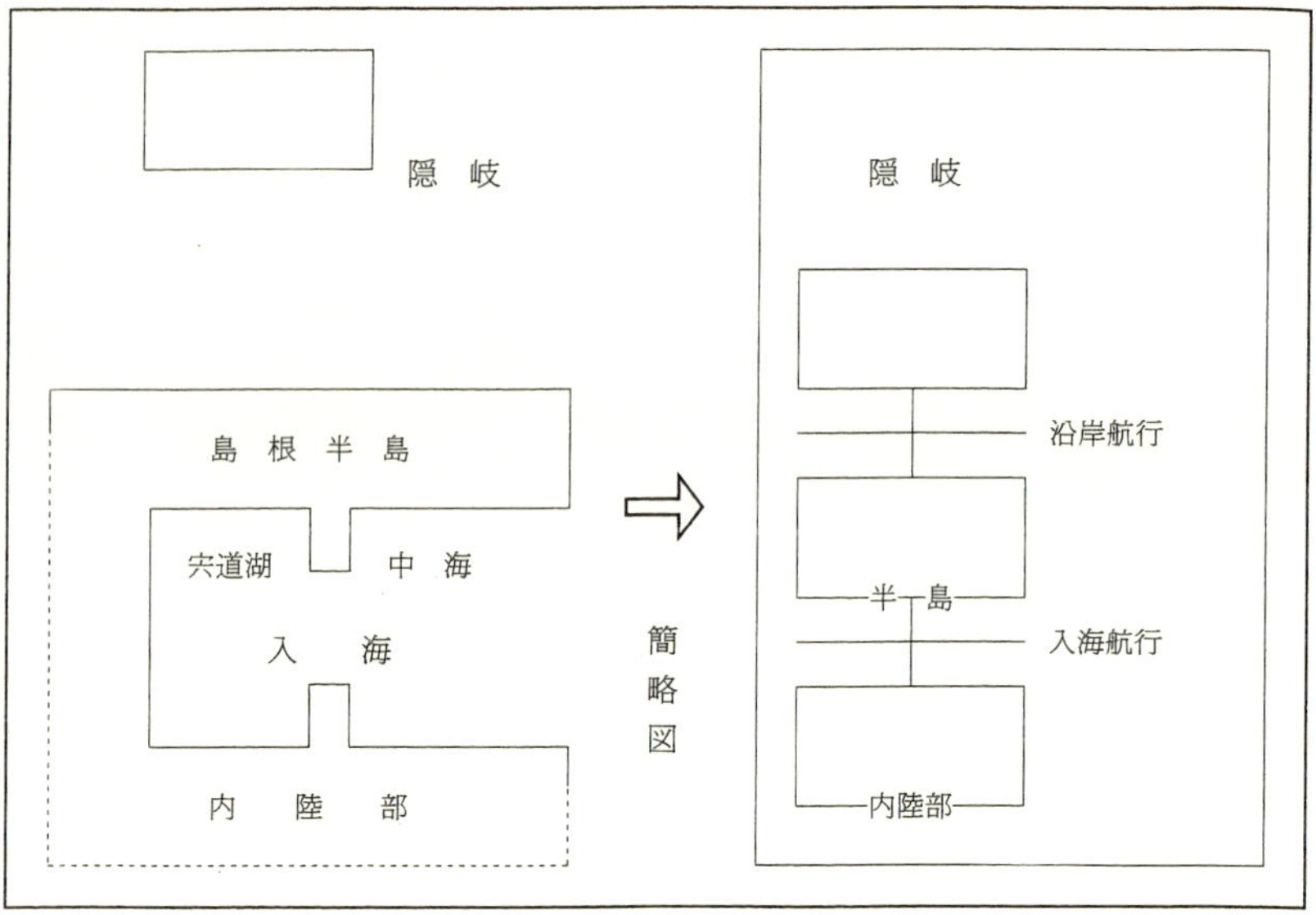

図4　出雲国の「国形」図（二例）

つの「入海」を区分する所をも「入海」としていることが判明する。

この古代における認識を念頭に置くとき、出雲国の国形は古代の島根・秋鹿・楯縫・出雲郡からなる島根半島、「入海（中海・宍道湖を一つとした）」、そして国引神話で「狭布の稚国」「初国」と言われた内陸部の意宇・神門・飯石・仁多・大原郡に分けることができる。この南と北に二列に並んだ帯状の国形を鳥瞰するとき、今まで気づかなかった出雲国の国形の特性が浮かんでくるであろう。また日本海の海上にそれに倣うように隠岐島が浮かんでいることにも注目しておきたい。

『出雲国風土記』の冒頭を飾る国引神話は、祝詞的な古形態の詩形を漂わせ、出雲の地形を鳥瞰的・現実的に見渡す中で、遠くの「志羅紀三埼」、「北門」、「高志都都三埼」から余った土地を切り割き、綱で引き、「初国」の「狭布の稚国」であった狭少の出雲の地に杭でつなぎ、広大な出雲国を創出したと伝える。国引した土地は「支豆支御埼」・「狭田国」・「闇見国」・「三穂埼」であり、島根半島に相当する。図4をみれば出雲の国形で重要なのは宍道湖・中海、すなわち「二つの入海」であることが一目瞭然に理解できよう。国引神話は視点を変えれば「国作り」ではなく宍道湖・中海を作った「海作り」ということもいえよう。

2　国譲神話にみる出雲世界の凝縮

『出雲国風土記』の国引神話を地域密着型の出雲神話とするならば、『古事記』『日本書紀』にみえる出雲を舞台とする国譲神話は天皇を頂点とする官人の共通理解の「公的」神話と位置づけることができる。その公的神話の中には『出雲国風土記』の神話と共通基盤を有する部分もあるが、国引神話のように公的神話にはまったく姿をみせない場合もある。

その公的神話の中で重要な位置づけが与えられている国譲神話は、国引神話とは逆に『出雲国風土記』に鮮明な映像を映すことはない。しかし、国譲神話は出雲と無関係に机上で創作されたものではなく、確実に出雲の大地に根ざしているのである。

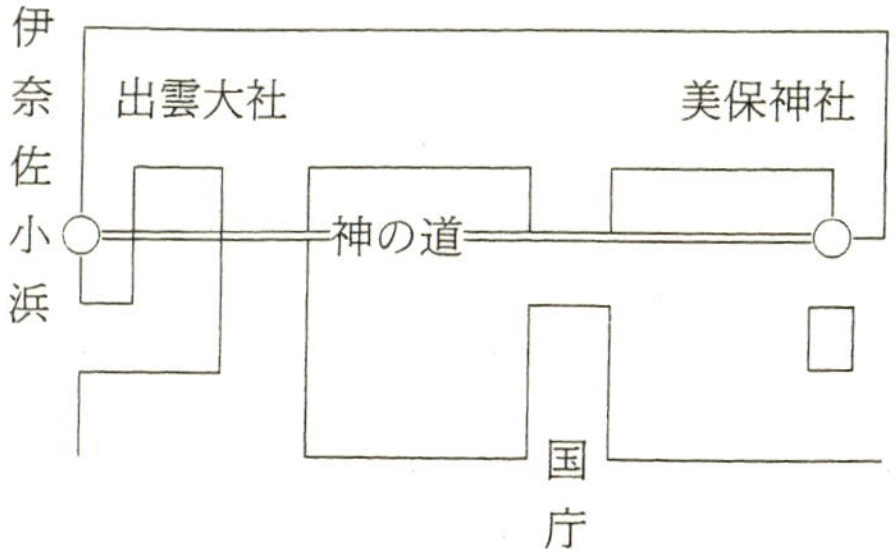

図5　国譲神話の「神の道」図

ここでは『古事記』の国譲神話の最終場面を取り上げる。

爾に天鳥船神を建御雷神に副へて遣はしたまひき。是を以て此の二はしらの神、出雲国の伊那佐小浜に降り到りて、十掬剣を抜きて、逆に浪の穂に刺し立て、其の剣の前に趺み坐して、其の大国主神に問ひて言りたまひしく、「天照大御神、高木神の命以ちて、問ひに使はせり。汝が宇志波祁流葦原中国は、我が御子の知らす国ぞと言依し賜ひき。故、汝が心は奈何に。」とのりたまひき。爾に答へ白ししく、「僕は得白さじ。我が子、八重事代主の神、是れ白すべし。然るに鳥の遊為、魚取りに、御大前に往きて、未だ還り来ず。」とまをしき。故爾に天鳥船神を遣はして、八重事代主神を徴し来て、問ひ賜ひし時に、其の父の大神に語りて言ひしく、「恐し。此の国は、天つ神の御子に立奉らむ。」といひて、即ち其の船を蹈み傾けて、天逆手を青柴垣で打ち成して、隠りき。

内容は、高天原から派遣された建御雷神、天鳥船神は出雲国の「伊那佐の小浜」に降り、交渉のために八重事代主神の「遊ぶ」、「御大前（みほのさき・美保埼）」に移り、事代主神を大国主神のもとに呼び寄せ、国譲りに応じさせる展開となっている。

この国譲りの神話空間が島根半島の西端の「伊那佐の小浜」から東端の「御大前」までを隈なく覆っていることに注目したい。この神話空間が『出雲国風土記』にみえる国引神話の島根半島と見事に重なっていることに気がつきたい。そうであるならば島根半島を内陸部と分けている「入海」の重要性がここでも浮かんでくるであろう。

この国譲り交渉の「伊那佐の小浜」から「御大前」への移動に関して建御雷神にわざわざ船神である天鳥船神を副えたことから宍道湖、中海、すなわち「入海」での移動を想定しているのであろう。これは公的神話が形成された当時、「入海」が出雲の東西交通の要になっていた反映とみなすことができる。なお、「入海」の南に東西に帯状に広がる意宇郡を『出雲国風土記』が「是れ即ち廊なり」と言っているのも示唆的であろう。それとの対比で言うならば「入海」はまさに水上の「是れ即ち廊なり」であるといえよう。

日本海で繋がった各地の文化を島根半島の海岸の港だけではなく、入海に受け入れ、それを抱きながら出雲国は国全体に充塡、放出することが可能だったのである。

3　出雲国の大体の特色

『出雲国風土記』の冒頭に「国の大体は、震を首とし、坤を尾とす。東と南とは山にして、西と北とは海に属けり、東西一百卅七里一十九歩、南北一百八十三里九十三歩」とみえる。都に近い「震（東）」を首とし、遠い「坤（西南）」部を尾とし、動物の姿態に準える。言い得て妙である。東と南が山、西と北を海とする地理感覚も妥当である。

「東西一百卅七里一十九歩、南北一百八十三里九十三歩」は『出雲国風土記』に詳細に記された駅路・伝路を合計した数値であろう。「南北一百八十三里九十三歩」に関しては島根半島の千酌駅家から「坤を尾」にあたる飯石郡来島郷と備後国の堺までの距離から割り出したものと思われる。

ここで注目したいのは出雲国が意外と南北にも長いという事実であろう。今まで言及しなかった飯石・仁多・大原郡がその南の領域にあたる。『出雲国風土記』はその三郡について「並びに山野の中なり」と一括している。『出雲国風土記』はその三郡への道路の交通網（伝路）を詳しく説明する。この三郡は今も「雲南三郡」と呼ばれ、有機的な統合態の体をなしている。平成の市町村合併においてもその「有機的な統合態」が大きな鍵となったことは記憶に新しい。「雲南三郡」の用語が使用され、有機的な統合態を保持しているのは単に交通網の問題ではなく、そこに「雲南三郡」を縦横に流れる「出雲大河」「神門河」「飯梨河」の三大河川の歴史的役割があったのではなかろうか。

ここでは「出雲大河（大川）」に関して二例、『出雲国風土記』からその表記を紹介する。

『出雲国風土記』出雲郡条

出雲大川　源は伯耆と出雲の二国の鳥上山より出て、流れて仁多郡の横田村に出て、即ち横田・三處・三澤・布施等の四郷を経て、大原郡の堺の引沼村に出で、即ち来次・斐伊・屋代・神原等の四つの郷を経て、出雲郡の堺なる多義村に出て、河内・出雲の二郷を経て、北に流れ、更に折れて西に流れて、即ち伊努・杵築の二郷を経て、神門の水海に入る。此は則ち、謂はゆる斐伊川の下なり。河の両辺は、或は土地豊沃えて、五穀・桑・麻稔りて枝を頗け、百姓の膏腴なる薗なり。或は土體豊沃えて、草木叢れ生ふなり。即ち年魚・鮭・麻須・伊具比・魴・鱧等の類、潭端に雙び泳ぐ。河口より河の上の横田村に至る間の五郡の百姓は、河に便よりて居めり。（出雲・神門・飯石・仁多・大原郡）孟春より起めて季春に至るまで、材木を校へる船、河中を沿り泝れり。

『出雲国風土記』大原郡条

幡屋の小川　源は郡家の東北のかた幡箭山より出でて南に流る。魚なし。右の四つ水合ひ、西に流れて出雲大河に入る。

現在は斐伊川と呼ばれるが、古代においては「出雲大川」「出雲大河」であった。[6]『古事記』に「肥川」、『日本書紀』には「簸之川」とみえる。『出雲国風土記』では「出雲大川」「出雲大河」の他に「斐伊川」「斐伊大河」の呼び名もみえる。全体を総称する場合は「出雲大河」であり、大原郡内では「斐伊（大）河」、仁多郡内では「斐伊河上」と呼称を分けている。

ここで注目したいのは『出雲国風土記』が意図的に「河」と「川」を区分しており、数ある河川の中で「河」とするのは「出雲大河」の他に「神門河」「飯梨河」だけという事実である。「河」は今で言う一級河川に相当するのであろうが、共通点は複数の郡を流れていることに求められる。じつに「出雲大河」はそういう意味で出雲・神門・飯石・仁多・大原の五郡を流路にしているのであり、「大河」の名に羞じない。

また「出雲大河」は上流から肥沃な土砂を運ぶのであろうか、河の両側の土地は「五穀・桑・麻」の栽培に適し、人びとの集落も形成されていることがうかがえる。古代の集落は官道の伝路付近ではなく、人びとの生活を育む「出雲大河」の流路に沿って展開していたのである。

『出雲国風土記』は河川に関して細心の注意を払っているように思える。じつに小河川も含めて四十八の河川を紹介している。それは『出雲国風土記』の監修者の出雲国造、そして勘造者の神宅臣金太理の意向であったと思われる。神宅臣金太理の意向、手が入っていたことは「河口より河の上の横田村に至る間の五郡」に関する割注の「出雲・神門・飯石・仁多・大原郡」の郡名の列挙順が物語る。この割注を入れたのが出雲郡の執筆担当責任者の出雲郡主帳「若倭部臣」であるならば、「五郡」を「出雲・神門・大原・飯石・仁多郡」というように実際に「河口」から上流へと流路に沿って郡名を挙げるはずである。しかし、この部分では『出雲国風土記』編纂における郡の並べ方であり、最終編纂者の神宅臣金太理が「五郡」の割注を付したのであろう。

4　内陸部への「神の道」

『出雲国風土記』の神話の中心は大国主神であるが、次に重視されているのは常識を覆し須佐之男命ではなく、大国主神の子神の阿遅須枳高日子命である。その阿遅須枳高日子命の名は神門郡高岸郷・仁多郡三澤郷・楯縫郡神名樋山条にみえる。

ここでは高岸郷・三澤郷の伝承を掲げる。

a　高岸郷　郡家の東北のかた二里なり。所造天下大神の御子、阿遅須枳高日子命、甚く昼夜哭きましき。よりて其処に高屋を造りて、坐せて、即ち、高椅を建てて、登り降らせて、養し奉りき。故、高崖といふ。（神亀三年、字を高岸と改む。）

b　三澤郷　郡家の西南のかた廿五里なり。大神大穴持命の御子、阿遅須枳高日子命、御須髪の八握に生ふるまで、昼夜哭きまして、辞通はざりき。その時、御祖の命、御子を船に乗せ、八十嶋を率て巡りてうらかし、鞆をたまへども、猶哭き止みまさざりき。大神、夢に願ぎ給ひしく、御子の哭く由を告らせ、と夢に願ぎませば、即ち夜に夢みましき、御子辞通ひき、寤めて問ひ給へば、その時、御澤と申す。その時、何処を然といふと問い給へば、即て、御祖の前を立ち去り出でまして、石川を度り、坂の上に至り留まり、是処ぞ、と申したまひき。その時、その澤の水活く流れ出でて、御身沐浴みましき。故、国造、神吉事奏しに朝廷に参向ふ時、其の水活れ出でて、用ゐ初むるなり。此に依りて、今も産める婦は、彼の村の稲を食はず、若し食ふ者あらば、生るる子已に云ふ。故、三澤といふ。即ち正倉あり。

aの阿遅須枳高日子命の幼少期の生活圏とされた「高岸郷」は「出雲大河」が流入する「神門水海」に面している。bの「須髪の八握に生」えた成人期の伝承地の「三澤郷」はその「出雲大河」の最上流域に当たり、伝承では「出雲大河」を父神の大国主神と阿遅須枳高日子命が遡上したという展開をとっていることが分かる。

その二神の遡上ルートは古代における同地域の交通路（伝路）を一定程度反映していると思われるが、実際は図6の地図で分かる通り、古代の伝路と異なっている部分もうかがえる。大原郡の来次郷、飯石郡の熊谷郷、仁多郡の布施・三澤郷域では遡上ルートと伝路はほとんど重なることがない。ここで注目したいのは、想定される伝路沿いには『出雲国風土記』の神社は少なく、むしろその間、別の所を流れる「出雲大河」沿いに河辺社・深野社・漆仁社・大原社・石壺社と風土記社が多いことである。それは先の「五郡の百姓は、河に便りて居めり」という状況と一致するのであろう。

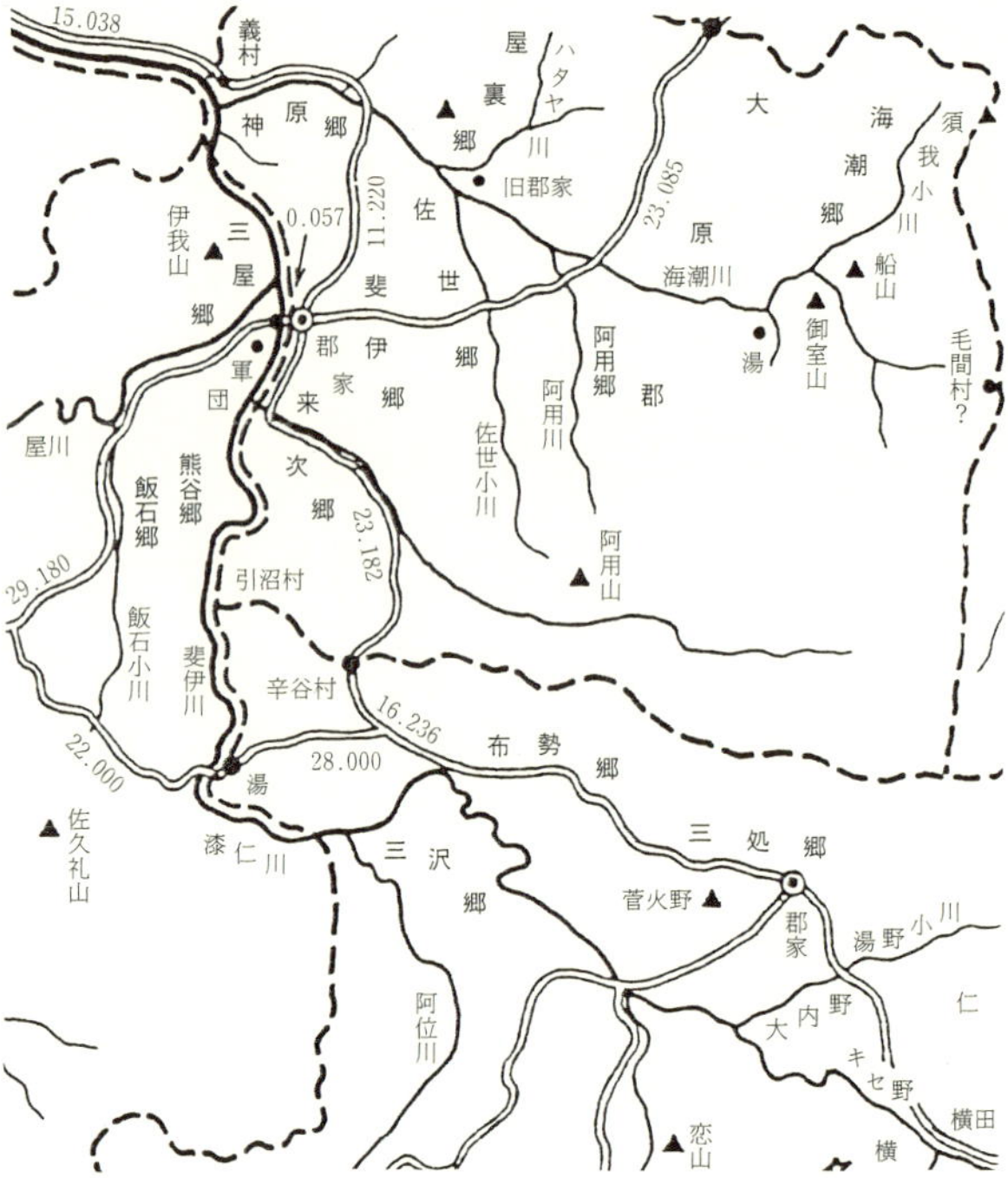

図6　風土記時代の地勢図（『風土記』岩波書店）

雪解けの水で水量が豊富な「孟春より起て季春」の時期には、「材木を校へる船、河中を沿ひ泝れり」とあるように河川交通も盛んであったことがうかがえる。はたして古代の「出雲大河」の河川交通がどの流域まで展開していたか不明であるが、大原郡家には渡し場があったことから船の遡上は中流までは通年可能であった。また「神門河」の場合も中流の「吉栗山」で出雲大社建造用の宮材が切り出されており、巨木の河流しがあったことが想定され、船の遡上を中流域まで想定可能である。

『出雲国風土記』に残存する阿遅須枳高日子命伝承を神代「史」軸を中心に整理すると表4のようになる。

そこで注目したいのは阿遅須枳高日子命が言葉を発する転機となった父神・大国主神の夢見の場所が見えない点である。これに関しては「三澤郷」の隣りの「布施郷」の伝承が参考になる。

布施郷　郡家の正西一十里なり。古老の伝へていへらく、「大神の命の宿せりましし処なり。故、布世といふ。（神亀三年、字を布勢と改む。）

「三澤郷」に隣接する「布勢郷」の「大神の命の宿」るとの伝承は「三澤郷」伝承の「夢に願ぎませば、即ち夜に

表4　阿遅須枳高日子の成長比較表

高岸郷	幼少期	昼夜哭きまし／高椅を建て／養し奉りき／
⇩遡上	成長期	船に乗せ／ 八十嶋を率て巡り／ 鞆をたまへ／
		〔夜に夢みましき〕—布勢郷
三澤郷	成人期	御子辞通ひき／石川を度り／是處ぞ、と申し／

夢みましき」と関連が想定される。伝承全体を通覧すると、「船に乗せ」遡上し、「布勢郷」で親子ともども宿泊したという神話の流れが浮かんでくる。「布勢郷」以降の阿遅須枳高日子命の移動は明らかに「徒歩」であり、伝承にみえる「出雲大河」支流の「石川」の分岐点辺りが河川遡上の限界であったのかもしれない。その厳密な線引きはともかくとして、大国主神・阿遅須枳高日子命の親子の「出雲大河」上流域への遡上神話は神話形成期の河川交通のあり方を暗示しているといえよう。

5　河を遡上する「海」

『出雲国風土記』大原郡条に「出雲大河」支流の「海潮川（現・赤川）」にかかわる伝承が残されている。

海潮郷　郡家の正東一十六里卅六歩なり。古老の伝へて云へらく、宇能治比古命、御祖の須義禰命を恨みまして、北の方、出雲の海の潮を押し上げて、御祖の神を漂はすに、此の海潮至れりき。故、得鹽といふ。（神亀三年、字を海潮を改む。）

「海潮」は「うしお（ほ）」と読み、現在の大東町の東部域であり、海潮温泉として知られている。伝承は「宇能治比古命」が父神の「須義禰命」に反発し、「出雲の海の潮」を押し上げる形で父神を内陸部の「海潮」地域まで漂わせたという。

この「宇能治比古《うのぢひこ》」は楯縫郡沼田郷条にみえる「宇乃治比古」と同神と考えられる。「宇能治比古」に関しては「海の霊」との理解もあるが、「海の道」ではなかろうか。なぜならこの海潮郷伝承では北の方の海の潮を押し上げ、父神の「須義禰命」を「海潮」の地まで漂わせたというのであり、まさに斐伊川から赤川へのルート、すなわち海からの水上ルート（海の道）を意識しているからである。

また「出雲大河」の上流の一つ「阿伊川（現・馬木川）」にかかわる伝承が仁多郡の戀山条に残されている。

戀山　郡家の正南一十三里なり。古老伝へていへらく、和爾、阿伊村に坐す神、玉日女命を戀ひて上り到りき。その時、玉日女命、石を以て川を塞へましければ、え会はずして戀へりき。故、戀山といふ。

この「戀山」は鬼の舌震県立自然公園で有名な「鬼の舌震」付近の山と思われる。鬼の舌震渓谷の東側の四〇八メートルの山がそれにあたるのであろう。鬼の舌震渓谷は巨岩が連なる険阻な渓谷であり、遡上した和爾もそれ以上は遡上できなかったという話である。この神話で注目したいのは「和爾」はすでに『出雲国風土記』意宇郡安来郷条では「海神の使い」として登場している事実である。「和爾」は「北海」に生息する「しゅもく鮫」であるが、ここでは「北海」から遠く離れた山間にその姿を見せるという奇異な展開をとる。現実的に最近まで「和爾」は保存が利く、めでたい魚として広島の山間地まで持ち込まれていたといい、この伝承の本旨は、地域の人びとが「川」を通じ「海」とのつながりを強く認識していたというところにあるのではなかろうか。それは単純に「川」が「海」に注ぐという即物的なことではなく、社会的・経済的に地域社会総体が「川」を通じて海とつながっていたことを物語っているのであろう。

「出雲大河」は大原・飯石・仁多の三郡に毛細血管のように多くの支流を張りめぐらし、「海」と「並びに山野の中なり」の三郡をつなぐ重要な役割を果たしていたのである。

Ⅳ　出雲国の東西・南北軸

出雲国は国引神話に象徴されるように国域の中心に「一つの入海」を抱く特異な「国形」を持ち、その「国形」を全面的に活用する中で政治・経済・社会・文化を統合し、出雲国造を頂点とする世界を形成したのである。

出雲国造の初源の本拠地は「飯梨河」下流域の荒島古墳群付近が想定される。(7) しかし、古墳文化の動向を踏まえると、出雲国造は国引神話が国引完成のモニュメントとした意宇杜が鎮まる松江市大草町、そして大庭・山代・佐草町一帯に本拠地を移したことがうかがえる。この国造の移動に関しては大和王権との対立、抗争、そして服属などという消極的な面で考える傾向が強いが、移動先の空間は内陸部にありながら「一つの入海」を宍道湖・中海を分ける狭部のすぐ南に位置している点を評価すべきであろう。

「一つの入海」を現実的に「二つの入海」に分けている狭部の「朝酌」の「処」を掌握することが出雲国統一の鍵であったのである。現に国庁・意宇郡家から北上し、「十字の街」を経て、「朝酌渡」、そして「千酌駅」に進むルートは「入海」と「北海」、そして遙か遠い海上の隠岐を結ぶラインであり、南北軸の生命線といえよう。

一方、西の出雲大社から「神門水海」、そして「一つの入海」という東西の水上交通も「一つの入海」の狭部の「朝酌」を掌握することにより押さえたのである。国造の移転は国域の中心の「一つの入海」を「朝酌」の南の空間で押さえるためであり、外の世界へと広がる海上ルートの根本、水上交通を掌握するためであったといっても過言ではない。その交通は朝鮮半島の新羅、そして隠岐島、丹後・能登半島、そして遠く渤海まで広がるものであった。

国引神話の「狭布の稚国」、すなわち「並びに山野の中なり」の三郡に関しては海につながる「河」を巧みに活用したのである。特に出雲国西部の「神門水海」に出口を持ち、神門・出雲・大原・飯石・仁多の五郡を流れる「出雲大河」は支配の為の大動脈であった。この西部の「出雲大河」偏重の「河」政策の中、出雲国の目は的確に東部にも向けられていたのである。

出雲国は、出雲東部の最大河川「飯梨河」の上流域を行政的に無理に仁多郡域とし、「出雲大河」の最上流の仁多郡と重ね合わせ、「出雲大河」、そして「飯梨河」を一つの円形ラインとして大地の上に描こうとしたのである。

「一つの入海」を上弦とし、「出雲大河」、「飯梨河」のラインを弓とする「水の世界」である。その弓矢が整えられたのはいつなのか、その弓矢の担い手は誰なのか、大きな問題は残されたが、その足掛かりはできたであろう。

註

(1) 秋本吉郎校注『風土記』(日本古典文学大系、岩波書店、一九五八年)。
(2) 加藤義成『出雲国風土記参究』(至文堂、一九五七年)。
(3) 小町谷照彦校注『拾遺和歌集』(新日本古典文学大系、岩波書店、一九九〇年)。
(4) 久松潜一校注『平安・鎌倉私家集』(日本古典文学大系、岩波書店、一九六四年)。
(5) 犬養廉他校注『平安私家集』(新日本古典文学大系、岩波書店、一九九四年)。
(6) 拙稿『出雲国風土記註論(その三・出雲郡条)』(島根県古代文化センター『古代文化研究』六号、一九九八年)
(7) 拙稿「野城大神の消長とその世界」(岡田精司編『祭祀と国家の歴史学』塙書房、二〇〇一年)

第三章 出雲国庁周辺の官衙群の地域展開

Ⅰ 官衙研究の道

日本古代国家の全国支配は国・郡・里制の施行により完成したといえる。当然、その国・郡・里制も一夜にして完成したわけではなく、国・評・五十戸制、国・評・里制という形成過程を経ており、完成後も国・郡・郷・里制への移行が明らかにされている。

しかし、その制度的変遷も、その拠点である各官衙のあり方についても文献史学の上ではほとんど明らかにされていないというのが現状である。近年、その分野を埋めているのが考古学の発掘成果、それにもとづく官衙研究である(1)。

その考古学による官衙研究の根本は、発掘により検証された遺構、出土した遺物にあるが、現状の発掘の契機の多くが開発による「他力」的側面が濃厚であり、ただちに官衙遺構の全貌が明らかになる例は未だ少ない。また発掘範囲が限定されているために、一発掘で遭遇する遺構は一官衙に限定されるという傾向も顕著である。そのため、各官衙の個別的発掘事例は増えていくが、行政レベルが異なる官衙相互の関連が地域社会のなかでみえないという問題を残している。

官衙研究の主体は考古学に移りつつある。文献古代史研究者も文献の検証を彼岸に置き、考古学の成果を取り入れようと必死である。しかし、以上論じるようにいまだ文献史料は史的検討を受けずに眠っているのである。

ここでは、『出雲国風土記』勘造者・神宅臣金太理の語句の使用方法、文章形態などに着目し、『出雲国風土記』にみえる意宇郡家とその周辺に展開した国庁・駅家三者相互の位置的関連を明らかにすることを目的とする。ただし、ここで描く像はあくまで『出雲国風土記』のそれであり、実際の大地の上で、具体的にどう展開していたのかは別の問題である。その点に関しても憶測を交えていささか論じたが、当然のこととして試論の域をでない。今後の発掘を見守りたい。

Ⅱ　『出雲国風土記』関連史料の提示

周知のとおり『出雲国風土記』は、その巻末署名記事により天平五（七三三）年に出雲国造であり、意宇郡大領であった出雲臣広島の監修のもと秋鹿郡の人、神宅臣金太理の手により勘造された地誌である。

その『風土記』によれば、当時、出雲国意宇郡には「国庁」があり、郷が十一、余戸が一、駅家が三、神戸が三あったことがわかる。『出雲国風土記』の最大の特色は、そのような行政体への距離・方角が各郡家を中心に詳細に報告されている点である。

まずは『出雲国風土記』意宇郡条の関係個所を提示しておこう（日本古典文学大系『風土記』秋元吉郎校訂による

が、固有名詞を浮き出させるために固有名詞に付された助詞の「の」は省く）。

a　山代郷　郡家の西北のかた三里一百廿歩なり。天下所造大神、大穴持命の御子、山代日子命坐す。故、山代といふ。即ち正倉あり。

b　餘戸里　郡家の正東六里二百六十歩なり。（神亀四年の編戸に依り、一つの里を立てき。故、餘戸といふ。他郡もかくの如し）

c　野城駅　郡家の正東廿里八十歩なり。野城大神の坐すに依りて、故、野城といふ。

d　黒田駅　郡家と同じき処なり。郡家の西北のかた二里に黒田村あり。土の體、色黒し。故、黒田といふ。旧、此処に是の駅あり。即ち号けて黒田といひき。今は郡家の東に属けり。今も猶、旧の黒田の号を追へるのみ。

e　新造院一所　山代郷の中にあり。郡家の西北のかた四里二百歩なり。厳堂を建立つ。（僧なし）日置君目烈が造るところなり。（出雲神戸の日置君猪麻呂が祖なり）

f　いはゆる意宇杜は、郡家の東北の辺、田の中にある塾、是なり。圍は八歩ばかり、其の上に一もとの茂れるあり。

g　国の東の堺より西のかたに去ること廿里一百八十歩にして、野城橋に至る。長さ卅丈七尺、広さ二丈六尺なり。（飯梨川なり）又、西のかた廿一里にして国庁、意宇郡家の北の十字街に至り、即ち、分かれて二つの道と為る。（一つは正西道、一つは抂北道なり）抂北道は北のかたに去ること四里二百六十歩にして、郡に北の堺なる朝酌渡に至る。（渡は八十歩なり。渡船一つあり）又、北のかた一十里一百卅歩にして、島根の郡家に至る。郡家より北のかたに去ること一十七里一百八十歩にして、隠岐渡なる千酌駅家の浜に至る。（渡船あり）

h　東の堺より西のかたに去ること廿里一百八十歩にして、野城駅に至る。また、西のかた廿一里にして、黒田駅に至り、即ち、分かれて二つの道と為る。（一つは正西道、一つは隠岐国に渡る道なり）隠岐国の道は、北のかたに去ること卅三里六十歩にして、隠岐渡なる千酌駅に至る。

この巻末部分の史料gにより出雲国庁、意宇郡家がともに近接し、古代山陰道の十字街の南に所在していたことがうかがえる。

Ⅲ　出雲国庁・意宇郡家と十字街

出雲国庁の所在地に関しては長い論争があったが、恩田清氏が近世検地帳から検出した、国庁の転訛した「こくてう」という字名から松江市大草町六所神社の北側の地域が有力視されるようになった。一九六八年からの発掘により、南北長さ六〇メートルの大溝に囲まれた空間に奈良・平安時代の南北を基軸とした大小の建物跡、そして柵列、出土遺物としては「大原評」とみえる木簡、「社辺」と箆書された土器、硯、墨書土器、大量の土器が発掘され、六所神社境内の東側隣接地からは国庁正殿（後殿）の一部が確認され、大枠における出雲国庁が想定されたところである。(2)

未だ残された課題は多いが、ここで問題にしたいのは、国庁と意宇郡家の位置関係である。史料gには「西のかた廿一里にして国庁、意宇郡家の北の十字街に至り、即ち、分かれて二つの道と為る」とみえ、十字街の南に国庁と意宇郡家が所在したことが理解される。しかし、「国庁、意宇郡家の北の十字街」という表現には国庁・郡家と十字街の具体的位置関係がみえないのである。はたして国庁・郡家の北に隣接する形で十字街があったのか、それとも国庁・郡家の北の方に十字街が所在したのかという問題である。発掘によって復元された国庁は、想定される十字街からは直線距離にして明らかに四〇〇メートルは南に位置している。木下良氏は国庁から北への官衙群を含む国府域を想定し、その国府の北に隣接する十字街と理解している。(3)

まず確認すべきことは、「国庁」の理解にかかわる国庁と国府の関係である。国庁・国府の定義に関しては諸説が

表5　表記の異なる部分の対比

黒田驛	国庁、意宇郡家の北の十字街
隠岐国に渡る道	抂北道

表6　秋本・加藤の距離理解対比

	秋本吉郎		加藤義成	
	里	歩	里	歩
史料g	4	260	4	266
		80		80
	10	140	11	140
	17	180	17	180
合　計	33	60	34	66
史料h	33	60	34	140

あるが、ここでは国庁を政庁を中心とする行政官舎群、国府を国庁周囲の役人等の居住地域（例：周防国府で推定された方八町域）を含む空間と規定しておきたい。この史料にみえる「国庁」はいわゆる国府ではなく、国庁を意味しているのであろう。「西のかた廿一里」という表現は地点を示すものであり、意宇郡家が距離・方角記事の基点である点をおさえれば、同一文章に異質の空間をともなう用語である国府が登場するとは考えにくいからである。

ここで問題にしたいのは巻末の史料hの「西のかた廿一里にして国庁、意宇郡家の北の十字街に至り、即ち、分かれて二つの道と為る。（一つは正西道、一つは抂北道なり）隠岐国の道は、北のかたに去ること卅三里六十歩にして、隠岐渡なる千酌駅に至る」である。この一文はgの「西のかた廿一里にして国庁、意宇郡家の北の十字街に至り、即ち、分かれて二つの道と為る。（一つは正西道、一つは隠岐国に渡る道なり）」と瓜二つであり、異なるのは表5に整理した部分のみである。

一般に黒田駅と十字街は同所、そして「隠岐国に渡る道」も抂北道のことであり、その異なる表記は言い換えとみなされている。ここで問題にしたいのは、加藤義成氏の校訂した黒田駅から千酌駅まで路程距離である。[4]

表6をみてもわかるように問題は該当部分の路程数には諸本により異同があるという点である。[5] その際、秋本氏は黒田駅と十字街は同所ということを前提に、史料gとhの総計距離意を三十三里六十歩として同数に校訂するが、加藤氏はgを三十四里六十六歩、hを三十四里百四十歩と問題を残し、その差「七十四歩」を何らかの誤りとする。その是非はおくとして、両氏に共通しているのは黒田駅と十字

街は同所、「隠岐国に渡る道」と抂北道は同じとする認識であろう。

ではなぜ、神宅臣金太理はあえて別の表現をしたのであろうか。注目すべきは今日伝えられている諸本はhの距離をすべて加藤義成氏のとおり、「三十四里一百四十歩」としている点であろう。それを秋本氏が「三十三里六十歩」と校訂したのは、黒田駅と十字街は同所、「隠岐国に渡る道」と抂北道は同じとする前提から、gの距離の総計にhの路程を合わせたからである。はたしてその操作に原文の数値を変えるだけの正当性があるのであろうか。

ここで今まで吟味されず、一人歩きしてきたその前提を検討しておこう。

問題の抂北道と「隠岐国に渡る道」は即物的には「ほぼ」同じ道であるが、金太理にとってはまったく別の意を込めた表現であったことに気がつかねばならない。なぜなら抂北道とは「北に抂（曲）がる道」ということであり、国庁・郡家からの表現ではなく、東から通じる山陰道（正西道）を拠点とした言い方であることが理解されるからである。一方、「隠岐国に渡る道」という言い方は、島根郡朝酌渡条にもみえるとおり「国庁より海の辺に通ふ道」という意である。

この表現上の使い分けに気がつくならば、秋本・加藤氏が執着した前提が崩れることになろう。すなわち「隠岐国に渡る道」と抂北道と路程距離が異なるのは当然であり、校訂という形で諸本にみえる数値を変更するのは問題となろう。

伝諸本はすべて「隠岐国渡道」の路程を「三十四里一百四十歩」とし、また抂北道に関しては諸本異同があるが、その総距離は「三十三里六十歩」の可能性が強い。そうであるならば、その差、一里八十歩は十字街から国庁（郡家）までの距離ということになろう（図7のaの部分）。一里八十歩とは約五五〇メートルとなる。出雲国庁の発掘成果によれば、想定十字街から直線距離にして後殿まで約四〇〇メートルを図る。出雲国庁は山陰道（正西道）に背を向けた南向きであり、後殿よりも正殿・門はさらに南に所在しており、南向きの政庁と北の山陰道をどのような経路で結んだのかは判明しないが、約五五〇メートルという数値は適応されるであろう。

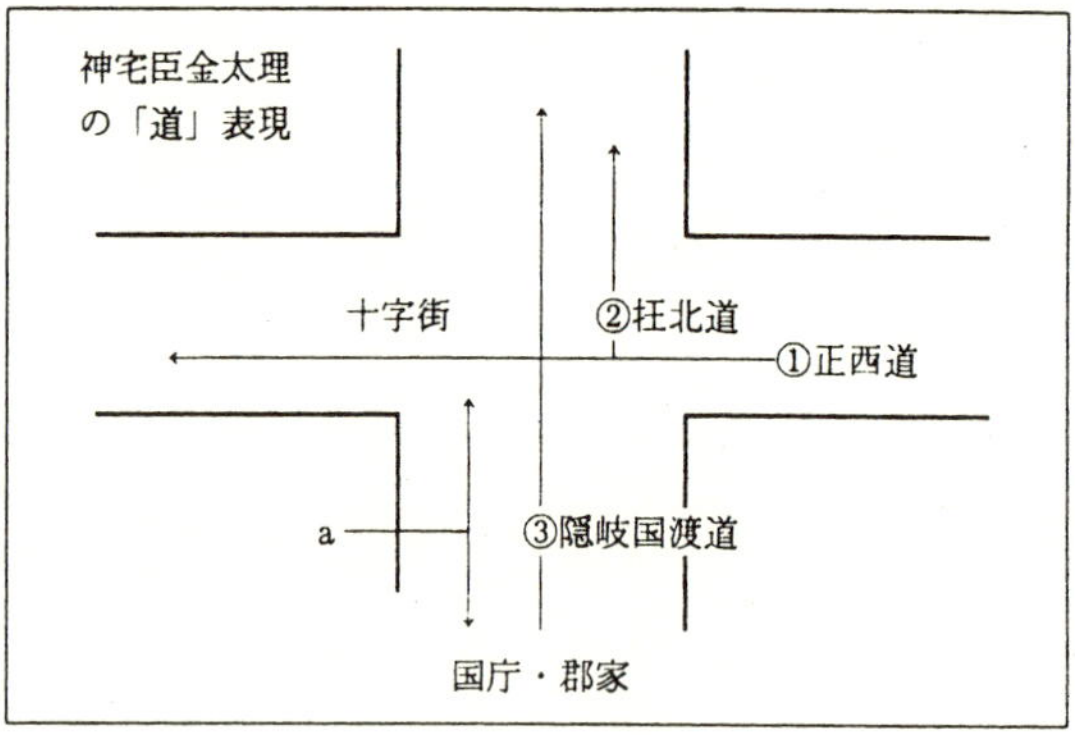

図7 十字街の重層的表現

以上の点をふまえれば、十字街から南に約五五〇メートル下った所に国庁と意宇郡家は近接して存在したことが判明する。周防・近江などで想定される方八町国府域（出雲は上国であり、方六町とする見解もある）を出雲に充てるならば、問題の意宇郡家も確実に「いわゆる」国府域内に位置することになる。そういう点で周防国府内域で「大領田」「馬屋田」という地名が確認されていることは興味深いといえよう。[6]

ここで注目したいのは、史料dの黒田駅に関する「今は郡家の東に属けり」の一文である。では黒田駅は郡家、そして郡家に隣接する国庁とどういう位置関係にあったのだろうか。

出雲国庁の発掘に携わった町田章氏は「地形的な状況から推測するならば、推定国庁の南・西辺に接して郡家などを想定することは困難であり、北・東辺に想定するのが妥当」とする。[7] 茶臼山の頂上に立ち、旧意宇川の流路を思い浮かべると、町田氏の「北・東辺」説にうなずくことができる。十字街から南に下ったところに位置した国庁・郡家は、十字街からの交通路を想定した場合、南北に並ぶ形で隣接していたのではなく、東西に並んでいたのであろう。史料dの黒田駅が郡家の東に付設する形で所在したということは国庁・郡家・駅家が東西線上に並んでいたことを示し、その並び方には国庁・郡家・駅家、郡家・駅家・国庁の二ケースが想定される。

ここで興味深い史料hの「郡家の東北の辺、田の中にある塾、是なり」に目を転じてみたい。この「塾」、すなわち小山は有名な国引終了時点で八束水臣津野命が御杖を衝き立て、「意恵」と叫んだと伝えているところである。その「塾」、いわゆる「意宇の杜」の位置は、「郡家の東北」である。この「塾」の位置に関しては、面足山（東出雲町出雲郷阿太加夜神社境内）、いいもりさん（東出雲町出雲郷須田）、客ノ森（松江市竹矢町）、八幡社（松江市大草町上八幡田）の四説があるが、[8]前二説は国庁の所在地、夫敷説にもとづくものであり、出雲国庁が確認された現在、過去の説となったが、客の森・八幡社の二説は譲ることなく、対立したままである。[9]この意宇の杜の位置に関しては、その存在を語る唯一の史料『出雲国風土記』の検討からアプローチするのが筋と考える。

客の森・意宇の杜の説を採り、その西南に郡家がある（「郡家の東北」の逆）事態を想定すると、郡家・駅家・国庁のケースでは、出雲国庁が大きく東にずれることになり、発掘された出雲国庁の位置から考えてありえないことになろう。

問題は「郡家の東北の辺」の「辺」である。「辺」は「ほとり」と訓じ、「かたわら」、「ものの際」を意味し、[10]『出雲国風土記』においても「西のかた一十四里二百卅歩にして、出雲郡家の東辺なり、すなわち、正西道に入る（巻末）」、「川辺に湯出づ（意宇郡忌部神戸条）」とみえる。この金太理の用法によれば、「辺」とは「モノ」の端を意味しており、「郡家の東北の辺」とは郡家の東北のコーナーにあたることになろう。

加藤義成氏は、「郡家の東北」について、当然、「今は郡家の東北の辺」を念頭におき、「いまは六所神社の東方田の中に八幡の森と呼ばれる小丘」をあてるが、方角に若干問題がある、「或いは洪水等の際移されたものか」とする。[11]

たしかに八幡の森は「郡家の東北」にしては東に位置し、問題を残す。そこで注目されるのが宇「八幡田」の北二〇〇メートル地点に展開する字「丁の明神」である。現在は「塾」としての姿態を残さないが、「丁」の字、そして方角を考慮すると、意宇の杜の跡地の可能性が高いと考える。

意宇郡家・黒田駅は「郡家と同じき処なり」とも表されており、その地の「辺」に国引きの拠点が存在したことは示唆的である。また郡家・駅家が東西に並び、その官舎群の北側が田地（田の中にある塾）であったということは、「駅戸口分田の駅家近辺への集中」班給を彷彿とさせ、また当時の国府景観を考える上で重要な知見といえよう。[12]

国府の周延のあり方に関して未だ明らかにされていないが、条里・国分寺・山陰道などの検討から方八・六・五町、そして十一町説が出されており、また国府域の外延がはたして確たるものとして存在したかという根本的疑問も残されている。そのことに関して『出雲国風土記』はなにも語らないが、論じてきたように国府域内の国庁を中心とする官衙群の諸施設の配置はある程度復元可能となったのである。

Ⅳ　出雲における駅家整備

『出雲国風土記』の記事を再吟味し、出雲国庁付近の官衙群の位置関係について模索してきた。ここでは黒田駅の移転という問題を取り上げ、官衙群全体の中で検討してみたい。

『出雲国風土記』の関連記事で時代的変遷について言及しているのは史料ｄの「黒田駅　郡家と同じき処なり。郡家の西北のかた二里に黒田村あり。土の體、色黒し。故、黒田といふ。旧、此処に是の駅あり。即ち号けて黒田駅といひき。今は郡家の東に属けり。今も猶、旧の黒田の号を追へるのみ」である。

ここに語られる旧黒田駅に関しては字名から松江市大庭黒田畦、下黒田などが想定されているが(13)、注目すべきは旧黒田駅が「郡家の西北のかた二里に黒田村」にあったという点であろう。なぜならその「西北のかた二里」には、史料ｅにみられる山代郷の新造院があったことがわかるからである。その新造院は発掘で四王寺阯であることが確認されている(14)。

その「西北のかた二里」の地点は明らかに「新造院一所　山代郷の中にあり。郡家の西北のかた二里なり」でわかるように、行政区分でいえば山代郷に属していたのである。

そうであるならばどのような状態で山代郷の中に旧黒田駅があったというのであろうか。またその駅戸集団は山代郷とどういうかかわりをもっていたのであろうか。その時点で黒田駅が新黒田駅のように一行政単位として独立する形であったならば、山代郷は当然、黒田駅分の駅戸を失い、五十戸からなる郷の体裁をなさず、一里（郷里制の里）から構成される小郷に転化していたはずであるが、『出雲国風土記』の記載による限りその兆候はみえない。ここで注目しておきたいのは『播磨国風土記』揖保郡の次の記載である。

邑智里（駅家あり）土は中の下なり。品太天皇、巡り行でましし時、此処に到りて、勅りたまひしく、「吾は狭き地と謂ひしに、此は乃ち大内なるかも」とのりたまひき。故、大内と号く。

『播磨国風土記』賀古郡には一行政体としての駅家里がみえるが、この邑智里（大市駅家・延喜式）の場合は明らかに邑智里の中に所在した駅家であり、賀古郡の駅家里とは同時代に存在したにもかかわらず、その存在形態は異なっていたことがわかる。[15]憶測の域をでないが、その相違は駅家の整備状況如何の反映と考えられよう。

旧黒田駅も邑智里の場合のように山代郷の中に所在したケースと考えられないであろうか。そこで注目されるのが史料bにみえる意宇郡の餘戸里に関する「神亀四年の編戸に依り、一つの里を立てき。故、餘戸といふ。他郡もかくの如し」である。この神亀四（七二七）年に編成された余戸はいかなる情勢の反映なのであろうか。「他郡もかくの如し」とあるように意宇郡以外の島根・楯縫・神門郡でも神亀四年に一斉に余戸が編成されており、単なる人口増加に対応する施策の結果とは想定しにくいであろう。

すでに論じたところであるが、[16]『出雲国風土記』を検討すると、余戸をともなう郡には必ず駅家か神戸が設置されているという事実が浮かんでくる。それは駅家・神戸が郷里制の郷を構成せず、二里（二里は郷の最小の資格であり）、あるいは一里という規模であったことにかかわっているのである。すなわち、「ある郷」に駅家か神戸を設置した結果、残りの部分が余戸として編戸されるという関係である。

黒田駅の場合は、山代郷のなかに所在した旧黒田駅を移動する際、郡家に接する「ある郷」の西部に一里で編成し、一行政としての新黒田駅に衣替えしたのではなかろうか。本来、その「ある郷」は残りの二里で編成され、出雲郡条にみえる二里からなる宇賀郷のように固有名詞を持ち「〇〇郷」と呼ばれることもありえたが、その「ある郷」の東部にもう一つの野城駅が一里規模で編成されたため、残り一里からなる余戸里として編戸されたのである。その年代は当然、出雲国における余戸里編成年の神亀四（七二七）年である。余戸里編成は駅戸・神戸の出雲における大いなる展開を物語っているといえよう。

野城駅は出雲の四大神の一つ野城大神の鎮座する地として注目されている。一駅家になぜ、大神が鎮座しているのか疑問の声も上がっているが、野城駅・新黒田駅が一行政体として分立する以前は余戸里を含めて、「野城郷」として存在していたのではなかろうか。先の「ある郷」とは「野城郷」の可能性が大であろう。因みに、『播磨国風土記』の邑智里条風に示すならば、「野城郷（駅家あり）」、「山代郷（駅家あり）」となる。以上の理解が成り立つとしても、黒田駅の移転は大胆である。旧黒田駅は国庁・郡家の西北にあったにもかかわらず、新黒田駅は国庁・郡家を飛び越え、国庁・郡家の東に置かれたのである。

この黒田駅の移転について論究した勝部昭氏は、出雲国造の本拠に近いところにつくられていた旧黒田駅は「律令制の確立、国司支配にともなう出雲国庁の造営整備」により、「出雲国造の本拠と少し離れた東の意宇川の自然堤防上」に移されたとする。(17)

旧黒田駅の地が、出雲国造の本拠に近かったとの指摘は興味深い。ここでより注目すべきは旧黒田駅の地がいわゆる隠岐道を想定することなく占拠されている点であろう。旧黒田駅の地では、山陰道（正西道）から島根半島・隠岐への抂北道から西へ外れてしまい、島根郡家・千酌駅家への駅家としては野城駅が最後となる。新黒田駅の地は抂北道が山陰道から分岐する直前であり、その問題が解消されるのである。黒田駅の移転は、出雲国造の本拠隣接地から「律令制の確立、国司支配にともなう出雲国庁の造営整備」の過程で、国庁・郡家を飛び越した新黒田駅という、抂北道へも考慮した政策といえよう。新黒田駅の移動は抂北道の整備ともかかわっていたと考えるのが穏当であろう。

ここで一言すべきは、駅家の移転とは施設の移動に留まらず、人的移動をともなうかどうかである。単純に考えるならば「野城郷（本論で想定した郷）」の西部にいた一里分の人を新たに駅戸として編戸し、旧黒田駅の駅戸を一般民戸に再編成すれば一応終了ということになろう。しかし、永田英明氏によれば、駅家設定・駅戸編成は人為性・計画性が強く、駅子は「居住地ごと駅家近辺に強力なかたちで禁縛」されたという。(18)そうであるならば旧黒田駅の駅戸を新黒田駅に強制移住させ、また「野城郷」西部の一般民戸を旧黒田駅、すなわち黒田村に入れ換えるかたちで住まわせた可能性も想定できよう。山代郷の規模が、黒田駅の移動後も三里であるという事態はそれを証左しているといえよう。

V　意宇軍団付言

国庁所在郡における国庁と郡家、そして駅家の関係はいまだ未解決の問題を多く残している。ここでは『出雲国風土記』にみえる出雲国庁・意宇郡家、そして黒田駅について、その位置関係について素描を試みてきた。ここで描いた地域像が他の国における同問題、また出雲国庁付近の今後の調査への一つの羅針盤になればと考えている[19]。

出雲国庁周辺には意宇軍団、また山代郷正倉が所在したこともわかるが、意宇軍団も『出雲国風土記』が「郡家に屬けり」としており、「屬けり」の用法からして意宇郡家に接するかたちで存在していたと考えられる。ただし軍団にかかわる可能性が大である字名の「団原」が郡家・国庁の西方にあたる松江市大庭・山代・大草に広範囲に分布している点を勘案すると[20]、加藤義成氏の指摘のように軍団役所は郡家と同所にあったが、兵士訓練（兵舎・兵器庫）の場は西方の字「団原」・「段原」に求められるのであろう[21]。

註

（1）阿部義平『官衙』（ニュー・サイエンス社、一九八九年）、山中敏史『古代地方官衙遺跡の研究』（塙書房、一九九四年）。
（2）松江市教育委員会『出雲国庁跡発掘調査概報』（一九七〇年）。
（3）木下良『国府』（教育社、一九八八年）。
（4）加藤義成『出雲国風土記参究』（原書房、一九六二年）。
（5）諸本の相違については『日本古典文学大系・風土記』（秋本吉郎校注）の脚注を参照。
（6）註(3)に同じ。

(7) 町田章「古代官衙跡」(『八雲立つ風土記の丘周辺の文化財』島根県教育委員会、一九七五年)。
(8) 三宅博士「『出雲国風土記』記載の「意宇社」の再検討」(『島根考古学会誌』第一集、一九八四年)。
(9) 内田律雄「意宇社」(『ふぃーるど・のーと』八、一九八五年)。
(10) 『時代別国語大時点(上代編)』(三省堂、一九七一年)。
(11) 註(4)に同じ。
(12) 永田英明「駅家経営の特質について」(『古代交通研究』第二号、一九九三年)。
(13) 勝部昭「出雲国府と駅路」(『古代を考える・出雲』吉川弘文館、一九九三年)。
(14) 『風土記の丘地内遺跡発掘調査報告X—島根県松江市山代町所在・山代郷南新造院(四王寺)跡—』(島根県教育委員会、一九九四年)。
(15) 小倉慈司氏は「出雲国の神戸について」(『出雲古代史研究』六号、一九九六年)において拙著『風土記と古代社会』の余戸論に言及するなかで、『播磨国風土記』の駅家里記述の存在を指摘し、拙論の批判を展開しているが、現状においては「整備状況」の観点で考えておきたい。
(16) 拙著『風土記と古代社会』(塙書房、一九八四年)。
(17) 註(13)に同じ。
(18) 註(12)に同じ。
(19) 註(1)山中敏史氏の出雲国司の意宇郡家駐在論、そして青木和夫氏の「国庁である意宇郡家」(『日本の歴史 五 地方豪族』小学館、一九七四年)論にかんしては、史料の限界を越えるため、ここでは言及しない。なお、山中見解には平石充「出雲国庁出土木簡について」(『古代文化研究』三、島根県古代文化センター)の批判がある。
(20) 加藤義成「政庁関係遺跡」(『島根県文化財調査報告書』第五集、一九六八年)。
(21) 「団原・段原」に関しては河岸段丘にかかわる地名の可能性も捨てきれないが、ここでは軍団にかかわる字と理解しておく。

第四章　出雲国大原郡に見る古代の地域像

Ⅰ　大原郡の研究の課題

古代出雲国の研究といえば意宇郡に置かれた国庁、意宇郡家中心に展開され、宍道湖・中海周辺地域が検討の対象であった。ここでは内陸部の飯石・仁多・大原郡に視野を広げ、雲南三郡の中心として重要視された大原郡の有り方について前章の国庁・意宇郡家にならいその地域像を描いてみたい。

古代の雲南三郡の領域配置をみるに明らかに大原郡は飯石・仁多郡の扇の要の位置を占めていることがわかる。その地理的位置関係は現在も受け継がれており、大原郡の歴史的変遷を決定づける大きな要因になっているようである。

古代出雲国は意宇・島根・秋鹿・楯縫・出雲・神門・飯石・仁多・大原の九郡で構成されていたが、『出雲国風土記』はその九郡の中で大原郡を最後に取り上げる奇妙な編集を行っている。また『出雲国風土記』の記述によれば九郡の中で郡家が移動したのは大原郡家だけである。この二つのことを切り口として古代雲南社会の歴史的変遷、そして特色を析出してみたいと思う。大原郡に限定し、その動静をみる研究は初めてであろう。

Ⅱ　大原郡家の移転と地域首長

『出雲国風土記』にみえる大原郡家の移動にかかわる史料を示す(1)。

a　大原と号くる所以は、郡家の東北のかた一十里一百一十六歩に田一十町ばかりありて平原なり。故、号けて、大原といふ。往古の時、此処に郡家ありき。今も猶旧の追に大原と号く。(今、郡家のある処は、号を斐伊村といふ。）

b　屋裏郷　郡家の東北のかた一十里一百一十六歩なり。古老の伝へていへらく、所造天下大神、笑を殖てしめ給ひし処なり。故、矢内といふ。（神亀三年、字を屋裏と改む。）

c　斐伊郷　郡家に属けり。樋速日子命、此処に坐す。故、樋といふ。（神亀三年、字を斐伊と改む。）

この三条の史料の語るところを整理すれば、現在の郡家は斐伊郷（村）に「属《つ》」く形で存在しており、かつての郡家は斐伊村の「東北」、「一十里一百一十六歩」の所にあったということであろう。

またbの史料を重ね合わせれば「東北」、「一十里一百一十六歩」の部分がａｂで合致し、「大原」なる場所は屋裏郷域内であることも判明する[2]。

また『出雲国風土記』によれば大原郡には三つの「新造院」がみえ、その一つが屋裏郷内であったことがわかる。

新造院一所　屋裏郷の中にあり。郡家の東北のかた一十里一百廿歩なり。□層塔を建立つ。（僧一躯あり。）前少領額田部臣押島が造るところなり。（今の少領伊去美の従父兄なり。）

他の新造院の建立事例から考えて額田部臣押島は屋裏郷を拠点とする地域首長であった可能性が高い。史料が語るように少領の地位を額田部臣押島、そして従父兄の額田部臣伊去美と額田部臣一族内で世襲している点はそれを示しているといえよう。また額田部が屋裏郷に居住していたことは『出雲国計会帳』天平六年五月十九日のところに「屋裏郷賀太里戸主額田部宇麻呂戸口盗人額田部羊」とみえることからもうかがうことができる。そこにみえる「屋裏郷賀太里」の「賀太」は「ぬかた」であろうとも言われている。『出雲国風土記』大原郡条社名帳には「賀太里」に鎮座していたと考えられる神祇官社の「加太社」もみえ、現在もその後裔、すなわち信仰系譜を継承したと考えられる加太神社が大東町に鎮座している。

出雲国の「額田部臣」といえば著名な松江市大庭の岡田山一号墳出土円頭大刀にみられた「額田部臣」の象嵌銘文が気になる。岡田山一号墳は六世紀後半の築造とされる全長二七メートルの前方後方墳である。

この大刀の「額田部臣」に関しては、大原郡少領という地位程度の「中」規模首長の名が出雲国造の拠点である大庭の古墳からなぜ出土したのかという疑問が残されている。その疑問を氷解させるためには大原郡の屋裏郷が山を挟んで意宇郡に近接しており、大原・意宇の交通路は屋裏郷を通して結ばれていたことに思い至らねばならない。意宇郡（国庁・意宇郡家）からみて屋裏の地は山を越えた雲南地域への入口にあたる場所であり、その政治的側面における役割は大きかったのであろう。それはさらに目を広げれば吉備（備後）世界への最短路の入口を占めていることにも気づく。

しかし、屋裏郷の地に当初の大原郡家（「前期郡家」可能性として大原「評家」）が置かれた背景にはもう一つ別の要素があったと考えられる。移転郡家（「後期郡家」）の時代、すなわち『出雲国風土記』編纂段階の大原郡大領は勝部臣であったことは無視できないであろう。「新造院一所　斐伊郷の中にあり。郡家の正南一里なり。厳堂を建立つ。（僧五躯あり。）大領勝部臣虫麻呂が造るところなり」ともみえる。その勝部臣の本拠は一般に新造院を造立した斐伊郷と考えられている。本来ならば「前期郡家」もその地域の最大首長の勝部臣の本拠地に設けられるべきであるが、大原郡においては異例にも少領の額田部臣の拠点である屋裏郷に置かれたことは注目されよう。そのことは「前期郡家」の設置時点においては大原地域で最大の首長が額田部臣であったことを示唆しているのであろう。

図8の地図をみるに、額田部臣が本拠とした屋裏郷は斐伊川の支流の一つ赤川流域に展開した地域社会であることがわかる。その赤川流域の海潮郷には宇能治比古命の神話が伝えられている。

> 海潮郷　郡家の正東一十六里三十三歩なり。古老の伝へていへらく、宇能治比古命、御祖須義禰命を恨みまして、北の方、出雲の海の潮を押し上げて、御祖の神を漂はすに、此の海潮至れりき。故、得鹽といふ。（神亀三年、字を海潮と改む。）

この宇能治比古命は楯縫郡沼田郷条にもみえており、一般に「宇能治」、すなわち「海の霊《ち》」の神とされている。[3]大原郡条の社名帳には在神祇官社として宇能治比古命を祀ったと思われる「宇乃遅社」が二社みえる。また御祖の須

図8　旧・新の大原郡家の地理的環境

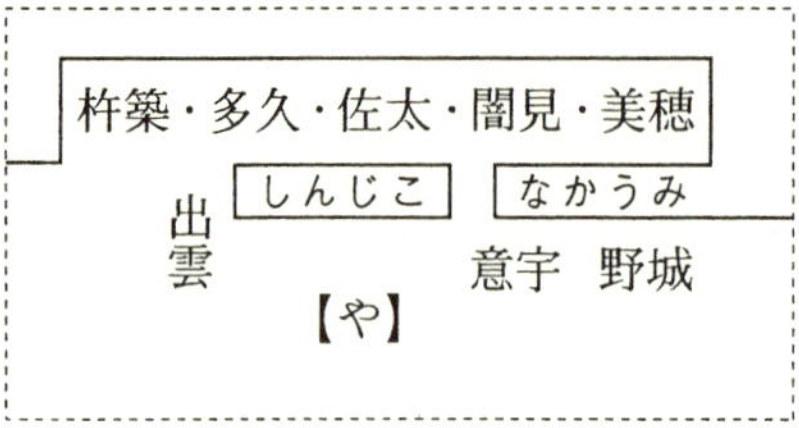

図9　「や」の世界想定図

義禰命を祀ったと伝える非在神祇官社「須我社」もみえる。

この三社は現在も赤川流域に比定され、鎮座している。「宇乃遅社」は現在、大原郡（雲南市）加茂町宇治（「宇乃遅」の訛り）に所在するが、同地は『出雲国風土記』の行政区分でいうならば屋代郷域に含まれる。また現在、宇能治比古命を主祭神として奉祀する神社として海潮神社が大東町南村に、御祖の須義禰命を祀る神社である須美禰神社は加茂町立原にそれぞれ鎮座しており、また須義禰命にかかわる可能性が高い須我神社は赤川の最上流の須賀川左岸に位置している。赤川流域の屋代・屋裏・海潮郷域はまさに「海の霊」、すなわち「海の道《ち》」の谷戸の景観を構成しているのである。

また注目すべきは屋裏郷の西、赤川下流域に広がるのは屋代郷であり、赤川谷戸が斐伊川に合流する地点には風土記社である八口（神）社が鎮座している事実である。屋裏郷の東、赤川上流には『出雲国風土記』にみえる「笶（や）村」もみえており、赤川流域には上流から笶村、屋裏郷、屋代郷、八口社というように「や」を共有する地名が分布していることが判明する。屋裏郷の旧名は「矢内」、矢代郷も「矢代」、八口社は『延喜式』に「矢口神社」とみえており、「矢」で括れそうである。しかし、「八口」神社は地理的な面を勘案すれば「谷口」であることが理解できよう。

赤川は現在こそ穏やかな浅川であるが、かつては深い谷であったといわれており、それは考古学的にも証明されている。その点を考慮すると意味的には屋裏は「谷内」、屋代も「谷代」であろう。古代、古い時代に赤川流域には佐太国、闇見国、野城国、多久国と同様の「や国」が存在したのではなかろうか。その「や国」とのかかわりが想定されるのが屋裏郷を本拠とした大原郡最大の地域首長額田部臣であったと考えられる。

「前期郡家」が屋裏郷に置かれたのは意宇郡と交通、そして大原におけるかつて最大の地域首長額田部臣の存在が背景にあったといえよう。

Ⅲ　大原「後期郡家」と伝路・郷道

『出雲国風土記』大原郡屋代郷条に「屋代郷郡家の正北一十里一百一十六歩なり。所造天下大神の垜立て射たまひし處なり。故、矢代といふ。（神亀三年、字を屋代と改む。）即ち正倉あり」とみえる。ここに大原郡条で唯一の「正倉」がみえる。この正倉の位置については加茂町中加茂の字「蔵の上」、「合蔵」、「倉敷山」に所在する正倉山慶用寺付近と考えられる(4)。その所在地は明らかに出雲・大原郡間、意宇・大原郡間の伝路から外れており、「後期郡家（斐伊郷）」から神原・屋代郷への北上路と、八口神社と屋裏郷を結ぶ東西路の交点に当たる。

最近、斐川町の後谷Ⅴ遺跡の発掘調査において『出雲国風土記』に記載がなくても出雲郡家には郡家付設の正倉があったことが明らかにされた(5)。それは他の郡家にも援用できる重要な知見である。正倉山慶用寺の地は明らかに「前期郡家（屋裏郷）」に近いところであり、郡家に正倉があればあえて正倉を置く必要は見出せないのである。「後期郡家」への移転後に諸郷との交通を勘案して新たに置かれたと考えるべきであろう。「後期郡家」から離れた屋代郷・屋裏郷、そして赤川の流れを利用し、赤川上流の海潮・阿用郷の租稲を貯蔵するために、各郷への交通路を勘案して設置されたと考えられる(6)。

『出雲国風土記』は各郡家から各郷への方角、距離を明記している。それは郡家から「郷家」への距離と考えられ、当然郡家から郷家への「道」を測ったものであろう(7)。その郡家から郷家への「道」を「郷道」と呼称しておきたい。このような「郷道」が存在したことは常識で当然想定されることであるが、未だ史料上では証明はされていないのである。

波多郷　郡家の西南のかた一十九里なり。波多都美命の天降りましし処なり。故、波多といふ。

この飯石郡家から「西南のかた一十九里」という方向、距離で歩むコースは図でみるように『出雲国風土記』から想定される伝路などでは説明できない道であることが理解できるであろう。同様に大原郡内の伝路を示す『参究』図（図12）、『大系』図（図13）をみるに、伝路は斐伊川流域から離れ、屋代、屋裏郷を迂回し大原郡家に向かうが、伝

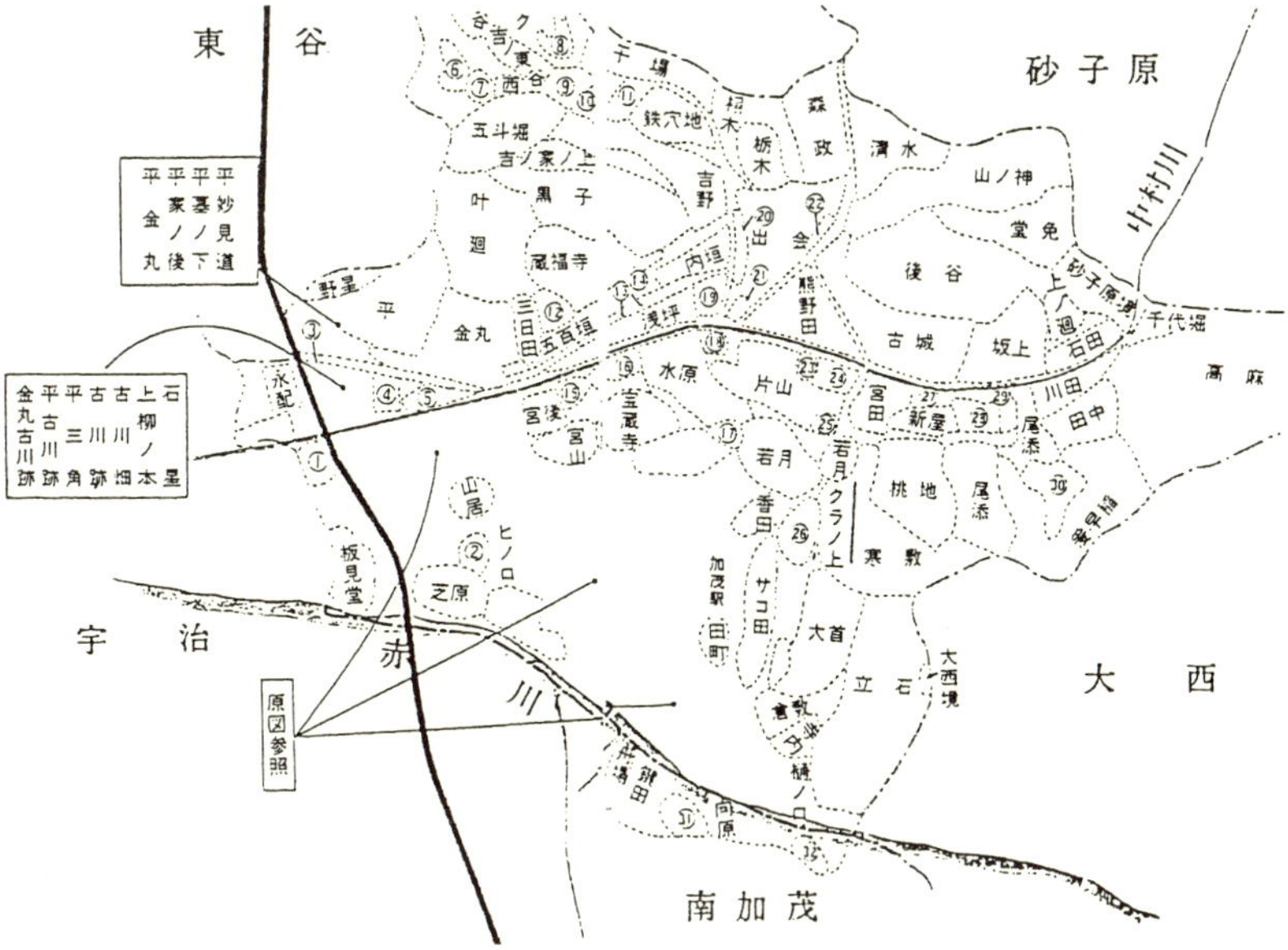

図 10　加茂町中加茂の小字図

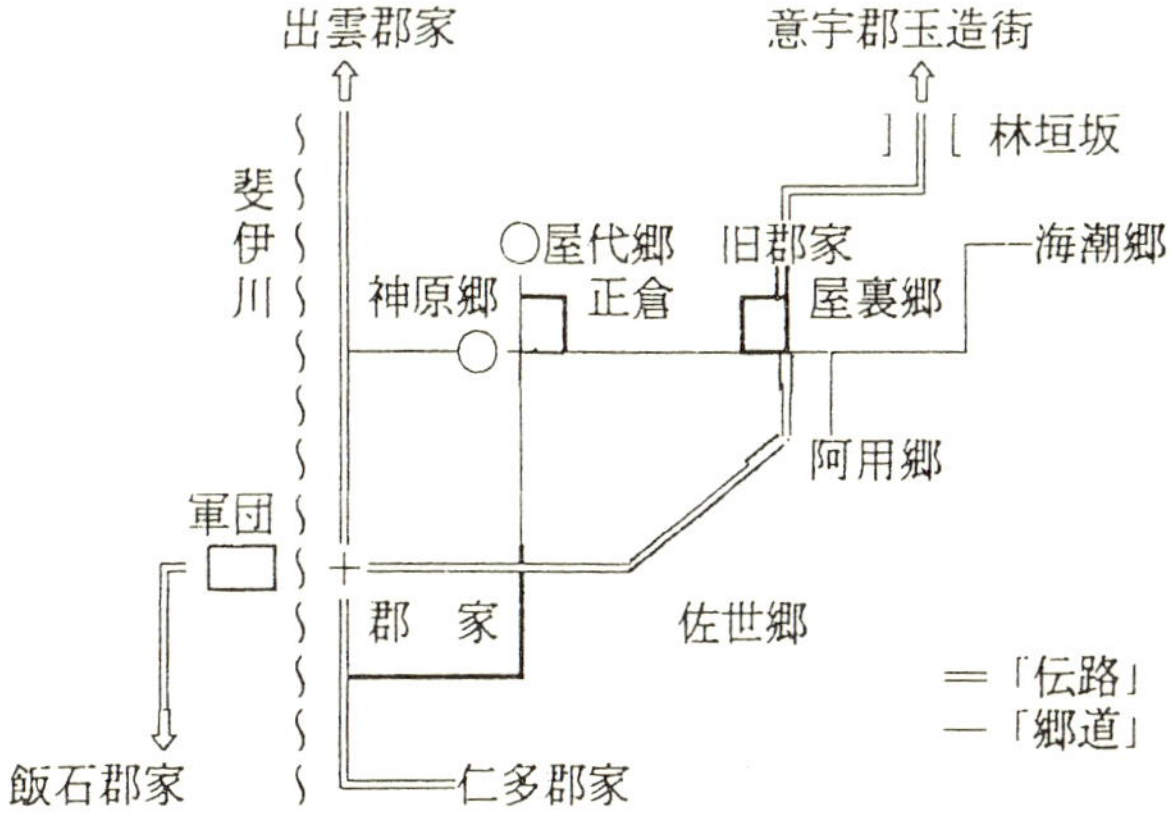

図 11　大原郡家の伝路図

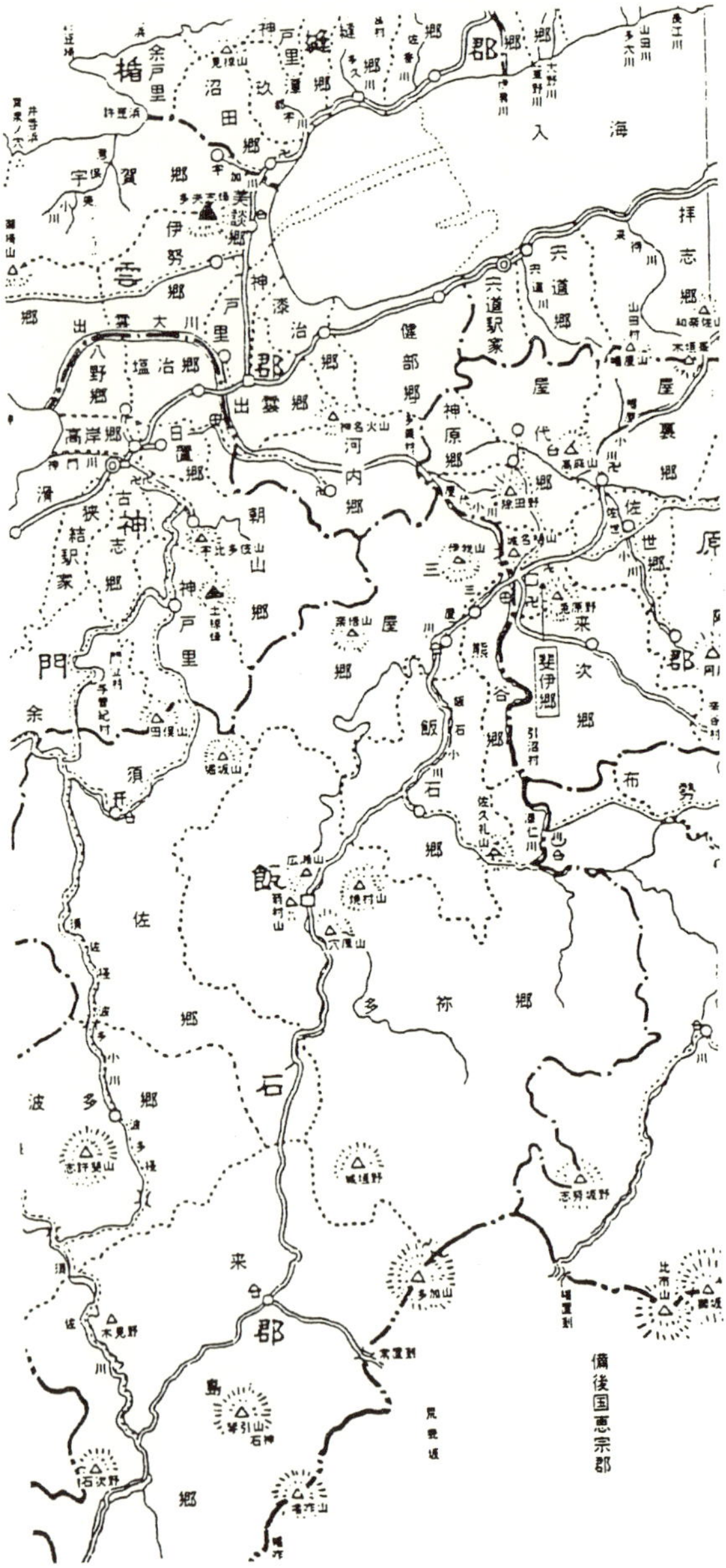

図 12　加藤義成氏の大原郡伝路図

路は郡家間を結ぶ道であり、各郷家を通る必要はないのである。出雲郡家から大原郡家を結ぶ伝路は斐伊川に沿い、直線的に南下したとみるべきである。

大原郡の「後期郡家」の位置は、出雲郡家から大原郡家を通り仁多郡家に進む伝路と意宇郡から大原郡家を通り飯石郡家に進む伝路との交点にあたり、山間の大原・飯石・仁多地域における交通の重要地点であり、まさに雲南三郡における伝路の十字路であることが理解できるのである。

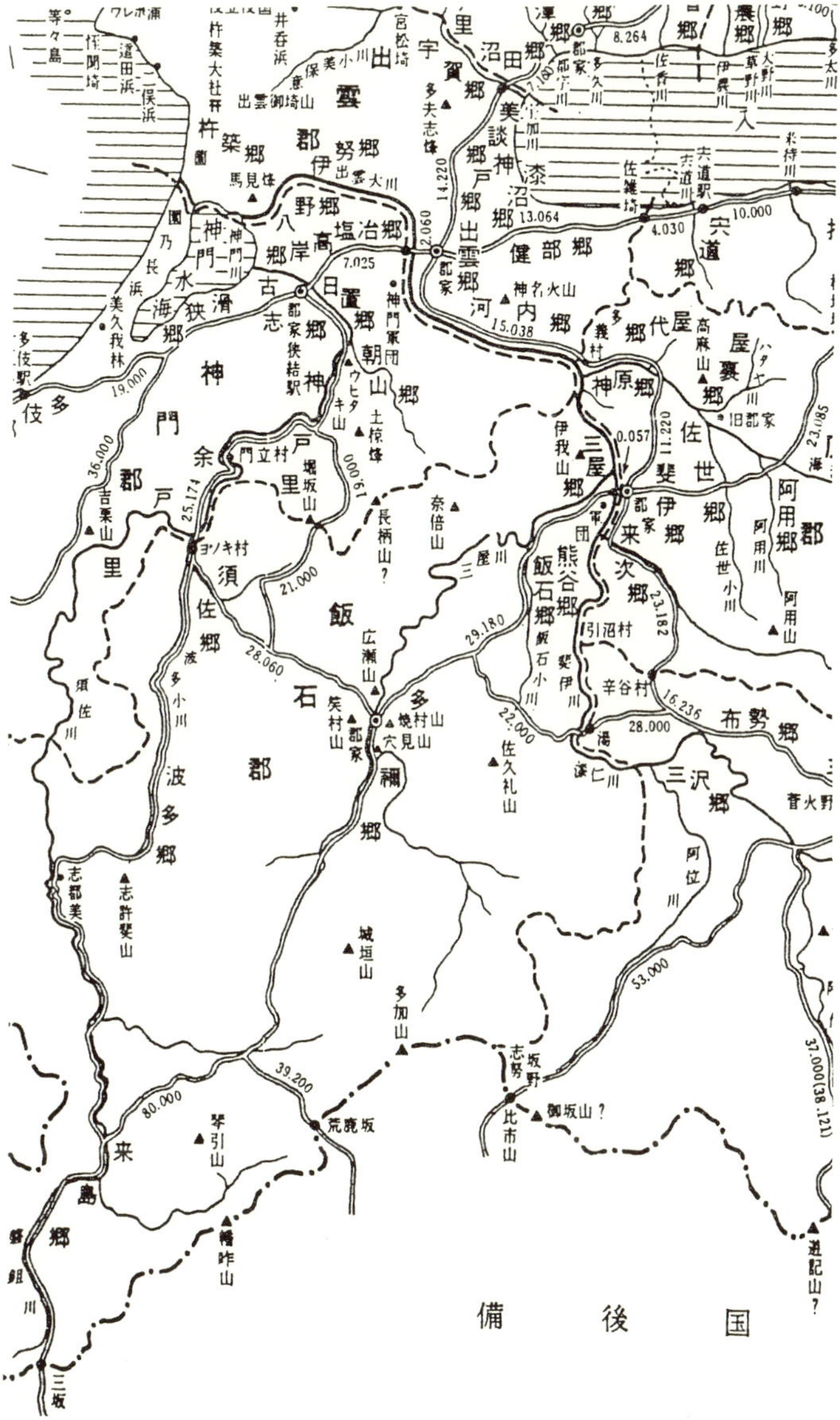

図 13　秋本吉郎氏の大原郡伝路図

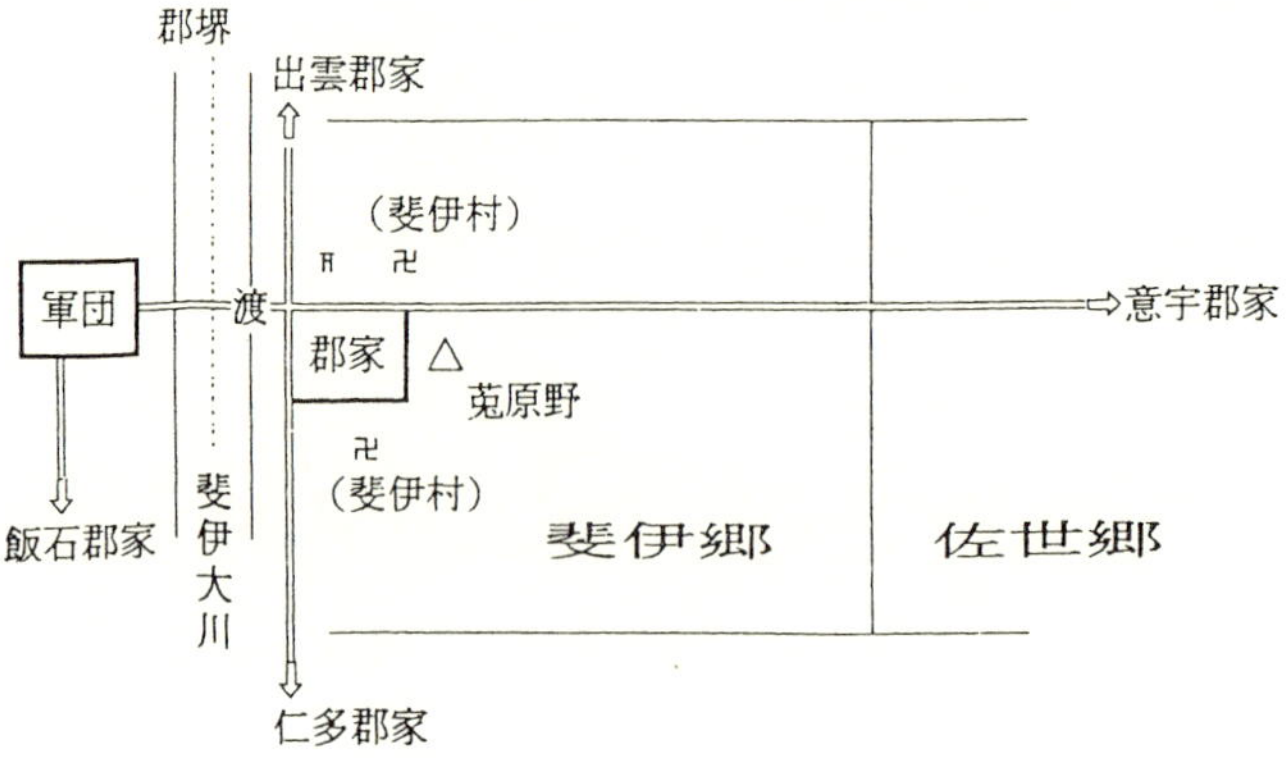

図 14 想定新郡家の想像地図

また『出雲国風土記』巻末軍団条には次のような記述がみえる。

熊谷軍団　飯石郡家の東北のかた廿九里一百八十歩なり。

この熊谷軍団は飯石郡から大原郡堺への距離（『出雲国風土記』飯石郡条に「大原郡の堺なる斐伊川の辺に通るは、廿九里一百八十歩」とみえる）と同じであり、大原郡家の十字路の西側、斐伊川を渡った地点に所在していたことがわかる。未だ熊谷軍団の位置は明確にはされていないが、木次町下熊谷の字段原付近と想定されている(8)。熊谷軍団は行政地割でいえば飯石郡内であったが、実質的には大原郡家と密接な関係を有していたと考えられる。また斐伊川は大原郡家と熊谷軍団の間を流れており、その渡河点は下流の出雲郡・神門郡との水上交通の拠点であったと想定できる。さらに大原郡家の南北にはそれぞれ新造院が建っていたことも忘れることはできない。

大原郡家はそういう意味で政治・軍事・文化面において雲南三郡（『出雲風土記』がいう「参郡竝山野之中」）の要であり、出雲国庁・意宇郡家との結節点であったのである。

大原「前期郡家」の所在地はあくまで出雲国庁・意宇郡家と郡家を結ぶという環境立地であったが、大原「後期郡家」の所在地は律令国家が雲南三郡支配を念頭において選定した可能性が高いといえよう。大原「後期郡家」は意宇郡・出雲郡・飯石郡・仁多郡を結ぶ要であった。すなわち雲南地域の伝路の成立と深くかかわっていたのである。それはまた「後期郡家」の成立が雲南地域の伝路の完成を促したことを意味している。大原郡家の屋裏から斐伊への移動は律令国家の国・郡・里（郷）制の整備とじつに深くかかわっていたのである。

Ⅳ　大原郡家の移動の背景

『出雲国風土記』大原郡条に前述したとおり三つの新造院がみえる。検討しやすいように整理すると表7のようになる。

表7　大原郡新造院比較表

斐伊郷	郡家正南１里	厳堂	大領	勝部臣虫麻呂	僧５
屋裏郷	郡家東北11里120歩	塔	少領	額田部臣押島	僧１
斐伊郷	郡家東北１里	厳堂	郷人	樋伊支知麻呂	尼２

問題は『出雲国風土記』の三つの新造院の列挙順である。いかなる基準で新造院の記事を並べたのであろうか。『出雲国風土記』の監修者出雲臣広島、編集責任者神宅臣金太理の緻密な編集方針からしてそこには何かの基準があったと想定される。(9) 因みに社名帳は「社格（神格）」順であろうといわれている。自然地名も山、川、そして海へと目を移し立項しているのもそこに編纂方針を読み取ることが可能である。

三つの新造院の記載をみてすぐに思うのは建立者の身分順である。たしかに大原郡の場合は大領・少領・郷人の身分順になっているが、意宇郡の四つの新造院（教昊寺も含む）の記事の順序はそれに合わないことがわかる。次に僧・尼の員数順も想定されるが、やはり意宇郡では合わない。また建物の種類、郡家からの距離なども新造院配列の基準にはなっていないようである。

記事からは析出できないが残された可能性として考えられるのは造院の時代順だけであろう。そうであるならば大領の勝部臣虫麻呂、小領の額田部臣押島、そして郷人の樋伊支知麻呂の順で造院したと推定できよう。

そこで注目されるのは、斐伊郷の二つの新造院がともに郡家から「一里（約五〇〇メートル）」の地点に造院されている点である。それはこの二つの新造院造立後にそのちょうど中間に郡家築造に適切な場所があり、「後期郡家」が造られたのではなく、「後期郡家」の成立後に勝部臣虫麻呂が郡庁の南一里の地点に厳堂を、次いで樋伊支知麻呂が「後期郡家」の郡庁の東北一里にそれぞれ新造院を造立したと考えるのが自然である。

意宇郡の新造院の事例が比較的古い（祖父・祖）時代に造立されているのに対し、大原郡の三つの新造院の場合は、勝部臣虫麻呂が現職の大領、樋伊支知麻呂も同時代の人であり、額田部臣押島も現職の少領の従兄弟とみえており、新しい世代の手になっており意宇郡よりおくれて仏教文化が大原の地に流入し、造立されたとみるべきであろう。

その大原郡の三つの新造院よりも古いと考えられる「後期郡家」の成立はいつごろに想定できるのであろうか。『出雲国風土記』の記述は十分な答えを用意はしていないが、『出雲国風土記』にみえる新造院が新旧（「新」とは現職、「旧」とは「祖先」などにより造立）に分けられることを勘案すると、「新」新造院造立の前代ということになりそうである。はたしてどこまで遡及できるかは不明であるが、出雲国庁から出土した「大原評」木簡は示唆的である。「前期郡家」は「大原評家」の段階ではなかろうか。その評制から郡制への転換は大宝律令の施行をもってなされたと考えられる。

「前期郡家・大原評家」は額田部臣の本拠地である屋裏郷に建造されたが、では「後期郡家」は大領の勝部臣氏の本拠地が選定されたのであろうか。「後期郡家」は斐伊郷域の兎原野（郡家の正東なり。即ち郡家に属けり）の麓であり、また『出雲国風土記』が特に「今、郡家のある処は、号を斐伊村といふ」としている点が注目される。

「斐伊村」といえばその居住地域は「樋伊支知麻呂」の一族の本拠と考えて間違いないであろう。その点は『出雲国風土記』にみえる「樋伊」氏とかかわると推定される二つの神祇官社「樋社」の後裔とされる斐伊神社が同地域に鎮座していることからも傍証できる。すなわち「後期郡家」は大領の勝部臣氏の本拠地ではなく、あくまで国家の施策、大原郡の屋裏から斐伊への移動は律令国家の国・郡・里（郷）制の整備と深くかかわっており、そのような観点から選ばれたのであろう。

勝部臣氏も斐伊郷域に新造院を造立していることから斐伊郷を勝部臣氏の本貫とみる見解が主流である[10]。「樋伊」氏との本貫の重なりに関しては勝部臣氏が「樋伊」氏より上位の地域首長と理解することも可能であるが、勝部臣氏の本拠地はむしろ佐世郷を想定するべきではなかろうか。一九八八年、東大寺大仏殿脇から出土した木簡に「出雲国大原郡佐世郷　郡司勝部」とみえるのはその証左であろう。

ここで次の『播磨国風土記』揖保郡条の二つの史料に注目したい。

大法山（今の名は勝部岡なり。）　品太天皇、此の山に大きみ法を宣りたまひき。故、大法山といふ。今、勝部岡と号くる所以は、小治田河原の天皇のみ世、大倭の千代の勝部等を遣りて、田を墾らしむるに、即ち、此の山の辺に居りき。故、勝部岡と号く。

大田里（土は中の上なり。）　大田と称ふ所以は、昔、呉の勝、韓国より度りて来て、始め、紀伊国名草郡の大田村に到りき。其の後、分かれ来て、摂津国三島の賀美郡の大田村に移り到りき。其が又、揖保郡の大田村に遷り来けり。是は、本の紀伊国の大田を以ちて名と為すなり。

大田里は現在の姫路市勝原区下太田に名を残すが同じ勝原区に「すぐり原」という地もみえる。この「すぐり原」は揖保郡大法山条の「大法山（今の名は勝部岡なり）」の遺称地と考えられる。伝承によればその麓は「大倭の千代の勝部等」が移住、開発した所という。その開発した「田」が「大田」なのであろう。

ここで注目したいのは勝部とその「大田」という地の関わりである。後者の大田里伝承では「勝」氏が移動した地域は、「紀伊国名草郡の大田村」、「賀美郡の大田村」、「揖保郡の大田村」とすべて「大田」村であったことが判明する。ここに勝部と大田との関係の深さを読み取ることができるであろう。

その事実をふまえ大原郡における「大田」なる地名を求めたところ木次町教育委員会坂本諭司氏のご教示により、大東町下佐世（佐世神社付近）に「大田」の字が分布していることがわかった。先の東大寺大仏殿脇出土木簡「出雲

国大原郡佐世郷　郡司勝部」と考え合せれば、これは単なる偶然の一致ではないであろう。

勝部氏の勢力範囲はその佐世郷域を本拠とし、さらに南の来次郷域に及んでいたと想定される。ここにあえて木次郷域を加えたのは勝部臣虫麻呂が新造院を「後期郡家」の南一里に造立したという事情をふまえたからである。なぜなら来次郷家は「後期郡家」の南八里であり、さらに大原郡大東町上久野に鎮座する鎌倉神社の由緒に注目したからである。それによれば鎌倉神社の近くには「勝部」、「殿様塚」と称する墓所があり、勝部臣虫麻呂の奥都城として祀られているというのである。(11)もちろん、神社由緒という性格を考慮する必要があるが、現状では勝部臣氏の勢力範囲を探る上で唯一の残された情報と位置づけておきたい。なお、現鎌倉神社宮司家は勝部姓である。

この鎌倉神社の所在地が斐伊川の一大支流の久野川の谷戸の上流域にあたる点を考慮すると、勝部臣氏のかつての支配領域に佐世郷域から斐伊郷南部、久野川流域の木次、そして来次郷家の所在地とされる寺領、そして上流の久野に及んでいたと想定されそうである。

「樋伊」氏が拠点とする斐伊郷が雲南三郡の政治支配のおける十字路と認識され、そこに「後期郡家」が設置された時点において勝部臣虫麻呂一族は斐伊郷内に勝部館を構え、「後期郡家」に出仕し、さらにその南の地、来次郷域近くに新造院を造立したのであろう。

その勝部臣氏の動向はあくまで国家の施策、「大原郡家の屋裏から斐伊への移動は律令国家の国・郡・里（郷）制の整備と深く係わって」いたのである。

Ⅴ　中央集権強化の具体像

以上、回り道をしながら古代大原郡の地域の動静を垣間みてきたが、その中で検証した「前期郡家」の設置、「後期郡家」の設置における選地のあり方に古代国家の地方支配の浸透、拡充を読み取ることができる。

それは律令国家が当初、地域首長の在地支配をそのまま包摂し、次の段階で地域首長を官人化し、律令の中央集権的地方行政組織の確立につとめたあらわれである。思うにあたかも明治政府が行った中央集権国家確立の政策であった版籍奉還、廃藩置県の二段階政策に近似しているといえよう。

註

（1）秋本吉郎『日本古典文学大系 風土記』（岩波書店、一九五七年）を使用する。ただし固有名詞に関しては一部「の」を省く。
（2）『出雲国風土記』大原郡条の屋代・屋裏郷への郡家からの距離、方角に関しては諸本により異同がみえる。ここでは論じないが、秋本吉郎『風土記』の校訂を支持し、継承する。
（3）加藤義成『出雲国風土記参究』（原書房、一九五七年）。
（4）『加茂町誌』（加茂町教育委員会、一九五七年）。
（5）斐川町教育委員会『後谷Ｖ遺跡』（一九九六年）。
（6）拙稿「出雲国風土記の正倉」（『後谷Ｖ遺跡』斐川町教育委員会、一九九六年）。本書に掲載。
（7）拙著『日本古代社会生活史の研究』（校倉書房、一九九四年）。
（8）三刀屋町役場（現・雲南市）板垣旭氏の案内で比定地を歩いたが、平坦な台地上で適地との感触を得た。ただし、同所に軍団の役所があったのか、それとも軍団の訓練場であったかは今後の調査を待つ必要があろう。
（9）拙稿「『出雲国風土記』の編纂」（山本清編『風土記の考古学３　出雲国風土記の巻』同成社、一九九五年）。
（10）加藤義成『出雲国風土記参究』（原書房、一九五七年）では「勝部は恐らく斐伊郷の豪族で、郡家と郷家はこの郷にあったと思われる」とする。
（11）島根県神社庁編『神国島根（復刻）』（島根県神社庁、一九九六年）。

第五章　水上の十字街・朝酌「渡り」考

Ⅰ　二つの渡し

『出雲国風土記』島根郡条に古代水上交通の拠点と考えられる朝酌渡にかかわる記載がある。(1)『出雲国風土記』の中では描写が動的であり、当時の社会を検討するに適当な史料と判断する。この史料を検討することにより、朝酌渡の古代出雲における役割、そして古代の「渡り」について考察を巡らしたいと考える。まず関係史料を示しておく。(2)

a　朝酌郷　郡家の正南一十里六十四里なり。熊野大神の命、詔りたまひて、朝御饌の勘養、夕御饌の勘養に、五つの贄の緒の処と定め給ひき。故、朝酌といふ。

b　朝酌の促戸渡　東に通道あり、西に平原あり、中央は渡なり。則ち、筌を東西に亙し、春秋に入れ出だす。大き小き雑の魚、時に来湊りて、筌の辺に駈駭き、風を圧し、水を衝く。或は筌を破壊り、或は日に腊を製る。ここに捕らるる大き小き雑の魚に、浜譟がしく家闐ひ、市人四より集ひて、自然に鄽を成せり。（茲より東に入り、大井浜に至る間の南と北との二つの浜は、並に白魚を捕る。水深し。）

c　朝酌渡　広さ八十歩ばかりなり。国庁より海の辺に通ふ道なり。

d　大井浜　則ち、海鼠・海松あり。又、陶器を造る。

Ⅱ　民衆の渡し・官の渡し

前掲史料をみても理解できるように朝酌には「朝酌の促戸渡」と「朝酌渡」の二つの渡りの存在がうかがえる。この点に関しては今まで余り注目されず、今日に至るも十分な考察がなされていないようである。

両「渡り」が別個に立項されている点を考慮すれば、両者に明確な質的相違があったと考えられる。朝酌渡は「国庁より海の辺に通ふ道なり」とあるように「官道」に付設された「渡り」であり、「官の渡り」と考えられる。しかし、「官の渡り」とした場合、「渡り」の要となる船の記載がないことに気がつく。ところが『出雲国風土記』の巻末の通道の記載に目を転じると事態は変わるのである。

北に枉れる道は、北のかたに去ること四里二百六十歩にして、郡の北の堺なる朝酌渡に至る（渡は八十歩なり。渡船一つあり）。又、北の方一十里一百卌歩にして、島根郡家に至る。郡家より北のかたに去ること一十七里一百八十歩にして、隠岐渡なる千酌駅家の浜に至る（渡船あり）。

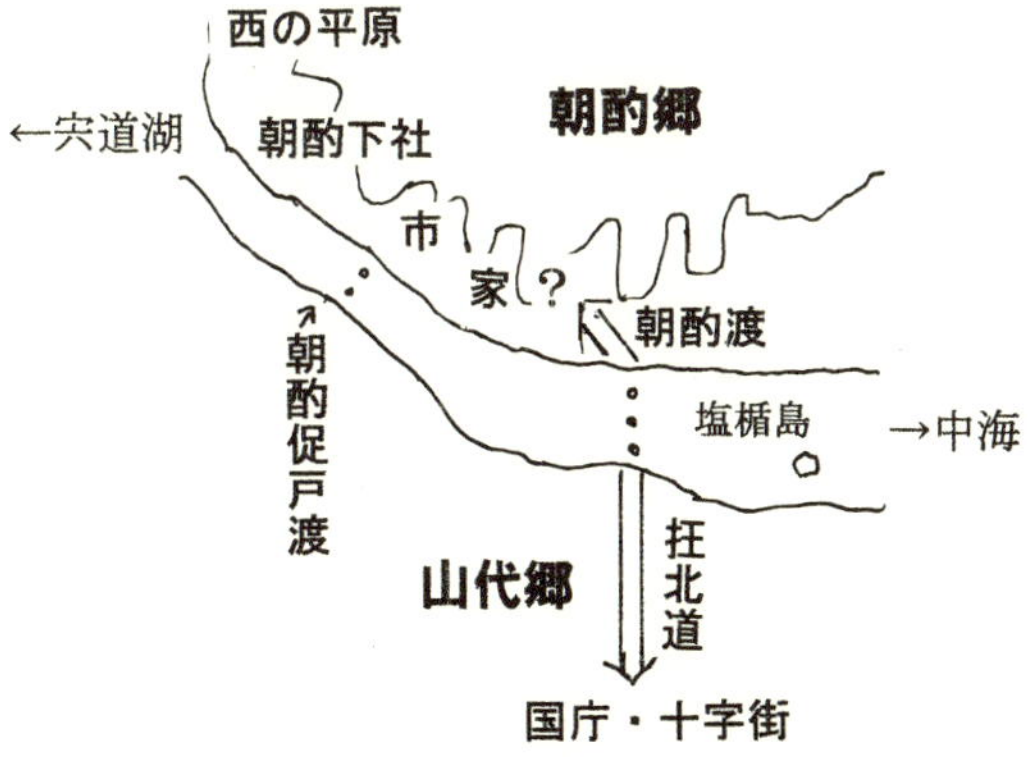

図15　朝酌渡・朝酌促戸渡付近の想定図

朝酌促戸渡の東に「通道」、すなわち枉北道が朝酌渡を介して通る。国庁から北進してきた枉北道が朝酌渡の北部でいかなるコースを取ったかは現在は不明である。

この巻末記には、ここで示した朝酌渡・隠岐渡（千酌駅）の他に斐伊川・出雲川・神門川の「渡り」が登場するが、それらすべては図16のごとく、船が常備されていたことが判明する。

巻末記に見えない「渡り」としては朝酌促戸渡と栗江（細川本は「粟江」）の促戸渡があるが、『風土記』はそこに船があるかどうかに関しては言及していない。これは図16の☆を付した二カ所の促戸渡と他の「渡り」に明確な相違があった反映であろう。巻末記に登場し、「渡船」が記されているのは国家管轄下の「官の渡り」であり、朝酌促戸渡と栗江促戸渡は民衆の「私の渡り」であったと考えられる。「官の渡り」の場合、「渡船」は国府に近い岸に常備されていたことから国府と反対側の島根郡条の朝酌渡（島根郡側）の項には「渡船」の記載がないのである。

朝酌促戸渡の東に「通道」、すなわち枉北道（官道）が走る。そ

☆朝酌促戸渡	―
朝酌渡	渡船一つ
千酌駅	渡船あり
斐伊川	渡船一つ
出雲川	渡船一つ
神門川	渡船一つ
☆栗江促戸渡	―

図 16　渡船の配置状況

の官道に付設するのが朝酌渡である。朝酌渡から島根郡家への官道がどのコースをとるか不明であるが、ここでは北上し、西尾から東川津へ進むとしておく。また朝酌促戸渡の西には平原があり、また朝酌下社が所在する。

「官の渡り」の成立は官道の整備にかかわると考えられるが、「私の渡り」は朝酌促戸渡の記載で理解できる通り漁業、交易などの民衆の多様な日常の生活の積み重ねの中で形成されたものと想定される。当然、民衆の「渡り」は航行の安全を考えて、半島部と本土の最短距離の部分に設定されたものであり、「渡り」として地理的に最適な場所を占め、かつ「官の渡り」の成立よりも時代的に遡ると考えられる。それゆえ、栗江にあった促戸渡（栗江埼夜見島に相向かふ。促戸渡、二百一十六歩なり）でも多様な民衆の生活行動に裏打ちされ、「此の島より伯耆国内部の夜見島に達るまで、磐石二里ばかり、広さ六十歩ばかり、馬に乗りながら往来ふ（島根郡条蜈蚣島）」と同様に国境を越える「渡り」として登場するのである。『出雲国風土記』に見える二つの「私の渡り」がともに「促戸（狭い）」の「渡り」と表現されたのは偶然の一致ではなく民衆の命をかけた生活が反映した結果なのである。

栗江促戸渡の傍には「戸江剗」が設けられ、対岸の伯耆国夜見島との国界の交通を監視したのであろう。この境水道を警備するのは本来的には伯耆国側と思われるが、かつて夜見島が出雲国に所属していたという前史を受け継いだのであろうか。当時、その水道はわずか対岸まで「二百一十六歩」、四〇〇メートル弱であった。朝酌から栗江まで中海は国界の空間でありながらも出雲・伯耆の人びとの共通の海の生業の庭であり、多くの船、人が行き交う世界であった。

民衆の「促戸渡」には船の記載は見えないが『常陸国風土記』茨城郡高浜条に目を転じれば、「社郎と漁嬢とは濱洲を逐せて輻湊まり、商豎と農夫とは艀艖に棹さして往来ふ」とあり、民衆レベルの船の隆盛ぶりがうかがえるのであり、朝酌促戸渡の漁業、「筌を東西に亙し、春秋に入れ出だす」交易、「浜譟がしく家闐ひ、市人四より集ひて」は『常陸国風土記』茨城郡高浜条に見た世界を別表現したものといえるであろう。

Ⅲ　「渡り」の諸側面

一概に「渡り」といってもそこを通過する人の立場によって現れ方は相違するようである。陸上交通者にとって「渡り」は交通阻害物として現れる。

『播磨国風土記』賀古郡条によれば「印南川を渡る時、大き飄、川下より来て、其の尸を川中に纏き入れき。求むれども得ず。但、匣と褶とを得つ。即ち、此の二つの物を以ちて其の墓に葬りき。故、褶墓と号く」とあり、『肥前国風土記』養父郡条では「曰理郷（郡の南にあり）昔者、筑後国の御井川の渡瀬、甚広く、人も畜も、渡り難にしき」と見え、陸上交通者が河川の渡渉に苦しんだことがうかがえる。

「渡り」は陸路の果てを対岸に結びつける重要な交通手段であるが、確認したように生命の存否にかかわる危険性を内在しているのである。また、岸から見れば対岸、そして川・海も別の異境の世界であり、そこでは境界の祭祀がともなったと考えられる。

朝酌促戸渡の項に「西に平原あり」という記載がある。これは『風土記』編者らの単なる地理的描写という可能性もあるが、ある確かな伝達目的があった表現と考えたい。

ここで注目したいのは『万葉集』巻十一（二四〇三）の「玉久世の清き川原に身祓し斎ふ命は妹がためこそ」という歌である。古橋信孝氏はこの歌に言及し、川原は「禊ぎや祓えをするような特殊な場所」とする。(3) その見解を受け、さらに、同じ『万葉集』の巻十二（三一二八）に見える「大和路の渡り瀬ごとに手向けそわがする」、さらに『近江国風土記』逸文の伊香小江の伝承、「天の八女、倶に白鳥と為りて、天より降りて、江の南の津に浴みき」等を

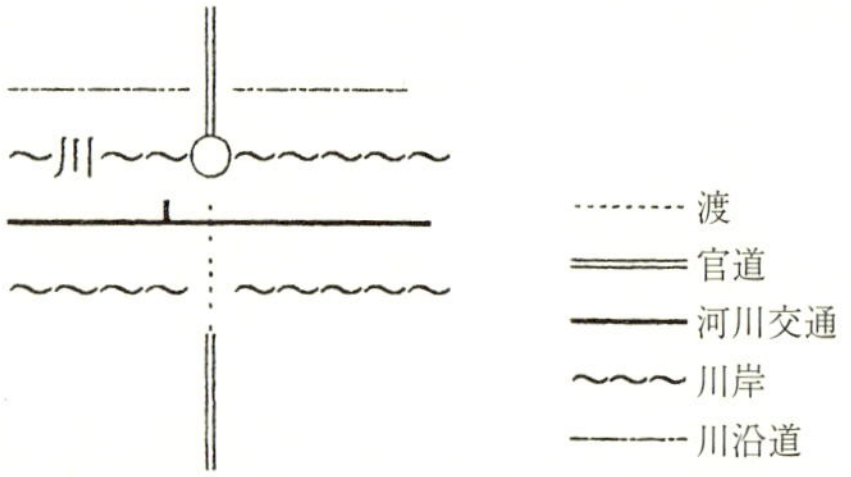

図 17　「渡」の交通拠点としての多面性
東西に川（破線で囲まれた）が流れ、南北からそれぞれ官道（二重線 ═ ）が川に迫る。〇印は「渡り（川津）」を示す。南の官道から川を横断する点線（……）が渡船の行路、川の中央を東西に走る線（─）が河川交通者の行路であり、線が一部、〇に向かって北上するのが川津へ寄ることを示す。さらに川の北側を川岸に沿って東西に走る一点鎖線（─・─）は下流に下った船を「もそろもそろ」綱で引き上げる川沿道である。

参照すると「渡り」「津」と祭祀の深いかかわりが判明し、朝酌促戸渡の「西に平原」も先の川原と同様な祭祀の場所として考えることも可能となる。朝酌郷には朝酌上社、朝酌下社の二社が見えるが、朝酌下社はその「西に平原」の祭祀が固定化、恒常化した段階で社となったものと想定したい[4]。

しかし、「渡り」は水上交通者から見た場合は自ずからその果たす役割が異なると考えられる。出雲の水上交通（朝酌促戸渡の「川」は古代においては「海」であった）は朝酌促戸渡だけではなく、『出雲国風土記』の冒頭を飾る国引詞章の「霜黒葛くるやくるやに、河船のもそろもそろに」を参照しても、出雲地方に確実に「河船」、それも「もそろもそろ」と綱で上流に引き上げる作業が語られており、また出雲郡条の「材木を校へる船、河中を沿泝れり」の記載を念頭においても他のいくつかの河川で実際に展開していたことが理解できるであろう。

具体的に述べれば、斐伊川・出雲川・神門川には「渡り」が設けられ、「渡船」が河川を横断するのであるから、船が河川を上下航行することは可能と判断できるのであり、宍道湖（海）と内陸部を結ぶ重要な河川交通路であった可能性が高いと考える。

朝酌促戸渡の記載によれば「筌を東西に亙し、春秋に入れ出だす。大き小き雑の魚、時に来湊りて、筌の辺に駈駭き、風を圧し、水を衝く。或は筌を破壊り、或は日に腊を製る。ここに捕らるる大き小き雑の魚に、浜譟がしく家闐ひ、市人四より集ひて、自然に鄽を成せり」とあり、その「大き小き雑の魚」は宍道湖の項（秋鹿郡条南入海条）に同様の表記で登場し、「大き小き雑の魚」はまさに宍道湖、そして朝酌促戸渡、中海一帯を漁場とする人びとの捕獲対象物であったことが理解される。民衆の船は朝酌促戸渡をはじめとして宍道湖・中海を「大き小き雑の魚」捕獲の漁場として行き交っていたと思われる。

その労働の成果の水産物は陸路との交点である朝酌促戸渡で交易されたわけであり、「自然」と「渡り」は「市」的性格を帯びることになるのである。その点、松原弘宣氏の「市の在した朝酌促戸渡は、渡し場であると同時に、中海と宍道湖を結ぶ水路でもあった」とする把握は正しいであろう(5)。

しかし、より河川交通者の視座でとらえるならば、「渡り」は彼らによってきわめて重要な「河津」であった可能性が強いのではなかろうか。すなわち陸上交通者にとっての「渡り」は水上交通者にとっては「河津」であり、両者にとって共通なのはそれが必然的に持つ「市」としての側面だったのである。

その点を図17に表示しておく。

Ⅳ　朝酌促戸渡に集まる人びと

平城京出土木簡に注目すべき記載がある(6)。

a「出雲国意宇郡飯梨郡中男作物海藻参斤籠重漆両　天平勝實七歳十月」

b「出雲国意宇郡生馬郷中男作物烏賊陸斤籠壱斤　天平七年十一月」

ここで木簡に見える地名の当該地域を地図に示すと図18のようになる(7)。

aの「出雲国意宇郡飯梨郷」は海に面していない内陸に位置する郷であり、bの「出雲国意宇郡生馬郷」は宍道湖畔に位置するが日本海には面していない郷である。しかし、aでは「海藻」を、bでは宍道湖では採れない「烏賊」を中男作物として貢納していることがわかる。その地域にない産物を貢納するという奇妙な事態を内田律雄氏は流動的編戸のなせる業とするが(8)、当時の民衆の多様な生活活動という観点でとらえるべきと考える。

では自己の属する郷では採れない海産物をどのようにして人びとは手に入れたのであろうか。『出雲国風土記』に

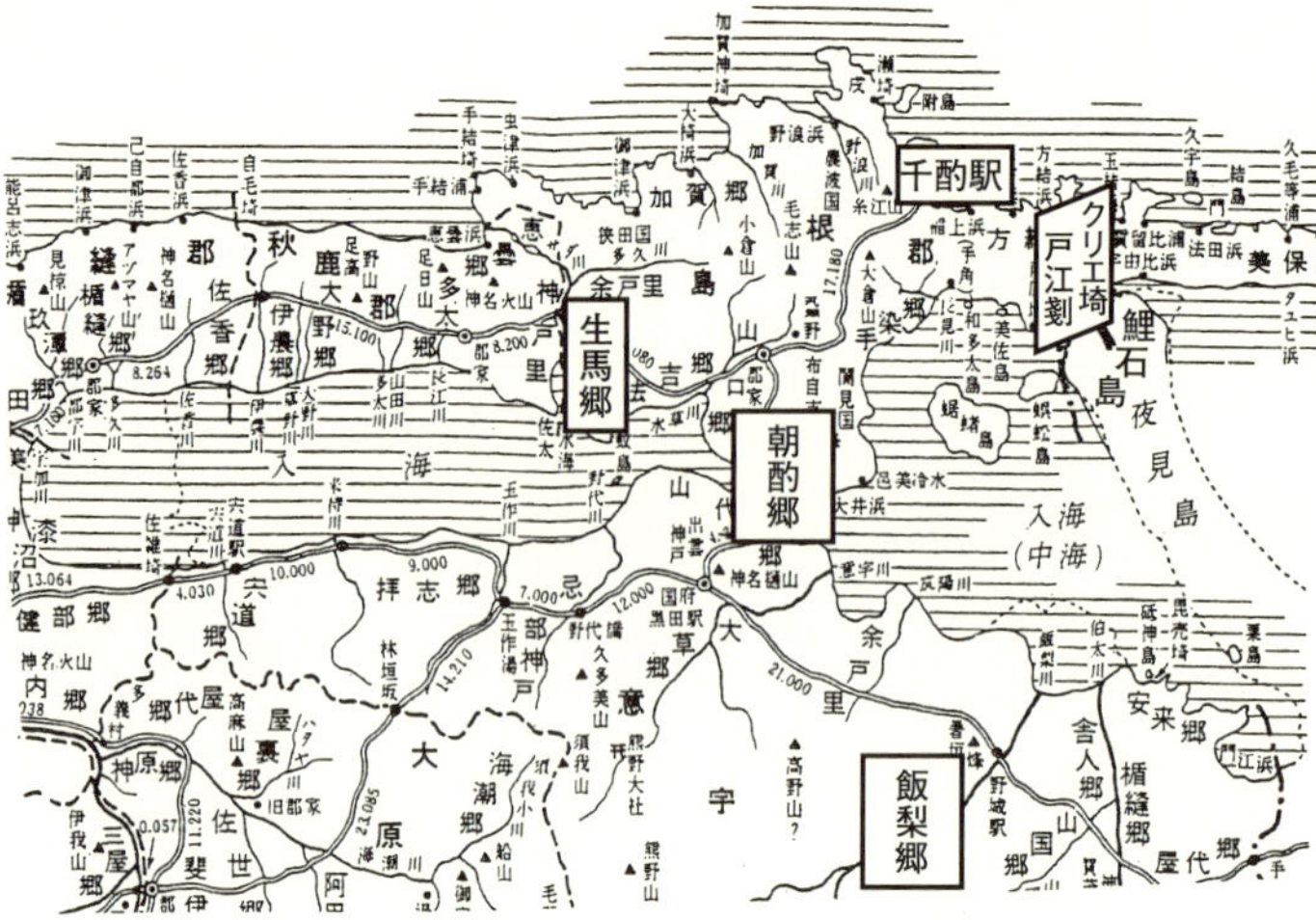

図 18　朝酌に集まる人びとの空間図

は各郡別に水産物の記載が細かに載せられていることは周知の事実である。試しに飯梨郷から最も近い「海藻」の産地を求めれば島根郡の鯉石島であり、「烏賊」に至っては「北海」、すなわち日本海まで足を運ぶ必要があったのである。

時代が下がる史料であるが『梁塵秘抄』三九五の「海老漉舎人はいづくへぞ　小魚漉舎人がり行くぞかし　この江に海老なし　下りられよ　あの江に雑魚の散らぬ間に」、三九六の「いざ給べ隣殿大津の西の浦へ雑魚漉きに　この江に海老なし　あの江へ往ませ」の催馬楽では、海老や魚を比較的自由に場所（江）を代えて捕獲している様子が歌われており[9]、また『常陸国風土記』行方郡条では「板来の南の海に洲あり。三四里許なり。春の時は、香島・行方二つの郡の男女盡に来て、蚌・白貝・雑味の貝物を拾う」とあり、郡境を越えて貝の採集に勤しむ民衆が描かれている。そこに古代社会における漁業権の未成熟がうかがえる。その点を考慮すると飯梨郷、生馬郷の中男も船で漁に採集にでかけた可能性は否定できないであろう。しかし、郡の異なる遠隔の地の特産物の情報をどのようにして手に入れたのであろうか。

ここで注目したいのは次の二つの史料である。

『播磨国風土記』賀古郡条

（大帯日子命）摂津国高瀬の済に至りまして、此の河を度らむと請欲はしたまひき。度子、紀伊国人小玉、申さく、「我は天皇の贄人たらめや」とまうす。

『古事記』中巻神武記

吉野河の河尻に到りましし時、筌を作せて魚を取る人有りき。爾に天つ神の御子「汝は誰ぞ。」と問ひたまえば、「僕は国つ神、名は贄持之子と謂ふ」と答へ曰しき。

『播磨国風土記』賀古郡条では「高瀬の済」でその「度子（渡船業）」である「小玉」が「天皇」との応答に際し、「私は天皇の贄人ではない」と答えたという。また『古事記』中巻神武記では吉野河の河尻（伝承全体から見て、河の渡河点と考える）の「筌を作せて魚を取る人」が「贄持之子」と自称したという。両伝承の内容を踏まえると、渡河点（「高瀬の済」・「吉野河の河尻」、「渡り」・「川津」）に「贄」にかかわる渡船業、漁業に従事する集団（人）の存在がうかがえるのである（『播磨国風土記』では「私は天皇の贄人ではない」と答え、「天皇の贄人」という点は否定するが、「贄人」であることは否定はしていない）。

ここで冒頭で紹介した朝酌渡・朝酌促戸渡が所在する『出雲国風土記』朝酌郷の伝承、「朝酌郷　郡家の正南一十里六十四里なり。熊野大神の命、詔りたまひて、朝御饌の勘養、夕御饌の勘養に、五つの贄の緒の処と定め給ひき。故、朝酌といふ」を見ても熊野大神にかかわる「五つの贄の緒」が登場する点が注目される。

渡河点、すなわち「渡り」が市の性格を持っていたという先の指摘を踏まえるならば、贄はこのような交通上の要地、すなわち陸上交通と水上交通の交点における交易によって用意されることが多かったのではなかろうか。「度子（『播磨国風土記』賀古郡条）」と贄との関係はまさにその点を象徴しているといえよう。

先の木簡の飯梨郷、生馬郷に見えた中男は地元にない水産物をそのような場所、すなわち朝酌促戸渡に行き、交換により手に入れたと考えられる（本人が朝酌促戸渡に行かず、朝酌促戸渡に各地から集まった「市人」から手に入れた場合も想定できる）。また、直接に鯉石島・日本海へ漁、あるいは採集に行ったとしても、特産地に関する情報を得たのは朝酌促戸渡ではなかろうか。

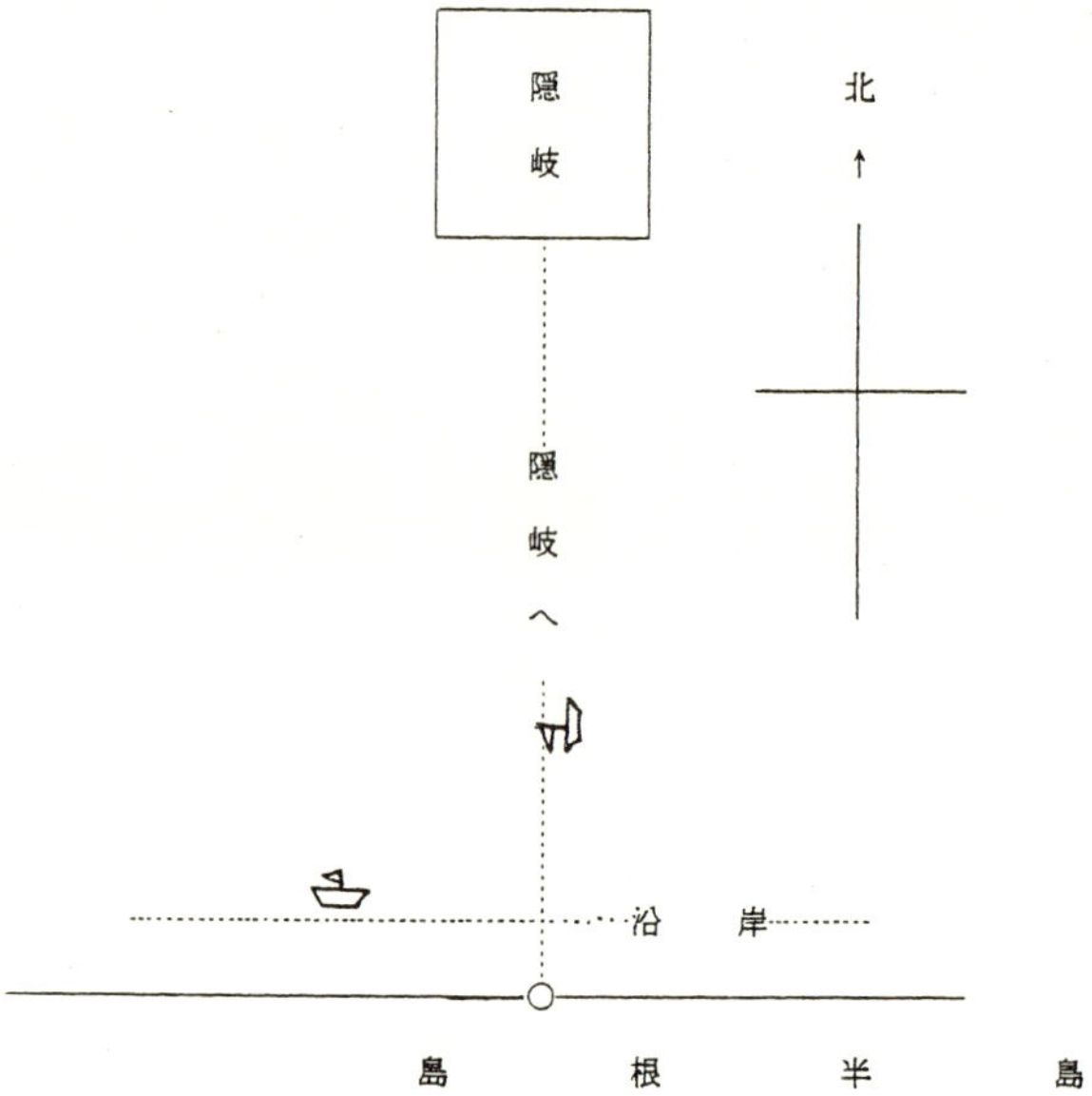

図19　朝酌の地名の謎「酌」

V　「朝酌」地名考

朝酌郷・朝酌渡・朝酌促戸渡に共通する「朝酌」という地名はいかなる意味を内含しているのであろうか。『出雲国風土記』の朝酌郷条に見える地名起源伝承を見ても「朝」に関しては説明するが、「酌」に関しては言及していないことがわかる。

地名解釈は我田引水の恣意的解釈に陥る危険があるが、本章のまとめとして一つの試見を述べてみたい。「朝酌」と同類と考えられる地名に同『風土記』の同じ島根郡条に見える「千酌」がある。ここでは両者に共通する「酌」に注目してみたい。

「千酌」は駅家が設置された場所であり、国庁から朝酌渡りを通り北上する北枉道の日本海に突き当たる重要拠点である。すなわち隠岐国への島根半島側の玄関に相当する。また島根半島の日本海沿岸の諸地域の中でも有数の広さを持つ浜であり、半島沿岸沿いの航海の重要な拠点と目されるのである。すなわち「千酌（○印）」は図19のように海上交通の交差点であり、朝酌促戸渡と同質であることが理解できよう。すなわち「千酌」も「朝酌」も水上交通の十字「街」であり、「みち」が十字に「組み」あったところだったのである。

隠岐島の島後の北端の五箇に「久見（くみ）」の地があることは示唆的である。

註

（1）すでに朝酌渡・促戸渡に関しては拙稿「古代の開発と『地域の道』」（『地方史研究』二二六、一九九一年）、「山村と漁村」（『日本村落史講座』三巻、雄山閣、一九九一年）で言及した。

（2）本稿で使用する『風土記』は岩波書店刊日本古典文学大系本である。ただし若干変更。

（3）古橋信孝『ことばの生活誌』（河出書房新社、一九八九年）。

（4）朝酌下社は現在の多賀社で矢田渡しの西方、大橋川沿いの低い段丘上に川に面して所在する。

（5）松原弘宣『日本古代水上交通史の研究』（吉川弘文館、一九八五年）。

（6）奈良国立文化財研究所『平城宮発掘調査出土木簡概報十九』（一九八七年）、『平城宮長屋王邸宅と木簡』（一九九一年）。

（7）内田律雄『飯梨郡の原郷とその祭神』（『安来市史研究紀要』二、一九九二年）。

（8）地図は岩波書店刊古典文学大系『風土記』の巻末の一部を利用、加筆。

（9）臼田甚五郎・新間新一『日本古典文学全集　神楽歌・催馬楽・梁塵秘抄・閑吟集』（小学館、一九七六年）。

第六章　朝酌郷「大井浜」の生業と社会

Ⅰ　陶器・海鼠・海松・神社

天平五年、西暦七三三年に編纂された『出雲国風土記』の島根郡条、前章で取り上げた朝酌地域に付随して次のような記載がある。

大井浜　則ち海鼠・海松あり。又、陶器を造る。

わずか二十文字程度の小文であるが、古代社会における生産の様相を物語る貴重な記述である。この「大井浜」の遺称地は松江市大井町として現在も残されている。『出雲国風土記』島根郡条末記載の神社項によれば同地に「大井社」と呼ばれた神社が鎮座していた可能性が高い。たしかに情報量としては少ないが、周辺地域とのかかわりの中で改めて当該資料を読み込むと、古代出雲世界において「大井浜」に形成された地域社会が重量な役割を果たしていたことが浮かんでくる。

ここでは「大井浜」の発掘で明らかにされた成果をふまえ、文献から想定される地域社会像を当てはめながら、具体的に「大井浜」の古代世界を描くことを課題とする。

慶応二（一八六六）年に『出雲国風土記』にみえる神社を巡り、『風土記社参詣記』を著した小村和四郎重義は「大井浜」の「大井社」を訪れ、「神の代はとほしといふと遠からす大井の清水今も流るる」と『出雲国風土記』の時代に思いを馳せている。その和四郎が見た古代の清水を、今、私も眺め、手に掬い、直接的に古代世界に身を浸してみたい(1)。

Ⅱ　「即ち海鼠・海松あり」考

「大井浜」に関していち早く言及した岸崎時照の『出雲風土記鈔』（天和三年・一六八三）は、「大井浜」の地域比定を行い「朝酌の東、大井村の海濱」とする。以後、横山永福の『出雲国風土記考』も同様の見解をとり、現在『出雲国風土記』研究の指針となる加藤義成氏の『出雲国風土記参究』、秋本吉郎氏の『風土記』（岩波古典文学大系）も現在の大井の海岸としており、異論はない。

この「大井浜」は古代においては島根郡朝酌郷域内であったと推定されている。もちろん、「郷」の前身である国郡里の「里」は本来的に「五十戸」という人為集団であり、理論上は領域を持たないものであるが、少なくとも「里」制施行三十年余を経過しており、「郷」は人為集団の広がりを背景に郷域を含む小なる地方行政体と化していたと思われる。

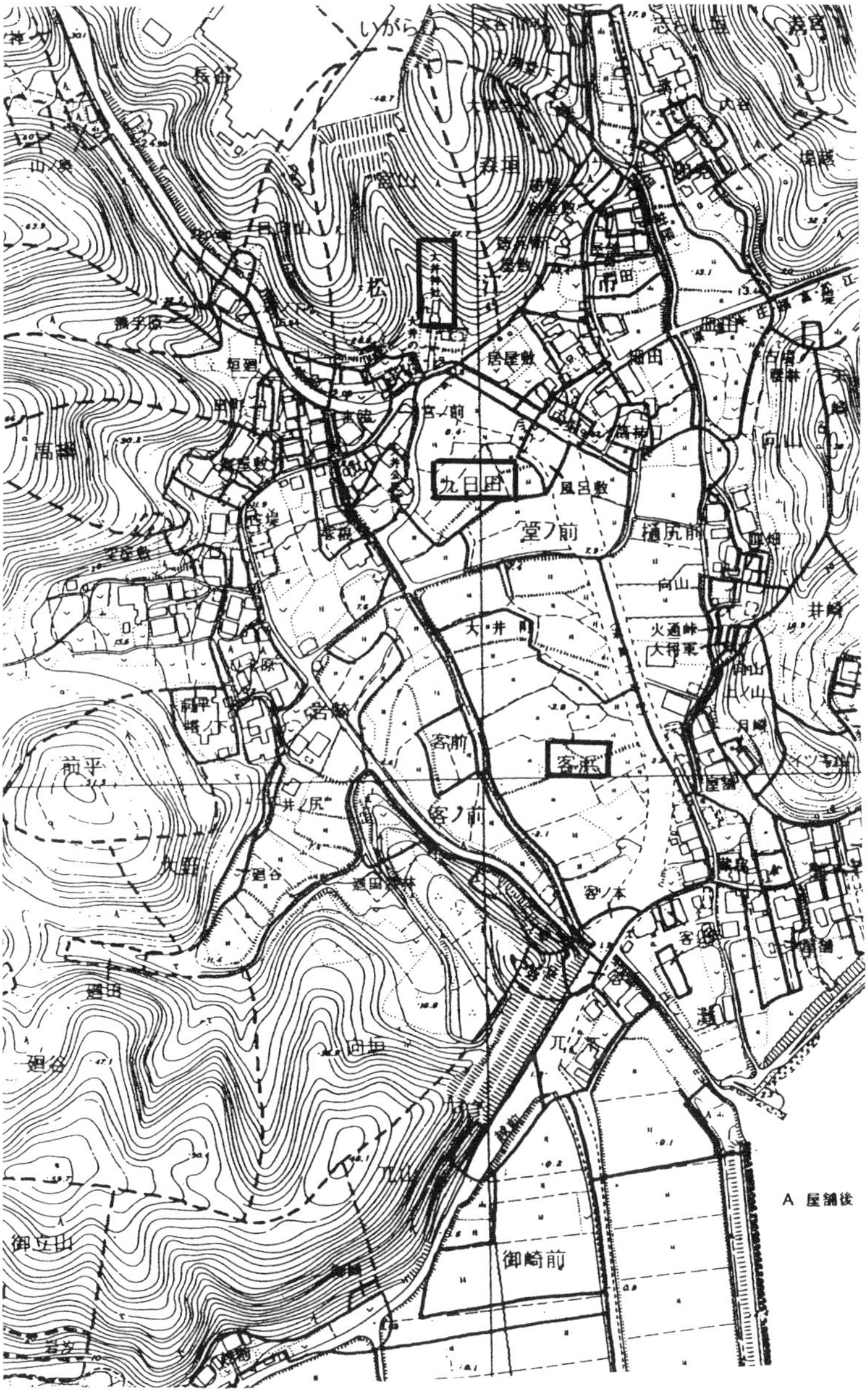

図 20　大井浜周辺の字名（黒田祐一「朝酌の地名と地理」より転載）

その朝酌郷内の「大井浜」の有り様に関して注目すべきは、風土記時代では現在とは異なり汀線がより陸地に入り込み、袋状の入り江の様相を呈していたと考えられることである。大井地域の字名でいえば、灘・客ノ本・客原・岩崎の地点が後世の堆積・埋め立てであることは容易に想像できる。現に『大井区誌』が載せる「田園新開発地ノ変遷ノ口碑」によれば大井神社の南の字・九日田を北限にして客浜一帯まで中海であったという（図20）。

なお、大井より東の大海崎への海岸は満潮の際にはかつては徒歩交通不能であったらしい。現に慶応二年に現地を訪れた小村和四郎重義はその日記『風土記社参詣記』で大井から山道をのぼり、迷いながら大海崎に到着したとの苦労話を残している。

現・大井地域を訪れると、大井神社を要として水田が扇形に広がっているのが見えるが、そのほとんどは古代において中海の海域内であった。古代の大井地域の風景は中海の汀線が丘陵の麓にまとわりつく形であったと想像され、そこに田地の存在を見出すことはできないのである。これは後述するように古代の大井社会を考える上で貴重な知見となろう。

ここで大井浜の説明にみえる「則ち海鼠・海松あり」の記述について一瞥しておきたい。この記述に関して加藤義成氏は「海鼠」はナマコの古名、「海松」はミルで「浅海の岩石に着生する緑色藻類の一種で食用に供される」とし、ともに大井では「今はとれない」としている。この説明に関して動植物学的に教えられることはあるが、やはり森田喜久男氏のように『出雲国風土記』が「海鼠や海松のことを特記していることを重視すべき」とする歴史的な問い掛けが必要である(2)。

森田氏は『古事記』の天孫降臨神話にみえるアメノウズメの伝承に注目する。アメノウズメが「諸の魚」を皆集めて「天神」への忠誠要請を行ったところ、海鼠だけが拒否したので、その口を裂いたというのである。氏によれば「島の速贄貢納の起源」神話に海鼠が登場することは海鼠が重要な祭祀の場で活用された反映あり、「大井浜」の場合は熊野大社への貢納にかかわったのであろうとする。たしかに鋭い分析であり、その可能性は否定できない。そこか

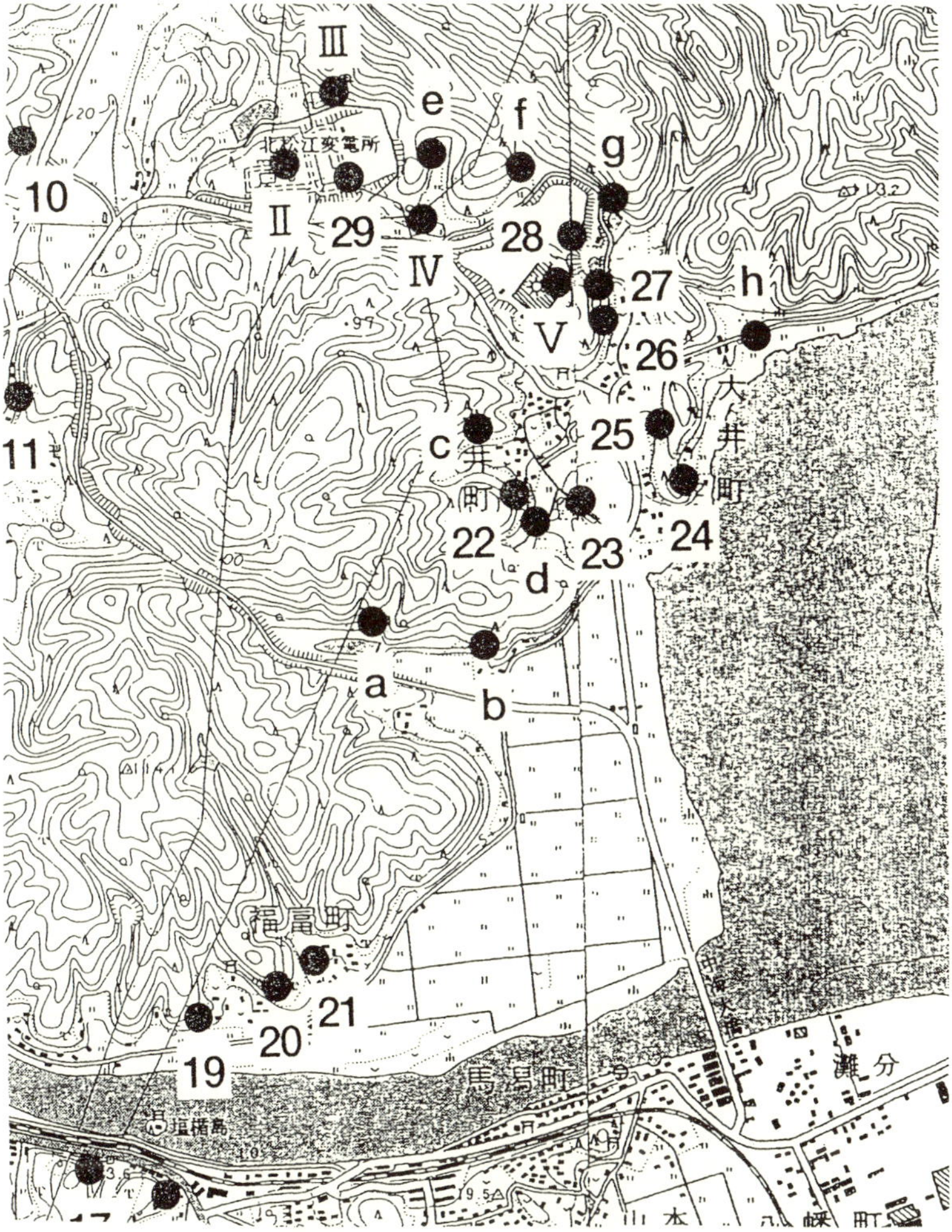

Ⅱ　鷹沢Ａ遺跡	Ⅲ　別所遺跡	Ⅳ　岩穴平遺跡	Ⅴ　イガラビ遺跡
a　岩汐窯跡	b　ババタケ窯跡	c　寺尾窯跡	d　廻谷窯跡
e　勝田谷窯跡	f　明曽窯跡	g　池ノ奥窯跡	h　山津窯跡
22　大井古墳群	23　山巻古墳　池ノ奥古墳群		28　イガラビ古墳群

図21　大井周辺の遺跡分布図

（島根県古代文化センター調査研究報告７掲載「朝酌地区の古代遺跡」一部加筆）

表8　浦浜の記事比較表

南は入海なり。（西より東に行く。）	
朝酌促戸渡 南北の二浜 大井浜	大き小く雑の魚 白魚を捕る 海鼠・海松あり
栗江埼	埼の西は入海の堺
	南の入海 入鹿・和爾・鯔・須受枳・近志呂・ 鎮仁・白魚・海鼠・鯿鰕・海松
栗江埼	埼の東は大海の境
鯉石島 宇由比浜 盗道浜 胆由比浜 加努夜浜 美保浜	海藻生へり 志毘魚を捕る 志毘魚を捕る 志毘魚を捕る 志毘魚を捕る 志毘魚を捕る

ら大井浜における漁業的生業の側面が引き出され、大井浜の性格の一面が浮きだされてくる可能性もある。

しかし、大井浜に関しては「又、陶器を造る」との貴重な説明もあり、より慎重に「則ち海鼠・海松あり」の記述に対応すべきではなかろうか。すなわち「海鼠・海松」の記述に関しては別の観点から再検討する余地がある。

『出雲国風土記』島根郡条の島根半島南岸に関する記述には一つの流れがみえる。まとめると表8のようになる。これをみると『出雲国風土記』は大井浜前後の記載で海産物にこだわっていることがうかがえる。それが朝酌郷でみた熊野大社の祭祀の献上品として特記したというわけではなく、中海と日本海を分岐する栗江埼（栗江埼）を海産物の種類を分ける「促戸（海峡）」と意識しての叙述の結果とみなすべきではなかろうか。

この一覧表で奇異に感じるのは「南北の二浜」では「白魚を捕る」、また宇由比浜から美保浜までも「志毘魚を捕る」と表記されているにもかかわらず、大井浜では「海鼠・海松あり」という存在を示す表記に止まっている点であろう。また鯉石島でも「海藻生へり」という存在表記に終始している。

問題を解く鍵は『出雲国風土記』が、島根半島の北岸に面する島根・秋鹿・楯縫・出雲・神門郡の海岸描写において「〇〇を捕る」という表記を一つもとらず、「生へり」「あり」で表記をすませている点にある。「捕る」と「あり」ではまったく表記が異なるのであり、岩などに着生している海藻類などは「捕る」・「あり」の表記は可能であるが、宇由比浜に「志毘魚あり」とはならないであろう。大海を泳ぐ志毘魚（鮪）の居所を浜で表記することは不可能である点をおさえれば、宇由比浜「志毘魚を捕る」、美保浜「志毘魚を捕る」とはそれぞれ宇由比浜、美保浜の住人が鮪漁を行い、「志毘魚を捕」っていたことを物語っているのである。

大井浜の「海鼠・海松あり」はその観点からみると大井浜の住人が採集していたというのではなく、袋状の入り江の様相を呈していた浜が「海鼠・海松」の生息に適していたという報告として受け止めることができる。当時の漁業権、採集権に関する研究は十分になされていないが、『出雲国風土記』の当時は未だ漁業権、採集権は十分に確立していなかったようである。

森田喜久男氏はなぜ、『出雲国風土記』が「陶器を造る」よりも「海鼠・海松あり」の記述を先にもってきたのか、その点が最も重要ともするが、その点に明確な答えを示していない。それは海岸描写で重要なのは海産物であること、「海鼠・海松」は大井浜に付随して書かれているが、その自然の恵みは中海周辺の人びと（漁民）全体にもたらせるものであったことが、「陶器を造る」よりも「海鼠・海松」の記述を前に持ってきた理由であろう。

大井浜の住人が独占的に「海鼠・海松」の採集をしていたのではなく、中海周辺の人びとが大井浜付近で「海鼠・海松」の採集に勤しんでいたものと思われる。この理解は次の「陶器を造る」記述の重要性をさらに増すことになる。

Ⅲ　「陶器を造る」考

「陶器を造る（造陶器）」の記述は貴重である。このように土器生産の場所を明記する古代史料は類を見ない。この大井浜一帯における「陶器」生産は発掘によって裏付けられており、考古資料と文献史料が整合する。すでに大井浜における「陶器」、すなわち須恵器編年に関しての研究は山本清・柳浦俊一氏によってなされており、その成果を活かしていきたい。(3)

今までに確認されている遺跡としては寺尾窯跡・廻谷窯跡・勝田谷窯跡・明曽窯跡・池ノ奥窯跡・山津窯跡があ

表9　山本・柳浦氏の須恵器編年比較表

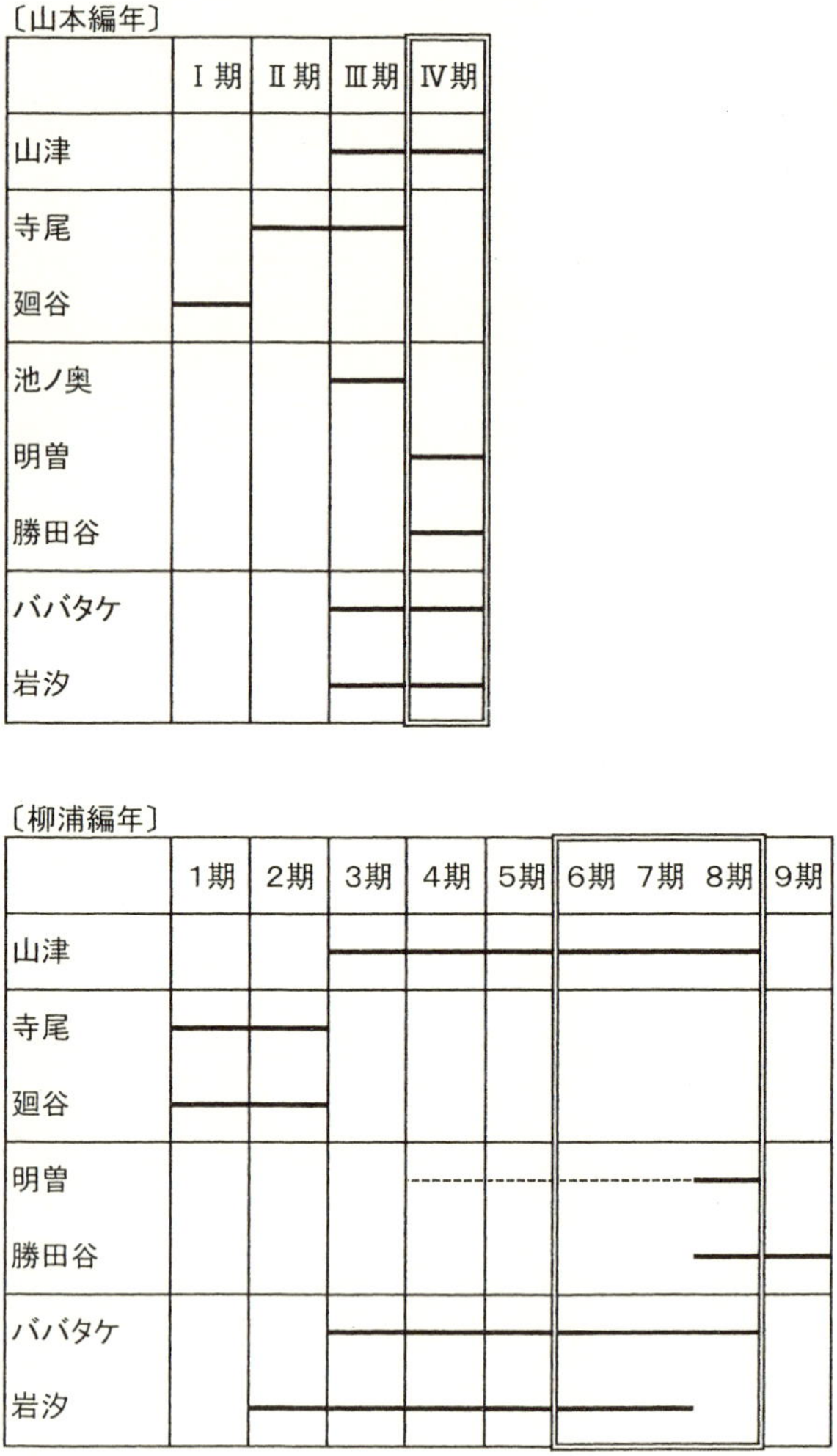

る。また大井の谷から少し離れた南側の谷戸（『出雲国風土記』がいう「南北の二浜」の一つ、北浜にあたる）に岩汐窯跡とババタケ窯跡があることにも注目しておきたい。この列挙した八カ所に及ぶ窯跡が大井浜の「陶器を造る」遺跡として注目され、取り扱われてきたのである。

この大井浜の須恵器生産に関しては六世紀後半頃から八世紀後半にかけて展開し、出雲全体にその製品は流通したとされている。しかし、注目すべきはその八カ所の窯が同時操業ではなく、それぞれ微妙に時期がずれている点であろう。論者によりことなるが、ここでは山本・柳浦両氏の須恵器編年によりその動向を表9のグラフで素描してみたい。

問題は『出雲国風土記』が編纂されたのが天平五年、西暦七三三年であり、その当時大井浜では須恵器生産が盛んであったという事実である。柳浦編年・山本編年とも土器形式によるものであり、相対的なものであるが、大略にみて『出雲国風土記』編纂段階において窯が開業していたのは柳浦編年で6から8期、山本編年でⅣ期に当たる。『出雲国風土記』編纂に携わった島根郡郡司らが認識した窯は明曽・勝田谷・ババタケ・岩汐・山津窯の中にあるはずである。すでに大井の岸に近い寺尾・廻谷の窯はその使命を終え、その周辺部へと新たなる原料である粘土、また燃料である薪をもとめて散在的に広がっていったものと思われる。『出雲国風土記』が大井浜の頃で「陶器を造る」と明記したのはちょうどその頃のことであり、大井浜の拠点付近はすでに開発の跡地となりつつあったと思われ、『出雲国風土記』があえて大井浜としたのは、その海浜に管理・流通にかかわる「陶器を造る」の拠点的な施設が継続的に存在したからではなかろうか。

この大井浜須恵器生産に関して最も重要な問題は須恵器の生産のあり方である。この点に関しては柳浦氏の研究が注目される。柳浦氏の論の特色は、大井地区の須恵器の生産が国郡の統制のもとになく、比較的主体的な統率者のもと、地域の工人集団が生産、そして流通に携わっていたとするところにある。しかし、一般に工人集団という用語を使用する時点でその実態解明の道が閉ざされてしまうのである。

問題を解く鍵は「工人集団」と大井浜との密着度に求めることができる。この地域に関していうならば「陶器を造る」場として認知される以前の大井浜の状況を想定することが肝要である。

農業生産の場としては田地が少なく、また漁業にしても「海鼠・海松あり」として中海周辺の人びとによる草刈場的なところであり、大きな集落の存在を想定することは困難である。大井浜地域に地域集団の長としての墳墓が造成されはじめるのは山本編年でいうⅢ期の山巻古墳、そして池ノ奥古墳が早い方である。それは山本編年における寺尾窯の操業時期とも重なり、当該地域における須恵器生産の一族的な「工人集団」の長として姿を表しているのであろう。廻谷、そして寺尾へ生産拠点を移し、須恵器生産の向上・流通を担い、地域首長としての財をなしたものと思われる。

ただし、律令制が施行され、国郡里制が確実に出雲地域に展開する中で大井浜の須恵器生産は大きく変化し、また「工人集団」のあり方を変容せざるを得なかったと考えられる。大井浜の拠点である廻谷・寺尾窯が開発で「陶器を造る」環境でなくなると、必然的にその開発は周辺地域の勝田谷窯跡・明曽窯跡・池ノ奥窯跡・山津窯跡などの地域へと拡大する道を取るようになった。その全体を包む地域的空間は一キロ四方にも及ぶものであり、国郡とのかかわりなく勝手に山野を開発し、窯を構築し、樹木を切り、「陶器を造る」ことは不可能になったと思われる。そのことは大井浜の須恵器生産の大きな転機をもたらしたのであろう。

『出雲国風土記』時代は山本編年Ⅳ期、柳浦編年6・7・8期に対応すると考えられ、大井浜に須恵器生産に携わる人びとが生活していたことは確実である。大井神社の北側の丘陵の谷口に位置するイガラビからは七世紀中頃から九世紀にかけての土器を出土する遺跡が確認され、掘立柱建物一棟をともなう生活跡が確認されている。またその北の鷹沢A遺跡では竪穴建物六棟、掘立柱建物八棟が確認され「工人集団」の住居との想定がなされている。その中には『出雲国風土記』時代に相応する建物も存在した可能性もあろう。

問題はこの「須恵器生産に携わる人びと」がはたして五十戸一里（郷）の構成員として編戸されていたかどうかである。この素朴な疑問を公に発した研究を管見の限り知らないが、古代社会史全体を見直す上でも誰かが問題を提起する必要があろう。

戸籍の編成の目的は一般には班田収授であるとされているが、大井浜の古代の地理的様相、そして生業をみるならば、班田収授を行える環境になく、また須恵器生産の「工人集団」を農民化することは国家的にも、地域社会にとってもまったく意味をなさないからである。たとえ編戸されたとしても、漁民と同じく口分田の支給は最小限度のもの

であったであろう。(4)

「工人集団」の集団のあり方についても基本的に考え直す必要がある。それは薦沢A遺跡で確認された「竪穴建物」がはたして住居なのかという問題である。(5)住居とは「家族」の日常的な生活拠点を示す用語であり、その住居で生活する「工人集団」は家族全体として生業を須恵器生産にしていたということになる。それは、律令制下において大井浜から地域周辺に生産拠点が散在していく中ではそのような旧態依然の生産状況ではなく、須恵器生産を専業とする「工人」が国・郡から派遣される体制になっていたと思われる。その場合、「竪穴建物」は家族が暮らす「住居」でなくして、「飯場」的な共同生活拠点としての「建物」と見るべきであろう。(6)

『日本霊異記』下巻第十三話に次のような伝承が残されている。

美作国英多郡の部内に、官の鉄を取る山有り。帝姫安倍天皇の御世に、その国司、使夫十人を召し発げて、鉄山に入れ、穴に入れて鉄を掘り取らしめき。

これは美作国の官営の鉄鉱山の採掘における坑夫の徴発に関する記述であるが、坑夫は一人一人が徴発され、労働に従事していることがわかる。伝承の後段では「役夫」の家族は母村で生活していることが判明する。想像するに「役夫」たちは単身赴任であり、竪穴建物で男子のみ共同生活を送っていたのであろう。そうであるならば、彼らは母村で編戸されており、大井浜においては別の形で掌握されていたものと思われる。その実態については現状においては検証すべき手段はないが、史料上、特記される「陶器を造る」に関してはなおその点を含めて再検討の余地があるといえよう。

Ⅳ　「大井社」考

現在、大井地区には大井神社が鎮座しており、一般に『出雲国風土記』島根郡条にみえる「大井社」とされている。しかし、この点に関しては大きな問題が秘されているのである。『出雲国風土記』の写本に関しては現在平野卓治氏により詳細な検討がなされており、島根郡条の神社記載に関しては多くの脱落、補訂〔復元〕の跡が確認されているのである。(7)

本来の『出雲国風土記』原本においては島根郡には「在神祇官社」十四社、「不在神祇官社」四十五社が記載されていたはずであるが、現在伝えられている最も古いとされる細川本にはわずか「不在神祇官社」が五社、大椅社・大椅川辺社・朝酌下社・努那弥社・椋見社しかみえず、「在神祇官社」十四社にいたってはまったく姿をみせないのである。当然、大井の「大井社」の社名も確認できない。

しかし、その欠落を補おうとした『出雲国風土記』諸本の存在も見逃すわけにはいかない。『出雲国風土記』の注釈書である岸崎時照の天和三年（一六八三年）に成立した『出雲風土記鈔』では見事に脱落していた神社の中、「在神祇官社」十四社のすべて、そして「不在神祇官社」四十五社のうち、じつに三十五社の社名が補訂されているのである。この補訂に関して加藤義成氏は風土記の編纂の督促がなされた延長三年〔九二五〕頃を想定しているが、平野卓司氏がいみじくも明らかにしたように岸崎時照の手になるのであろう。

問題は岸崎が脱落してわずか五社しか見えなかった社名をどのような方法で復元したかである。また岸崎の復元が正しかったかどうかの検証も必要である。この検証に関しては別に論じたところであり、ここでは「大井社」に限定して論を進めることにする。(8)

「大井社」は脱落していた「不在神祇官社」で補訂された三十五社の中で最初に名を残している。その補訂を行ったと思われる岸崎時照の『出雲風土記鈔』で岸崎は補訂された「大井社」を「朝酌郷　大井村七社大明神。いわゆる出雲御大三椅ハ此処の東の辺に在り。この社は則ち大国主神を祭る」としている。

また弘化三年〔跋文〕の『出雲神社考』は「大井村にあり、祭神は御井神なり大国主神、稲羽之八上比賣神に御合坐して所生給る木俣神、国々に井を穿て民の利をなし給へるより、御井神と称す」とし、横山永福はその著『出雲国風土記考』で「朝酌郷内大井村にて、七社大明と申〔其ハ俗人云天神七代を祭れりといふて、社にも其事を記したり」、あらぬことして、祭れり神ハ稲葉八上姫を御妻として生ませる、御名ハ木投神、又御名は御井神と申て、井を守り玉ふ神なり〔ここに冷水の出るも妙なる事ならすやも〕」とする。また享保二年に編纂された地誌の『雲陽誌』には「大井〔風土記〕に大井社あり、大国主命を祭」るとするが、その〔風土記〕とは補訂風土記のことである。

岸崎時照は、『出雲国風土記』の原本に「大井社」があったかどうかさえ不明であるにもかかわらず、なぜ、そして何を根拠に「大井社」なる神社を島根郡条を補訂する際に入れたのであろうか。岸崎時照が『出雲国風土記』の調査を兼ねて村々差出帳簿を精査した頃、大井地区のその神社は「七社大明神」として祭られていたのである。その後、横山の報告にある通り幕末まで同社は確実に「七社大明神」として信仰されていることも判明している。しかし、江戸中期に『雲陽誌』が、その神社は『出雲国風土記』の「大井社」に当たるのではないかという見解を持っていたことも事実である。それは岸崎時照が多分、目の前の「七社大明神」を『出雲国風土記』時代の忘れ去られた神社の一つと考えたことの延長での理解であろう。

岸崎は『出雲風土記鈔』の序において「予既に三十余二年、四季に国中をめぐり〔略〕神社仏閣の旧跡」を訪ねたといい、その神社仏閣の由来を精査したことがうかがえるのである。岸崎は七社大明神を訪れ、社司に会い、神社に伝えられている棟札などを実見したのであろう。『朝酌郷土誌』によれば写しであるが、七社大明神〔現・大井神社〕の古い棟札は天正六年に遡り、そこには「大井大明神」とあり、また慶長年間のそれには「大井社」と書かれているという。岸崎がその棟札の現物をみた可能性は高いであろう。彼は島根半島における「浜」などにみえる「神社」記載などを参考にし、また大井浜の冷水に隣接する七社大明神を参拝し、その前代の中世における社名が「大井」であることを知り、自信を持って風土記社として補訂したものと考えられる。

この岸崎の補訂は島根郡の「不在神祇官社」数、そして『出雲国風土記』から認識できる「浜と社」の対応関係、そして井の存在からして支持できるであろう。大井浜の神社は『出雲国風土記』時代に「大井社」、江戸時代に「七社大明神」、そして明治になり旧に復して「大井神社」になったのである。

神社といえば祭神であるが、大井神社の祭神は江戸時代においては大国主神、そして妻の八上比売、その御子神の木俣神（御井神）が祭られていたようである。それには大井の「井」の存在が大きかったと思われる。はたして須恵器生産の中心地として栄えた地域の要に鎮座する「大井社」の祭神は古代においてもその三神であったのであろうか。

そこで注目されるのが大井神社の裏手のイガラビ遺跡から出土した土馬・ミニチュア土製支脚・小坏など祭祀にかかわる遺物である。土馬は河川を通路とする神を水辺で迎えるための祭祀に使われる祭具と思われる。イガラビ遺跡もたしかに小さな谷の入口にあたり、その事例の一つともみなすことができるが、別の要素も見出せそうである。

馬の手綱を手で操ることを「たく」というが、手で薪をくべて火を「たく」行為も同じく「たく」であることに注目したい。手でものを操ることを「たく」と古代びとは言っていたらしい。現に船の櫓を漕ぐことも「たく」というのである。

東京都稲城市大丸の瓦谷戸窯跡にて、内部の壁に五頭の馬の絵が描かれていたとの一九八八年の報道はまだ記憶に新しい。誰もがその窯と馬との組み合わせに関心をもち、かつて馬と火に何らかの民俗的なつながりがあったのであろうといわれたが、その検証は困難とされそのままに終わっている。筆者は「馬と火」にはともに「たく」という行動で共通性があり、走る馬を窯内に描くことにより火の燃焼の高揚を願う祭祀的行為があったと推測している。その馬と火を命とする窯の関わりを想定するならば発掘された「土馬」はそのような意味合いで作られた可能性も想定できるであろう。それ以前に馬は神の乗り物、神馬である。イガラビ遺跡の住人がいかなる神を大井地域に招こうとしていたのか、それがまさに「大井社」の祭神だったのであろう。

Ｖ 今後への期待

松江市教育委員会と財団法人松江市教育文化振興事業団により大井浜の新たなる発掘が行われ、大きな成果を得たと聞いている。『出雲国風土記』に残る「大井浜」の記事はわずかであるが、光の当て方により七色の光を発することもありえるのである。多くのそのような史料が眠っている中で今回の発掘が大井浜の古代の歴史に貴重な光を当てると確信している。

註

（1）拙著『古代出雲への旅』（中央公論新社、二〇〇五年）。
（2）森田喜久男「朝酌郷の景観と生業」（『出雲国風土記の研究Ⅱ』島根県古代文化センター、二〇〇〇年）。
（3）山本清『出雲の古代文化』（六興出版）。柳浦俊一「出雲地方における歴史時代須恵器の編年試論」（『松江考古』三）・「出雲における須恵器の生産流通と特質」（『風土記の考古学3　出雲国風土記の巻』同成社、一九九六年）。
（4）拙著『風土記と古代社会』（塙書房、一九八四年）。
（5）拙著『日本古代社会生活史の研究』（校倉書房、一九九四年）。
（6）拙論「古代びとの建物仕様」（『住まいと住まい方』、一九九九年）。
（7）平野卓治「島根郡条本文の検討―写本からのアプローチ―」（『出雲国風土記の研究Ⅱ』島根県古代文化センター、二〇〇〇年）。
（8）拙論「『出雲国風土記』の完本性」（『国語と国文学・風土記研究の現在』）。

第七章　忌部神戸と蛇喰遺跡

Ⅰ　考古と近世史料の遭遇

他地域に比し出雲国は『出雲国風土記』など古代史料が比較的多いが、それでも古代の出雲世界を再構築していくには十分とはいえない。そのため、筆者は近世史料の『懐橘談』、『出雲風土記鈔』などを多用し、古代史料の不足を補ってきた。しかし、近年蛇喰遺跡のへら書き土器をはじめとして出土文字資料が出雲地域でも確認され、その数も増加しつつある。ただしへラ書き・墨書土器に記された文字数はわずか数字であり、古代出雲びとがいかなる意図で記したのかを知るのも困難な状況にある。現時点においては古代史料を芯として出土文字資料、そして近世史料を綾織る形が最も有効な方法と思われる。ここではその手法を用い、古代出雲の一地域の新たな歴史像を描いてみたい。

蛇喰遺跡に関しては一九九九年三月に玉湯町教育委員会が発掘調査報告書『蛇喰遺跡』を公にしている(1)。同書には発掘担当者の片岡詩子氏の詳細な発掘報告と調査指導にあたった平川南氏のヘラ書き須恵器に関する論考が載せられている。また蛇喰遺跡の出土文字資料を近世史料『忌部総社神宮寺縁起』を用いて考察し、地域世界に光を与えた田中史生氏の「奈良・平安時代の出雲の玉作」も注目される(2)。この章では、片岡・平川・田中三氏の研究に導かれながら、今まで過小評価を受けていた忌部地域に新たな光を与え、『出雲国風土記』意宇郡忌部神戸条を再考し、多様な内実を包含した忌部神戸の世界を洗い出したい。

Ⅱ　忌部神戸条の「即ち」考

まず『出雲国風土記』意宇郡忌部神戸条の全文を載せる。

忌部神戸　郡家正西廾一里二百六十歩　国造神吉詞望　参向朝廷時　御沐之忌玉作　故云忌部　即川辺出湯　出湯所在　兼海陸　仍男女老少　或道路駱駅　或海中沿洲　日集成市　繽紛燕楽　一濯則形容端正　再沐則万病悉除　自古至今　無不得験　故俗人曰神湯也

(忌部神戸　郡家の正西のかた廾一里二百六十歩なり。国造、神吉詞望ひに、朝廷に参向ふ時の御沐の忌玉を作る。故、忌部といふ。即ち、川辺に湯出づ。出湯の在るところ、海陸を兼ねたり。仍りて、男も女も、老いたるも少きも、或は道路に駱駅り、或は海中を洲に沿ひて、日に集ひて市を成し、繽紛ひて燕楽す。一たび濯げば形容端正しく、再び沐すれば、万の病悉に除ゆ。古より今に至るまで験を得ずといふことなし。故、俗人、神湯といふなり。)

一般的に古代史研究者が使用する岩波古典文学大系『風土記』(秋本吉郎校訂)は史料中の「御沐之忌玉作」の部分を「御沐之忌里」と校訂し、今までの古代史研究はその校訂にのって展開されてきたという事実がある。しかし、その部分はここに引用したように加藤義成氏の『新訂出雲国風土記参究』にならい「御沐之忌玉作」とすべきである。(3) この校訂の如何は出雲国造の神賀詞奏上の理解にかかわる重要な論点となる。

秋本説によれば出雲国造が忌部神戸(玉造温泉)において神賀詞奏上に臨むための清め、沐浴を温泉の湯で行ったことになる。加藤説では出雲国造が神賀詞奏上に臨む際の沐浴に使用する「忌玉」を忌部神戸で製作していたということになり、出雲国造は直接的に忌部神戸を訪れ、沐浴をしたことにはならないのである。

『玉湯町史(下巻)』は温泉について複数の出湯を想定し、「要するに国造の沐浴の湯は神湯」とする。(4) たしかに「神湯」の跡地と思われる小字は玉作湯神社の付近に小字「神湯」として残されており、かつてはその「神湯」は玉造川畔付近までを含む地名であったと考えられる。同温泉は「一たび洗濯げば形容端正しく、再び沐すれば、万の病悉に除ゆ。古より今に至るまで験を得ずといふことなし」という確実な効能、効果をあらわす湯であったがゆえにそれを「神の業」と考え、「俗人」は「神湯」と呼んだのである。

しかし、そこでは「形容端正しく」、「万の病悉に除ゆ」という物理的効能のみが誇示されており、宗教的な意味合いでの聖なる地の雰囲気はみえない。「国造の沐浴」が温泉の湯でなされるとは奇異である、清浄な聖なる冷水でなされるべきものであろう。また沐浴の聖なる場所はその性格上一カ所であるべきで、仁多郡三澤郷の「国造、神吉事奏しに朝廷に参向ふ時、其の水活出でて、用ゐ初むるなり」をその地として尊重すべきである。(5)

今までの研究においては一般的に出湯と「御沐之忌里」を同一空間として理解してきた。しかし、忌部神戸はより複雑な多様な世界を構成していたと思われる。その点を描き出せなかったのは忌部神戸の条文の構造を全体的に読み取ることができなかったことに起因しているのである。

今までの研究の最大の問題点は文中の「即ち」の安易な解釈に尽きる。この「即ち」を『参究』は現代語訳で「それで忌部というのである。この里の川辺に温泉が沸いている」、日本古典文学全集の『風土記』の植垣節也氏は「だから、忌部という。なお、川のほとりに温泉がある」とする。(6) このような理解に今まで疑問は出されなかった。しかし『出雲国風土記』にみえる「即ち」は今でいう「置き換え」「補足」的な意ではなく、今は忘れられてしまったもう一つの「即ち」であることに気がつく必要がある。

それは意宇郡安来郷条の「即ち、北の海に邑売埼あり」、楯縫郡条の「即ち、北の海の浜」にみられる「話はかわるが」、「ところで」という用法である。「忌部神戸」の「即ち」も同じ用法と考えるべきであろう。「忌部神戸」の説明は「即ち」の前は「忌玉」の説明であり、後は温泉についてと話題が変わるのであり、両者は「話は変わるが」を中にはさみ、直接的に関連ないと理解すべきであろう。(7)

現在、玉作りの中心は発掘成果により玉造に求められているが、「忌部」の地名の残存からいえばまずは忌部地域にその主体を求めるのが筋であろう。今後の発掘において忌部地域の玉作りの重要性が増す可能性も高く、開発の度合いを考慮して予知的な観想も必要である。とはいえ現状の玉造地域における蛇喰遺跡などの発掘成果は無視できるものではない。大切なのは先入観的に「玉造」の名に引きずられて地域を限定することなく、「忌部神戸」の全体像、「忌部神戸」内における「玉作り集団」の地域的あり方を検討することである。

Ⅲ　蛇喰遺跡と『忌部総社神宮寺縁起』

玉湯町湯町一七九三番地に所在する蛇喰遺跡は奈良・平安時代を中心とする遺跡であり、数多くのヘラ書き土器を出土したことで知られている。前述したようにすでに玉湯町教育委員会が報告書『蛇喰遺跡』を公にしている。蛇喰遺跡出土のヘラ書き土器には「白田」「由」「有」「白田原」「林」「大家」「内」「門」「邊」「桑」「由田」「忌」「口勿」

「桐家」などの文字が刻されている。

この中、「林」は意宇郡「拝志」郷、その旧名「林」、また意宇郡主政の「林」臣、すなわち郷名と氏名に通じると理解される。また「忌」は当然「忌部神戸」にかかわる一文字と思われる。「由」は「湯」、すなわち玉作湯に通じると考えられ、出雲国庁跡・平床Ⅱ遺跡・湯峠窯・大堤Ⅱ遺跡、また史跡出雲玉作跡でも確認されている。ただし、今回は「由」に「田」を付した「由田」が出た点が注目される。

平川氏は「林」「忌」「由」「由田」の四点のヘラ書き文字を具体的に取り上げ、「遺跡周辺の地名と理解できる」、「これらの地名は、須恵器や瓦の生産に従事した工人集団が住む地域名」、「この地名こそが、在地社会における共同体の生産単位を示す地域名」と論じる。

片岡詩子氏は報告書『蛇喰遺跡』の「まとめ」において遺跡の性格を「ほぼ仕上がった玉を集積して管理する官衙的な建物」とし、ヘラ書き文字が示すのは平川氏同様に地名とし、「白田」は「水晶の玉作り集落」ではないかとする。田中史生氏は藤岡大拙氏が詳細に検討した松江市忌部神社所蔵の『忌部総社神宮寺縁起』に着目する。藤岡氏によれば同史料は永禄六（一五六三）年から慶長六（一六〇一）年の間に成立し、割注は万治二（一六五九）年の書写の段階で付されたという(8)。

『忌部総社神宮寺縁起』は長文であるのでここでは箇条書き的に抜粋する。

a　往古奉レ納二雲州国造之朝廷一斎部祭器而レ精二珠類忌部之玉造邑一、要二神饌神酒一土器類素焼二忌部之陶谷邑一
　（註書二後世須谷之字一）

b　造二机・供物台・折敷・折櫃類忌部之奠山邑一（註後世書二熊山之字一）

c　鋳二鏡・鈴・金具類忌部之鋳物邑一（註後世云二鋳物屋谷一）。

d　又有下所レ織二祭服及糸紐之絹一忌部之広機長之諸邑之機場上。残二今尚地名一（註後世書二機畑字一）

e　辺二此機場一育二虫飼一、故作レ桑哉云二桑木掘・桑垣之地名猶有一

f　有レ所下作レ麻二佐草之尊一織二上祭衣一云荒栲山一（註俚俗語云二荒田山一。此山上有二織布社一。後世移二平原邑一。註今申二宇留布権現一成レ之）

g　故奉レ納二朝廷一　斎部祭器之荘厳神庫有レ辺二斎部之尊乃鎮森一。

h　成レ垣二此乃神庫朝廷番人厳一、云下後世神庫之跡不入上。云下寺僧社家汚者而婦女等禁二上出入一、此地今猶有レ遺（註後世書二舟入又舟尾字一）。

i　又従二朝廷一由レ有レ之二御取締役所一古老伝御所掘（註書今五城掘）、御所内（註書御城内有玉造邑）、邑名猶現存。

田中氏は『忌部総社神宮寺縁起』から忌部神戸における神事にかかわる生産が玉作だけではなく、「金属器鋳造、機織り、櫃や机などの製造、土器生産」にも及んでいたことに着目する。氏により忌部神戸の生産の複合性・多様性が析出されたのである。忌部神戸を玉作に限定せず、多面的な像を求めた視点は高く評価できよう。

田中氏は『忌部総社神宮寺縁起』のa「忌部之陶谷邑一（註書二後世須谷之字一）」を取り上げ、「玉湯町と境界を接する付近の松江市側に字〔須谷〕〔奥須谷〕」があるとし、蛇喰遺跡・湯峠窯跡出土資料の「由」「林」の文字を記す土器の多くは「須谷」で焼かれたものとする。また「白田」「白原」に関しては「小字〔シル田〕〔シル田掘〕が大谷の要害山付近に点在」し、その地は奥出雲との交通の重要地点とする。「桑」に関しては『忌部総神宮寺縁起』eの「故作レ桑哉云二桑木掘・桑垣之地名猶有一」の「桑垣」「桑木掘」に着目し、それに対応すると思われる「字〔桑ノ木原〕が〔シル田〕ともほど近い大谷から奥大谷にかけて存在」すると指摘する。またiの「又従二朝廷一由レ有レ之二御取締役所一古老伝御所掘（註書今五城掘）」に関しては「玉湯町玉造南端の大谷と接する地にある〔五丈掘〕」があるとする。全体として蛇喰遺跡の南の谷奥の大谷地域が養蚕・製鉄の拠点であり、「白田」もその関係でとらえることができるとする。

氏の見解を以上のように整理すると、その生産空間のほとんどを現・玉湯町に求めていることが判明する。しか

図22　「文政年間村々絵図（仮称）」
個人蔵『文政年間村々絵図』（仮称）の「西忌部村」。中央の「一割」は現在の「一崎」、付近に現在も鎮座する「石宮」が描かれている。その右手に字「いものヤ」「いもの屋」の字名がみえる。

し、氏はaの「忌部之陶谷邑」、すなわち「須谷」に関しては「湯峠よりやや東側の字『須谷』付近を重点的に踏査すべきかもしれない」ともしている。それは今までの研究が現状おける玉湯町内の発掘成果に囚われ、「東側」、すなわち忌部町に適切な関心を向けてこなかったことへの批判とも受け止めることもできる。

ここでは先入観にとらわれず田中氏の提言を受け、氏の研究成果も俎上に載せて「東側」、東西の忌部町を視野に入れ蛇喰遺跡のヘラ書き土器と忌部神戸を検討する。

田中氏はあえて指摘しないが「大谷」は蛇喰遺跡出土のヘラ書き土器「大家」に通じる可能性もある。しかし、「大谷」という地名は比較的一般的な地名であり、玉湯町の隣り「東側」の忌部地域にもあることを忘れてはならない。そこで注目したいのは田中氏がいみじくも提言した「東側」の重要性である。

じつは田中氏が製鉄の拠点とする「鋳物邑」は氏の想定とは異なり忌部町にその遺称が確認

できるのである（図22）。『文政年間村々絵図』西忌部村をみると「いものや」の字を三カ所、下忌部付近に集中的に拾うことができる。現在も小字「鋳物屋」が残っている。その場所は「陶谷邑」の東側に隣接するところである。また田中氏が玉湯町に求めた「桑垣」「桑木掘」についても玉湯町ではなく、忌部町に求めるべきではなかろうか。現に氏が拾った玉湯町の字「桑ノ木原」ではなく、「桑垣」「桑木掘」というそのままの字「桑垣」、そして「桑木掘」が東忌部に残されていること、(9)また同地域には「桑垣」姓も確認できるのである。

さらにその桑生産の延長である機織にかかわるf「荒栲山（荒田山）」は東忌部町の黒目山、『風土記』にみえる「久多美山」にあたるのも示唆的であろう。その黒目山の東麓が現在大谷貯水池を抱く大字「大谷」である点もヘラ書きの「大家」を念頭におくと注目されよう。(10)

田中氏が検討から外したbの「忌部之糞山邑」、すなわち「熊山」は現在も東忌部町に大字「熊山」があり、hの「舟入」、「舟尾」も東忌部町の小字として忌部川沿いの宮内集落に「舟入」「舟入向」を見出すことができる。注目される「五城掘」に関しても田中氏は「玉湯町玉造南端の大谷と接する地にある（五丈掘）」を遺称地とするが、『玉湯町誌』によれば墳穴の所在地として西忌部の「字中組御所堀」の地名を挙げており、同地名が忌部地域にあったことがわかる。

現在その「御所堀」は字「五城掘」として報告されている。たしかに玉湯町にも田中氏が注目した「五丈掘」も確認できるが、それは「註書御城内有玉造邑」とされた「御所内」にかかわる地名と理解すべきではなかろうか。そのように地名比定がなされるとその他の地名も玉湯町ではなく、忌部地域に落ちつくと考えられる。「林」「由」が示す場所は諸氏の言うとおり玉湯地域に求められるが、「桑」「大家」は『忌部総社神宮寺縁起』の検討を通し論じたように忌部地域にその遺称地を求めるのが妥当である。なお、三氏ともに言及を避けた「桐家」に関しては、「桐」木の語源が「切るほどによく成長する」ことからの命名とするならば、「錐《き》り」にも通じる点に注目する必要がある。(11)玉作加工における穴あけにかかわる施設を「錐家」、すなわち「桐家」と表したとも考えられよう。またそのような施

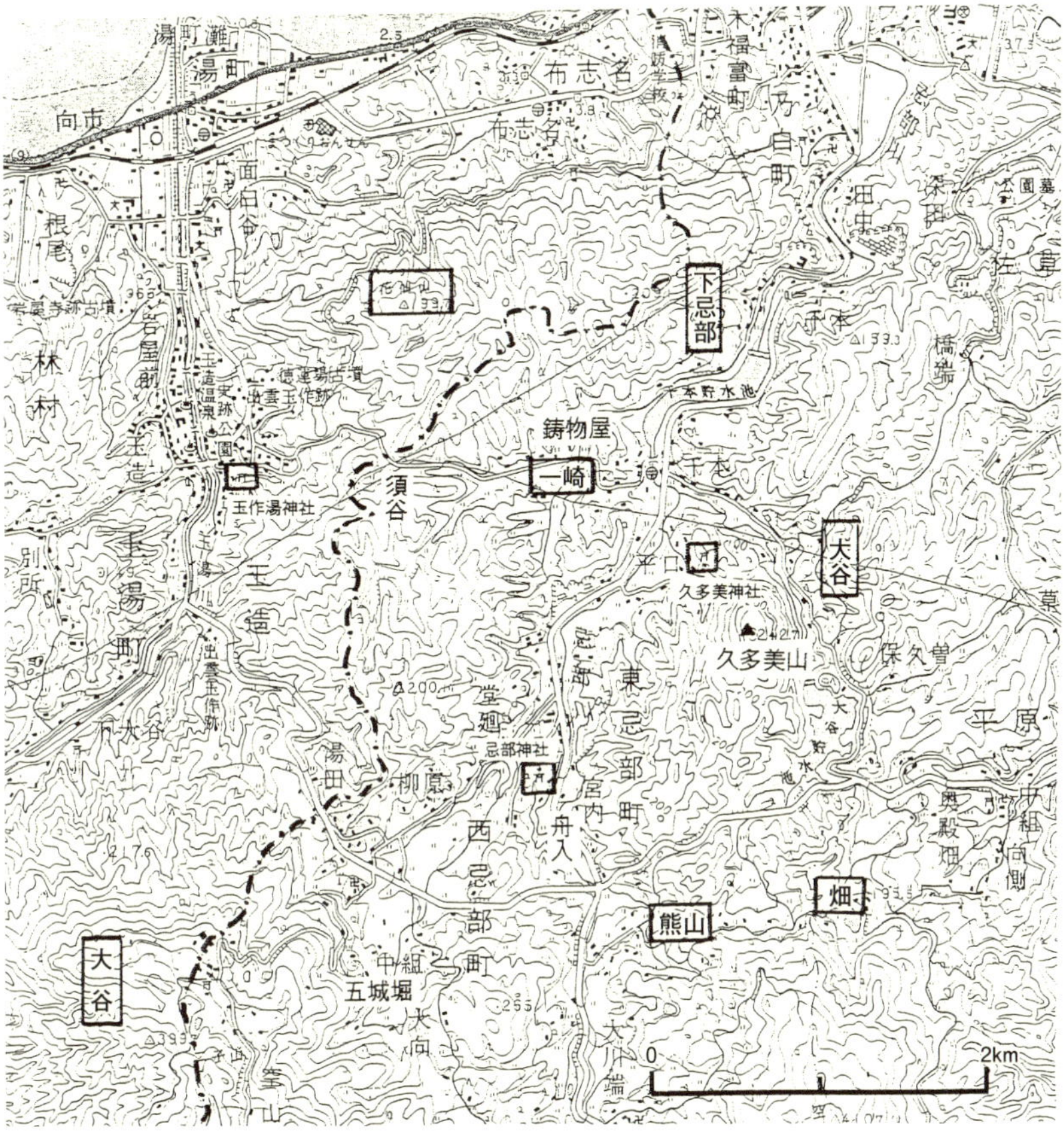

図 23　忌部・玉造の歴史地名掲載地図

国土地理院５万分の１地形図に風土記関係地名加筆。「大谷」が２カ所あることに注目。

設が集中した場所の呼称とも考えられる。因みに東忌部に小字「桐ヶ迴」がみえる。

問題は数多く確認された「白田」であろう。平川氏は「白田」を「黒田」との比較で理解し、「地味にもとづく命名」ではないかとする。しかし、今でも「黒田」の地名は多いが、「白田」の地名はほとんど見受けられないという事実もある。「白田」が「畠」を表す場合もあり、すでに『和名抄』に「畠」字は見えている。「白田」は見た目は二字的であるが国字の「畠」への移行時をうかがえる表現ではなかろうか。なお、『日本後紀』延暦廿四年十二月条に「河内国交野郡白田二町賜仲野親王」とみえる。

そこで注目されるのは『忌部総社神宮寺縁起』のdの「又有下所レ織二祭服及糸紐之絹一忌部之広機長之諸邑之機場上。残二今尚地名一（註後世書二機畑字一）」であろう。「機」「畑（畠）」は音（実際は訓）で通じるのである。「広機」、「機・畑」であるが東忌部の平口集落にその遺称と思われる字「広畑（広機）」があり、さらにその奥の「大谷」の谷の行き着く先に大字「畑」があることに気が付く必要がある。それはfの「此山上有二織布社一。後世移二平原邑一」とみえる「平原邑」との境に位置する。その地域は『出雲国意宇郡忌部村鎮座　大宮神社取調書』にみえる「神戸田神社の東方ニ當リ距離十丁余」に近い[12]。その「神戸田」は『玉湯町史（下巻）』が東忌部大谷地域に「神戸の字」があるとするのと重なるのであろう。ただし、現在は「神戸」の字はみえず、「神（戸）田」を残すのみである。その地は大谷地域を象徴する黒目山（久多美山）の麓といえる地域であり、忌部神戸の重要空間であった可能性も高い。前述したように黒目山は「桑生産の延長である機織にかかわる」、「荒栲山（荒田山）」のことであることも想起したい。

以上のように蛇喰遺跡出土のへら書き土器の文字にみえる地名の現地比定が許されるならば、『忌部総社神宮寺縁起』の描く忌部神戸世界の出雲国造神賀詞奏上にかかわる祭儀奉仕の諸々の祭具は玉湯町ではなく、忌部川流域の東忌部・西忌部で製作されていたことが判明するのである。

『出雲国風土記』総記によれば「意宇郡　郷は一十一（里は卅三）、餘戸は一、駅家は三、神戸は三（里は六）なり」とみえ、忌部神戸は郷「里」の「里」二つから構成されていたことがわかる。

ここで注目したいのは『出雲国風土記』意宇郡条の社名帳にみえる「由宇」社の社名である。「由」の字は蛇喰遺跡などから出土した墨書・ヘラ書土器にみえることは前述した通りである。この二つの「由」は共通の表現、すなわち「湯」を表したものと考えて間違いないであろう。そうであるならば「由宇」社は「湯」社でも十分に通用すると考えられる。それは『出雲国風土記』が「由宇社」の他に「玉作湯社」の名も挙げていることからも理解できる。

「湯」を「由宇」という形で当て字的に敢えて表わしたのは、二字として統制された郷里の「里」名二字の創出とかかわるのであろう。

その点を勘案し、『出雲国風土記』総記の郷里制霊亀元（七一五）年施行を合わせて考えるならば、「由」の刻書・墨書はそれ以降となろう。また忌部神戸を構成する二里のうち玉湯町を中心とする里は「由宇里」であった可能性が高い。

「由宇里」で注目されるのは「玉作山」である。それは『出雲風土記』意宇郡条に「玉作山　郡家の西南のかた廿二里なり（社あり）」とみえ、現在の玉作湯神社の裏手の小山か花仙山をさすのであろう。また「玉作」川という川名をも合わせるならば、山・川名とも地域の玉製作を具体的に示す地名であり、現在の玉湯町域、「由宇里」が玉作りの中心と考えられる。

しかし、東方の忌部川流域の玉作りを過少評価してはならないであろう。なぜなら忌部地域の秀峯黒目山、風土記時代の旧名の「久多美山」も石にかかわる山名と考えられるからである。石上堅氏によれば「くたみ・くたま」は「邪霊を防ぎとめるための石」という。[13]「久多美社」を頂く「久多美山」も「玉作山」と同様に玉作り集団などによって奉祭されていた可能性が高いのではなかろうか。

なお「久多美」で注目されるのは蛇喰遺跡で出土したヘラ書き土器「□勿」である。『出雲国風土記』楯縫郡条にも別の「久多美」がみえ、「玖潭郷　郡家の正西五里二百歩なり。所造天下大神の命、天の御飯田の御倉を造り給はむ処を覓ぎ巡行り給ひき。その時、波夜佐雨、久多美の山、と詔り給ひき。故、忽美といふ（神亀三年、字を玖潭と改む）。」との地名起源伝承がみえる。そこには「久多美」「忽美」「玖潭」という地名変遷がうかがえる。報告書『蛇喰遺跡』には残念ながら「□勿」のヘラ書き土器の写真、図が掲載されていないが、「勿」は「忽」字の一部である可能性もあり、ヘラ書き「□勿」の精緻な検討も必要であろう。

Ⅳ　忌部神戸の世界

忌部神戸の領域に関しては天和年間成立の岸崎時照『出雲風土記鈔』に「忌部の東西・玉造・湯町・面白・大谷村すべて忌部神戸なり」とあり、江戸末の横山永福の『出雲風土記考』は岸崎の見解を引用しつつ、「布自奈」地域を書き添える。秋本吉郎氏の『風土記』は個々の村比定をせず、「玉湯村玉造温泉、玉造川東岸の地。その東方の松江市忌部（野代川流域）が遺称地」とし、加藤義成氏の「参究」も同様に「松江市西南から玉湯村の東部」とする。玉造川西岸は『出雲国風土記』にみえる「拝志郷」域であることをすれば秋本氏の見解「玉造川東岸の地」は活かせるであろう。問題は本書が注目する東側であるが、遺称地名から忌部川流域の西忌部、東忌部は確実であり、さらに乃白町・乃木福富町まで組み込まれていた可能性が大きい。指摘してきた忌部神戸の空間でいうならば、東忌部・西忌部・乃代・乃木福富町と「由宇里」に組み込まれた玉造・布自奈に分けられるであろう。

田中氏は今までの玉作中心の忌部神戸像を解体し、玉作・製鉄・土器生産・桑栽培・機織りなど重層的、多面的な新たな忌部神戸像を描き出した。しかし、その忌部神戸は玉湯町（玉造地域）に限定されており、西忌部・東忌部・乃白町・乃木福富町はその世界から外され、十分な地域社会論まで展開することはなかった。玉生産はたしかに発掘成果からみて玉造地域を中心としているようにみえるが、忌部地域（西忌部・東忌部・乃白町・乃木福富町）でも積極的な生産がなされていたと考えるべきであろう。またその他の祭具にかかわる製鉄・土器生産・桑栽培・機織りなどはむしろ忌部地域が中心であった。

忌部地域は国府とも地理的に近く、また平原を通して熊野地域との結びつきも強く、さらに忌部川を上り、大原・飯石郡を介して遠く阿波の忌部との繋がりを有していたとも考えられる。当該地域は田和山も含め今まで過少評価を受けていたが、改めて出雲国全体の中で、また阿波・伊予などとの地域間交流も含め再検討する必要があろう。古代びとが残し、地中に保持されてきた出土資料は字数こそ少ないが貴重な研究素材となるであろう。

註

（1）『蛇喰遺跡』（島根県八束郡玉湯町教育委員会、一九九九年）。以後、両氏の見解、引用は同書による。
（2）田中史生「奈良・平安時代の出雲の玉作」（『出雲古代史研究』十一号、二〇〇一年）。
（3）加藤義成「出雲国風土記『忌部神戸』里名考」（古代文化叢書一『出雲国風土記論究　上巻』島根県古代文化センター、一九九五年）。
（4）『玉湯町史下巻（一）』（玉湯町史下巻編さん委員会、一九八二年）。
（5）拙稿「出雲国風土記註論（仁多郡条）」（『古代文化研究』九号、一九九九年）。
（6）植垣節也『風土記』（日本古典文学全集、小学館、一九九七年）。
（7）拙著『出雲国風土記註論（意宇郡条）』（島根県古代文化センター編、二〇〇三年）。
（8）藤岡大拙「忌部神社蔵古記録について」（『山陰―地域の歴史的性格―』、一九七九年）。
（9）『忌部村誌』（一九二七年）。
（10）「大家」は拙著『日本古代社会生活史の研究』で析出した古代の家号の可能性もあるが、遺跡の性格などからここでは地名と考える。
（11）木村陽二郎監修『図説 草木辞苑』（一九八八年）。
（12）『出雲国意宇郡忌部村鎮座 大宮神社取調書』島根県立図書館蔵。成立年代は明記されていないが、明治初年と思われる。
（13）石上堅『日本民俗語大辞典』（一九八三年）。
※字名に関しては遠藤二郎氏の労作『中海周域小字名彙』（安来図書館蔵）によるところが多い。論題と異なり中海のみならず宍道湖周辺までも丁寧な小字収集に努めている。難をいえば地図がない点である。ただし、出雲古代史研究上画期的な業績であることを明記しておきたい。

第八章　恵曇郷・社部氏と地域社会と神社

Ⅰ　秋鹿郡恵曇郷と島根郡

律令制下の秋鹿郡恵曇郷に本貫をもたず、しかし伝統的な権威を秋鹿郡域に根強く浸透させていた地域首長として注目されるのが社部臣である。

出雲臣・神門臣・勝部臣などが注目される中で、没個性的と認識されていたのであろうか、同氏に関する専論の研究は皆無である。それゆえ、その氏としての性格などを含めて、謎の氏族といえる。

周知のとおり『出雲国風土記』は郡記事の最後に郡ごとの編纂責任者名を署名の形で残している。秋鹿郡条では、大領で外正八位下・勲十二等の刑部臣、権任少領・従八位下の蝮部臣、主帳・外従八位下・勲十二等の日下部臣の諸郡司がそれにあたる。しかし、署名を残さないが、同郡には刑部臣・蝮部臣・日下部臣よりも有力な地域首長の社部臣の存在が想定しうるのである。

秋鹿郡恵曇郷条の記述内容において最大の問題は、その恵曇地域世界の開発の担い手が隣の島根郡の大領・外正六位下の社部臣の先祖であったという伝承が語られているという事実であろう。なぜ、秋鹿郡の大領・刑部臣は『出雲国風土記』秋鹿郡条にそのような他氏族の功績を顕彰するような文を採用したのであろうか。その点を明らかにするためには、「没個性的」な状態に押し止められている社部氏の基礎的研究を積み重ねることが肝要と考える。

Ⅱ　出雲国における社部氏の位置

まず『出雲国風土記』にみえる社部臣にかかわる記事を紹介する(1)。

a

『出雲国風土記』島根郡条

郡司　主帳　无位　出雲臣

大領　外正六位下　社部臣

少領　外従六位上　社部石臣

主政　従六位下　勲十二等　蝮朝臣

b

『出雲国風土記』秋鹿郡条

恵曇浜　広さ二里一百八十歩なり。東と南とは竝びに家あり。西は野、北は大海なり。即ち、浦より在家に至る間は、四方並び竝びに石木なし。白沙の積れるがごとし。大風の吹く時は、其の沙、或は風の随に雪と零り、或は居流れて蟻と散り、桑麻を掩覆ふ。即ち、彫り鑿てる磐壁二所あり。（一所は厚さ三丈、広さ一丈、高さ八尺なり。一所は厚さ二丈二尺、広さ一丈、高さ一丈なり。）其の中に川を通し、北に流れて大海に入る。（川の東は島根郡、西は秋鹿郡の内なり。）川の口より南の方、田の辺に至る間は、長さ一百八十歩、広さ一丈五尺なり。源は田の水なり。上の文に謂へる佐太川に西の源は、是の同じき処なり。凡て、渡村の田の水の南と北とに別れるのみ。古老の伝へていへらく、島根郡の大領社部臣訓麻呂が祖波蘇等、稲田の澇に依りて、彫り掘りしなり。

『出雲国風土記』にみえる社部臣関係史料は上記の二カ所のみである。前述したように社部臣の動向で注目すべきは秋鹿郡、島根郡の二郡にわたりその活動が確認できる点であろう。同様にその二郡で活動する地域首長としては蝮氏（島根郡主政・蝮朝臣、秋鹿郡権任少領・蝮部臣）が確認されるが、史料が断片的であり、ともに主政、権任少領という地位にとどまり該地方の最大首長とは認定しにくい。当地域における郡制（評制も含めて）施行以前においては、島根郡、秋鹿郡という領域区分は存在せず、両地を併せた秋鹿郡から島根郡西部に及ぶ政治世界の存在が想定される。その点に関してはすでに別に詳細に論じたのでそれに譲るが(2)、社部氏・蝮氏という二地域首長が活動舞台とし

表10　『出雲国風土記』の祖先表記

意宇郡安来郷	安来郷の人、語臣與が父
意宇郡新造院	上腹首押猪が祖父
出雲郡新造院	大領佐底麿が祖父
意宇郡舎人郷	志貴島宮御宇天皇御世、倉舎人君が祖、日置臣志昆

た地域社会、すなわち国引神話に登場する「狭田国」がそれにあたると考えられる。

島根・秋鹿郡地域の有力な氏族としては署名に見える島根郡の大領の社部臣、少領の社部石臣、主政の蝮朝臣、そして主帳出雲臣、秋鹿郡では大領の刑部臣、権少領の蝮部臣、そして主帳の日下部臣があげられるが、そのなかで社部氏は特殊である。

社部氏は島根郡では大領を占め、そして次官の少領にも同族とされている「社部石臣」が就任していることがわかる。[3] 社部臣は外正六位下、社部石臣は外従六位上と他氏族と比較しても格段の位についていることが判明する。出雲国では、出雲国造で意宇郡大領である出雲臣広島と大原郡大領の勝部臣が「正六位上」で最高位であり、三番手が「正六位下」の社部臣と出雲郡の高善史、その次が「従六位上」の社部石臣となる。位階に関してみれば、三十四名の郡司のなかで社部系氏族はじつに二人ともベスト五にランクされているのである。この点はほとんど注目されていないが社部一族を考える上で重要な事実であろう。じつにその点からいえば社部一族は出雲国造一族に次ぐ勢力を保持していたと言えるのである。

社部臣の史料は「質」的に豊富であり、その歴史的動向をうかがうことが可能である。社部臣の史料で注目すべきはa・bが時代背景を異にしており、また両史料が社部臣の血縁関係記事を柱に結びつくという点である。

aは『出雲国風土記』編纂の天平五（七三三）年当時、島根郡の大領の地位に社部臣が就任していたことを示す。bはその大領・社部臣が「社部臣訓麻呂」であったことを物語る。また、bは「社部臣訓麻呂」の先祖の「波蘇」が、律令制下においては隣郡となった秋鹿郡恵曇地域において大規模な土木事業を展開したことを伝えている。

第一の問題はその土木事業が展開された時代である。それを確認することでa・bの史料は「質」的に融合することになる。古老が伝える「嶋根郡の大領社部臣訓麻呂が祖波蘇等、稲田の澇に依りて彫り掘りしなり」という事業の年代観は、『出雲国風土記』全体の同様な字句の用法を検討するなかで大枠ではあるが明らかになると考える。

類例は少ないが、世代表記に「父・祖父・祖」の三例を読み取ることができる。他に大原郡屋裏郷新造院条には「伊去美の従父兄」ともみえ、親族表記が比較的詳細であることもうかがえる。「父・祖父・祖」の三例の中、問題となるのは「祖」であろう。注目すべきは意宇郡舎人郷条では「祖」の時代を明確に「志貴島宮御宇天皇御世」、すなわち記紀にいう「欽明天皇」の時代としている点である。「欽明天皇」の治世時代に関しては諸説あるが、『日本書紀』によれば六世紀中葉を想定できる。

一世代を三十年余と想定し、『出雲国風土記』編纂時点を起点に考えると、「祖」の活動時代はいわゆる「大化改新」を遡ることが判明する。「社部臣訓麻呂が祖波蘇」の表記はこの例に準じるが、即「欽明天皇」の時代と断定することはできない。しかし、「父・祖父・祖」の流れを考慮するならば、「大化改新」を遡る時代に活動した人物と想定することは可能であろう。

ここで問題となるのは、島根郡の大領である社部臣訓麻呂の先祖である波蘇が「秋鹿郡」領域の河川の工事において主導的役割を果たしたという点である。それは波蘇の開発が令制下の島根・秋鹿郡段階ではなく、それ以前の「狭田国」の世界でのものであることを示しているといえよう。

恵曇地域は標高がほとんどなく海岸部分は砂丘でおおわれ、その砂丘が内陸部で湧水した水、そして川を押し溜め、湿地化し、農業生産に不適応な空間を現出していたと考えられる。波蘇は湿地化の元凶である溜まった水を、砂丘の一部に露呈していた岩盤を穿つことにより、日本海へ川を通し、排水したのである（b其の中に川を通し、北に流れて大海に入る）。

この岩盤開削事業は恵曇地域の湿地帯の水田化をもたらしたと思われる（b稲田の澇に依りて、彫り掘りしなり）。恵曇地域の存立にかかわるこの事業を主導した波蘇こそこの地域の有力首長と考えられる。この社部臣の秋鹿郡における地域首長としてのその他の活動は『出雲国風土記』からは読み取ることができない。

いくつかの検討課題を残すが、注目する必要があるのは社部（コソベ）臣の氏名と読みを共有する秋鹿郡条の社名帳にみえる神祀官社の「許曾志社」、『延喜式』の許曾志神社である。現在は松江市古曽志町に鎮座し、祭神に「猿田彦命」があげられている。社名は一番古い慶長六年棟札に「古曽石六所大明神」（『式内社調査報告』は「古曽志六所大明神」とするが、同社の『村社許曽志神社由緒書』にみえる棟札写では「古曽石」となっている）、寛永八年でも「古曽石六所大明神」とみえるが、貞享元年の棟札では「白髭大明神」と変わる。『式内社調査報告』はその点に注意し、近世中期以降は白髭大明神が通称であったとする。しかし、貞享元年の別棟札、元文五年、延享四年、寛保元年、文化八年、明和五年、文政八年の棟札には「許曽志神社」とみえ、近世初頭以来近代まで一貫して「許曽志」と呼ばれていたことが判明する。貞享元年の棟札に「白髭大明神」がみえたのは「白髭」、すなわち「猿田彦命」を祭神として新たに導入したからと考えられる。貞享元年の棟札には「奉建立白髭大明神一宇成就」とみえ、新たに「猿田彦命」のための別社殿が作られたのである。この「猿田彦命」であるが、「狭田国」全体の奉祭神である佐太大神の「さた」を記紀神話の猿田彦に結びつける近世の国学隆盛の過程における神社側の勧請策によるものと考えられる。その点をふまえると、それ以前は佐太神社と同じく佐太大神を祭っていた可能性が強い(4)。

「古曽石」が古地名とするならば社部石臣との関係も想定されるが、史料の語る限界を越えるので敢えて論及はしない。加藤義成氏は「松江市の許曾志に許曾志神社があるが、その地はもとこの社部氏の故地であったのではあるまいか」とするが、穏当な見解であろう。

律令以前において社部臣は「秋鹿郡から嶋根郡西部に及ぶ政治世界」、すなわち「狭田国」にその勢力基盤を置く、国造出雲臣に次ぐ有力氏族であったが、律令制国・郡（評）制施行段階において、「狭田国」の東部地域を中心に建郡された島根郡に押し込まれ、恵曇郷のように深くかかわった「狭田国」の西部地域から切り離されたものと考えられる。

『常陸国風土記』行方郡条に次のような建郡記事がみえる。

古老のいへらく、難波長柄の豊前大宮に馭宇しめしし天皇のみ世、癸丑年、茨城国造・小乙下壬生連磨、那珂国造・大建壬生直夫子等、惣領高向大夫・中臣幡織田大夫等に請ひて、茨城の地の八里と那珂の地の七里と合せて七百餘戸を割きて、別きて郡家を置けり。

これによれば常陸地域における郡（評）制施行の際に、地域首長の意向が中央から派遣された惣領により受け入れられ、行方郡が茨城・那珂郡とともに誕生したようにみえるが、それは『常陸国風土記』編者の中央権力の意思を受けた表現であり、実態は「茨城国造・小乙下壬生連麿、那珂国造・大建壬生直夫子」の権力に枠をはめ、分散化させ、その勢力の削減を図った施策と考えるべきである。社部臣の島根郡移住も本質的に同じ事情であったと思われる。『出雲国風土記』の編纂は第一段階として郡ごとでなされた。秋鹿郡の郡司は刑部臣、蝮部臣、そして日下部臣である。彼らは自郡内の開発の功績を隣郡の郡司の祖先とする伝承を臆面もなく報告するのである。他郡の氏族の功績話をあえて載せたのは、この地域にとっていかにその土木事業が重要であったかを示すものであり、また「島根郡の大領社部臣訓麻呂が祖波蘇」の活躍が該地域では有名であり、否定、無視することが不可能であったからであろう。それはまた、令制以前の段階で島根・秋鹿郡、すなわち「狭田国」に勢力を張った社部一族の勢いをうかがわせるものでもある。

社部氏は地域神である佐太大神を奉祭し、開発事業を主導し、該地域における在地首長としての地位を固めたものと思われる。しかし、令制段階になると、その強大さゆえに領域である「狭田国」は島根・秋鹿の二郡に分断され、社部氏は島根郡内に押し止められることになり、佐太大神・佐太神社とも切り離されたのではないだろうか。

Ⅲ　「社」・「コソ」の原義

「社部臣」の「社」は何と読むのであろうか。今までは疑問もなく「コソ」と読んできたが、改めて検討する必要があると考える。『出雲国風土記』意宇郡条に次のような記事がある。

屋代郷（略）天乃夫比命の御伴に天降り来まし伊支等が遠つ神、天津子命、詔りたまひしく、「吾が静まり坐さむと志ふ社」と詔りたまひき。故、社といふ。（神龜三年、字を屋代と改む。）

この屋代郷の郷名起源伝承では明らかに「社」の字を「ヤシロ」と訓じていることが判明する。その事例から「社部」を「ヤシロベ」と読まなければならないという結論は出てこないが、なぜ、「社部」を「コソベ」と読んだか、また読めるのか、管見の限り未だ明らかにされていないのである。

まずは「コソ」の事例を検討しよう。

a　『肥前国風土記』基肄郡条

姫社郷（略）珂是古、即ち、幡を捧げて祈禱みて云ひしく、「誠に吾が祀を欲りするならば、此の幡、風の順に飛び往きて、吾を願りする神に邊に堕ちよ」といひて、便即て幡を擧げて、風の順に放ち遣りき。時に其の幡、飛び往きて、御原郡の姫社社に堕ち、更還り飛び来て、此の山道川の邊に落ちき。此に因りて、珂是古、自ら神の在す處を知りき。其の夜、夢に、臥機（久都毗枳と謂ふ）と絡垜（多々利と謂ふ）と、儛ひ遊び出て来て、珂是古を壓し驚すと見き。ここに、亦、女神なるを織りき。即て社を立てて祭りき。爾より巳来、路行く人殺害されず。因りて姫社といひ、今は郷の名と為せり。

b　『日本書紀』垂仁紀

求ぐ所の童女は、難波に詣りて、比賣語曾社の神と為る。且は豊國の國前郡に至りて、復た比賣語曾社の神と為りぬ。

c　『古事記』応神記

其の女人言はく、「凡そ、吾者、汝の妻と為る応き女に非ず。吾が祖之国に行かむ。」といひて、即ち竊に小船に乗りて、逃遁げ度り来て、難波に留りき。（此は難波之比売碁曾の社に坐す、阿加流比売と謂ふ者也。）

d　『播磨国風土記』美嚢郡条

美嚢と號くる所以は、昔、大兄の伊射報和気命、國を堺ひたまひし時、志深里の許曾の社に到りて、勅りたまひしく、「此の土は、水流甚美しきかも」とのりたまひき。故、美嚢郡と號く。

史料aに関して秋本吉郎氏は「ヒメコソ」と訓じるが、その根拠は明らかではない。[5]たしかに「社」は『万葉集』六二二の「草枕　客尓久　成宿者汝乎社念　莫恋吾妹（草枕　旅に久しく　なりぬれば　汝をこそ思へ　な恋ひそ我妹）」とみえるように「コソ」と読めることが判明する。また、『万葉集』九二では「秋山之　樹下隠　逝水乃　吾許曾益目　御念従者（秋山の　木の下隠り　行く水の　我こそ益さめ　思ほすよりは）」では同じ助詞の「こそ」が「許曾」と表現されている。ところが史料bでは「比賣語曾」、cでも「比売碁曾」というように「ヒメゴソ」と濁音表記となっている。この難波の「ヒメゴソ」の社は『延喜式』神名帳に「比賣許曾神社」とみえ、清音で呼ばれており、「ゴソ」・「コソ」の移動は大きな問題ではないことがわかる。

史料aの語るところは、祟る神が女神と判明したので、「社」を立てて女神を祭ったところ、通行人が殺されなくなったので、そこを「姫社」という、そういう構成である。最初の「社」は明らかに「ヤシロ」と訓じるが、郷名は「ヒメコソ」と読むらしい。『日本古典文学大系・風土記』は頭注で「姫社（ヒメコソ）の神の名による地名とするものであろうが、以上でヒメの説明は出来ているが、ヒメコソの説明は出来ていない」と、地名起源伝承としての不備を指摘する。しかし、『日本古典文学大系・風土記』の秋本吉郎氏が困惑しても、一見一貫性のない郷名起源伝承にも古代人は整合性を感じ、納得していたものと思われる。

ここで参考になるのが吉田東伍の『増補・大日本地名辞書』が引く旗野氏の「コソの語に二義あり、一は指辞にして是其略也、一は乞にして転じて社と為る」とする見解である。[6]珂是古の神覓行為はまさに旗野の見解の「乞」に相当することになろう。「姫社」郷名起源伝承の構成は、珂是古が女神を「乞」ったので「ヒメコソ」というようになったというのである。

『古事記』・『日本書紀』の「ヒメゴソ」の二例も女神を求める伝承という構成では同質である。「コソ」には「ある一つの限定されたもの」のみを「乞」う、という意味が込められていると考えられる。『万葉集』前掲の二首の「コソ」の用法はまさにそれに相当する。

「コソ」に関して井上通泰は『肥前国風土記新考』において次のように論じる(7)。

按ずるに日本紀に韓国の地名の山をムレ、川をナレ、村をスキ、城をサシなど訓じたるが古韓語なる事は人の知れる如し。コソはおそらくは右の類にて森の古韓語ならむ。即歸化韓人が本国に女神を樹叢を姫ゴソなど称せしより遂に邦語に交れるならむ。

表11　「コソ」名一覧表

肥前国風土記	基肄郡	姫社の社
播磨国風土記	美嚢郡	許曾の社
古事記	応神記	比売碁曾ノ社
日本書紀	垂仁紀	比賣語曾社
出雲国風土記	意宇郡	毛社の社　※

「コソ」を古韓語の「森」とするきわめて興味深い指摘である。たしかに、史料b『日本書紀』垂仁紀、c『古事記』応神記の二「ヒメゴソ」伝承は朝鮮からの渡来神を含む伝承であり、井上の見解に膨らみを持たせる。ここで注目しておきたいのは「コソ」の史料上の存在形態である。

表11にまとめた「コソ」の五例を一瞥すると、「コソ」の後には必ず「社」が付されていることに気がつく。『播磨国風土記』の「許曾の社」の「社」は『日本古典文学大系・風土記』では「モリ」と訓じているが、他の事例はすべて「ヤシロ」と読んで間違いないであろう。「モリ」と「ヤシロ」は神道的には始源的に同質である。

『万葉集』が助詞の「こそ」に「社」の字を充てたということは「社」に「コソ」の読みがすでにあったということである。その場合、可能性として考えられるのは井上の想定した古韓語の「森（コソ）」説ではなかろうか。ただし、「姫社」の「社」が「森（コソ）」というのではない。あくまでその「社」は前述した「乞（コス→コソ）」であり、「社」は借字である。もし「社」が「森（コソ）」であるならば、「コソ」の五例でわかるように、「社」が「社社」というように重なり、意味的にも不思議な、また「モリ・モリ」という耳慣れない表現に陥ることになろう。

「姫社社」を例にとるならば、「阿是古が女神を『乞』ったので「ヒメコソ」というようになった」のであるが、その「コソ」を古韓語の「コソ」を表す「社」という字で表現した、と理解すべきなのである。

Ⅳ　社部臣の職掌—出雲国造部民制—

そのような「社」を氏名に付す社部臣とはいかなる性格の氏族なのかが次の問題となろう。先に、筆者は佐太大神、そしてその鎮座した佐太神社と社部臣との関係、すなわち社部臣が地域首長として佐太大神を奉斎する様相を析出した。(8) その様相も「コソ」史料群と神社の密接不可分な関係と同質の土壌に形成されたと理解すべきであり、社部臣が始源的には祭祀にかかわる氏族であった可能性を示唆しているのである。しかし、その関わりの具体的様相に関しては『出雲国風土記』からは認知できないというのが正直なところである。

佐太神社の現・鎮座地の松江市鹿島町佐陀宮内の地は『出雲国風土記』以来、不動とされており、律令制下の行政区分では秋鹿郡神戸里に属していたと考えられる。

a　『出雲国風土記』秋鹿郡条

神戸里（出雲なり。名を説くこと、意宇郡の如し。）

b　『出雲国風土記』意宇郡条

出雲神戸　郡家の南西のかた二里廿歩なり。伊弉奈枳の麻奈古に坐す熊野加武呂命と、五百つ鉏猶取らして天の下造らしし大穴持命と、二所の大神等の依さし奉る。故、神戸といふ。（他郡どもの神戸も是の如し。）

秋鹿郡の神戸里は史料aによれば意宇郡の出雲神戸とその性格が同じであることがわかる。その出雲神戸は資料bにより基本的には「伊弉奈枳の麻奈古に坐す熊野加武呂命」、すなわち熊野大神と、「五百つ鉏猶取らして天の下造らしし大穴持命」、すなわち大国主神を奉斎する祭祀集団であり、「大神等」の「等」を勘案すると佐太大神など出雲の在地の他の神々をも奉斎する任を担っていたものと思われる。

一九六八（昭和四十三）年から始まった出雲国庁の発掘の際に木簡などとともに「社邊」と箆書きされた須恵器の坏が出土した。(9)『八雲立つ風土記の丘周辺の文化財』は、「社邊」を社部臣とし、「郡内に大井窯跡があり、その経営に社部臣が関与」していた可能性を示唆する。(10)その「社邊」は社部臣であろう。島根郡大領の社部臣が国庁に出仕した際に持ち込まれた可能性が強い遺物である。

さらに注目したいのは一九九六年、八束郡八雲村の青木遺跡からも国庁出土箆書き「社邊」とまったく同筆、同形の「社邊」箆書きをともなう須恵器の坏が出土した事実である。(11)社部臣にかかわる島根・秋鹿郡に属さない集落遺跡からなぜ、「社邊」と刻んだ須恵器が出土したかは大きな謎である。

青木遺跡からほぼ東一キロのところに毛社神社が鎮座している。両所は意宇川・東岩坂川が形成した同じ扇状地に臨み、同一歴史的・社会的空間を構成していると考えられる。その毛社神社とは『出雲国風土記』意宇郡条の社名帳に「毛社社」としてみえる非神祇官社に相当する。「毛社」とは「モコソ」と訓じるのであろう。「モ」は「真・完全・純粋」の意を添える接頭語の「も」と考えられる。(12)この「毛社社」の鎮座する地は八束郡八雲村東岩坂であり、注目すべきはこの岩坂の地には地域の鎮守社として『出雲国風土記』意宇郡神祇官社の「石坂社」が確認できる点であろう。「石坂社」は『延喜式』に「磐坂神社」とみえる古社である。近世においては論社があったようで、享保年間の地誌『雲陽誌』東岩坂の頃には「石坂社」に比定される「磐裂神」を祭神とする豊田明神がみえ、『出雲神社巡拝記』では西岩坂に「いわさくの神」を祭神とする小坂大明神がみえる。(13)その二つの論社に社部臣の開発した秋鹿郡忌恵曇地域の奉斎神である磐坂日子（磐裂神・いわさくの神）が確認できる点は示唆的である。

「社邊」箆書きが出土した岩坂地域に社部臣と関係があると想定される「毛社社」、また「石坂社」が鎮座している事実は重要な意味をもとう。『出雲国風土記』からは直接的（文献史料上）に意宇郡での社部臣の活動は確認できない。しかし、上の事実は、『出雲国風土記』には表出しなかった意宇郡における社部臣の活動を暗示していると考えて大過あるまい。

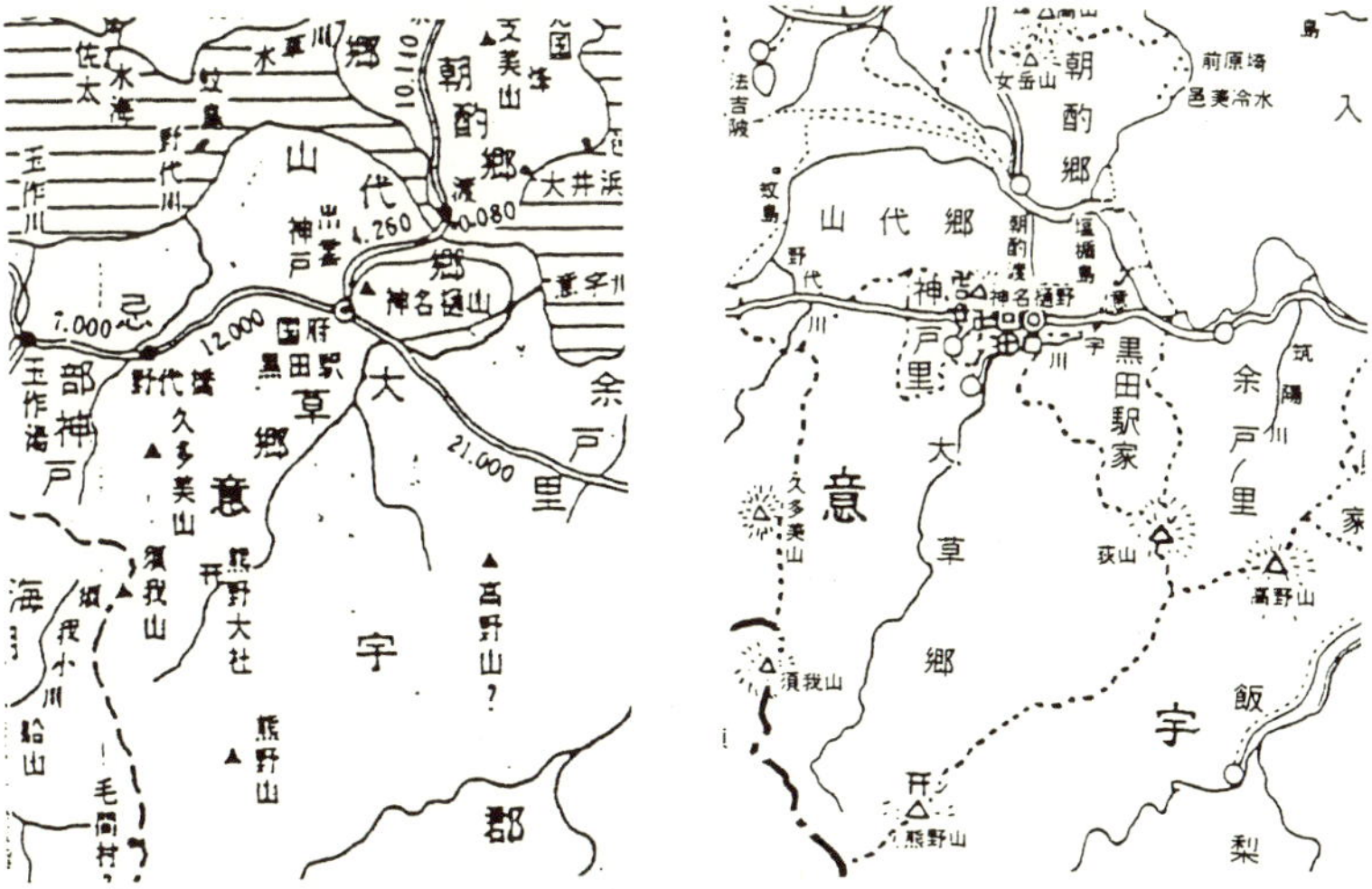

図24　二例の地図（『日本古典文学大系・風土記』『出雲国風土記参究』）

ここで前掲史料bの意宇郡条の出雲神戸に再度目を転じてみたい。出雲神戸の所在地は郡家の「南西のかた二里廿歩」、すなわち約一一〇五メートルの地点となる。しかし『出雲国風土記』は郡家の南西の方向に「大草郷　郡家の南西二里一百二十歩なり」の存在も指摘する。「二里一百二十歩」は一二八二メートルであり、出雲神戸の中心と大草郷家の距離はわずか二〇〇メートル弱となる。

図24にその両者の位置関係を示した地図二例を示す。

『日本古典文学大系・風土記』は境界を示さず、国府（郡家）の西北の山陰道の北側に「出雲神戸」の四文字を配し、「出雲神戸」項の頭注では「松江市大庭町」付近とする。『出雲国風土記参究』は境界を示すが、郡家の西側に極めて狭い領域を想定し、その中心は神魂神社、黒田畦付近とする。

たしかに『日本古典文学大系・風土記』のように郷に関しては本来的には地の多少、すなわち領域、境界はないが、『出雲国風土記』編纂段階においては日常生活の積み重ねのなかで郷、そして村々の境は認識されていたとするのが妥当である。問題は『出雲国風土記参究』が示した「出雲神戸」の領域が大草郷に比し、余りにも狭いという点がある。「出雲神戸」はたしかに五十戸には満たないが、『出雲国風土記』意宇郡条が語るように「里（郷

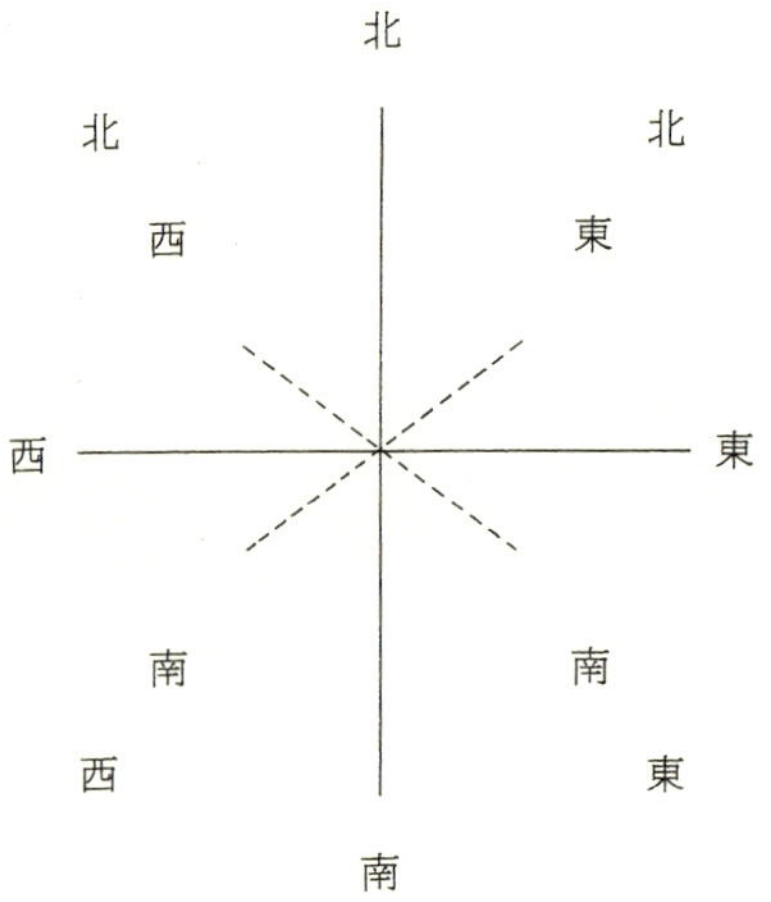

図 25　『出雲国風土記』の方角表記基準

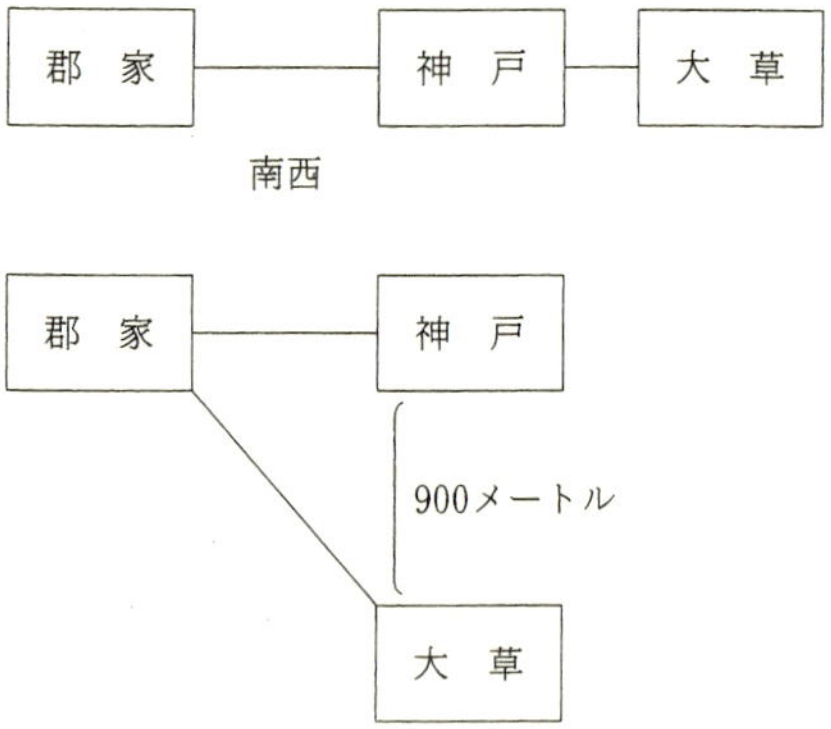

図 26　出雲神戸と大草郷の位置

里の里）」二つからなり、「郷」の最低基準を備えているのである。(14)また両地図においては「南西のかた二里廿歩」という方角、距離も問題をはらんでいるようである。ここに改めて「出雲神戸」の領域を想定する必要が出てくるのである。

　まず確認する必要があるのは『出雲国風土記』の方角記事の扱いである。『出雲国風土記』の方角記事は図に示したように八分割の形で表されており、東南東・南南西などの方角については言及しない方針である。南西と南では明らかに相違するが、南西という方角記事は「ある直線」的方向を示すのではなく、あくまで扇形の方向指示である点はおさえなければならないであろう(15)。直線的理解では図25のような出雲神戸と大草郷の位置関係が得られるが、扇形の理解を受け止めれば、図26の別の世界が現出するのである。

　試しに扇形を最大角度（四十五度）に広げるならば、両中心地は図のように最大約九〇〇メートルの距離を保持するのである。最大幅は極端であり、取るべき数値ではないが、『出雲国風土記』の方角記事を扱う際に直線的理解のみでは通用しないことをおさえるべきであろう。

『出雲国風土記』は熊野大神が鎮座する熊野山について「郡家の正南一十八里なり」とする。熊野山は現・天狗山であり、ほぼ国庁（意宇郡家）からみて妥当な観察である。出雲神戸が「伊弉奈枳の麻奈古に坐す熊野加武呂命と、五百つ鉏の鉏猶取り取らして天の下造らしし大穴持命と、二所の大神等に依さし奉る」とあるように熊野大神を奉斎する神戸集団である点は注意を要する。「社邊」箆書きが出土した岩坂の地は、意宇川が形成した、熊野大社の鎮座する谷の入口にあたるからである。社部臣は出雲神戸にもかかわり、熊野大神の祭祀にかかわっていたのではなかろうか。青木遺跡を含む岩坂地域は、出雲国庁（意宇郡家）から天狗山を結ぶ線より西に位置し、「南西のかた二里廿歩」という方角、距離を十分に消化する空間である。

以上の出雲神戸・毛社社・石坂社（磐坂日子）・「社邊」箆書土器を、社部臣を念頭において一括して把握する私見が成り立つならば、社部臣の祭祀氏族としての具体的様相が浮かんでこよう。

この点の解明の鍵となるのが、「コソ」に必ずともなう「社」ではなかろうか。

表11「コソ」名一覧表で示したとおり「姫社の社（肥前国風土記）」、「許曾の社（播磨国風土記）」、「比売碁曾ノ社（古事記）」、「比賣語曾社（日本書紀）」、「毛社の社（出雲国風土記）」の五例の「コソ」にはすべて「社（ヤシロ・モリ）」がともなう事実があり、それは「コソ」史料群が神社と密接不可分な関係にあることを物語っているといえよう。

ここで参考になるのが、前に言及した吉田東伍の『増補・大日本地名辞書』が引く旗野氏の見解の後半部分、「一は乞（コス）にして転じて社（コソ）と為る。社人を乞部（コソベ）と云ふ事、願人を祢宜と呼ぶが如し」は示唆あふれる言葉として浮上してくる。

出雲国における祭祀氏族としては出雲国造の存在を忘れることはできない。岩坂地域は出雲国造の本拠地大庭に近く、確実に出雲国造の権威に組み込まれた地域と想定される。また熊野大神は出雲国造の奉斎神であり、社部臣が熊野大神を奉斎する神戸と深い関係を前述のごとく保持していたとするならば、出雲国造と社部臣とは祭祀の面において重なることになろう。

注目すべきは「社部」の氏名が職掌を体現している点であろう。社部臣氏がかかわると考えられる秋鹿郡神戸里、及び意宇郡出雲神戸が、中央（大和王権）よりも在地（出雲国造、そしてその奉斎神）にかかわり深い点を考慮すると、「社部」は出雲国造家のもとにおける祭祀氏族として位置づけられるのではなかろうか。すなわち、大和王権（天皇家）のもとにおける中臣・忌部氏の祭祀氏族としての存在形態を、出雲国造と社部に想定するのである。この想定は、部制を大和王権の独占的体制とする「常識」に対する根本的な疑問となろう。出雲のみならず今までの「記紀」によって作られた大和王権一元的「部制」を再検討する必要があろう。また、実態のない「出雲王国」の名称が多用されるが、その内実に迫る道をひらく視点を提供すると考える。

また社部臣の足跡が秋鹿郡の神戸郷、意宇郡の出雲神戸に認定されるとなると、気になるのが社部臣に関係の深い島根郡の朝酌郷条の次の伝承である。

朝酌郷　郡家の正南一十里六十四歩なり。熊野大神命、詔りたまひて、朝御饌の勘養、夕御饌の勘養に、五つの贄の緒の處と定め給ひき。故、朝酌といふ。

また同郡条の大井浜条には「陶器を造る」とみえ、発掘の成果も須恵器生産の一大拠点であったことを示している。(16) 国庁・青木遺跡出土の「社邊」箆書土器の生産地も大井浜の可能性が大であり、社部臣氏が出雲国造「部制」下の祭祀氏族から脱却し、地域の生産・流通・交通、そして社会を統括する地域首長への昇華を模索する過程があったことを物語っているのではなかろうか。

しかし、律令制下における出雲国造の地位確立の過程において、社部臣の待遇は大きく変わったものと思われる。社部臣の本拠・佐太大神の鎮座地の秋鹿郡から切り離され、支配領域の一部であった島根郡大領の地位に押し止められたのであろう。しかし、出雲神戸の地と考えられる青木遺跡から「社邊」の箆書土器が出土した事実は一族の系列が律令制下の出雲神戸において出雲国造のもと熊野大社、杵築大社、そして佐太神社（大神など）の祭祀にかかわっていたことを示しているといえよう。

また類推すれば、大領の地位からは外れたが、秋鹿郡神戸里においても何らかの形で出雲神戸と同様な形で祭祀にかかわっていたのであろう。

以上、出雲国造に次ぐ、出雲の地域首長である社部臣氏に思いを巡らしてきた。出雲国造、神門臣を軸にした、また出雲の東西の対立という出雲古代政治史に、今まで隠れていた社部臣氏の歴史が表出してきたのではなかろうか。それは、大和王権の支配体制である「部制」が一元的なものではなく、出雲独自の「部制」の並列的に存在した時期があった可能性を示しているのである。

註

（1）秋本吉郎『日本古典文学大系・風土記』（岩波書店、一九五八年）。
（2）拙稿「佐太大神と地域社会」（『古代文化研究』第三号、一九九五年）、拙著『古代出雲世界の思想と実像』（出雲大社文化事業団、一九九七年）に改稿、収録。
（3）内田律雄「『出雲国風土記』嶋根郡条の「社部石臣」について」（『古代文化研究』第五号、一九九七年　島根県古代文化センター）においては「社部石臣」を「神掃石君」と校訂する。未だ熟たる私見はないが、内田見解のうち「掃石君」とする点は支持できるが、「神」は「社」とすべきと考える。すなわち「社部石臣」は「社掃石君」の可能性もあるが、本論では定説の「社部石臣」で論じる。ただし「社掃石君」としても本論の主旨に変更はない。
（4）註（2）に同じ。
（5）註（1）に同じ。
（6）吉田東伍『増補・大日本地名辞書（中国・四国）』第三巻（富山房、一九八三年）。
（7）井上通泰『肥前国風土記考』（功人社、一九三四年）。
（8）註（2）に同じ。
（9）松江市教育委員会『出雲国庁跡発掘調査概報』（一九六一年）。
（10）『八雲立つ風土記丘周辺の文化財』（一九七五年）。

（11）『山陰中央新報』一九九六年六月二十九日。
（12）澤潟久孝『時代別国語大辞典』（三省堂、一九七一年）。
（13）拙稿「『出雲国風土記』註論（その一）秋鹿郡条」（『古代文化研究』第四号、島根県古代文化センター、一九九六年）。
（14）拙著『風土記と古代社会』（塙書房、一九八四年）。
（15）拙著『邪馬台国論』（校倉書房、一九八四年）。
（16）柳浦俊一「大井産須恵器の流通について」（『出雲古代史の諸問題』第十五回古代史サマーセミナー発表記録、一九八七年）。

第九章　出雲国の正倉

Ⅰ　斐川町後谷Ｖ遺跡が語る

出雲市斐川町後谷Ｖ遺跡は、一九九一年度の県道木次直江停車場線改良事業の事前調査で確認され、翌年以降の本格的調査で、その姿を現した。確認された大形倉庫群は、立地の上からも、周囲の歴史的環境からみても、当該地域における重要な遺構と考えられた。当遺跡の所在地は、前々から出雲郡家の推定地とされていた場所であり、発見された大形倉庫群は出雲郡家付設の正倉として認定されるに至った(1)。

当遺跡の所在地は、『出雲国風土記』によれば、出雲郡出雲郷に属すことが明らかであり、その『出雲国風土記』には数少ない奈良時代の正倉を語る記事が集積しており、考古学・文献古代史の両面から考察が可能な遺跡である。それゆえ、古代の地域社会における郡レベルでの律令行政の浸透、その具体的あり方を考察する上で貴重な事実を提供すると思われる。

この章では、文献史学の立場から、『出雲国風土記』の正倉記事を検討し、発掘で明らかになった出雲郡家正倉像にいくつかの補足的な知見を提供することを目指し、ひいては奈良時代の正倉のあり方について一言することを目的とする。

Ⅱ　『出雲国風土記』の正倉記事

本章が検討対象とする『出雲国風土記』にみえる正倉記事を示そう。(2)

意宇郡条

①山国郷　郡家の東南のかた卅二里二百卅歩なり。布都努志命の国巡りましし時、此処に來まして詔りたまひしく、「是の土は、止まなくに見まく欲し」と詔りたまひき。故、山国といふ。即ち正倉あり。

②舎人郷　郡家の正東廿六里なり。志貴島宮御宇天皇の御世、倉舎人君等が祖、日置臣志毗、大舎人供へ奉りき。即ち是は志毗が居める所なり。故、舎人といふ。即ち正倉あり。

③山代郷　郡家の西北のかた三里一百廿歩なり。所造天下大神、大穴持命の御子、山代日子命坐す。故、山代といふ。即ち正倉あり。

④拝志郷　郡家の正西廿一里二百一十歩なり。所造天下大神命、越の八口を平けむとして幸しし時、此処の樹林茂り盛りき。その時、詔りたまひしく、「吾が御心の波夜志」と詔りたまひき。故、林といふ。(神亀三年、字を拝志と改む。)即ち正倉あり。

⑤賀茂神戸　郡家の東南のかた卅四里なり。所造天下大神命の御子、阿遅須枳高日子命、葛城賀茂社に坐す。此の神の神戸なり。故、鴨といふ。(神亀三年、字を賀茂と改む。)即ち正倉あり。

島根郡条

⑥手染郷　郡家の正東一十里二百六十歩なり。所造天下大神命、詔りたまひしく、「此の国は、丁寧に造れる国

なり」と詔りたまひて、故、丁寧と負せ給まひき。しかるに、今の人猶誤りて手染郷と謂へるのみ。即ち正倉あり。

出雲郡条

⑦漆沼郷　郡家の正東五里二百七十歩なり。神魂命の御子、天津枳比佐可美高日子命の御名を、又、薦枕志都沼値といひき。此の神、郷の中に坐す。故、志刀沼といふ。（神亀三年、字を漆沼と改む。）即ち正倉あり。

⑧美談郷　郡家の正北九里二百卌歩なり。所造天下大神命の御子、和加布都努志命、天地の初めて判れし後、天の御領田の長仕へ奉りましき。即ち、彼の神、郷の中に坐す。故、三太三といふ。（神亀三年、字を美談と改む。）即ち正倉あり。

飯石郡条

⑨三屋郷　郡家の東北のかた廿四里なり。所造天下大神の御門、即ち此処にあり。故、三刀矢といふ。（神亀三年、字を三屋と改む。）即ち正倉あり。

⑩須佐郷　郡家の正西一十九里なり。神須佐能袁命、詔りたまひしく、「此の国は小さき国なれども、国処なり。故、我が御名は石木には著けじ」と詔りたまひて、即ち、己が命の御魂を鎮め置き給ひき。然して即ち、大須佐田・小須佐田を定め給ひき。故、須佐といふ。即ち正倉あり。

⑪来島郷　郡家の正南卅六里なり。伎自麻都美命、坐す。故、支自眞といふ。（神亀三年、字を来島と改む。）即ち正倉あり。

仁多郡条

⑫三澤郷　郡家の西南のかた廿五里なり。大神大穴持命の御子、阿遅須枳高日子命、御須髪八握に生ふるまで、夜昼哭きまして、み辞通はざりき。その時、御祖の命、御子を船に乗せて、八十島を率て巡りてうらがし給へども、猶哭き止みまさざりき。大神、夢に願ぎ給ひしく、「御子の哭く由を告らせ」と夢に願ぎませば、その

夜、御子み辞通ふと夢見ましき。則ち、寤めて問ひ給へば、その時「御澤」と申したまひき。その時、「何処を然いふ」と問ひ給へば、即て御祖の前を立ち去り出でまして、石川を渡り、坂の上に至り留まり、「是処」と申したまひき。その時、其の澤の水活れ出でて、御身沐浴みましき。故、国造、神吉事奏しに朝廷に参向ふ時、其の水活れ出でて、用ゐ初むるなり。此に依りて、今も産める婦は、彼の村の稲を食はず、若し食ふ者あらば、生るる子巳に云ふ。故、三澤といふ。即ち正倉あり。

⑬横田郷　郡家の東南のかた廿一里なり。古老の伝ていへらく、「郷の中に田あり。四段ばかり。形聊か長し。遂に田に依りて、故、横田といふ。即ち正倉あり。

⑭飯石郡の堺なる漆仁川辺に通るは、廿八里なり。即ち、川邊に薬湯あり。一たび浴すれば、則ち身體穆平らぎ、再び濯げば、則ち萬の病消除ゆ。男も女も、老いたるも少きも、夜昼息まず、駱駅なり往来ひて、験を得ずといふことなし。故、俗人号けて薬湯といふ。即ち正倉あり。

大原郡条

⑮屋代郷　郡家の正北一十里一百一十六里なり。所造天下の大神の垜立てて射たまひし処なり。故、矢代といふ。（神亀三年、字を屋代と改む。）即ち正倉あり。

この十五に及ぶ正倉記事はいくつかの問題を提起している。その点に関しては、すでに加藤義成氏が「律令出雲の正倉」において三点指摘している。(3)

1　出雲国では郡家の近くに正倉を置いた例があるだろうか。

2　出雲国以外でも郷庁の近くに正倉を置いた例があるであろうか。

3　出雲国の正倉設置には特別な事情があったのであろうか。

『出雲国風土記』の正倉記事を通覧していくと、正倉はたしかに郷に設置され、郡家にはその記述はみえない。加藤氏の1の疑問が起こる所以である。後谷V遺跡は、『出雲国風土記』が語らない出雲郡家付設の正倉の存在を示す貴重な事例である。

『出雲国風土記』は秋鹿・楯縫・神門郡の正倉について言及しない。しかし、それは「即、その三郡に正倉がなかったことを意味しない」ということが、後谷V遺跡で証明されたのである。秋鹿・楯縫郡はともに四郷からなる「下郡（戸令定郡条・四里以上を下郡と為す）」であり、後谷V遺跡の出雲郡正倉のように郡家に正倉が付設され、事足りていたのであろう。当然、神門郡の場合も八郷余の「中郡（戸令定郡条・八里以上を中郡と為す）」であり、神門郡家に正倉が付設されていたものと考えられる。

Ⅲ　『陸奥国風土記』逸文の正倉

古代出雲の正倉を考える上で、後谷V遺跡とともに重要なのが松江市山代町の団原遺跡である。それは史料③の山代郷の正倉跡とされている。『出雲国風土記』によれば、山代郷の「郷家」は意宇郡家の「西北のかた三里一百廿歩」、すなわち西北一・八キロの地点であり、団原遺跡は、その「郷家」の近くに位置し、郷家近接設置の正倉の具体例として注目されている。

郷に置かれた正倉を理解する上で重要な史料は、延暦十四（七九五）年七月十五日の太政官符である。(4)

諸国、郡の倉を建てるに元一倉を置く。百姓の居、郡を去る僻遠にして、山川を跋渉し、納貢に労あり。倉舎を以て比近に加ふべし。甍宇相接し、一倉失火せば、百倉共に焼け、其の弊言念ず。公私に損あり。すべからく郷毎に一院置くべし。以て百姓済われ、兼ねて火祥を絶つ。

これによれば正倉は郡家に唯一置かれ、そのため、貢納の「百姓」に労が多く、また火災の類焼での損失も多かったことがうかがえる。そこで太政官は、公私二点から郷ごとに正倉を作れという布告を出すのである。

しかし、郷に置かれた正倉は明らかに『出雲国風土記』に確認できるのであり、事情により、同様の施策はすでになされていたのであろう。それは出雲国に限定されるものではなく、全国的な現象であったと思われる。

ここで注目されるのが『陸奥国風土記』逸文の八槻郷の記事である。この逸文は福島県東白河郡棚倉町八槻の都々古別神社別当大善院に伝わるものであり、奈良時代の古『風土記』と考えられるものである(5)。

陸奥国風土記に曰はく、八槻と名づくる所以は、巻向日代宮御宇天皇の時、日本武尊、東夷を征伐ちて、此の地に到りまし、八目の鳴鏑を以て、賊を射て斃したまひき。其の矢の落下ちし處を矢着と云ふ。即ち正倉あり。（神亀三年、字を八槻と改む。）古老の傳えて云へらく（以下、略）。

以下、古老伝承がつづくが、注目したいのは「即ち正倉あり。（神亀三年、字を八槻と改む。）」の部分である。神亀三年の郷名改名は『出雲国風土記』総記の「其の郷の名の字は、神亀三年の民部省の口宣を被りて、改めぬ」に対応する表記である。加藤義成氏は『出雲国風土記』の神亀三年の民部省の口宣に言及し、「こんな口宣が伝達されたことも他書に全く見えない」とするが(6)、『陸奥国風土記』逸文は、その存在を示す貴重な史料と評価できよう。またその神亀三年の郷名改名と同時に「即ち正倉あり」の記述がみえる点も『出雲国風土記』に対応し、興味深いところである。

『陸奥国風土記』の成立年代は不明であるが、秋本吉郎氏は、八槻郷が磐城「国」内であることをおさえ「磐城国は養老二年に初めて置かれたが延喜式・和名抄では陸奥国に属している。本条は養老以前磐城国分置以前か、再び陸奥国の合併後か明らかでない」とする(7)。

神亀三（七二六）年の郷名改名記事の存在は、当然のこととして養老二（七一八）年以前『陸奥国風土記』成立説は消えることになろう。磐城国の陸奥国再統合が神亀元年頃とする見解によるならば、その成立は、『出雲国風土記』の成立時期前後に求めることができよう。両『風土記』の記述の類似性がそれを暗示していると考える。

八槻郷は律令制下においては陸奥国白河郡に属していた。その白河郡家址は西白河郡泉崎村の関和久遺跡とされており、郡家址の南側には三棟の正倉の存在を示す溝に囲まれた建物の柱穴が確認されている。白河郡家付設の正倉院である(8)。延暦十四年の先の太政官符によれば、白河郡には郡の正倉院が「一元」として存在していたはずであるが、それとは別に白河郡八槻郷に正倉が設置されていたのである。

後谷Ⅴ遺跡の出雲郡家付設の正倉と史料⑦の漆沼郷・⑧の美談郷の正倉の関係を、そこにみることができよう。陸奥・出雲と東西に離れた二地域で確認されるこの現象を二地域の特殊性と規定することはできないであろう。郡家以外に正倉が置かれたのは、その数は別として、『出雲国風土記』の各郡でみたように一般的であったと考えられる。

Ⅳ　正倉記事の検討 ―「即ち」考―

郷所在の正倉は、山代郷正倉の例などから「郷家」の近くに設けられていると考えられる。(9)

しかし、史料⑭の正倉は、飯石郡堺の漆仁川邊の薬湯付近にあったとする。一例とはいえ、貴重な知見である。その点をふまえると、他の十三例の正倉がすべて郷家の近くであったという根拠は何もないといえよう。

ここで「正倉は郷家付設」という認識を植えつける言葉、「即ち」に注目してみたい。『出雲国風土記』の正倉はすべて、地名起源伝承の後に「即ち正倉あり」という形式でその存在が語られている。では「即ち」とはどういう意味で使用されているのであろうか。

われわれは「即ち」を一般的には、前の文章で述べたことを、別の文章で言い直すときに使うことを常にしている。ここで試みに『出雲国風土記』楯縫郡楯縫郷条の記事を見てみたい。

楯縫郷　即ち郡家に属けり。〔名を説くこと、郡の如し。〕即ち、北の海の浜の業利磯に窟あり。

この後出の「即ち」は前文と直接関係ないところで使用されていることがわかるであろう。『時代別国語辞典（上代編）』は「すなはち」に、〔即座に、直ぐに〕・〔そこで〕・〔さて〕の三用法があることを事例をもって示す。(10)楯縫郷の後出の「即ち」は〔さて〕に相当する「ところで」に近い用法といえるであろう。意宇郡条の安来郷伝承の「故、安来といふ。即ち、北の海に毘売崎あり」も同様の事例である。『時代別国語辞典』はこの安来の事例を挙げ、「話題を転じて次の文を引き起こす、接続詞的」な用法とする。

「楯縫郷　即ち郡家に属けり」の「即ち」の用法は、『時代別国語辞典』にはない事例であり、「それは」の意で用いられているのであろう。

正倉史料十五例を概観すると、前文と「即ち正倉あり」が結びつきそうなのは、田地に言及する⑧の美談郷、⑩の須佐郷、⑬の横田郷に限定され、他の事例は「付記」の域を出ないようである。

「即ち正倉あり」を十分な検討をせず、「即ち」を雰囲気的な理解にとどめ、郷家に付設する形で正倉があったとするのは⑭の事例をもってしても問題を含むであろう。郷名起源伝承を受けて、「即ち正倉あり」とするのはただちに正倉が郷家に付設しているということを示しているのではなく、その郷域に存在しているという意と理解すべきと考える。

ここで参考になるのが、延暦十四年の先の太政官符の「百姓の居、郡を去る僻遠にして、山川を跋渉し、納貢に労あり。倉舎を以て比近に加ふべし」である。百姓の「納貢」の困難さをふまえての政策であるならば、その正倉の設置場所は交通の便のよいところということになろう。

⑭の飯石郡堺の「漆仁川邊」の仁多郡の薬湯は、現在の木次町湯村の出雲湯村温泉であり、「駱驛なり往来ひ」交通の要地であったことが判明する。⑭の事例、そして「即ち」の用法を考慮するならば、郷家付設のケースの存在も認めつつも、基本は交通路にあったと考えるべきではなかろうか。

V　交通路と正倉

正倉との交通路の関係を想定してみた。百姓の「納貢」の困難を念頭に、正倉の所在地をみると、三例を除いて郡家から「十里以上」離れていることがわかる。三例のうち美談郷も「九里二百卌歩」の距離にある。

飯石郡では⑨三屋郷、⑩須佐郷、⑪來島郷に正倉が置かれていた。飯石郡内には河川に沿って波多径、須佐径、志都美径が整備されていた。須佐郷、波多郷は須佐径・波多径に沿い、飯石郡家の所在する多禰郷とは山を隔てた地域空間を構成している。道を中心に正倉を位置づけるならば、備後国への道沿いの来島郷・多禰郷は飯石郡家付設の正倉、また飯石郷・熊谷郷・三屋郷は三屋郷内の正倉、須佐郷、波多郷は須佐郷の正倉と割り振りがなされていたのではなかろうか。

仁多郡には⑫三澤郷、⑬横田郷、⑭飯石郡堺の漆仁川邊薬湯の三正倉がみえる。問題は⑭の漆仁川邊薬湯の所在郷であるが、『出雲神社考（天保四年序・弘化三年跋）』は明確に三澤郷内とする。(11) 加藤義成氏作成の『出雲国風土記』地図では三澤郷内に位置づけている。(12)

その比定に間違いがないとするならば、三澤郷には二つの正倉があったことになろう。三澤郷の領域は広大（『和名抄』では三澤・阿位・漆仁郷の三郷に分立、郷里の「里」が人口の増加により「郷」となったのか）であり、三澤郷家は郡家からの距離を勘案すると阿位付近と考えられる。

仁多郡家から備後国恵宗郡への比市山を通る道沿いには、⑫三澤郷の正倉が、伯耆国日野郡への阿志毗縁山を通る道沿いには⑬横田郷の正倉が、郡家所在郷の三處郷には郡家付設正倉が想定される。また、飯石郷への漆仁川沿い道には薬湯の正倉があり、道沿いの布施郷、そして三澤郷の一部（里）の正倉として使われていた可能性が強い。

大原郡の場合は⑮屋代郷の正倉が認められる。大原郡家は当初、屋裏郷に所在していたが、『出雲国風土記』編纂段階では郡の西端の斐伊郷に移っている。屋代郷は出雲郡の多義村への道沿いにあったと考えられ、屋代郷の正倉は屋代郷とその隣郷の神原郷が使用していたと思われる。郡家から最も遠い海潮郷は、阿用郷・佐世郷・斐伊郷とともに斐伊郷所在の大原郡家付設正倉が割り与えられていたのであろう。もと郡家が屋裏郷に所在していた段階では隣郷であったのが、郡家の移動により労を背負う形になったのである。飯石・仁多がそれぞれ三つの正倉を抱えているのを考慮すると、郡家移転の時期が『出雲国風土記』編纂時期に近く、正倉対策が整っていなかったからとも考えられる。

本章の出発点である出雲郡の場合は、⑦漆沼郷、⑧美談郷の正倉がみえる。ここでは出雲郡家から東への山陰道沿いに⑦漆沼郷の正倉が、郡家から北への楯縫郡への道沿いに⑧美談郷の正倉が設置されたと考えられる。漆沼郷の正倉は漆沼郷・健部郷、美談郷の正倉には美談郷・宇賀郷・伊努郷・杵築郷、出雲郡家付設正倉は出雲郷・神戸里が対応すると考えられる。

島根郡には⑥手染郷の正倉がみえる。島根郡は東西に長く、郡家から一番離れた美保郷はじつに「二十七里」の距離を測る。手染郷の正倉は美保郷への道沿いに設置され、手染郷・美保郷・片江郷・千酌駅家の正倉であり、郡家正倉は郡家所在郷と考えられる山口郷、そして加賀郷・法吉郷・生馬郷・朝酌郷・余戸里に対応すると考えて間違いないであろう。

Ⅵ　意宇郡・神門郡の正倉

秋鹿郡・楯縫郡には正倉はみえないが、両郡とも四郷からなる下郡であり、その郡域の狭さから百姓の「納貢」の労は考慮されず、郡家所在正倉で処理されたのであろう。

問題は意宇郡・神門郡の正倉である。意宇郡には五つの正倉が確認できる。意宇郡を通る基幹道路は山陰道であり、国府・意宇郡家の位置は両隣の伯耆国、出雲郡から測るにほぼ中間の絶好地を占めていることがわかる。意宇郡家からの西の出雲郡界までの意宇郡諸郷は南北の領域が狭く、大草郷・忌部神戸・拝志郷・宍道郷・宍道駅家と直線状に並んでおり、「納貢」の労を吸収する正倉は、多くを必要とせず中間の拝志郷に一つ置かれたものと考えられる。

問題は意宇郡家である。なぜなら、意宇郡家の正確な位置は史料上不明だからである。たしかに各郷への距離は意宇郡家を中心に報告はされているが、起点の意宇郡家については何ら語ることがないからである。それは編纂主体の出雲国造が居を構えている場所であり、出雲世界の中心だったことに他ならない。しかし、意宇郡家の所在地は次の一文で垣間見られるのである。

黒田駅　郡家と同じ処なり。郡家の西北の方二里に黒田村あり。土の體、色黒し。故、黒田といふ。旧、此処に是の駅あり。即ち号けて黒田駅といひき。今は郡家の東に属けり。今も猶、旧の黒田の号を追へるのみ。

意宇郡家は『出雲国風土記』による限り、「郡家と同じき処」なりをふまえれば、行政区分では黒田駅に属していたことになろう。では意宇郡大領出雲臣広島の家族の戸籍は黒田駅に登録されていたのであろうか。そこで注目したいのは、黒田駅の移動である。元は黒田駅は「郡家の西北の方二里」の地にあった。しかし、『出雲国風土記』編纂段階では「郡家と同じき処」に移動したという。注目すべきは、「郡家と同じき処」という表現は「同所」という意味ではないという点である。それは「今は郡家の東に属けり」の一文をおさえれば、意宇郡家の東側に隣接して置かれていたことが理解できよう。

この黒田駅の移転は重要である。なぜならば意宇郡家の「西北二里」にあった黒田駅が意宇郡家を頭越しに、意宇郡家の東に移されたということを意味しているからである。これは単なる駅家という施設の移転ではなく、駅戸を含む黒田駅という行政地域空間の移設と考えるべきではなかろうか。

黒田駅の東への移動の結果、意宇郡家から最も近い郷家は黒田駅の「西北一里（意宇郡家からは西北三里一百二十歩）」にあった山代郷となったのである。大胆な仮説となるが『出雲国風土記』編纂段階の意宇郡家の所在郷は山代郷と考えたい。すなわち意宇郡家は山代郷の東端に位置し、その東に黒田駅が所在していたのである。

『出雲国風土記』によれば郡家所在郷には一例として正倉の記事はみえない。しかし、郡家には正倉の記事が欠けていても、出雲郡家の例から正倉があったと理解すべきとしてきた。ところが意宇郡家の所在郷が山代郷とした場合、山代郷の正倉記事は郡家所在郷の唯一の正倉記事となろう。

意宇郡家は出雲国府と同所ということから、郡家付設の正倉を離して設けたと考えたい。その地が団原遺跡である。

意宇郡には拝志郷・山代郷の正倉以外に①山国郷、②舎人郷、⑤賀茂神戸の正倉が確認されるが、三正倉とも意宇郡家の東方に位置している。意宇郡家から伯耆国への山陰道沿いには余戸里、野城駅家、舎人郷は続く。その舎人郷の正倉に対応するのが舎人郷・安来郷・飯梨郷であろう。山陰道の舎人郷の先が山国郷であり、その正倉を楯縫郷・屋代郷・母理郷が使用したと考えられる。賀茂神戸の正倉は特別な事情があったようである。『出雲国風土記』によれば、出雲国には賀茂神戸、忌部神戸、出雲神戸、そして秋鹿郡・楯縫郡・出雲郡・神門郡に各一つの神戸がみえる。その中で正倉が置かれたのは賀茂神戸一つのみである。この事実は何を語っているのであろうか。

忌部神戸、出雲神戸はともに出雲国一国に限定される神々（神社）にかかわる神戸であるのに対して、賀茂神戸は大和国の葛城の賀茂社の神戸であり、「独立採算」的な存在であったのではなかろうか。加藤義成氏は「この神戸里にだけ特に官倉があったのは、遠い大和の賀茂社への貢米を貯えておいて、適宜所要の品物と代えなどして送った」とし、天平六年出雲国計会帳の「賀茂神に進上る税」に注目するが、卓見である[13]。その特殊性が、他の正倉設置の諸郷（三里）よりも規模が小さい賀茂神戸（二里）に正倉を置かしめたのである。

不思議なのは神門郡である。神門郡は八郷・余戸・駅家二・神戸で構成されており、出雲国内では意宇郡についで大きな郡となる。その神門郡には想定される郡家付設正倉以外に『出雲国風土記』からは正倉は確認できないのである。

その事実を受け止めるとき、いくつかの解釈が可能である。まずは正倉記事の欠落という事態を想定することも可能であるが、根拠もない、そのような解釈は方法的には「逃げ」であり、今後の研究の進展を視野に入れた場合、取るべき方法ではない。

神戸里・余戸里・朝山郷以外は山陰道に沿っており、かつ比較的平坦であり、古志郷所在の郡家付設正倉で事足りた可能性も強い。まずは史料が語るように神門郡には郡家付設正倉以外に正倉はなかったと理解すべきであろう。その点をおさえれば、神門郡の郡家付設正倉は他郡のそれに比し、規模が大きかったのは確実である。その確認は今後の考古学の成果によるしか方法はないであろう。

文献史学から、唯一指摘できる事実は、神門郡の郡司が出雲国造と並ぶ有力在地首長である神門臣であった点である。出雲国の正倉設置には特に基準がなく、各郡が地域の実情をふまえ施策を講じていることをふまえれば、神門臣氏の正倉政策のあらわれともいえよう。

Ⅶ　「郷」の正倉

以上、『出雲国風土記』の正倉記事を交通の観点から検討してきた。『出雲国風土記』の正倉の文献史学からの本格的研究は加藤義成氏の研究以外に管見の限り見られない。その加藤氏の研究も『出雲国風土記』の正倉記事の細部に立ち入ったものではなかった。ここでは交通という一つの視点で、雑駁に論じたものであり、恣意的解釈も含め、多くの問題を含んでいると思う。しかし、停滞している『出雲国風土記』の正倉の研究にささやかな刺激を与えることはできたと考える。最後に本章を通して得られた『出雲国風土記』にみられる「郷の正倉」の性格について一言し、まとめとしたい。

『出雲国風土記』の正倉を、郷に所在したことをもって「郷倉」とする見解もあるが[14]、そのような観点では、出雲国が国・郡・郷制下にある限り、どこに作ろうが「郷倉」となるのは当然である。検討してきたところから言えば、「郡の正倉」を地域の実情に合わせ、分置したものと理解すべきである。

延暦十四（七九五）年七月十五日の太政官符は、各地域世界の実情に合わせ展開されていた郡家正倉の分散化現象をふまえ、全国レベルでより徹底化した「一郷一院」策として採用しようとした布告であったのである。

註

（1）『出雲国出雲郡家正倉跡（後谷Ｖ遺跡発掘調査概報）』（島根県斐川町教育委員会、一九九三年）。『出雲国出雲郡家正倉跡Ⅱ（後谷Ｖ遺跡第二次発掘調査概報）』（島根県斐川教育委員会、一九九四年）。山中敏史「古代の役所のしくみと役割―斐川町後谷Ｖ遺跡の調査をめぐって―」（『うやつべ』第三号、斐川歴史を語る会、一九九四年）。池田満雄・宍道年弘「郡衙と

正倉跡」（山本清編『風土記の考古学③ 出雲国風土記の巻』同成社、一九九五年）。
（2）『風土記』は日本古典文学大系『風土記』を使用する。なお、固有名詞の表記については助詞を削除した。
（3）加藤義成「古代出雲の正倉」（『史跡出雲国山代郷正倉跡』島根県教育委員会、一九八一年）。
（4）『類聚三代格』国史大系によるが書き下しは筆者。
（5）鈴木啓「『陸奥国風土記』逸文の世界」（『図説 福島県の歴史』河出書房新社、一九八九年）。
（6）加藤義成『出雲国風土記参究』（原書房、一九六二年）。
（7）註（2）に同じ。
（8）『古代官衙の終末をめぐる諸問題』第三回東日本埋蔵文化財研究会、一九九四年。山中敏史・佐藤興治『古代の役所』（岩波書店、一九八五年）。
（9）「郷家」に関しては拙著『日本古代社会生活史の研究』（校倉書房、一九九四年）を参照。
（10）『時代別国語大辞典（上代編）』
（11）『出雲神社考』（千家和比古氏に閲覧の機会をいただいた。郷別に事象をまとめる注目すべき編纂方法を展開する）。
（12）註（6）に同じ。参考図として加藤作成地図を付す。
（13）註（6）に同じ。
（14）阿部義平『官衙』（ニューサイエンス社、一九八九年）を参照。

第十章　出雲国の五つの烽

Ⅰ　宇都宮市飛山城跡が語る

宇都宮市の飛山城跡の竪穴「建物」から出土した「烽家」二字を記す墨書土器は、編纂された史料と相違し、生きた資料として迫ってくる。その「烽家」という文字は今まで編纂史料上確認はされていなかったものである。岩波古典文学大系『風土記』をみると、『肥前国風土記』松浦郡条に二例「烽處」という注目すべき用語がみえる。

同書の脚注によれば底本では「處」の字はともに「家」であったことが判明する。校訂者の秋本吉郎氏が文意から「家」を「處」と訂したのである。今回の「烽家」墨書の出現により『肥前国風土記』の底本（猪熊本）をはじめとする諸本の「烽家」への疑点が払拭され、はじめて「烽家」の存在が確認されたことになったのである。

「烽」の実態を知る上で「家」の字の存在は大きい。本章では飛山城跡の発見の意義をおさえ、それに触発されるかたちで『出雲国風土記』にみえる「烽」について基礎的考察を試みたい。

Ⅱ　二つの史料群の「はざま」

古代の烽の地域における展開を考える上で比較的恵まれた史料を残しているのは出雲国である。古代出雲の烽を語る二群の史料をまず示しておこう。

①『出雲国風土記』意宇郡条
暑垣山　郡家正東廿里八十歩（有烽）

②『出雲国風土記』島根郡条
布自枳美高山　郡家正南七里二百一十歩高二百七十丈周一十里（有烽）

③『出雲国風土記』巻末
馬見烽　出雲郡家西北卅二里二百歩
土椋烽　神門郡家東南一十四里
多夫志烽　出雲郡家一十三里卅歩
布自枳美烽　島根郡家正南七里二百一十歩

暑垣烽意宇郡家正東廿里八十歩

以上が天平五（七三三）年二月に勘造された『出雲国風土記』にみえる烽史料である。

④『出雲国計会帳』天平五年九月

同日（廿七）出雲与神門貳郡置烽三処申送事

⑤『出雲国計会帳』天平六年二月

出雲国与隠伎国応置烽状

⑥『出雲国計会帳』天平六年三月

置烽期日辰放烽試互告知隠伎相共試状

以上の三条は『出雲国計会帳』にみられる烽関係史料のうち本章で言及する箇所のみを示した。

この性格が異なる二つの史料群を年代順に並べ替えると表12の年表のようになる。この年表はいくつかの大きな問題を物語っているといえよう。問題は『風土記』にみえる出雲・神門郡の「3烽a」と『計会帳』の出雲・神門郡の「3烽b」の設置の関係である。「3烽a」にさらに「3烽b」が設置され六烽になったと考えれば問題はないが、[1]出雲・神門郡の空間に六烽が存在したとは考えにくい。

表12　出雲国「烽」記事の年代順表

733年	2月	嶋根郡に布自枳美烽、意宇郡に暑垣烽存在出雲郡に馬見・多夫志烽、神門郡に土椋烽存在。（計3烽a）
	9月	出雲・神門郡に（3烽b）を設置
734年	2月	出雲・隠伎国に烽cを設置
	3月	出雲・隠伎国間、烽を放つ演習

この点に関しては馬見・多夫志・土椋烽は『出雲国風土記』編纂後の九月に設置された点を勘案し、『風土記』の記述は後に増補されたとする見解もある。[2]この見解は馬見・多夫志・土椋の三烽が本文にみえず、巻末記のみにみえるという事実とも対応し一見説得力をもつ。

しかし、巻末記の軍事関係の記事には一つの特色があり、意宇郡郡家・国庁に付随した意宇軍団を除き、記載順序を防衛という認識にもとづき、遠方より示すという方針がみえる。三烽を追記とした場合、はたして増補者は『風土記』勘造人・神宅臣金太理の方針に留意し、布自枳美・暑垣烽の前に三烽を挿入したのであろうか。烽名の列挙順は補填に関心を持つ増補者の仕事とは考えにくいのである。

二つの史料群のかかわりを考えるとき、注目すべきは烽の固有名称の文字上の表現にある。五烽の名称は、馬見・土椋・多夫志・布自枳美・暑垣である。漢字二文字が三例、三文字・四文字がそれぞれ一例である。『出雲国風土記』にみえる官（国家）に属する機関（組織）は神社を除きすべて漢字二文字で表記されている事実を忘れてはならない。多夫志・布自枳美烽はそういう意味で表現上異例といえよう。それは二例に限定されるものではなく、馬見・土椋・暑垣はたまたま二字で表現されたと考えるべきであり、烽に関しては未だ二字統一がなされていなかった事態が想定されるのである。ここでは問題の多い出雲・神門郡の三烽・土椋・馬見・多夫志について基礎的考察を試み、上記の問題に迫ってみたい。

Ⅲ　土椋・馬見烽

土椋烽に関して、加藤義成・秋本吉郎氏は出雲市の東南部に位置する大袋山（三五九メートル）を想定し、諸研究において異論はないようである(3)。たしかに筆者が大袋山を実見したところ位置的には眺望を確保できる条件を保持している。しかし、律令『軍防令』によれば、煙・火を放つ際、天候不順にして眺望が効かない場合は烽子を走らせ、次の烽に知らせる決まりであり、大袋山は出雲平野からみると前衛の山ではなく、平地からの行程が不便な奥深い山であり、高さもあり、感覚的に烽の設置場所としては不適当という実感をえた。

問題は土椋烽を大袋山とする「定説」にあるのではなかろうか。研究の流れを見ると多くの研究が検討することもなく加藤氏の見解を継承し、それを「定説」化したことがわかる。じつに加藤見解は天和三（一六八三）年の岸崎時照の『出雲風土記鈔』の「稗原村の今の戸倉山」にのり、特に根拠もなくその戸倉山を大袋山と断定したものであった。しかも、岸崎の「稗原村の今の戸倉山」の根拠は、神門郡家からの距離一点であったことに思い至らねばならない。

不思議なことに、現在、戸倉山といえば大袋山に隣接する通称要害山のことであり、岸崎のいう「今の戸倉山」が大袋山か要害山か、それとも別の山かは明確にはできないというのが正直なところである。

そういう中で注目されるのは享保二（一七一七）年に編纂された『雲陽誌』上朝山項にみえる「唐黒（墨）山」である。なぜなら、大袋山に所在した烽が経営面で不便なので唐墨山に移ったとする伝承を持つからである。唐墨山は標高も低く（二三七メートル）、現在は子供たちが遠足で登る至便な山であり、北方の眺望は大袋山に劣らず、杵築湾・馬見・多夫志を一望するという(4)。

「唐墨山」は「からすみ」と訓じ、「唐巣見」とも書かれ、「から」、すなわち大陸・半島に対する防衛の意を含んだ名称とも思える。『出雲国風土記』段階では「土椋」と表されているが、それは「唐墨（黒）」を「とくろ（ら）」とよんだからであろう。『雲陽誌』（『大日本地誌大系』雄山閣）は「唐黒山」とするが「唐墨山」であろう。黒は墨に通じ、また字形の類似による誤写と思われる。

馬見烽の所在地に関しては二つの説がある。『出雲風土記鈔』は近世に確認される「馬見浜村」を「馬見」烽の遺称とし、簸川郡大社町浜山（四一メートル）を想定するが、天明七（一七八七）年、内山真竜の『出雲風土記解』は「出雲郡家西北卅二里二百卌歩」の距離を重視し、「杵築よりも西北に当按御埼山のうちに有て多夫志烽所見渡す地なるべし」とする。この見解は昭和十二（一九三五）年の後藤蔵四郎の『出雲国風土記注解』に引き継がれ、浜山では烽として低すぎるとし、大社北方の壺背山頂上付近の字「鍋の平」説を生む。加藤義成氏は壺背山を、秋本吉郎氏は浜山を継承する。

浜山は標高が低くたしかに烽の所在地としては不適当にみえるが、じつに飛山城跡は比高わずか二〇メートルであり、烽が高さを絶対条件とするという先入観が崩れたことを勘案すべきである。浜山は出雲平野・宍道湖という平らな空間を東側に擁し、土椋・多夫志も望み、条件がよい場合は遠く意宇郡神名樋野をも視界に入る低き展望台である。天保年間の横山永福の『出雲風土記考』は「神門郡荒木村と浜村との堺なる馬見山」としており、地名残存から秋本吉郎氏の浜山説を是とすべきであろう。

Ⅳ「多夫志」烽

出雲郡に置かれた二つの烽のうち「多夫志」烽の所在地については平田・出雲市界の旅伏《たぶし》山の頂上に比定されている。岡部春平によって天保三（一八三二）年に書かれた『後多夫志山記』には頂上に「烽臺の蹟分明にていとまろふに平なり」とみえ、古代の「烽臺」の遺構が何らかの形で残っていたことがわかる。注目すべきは「まろふ（円）に平」という観察である。暑垣烽の発掘報告の「頂上部は略ぼ楕円形をなしたる平地」に状況的に一致している。(5)

その「多夫志」の頂上の少し下に『出雲国風土記』にみえる都牟自社が鎮座している。内田律雄氏は都牟自社の祭神である速《はやつ》飄《むじ》別《わけの》命《みこと》とからめて、そこに竜巻（飄風）を想定し、烽の煙の立ち昇りの姿を認めようとする。(6) 飛山城跡での烽火実験で実感した煙上昇の姿はまさに竜巻現象といってよいであろう。

『出雲国計会帳』の天平六年三月二十五日に行われた隠伎・出雲国間で試行実験の放烽が、あえて期日「辰」の日を選んでいることは竜巻と烽を重ねた内田氏の想定が正しいことを示しているといえよう。『後多夫志山記』によれば都牟自社付近から蓋付土器など三点出土したという。近年の調査でも須恵器・土師器が採集されており、『後多夫志山記』の記述の確かさがうかがえる。

『出雲国風土記』の多夫志烽と関連が想定される都牟自社がすでに見えている点を考慮すれば、すでにその時点において多夫志烽があったと考えられよう。

さらに注目すべきは「多夫志」の読みにあると考える。「多夫志」、すなわち「たぶし」は「とぶひ」の訛ったものであろう。『出雲国風土記』編纂時、多夫志「山」という呼称はなく、山塊としてとらえられ「出雲御埼山」として認識されていたことがわかる。その一角の端山に烽が置かれたのである。本来は「出雲御埼山」烽と呼ばれるのが筋であるが、端山として一峰をなす所に烽が設置されたことにより「出雲御埼山」の「烽」がその「一烽」を指す呼称になったのであろう。本来のその「とぶひ」という呼称が「たぶし」へ訛化する過程はそれなりの時の流れを要したと考えられる。その点も「多夫志」烽の記事が追記ではなかったことを示しているといえよう。

V　国造時代の烽

「多夫志」烽が追記ではなく天平五年『出雲国風土記』に載っていたとするならば、「土椋」・「馬見」烽も同様に考えることができよう。問題は『出雲国計会帳』にみえる出雲・神門郡に設置された三烽との関連であろう。そこで注目されるのが、布自枳美・暑垣烽をも含めて、前述したように烽の名称が二字に統一されていないという点である。未だ「官」的名称統制がなされていない事実は単に名称にかかわるものではなく、烽の性格を反映していると考えられる。『出雲国計会帳』にみられた天平五年九月の「出雲与神門貳郡置烽三処」は「土椋・馬見・多夫志」烽の、天平六年二月の「出雲国与隠伎国応置烽」は「布自枳美・暑垣」烽の国家的編成（設置）を物語っているものと理解しておきたい。「烽」の「烽家」化である。『出雲国風土記』編纂段階における烽は律令以前の出雲国造時代の系譜をもった烽と想定できないであろうか。

それに関して注目されるのが大分県玖珠郡玖珠町の弥生時代後期の白岩遺跡の高地性集落である(7)。山稜にめぐらされた壕の中の平坦な台形状整地に検出された焼土坑は烽火用の施設跡とされている。それは「クニ（地域）」世界を背景にした「烽」と考えられよう。時代の相違はあるが、「出雲国造時代」の「烽」とはそのような地域世界を背景にした「烽」の延長線上に位置づけられるのである。

国造時代の吉備勢力への備えの烽を再編成した可能性を示唆する。烽家機構で注目すべきは『軍防令』にみえる「烽には長二人を置け。三烽以下を検校せよ」である。烽家ほど相互理解を根幹とする官衙はないであろう。二人の

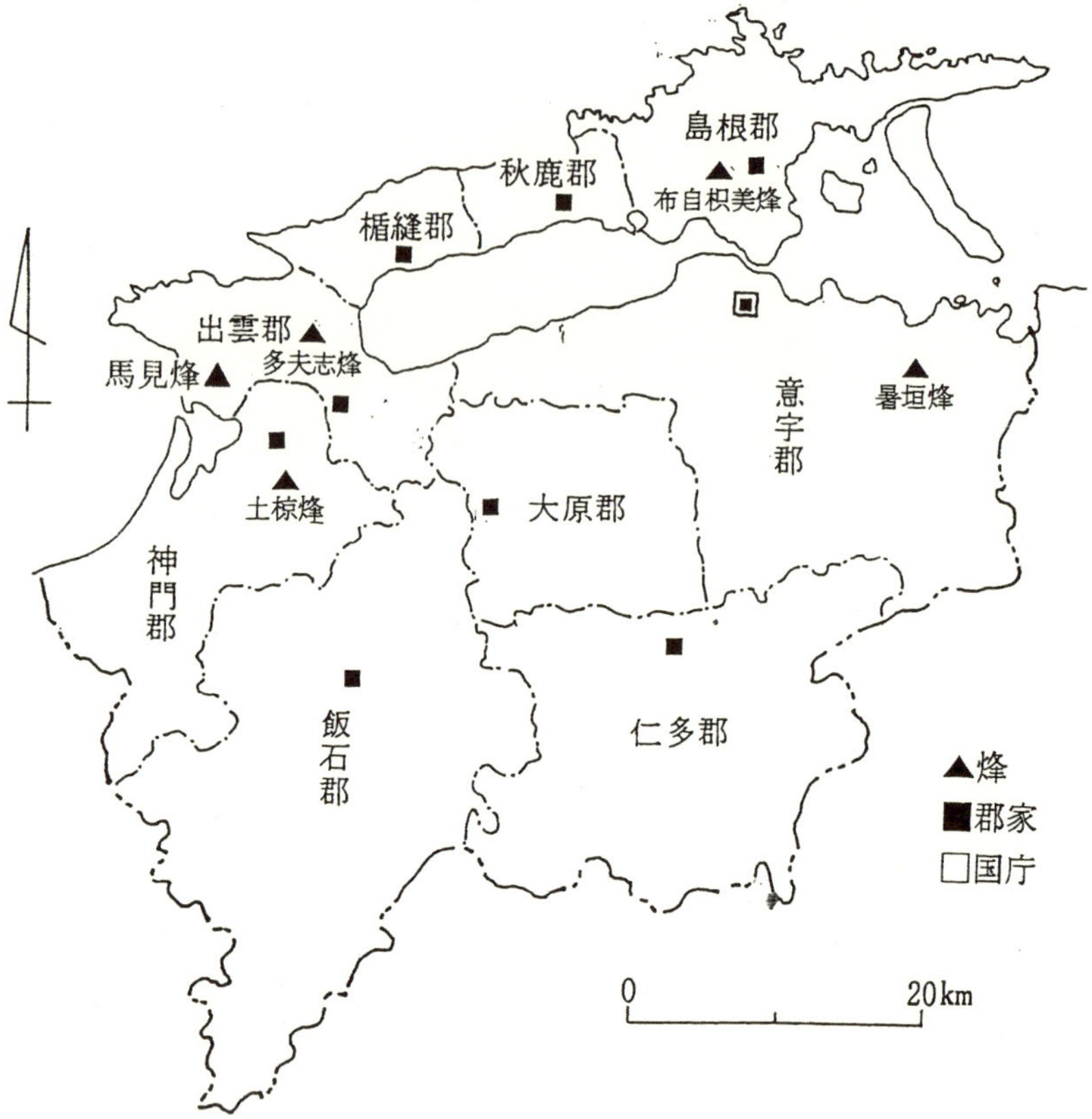

図27　出雲国の五烽の配置

烽長は「分番」ではあるが、彼らは「三烽」の仕事にかかわった可能性が大きいのである。しかし、「三烽」は国の境界を越えてはならないともいう（『軍防令』烽長条「堺を越えることを得ず」）。「三烽」とは「前烽」、自烽、「次烽」という意である。都から遠方の国の国境付近の烽長は「前烽」にはかかわらず、「自烽・次烽（三烽以下）すなわち二烽」を検校するのが法意上の建前であった。

　石見国境から最初の馬見烽長は二烽関与であり、次の土椋烽にも関与したが、「次々烽」の多夫志烽長とも相互移動、連絡を行い情報交換をしていたと思われる。非常事態を想定し、それぞれの火炬の並び方、気象条件などは熟知しておく必要があったのである。なぜなら、天候不順の非常事態において烽子を走らせる場合、次烽の土椋よりも次々烽の多夫志烽が明らかに近いからである。

烽長同士が相互の烽に関与したということは、その配下の烽子も同様であったと理解するのが常識であろう。次の烽へ走る任務を課せられていたのは烽子であり、相互に顔を熟知し、また烽への道も事前に理解しておかなければならないからである。

本来、馬見烽長は法的には二烽に関与するのであるが、実務上は土椋・多夫志にもかかわっていたと理解すべきであろう。もちろん、多夫志烽長は次の布自枳美烽とのかかわりをもっていたと思われる。しかし、興味深いのは出雲国内での烽の地理的分布状況を鳥瞰するに、西の土椋・馬見・多夫志烽グループ、東の布自枳美・暑垣烽グループの存在が浮かんでくることである。

この二つの東西の烽グループが律令以前の出雲の東西勢力の問題とかかわるかどうかは今後の魅力的な課題として残しておきたい。

註

（1）坂本太郎「出雲国風土記についての二・三の問題」（『風土記と万葉集』坂本太郎著作集四、一九八八年）、瀧川政次郎「律令時代の国防と烽燧の制」（『律令諸制及び令外官の研究』法制史論叢四、一九八六年）。
（2）田中卓「出雲国風土記の成立」（『出雲国風土記の研究』一九五三年）。
（3）加藤義成『出雲国風土記参究』（今井書店、一九六二年）、秋本吉郎『風土記』（岩波書店、一九五八年）。
（4）多根令己『道を訪ねて』（一九九二年）。
（5）『安来市内遺跡分布調査報告書』（一九九一年）。
（6）内田律雄「出雲国風土記の五烽」（『風土記の考古学3　出雲国風土記の巻』同成社、一九九五年）。
（7）橘昌信『日本の古代遺跡・四九　大分』（一九九五年）。

第二部　神話の舞台・出雲

第一章　八雲立つ「出雲」の国号

Ⅰ　「出雲」国号諸説

「八雲立つ　出雲八重垣　妻籠みに　八重垣作る　その八重垣を」、出雲に生活する人であるならば必ずや耳にした歌であろう。『古事記』神代記にみえる速須佐之男命が八岐大蛇退治の後、稲田姫と暮らすための宮、須賀宮を造営する際に歌ったものという。須賀宮より「雲立ち騰りき」中での歌と伝える。

しかし、一方『出雲国風土記』では「出雲と号くる所以は、八束水臣津野命詔りたまひしく、〔八雲立つ〕と詔りたまひき。故、八雲立つ出雲と云ふ」との説明を施す。「出雲」という国号に関して命名者の相違はあるが、「出雲」が雲とのかかわりの中で生まれたとする点では一致している。

この「出雲」国号に関する出雲びとの持つイメージは誰にも崩すことはできないであろう。

かつて「出雲」に関しては吉田東伍の「厳雲」説、藤田元春の「五面」説、またアイヌ語説などが出されてきたが、特に熾烈な論争もなく、ただ説が出されただけの諸説並列といった状態であった。そういう中で『出雲国風土記参究』の加藤義成氏は「八雲立つ出雲は、旱天のないような豊かな雲の立ちでることを連想させる出雲の意で、そこには降雨が適度で農耕がよく行われるよう、生活の永安を祝福する出雲びとの祈りが込められている」と賛美する。(1)ただし、「出雲」を「雲」で説明する説はあまりに自明、常識的理解であり、特に注目されることはなかった。

しかし、近年の古代史研究においては出雲と「雲」との関係を完全否定し、「藻」にこそ「出雲」国号の元があるとの認識が広がってきている現実がある。たとえば最新の成果の瀧音能之氏の『古代の出雲事典』で「八雲立つ出雲」をみても「八雲立つ出雲」には「いくつかの疑問点も出てる」とし、最後に「藻」説を紹介して文をとどめている。(2)

しかし、今日までいくたびとなく出雲を訪れている筆者は当初からその「藻」説に感覚的に疑問を抱いていた。

Ⅱ　「出雲」国号の初見資料

「出雲」国号はいつごろから使われたのであろうか。そこで注目されるのが鰐淵寺所蔵銅造観音菩薩立像の台座框正面に「壬辰年五月出雲国若倭部」、右側面に「臣徳太理為父母作奉菩薩」と記された一文である。この菩薩像は白鳳彫刻の制作基準に合っており、代表的な白鳳仏とされる。問題は「壬辰年」であるが、孝謙天平勝宝四（七五二）年、持統三（六九二）年、舒明四（六三二）年が該当し、一般に持統三年説が支持されている。

そこには「若倭部臣」の「臣」が六八四年の八色の姓の「六に曰く臣」に相当するとの理解も働いていた。しかし、松江市大草町の著名な岡田山一号墳から出土した鉄刀銘の「額田部臣」に着目するならば「若倭部臣」の「臣」も八色の姓ではなくそれ以前の地方豪族に与えられた「臣」姓とも考えられ、舒明四（六三二）年説も十分に成り立つことが判明する。記紀・『出雲国風土記』の原伝承の形成を考えるならば舒明四年を「出雲」号の初見と考え、それ以前に「出雲」号は成立していたと考えるべきであろう。

なお、「出雲」を「いづも」と読むことに関して一言しておこう。『出雲国風土記』には「恵曇（ゑとも）」があり、また古代氏名として「安曇（あづみ）」がある。

「恵曇（ゑとも）」が後に「江角（えづみ）」に変化する一面を有していることは「いづも」を考える上での興味深い事例であろう。それは措くとして「出雲」は「出石」を「いづし」と読むのと同じであり、「いづ（で）＋くも」が訛り、「いづも」と読むのである。ただし、漢字表現以前から「いず＋くも」の意味で漢字名の「出雲」より「いづも」という名が先にあったと考えるべきであろう。

Ⅲ　「厳藻」説批判

「出雲」国号の意味については諸々の説があるが、ここでは諸説の紹介は避け、あくまで定説的な位置をしめつつある「厳藻」説を中心に論じる。

なお、一般に「出雲」を論じる際に検討される史料は次の通りである。

①『古事記』神代記
〔原文〕夜久毛多都　伊豆毛夜幣賀岐　都麻碁微爾　夜幣賀岐都久流　曽能夜幣賀岐袁
〔訳文〕八雲立つ　出雲八重垣　妻籠みに　八重垣作る　その八重垣を

②『古事記』景行記
〔原文〕夜都米佐須　伊豆毛多祁流賀　波祁流多知　都豆良佐波麻岐　佐味那志爾阿波禮
〔訳文〕八芽刺す　出雲建が　はける刀　黒葛多纏き　さ身無しにあはれ

③『日本書紀』
〔原文〕椰句毛多莵　伊頭毛多鶏流餓　波鶏流多知　莵頭邏佐波磨枳　佐微那辭珥阿波禮
〔訳文〕八雲立つ　出雲梟師が　はける大刀　黒葛多巻き　さ身無しに　あはれ

④『万葉集』

〔原文〕八雲刺　出雲子等　黒髪者　吉野川　奥名豆颯

〔訳文〕八雲刺す　出雲の子らが　黒髪は　吉野の川の　奥になづさふ

岩波思想大系『古事記』は②「八芽刺す」の注釈としてａ「八芽刺す」は出雲の枕言葉で「勢いよく芽がでるという意味」、「さす」は「生じる」の意とする。

また、水野祐氏は『出雲神話』などで②→④→①③という変遷過程を想定する。すなわち「八芽刺す」と「八雲立つ」の中間が「八雲刺す」との理解を示す。そして「八雲刺す」では「まったく意味が通じない」とし、出雲の語源を②「ヤツメ」に求めるのが正しいとする。(3)

その一文を紹介する。

「メ」は「モ」に通じ、海藻の総称である。「夜津米」は「弥津米」で沢山の海藻の義となる。また「伊豆毛」は「厳萎」で神聖な藻の義とする。すなわち「ヤツメ」も「イヅモ」も共に「雲」ではなく「藻」を本体として成立する語であることになる。「ヤツメサス」も藻としてはじめて生きてくるのであって、「雲を刺す」では意味をなさない。

さらに『日本書紀』崇神紀六十年条の著名な神宝献上伝承に目を転じ、出雲振根が弟飯入根を欺き誘い出す言葉「頃者、止屋の淵に多に萎ひたり。願はくは共に行きて見欲し」から、「斐伊川の止屋淵の川藻を鑑賞しよう」とするものであり、「古代出雲人の間に斐伊川の川藻を鑑賞するという慣習があった」とする。その止屋淵こそが「出雲」名の発祥地であり、それが出雲「郡」、そして「出雲」国の名へと展開したと主張する。

未だこの新説への反論はみないが、論の展開に強引な点がみられ、多くの問題が横たわっていることに気づく。

まず、最大の問題は止屋淵が氏自身の作成した地図（図28）でも明らかなように神門郡域であり、なぜ、神門郡域で成立した「出雲」なる地名が隣郡の名になったのかの説明を試みていない点であろう。それは「厳藻」説が「説」

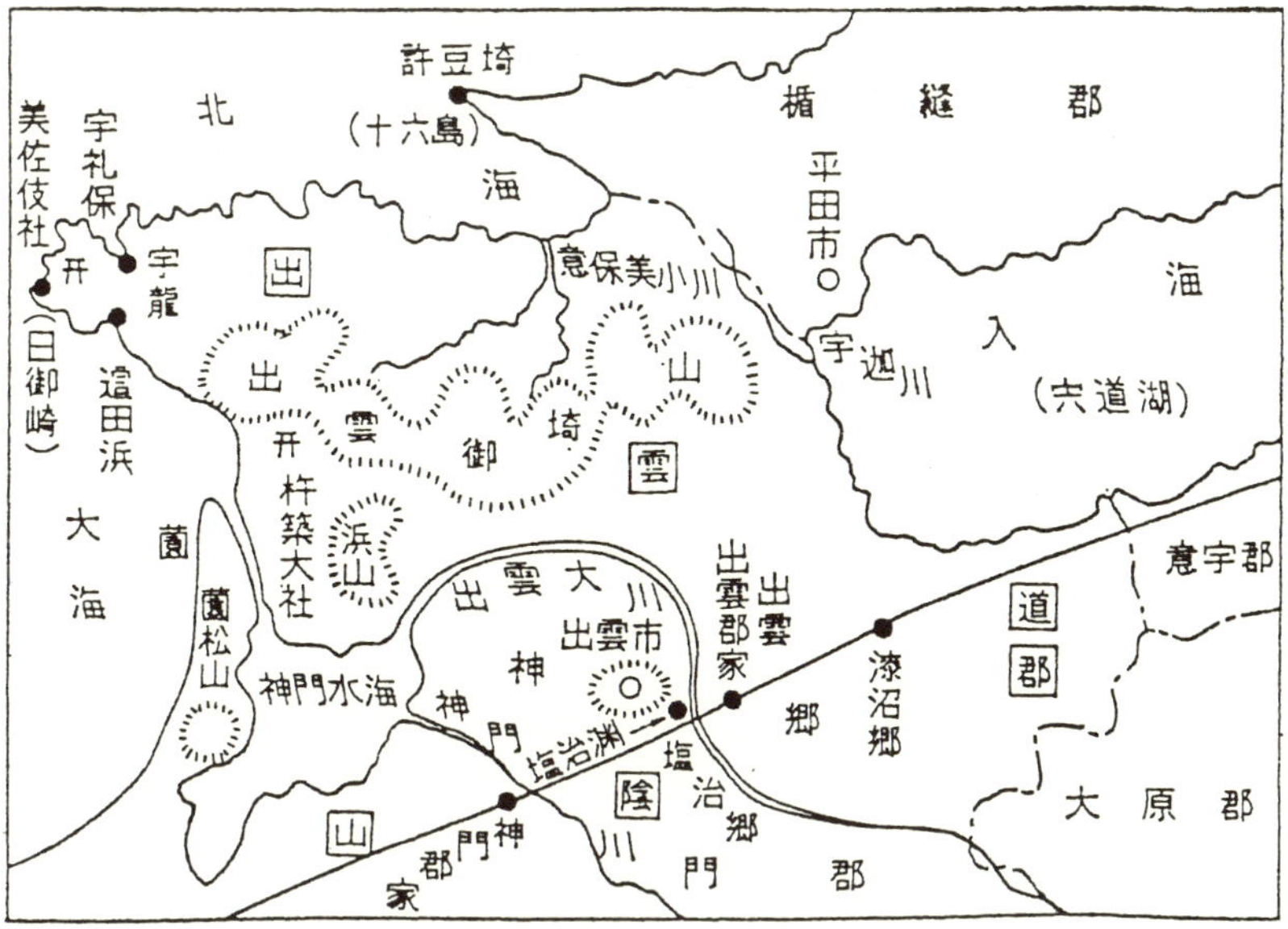

図28　水野祐氏作成「止屋淵」の地図

として不十分であることを物語っているのである。また氏は「止屋の淵に多に蔆生ひ」の「蔆」を川藻とするが、「蔆」は「あさぎ（蓴菜の一種）」である可能性が高く（図29、監修木村陽二郎『図説　草木辞苑』）、川藻ではない点は説の根幹を揺るがすことになろう。その二点からも「厳藻」説は未だ十分な検討を経ていないことがわかるであろう。

なお、出雲厳藻説は水野祐氏の説として紹介されているが、すでに松岡静雄氏が昭和六（一九三一）年に『出雲伝説』ですでに提唱しているのであり、その業績に誰一人気づかなかった研究事情は問題を残そう。[4]

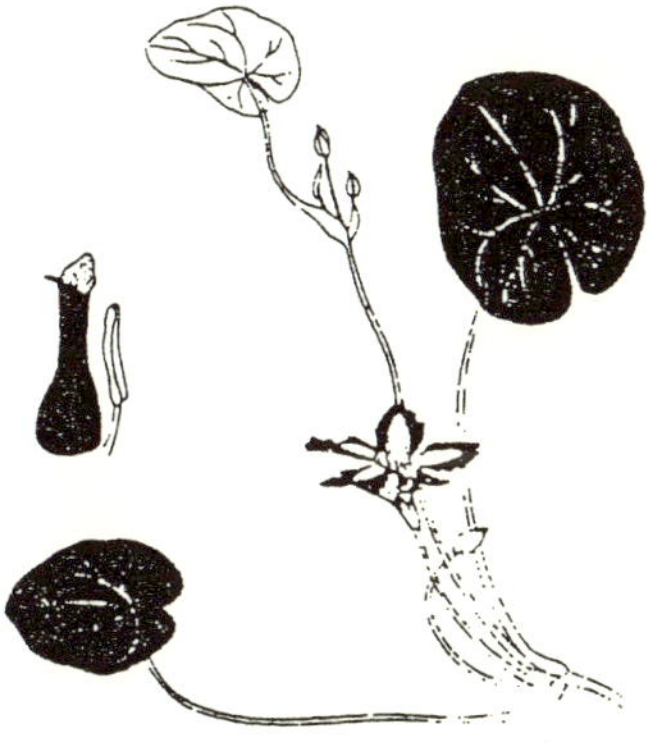

図29　あさぎ（『図説　草木辞苑』）

Ⅳ「八頭目刺す」出雲

「出雲」にかかる②「八芽刺す」、①「八雲立つ」、④「八雲刺す」を水野氏は②→④→①という時代差でとらえようしたが、氏には枕言葉は「一つ」しかないという前提があるのではなかろうか。

たとえば肝心の地名の起源に関してもいくつかの異説があったことは『常陸国風土記』が「常陸」について「直道（ひたみち）」と「衣袖漬（ころもでひたち）」の二説を示していることで判明する。また国名にかかる枕言葉についても「大和」に関しては「空に満つ」「五月蠅なす」「秋津島」「日の本の」があり「伊勢にも「神風《かみかぜ》や」「神風《かむかぜ》の」があることは周知の事実である。その点をふまえればある時期に「枕言葉は一つ」とするのは一面的な理解といえるであろう。

ところで今までの「出雲」地名論では紹介されなかったが、「出雲」にかかる枕言葉にはもう一つ『万葉集』に「山の際ゆ　出雲の子らは」の「山の際ゆ」があることも忘れてはならないであろう。「際《ま》ゆ」は「眉」に通じ、雲の「眉」状形態とつながり枕言葉となったのであろう。たしかに②→④→①の理解も成り立つ可能性もあるが、「出雲」にかかる複数の枕言葉が同時存在したとしても不思議ではないのである。むしろ②→④→①と整然と順を追って変化したというのはあくまで史料上であり、日常的には混在していたとみるのが妥当であろう。

水野氏は「八雲刺す」に関して「雲を刺すでは意味をなさない」として一蹴するが、逆に水野氏が神話の原型として想定する「沢山の藻をとって来てそれを刺し並べて、その神聖な藻を幾重にも刺し立てめぐらして、妻の隠り居る宮殿の厳重な垣根にする、その神聖な藻の八重垣を造ることであるよ」の方が意味をなさないのではなかろうか。藻をどのようにして「刺す」というのであろうか。また水野氏は「八芽刺す」→「八雲刺す」→「八雲立つ」の変遷をあとづけるが、なぜ変化したのかという根本問題にはあえて言及を試みていないのも問題であろう。

「八雲刺す」はまさに出雲の空を象徴的に表した最も出雲に相応しい枕言葉と考える。松江から宍道湖を通し、出雲方面を望むと、天空から雲の間を「刺し」抜くように太陽光線、「天使の梯子」がスポットライトのように何本も

「八雲刺す」形で差し込む情景をみるであろう。それがまさに「八雲刺す」なのであろう。

　問題は「八芽刺す　出雲」であるが、原文は「夜都米佐須　伊豆毛」であり、「八芽刺す」はあくまで一つの解釈であり、絶対的なものではないことを改めて認識すべきであろう。「夜都米（ヤツメ）」を「八芽（藻）」と解釈する向きが前述のごとく圧倒的であるが、そもそも「八芽（藻）」は造語であり、他にその事例をみることはない。

　ここでは『万葉集』四一五八歌「毎年尓　鮎之走婆　佐伎多河　鸕八頭可頭気氏　河瀬多頭祢牟（年のはに　あゆしはしらば　さきたがわ　うやつかづらけて　かはせたづねむ）」に注目しておきたい。ここにみえる「鸕八頭（うやつ）」は「多くの鵜」という意味である。しかし出雲びとは「八頭」といえば『古事記』神代記の「彼の目は赤加賀智の如くして、身一つに八頭八尾あり」の八岐大蛇を思い出すであろう。あの天空から雲の間を「刺し」抜く光線を八岐大蛇の「彼の目」とみなした可能性もあろう。

　松江から宍道湖を通し出雲方面を眺めると雲の間から陽の光がスポットライトよろしく何本も神の視線のように射し込む情景を目にする。いわゆる「天使の梯子」である。それを目にするとき、最も出雲らしさを感じ、呼吸するときである。その情景こそがまさに「八雲刺す」の世界なのであろう。

　宍道湖を懐に抱く出雲の大地が「大気」を立ち上がらせ多くの雲を生む、雲間から陽の光とともに神々が降臨する。夕暮れ時のそれは夜に活躍する神々の降臨を見事に演出している。まさに「八雲立つ出雲」である。

註

（1）加藤義成『修訂出雲国風土記参究』（今井書店、一九五七年）。
（2）瀧音能之『古代の出雲事典』（新人物往来社、二〇〇一年）。
（3）水野祐『古代の出雲』（吉川弘文館、一九七二年）。
（4）松岡静雄『出雲傳説』（同文館、一九三一年）。

第二章　神話の舞台と神々

Ⅰ　神話空間と出雲の自然

風土記として唯一の完本と紹介される『出雲国風土記』、そこで語られる古代出雲の世界は、豊かな自然を背景に、神々と人びとが交流し織りなす神話空間で彩られている。神々の舞台、「古代出雲」という言葉には何ともいえない不思議な懐かしさ、神秘さを、時のベールを透かして感じる。それは出雲の歴史が長年の時の流れの中で醸しだしてきた映像がなす業であろう。「古代出雲」といえば神話を思い浮かべる人が多い。特に大国主神・スサノヲ命（『古事記』『日本書紀』『出雲国風土記』で漢字表現が異なるので片仮名表記とする）は、現在でも多くの人に親しまれている。

ここでは世間で知られている『古事記』『日本書紀』ではなく、古代出雲が生んだ『出雲国風土記』に焦点をあてる。和銅六年、西暦七一三年、奈良の政府は全国に地誌の編纂を命じた。その地誌を「風土記」という。

現在、「風土記」として形式を整えているのは常陸・播磨・豊後・肥前・出雲の五風土記であるが、出雲を除いた他の「風土記」は文が脱落したり、省略されており、ほぼ全体の形をみせるのは七三三年に編纂された『出雲国風土記』だけである。

風土記の編纂主体は一般的に都から派遣された国司が担当したと考えられる。ところが『出雲国風土記』は巻末の署名で明らかなように地方首長であった出雲国造が担った。

天平五年二月卅日　勘へ造る

秋鹿郡の人　神宅臣金太理

国造にして意宇郡の大領を帯びたる外正六位上勲十二等　出雲臣広島

ここにみえる「秋鹿郡の人　神宅臣金太理」は編纂実務の責任者であり、出雲国造の「出雲臣広島」は今でいう監修者であった。ただし、『出雲国風土記』の編纂はじつに二十年余の歳月を要しており、事業開始の時点の七一三年当時の国造は前任者の出雲臣果安であった。「神宅臣金太理」は二代の国造に仕え、『出雲国風土記』の編纂の大業をなし遂げたのである。

出雲国は当時、意宇・島根・秋鹿・楯縫・出雲・神門・飯石・仁多・大原の九郡から構成されており、「神宅臣金太理」は国造・出雲臣果安の権威を背景に九郡の全郡司に郡ごとの調査を命じた。その際には編纂・執筆要領が示されたようである。各部の郡司は地域の伝承、産物など執筆要領に従い調査を展開していった。

そして二十年余かかって生まれた『出雲国風土記』。その神話空間を逍遥すると、神話を支えているのが出雲の大気・地形であり、山・川・海であることに気づく。

「八雲立つ出雲」、「出雲」という地名の起源を『古事記』は次のように伝える。

速須佐之男命、宮造作るべき地を出雲国に求ぎたまひき。ここに須賀の地に到り坐して詔りたまはく、「吾此地に来て、我が御心すがすがし」と詔りたまひて、その地に宮を作りて坐しき。故、その地をば今に須賀といふ。この大神初めて須賀の宮を作りたまひし時、その他より雲たちのぼりき。ここに御歌を作りたまひき。その歌に曰りたまはく、八雲立つ　出雲八重垣妻籠みに八重垣作る　その八重垣を

これはスサノヲ命が八岐大蛇退治の後、稲田比売（稲田姫）と暮らすため、須賀の地に新居の宮を造営する際に歌ったものという。

一方、『出雲国風土記』では「出雲と号くる所以は、八束水臣津野命詔りたまひしく、『八雲立つ』と詔りたまひき。故、八雲立つ出雲と云ふ」との説明をほどこす。

「出雲」という国号の命名主体がスサノヲ命、八束水臣津野命と異なるが、「出雲」が「雲」とのかかわりの中で生

まれたとする点では一致している。この「出雲」号に関する出雲びとの持つイメージは誰にも崩すことはできないのではなかろうか。

しかし、前述したように「雲」との関係を完全否定し、「厳藻（川藻）」にこそ「出雲」号の元があるとの見解が広がっている。これは古代出雲を考える上でも、出雲の各地を歩く際にも由々しき問題ではなかろうか。出雲のもつ「不思議な懐かしさ、神秘さ」は「雲」とともに消えて、川藻に覆われてしまいそうである。

Ⅱ　八束水臣津野命の国引き

『出雲国風土記』の冒頭を飾る八束水臣津野命の国引神話は古代文学発祥期の雄大な作品である。リズミカルに力強く流れる詞章は心に響いてくる。

童女の胸すき取らして、大魚のきだ衝き別けて、はたすすき穂振り別けて三身の綱打ち挂けて、霜黒葛くるやくるやに、河船のもそろもそろに、国来国来と、引き来縫へる国……。

この動的な表現は四回の国引きに合わせ、四回も繰り返される。少女の胸のような鋤で、大きな魚のエラを突き切るように、豊かな稲穂を振り分けるように（大地を切り離し）、三つ編みの綱を掛け、霜枯れ黒葛を「くるや・くるや」と手繰りよせ、河船を「もそろ・もそろ」と引き、「国よ来い・国よ来い」と引きつけ、縫いできた国という意である。

「くるやくるや」「もそろもそろ」は古代出雲びとの「生」の表現である。「くるやくるや」は綱をクルクルと回しながら手繰る行為であり、「もそろもそろ」はそろりそろり、スムーズにゆっくりと引くということであろう。

宍道湖と中海で内陸部から切り離されているようにみえる島根半島は、遠く志羅紀（朝鮮半島）、北門（隠岐）、高志（能登半島）の余った土地を「国来国来（国来い・国来い）と引き来縫へ」て成立したというのである。その際に使った綱が薗の長浜と弓ヶ浜半島、結びつけた「加志《かし》（杭）」が三瓶山と伯耆大山という雄大なパノラマ的な構想である。

八束水臣津野命は出雲国が当初、「狭布の稚国」、すなわち幅が狭い出きたての小さい国土であったことを嘆き、遠く朝鮮半島南部、隠岐、能登を眺め、次のような言葉を発したという。

　国の余りありやと見れば、国の余りあり。

大地が余っているのかを見ると余っている。それを引き寄せようというのである。その言葉には国土の拡大は戦争で奪い取るという世間的な常識は微塵もみえない。余った土地を譲り受けるという発想に古代の出雲びとの敬虔な豊かな心を読み取ることができよう。

一般に八束水臣津野命の神名は「ヤツカミヅ・オミヅヌ」と分類され、「八束水」は「臣津野」にかかる枕詞的用語としてとらえ、意味的には「豊かな水」と解釈されているようである。続く「オミヅヌ」は「大水主」と研究者は解説する。しかし「ヤツカミヅ」「オミヅヌ」とも水にかかわるという不自然さ、また「ヌ」を「主（スシ）」とするなど問題点は多い。

もっと素直に「束（ツカ）」は刀剣の「柄（ツカ）」と考えるべきではなかろうか。宍道湖・中海を結ぶ現・大橋川、古代の朝酌促戸渡付近はまさに海のくびれ部分に当たり、刀剣の「柄」に重なるように思える。国引き神話が全体的に鳥瞰的であることを思い出したい。

古代出雲世界において宍道湖・中海は、水上交通は言うまでもなくすべての面で大きな存在であった。八束水臣津野命はその二つの湖を結ぶ「柄」を握り、宍道湖・中海という「入海（風土記の表現）」を掌握したというのであろう。

国引神話で興味深いのは島根半島を陸側に結び、固定したとされる三瓶山、伯耆大山、一般的にいわれる二本の「杭」の存在である。ところが『出雲国風土記』をみるとそれは単なる「杭」ではなく「加志《かし》」と表現されている点が気になる。「かし」とは船を陸地につなぐための特殊な「杭」である。あえてここで「かし」という言葉を用いたのは島根半島自体を船に見立てていたのかもしれない。

「今、国引き訖へつ」と詔りたまひて、意宇の杜に御杖衝き立てて、「おゑ」と詔りたまひき。故、意宇といふ。謂はゆる意宇の社は、郡家の東北の辺、田の中にある塾、是なり。囲み八歩ばかり、その上に一つの茂みあり。

八束水臣津野命は国引きの大事業の終了を「おゑ（終える）」と声を発し、さらに意宇の社に杖を衝き立てることによって示している。その「意宇の社」が実際にどこを想定して語られているのかは当然興味深い謎として関心を呼んでいる。

過去、いくつかの説が出されたが、今では客ノ森（松江市竹矢町）、八幡社（松江市大草町）の二説が残るのみである。現状をみると客ノ森は小さな茂み、八幡社は小さな石祠である。風土記がいう「田の中にある塾《こやま》」が時代の流れの中で変容したのであろう。ともに風土記がいうように小さな祭祀施設である。思えば人間誕生にとって大切である臍は目立たない存在である。物を包み終える際の結び目も小さい。大切なものは秘かに呼吸しているのであろう。

伝承を注意深く読むと、前半は神話、後半は風土記の時代の意宇の社の形状に関する記述であることがわかる。その書き方は、現状の意宇の社はかつて八束水臣津野命が衝き立てた杖が成長し「茂み」になったという縁起を言いたいのであろう。

「杖衝き」伝説は弘法大師が杖を突くと水が湧出する話など数多く伝えられている。しかし、意宇の社の事例では水の湧出はみられない。ここにみられる八束水臣津命の「杖衝き」はより大きな意味合いをもっていると考えられよう。衝いた「杖」が樹木（茂み）になるという信仰は農耕社会にみられる予祝行事にかかわるものではなかろうか。八束水臣津野命の杖衝きは国引きの完成とともに「意宇国」全体の生産予祝祀行為という側面をもっていたのであろう。

今、眺めると客ノ森・八幡社ともに田の中に静かに鎮座しており、能弁に自己主張することはない。国引きの主人公である八束水臣津野命のその後の動向について『出雲国風土記』は何も語らない。当然、八束水臣津野命の最終の鎮座の神社についてここで語ることは不可能といわざるをえない。しかし不思議なことに、八束水臣津野命を祭神として祀る神社が今もいくつか確認できるのである。

出雲市の長浜神社、斐川町の富神社、湖陵町の国村神社がそれである。地図をみればわかるが、なぜか三社とも出雲国の西部に片寄っていることに気がつく。八束水臣津野命の島根半島全体にかかわる活動を考えたとき、それが何を語っているか興味を湧きたたせる。

この三社の中で風土記にそのままの名をみせるのは「国村社」だけである。ただし、長浜神社は国引きに使った綱である「薗の長浜」の砂丘上、国村神社は「薗の長浜」の起点にあたっている点には注意をしておきたい。

Ⅲ　神々の世界にも歴史

『出雲国風土記』は国引神話以外にも多くの様々な神話で彩られている。最も有名なのは出雲大社（『出雲国風土記』では「杵築大社」と記す）の祭神である大国主神に関する一連の神話であろう。ここで「出雲大社の祭神」と紹介した瞬間、『出雲国風土記』の世界に神々の歴史があったことが見えてくるから不思議である。

大国主神が鎮座している出雲大社の古代の所在地について『出雲国風土記』出雲郡条は次のように語る。

出雲御埼山　郡家の西北のかた二十八里六十歩なり。高さ三百六十丈、周り九十六里一百六十五歩なり。西の下にいはゆる天の下造らしし大神の社坐す。

出雲郡の「郡家」の所在地については諸説あったが、最近正倉が発掘された斐川町の後谷付近が有力視されている。その「郡家」から「西北のかた二十八里六十歩」の地点に聳える「出雲御埼山」の西麓に出雲大社はあったと考えられる。その場所は島根半島の西端に位置する現・大社町である。

その島根半島の西端は、よく考えれば八束水臣津野命の国引きで作られた「支豆支御埼」の地にあたることがわかる。いくら神話上であっても「国引き」後でなければ出雲大社を造ることはできないのである。八束水臣津野命と思われる神は『古事記』に「淤美豆奴神《おみづぬのかみ》」とみえるが、大国主神の祖父となっているのも神話の時制を考えれば不思議ではない。

現・出雲大社の鎮座地は、神話上では『古事記』にみえる大国主神と須世理比売の新居の場所を指定したスサノヲ命の言葉によるとされている。

おれ、大国主神となり、また宇都志国玉神となりて、その我が女須世理比売を嫡妻として、宇迦能山の山本に、底津石根に宮柱ふとしり、高天の原に氷木たかしりて居れ。この奴といひき。

この言葉により「宇迦能山の山本」が選定されたことになっている。その「宇迦能山」とは、西は出雲大社の本殿裏の八雲山から東は平田の旅伏山までの一大山塊、『出雲国風土記』がいう「出雲御埼山」のことと思われる。「宇迦能山」の「宇迦」の地名は現在も出雲大社参道の大鳥居の下の「宇迦橋」にわずかに残っている。また東に目をやれば平田に口宇賀・奥宇賀の地名が広がっており、「宇迦能山」、すなわち「出雲御埼山」の広がりがうかがえる。

Ⅳ　大国主神の旅立ちの地

『出雲国風土記』は大国主神が出雲に「帰還」した場所として意宇郡母理郷の長江山をあげる。そこでは「天の下造らしし大神、大穴持命、越の八口を平け賜ひて、還りまししし」とされており、「越」、すなわち北陸遠征からの帰還であった。「帰還」ということは大国主神はもともと出雲に鎮座していたことを物語っている。

大国主神の原郷といえば誰もが出雲大社と思うであろう。たしかに現在、出雲大社の祭神は大国主神であるが、それは最終的に鎮座した場所なのである。

大国主神が出雲を旅立った場所について『出雲国風土記』は意宇郡の拝志郷としている。

拝志郷　郡家の正西廿一里二百一十歩なり。天の下造らしし大神の命、越の八口を平けむとして幸しし時、此処の樹林茂り盛りき。その時、詔りたまひしく。「吾が御心の波夜志」と詔りたまひき。故、林といふ。（神亀三年、字を拝志と改む。）即ち正倉あり。

この「拝志郷」は現在も宍道町に林として名前を残している。著名な玉造温泉の西隣りである。「拝志」は「波夜《はや》志《し》」と読むらしい。そもそも「はやし」とは「生やし」のことであり、祭りのお囃子《はやし》とも通じる言葉と考えられる。「はやし立てる」の言葉通り大国主神が勇んで「越の八口」への遠征に出掛ける心意気を表したのであろう。この旅立ちの地の「拝志郷」付近に大国主神の原郷があるはずである。

宍道湖・宍道町に名前を残す『出雲国風土記』意宇郡条にみえる「宍道郷」は大国主神の狩猟の地として知られている。大国主神が犬を使って猪を追ったという伝承が今も伝えられている。

天の下造らしし大神の命の追ひ給ひし猪の像、南の山に二つあり……猪を追ひし犬の像は……その形、石となりて猪、犬に異なることなし。今に至るまで猶あり。故、宍道と曰ふ。

この宍道郷は先の拝志郷の西隣りであり、大国主神が本拠から狩猟に出たとの発想にもとづく伝承と考えられる。徐々に大国主神の故郷に近づいているようである。この伝承は大国主神の狩猟犬と捕獲対象の猪が石と化し、風土記編纂時にも現存していたというのである。

その神話伝承があたかも事実のように宍道町の字・白石《はくいし》に鎮座する石宮神社の鳥居の脇に猪石が二つ、拝殿の後に御神体としての犬石が一つ鎮座している。しかし猪石よりも犬石が少し高いところにあるのは犬が猪を追い込む狩猟形態を考えると奇妙に思える。また猪石は「南の山」に鎮座とあるが、石宮神社の鳥居、そして石は平地にあり、風土記の記述に合わない。

江戸時代から猪石ではないかといわれていたのが同じ白石の山中にある女夫岩といわれる祭祀場である。字・「白《はく》石《いし》（白猪石）」に相応しく白色を呈した二つの神々しい磐座《いわくら》が静かに空間を占めている。この二つの神石こそ風土記伝承の猪石なのであろう。現在、その登り口に風土記の伝承を記した説明板が立てられている。

その猪を追った犬の石は石宮神社拝殿の後ろの御神体の犬石でいいのであろう。神社前の田の一角の字名が「追いさま給」という動詞を含む字である点は嬉しい限りである。古代だけではなく大国主神の狩猟伝承が地名にまで染みつくほど現地で語られていた証拠ではなかろうか。

石宮神社拝殿の後壁は窓になっており、そこを開けると拝殿後ろの御神体を拝することができる構造となっている。四角い石垣で囲まれた犬石は拝殿の方に向かってお座りをしているのであろう。その犬石には何となく右目らしい窪みもみえる。

V　大国主神の原郷―加茂

われわれと同じように神々も大切なものは近くにまとめておくらしい。宍道郷の南隣りは郡域を超えて大原郡屋代郷、そして神原郷へと続く。神原郷は現在、大原郡（雲南市）加茂町に属している。その神原郷について『出雲国風土記』は次のような伝承を残している。

神原郷　郡家の正北九里なり。古老の伝へていへらく、天の下造らしし大神の御財を積み置き給ひしところなり。すなわち神財郷といふべきを、今の人、猶誤りて神原の郷といへるのみ。

この神原郷からは、かつて神原神社古墳の発掘の際に「卑弥呼の鏡」といわれる景初三年銘をもつ三角縁神獣鏡が発見され、それこそ大国主神の「御財」ではないかとされた。また平成八（一九九六）年に神原郷周辺の加茂岩倉遺跡から三九個の銅鐸が出土した際にも、それが「積み置き給ひし」「御財」ではないかとする説も生まれ、一時騒がれた。

しかし、伝承は逆で「神原」の地名を説明するために「御財」を出してきたと考えるのが正しいのではなかろうか。風土記の編纂が行われた頃、神原を流れる赤川南河岸に神原神社古墳が目立つように存在していたのであろう。地域のまさに象徴的なランドマークであったと思われる。それを当時の人びとがみて、「神財」を積んだようだと想像したのであろう。

ここで注目しておきたいのは神原郷の北側、宍道郷との間が屋代郷である点である。

屋代郷　郡家も正北一十里一百一十六歩なり。天の下造らしし大神の垜を立て、射たまひしところなり、故、矢代といふ。(神亀三年、字を屋代に改む。)即ち正倉あり。

神原郷を大国主神の宝庫の所在地とした場合、当然その警備が問題になるであろう。「垜」は一般に「アムヅチ」と読まれ、弓的を置く土盛りとされているが、文の流れからいえば「垜」は「矢代」と同音であり、「ヤシロ」と読むべきである。「垜」は土・乃・木の組立て語であり、籬的な社をいうのであろう。今でも神社で行われる的射神事的なものであろうが、ここでは邪悪な侵入者をはらうために社から弓を射ったという意味なのだろう。

越への出発地の拝志郷、そして狩猟場である宍道郷、神財を衛る屋代郷、神財の保管所である神原郷、この四つの郷は切れ目なく一筋の大国主神の生活の路として繋がっているのである。

Ⅵ　大国主神の原郷―木次

その大国主神の生活の路はどこからやってくるのであろうか。大原郡木次町の町並みから北を眺めると秀麗な小山が浮きだすようにみえる。標高一七一メートルの妙見山、『出雲国風土記』が記す「城名樋山」である。『古事記』にみえる大国主神と兄神の八十神の対立は『出雲国風土記』にも垣間みられる。

城名樋山　郡家の正北一里一百歩なり。天の下造らしし大神、大穴持命、八十神を伐たむとして城を造りましき。故、城名樋といふ。

この付近がどうも大国主神と敵との攻防の最前線基地と意識されていたようである。城を構えた大国主神は城名樋山から逆襲に出て八十神を出雲から追い出したという。

来次郷　郡家の正南八里なり。天の下造らしし大神の命、詔りたまひしく、「八十神は青垣山のうちに置かじ」

と詔りたまひて、追いはらひたまふ時に、ここに迨次ましき。故、来次といふ。

現在の雲南市「木次」は古代「来次」と書き、大国主神が八十神と抗争し、逃げる八十神に「迨次《きすき》」して、青々した山々に囲まれた出雲国から八十神を追い払ったところという。戦う神々の一面を知ることができる。

神の城、城名樋山といえば保存が確定した松江市の田和山遺跡が気になる。田和山遺跡は松江市郊外の乃白町の小高い丘で姿を現した三重の壕をめぐらした環壕遺跡である。ただ著名な吉野ヶ里遺跡と相違して壕に囲まれた「いただき」は狭く、なぜか二棟の建物跡が確認されたのみであった。

しかし、壕からは大量の礫石《つぶていし》が発見され注目も浴びた。その石は田和山周辺の古代びとが自分たちが信仰している「いただき」の神が他の神に負けないように武器である礫石を奉納した名残と思われる。現に礫石は環壕の中に残っており、その出土状況には投げた気配はみえない。

「いただき」の二棟の建物跡の一つは九本柱であり、大社造の系譜につながるとされ、社殿ともいわれている。もう一棟の性格は不明であるが、祭祀にかかわる酒殿ではなかろうか。

『播磨国風土記』の揖保郡条の意此川の説明に「屋形を屋形田に作り、酒屋を佐々山に作りて祭りき」とみえる。祭祀にかかわる「屋形」と一緒に「酒屋」がセットでみえている。祭祀と酒のかかわりは古来からのものである。

Ⅶ　大国主神の妻神たち

大国主神には複数の妻がいた。『古事記』には八上比売・沼河比売・須勢理比売・神屋楯比売・多紀理比売などがみえる。このうち『出雲国風土記』にも沼河比売が「奴奈宜波比売」、須勢理比売が「和加須世理比売」と表記されて登場するが、有名な八上比売・多紀理比売は姿をみせない。現在、出雲大社の境内社の筑紫社に多紀理比売、御向社に須勢理比売が祭られている。

ところが『出雲国風土記』には逆に『古事記』にはみえない真玉著玉之邑日女・八野若日女という女神が登場す

る。この妻神たちの『古事記』、そして『出雲国風土記』への登場のあり方はいろいろなことをわれわれに物語っているようである。中でも注目されるのは都には知られなかった真玉著玉之邑日女・八野若日女の存在であろう。

八野若日女に関して『出雲国風土記』は次のように載せる。

八野郷　郡家の正北三里二百一十歩なり。須佐能袁命の御子、八野若日女命、坐しき。その時、天の下造らしし大神、大穴持命、娶ひ給はむとして、屋を造らしめ給ひき、故、八野といふ。

現在、八野若日女は出雲市の矢野町の八野神社に鎮座している。市街地整備という新たな開発が進んでいるが、境内は女神の鎮座地らしく穏やかな雰囲気をもつ。

一方、真玉著玉之邑日女は「真玉著玉之邑」という邑名を神名としているが、「真玉著玉」は「八野」と異なり地名とは思えそうもない。その真玉著玉之邑日女は『出雲国風土記』神門郡の朝山郷の伝承で語られている。

朝山郷　郡家の東南のかた五里五十六歩なり。神魂命の御子、真玉著玉之邑日女命坐しき。その時、天の下造らしし大神、大穴持命、娶ひ給ひて、朝毎に通ひましき。故、朝山といふ。

この真玉著玉之邑日女という女神は現在、出雲市朝山町の小高い岡、朝山森林公園内の朝山神社に鎮座している。立派な社殿の右横には小さいながら客神が宿泊する客社が設けられている。朝山神社は神在祭が行われる神社として知られ、その客社は出雲に集まる神々の宿舎と思われるが、「朝毎に通」う大国主神のためでもあろうか。

『出雲国風土記』意宇郡条の母理郷の伝承では「越の八口（北陸）」を平定し、出雲に戻った大国主神は伯耆国との国境の「長江山」で次のように語ったという。

母理郷　郡家の東南の方卅九里一百九十歩なり。天の下造らしし大神、大穴持命、越の八口を平け賜ひて、還りましし時、長江山に来まして詔りたまひしく、「我が造りまして、命らす国は、皇御孫の命、平らけくみ世知らせと依さしまつらむ。但、八雲立つ出雲の国は、我が静まります國と、青垣山廻らし賜ひて、玉珍置き賜ひて守らむ」と詔りたまひき。故、文理といふ。（神亀三年、字を母理と改む。）

出雲国の周囲の山を青垣のような山と言い表し、そして「玉珍置」いて出雲国を「守らむ」としたその場所としての「真玉著玉」の邑が気になる。大国主神の出雲鎮護の玉は朝山の真玉著玉之邑に置かれたのではなかろうか。大国主神は妻神のもとに妻訪いをするが、『出雲国風土記』によれば「朝毎」妻訪いしたとされているのは真玉著玉之邑日女である。ここで注目したいのは愛情の濃淡ではなく、身軽に「朝毎」妻訪いとの表現に垣間みられる大国主神の本居、すなわち原郷である。

朝山地域からそう遠くないところなのであろう。城を構えた来次なのかもしれない。しかし、『出雲国風土記』は大国主神の原郷の核心についてはロを固く閉じて語ることはない。ただしわれわれは大国主神の最終鎮座地である出雲大社を訪れることができる。

Ⅷ　大国主神の御子神たち

出雲大社の真東二キロ余りの大社町遙堪の地に阿須伎神社が鎮座している。この阿須伎神社の「あずき」は大国主神と多紀理比売との間に生まれた御子神である阿遅須枳高日子命の神名に因むとされている。

その阿遅須枳高日子命にかかわる伝承は『出雲国風土記』神門郡高岸郷条に残されている。

高岸郷　郡家の東北のかた二里なり。天の下造らしし大神の御子、阿遅須枳高日子命、甚く夜昼哭きましき。仍りて、そこに高屋を造りて、坐せて、即ち、高椅を建てて、登り降らせて、養し奉りき。故、高崖といふ。（神亀三年、字を高岸と改む。）

ここにみえる高屋は高層の大社造の社殿を彷彿とさせる。大国主神は泣き止まない阿遅須枳高日子命をあやすために高屋を造り、その階段《きざはし》を「登り降らせ」てなんとか育てたという。「登り降らせ」はあくまで神話上のことであり、今風にいえば「たかいたかい」のような行為のことであろう。

しかし、阿遅須枳高日子命の様子は変わらず、逆に髭が生える年齢になっても泣き止まず言葉も発することができないという状況であった。

大国主神は最後の手段と思われるが、阿遅須枳高日子命を船に乗せ、斐伊川の上流に向かうという行動をとる。なぜ、大国主神は斐伊川を選んだのだろうか。

今まで触れてきたとおり、斐伊川流域の屋代・神原・来次は大国主神の活躍した地域であり、大国主神の原郷といえる空間であった。また斐伊川は「越の八口」から出雲に帰還した大国主神が、青垣山を構成する長江山から出雲大社へと向かった際の通り道でもあった。神通川、神路川の名があるように神の歩く道は川であった。

大国主神が慣れ親しんだ斐伊川の親子の旅立ちは大成功に終わったとされている。大国主神は斐伊川を遡上し、仁多郡の布施郷で泊まったとき、大国主神は阿遅須枳高日子命が言葉を発する夢を見、起きてみれば阿遅須枳高日子命は「御澤」という一言を口にしたと伝える。大国主神はそれはどこかと問うと、阿遅須枳高日子命は石川を渡り「此処ぞ」と言ったという。その「御澤」という場所は後に出雲国造が朝廷に参上し、神賀詞奏上する前に身を清める聖所になったところであり、仁多地域ではいくつかの比定地が言い伝えられている。

川は山から流れてくる。その山の頂上を「いただき」という。それは頂上に神を「戴いて」いるからである。今、その「いただき」の意味は忘れ去られているが、言葉には古き社会の空間が刻まれているのである。

『出雲国風土記』は山野に強い関心を示し、数多くの山野に関する情報を提供する。それによれば、古代出雲には多くの山々の中に三峰の「カンナビ」山と一つの「カンナビ」野が象徴的に語られている。「カンナビ」とは「神・隠（ナビ）」で神々が鎮座する山という意である。

松江市南郊に残る出雲国庁跡の北に聳える茶臼山は風土記には「神名樋野」とみえる。この山に鎮座していたのは大国主神の御子神の山代日子命という神である。

古代の茶臼山は木々に覆われた今の山容と相違して頂上は「東に松があり、三方は並びに茅（ち）」とされており、樹木の少ない草原的な山であった。

山代日子命という神の性格は「やましろ」を『万葉集』では「開木・代」と書くこともあるので、山の開発を担う神と思われる。「神名樋野」の三方、北・南・西が茅であったのはその意味で開発の手が入りやすかったのであろう。「神名樋野」の南面は現在は水田が広がる田園風景であるが、そこに一際目立つ六所神社の森が「神名樋野」を仰ぐように鎮座し、その森に抱かれた感じで出雲国庁の史跡公園が広がる。史跡公園の北側の畦道に立ち、「神名樋野」を眺めながら古代の風景を憶いやると、茶臼山の東頭に神が宿る松の木が、そして茶臼山の麓には風土記にみえる「真名井社」が、右手の麓には国分寺の塔が、左手には出雲臣弟山がかかわった「新造院」と「厳堂」が目に浮かんでくる。

その「新造院」に行くには水田の中の畦道に残る「十字街」を左に曲がればよかったのであろう。松江市山代町の山代西公民館付近の四王寺跡は風土記にみえる山代のその新造院跡とされている。その地は「神名樋野」、すなわち茶臼山の南麓であり、新造院は「神名樋野」の茅原を開発して建造されたのである。山頂の山代日子命に守られ寺院の建造がなされたのかもしれない。

『出雲国風土記』には四峰の「カンナビ」がみえるが、この茶臼山だけが「山」ではなく「野」とされたのも当時の人びとの抱いた「野」のイメージによるのであろう。山代日子命は山頂の「東に松があり」の松に依りつき、鎮座していた可能性が高い。今、その痕跡はないが、山代日子命を祀る山代神社は茶臼山の北西の古志原《こしはら》の鬱蒼とした森の中に鎮座し、息づいている。

Ⅸ　大国主神の義父神―スサノヲ命

神は川を交通路としている。大国主神の嫡妻・須勢理比売の父神・スサノヲ命も流れてきた箸をみつけ上流へと溯上し稲田姫に出会う。スサノヲ命の神話は八岐大蛇退治、稲田姫との結婚などで彩られており、名場面は枚挙に暇がない。そのように『古事記』『日本書紀』の神話で活躍するスサノヲ命であるが、『出雲国風土記』ではほとんど目立たない存在である。

それは『古事記』『日本書紀』と『出雲国風土記』では編纂の目的が異なっていたことによるのである。『古事記』『日本書紀』は神話のストーリーに重点を置くが、『出雲国風土記』の神話は地名起源を説くことに力点を置くのであり、当初からスサノヲ命を語ることを意識していたわけではないのである。出雲国仁多郡に「鳥上」郷があれば地名起源を語る中でスサノヲ命の八岐大蛇退治は必ずや語られたのであろう。

もともと地域社会を土壌に「原」神話が湧出し、日本を覆う形で広がっていた中で、『古事記』『日本書紀』はその原神話を大和王権を中心にストーリー化して取り入れ、『出雲国風土記』は出雲の大地に付された地名起源をその原神話から抽出したのである。両神話は同じ原神話を土台にしているのである。

『出雲国風土記』のスサノヲ命は主に大原・飯石郡に足跡を残している。「スサノヲ」は「須佐の男（ヲ）」と考えられ、飯石郡の須佐（すさ）神社とのかかわりが想定できる。現に須佐神社の祭神はスサノヲ命とされている。

スサノヲ命の英雄的な姿は印象的であるが、『出雲国風土記』大原郡条にみえるスサノヲ命は別の意味でひきつけられる。

佐世郷　郡家の正東九里二百歩なり。古老の伝へていへらく、須佐能袁命、佐世の木の葉を頭刺して、踊躍らし時、刺される佐世の木の葉、地に墜ちき。

古老によれば昔、スサノヲ命（須佐能袁命）が「佐世」の地で頭に「佐世の木の葉」を刺して踊ったところ、その「佐世の木の葉」を落としたので、その地を「佐世《させ》」というようになったという。なぜ、この地でスサノヲ命が躍ったのか素朴な疑問も湧くが、出雲神楽のスサノヲ命の八岐大蛇退治にみるスサノヲ命の踊躍に重なり、活き活きとしたスサノヲ命の姿が浮かんでくる。

「佐世」の木が植物学的に何というかに関しては諸説あるが、ツツジ科のシャンシャンボと思われる。現在、大東町の小高い岡の上の佐世神社の境内に「佐世の森」があり、巨木が空に向かい広がるように聳えている。スサノヲ命の頭から揺れ落ちた「佐世の木の葉」が根づき、成長し立派な巨木に育ったというのであろう。その森閑とした「佐世の森」に佇むと古代の息吹が風とともに聞こえてくる。

X　大国主神の救済神

大国主神は家族的な要素が濃厚であり、その活動には多くの神々が協力しているようである。それは大国主神と二女神との出会いを考えればよりよく理解できるであろう。じつは二女神は大国主神の命の恩人であった。

大国主神は兄神の八十神の謀《はかりごと》により赤猪のように赤くなるまで焼きあげられた大石を抱きかかえて死にいたる。そのときにキサカヒ姫（赤貝）は身を削り、ウムカヒ姫（蛤）はその粉に蛤汁を混ぜて大国主神の全身に塗り、蘇生させたという。

この二女神に関して『古事記』はそれ以上何も語らないが、『出雲国風土記』にはそれらしき女神がともに登場してくる。

法吉郷（略）　神魂命の御子、宇武加比売命、法吉鳥と化りて飛び度り、此処に静まり坐しき。故、法吉といふ。

現在も松江市の北部に「法吉」町の地名が残り、宇武加比売命を祀る法吉神社が鎮座している。「法吉」とは鶯の鳴き声であり、法吉町には「うぐいす」台という新興団地もある。古代びとは「ホーホケキョ」を「ホホーキ」と聞いたのであろう。考えてみれば「宇武加比（蛤）」が鳥に化すという伝承は稲餅が白鳥になる伝説と似ている。白鳥伝承が農耕と深いかかわりがあることを考えると、貝が鶯になるという鶯伝承は漁業とかかわるのであろう。今と異なり宍道湖は法吉付近まで奥深く入江をなしていたという。

その法吉郷の北が加賀の潜戸がある古代の加賀郷である。『出雲国風土記』は語る。

加賀郷（略）　佐太大神の生れまししところなり。御祖、神魂命の御子、支佐加比売命、「闇き岩屋なるかも」と詔りたまひて、金弓もちて射給ふ時に、光加加明きき。故、加加といふ。

日本海に突き出した加賀鼻の下には大きな海蝕洞窟が貫通している。それは内部で三叉路を形成する荘厳な神窟であり、加賀の潜戸の名で知られている。この洞窟は支佐加比売命（赤貝）が金弓で射通したものであり、その際に洞窟内で誕生したのが佐太大神というのである。加賀の潜戸を遠くからみると誰の目にも女性器のように映る。洞窟は母の胎内と考えた古代びとの思いに引き込まれる。

古代びとは洞窟を船で通るとき、神をおそれ大声を挙げたという。今、私は洞窟に入るとその神々しさと静けさに息を止めて、窟内の白鳥居に手を合わせる。誕生した佐太大神はその後、隣の秋鹿郡の佐太神社に遷移し、鎮座したことがわかる。

神名火山（略）高さ二百三十丈、周り一十四里なり。謂はゆる佐太大神の社は、即ちその山下なり。

『出雲国風土記』秋鹿郡条は明確に佐太大神の鎮座地を山下と示す。佐太神社は松江から恵曇の海岸に向かう途中、佐陀運河の左手の森に鎮座している。山を光背にしながら明るさの中に三殿が並立する端麗な社殿が印象的である。中央の正殿に佐太大神は鎮座している。後ろの山は神名火山（朝日山）につながる東端の三笠山である。古代においては幼神・佐太大神を護る摂社がいくつか周辺にあったと思われるが、現在は大鳥居の北側の二つの田中神社しか目にすることはできない。田中神社は二つの社殿が背中合わせという奇妙な配置であり、西社は木花開耶姫、東社は姉神・磐長姫を祭神とする。何を物語るかは言うまでもないが、西社は結縁、東社は縁切の社という。

今、その名残はみえないが、参道の左手にある清原太兵衛の顕彰碑のある場所はかつて佐太大神の摂社であり風土記にある宇多紀社の跡地であった。佐太大神は多くの神々に守られていたのである。

出雲大社を参拝すると、佐太神社と同じく境内に本殿以外に多くの社殿があることに気づく。本殿をめぐる玉垣と瑞垣に挟まれた清浄空間を垣間見ると、本殿の西側に筑紫社、東側には御向社・天前社という「摂社」が並列状態に鎮座しているのがうかがえる。

築紫社の祭神はスサノヲ命の娘で大国主神の妻となった多紀理比売、御向社は大国主神の嫡妻神である須勢理比売を祀る。御向社の東に少し控えめに鎮座しているのが天前社で、その祭神こそキサカヒ姫とウムカヒ姫の二女神とされているのである。「摂社」とは「摂政」などを念頭におけば主祭神である大国主神を支えた神々を祀った社をいうのであろう。

本殿と三社殿を守り囲むように本殿西側に出雲国造の祖先神・天穂日命を祀った氏社など数社が、北側にはスサノヲ命の素鵞社、東側には宇迦之魂神（稲神）の釜社などが微妙に配され、鎮まり、残された南側の空間は巨大な七五三縄で著名な拝殿が護っている。出雲大社境内の一番神聖な空間に鎮座するキサカヒ姫とウムカヒ姫は『古事記』では共同で大国主神を助け、そして『出雲国風土記』では隣接する法吉郷・加賀郷に鎮座し、そして現在、出雲大社では天前社に相殿として祀られているのである。その二女神を天前社で一体化して祀るというあり方は見事に歴史をそのまま社殿の中に包摂、体現しているといえよう。

第三章　復奏儀礼としての神賀詞奏上

Ⅰ　神賀詞奏上への視座

出雲神話の世界、その神話が生きた形で話されたのは出雲国造の神賀詞奏上の場であった。それも都で、時には天皇の前で堂々と語られたのである。それは神話を通して中央と地方の関係を探る上で貴重な場であったが、古代史研究のなかで神賀詞研究を概観してみると、その研究の流れは一面的であり、出雲の大和への服属という一事を以って理解するのが常であった。

それは神賀詞の奏上儀礼に論議が集中し、神賀詞そのものの検討が十分でないことにもよると考える。ここではまず神賀詞を検討し、その上で神賀詞奏上の史的性格を考察するという手順を踏み、さらに出雲古代史のなかに位置づけてみたいと思う。

Ⅱ　記紀神話と神賀詞の矛盾

神賀詞の内容を分析するにあたって注目したいのは、そこに語られている神話である。出雲国造が都に上り、奏上する神話はいかなる内容であったろうか。少し長くなるが示しておこう(1)。

　高天の神王御魂の命の、皇御孫命に天下大八島国を事避さしまつりし時に、出雲臣等が遠神天穂比命を、国體見に遣はしし時に、天の八重雲をおし別けて、天翔り国翔りて、天下を見廻りて返事申したまはく、豊葦原の水穂国は、晝は五月蝿なす水沸き、夜は火瓫なす光く神あり、石根・木立・青水沫も事問ひて荒ぶる国なり。しかれども鎮め平けて、皇御孫命に安国と平らけく知ろしまさしめむ、と申して、己命の兒天夷鳥命に布都努志命を副へて、天降し遣はして、荒ぶる神等を撥ひ平け、国作の大神をも媚び鎮めて、大八島国の現し事・顕し事事避さしめき。

この神賀詞神話は著名な「葦原中国平定」の部分である。皇祖神の高御魂が皇孫神に大八島国を委ねるために、大八島国の荒ぶる神々の様子を出雲国造の遠神である天穂比命に命じて視察させるところである。その後、天穂比命は視察を終え、「返事」を述べ、さらに、子の天夷鳥命に布都努志命を付けて、大八島国の荒ぶる神々を平らげ、国作の大神をも媚び鎮めたという。この「葦原中国平定」神話は神賀詞だけではなく、記紀神話、そして「崇神遷却」祝詞の神話にも語られている。ここでそれら神話の内容を整理して、神賀詞神話とのかかわりを検討してみたい。

『古事記』では天照大神が天菩比神（天穂比命）を派遣する。ところが天菩比神は大国主命（国作の大神）に「媚び附きて」、「三年に至るまで復奏」しなかったという展開をとる。『日本書紀』は神賀詞と同じく高皇産霊尊が天穂

表13　四神話骨子比較一覧表

史　料	指令神	視察神	大国主命への態度	音信不通期間	復奏の有無
神賀詞	高御魂命	天穂比命	媚鎮め	なし	した
古事記	天照大神	天菩比命	媚び附きて	3年間	しない
日本書紀	高皇産霊尊	天穂日命	佞り媚び	3年間	しない
崇神遷却	不明	天穂日命	（説明なし）	（説明なし）	しない

比命を派遣するが、「然れども此の神、大己貴神に佞り媚びて、三年に比及るまで、尚し報聞せず。故、仍りて其の子大背飯三熊之大人、（大人、此をば于志と云ふ。）亦の名は武三熊之大人を遣す。此亦還其の父に順りて、遂に報聞さず」とする。

ここでも天穂比命は三年、そしてその子武三熊之大人も報告をしなかったことになっている。次に崇神遷却の祝詞でも天穂日命は派遣されたが、「この神返言申さざりき。次に遣はしし武三熊大人も、父の事に随ひて返言申さず」とある。

以上を整理し表にすると表13のようになる。この四神話を比較すると、明らかに神賀詞のそれが異質であることが理解できよう。その顕著な相違点を整理すれば、①指令神、②「大国主命への態度」で神賀詞だけが「鎮め」るが、他は「媚びる」だけである、③「音信不通期間」では神賀詞はその期間はないとし、『古事記』・『日本書紀』は三年間、崇神遷却はそれ自体言及しない、④「復奏の有無」に関しては神賀詞のみが「した」とし、『古事記』以下は「しない」とする。

崇神遷却は内容が貧弱であるからともかくとして『古事記』・『日本書紀』の神話は中央では明らかに知られていた常識であろう。また当然、出雲国造も『古事記』・『日本書紀』の神話を熟知していたと考えられる。そこで問題になるのは出雲国造が都へのぼり、神賀詞を奏上する際の神賀詞神話と記紀神話の内容の相違である。天皇・貴族の前で奏上される神賀詞神話が中央の神話と相違したならば大きな問題となるであろう(2)。それが何ら問題にされず堂々と神賀詞神話が出雲国造によって奏上されたのはいかなる事情であろうか。

Ⅲ　神賀詞奏上と記紀

神賀詞の成立に関しては三宅和朗氏の研究がある。氏は『日本書紀』第一の一書・第二の一書、『古事記』、神賀詞を比較・検討し、七世紀中頃には神賀詞の原形は成立し、天武朝を画期として徐々に整えられたとし、記紀と神賀詞とのかかわりについては、神賀詞の神話の方が古く、記紀に影響を与えたとする(3)。そうであるならば、七世紀中頃に成立した神賀詞の原形では、当然出雲国造の祖先神である天穂日命の活動は「媚びて不復奏」という形式ではなかったと考えられよう。

確認できる出雲国造の最初の神賀詞奏上は出雲果安の霊亀二年（七一六年）二月である。この奏上の前、和銅五年（七一二年）には太安万呂により『古事記』が撰上されている点は注目されるであろう。中央貴族の天穂日命観は『古事記』のそれであり、神賀詞の原形とは異なる「媚び附きて三年間復奏しない」という出雲国造家にとって予想だにしない不名誉な内容展開となっていた。この内容展開がどの程度中央貴族層の共通認識として定着していたかは計れないが、その天穂日命不復奏の神話が支配的な都へ出雲国造が祖先神・天穂日命顕彰の神話を含む神賀詞を奏上することは困難であったと容易に想像できるであろう。

この『古事記』神話への出雲国造の対応は出雲国造の意宇郡から出雲郡杵築への本拠移動にも現れていると指摘されている。

鳥越憲三郎氏によれば出雲国造は記紀に展開される「出雲神話」に対応するため「出雲神話」の舞台である出雲郡杵築に移り、杵築大社を創建、大国主命を祭ったとする(4)。

では神賀詞奏上儀礼に際し、どのようにして『古事記』神話へ対応したのであろうか。

その苦境のなかで出雲国造が都で奏上した神賀詞が『延喜式』所載の神賀詞と考えられる。『古事記』の「媚び附きて三年間復奏しない」という内容の「流れ」を承認しつつも「媚び附きて」というのは作戦であり、目的は「鎮め」ることにあったという主張である。それが「媚鎮め」という表現に込められているのであろう。

表14　神賀詞奏上、国造就任年次比較表

国造	神賀詞奏上		国造就任		その差	
	年	月	年	月	年	月
果安	716	2	（708）			
広島	724	1	（721）			
弟山	750	2	746	3	3	11
益方	767	2	764	1	3	01
国上			773	9		
国成	785	2				
人長	795	2	790	4	4	10
不明	801	1				
門起						
旅人	811	3				
豊持	830	4	826	2	4	02

（『続日本紀』・『類従国史』・『日本後紀』・『続日本後紀』による。ただし果安・広嶋の国造就任の項には参考として（　）に国造系図による年次を付した）

残る問題は『古事記』が「三年間復奏しない」としている点である。ここで注意したいのは『古事記』の「三年に至るまで復奏さざりき」という表現である。というのは「三年間は復奏しない」とは「復奏」しなかったことを意味していないからである。あくまで『古事記』は「三年間」という期間内では「復奏しなかった」と語っているに過ぎない。そこに出雲国造が堂々と神賀詞で「復奏」したと奏上できた間隙が存在したと考える。

ここで参考にしたいのは鳥越憲三郎氏の次のような観察である。果安だけが国造相続の八年後に神賀詞を奏上し、その後一般に相続の三、四年後に奏上しているという事実である。

その点を確認するために国造就任、神賀詞奏上を国造ごとにまとめ表14に示しておこう。確認できる範囲ではあるが、ここで注目したいのは鳥越氏の指摘のように出雲国造は国造就任後、三年以内に神賀詞奏上をしていない事実である。これは出雲国造の祖先神である天穂日命は三年間はたしかに復奏しなかったが、「媚鎮」めた後に復奏したという出雲国造家の「国造家神話」の再演として理解すべきであろう。天穂日命の子孫・出雲国造は国造就任の三年後以降に奏上することにより祖先神天穂日命が「復奏」したという国造家神話の「歴史劇」を都で示し、その国造家神話を『古事記』神話の中に見事に矛盾なく位置づけたのである。

以上の過程を表15で再整理しておく。ここで注目したいのは養老四（七二〇）年に成立した『日本書紀』である。『日本書紀』は『古事記』と同じく出雲国造家神話を採らず、「佞り媚びて、三年に比及るまで、尚し報聞せず」と

し、天穂日命の三年間不「復奏」説を展開するが、第二の一書では出雲国造家神話をも受け入れ、天穂日命を「大己貴神」を祭る祭主として承認していることがうかがえる。これも出雲国造家の天穂日命「復奏」という「歴史」の中央での認知を目指す成果であろう。そのような中央と出雲の交渉の集大成が出雲国造就任三年後以降奏上儀式ではなかろうか。三年後奏上体制が軌道に乗ったのはその『日本書紀』成立の直後の出雲臣広島のときと考えたい(5)。

表 15　記紀と神賀詞奏上関連表

年代	事柄	神話内容
7C中	神賀詞の原形成立	媚び、不復奏の形式とらず〔神〕
712	出雲臣果安、国造継承 『古事記』成立 ⇒ ⇩影響 （居を杵築の地に移す）	媚び附きて、三年に至るまで復奏さぜりき 出雲国造の立場⇧ 受ける　　対応
716	出雲臣果安．神賀詞奏上	媚鎮め・復奏 ⇧対応
720	『日本書紀』成立	佞り媚びて、三年に比及るまで、尚し報聞せず 矛盾しつつも
		第二一書「又汝が祭祀を主らむは、天穂日命、是なり」
721	出雲臣広島、国造継承	3年間
724	出雲臣広島、神賀詞	

凡例　（点線枠）神賀詞　（細線枠）『古事記』　（太線枠）『日本書紀』

Ⅳ　神賀詞奏上儀礼の史的性格

以上、神賀詞神話と記紀神話の比較、検討から神賀詞奏上について概観してきた。ではそこからいかなる神賀詞奏上の史的性格が描けるであろうか。

神賀詞奏上に関しての大きな問題点はなぜ多くの国造のなかで出雲国造だけがするのか、また神賀詞奏上とはいかなる史的性格を持った儀礼なのかということであろう。

今までの研究では出雲国造の神賀詞奏上は出雲国造の特殊・例外性によって説明されてきた。高嶋弘志・瀧音能之・篠川賢・大浦元彦氏はそれぞれその特殊・例外性については意見を異にするが、特殊・例外性を認める点では一致する。(6) 筆者も出雲国造のみが神賀詞奏上する点を高く評価し、出雲国造の特殊・例外性を肯定する立場をとる。以上の四氏の研究は奏上儀礼の分析、あるいは出雲国造の国造としての特殊・例外性から求められた結論である。ここでは神賀詞にみえる神話から検討を試みてきた。その結果、神賀詞奏上神話は記紀神話と出雲在地の出雲国造家神話との相違のなかから国家と在地勢力との交渉の中で形成された過程を抽出することができた。出雲国造のみが神賀詞奏上をするのは記紀神話での出雲像の特殊性に深く関わっているのであろう。また奏上儀礼は出雲国造にとっては在地支配にもかかわる祖先伝承の性格の如何であり、単に天皇と出雲国造家の関係に神賀詞奏上儀礼を位置づけ、新任国造の天皇への服属儀礼、あるいは天皇の即位儀礼の一環と規定する見解に再考を迫るものである。

註

(1)『古事記・祝詞』(日本古典文学大系)。
(2)『日本書紀』は最初の神賀詞奏上の際には未だ編纂はされていないが、『日本書紀』は「素案」的なものという程度で使用した。
(3)三宅和朗『記紀神話の成立』(吉川弘文館、二〇〇九年)。
(4)鳥越憲三郎『出雲神社の成立』(創元社、一九九六年)。
(5)広島のときと考えたいが、広島の国造就任時期は『出雲国造世系譜』によるので、確実に確認できるのは弟山の時期である。
(6)高嶋弘志「律令新国造についての位置試論」(『日本古代史論考』所収、一九八〇年)、瀧音能之「出雲国造神賀詞奏上儀礼の成立過程」(『日本古代史論苑』所収、一九八三年)、篠川賢『国造制の成立と展開』(吉川弘文館、一九八五年)、大浦元彦「『出雲国造神賀詞』奏上儀礼の成立」(『史苑』四五、一九八六年)。

第四章　神賀詞奏上と三輪山にみる和魂

Ⅰ　額田王と三輪山

三輪山といえば「三輪山を　しかも隠すか　雲だにも　情あらなも　隠さふべしや（『万葉集』巻一・十八）」の一首が浮かんでくる。天智天皇六（六六七）年、飛鳥の地から近江大津への遷都、額田王が三輪山を振り返り、読んだ歌である。

額田王にとって飛鳥は大海人皇子との思い出が詰まった「古里」であり、その象徴が三輪山だった。石川啄木が「故郷の山に向ひて　言う事なし　故郷の山は　有り難きかな」と詠った心境に通じるものであろう。その「古里」との別れ、なぜ、「雲」は三輪山を隠したのであろうか。額田王が「雲だにも」に籠めた思いは何であったのか知りたい。

Ⅱ　三輪山の神の顕現

三輪山の神の出現については史料上にいくつかの情報が残されている。その神は大国主神の国作り神話の中に登場する。長文になるが基本史料として『古事記』、『日本書紀』の該当部分を引用する。

『古事記』

是に大国主神、愁ひて告りたまひしく、「吾独して何にか能く得作らむ。孰れの神と吾と能く此の国を相作らむや」とのりたまひき。是の時に海を光て依り来る神ありき。其の神の言りたまひしく、「能く我が前を治めば、吾能く共與に相作り成さむ。若し然らずば国成り難けむ。」とのりたまひき、爾に大国主神曰ししく、「然らば治め奉る状は奈何にぞ。」とまをしたまへば、「吾をば倭の青垣の東の山の上に伊都岐奉れ。」と答へ言りたまひき。此は御諸山の上に坐す神なり。

『日本書紀』

（大己貴神）遂に困りて言はく、「今此の国を理むるは、唯し吾一身のみなり。其れ吾と共に天下を理むべき者、蓋し有りや」とのたまふ。時に、神しき光海を照して、忽然に浮かび来る者あり。曰はく、「如し吾在らずは、汝何ぞ能く此の国を平けましや。吾が在るに由りての故に、汝其の大きに造る績を建つことを得たり」といふ。是の時に、大己貴神問ひて曰はく、「然らば汝は是誰ぞ」とのたまふ。対へて曰はく、「吾は是汝が幸魂奇魂なり」といふ。大己貴神の曰はく、「唯然なり。廼ち知りぬ。汝は是吾が幸魂奇魂なり。今何処にか住まむと欲ふ」とのたまふ。対へて曰はく、「吾は日本国の三諸山に住まむと欲ふ」とのたまふ。故、即ち宮を彼処に営りて居しまさしむ。此れ、大三輪の神なり。

『古事記』『日本書紀』の伝承の流れの骨子は基本的に同じであり、大国主神（大己貴神）が「国作（国理）」の協力神を求めたところ「海を光して（光海を照し）」て依り来た神が「御諸山の上に坐す神（大三輪の神）」というのである。『古事記』『日本書紀』とも「依り来た神」は協力の条件としてともに「御諸山の上」での祭祀を挙げていることから、その協力神が同一神であることがわかる。その協力神は『日本書紀』では明確に「吾は是汝が幸魂奇魂なり」、「汝は是吾が幸魂奇魂なり」と強調されており、大己貴神（大国主神）の「幸魂奇魂」であることが判明する。周知の通り大己貴神は書紀一書によれば「大国主神、亦の名は大物主神、亦は国作大己貴命と号す」とみえ、「大物主神」とも同神である。

一方、『古事記』においては「依り来た」神に対して「誰ぞ」と問い掛けることなく、当該記述においてはその神性は不明であるが、神武記において「美和乃大物主神」との表記があることを勘案すると、『日本書紀』と同様に「美和山（三輪山・三諸山）」の神、「大物主神」、すなわち大己貴神・大国主神に通じる神であったことがうかがえる。

その神の顕現地は海であり、地域でいえば『日本書紀』は「出雲国」と断定し、『古事記』は文の流れからみて「出雲の御大の御前」であることを匂わす。「御大の御前」とは「少名毘古那神」の「帰り来」た島根県松江市、島根半島の東端の美保関である。そこに三輪神社の祭神、「御諸山の上に坐す神」、「大三輪の神」と出雲国との関係が浮かび上がってくる。

Ⅲ　出雲国造神賀詞の「大御和」の神

三輪山の神と出雲国といえば『延喜式』に残る祝詞、出雲国造の神賀詞の語る世界に身を置くことが大切である。出雲国造は代替わりごとに朝廷に参向し、天皇の「大御世」を斎う「神賀の吉詞」を奏上する慣わしであった。その初見は『続日本紀』元正天皇の霊亀二（七一六）年であり、神賀詞そのものは『延喜式』にその全文が伝えられており、そこに「大御和の神」が登場する。神賀詞前半は出雲国造の祖先神の「天穂比命」の「大八島国」の平定、「大穴持命（大国主神）」を「媚び鎮め」た功績を述べ、国譲の際の「大穴持命」の言葉を続ける形をとる。

すなわち大穴持命の申したまはく、「皇御孫の命の静まりまさむ大倭国と」と申して、己命の和魂を八咫の鏡に取り託けて、倭の大物主櫛瓶玉命と名を称へて、大御和の神奈備に坐せ、己命の御子阿遅須伎高孫根の命の御魂を葛木の鴨の神奈備に坐せ、事代主命の御魂を宇奈提に坐せ、賀夜奈流美命の御魂を飛鳥の神奈備に坐せて、皇孫の命の近き守神と貢り置きて、八百丹杵築宮に静まりましき。

この大国主神の「己命の和魂を八咫の鏡に取り託けて、倭の大物主櫛瓶玉命と名を称へて、大御和の神奈備に坐せ」の言葉は『日本書紀』の「汝は是吾が幸魂奇魂なり」に重なるものであり、三輪山の神が大国主神の「和魂」、「大物主（櫛瓶玉）命」であったことがわかる。「和魂」と「幸魂奇魂」の関係について本居宣長は「幸魂奇魂は共に和魂の名にて、幸奇とは其徳用を云なり」という理解を示す。(1)

なお、「和魂」といえばそれに対置する魂として「荒魂」を忘れることはできない。この点に関して次田潤氏は「勇気進取の如き活動方面の活きは、荒魂のなす所であり、生命の持続や智徳の活きの如き、静的方面の活きは、和魂のなす所である」とする。神の二面性の問題である(2)。

その「和・荒」の二面性に関して平林章仁氏は祭祀の是非により、神が喜ぶ、怒るという相反する対応をとることに求め、門脇禎二氏も同様に同じ神にも暴威を振るう側面と柔和な側面があるとしている(3)。

残念ながら古典にみられる「和魂」「幸魂」「奇魂」「荒魂」に関する研究は、ほとんどなされず先の諸氏の見解のように感覚的理解に止まっているというのが実情である。

単に『日本書紀』の「幸魂奇魂」、神賀詞の「和魂」の枠内ではなく、古代びとの心的世界の中で考えることが重要であろう。

Ⅳ　和魂と荒魂の醸す世界

先の『日本書紀』の「幸魂奇魂」の伝承は神の二面性ではなく、大国主神の神体から離れた「魂」の存在を示唆している。

ここで『出雲国風土記』大原郡条の次の一文に目を向けてみたい。

高麻山　高さ一百丈、周り五里なり。北の方に樫・椿等の類あり。東と南と西と三つの方は、竝びに野なり。古老の伝へていへらく、神須佐能袁命の御子、青幡佐草日子命、是の山の上に麻蒔き殖ほしたまひき。故、高麻山といふ。即ち、此の山の峯に坐せるは、其の御魂なり。

ここにみえる「青幡佐草日子命」の鎮座地は『出雲国風土記』意宇郡条によれば「大草郷　郡家の南西のかた二里一百廿歩なり。須佐乎命の御子、青幡佐久佐日子命坐す。故、大草といふ」とあるように意宇郡であった。その「青幡佐草日子命」の「御魂」は「麻蒔き殖ほしたまひき」という開発行為とともに隣郡の大原郡の高麻山に「鎮」坐していたのである。神本体から分離した「魂」、古代びとはその存在を信じていたことがわかる。この「青幡佐草日子命」父神である「神須佐能袁命」は大原郡の隣郡・飯石郡に姿をみせる。

須佐郷　郡家の正西一十九里なり。神須佐能袁命、詔りたまひしく、「此の国は小さき国なれども、国処なり。故、我が御名は石木には著けじ」と詔りたまひて、即ち、已が命の御魂を鎮め置き給ひき。然して、大須佐田・小須佐田を定め給ひき。故。須佐といふ。即ち正倉あり。

この伝承では「神須佐能袁命」自身が、「已が命の御魂」を自身から分離し、須佐の地に「御魂」鎮め置いたとされている。このように神自身が自身の「魂」を自由に操るという思考、それはどのような心意の中で生まれてきたのであろうか。

同じ『出雲国風土記』意宇郡安来郷条に「神魂」を操った人の話がみえる。それは天武天皇二（六七四）年に起きた出来事として伝えられている。娘を和爾に殺された語臣猪麻呂の復讐譚である。猪麻呂は娘を殺した和爾を探し、復讐するために海岸で神々に祈るのである。

天神千五百萬はしら、地祇千五百萬はしら、并に当国に静まり坐す三百九十九社、及、海若等、大神の和魂は静まりて、荒魂は皆悉に猪麻呂が乞むところに依り給へ。

この祈りの言葉で注目すべきは猪麻呂が多くの神々の「魂」を復讐のために総動員しようとしている点である。この猪麻呂の行為は神々の「魂」を招くことであり、普通われわれはその行為を「勧請」と言っている。先の須佐郷条の「神須佐能袁命」の事例は神を主体にした地名由緒譚であり、神の世界は人間の心が醸し出した世界であるということを勘案すると、須佐郷の人びとが「神須佐能袁命」の「魂」を「勧請」したと理解するのが事実に近いのであろう。

その「勧請」で注目しておきたいのは安来郷の伝承で判明するように「和魂」と「荒魂」に対する猪麻呂の接待の相違である。安来郷伝承は短文ながら複雑な構成をとっており、その中で一つ孤立しているのが「大神の和魂」という表現である。「天神千五百萬はしら、地祇千五百萬はしら、并に、当国に静まり坐す三百九十九社、及、海若等」と「大神」の関係が不確かであろう。

出雲で「大神」といえば杵築・熊野・佐太・野城の「大神」であり、「天神千五百萬はしら、地祇千五百萬はしら、并に、当国に静まり坐す三百九十九社、及、海若等」とは理解できないのである。「天神千五百萬はしら、地祇千五百萬はしら、并に、当国に静まり坐す三百九十九社、及、海若等」の文は、「皆悉に」の文意を噛み締めるならば、文脈からして「大神の和魂は静まりて」を中に挟み、「荒魂は皆悉に猪麻呂が乞むところに依り給へ」とつながるのであろう。

さらに「大神の和魂」に関しては「静まりて」、「荒魂」に関しては「依り給へ」としている点も示唆的である。ここで注目しておきたいのは神賀詞が「己命の和魂」としたにもかかわらず御子神の場合に関しては「御魂」とのみ表記し、その「御魂」が「和魂」「荒魂」のどちらかについて触れていない点である。そのことについては神賀詞が続文において「御魂」に期待しているのは「皇孫の命近き守神」としての働きがあるとしていることが参考になる。「皇孫の命」、即ち天皇の近き「守神」として期待されるならば、その「御魂」は猪麻呂の事例を引き出すこともなく、当然「荒魂」ということになろう。また、その部分が大国主神の言葉であることを理解すれば、「貢り置きて」の主体は大国主神であり、大国主神が貢祭したのは「己命の和魂」ではなく三御子神の「御魂」と思われる。

大国主神の「己命の和魂」、即ち「倭の大物主櫛瓶玉命」はその三御子神の「荒魂」とは明らかに異なるものであった。先の猪麻呂の「大神の和魂」と「荒魂」の組み合わせを念頭におくと、神賀詞の場合も「倭の和魂」と複数の「荒魂」との組み合わせと考えるべきであろう。そこに「和魂」を鎮めることにより祭祀の拠点が定まり、「荒魂」の活動が可能になるとする構造、古代びとの「勧請」思考をうかがうことができるのである。

今まで、神賀詞の四「かんなび」として「大御和の神奈備」鎮座の大物主神と他の三子神の「御魂」を一括して取り上げ、その四つの「魂」（じつは一つの「和魂」、三つの「荒魂」）が構成する方形地域空間に着目し、その空間内に所在する藤原京が注目されてきた。しかし、父神「大物主神」が三御子神の「御魂」を「貢ぎ置」いたことを勘案すれば三御子神の「御魂」が構成する三角地域空間に目を注ぐべきであろう。
三御子神の「御魂」の鎮座地、そして藤原京以前の宮の所在地が明確でない現在、その空間内の宮を確定することはできないが、あえて言うならば藤原京の南西地域に想定されている舒明天皇の田中宮が注目されよう。

V　和魂と蛇神―「玉くしげ」の語ること

『万葉集』巻十七・三九五五の歌に三輪山とともに大和を代表する二上山を詠じた歌がみえる。「ぬばたまの　夜はふけぬらし　玉くしげ　二上山に　月傾きぬ」、土師部宿祢道良の歌である。
ここにみえる「玉くしげ」は二上山にかかる枕詞である。「玉くしげ（玉櫛笥・玉匣）」を「開く」ことから「二（ふた・蓋）」にかかるというのである。じつはこの「玉くしげ」は三輪山にもかかる枕詞とされている。藤原鎌足・鏡王女の間で交わされた歌（九三・九四）にそれがみえる。

玉くしげ　覆ふをやすみ　明けていなば　君が名はあれど　我が名し惜しも（九三）
玉くしげ　みもろの山の　さな葛　さ寝ずはつひに　ありかつましじ　或本の歌に曰く「玉くしげ　三室戸山の」（九四）

前者は鏡王女の歌であり、「玉くしげ（玉櫛笥・玉匣）」は中身を「覆ふ」という形で枕詞として活きているが、後者の鎌足の返歌では「玉くしげ」と「みもろの山」へのかかり方が今一不鮮明であろう。「玉くしげ」がくしげの中身である「身」、その「身もろ」にかかるとの説明がなされているが、「身」は乙音、「みもろの山」の「み（御・三・美）」は甲音であるとの指摘もあり、音のリズムに命を持つ枕詞の世界ではその理解には俄かに従いがたい。

玉しげく　三諸戸山を　行きしかば　おもしろくして　古思ほゆ

この『万葉集』巻七・一二四〇歌には「三諸戸山」とみえるが、それは九四番歌の注にみられる「三室戸山」に通じるものであり、「御諸山」のことである。この歌で注目すべきは、御諸山の付近を旅したとき、御諸山をみて、大変趣きを感じ、昔のことに想いを寄せた、という感慨である。その「趣き」「昔」とは「玉くしげ」が湧出したものであったと思われる。この歌は読み人知らずの歌であるが、その「知らず人」はじつに御諸山の歴史に通じていたのである。

『日本書紀』崇神紀には著名な倭迹迹日百襲姫命の神婚伝承がある。

倭迹迹日百襲姫命、大物主神の妻と為る。然れども其の神常に昼は見えずして、夜のみ来す。倭迹迹姫命、夫に語りて曰はく、「吾常に昼は見えたまはねば、分明に其の尊顔を見ることを得ず。願はくは暫留まりたまへ。明旦に、仰ぎて美麗しき威儀を観たてまつらむと欲ふ」といふ。大神対へて曰はく、「言理灼然なり。吾明旦に汝が櫛笥に入り居らむ。願はくは吾が形にな驚きましそ」とのたまふ。爰に倭迹迹姫命、心の裏に密に異ぶ。明くるを待ちて櫛笥を見れば、遂に美麗しき小蛇有り。其の長さ大さ衣紐の如し。則ち驚きて叫啼ぶ。時に大神恥ぢて、忽に人の形と化りたまふ。其の妻に謂りて曰はく、「汝、忍びずして吾に羞せつ。吾還りて汝に羞せむ」とのたまふ。仍りて大虚を践みて、御諸山に登ります。

この「知らず人」はわれわれが『日本書紀』で知っている神婚伝承を地域社会の中で知っていたのであろう。「知らず人」は、伝承にみえる三輪山の神が「櫛笥」に身を置いたこと、倭迹迹日百襲姫命が「櫛笥」を開けてその正体が「小蛇」であったことを知ったこと、そして「小蛇」は恥じて「御諸山」に登っていったことなどを通して、「玉くしげ」、「みもろ」の関係を理解し、「みもろの神」の時代を想い、そしてそこに「趣」を感じたのであろう。

まさに三輪山の神話は「知らず人」にとっては生きた歴史であった。そこでは三輪山の「和魂」は「蛇神」として認識されていたのである。

Ⅵ 「雲だにも」

天智天皇は六六七年、飛鳥の地から近江大津への遷都を行った。宮都があった「古里（経る里）」、飛鳥の地を去ったのである。それは「皇孫の命の近き守神」そして守ってきた古里の三輪山を見捨てる行為であった。

三輪山を　しかも隠すか　雲だにも　情あらなも　隠さふべしや

古里を後にする額田王の前に三輪山は雲のベールに身を隠し姿を見せることはなかった。額田王は三輪山を隠す「雲」に何を見たのであろうか。額田王は「雲だにも（原文…雲谷裳）」の言葉で別れを惜しみ、「隠（こも・くも）」る「三輪山」の「神」を心に感じていたのかもしれない。

「雲」は、雨の下に現れた「云（龍蛇）」の姿を表した字という。三輪山の「和魂」、その「蛇神」、龍蛇は額田王の「情あらなも　隠さふべしや」の離別歌をどう受け止めたのであろうか。

三輪山の神、「和魂」は「蛇神」として、「雲」と化し、三輪山を隠しつつも自ら姿を現わし愛惜の情を贈ったのであろう。

註

（1）本居宣長『本居宣長全集』十一（筑摩書房）

（2）次田潤『祝詞新講』（明治書院、一九二七年）。

（3）平林章仁「律令祭祀と大神神社」（『三輪山と古代の神まつり』学生社、二〇〇八年）、門脇禎二「三輪山に献上された出雲神々の和魂」（『三輪山の古代史』学生社、二〇〇三年）。

第五章　かむなび山木霊考

Ⅰ　地名の命

前章では神賀詞にみえる「かむなび」について神話世界をふまえ、その歴史性について言及してきた。ここでは神聖な古代空間を醸し出す古語である「かむなび」「かんなび」、そのものを扱う。以後、「かむなび」が訛化して「かんなび」になったと考え、より古語である「かむなび」を用いる。

古代出雲には『出雲国風土記』によれば四峰の「かむなび」があったことがわかる。四峰は出雲国を支える四本柱のようにその山容を今に至るまで変えず、日々、人びとと共にある。その「かむなび」山の持つ力とは何か、問い掛けたい。はたして「かむなび」に坐す神々の答えは木霊するであろうか。

そもそも地名とはその源は他の地域との区別のために、社会生活が広がる中で生成した社会生活文化である。著名な『魏志』倭人伝をひもとくと単純な自然地名を付した国名がみえる。卑弥呼の統率下にあった「奴」「邪馬」「不彌」の国がそれぞれ「野」「山」「海」とするならば固有地名とはいえない。どこにでもある自然、一般地名となる。倭人伝によれば倭国には二つの「奴国」があった。きわめて不都合である。しかし二つの「奴国」は北と南に大きく離れていたこともあり、両立が可能であったのであろう。

しかし、その他にも複数の「奴国」があったのではなかろうか。「弥奴国」「姐奴国」「蘇奴国」「鬼奴国」「烏奴国」である。本来、それらの国も「奴国」であり、地域社会の統合、拡大の中で区別する必要が生じ、「奴（野）」の上に固有を示す言葉を冠し、固有地名が成立したのであろう。島根でいえば歴史過程は異なるが「田」の上に「益」「浜」「大」「吉」「横」、そして「平」の一文字を付しているとの同じ意味合いである。

地名の命が他との区別であるとすると、視界に入る四峰が同じ「かむなび」という山名では地名としてまったく意味をなさないということになろう。まさに「かむなび山」の謎である。

Ⅱ　「かむなび」の性格

まずは『出雲国風土記』が語る「かむなび」について耳を傾けてみたい。

意宇郡条

神名樋野　郡家の正北三里一百廿九歩なり。高さ八十丈、周り六里卅二歩なり。東に松あり。三つの方は並に茅あり。

秋鹿郡条

神名火山　郡家の東北のかた九里卌歩なり。高さ二百卅丈、周り一十四里なり。謂はゆる佐太大神の社は、即ち彼の山下なり。

楯縫郡条

神名樋山　郡家の東北のかた六里一百六十歩なり。高さ一百廿丈五尺、周りに廿一里一百八十歩なり、嵬の西に石神あり。高さ一丈、周り一丈なり。往の側に小き石神百余ばかりあり。古老の伝へていへらく、阿遅須枳高日子命の后、天御梶日女命、多久村に来まして、多伎都比古命を産み給ひき。その時、教へ詔りたまひしく、「汝が命の御祖の向壮に生まさんと欲ほすに、此処ぞ宜き」とのりたまひき。謂はゆる石神は、即ち是、多伎都比古命の御託なり。旱に当りて雨を乞ふ時は、必ず零らしめたまふ。

出雲郡条

神名火山　郡家の東南のかた三里一百五十歩なり。高さ一百七十五丈、周り一十五里六十歩なり。曽支能夜社に坐す伎比佐加美高日子命の社、即ち此の山の嶺にあり。故、神名火山といふ。

しばしば『出雲国風土記』は地名起源伝承を命とするとの指摘がなされている。この四伝承を吟味していくと「かむなび」の意について説明を施しているのは出雲郡条の「神名火山」だけであることに気がつく。出雲郡条では明らかに「故、神名火山といふ」という表現で文を締めており、地名起源伝承の形式をとる。しかし、他の三伝承にはそれが見えない。出雲郡条の説明では「伎比佐加美高日子命の社、即ち此の山の嶺にあり」、それゆえに「かむなび」というようになったとする。言い換えれば、神が頂上に鎮座しているので「神名火山といふ」というのである。

楯縫郡条の「神名樋山」も「多伎都比古命」の「御託」が鎮座しており、「かむなび」山に相応しいが、意宇郡・秋鹿郡条の「かむなび」にはその気配は見えない。

この四峰の「かむなび」に関する記事は『出雲国風土記』が編纂された七三三年時点の情報である。考えれば「かむなび」にも時代差、成長度・衰退度の相違があるのではなかろうか。意宇郡・秋鹿郡の「かむなび」もかつて真実「かむなび」であったのであろう。

意宇郡の「神名樋野」は「東に松あり。三つの方は竝に茅あり」という情報はそういう意味で重要である。「松」の木は古代びとにとって『常陸国風土記』久慈郡条の「(神が)天より降りて、即ち松沢の松の樹の八俣の上に坐しき」にみえるように磐座と同じく神の寄代であった。そこでは「松沢」「松」と意識的に強調していることもわかる。「神名樋野」の「東の松」は茅で覆われた「野」の「頂き」で目立つ、神が依りつく神木であった。まさに「かむなび」に相応しい資質を有していたのである。ただし、その後、「頂き」の神は山麓の「社」に勧請され、「かむなび」の名残りの松のみが『風土記』に姿をみせたのである。

秋鹿郡の「神名火山」の場合は、頂上の神迎えの場は消え、特記されているように山麓の神社、「佐太大神の社」に、神迎え、そして鎮座の場がすべて収斂されていることがわかる。かつて山で行われていた神迎えが記憶に残り、「かむなび」と呼ばれたのであろう。

出雲郡の「神名火山」の項は唯一「かむなび」について説明をするが、「かむなび」という言葉に関しては説明を試みることはない。「かむなび」の「かむ」が「神」の訛化あることは間違いないであろう。問題は「なび」であるが、この点に関しては『播磨国風土記』賀古郡条の伝承が参考になる。伝承によれば景行天皇が播磨の印南に行幸し、「印南別嬢」を妻問いした際、「印南別嬢」が離れ島に身を隠したという。そのとき、天皇は島に向かい「隠愛妻（なびはしつま）」と叫んだ。この「隠妻」について『播磨国風土記』は「南毘都麻」、すなわち「なび・つま」と読ませている。「なび」は「隠れる」という意味合いである。今も草が「なび」くというが、それは風が吹くことにより草が曲がり身を潜めることである。「かむ・なび」は山の「頂き」に神が籠もり、静かに鎮座することである。そもそも山の「頂き」は「神を戴（いた）だく」ところという意味である。

Ⅲ　神と魂

「かむなび」といえば前章で検討した『延喜式』に載る祝詞の一つ出雲国造神賀詞に目を向ける必要がある。出雲国造の神賀詞の奏上は史料上では『続日本紀』霊亀二（七一六）年にみえる国造出雲臣果安の事例を最初とする。

ここでは神賀詞奏上そのものの検討ではなく、神賀詞に登場する「神奈備」に焦点を合わせる。神賀詞では国譲りに応じた「大穴持神（大国主大神）」が「皇御孫命の静まり坐さむ大倭の国」を守るために、

①己の和魂を大御和の神奈備に坐せ
②己命の御子の阿遅須伎高孫根命の御魂を葛木鴨の神奈備に坐せ
③　事代主神の御魂を宇奈提　　　　　に坐せ
④　賀夜奈流美命の御魂を飛鳥の神奈備に坐せ

との配置を行い、「皇御孫の近き守神と貢り置きて」、自らは「八百丹杵築宮に鎮まり坐しき」形をとったという。③に関しては、「宇奈提」の下の所に「神奈備」が見えず、脱落かどうかの問題など議論の余地はあるが、ここで確認しておきたいのは「神奈備」に「坐」したのはどれも「神」本体そのものではなく「魂」であった点である。今まで

「神」と「魂」の関係について十分に意を注ぐことはなく、特に「魂」の理解は不十分であった。

神賀詞にみた「神奈備」の「四魂」は「大穴持命（大国主大神）」が置いた天皇・都の守護魂と考えられている。そして「四魂」の鎮座地に囲まれた地域内に所在する飛鳥地域の田中宮、あるいは藤原宮がその宮処として注目されている。そうであるならば神賀詞はその宮処の時代に形成されたということになろう。

しかし、「守護」であるならば本来「荒魂」であるべきであるが、「大穴持命」の場合は「和魂」とされている。それも自らその「和魂」を「大物主櫛瓶玉命」と名づけ、讃えている点を考慮すると、「四魂」ではなく、「一魂」と御子神の「三魂」と分けて考えるのが正しいのであろう。すでに前章で論じたように一つの「和魂」と三つの「荒魂」である。その「和魂」と「荒魂」については、安来郷の語臣猪麻呂が神々に祈願した際、「和魂」の静まりと「荒魂」の凴依を願ったことにも通じるのではなかろうか。そこに古代びとが抱く、「和魂」の深い静まり、それを柱としての「荒魂」の魂振りの活性化という神世界への心意が読み取れるのではなかろうか。

『出雲国風土記』の四「カムナビ」を念頭において神賀詞も四「神奈備」と理解するのは慎重であるべきだろう。

Ⅳ　「かむなび」と地名

『出雲国風土記』、『延喜式』の神賀詞、ともに「かむなび」に「坐」すのはすべて神の「魂」であった。『万葉集』をひもとくと「神奈備の岩瀬の杜」、「神奈備の　神依り板にする杉の」、「神奈備に　ひもろき立てて」などとあり、「神奈備」には自然、あるいは人工の施設である杜・神木・磐座・神籬・神祠などが必要不可欠のようである。山が裸では「隠（なび）」ることは不可能というのであろう。一般に「かむなび」山は三輪山のようにお椀を伏せた山とされているが、三輪山がたまたまそうなのであって本当に「かむなび」はお椀を伏せたような山なのであろうか。出雲の「かむなび」は見る方向にもよるが、すべてがそのような山容を呈してはいないようである。少数の例外を中心に据え、お椀型の山容から「かむなび」山を考えるのが一般的である。たしかに人びとをひきつける見方ではあるが問題を残すであろう。われわれも調査の折、お椀の形の山を見ると「かむなびのようだ」と言うが避けるべき表現である。「かむなび」は山容ではなく、「神魂が坐ます山」という普通名詞と考えるべきであろう。

出雲の場合、一望できる範囲に四峰の「かむなび」があり、「かむなび」という用語では区別することは不可能である。日頃、区別するためには、郡名を付し、「意宇のかむなび」「秋鹿のかむなび」「楯縫のかむなび」「出雲のかむなび」との呼称が用いられた可能性もある。しかし、郡名は律令行政地名であり、秋鹿郡はかつて「狭田国」であったことに留意する必要がある。そこで参考になるのが、神賀詞で「大御輪の神奈備」、「葛木の鴨の神奈備」「飛鳥の神奈備」と区別がなされている事実である。

出雲郡の神名火山の伝承で「曽支能夜社に坐す」とある点を勘案すると、出雲郡の「神名火山」の日常的呼称は「曽支能夜のかむなび」の可能性が大であろう。同様に考えると意宇郡は「山代のかむなび」、秋鹿郡は「佐太のかむなび」、楯縫郡は「多久のかむなび」との呼称が想定されよう。

V　「かむなび」は生きている

現在、意宇郡の「かむなび」は茶臼山、秋鹿郡は朝日山、楯縫郡は大船山、出雲郡は仏経山と呼ばれている。古代から中世を経る中で、個別山名が付され、「かむなび」は後ろへと追いやられたのであろう。便利が「かむなび」を圧倒したのである。今、出雲びとは四峰のどの山と限定せず、「かむなび」の呼称と付き合っている。人びとは各自の「かむなび」を心に抱き生活しているのであろう。思えば古代びともそうだったのかもしれない。

四つの「かむなび」が国引きの島根半島に二山、「狭布の稚国」側にも二山、「神名火」が二峰、「神名樋」が二峰、宍道湖上で襷掛けするように聳える。なぜ、四峰だったのか、なぜ、その四峰が選ばれたのか、謎は深まるばかりである。

『出雲国風土記』の編纂に携わった国造出雲臣広島、その後継者である次の国造・出雲臣弟山は風土記編纂に飯石

郡の少領として参加していた。弟山の提出した飯石郡の記事の中に、

焼村山　郡家の正東一里
穴見山　郡家の正南一里
笑村山　郡家の正西一里
広瀬山　郡家の正北一里

という不思議な記事がある。郡家の四方それぞれ一里のところに山が計画的に碁盤の目のように聳えているのは普通に考えれば奇異であろう。これも小さな「かむなび」世界かもしれない。四「峰」に拘る出雲、出雲国造家、その四「峰」思想に何があるかは今後の課題である。

第六章　青木遺跡と神社空間

Ⅰ　青木遺跡と原重夫の功績

出雲市東林木町において平成十二年から十三年にかけて国道四三一号線の東林木バイパス造成にともなう事前発掘調査が行われた。発掘現場は国道と一畑電鉄に挟まれた東西に細長い形状をとる。この地は林木町（東西）地域と東隣の美談町地域の境に位置している。その地で長い眠りから目を覚ました遺跡は字名から青木遺跡と名づけられた。

発掘成果は、発掘面を開き深く掘るとともに、歴史の積み重ねを剝ぐように多様な様相をわれわれに示した。奈良時代にかかわる成果は、遺構として「基壇」をともなう九本柱神社遺構、小規模九本柱遺構、版築礎石建物遺構、石

敷井戸、遺物としては小型神像、大量の木簡、墨書土器が挙げられる。

近年、古代出雲は神庭荒神谷遺跡、加茂岩倉遺跡、田和山遺跡の発見により考古学の成果で注目されてきたが、奈良時代にかかわる成果は出雲国府付近に集中し、古代出雲史の研究は文献史料に多くは拠っていた。

古代出雲史研究の文献史料としては他国同様に『延喜式』・『古事記』・『日本書紀』が挙げられるが、出雲国には、『出雲国風土記』、「出雲国大税賑給歴名帳」、「出雲国計会帳」という地域限定の大量の資料群が存在し、他国を圧倒している。その史料群に関して緻密な研究がなされているが、それぞれが分立して行われる傾向があり、有機的な成果を生んでいるとは言い難い状況にある。

青木遺跡の成果はその『出雲国風土記』をはじめとする史料群の世界を遺構、遺物を通して有機的に結びつけ、地域社会の実態を明らかにする道を切り開く、出雲における最初の遺跡として位置づけることができる。また青木遺跡の西方には、西林木町の山持遺跡、大社町の鹿蔵山遺跡と国道四三一号線沿いにほぼ一直線上に奈良時代の遺跡が分布している。

青木遺跡の立地の特色は国道四三一号線沿いであること、そして東林木・美談町の境界の二点に求められるが、それは古代からの当該地域の歴史的積み重ねが形成してきたものと考えられる。

青木遺跡の発掘に関して、今一つ重要な「発掘」成果がある。青木遺跡が世に出る前、林木の歴史家である故・原重夫氏が著した労作『とびす（東西）ふるさとの歴史』である。(1) 旧平田市の図書館の書架に誰が手に取ることなく眠っていたガリバン刷の冊子である。几帳面、かつ達筆な字は、その書かれた成果が地道な現地調査の賜物であることを物語っている。その原氏の「ふるさと」論はまさに青木遺跡の空間を包むものであり、発掘前の青木空間を、そして歴史を、地元資料、現地調査で伝えたものであった。青木遺跡の誕生を待つことなく、原氏は亡くなったが、氏の著書は青木遺跡を考察する上で欠くことができない業績となっている。その原氏の意思を継ぎながら、青木遺跡の立地を念頭において、青木遺跡から古代出雲世界の一端を具体的に示してみたい。

Ⅱ　青木遺跡と『出雲国風土記』の世界

青木遺跡の所在地は一畑電鉄大寺駅の北東にあたり、古代においては斐伊川の流れが西へ曲がる外縁部に位置していたと思われる。その地は古代官道の抂北道から美談郷で分岐した杵築（出雲）大社への道、「郷道」上の空間であった。その地は、『出雲国風土記』が編纂された天平五（七三三）年当時、出雲郡伊努郷・美談郷の領域にあたると考えられる。郷域の確定は困難であるが、遺跡自体が二つの郷の境界上に位置していた可能性が強い。

遺跡はバイパスの敷設にともなう発掘で発見されたものであり、東西に長く約一〇〇メートルに及び、中間点に日常の道路が未発掘のまま南北に縦断し、遺跡空間を東のⅣ区と西のⅠ区に分けている。東のⅣ区では区域の中央に位置する方形基壇上で確認された三間×三間、九本柱を「田」の字形に配した建物遺構が注目される。九本の総柱ということから倉庫との見方もあるが、中心の柱の掘り込みが他より深く、中心柱を「心の御柱」とする大社造風の神社遺構と考えられる。方形基壇は神社の建設と一体の「社壇」とみなすことができる。

「基壇」はあくまで建築土木における範囲内における用語であり、青木遺跡のこの「基壇」はかつて山に鎮座していた神々の存在形態を「社壇」として意識的に継承したものと考えられる。『走湯山縁起』が「熊野走湯山を以て社壇と為す」とするのは古代びとの「社壇」を「山」と見る考えを反映しており、現に「女体権現」にふれ、「此の女体を社壇に之を安す」ともするのである。(2) また『通海参詣記』に「猶、魄気を留めて社壇を相残す」とみえるのは「社殿」亡き後の「社壇」の持つ意味を物語っているといえよう。(3) 単に「基壇」という用語で示すことは避けねばならない。

その神社遺構の西側に南北並びで二棟の小規模九本柱建物跡が確認されている。先の神社建物に比し柱穴も小さく、社壇もないことから倉庫の可能性が指摘されているが、遺構周辺から火鑽臼・木製刀子・手捏造土器など、祭祀にかかわる遺物が出土している点、また直ぐ南側から「美社」と記した墨書土器も出土していることを勘案すると神社遺構と考えられよう。

隣接して一体化した小空間に神社が三社も鎮座していた状況は、「村ごとに社神あり」とする今までの古代神社観からすれば想定外の事態であるが、『出雲国風土記』によれば当該地域の美談郷の神社「彌陀彌社」は「同社」を含めて十三社鎮座していたのであり、複数の神社の集中鎮座は、その地域が有した歴史環境によるのであろう。墨書土器にみえる「美社」は「彌陀彌社」、すなわち「美談社」の略称であろう。現在、出雲市美談町の西端に美談神社が鎮座しているが、本殿左手の後に東西に小社が並ぶ様相は時代を越えて、Ⅳ区の二棟の小社殿と重なり、遺跡の具体的空間を考える上で興味深く、一見の価値がある。

この青木遺跡を考える場合、最も注目すべきは、原重夫氏の『とびす（東西）ふるさとの歴史』が報告するように明治四十一年まで遺跡の場所には延喜式内社の「伊佐波神社」（『出雲国風土記』伊努社に相当）が鎮座していた事実であろう(4)。その「伊佐波神社」鎮座地の下は青木遺跡Ⅰ区にあたる。

青木遺跡Ⅰ区からは版築「基壇」の上に礎石を置く、三間×二間、南に庇を設けた建物址、その南西に木枠井戸、その前に石敷きが発見されている。また井戸の北側には木枠に隣接する形で柳の根株が確認されていることは重要である。復元すれば柳の木の前に井戸が設けられ、その井戸の前に踏み石が置かれているという景観であり、井の柳木は『古事記』の海幸・山幸伝承にみえる海宮の「我が井の上の香木」に通じ、神木と考えられよう。井戸はないが、出雲市美野町鎮座の伊努神社、斐川町西鎮座の伊保神社の拝殿後に立つ神木にその面影を見出すことができる。なお、柳の木は挿し木において強力な力を発揮し、生命力の強い聖なる木として認識されていたという。

問題は「石敷井戸」である。丁寧な作りの木枠井戸、そして水汲み用の石敷き、それは発掘現場の今でも祭祀場として空間を醸し出しており、一時的な祭祀の場ではなく、常設の宗教施設であり、例祭の場なのであろう。『常陸国風土記』行方郡条にみえる「国つ社あり。此を縣の祇と号く。社の中に寒泉あり。大井と謂ふ。郡に縁れる男女、会集ひて汲み飲めり」はその具体的な日常の場を表現した記述であろう。

Ⅰ区の版築「基壇」上の三間×二間の礎石建物址に関して、松尾充晶氏は建物の性格は不明としながらも「手の込んだ建築施工による重厚な建物であることには間違いない」、そして憶測として「儀礼もしくは饗宴の舞台となる儀式殿のような」機能があったのではないかとする。(5) 今まで寺院境内の諸建物に関しては多くの検討がなされているが、神社に関してはほとんどないというのが現状である。ここでは松尾氏の見解を受け、改めて古代おける神社関係の建物、それも重要な施設に思いを巡らし、建物の性格に関する一案を提示しておきたい。

まず注目されるのは『出雲国風土記』楯縫郡佐香郷条の「佐香の河内に百八十神等集ひまして、御厨を立て給ひて、酒を醸させ給ひき」の「厨屋」である。それは『播磨国風土記』揖保郡意此川条の「時に、屋形を屋形田に作り、酒屋を佐々山に作りて祭りき」の「酒屋」に重なる建物であろう。「屋形」は社殿、そして「酒屋」は祭祀にともなう「飲酒宴遊（『播磨国風土記』揖保郡佐岡条）」にかかわる酒造りの施設と思われる。鎌倉時代末頃に纏められた『古老口實伝』には「酒殿者神居殿」としており、「祭器置方角在之」として祭祀にかかわる特別な施設としての「酒屋」の伝統がうかがえる。(6) I区から出土した墨書土器に「厨」が四点確認でき、その中には版築「基壇」付近から出土したものもあり、また「酒」、「伊酒」、「殿」も確認されている点には注目したい。「伊酒」は字の語るように、「伊努社」にかかわる祭祀で使用された器であろう。

松尾氏の見解を勘案し、史料に断片的に姿を現す「酒殿」を重ね合せると、I区の版築「社壇」上の礎石建物は「酒殿」を兼ね備えた「厨」の可能性が高いといえよう。ここで気になるのはⅣ区から出土した売田券木簡に記された「狭位宮」である。この木簡は「天平八年（七三六）」の年紀を持つが、九世紀初頭まで保管されていた可能性が指摘されている。

木簡の「狭位宮」に関しては、『出雲国風土記』意宇郡条にみえる「狭井社」「狭井高守社」、あるいは「狭井王」、そして『大同類聚方』にみえる「佐井高森」に充てる説もあるが、(7) まずは「狭井」の字義について注目すべきではなかろうか。「狭」は仮字であり、「さゐ」の「さ」は周知の通り早乙女などに代表される聖なる意の接頭語である。「狭井宮」は聖なる井を柱とする「宮」と考えられる。延喜式の「伊佐波神社」の「伊佐波」は『出雲国風土記』

の用語の事例からすれば「斎澤」の意味ではなかろうか。「狭位官」の木簡はⅣ区から出土しているが、Ⅰ区の石敷の祭祀井戸と「伊佐波神社」とはともに水にかかわる祭祀施設であり、重なる可能性が大といえよう。

この「伊佐波神社」であるが、『出雲国風土記』出雲郡条にみえる計十社の「伊努（農）社」の一社であり、「在神祇官社」として登録されている。問題は「伊努社」・「伊佐波神社」の「社」と「狭井宮」の関係であるが、それは異質のものではなく、同体に関する別表現であり、「宮」は神社の建物（御屋）を強調した用語と思われ、今でも日常的に「お宮さん」と呼称するのに通じる日常的慣用語であろう。

青木遺跡の石敷祭祀井戸は『出雲国風土記』時代においては「伊努（農）社」と呼ばれ、また「狭井宮」の日常的呼称もあり、延喜式段階ではその「石敷祭祀井戸」の具体的様相、伊努神社と社地が異なることから「伊佐波神社」と個別社名で呼ばれるようになったのであろう。

Ⅲ　隣接地域を含む信仰圏

青木遺跡出土の人名を記した一群の木簡は今まで発見されたものとは記述様式・内容が異なり、その使用方法、目的に関して未だ定見はない。ここでは二例を挙げておく。

「伊　丈マ本次丸」

「美　吉備マ細女」

これらの木簡は「伊」「美」を最初に冠し、その下に人名を付す形式であり、また人名には女子の名前も含まれている点が注目される。一方、普通の荷札木簡に見られる物品名、数量の記載が一例もないことも異例である。しかし、その点を重視せず、その部分を欠いた荷札木簡として理解しようとする傾向が強いようである。まずは新たな形式の木簡が出土したとする観点を持つ必要があろう。

「伊」「美」はそれぞれ出雲郡伊努郷、美談郷の郷名の略であり、人名はその郷内の住人の名前であろう。今の時点で各郷の住人は伊努郷で倭文部・稲置部・肘部・鳥取部・海部・丈部、美談郷で舎人・鳥取部・若倭部・日置部・吉備部が確認されている。幸いに『出雲国大税賑給歴名帳』には近隣の神戸郷の部分が残存し、神奴部・海部・鳥取部・若倭部・額田部・津嶋部の存在が知られる。また同史料によれば、伊努郷の西に所在する杵築郷に海部・若倭部・額田部・品治部の氏名が見出せる。

「略郷名＋人名」木簡に関しても「税」の進上という理解が抜けきれないが、青木遺跡の祭祀性を重視すれば神社との関連で考えるべきであろう。「略郷名＋人名」木簡はその出土状態、統一性から同時期のもの、同時存在、同時使用も想定され、他の事例から徴税・確認後に一括廃棄されたと考えられているが、可能性として高いのは寄付帳簿である。各地域で行われる町会主催の秋祭りの広場の端には玉串料などを寄付した町民の氏名、寄付金額などを記した半紙を貼る掲示板が立てられる。神社の境内の端には遷宮に際し、浄財を寄付した氏子の氏名を木札に記し、掲示板のように立てている情景を見る。一般的に前者は氏名・寄付金額、後者はさらに居住地が明記されている。このような掲示板の正式な呼称を耳にしたことはないが、ここでは「奉加帳」板と呼称しておきたい。

「奉加」とは平安末の平康頼の『宝物集』に「尾張の国に俊綱聖人とて、行業やんごとなき聖有けり。一国是の帰し、ほとんど他国の帰依におよび、知識をす、むる事有て、熱田大宮司がもとにゆきて、［奉加せよ］といひける」にみえる「奉加」を意識した用語であり、寺社の造営などに際して寄付する行為である。(8)

「奉加帳」としては『河内国小松寺縁起』に載る保延五（一一三九）年が古い事例である。(9)そこには「百文　大坂郷住人　安弘」、「三百文　同住人　藤井氏女」と見え、奉納額・居住地・名前が載せられている。そこでは「略郷名＋人名」の青木木簡とは異なり奉納金額が明記されており、「奉加帳」板に奉納額を示すことは必要不可欠のように見える。しかし、永正十四（一五一七）年『久慈郡薩都宮奉加帳』(10)では「小場　式部大輔義實　源女」のように居住地・名前しか書かれておらず、また女性名を載せる事例もあり、青木木簡と同様の内容であり、むしろ宗教的には奉納額を示さないのが「奉加帳」の原形ではなかろうか。

かつて青木遺跡の場で行われた神社の創建、遷宮などで行われた祭礼の際に、神人の指導の下に奉仕した近隣の住人の「氏子」たちが、先の尖った木札に「略郷名＋人名」を書し、それを境内の地に刺したのではなかろうか。その後、ある時点で木札は抜かれ、破棄されたのであろう。その神社が美談郷の神社か、伊努郷の神社か気になるところであるが、可能性としては「略郷名＋人名」の多くがⅠ区から出土している点を勘案すると「伊努郷」鎮座の「伊努社」の一社である延喜式の「伊佐波神社」の可能性が大きい。しかし、木簡には伊努の他に美談・神戸郷の住人の名前があり、複雑な地域・信仰環境があったことが知られる。

その点に関しては建久三（一一九二）年の『皇太神宮年中行事』にみえる次のような事例が参考になろう。(11)「年内三度御祭」の執行の際、事前準備として「宇治山道の饗所」までの道を左右に分けて、左手は「宇治郷住人」、右手は「箕曲郷住人」に掃除を担当させ、掃除後には「宮庁」から食物を与えるというのである。あくまで「皇太神宮」という特殊な場であるが、複数の郷人が祭祀の準備にかかわっている点は注目されよう。

青木遺跡Ⅰ区において圧倒的多数を占める「伊」の字であるが、「美」の墨書も数点みえ、またⅣ区からは逆に「伊」もみえるという錯綜はまさに遺物がそのような状況を語っているのであろう。

ここで注目しておきたいのはⅠ区礎石建物址の西側から出土した57号木簡である。発掘当初は「社　鳥取主麻呂」と釈読されていたが、内田律雄氏の再読により、「神　鳥取主麻呂」との正式な釈文が提示された。(12)遺跡の位置を念頭に置くとその「神」は『出雲国風土記』出雲郡条にみえる「神戸郷」の頭文字の表示と考えられる。

また注目されるのは墨書土器に同じⅠ区から出土した高台付坏の須恵器に付された「□（土カ）屋」がある（図30）。一字目が「土」かどうか断定はされていないが、「土」以外に該当文字は見当たらず書体ははっきりしているので「土」と読んで間違いないであろう。すなわち「土屋」の二文字である。この「土屋」に関しては『出雲国風土記』出雲郡の社名帳の「在神祇官社」にみえる「鳥屋社（『延喜式』では鳥屋神社）」が注目される。その「鳥屋社」は現在も斐川町鳥井に「鳥屋（とや）神社」として鎮座している。

図30　「土屋」墨書土器

その鳥屋神社の社名であるが、宝暦十四年の『出雲郡鳥屋村神社書出一札』をみると「鳥屋村御氏神　土屋大明神」とみえ、同文書に載せられた棟札写しでは一番古い寛永二年の時点まで「土屋大明神」の表記で一貫していることがわかる。(13) その点を勘案すると、墨書土器の「土屋」は「とや」と読むのであろう。じつに「土屋」は『出雲国風土記』の「鳥屋社」の「鳥屋」に通じ、社名の一部、もしくは「鳥屋社」を氏神とする地域名と考えることができる。「鳥屋社」の鎮座する場所は「神戸郷」の推定領域内であり、木簡の「神　鳥取主麻呂」、墨書土器の「土屋」は青木遺跡と「神戸郷」との間に何らかの交流があったことを物語っている。

先に引用した『常陸国風土記』行方郡条の「郡の東に国つ社あり。此を縣の祇と号く。社の中に寒泉あり。大井と謂ふ。郡に縁れる男女、会集ひて汲み飲めり」で注目すべきは「縣の祇」の「社」には行方「郡内」の各地から人びとが「会集」していたということである。また久慈郡条では式内社・天速玉姫命神社（泉神社）と思われる「浄泉」である「大井」に「遠邇の郷里より酒と肴とを齎賚て、男女会集ひて、休ひ遊び楽しめり」とも見え、青木遺跡Ⅰ区と同様の泉を柱とする祭祀の場に広範囲の人びとが「会集」する様子がうかがえる。(14)

木簡の「神　鳥取主麻呂」にみえる「神戸郷」住人の「鳥取主麻呂」はそのような「会集」に何らかのかかわりを持って青木遺跡の場にきたのであろう。幸いに「出雲国大税賑給歴名帳」に「神戸郷」の一部が残存しており、そこには「戸主　鳥取部諸石」、「戸主　鳥取部勝来」が見えており、「鳥取主麻呂」は地域的にも、時代的にも彼らの周辺の人物であり、「神戸郷」の住人、また「鳥屋社」の氏子であったと思われる。問題はなぜ、「神戸郷」「鳥屋社」の氏子が青木の地の神社に赴いたかであろう。

青木遺跡Ⅰ区において圧倒的多数を占める「伊」の字であるが、「美」の墨書も数点みえ、またⅣ区からは逆に「伊」もみえるという錯綜はまさに遺物がそのような状況を語っているのであろう。

本来、神社の成立は『播磨国風土記』揖保郡伊勢野条の「此の野に人の家ある毎に静安きことを得ず。ここに、衣縫猪手・漢人刀良等が祖、此処に居らむとして、社を山本に立てて敬ひ祭りき」とあるように、「氏」による「村立て」と深くかかわっていたと考えられる。しかし、美談・伊努・杵築郷の神社のあり方は『令集解』春時祭田条古記にみえる「村毎に社神あり」という状況ではなく、わずか三郷にじつに八十の神社が集中鎮座していた事実を思い出したい。

Ⅳ　杵築大社への「郷道」

現在、出雲大社宮司は大社を始めとして多くの境内社、境外摂社の神々を奉祀し、また祭祀を勤める。因みに享保二年の『雲陽誌』によれば出雲大社が奉祀する神社は「惣て末社三十八座」とある[16]。その神社の数は時代により変動はあるが、『神国島根』によれば、境内社として大神大后神社・伊能知比売神社・神魂御子神社・門神社・素鵞社・氏社・釜社・十九社、境外摂社として神魂伊能知奴志神社・出雲井神社・大穴持御子玉江神社・神大穴持御子神社・上宮・因佐神社・湊社・大穴持伊那西波岐神社・阿須伎神社、末社として祓社・大歳社・下宮に及ぶ[17]。ここで注目しておきたいことは「阿須伎神社」が含まれている事実である。「阿須伎神社」は『出雲国風土記』出雲郡条に「阿受伎社」「阿受枳社」の社名で「同社」を含めじつに三十九社も見える神社であり、現在、出雲大社の東方、「郷道」上三キロ程の遙勘に鎮座する、大国主神の御子神の「阿遅須枳高日子命」を祭る神社である。

出雲郡の社名帳は、杵築大社（現・出雲大社）を筆頭に立蟲社まで神祇官社の五十八社の社名を、続けて御前社から百枝槐社まで六十四社の非神祇官社の名を挙げる。しかし、ここで注目しておくべきは、神祇官社の五十八社の内に「同社」が十六社、そして同名社が主なもので伊努社（伊農社）が三社、前掲の阿受伎社（阿受枳社）が四社が確認できる。非神祇官社に至っては「同社」だけでもじつに三十八社、「同〇〇社」が五社も存在することに気づく。出雲国内の「同社」はじつにそのほとんどが美談郷域で「狂北道」から分かれた出雲大社への道、「郷道」沿いに鎮

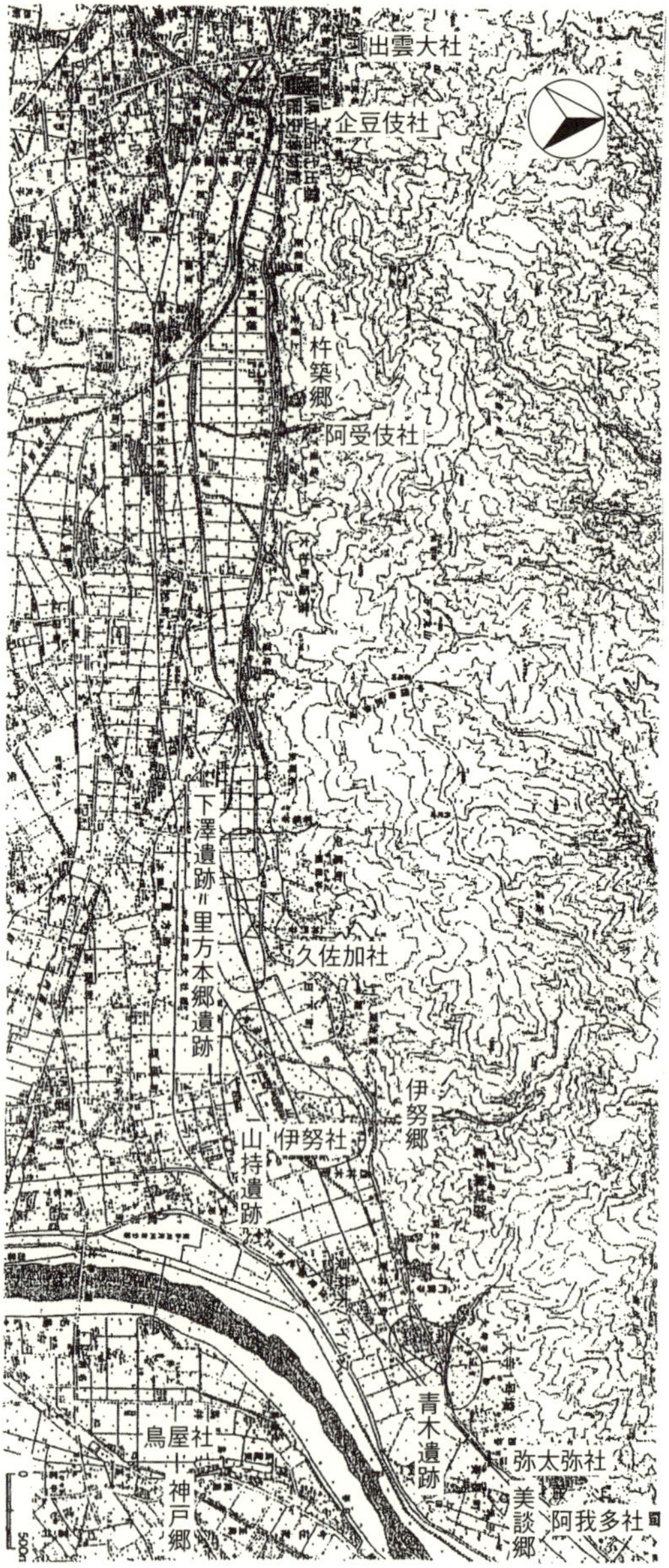

図 31　北山山麓に貼りつくように鎮座する神社

座しているのである。それは出雲大社へと続く道筋に彌陀彌社・阿我多社・伊努社・久佐加社・阿受伎社・企豆伎社が順次に並び、「郷道」を出雲大社への参道とするかのような信仰空間を構成していたのである。この事実は「同社」の成立が杵築大社と深いかかわりを持ち、以後も出雲国造がかかわる特殊な意味合いを持つ神社であったことを物語っている。

その地域の特殊性は大社への「郷道」空間が織り成す神話世界が醸し出したものと思われる。問題は中央で編纂された記紀の神話とのかかわりである。出雲大社の成立に深くかかわる国譲神話、「本牟智和気」伝承はじつにこの地

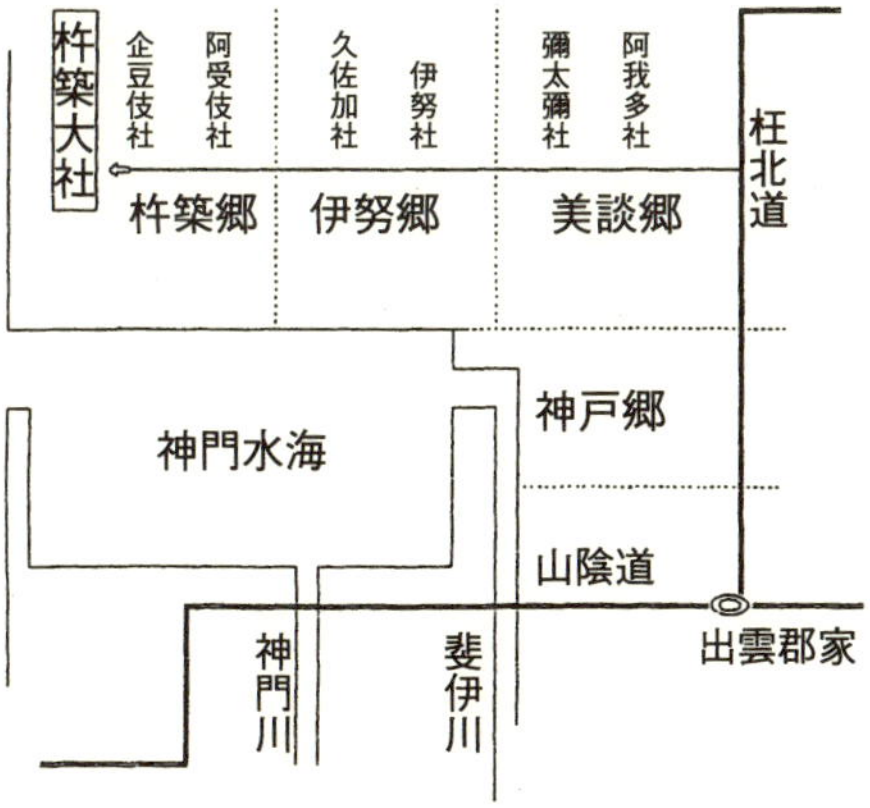

図32　杵築大社と神社、そして郷道

域を舞台に語られているのである。

この点に関しては、出雲郡「伊努郷」の地、現・日下町に「久佐加社」「来坂社」が鎮座していることが注目される。その地には「日下部」の存在が想定でき、また郡司主政として「(日下)部」の名も確認できる。

一方、「伊努郷」と同音の「伊農郷」が属する秋鹿郡には郡司主帳として「日下部臣」の名前が見えており、秋鹿郡「伊農郷」と出雲郡「伊努郷」を結び付ける存在として「日下部」氏の重要性が浮上してくる。出雲市日下町に鎮座する『出雲国風土記』の「久佐加社」、現・久佐加神社は大穴持命を主祭神とするが「日子坐王命」も合祀しており、藪信男氏が説くように本来は「日子坐王命」が祭神であったと思われる。『古事記』によれば「日子坐王命」は開化天皇の御子であり、大俣王・小俣王・志夫美宿禰王、そして沙本毘古・袁邪本王・沙本毘売など「十一王」の父とされている。その中の沙本毘古は「日下部連」の祖とされており、事情が見え隠れする。

その「沙本毘古」は垂仁天皇の皇后「沙本毘売」の兄王であり、反逆事件で滅亡するが、その際に「沙本毘売」が「火の稲城を焼く時に当りて、炎の中」で生んだのが「本牟智和気(『日本書紀』の誉津別命)」である点は注目される。垂仁記によれば口が不自由な皇子・「本牟智和気」が「出雲大神」を参拝する伝承があり、「肥川」の「河下」地域と深いかかわりを持つことがうかがえる。なお、皇子とともに出雲に出向いた「曙立王」・「菟上王」は「大俣王」の子とされている。特に伝承では「曙立王」は「此の大神(出雲)を拝むに因りて、誠に験有らば、是の鷺巣池の樹に住む鷺や、宇気比落ちよ」とトして、出雲大神の御心を享けたとされている点も重要であろう。

なお、『古事記』によれば「本牟智和気」が「物語」したことに喜んだ天皇が「鳥取部・鳥甘部」等を定めたと見えており、鳥取部との関係も浮かび、当然「鳥屋社」との関係も問題となろう。「鳥取主麻呂」の足跡が青木の地に残されたのは、「鳥屋」の地が出雲大神に奉仕する「神戸郷」であること、「鳥取主麻呂」がその住人であったこと、そしてその空間が出雲大神にかかわる神話世界の中で一体化していたからであろう。

以上のように『出雲国風土記』の記述に開化・垂仁記を援用する中で、出雲郡「伊努郷」の日下部氏が日下部氏の祖にあたる「日子坐王命」を祭神とする「久佐加社」を奉じ、出雲大社、また「本牟智和気」伝承にもかかわっていたことが浮かんできた。

V　日置氏の動静

『出雲国風土記』の時代、出雲郡の地域の最大首長は河内郷、そして神門郡日置郷域を基盤とする「日置臣」であり、「日下部臣」も伊努郷域を中心にその勢力を保持していたと考えられる。

『出雲国風土記』神門郡条によれば出雲西部への「日置」氏の進出は「志紀島宮に御宇しめしし天皇の御世、日置の伴部等、遣され来て、宿停まりて政事為し所なり」に見られる欽明天皇の時代、六世紀中頃と考えられる。この一文にみえる「政事」に関しては明確な見解はないが、「宿停」というあくまで一時的な挙事であることを正しく理解する必要がある。また中央の大和政権から派遣され、神門郡に足を入れた「日置」氏が後に隣郡の出雲郡において最大首長に成長した背景にも思いを巡らすことが肝要である。

出雲国にかかわる一時的な挙事として考えられることは出雲大社の鎮座地の占地と大社築造ではなかろうか。出雲大社の造営は国譲神話の勧めるところにより大和政権側に主体責任があり、記にみる「本牟智和気」伝承における出雲大神のあり方が出雲大社参拝の道に多くの「同社」が集中的に出雲大神の「摂社」として設けられ、『出雲国風土記』にみる社名帳の現象を生み出したのであろう。青木遺跡はその神話世界を通る出雲大社への「参道」空間が生み出した大地への刻みなのである。

註

（1）原重夫『とびす（東西）ふるさとの歴史』（一九九〇年）。
（2）平安末頃の成立。『群書類従』巻二五所収。
（3）一二八六年成立。『続群書類従』第三輯下〔増補〕所収。
（4）註（1）参照。
（5）松尾充晶『出土文字資料が語る古代の出雲平野』平成十五年島根県埋蔵文化財調査センター講演会資料。
（6）一三〇〇年頃成立。『群書類従』巻一〇所収。
（7）槇佐知子全訳精解『大同類聚方』第三巻（一九九二年）。
（8）新日本古典文学大系本による。
（9）『続群書類従』巻八〇一所収。
（10）『続群書類従』巻七二所収。
（11）『続群書類従』巻一二所収。
（12）『青木遺跡Ⅱ　奈良・平安時代』（島根県埋蔵文化財調査センター、二〇〇六年）。
（13）島根県立図書館所蔵。
（14）日立市水本町所在。
（15）『正倉院文書』正集巻三十一〜三十三（『大日本古文書』二所収）。
（16）大日本地誌大系第廿七巻所収。
（17）『神国島根』（島根県神社庁、一九八一年）。

第七章　出雲郡神社回廊

Ⅰ　出雲大社への道

現在の出雲平野が形成されたのは近世以降であった。『出雲国風土記』によれば、古代は現・神西湖の古態であった「神門水海」が平野の中央を占め、出雲・備後国境の畳なわる山稜から発した「出雲大川」「神門川」がその「神門水海」を目指し、流れ込んでおり、出雲平野は南北に二分されていたことがわかる。

現在は干拓で「神門水海」は退化し神西湖となり、また「出雲大川」、斐伊川は流路を東に向けて宍道湖に、「神門川」、神戸川は直接日本海に注ぎ、古代の地形は見えない。しかし『出雲国風土記』の知識を持ち、出雲市日下町の来阪神社の境内、古志町の久奈子神社境内から国見をするように眺めると、ゆったりと古代の情景が浮かんでくる。その情景を目に焼きつけ、本章では前章に続き、「神門水海」の北岸地域を取り扱う。『出雲国風土記』にみえる「出雲御埼山」、東から旅伏山・鼻高山・弥山と続く北山山系に細く張り付く回廊のような空間が印象的である。

その回廊地域からは西の端で出雲大社境内遺跡、そして大社町の鹿蔵山遺跡、そして東の端付近からは青木遺跡が発見され、さらにその中間点からは山持遺跡も姿を現し、この地域の重要性が認識され始めてきた。青木遺跡・山持遺跡はともに出雲大社への新たなるバイパス建設にともなう事前調査で確認されたものであり、その同じバイパス上に二つの遺跡が位置していたことは偶然ではないであろう。

Ⅱ　『出雲国風土記』出雲郡の「同社」

周知の通り『出雲国風土記』には各郡ごとに神社名（以後、社名帳とする）が列挙されている。『出雲国風土記』

が編纂された天平五（七三三）年当時、出雲国の神社のあり方は風土記の総記にある通り「合せて神社は三百九十九所なり」という状況であった。『出雲国風土記』によれば当時神社は中央の神祇官に登録された神祇官社と各国ごとに掌握されていた非神祇官社に分けることができた。

その神祇官社と非神祇官社が具体的にどのように異なるかに関して、神祇官社については国の幣帛に預かるなどの説明がなされているが、非神祇官社に関しては未だ明確な見解はない。この点に関して参考になるのは『止由気宮儀式帳』の、伊我理神社・懸神社・井中社・打掛社・志等美社・毛理社・大津社・土賣屋社の社名を挙げ、「右八社。未だ官帳名に載せず。ただし社の料なし。祝造、奉る。ただし年中三度祭る。禰宜・内人ら祝等を率いて、供奉す」という報告であろう。

「未だ官帳」に載らない神社に関しては「料」、すなわち経済的基盤の提供はないが、年数度の祭礼は行われるというのである。ただし、出雲の場合は伊勢の止由気宮の事例とは異なり、「祝」だけではなく、国司のもと郡司などもかかわったものと思われる。

その神祇官社・非神祇官社に関して『出雲国風土記』は「一百八十四所は、神祇官に在り」、「二百一十五所は、神祇官に在らず」と報告をする。因みに各郡ごとの状況を示すと表16のようになる。

表16　郡別神社数比較表

郡　名	郷　数	神祇宮社	非神祇宮社
意宇郡	11・余1・駅3・神3	48	19
島根郡	8・余1・駅1	(14)	(45)
秋鹿郡	4・神1	10	16
楯縫郡	4・余1・神1	9	19
出雲郡	8・神1	58	64
神門郡	8・余1・駅2・神1	25	12
飯石郡	7	5	16
仁多郡	4	2	8
大原郡	8	13	16

(島根郡の社名帳は多くが欠落。数字は全体社数から他郡の神社数を引いた数値)

この比較表を一覧すると誰もが気がつくのは圧倒的に出雲郡の神社数が多いことであろう。郡の規模から、また重要性からみて国府の所在する意宇郡が多いと考えるのが普通であるが、出雲郡はその

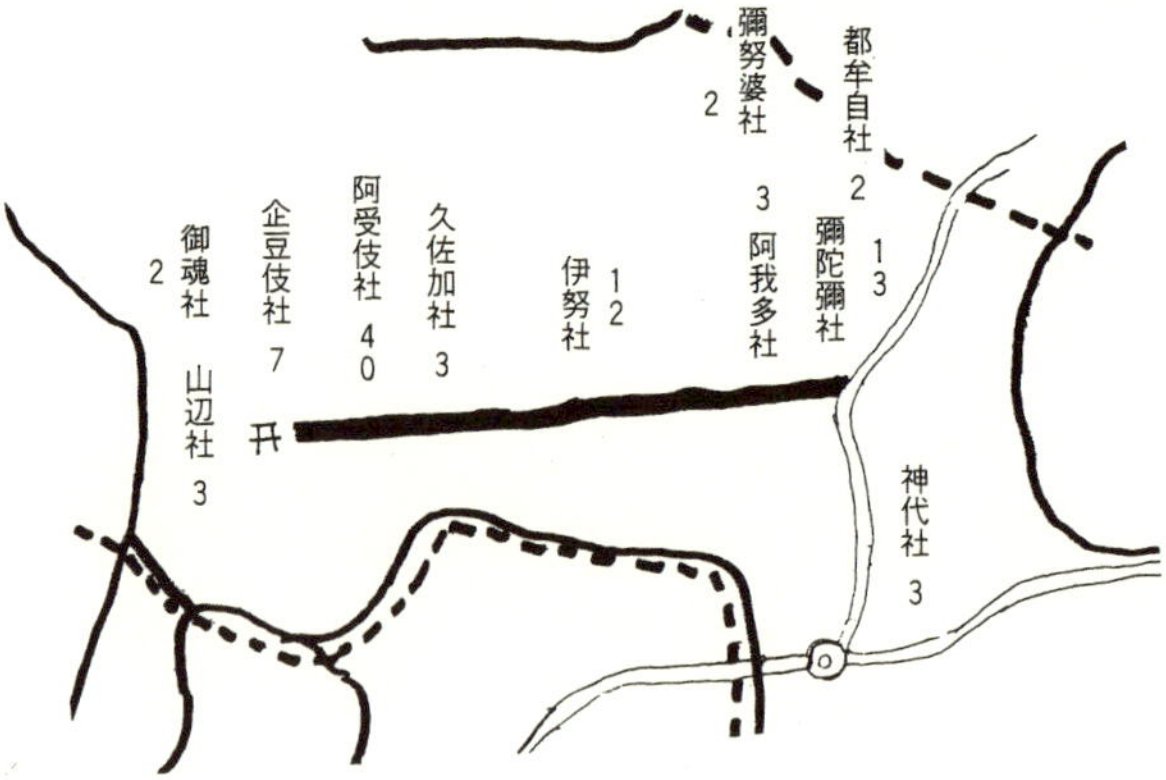

図33　杵築大社への郷道と神社群

意宇郡の六十七社の約二倍に近い百二十二社を擁するのである。出雲郡と同じ規模の神門郡が三十七社であることを勘案しても出雲郡の神社数が異常であることが判明する。この事実は研究者の目にするところであるが、未だ問題にはされていないようである。

この神社数の関しては他郡が少ないという理解ではなく、なぜ、出雲郡が多いのかと発問すべきである。まずは出雲郡の社名帳の記述のあり方を神社一つ一つではなく、全体を鳥瞰することが肝要と考える。

出雲郡の社名帳は、杵築大社（現・出雲大社）を筆頭に立蟲社まで神祇官社の五十八社の社名を、続けて御前社から百枝槐社まで六十四社の非神祇官社の名を挙げる。しかし、ここで注目しておくべきは、神祇官社の五十八社の内に「同社」が十六社、そして同名社が主なもので伊努社（伊農社）が三社、阿受伎社（阿受枳社）が四社が確認できる。非神祇官社に至っては「同社」だけでもじつに三十八社、「同〇〇社」が五社も存在することに気づく。

「同社」・「同〇〇社」に関しては相殿とする説、同じ地域に複数の同名社が実際に鎮座など多様な見解があるが、ここではその点には言及せず、「同社」・「同〇〇社」の数を出雲郡の全神社数から引いた数値に注目したい。数え方に若干異同はあるが、上記の神社の計、六十六社を引くと五十六社となり、意宇郡並となり、同じ八郷からなる島根軍の五十九社よりも少ないことになり、出雲郡は特別ではないことになろう。

このことは端的にいえば出雲郡の神社数の多さは他郡では意宇郡（調屋社）、楯縫郡（許豆社）に各一社しか見えない「同社」が出雲郡に集中的に存在していたことによるのである。これは出雲郡に「同社」が生成する歴史的環境があったことを意味しており、それが社会生活の中で出雲郡にのみ誕生したのか、それとも人為的なものであったのかという問題が浮上してくる。

ここで出雲郡の「同社」、そして同名社の形成に関してその鎮座地を鳥瞰する中で検討を試みてみたい。

出雲郡で一番多い「同社」、同名社は「阿受伎社・阿受枳社」で、計三十九社に及ぶ。次が「彌陀彌社」で十三、以下、「伊努社・伊農社」で十二、「企豆伎社」が七、「久佐加社・来坂社」・「山辺社」・「神代社」・「阿我多社」が三、「御魂社」・「都牟自社」・「彌努婆社」が二である。この各社の鎮座地と社数を図33に載せたが、注目されるのは七社以上の「彌陀彌社」・「伊努社・伊農社」・「阿受伎社・阿受枳社」・「企豆伎社」はほぼ東西の一直線上に載る事実であろう。これは先の東西のバイパスの上に姿を現した青木・山持遺跡のあり方と重なる可能性もあろう。

Ⅲ　神社と道

『出雲国風土記』にみえる三百九十九の神社の多くは紆余変遷をとげながらも今日もその多くが出雲の山谷、海岸、そして町・村中に鎮座している。

今の神社を古代のそれに、また鎮座地が同じと考えることは厳に戒めなければならない。その点に関しては当然、一社ごとに検証すべきである。風土記時代の神社の鎮座地に関しては多くの神社が「地名」を「社名」に冠しており、厳密な鎮座地はともかくとして、その鎮座「地名」が含む領域内域で推定することは十分に可能であり、「全体を鳥瞰する」ことを目的にしている本章においてはその情報で十分である。

ここでは出雲郡の神社の鎮座地を意宇郡・神門郡の事例を取り上げる中で比較・考察を展開してみたい。意宇郡は出雲国府の所在地であり、都と地方を結ぶ官道の山陰道が郡の東から西まで貫通する。また、出雲国府・意宇郡家と隠岐国を結ぶ官道の抂北道、「玉作街」から大原郡への伝路としての「正南道」が南北に走っている。『出雲国風土記』にみえる意宇郡の神社、六十七社の中、先の「領域内域で推定」を基本に考えるならば、じつに四十社ほどは山陰道・枉北道・「正南道」の近くに鎮座していることが判明する。

神門郡には東西に山陰道（分道あり）、そして飯石郡への二伝路があるが、神門郡鎮座の神社の三十七社の中、じつに三十四社が山陰道沿いに鎮座していることがわかる。この二郡の事例からするならば、『出雲国風土記』時代には神社の鎮座地はその交通、そして沿道集落と密接な関係を保持していたことがうかがえる。

問題の出雲郡であるが、郡を通る官道は山陰道・枉北道の二本である。出雲郡の百二十二社の中で官道沿いは大目に見て二十社程度でしかない。このことは意宇・神門の二郡のあり方と比較すると異常な数値となろう。

出雲郡の神社鎮座地と道との関係をあえて取り上げるならば、じつに八十近い神社が、枉北道から分岐した杵築郷への道、『出雲国風土記』には見えない非官道である「郷道」沿いにあることが判明する。『出雲国風土記』には見えない「郷道」が存在したことは確実であるが、「郷道」は一般的な存在であり、意宇・神門郡でも理解できるように神社の集中を「郷道」に求めることはできない(1)。杵築郷への「郷道」沿いに八十社に及ぶ「神社」が集中するという問題はその「郷道」が「杵築大社（出雲大社）」への道であったと理解することによってのみ氷解するのではなかろうか。

「杵築大社」といえば『出雲国風土記』にみえる四大神の一柱、大国主神の奉祭神社である。すでに「杵築大社」を除く、熊野大神・佐太大神・野城大神については個別に専論を発表したが、そこでは各大神にかかわる神社について言及を試みた(2)。熊野・佐太大神に関しては両神が幼童神であることに注目し、その幼童神を補佐する神々（『通海参詣記』に「内外社壇ヲハナレ主祭神」を守る神として「輔佐ノ神」という呼称がみえる）、その神々の鎮座する神社、すなわち「摂社」の存在を析出したところである。

熊野大社の「摂社」としては、前社・田中社・詔門社・楯井社を、佐太神社に関しては比太社・垂水社・田仲社・宇多貴社・御井社を挙げておいた。それらの「摂社」は大神を守り助けるように適切な場所を占地して鎮座していることが判明する。

野城大神に関しては伝承が残されていないことから神の性格は不明であるが、杵築大社の同音社の「企豆伎社」「支豆支」があるように、同名社の「野城社」が三社、同音社の「野代社」の存在が知られる。

『出雲国風土記』掲載の三百九十九の神社の成立が一斉ということは神社の性格からは考えられず、それぞれ独自の成立、またいくつかの画期を経て整ったと考えられる。その「いくつかの画期」であるが、出雲郡に集中的にみえる「同社」はその特殊性からみてある「画期」において一括的に設けられたのではなかろうか。「同名社」の数はそれほど多くはなく、その分布は出雲郡、意宇郡、島根郡（島根郡の神社のほとんどは江戸時代に一括補塡された可能性が大である）、秋鹿郡、楯縫郡、神門郡、飯石郡、大原郡に及んでいる。このことは「同名社」は出雲郡に集中してみえた「同社」とは異なり、画一性は認められず、それぞれの地域、神社の独自の事情の中で設けられたのであろう。

問題は「同社」の成立であるが、出雲大社から東へ二〇〇メートルの地点に鎮座する命主社、また乙見社などはまさにその古代の「郷道」沿いの西の果てに鎮座しており、本来の「同社」のあり方を今に伝えているようである。出雲大社の境内には瑞垣内、本殿の東に御向社・天前社、西に筑紫社、端垣の外にも氏社などの摂社格の諸社が、また端垣の入口、八足門の両側には御祭神の大国主神を守るように門神社が配されていることは上記の問題を考える上で示唆的であろう。

「同社」の一括性、出雲郡への限定集中という特殊性を勘案するならば、出雲大社との関係を想定すべきと考える。出雲大社に向かう、美談郷域内で枉北道から分岐した「郷道」、その道筋に彌陀彌社・阿我多社・伊努社・久佐加社・阿受伎社・企豆伎社が順次に並び、「郷道」を出雲大社への参道とするかのような信仰空間を構成していたのである。

Ⅳ　青木遺跡が語る神社様相

出雲大社への「郷道」上の空間で平成十四年に姿を現した出雲市東林木の青木遺跡はその遺構の多様性と文字資料の豊富さから特に注目される。

青木遺跡の所在地は一畑電鉄大寺駅の北東にあたり、正確には「神門水海」の北辺地域にはあたらないが、先に述べた通り出雲大社への「郷道」上空間であり、「神門水海」の北辺地域の特質を考える上で鍵を握る地域である。『出雲国風土記』が編纂された天平五年当時、青木遺跡の所在地は出雲郡伊努郷・美談郷の領域にあたる。ただし、『出雲国風土記』によればこの頃には郷域はある程度認識されていたと考えられ、どちらの郷か推測することも可能であるが、遺跡自体が郷の境界上に位置していた可能性もあり、俄かに断定はできない。

遺跡はバイパスの建設にともない発見されたものであり、東西に長く約一〇〇メートルに及び、中間点に日常の道路が未発掘のまま南北に縦断し、遺跡を東のⅣ区と西のⅠ区に分ける。Ⅳ区に関しては区域の中央に位置する方形基壇上で確認された三間×三間、九本柱を「田」の字形に配した建物遺構が注目される。九本の総柱ということから倉庫との見方もあるが、中心の柱の掘り込みが他より深く、中心柱を「心の御柱」とする神社建築に見られる大社造の遺構と考えられる。方形基壇は神社の建設と一体の「社壇」とみなすことができる。その西側に二棟、南北並びで小規模の九本柱建物が確認されている。中央の建物に比し柱穴も小さく、社壇もないことから倉庫の可能性もあるが、遺構周辺から火鑽臼・木製刀子・手捏造土器など、祭祀に近い遺物が多いこと、また直ぐ南側から「美社」と記した墨書土器も出土していることを勘案すると神社遺構と考えられる。わずか一〇メートル四方の空間に神社が三社とは異常のようにみえるが、『出雲国風土記』によれば当該地域に美談郷にかかわる神社として「彌陀彌社」が「同社」を含めて十三社鎮座していたのであり、三社の集中鎮座は決して問題ではない。墨書土器の「美社」は「彌陀彌社」、すなわち「美談社」の略称であろう。今、出雲市美談町の西端に美談神社が鎮座しているが、本殿の左手の後ろに二つの小社が東西に並び鎮座するが、時代を超えて、Ⅳ区の二棟の社殿を彷彿させ、遺跡の具体的空間を考える上で示唆的である。

このⅣ区から売田券として注目された木簡が出土している。

表　賣田券　船岡里戸吉備部忍手佐位宮税六束不堪進上

裏　仍□□船越田一段進上［　　　　　］

□□□倭マ［　　　　　］

この木簡に関しては賣田券という観点からのみ注目され、「船岡里」「船越田」などの地名に関しては十分な検討がなされず、地域社会を考える手がかりが得られていない現状がある。「船岡」に関しては『出雲国風土記』大原郡条に「船岡山」がみえる。またⅠ区で出土した墨書土器「高麻」、「神財」も「高麻山」、「神財」とみえており、大原郡の地との関係を求めるのも一案であるが、両地域を直接結びつける歴史的環境もなく、離れていることもあり、ここでは採用はしない。そういう中で「船岡」にかかわる地名として『雲陽誌』にみえる地名「舟山」が注目されよう(3)。

この「舟山」であるが、『雲陽誌』楯縫郡東林木項に「熊野権現の社辰巳の方にあり、東西四十間南北十三間、高さ四間はかりの丸山にて上に大松一本あり、巨細権現の社記にみへたり」とみえ、その熊野権現のところでは、古老伝として昔原田某が紀州熊野権現を勧請した時に神がその山を「御舟山」と呼ぶべしとのお告げがあったとしている。またその『雲陽誌』の記述の原史料である熊野神社社記でも古老伝承の中で「江原某」が勧請したという。「原田」「江原」の姓を考えても「御舟山」の名は新しいもので、またなぜ、「御舟山」なのかも不明である。

じつは「舟山」に関しては『雲陽誌』国富項に別伝が詳細に残されているのである。国富の旅伏権現の社伝では、大和国高市郡に鎮座の事代主神が父神の大己貴神の居所である出雲を目指し、天磐船に乗り、「御船を此山の麓に寄たまふ、その船の着所を船山といふ、美談村の内なり」とあり、「舟山」の地名由来が語られる。伝承からすれば「船山」「船越」の説明はなされていると考えていいのではなかろうか。

その「舟山」の地は郷土史家の原重夫氏によれば、東林木の東端、大寺薬師の南、屋号「七反」民家の付近の小山という。[4] 昭和五十六年に買収され、整地され、現在は消失している。青木遺跡から北東へわずか離れた場所である。「船山」「船越」と並んで問題となるのは「佐位宮」である。「佐位宮」に関してはすでに『出雲国風土記』意宇郡条にみえる「狭井社」「狭井高守社」が、また人名として「狭井王」などとの関連が指摘されているが、十分な論拠がないこともあり、支持されているわけではない。また『大同類従方』の処方部に「出雲国意宇郡神社之宮奴人足之家之方」の処方薬「佐為乃宮奴薬」が見え、その「狭井宮」、「佐為乃宮（『出雲国風土記』の「狭井社」にあたる可能性が大）」の同名が気になるが、位置的関係からみて参考程度にしておくべきであろう。

この青木遺跡を考える場合、最も注目すべきことは、明治四十一年まで遺跡の場所には延喜式内社の「伊佐波神社」が鎮座していた事実である。

慶応二年に同地を訪れた小村和四郎重義がその「伊佐波神社」を参拝しており、古くからの鎮座と思われる。その「伊佐波神社」鎮座地の下は青木遺跡Ｉ区に当たる。

青木遺跡Ｉ区からは版築基壇の上に礎石を置く、三間×二間、南に庇を設けた建物址、その南西に石敷きの木枠井戸が発見されている。また井戸の北側には木枠に隣接する形で柳の根株が確認されていることは重要である。復元すれば柳の木の前に井戸が設けられ、その井戸の前に踏み石が置かれているという景観であり、井の柳木は『古事記』の海幸・山幸伝承にみえる海宮の「我が井の上の香木」に通じ、神木と考えられる。柳の木は挿し木において強力な力を発揮し、生命力の強い聖なる木として認識されていたようである。

古代における境内に関して具体的な研究成果は皆無に近いが、『出雲国風土記』神門郡滑狭郷条に「彼の社の前に磐石あり」と見え、その「磐石」を含む神社空間が想定され、いわゆる境内意識の存在がうかがえる。また『播磨国風土記』神前郡条の「阿遅須伎高日尼命の神、新次社に在して、神宮を此の野に造りまし し時、意保和知を苅り廻して、院と為したまひき」にみえるように境内を「瑞垣」で囲み「境内」院を構成していた事例も見えるのである。[5]

木簡の「狭井宮」の「狭」は仮字であり、「さゐ」の「さ」は早乙女などに代表される聖なる意の接頭語であろう。「狭井宮」は聖なる井を柱とする「宮」と考えられる。それは『常陸国風土記』茨城郡条に見える「郡の東に国社あり。此を縣の祇と号く。社の中に寒水あり。大井と謂ふ」に重なるのである。延喜式の「伊佐波神社」の「伊佐波」は『出雲国風土記』の用語の事例からすれば「斎澤」の意味ではなかろうか。同所に位置する石敷の祭祀井戸と「伊佐波神社」とはともに水にかかわる祭祀施設であり、重なる可能性が大と言えよう。

Ⅰ区の版築基壇上の三間×二間の礎石建物址に関しては、建物址そのものからはその性格を極めることが困難と言わざるをえない。松尾充晶氏は建物の性格は不明としながらも「手の込んだ建築施工による重厚な建物であることには間違いない」、そして憶測として「儀礼もしくは饗宴の舞台となる儀式殿のような」機能があったのではないかとする。(6) その見解を念頭におきつつ、ここでは視点を変えて、古代における神社境内の建物、それも重要な施設に思いを巡らし、建物の性格に関する一案を提示しておきたい。今まで寺院境内の諸建物に関しては当然のように論究がなされるが、神社に関してはほとんどないというのが現状であろう。

まず注目されるのは『出雲国風土記』楯縫郡佐香郷条の「佐香の河内に百八十神等集ひまして、御厨を立て給ひて、酒を醸させ給ひき」の「厨屋」であるが、それは『播磨国風土記』揖保郡意見此川条の「時に、屋形を屋形田に作り、酒屋を佐々山に作りて祭りき」の「酒屋」であろう。「屋形」は社殿、そして「酒屋」は祭祀にともなう「飲酒宴遊（佐岡条）」にかかわる酒造りの施設と思われる。鎌倉時代末頃に纏められた『古老口實伝』には「酒殿者神居殿」としており「祭器置方角在之」として、祭祀にかかわる特別な施設としての「酒屋」の伝統がうかがえる。

Ⅰ区から出土した墨書土器に「厨」が四点確認でき、その中には版築基壇付近から出土したものもあり、また「酒」、「伊酒」、「殿」も確認されている点には注目したい。松尾氏の見解を勘案し、史料に断片的に姿を現す「酒殿」を重ね合わせると、「酒殿」を兼ね備えた「厨」の可能性が高いといえよう。

聖水の井、そして「厨」で構成されていたと思われる「伊佐波神社」であるが、延喜式神社項では次のように記載されている。

伊努神社
同社神魂伊豆乃売神社
同社神魂神社
同社比古佐和気神社
意布伎神社
都我利神社
伊佐波神社

『出雲国風土記』出雲郡条には「伊努（農）社」が計十社見え、その中七社が「在神祇官社」として登録されている。その「在神祇官社」七社が『延喜式』では「伊努神社」以下の形で登録されることになるのである。問題は「社」と「宮」の関係であるが、「宮」は神社の建物（御屋）を強調した用語と思われ、今でも日常的に「お宮さん」と呼称するのに通じる。青木遺跡の石敷祭祀井戸は『出雲国風土記』時代においては「伊努（農）社」と呼ばれ、また「佐位（狭井）宮」の日常的呼称もあり、延喜式段階ではその「石敷祭祀井戸」の具体的様相、伊努神社と社地が異なることから「伊佐波神社」と個別社名で呼ばれるようになったものと思われる。

現在、出雲大社宮司は大社を始めとして多くの境内社、境外摂社の神々を奉祀し、また祭祀を勤める。因みに享保二年の『雲陽誌』によれば出雲大社が奉祀する神社は「惣て末社三十八座」とする。その神社の数は時代により変動はあるが、『神国島根』によれば、境内社として大神大后神社・伊能知比売神社・神魂御子神社・門神社・素鵞社・氏社・釜社・十九社、境外摂社として神魂伊能知奴志神社・出雲井神社・大穴持御子玉江神社・神大穴持御子神社・上宮・因佐神社・湊社・大穴持伊那西波岐神社・阿須伎神社、末社として祓社・大歳社・下宮に及ぶ。ここで注目しておきたいことは「阿須伎神社」が含まれている事実である。「阿須伎神社」は『出雲国風土記』出雲郡条に「阿受伎社」「阿受枳社」の社名で「同社」を含めじつに三十九社も見える神社であり、現在、出雲大社の東方、三キロ程の遙勘に鎮座する神社であり、大国主神の御子神の「阿遅須枳高日子命」を祭る神社である。

古代において出雲大社（杵築大社）と摂社との具体的関係を物語る史料はないが、建久三年の『皇太神宮年中行事』の「旬神拝事」の次第をみると禰宜は天照坐皇太神宮から始まり遥拝を含めてじつに数十の神社を拝することになっていた。『延喜式』に載る式内社は国家の班幣に預かるが、神名帳の社名掲載順はその祭祀に際しての国司の参拝順とされている。

「同社」の成立が杵築大社と深い関係があるとするならば、その「同社」が密集する「神門水海」北辺に東西に並び鎮座する神社群は「村毎に社神あり」という「神社」ではなく、その祭祀に出雲国造がかかわる特殊な意味合いを含む神社であったのではなかろうか。

V　神社と地域神話

『出雲国風土記』をひもとくと、地域と交わる神々の伝承が残されている。

大草郷　郡家の南西のかた二里一百廿歩なり。須佐能乎命の御子、青幡佐久佐日古坐す。故、大草といふ。

意宇郡大草郷の郷名起源伝承であるが、記紀にみえない「青幡佐久佐日古」の鎮座による郷名であることが説明されている。現に「青幡佐久佐日古」を祭神とする「佐久佐社」の郷内鎮座が確認される。『出雲国風土記』ではそのような事例が多く認められる。問題は中央で編纂された記紀の神話とのかかわりである。出雲郡においては出雲大社の成立に深くかかわる国譲神話が『出雲国風土記』の神話と微妙に重なり、またすれ違うという状況を醸し出しており複雑な問題を生み出している。

「同社」を含め三十九社を誇る「阿受伎社」「阿受枳社」が鎮座する遥堪の地は古代において杵築郷か伊努郷域と想定されるが、『出雲国風土記』では、祭神の「阿遅須枳高日子命」は「神門水海」の対岸の神門郡高岸郷に伝承を残す。「阿受伎社」「阿受枳社」の「あずき」と祭神の「阿遅須枳高日子命」の「あぢき」は擬似音であり、同一とされているが、「ず」と「ぢ」の相違についてあえて触れられることはない。『播磨国風土記』揖保郡条に「非理」、すなわち「あぢきなし」という表現がみえるが、『万葉集』二五八二歌には「小豆奈九（あずきなく）」とみえ、明らかに「ぢ」が「ず」と表現されており、「ぢ」と「ず」に通音的な様相があったことがうかがえる。「阿受伎社」「阿受枳社」は「阿遅須枳高日子命」を祭った神社と考えて間違いないであろう。

出雲大社が鎮座する杵築郷の郷名伝承は大社造営の神話に終始するのは当然であり、「阿遅須枳高日子命」に関する記述は見えない。しかし、「阿受伎社」「阿受枳社」が鎮座した可能性が高い伊努郷にもみえないことは気になる。伊努郷伝承では「国引きましし意美豆努命の御子、赤衾伊努意保須美比古佐倭気能命」の神社が郷内に鎮座したことによる命名とされている。問題は「阿遅須枳高日子命」を祀る「阿受伎社」「阿受枳社」の周辺にその神の気配が見えない点である。

ここで『出雲国風土記』秋鹿郡の「伊農郷」条に目を転じると、赤衾伊農意保須美比古佐倭気能命の妃を「天甕津日女命」とする伝承があり、また楯縫郡神名樋山条では「阿遅須枳高日子命」の后を「天御梶日女」としていることに気がつく。そこには地域における伝承の複雑な形成過程がうかがえるが、明らかに「赤衾伊農（努）意保須美比古佐倭気能命」と「阿遅須枳高日子命」を同神とする見方があったことがわかる。

秋鹿郡「伊農郷」と出雲郡の「伊努郷」の伝承は郷名の同時入れ替えという点を勘案すれば、本来同一伝承からの表裏の二分化であり、それぞれが個別「郷名」伝承ではないことが判明してくる。この点に関して出雲郡「伊努郷」の地、現・日下町に「久佐加社」「来坂社」が鎮座し、「日下部」の存在が想定でき、また郡司主政として「（日下）部」の名も確認できる。(7)

一方、「伊農郷」が属する秋鹿郡には郡司主帳として「日下部臣」の名前が見えており、秋鹿郡「伊農郷」と出雲郡「伊努郷」を結び付ける人的媒介はその「日下部」氏しか想定できない。出雲市日下町に鎮座する『出雲国風土記』の「久佐加社」、現・久佐加神社は大穴持命を主祭神とするが、「日子坐王命」も合祀しており、藪信男氏が指摘しているように本来は「日子坐王命」が祭神であったと思われる。(8)『古事記』によれば「日子坐王命」は開化天皇の御子であり、大俣王・小俣王・志夫美宿禰王、そして沙本毘古・袁邪本王・沙本毘賣など「十一王」の父とされている。その中の沙本毘古は「日下部連」の祖とされており、事情が見え隠れする。

じつは「沙本毘古」は垂仁天皇の皇后となった「沙本毘賣」の兄王であり、反逆事件で滅亡するが、その際に「沙本毘賣」が「火の稲城を焼く時に当りて、炎の中」で生んだのが「本牟智和気（『日本書紀』の誉津別命）」である。垂仁記によれば口が不自由な皇子・「本牟智和気」が「出雲大神」を参拝する伝承があり、「肥川」の「河下」地域と深いかかわりを持つことがうかがえる。なお、皇子とともに出雲に出向いた「曙立王」・「菟上王」は「大俣王」の子とされている。特に伝承では「曙立王」は「此の大神（出雲）を拝むに因りて、誠に験有らば、是の鷺巣池の樹に住む鷺や、宇気比落ちよ」とトして、出雲大神の御心を享けたとされている点も重要であろう。

以上のように『出雲国風土記』の記述に開化・垂仁記を援用する中で、出雲郡「伊努郷」における日下部氏の足跡、すなわち日下部氏の祖にあたる「日子坐王命」の姿を見出すことができた。日下部氏はその「日子坐王命」を祭神とする「久佐加社」を奉じ、出雲大社、また「本牟智和気」伝承にもかかわっていたことが浮かんできた。

不思議なことに出雲大社参拝の「本牟智和気」伝承は『出雲国風土記』にはまったく姿を表わさない。しかし、ここで注目したいのは『出雲国風土記』の「阿遅須枳高日子命」伝承である。伝承は伊努郷の神門水海を挟んだ対岸の神門郡高岸郷、そして神門水海に流入する斐伊川の上流の仁多郡三澤郷に展開される。その両伝承によれば「阿遅須枳高日子命」は、「御須髪八握に生ふるまで、夜昼哭きまして、み辞通はざりき」状態であり、「本牟智和気」も『古事記』によれば「八拳鬚心の前に至るまで真事登波受」であったという。

斐伊川の下流域において、出雲大神にかかわる二人の子がともに口に障害があり、後にそれが治癒するという展開は偶然の一致とは考えられず、もともと同一事象にかかわる伝承の二分化ではなかろうか。

その「阿遅須枳高日子命」に関しては前述したように伊努郷伝承の「赤衾伊努意保須美比古佐倭気能命」と同一神という意識が存在しており、日下部氏の周辺における出雲大社・出雲大神にかかわる神話が「久佐加社」、そして「伊努社」の祭神の系譜、行状を伝える中で形成されていたのであろう。

『尾張国風土記』逸文には前述した「本牟智和気」と同体・別字表現の「品津別」皇子と「阿遅須枳高日子命」伝

承にかかわる「天甕津日女命」・「天御梶日女」と同神と思われる出雲の多久の「阿麻乃彌加都比女」の伝承が残されている。この伝承では「阿麻乃彌加都比女」が「品津別」皇子に祟り、「七歳」になっても言葉不自由な状態に陥れていたという。天皇は皇后の夢に従い、「日置部等が祖、建岡君」をして卜させ、「阿麻乃彌加都比女」の所在地を究め、祀ったという。「本牟智和気」の伝承に突然と「日置部」が登場するが、出雲での伝承展開においては隠れていたのではなかろうか。

そこで注意したいのは出雲郡の郡司は、出雲臣ではなく、大領が「日置臣」、少領が「太臣」、主政が「(日下)部臣」、主帳が「若倭部臣」であり、「日置臣」・「日下部臣」が名を連ねている事実である。出雲臣は出雲郡ではあくまで出雲大社に奉仕する立場であり、『出雲国風土記』の時代、出雲郡の地域の最大首長は河内郷、そして神門郡日置郷域を基盤とする「日置臣」であり、「日下部臣」も伊努郷域を中心にその勢力を保持していたものと思われる。『出雲国風土記』神門郡条によれば出雲西部への「日置」氏の進出は「志紀島宮に御宇しめしし天皇の御世、日置の伴部等、遣され来て、宿停まりて政事為し所なり」に見られる欽明天皇の時代、六世紀中頃と考えられる。この一文にみえる「政事」に関しては明確な見解はないが、「宿停」というあくまで一時的な挙事であることを正しく理解する必要がある。また中央の大和政権から派遣され、神門郡に足を入れた「日置」氏が後に隣郡の出雲郡において最大首長に成長した背景にも思いを巡らすことが肝要である。

出雲郡にかかわる一時的な挙事として考えられるのは、出雲大社の鎮座地の占地と大社築造ではなかろうか。出雲大社の造営は国譲神話の勧めるところにより大和政権側に主体責任があり、記にみる「本牟智和気」伝承の出雲大神のあり方が出雲大社参拝の道に多くの「同社」を集中させ、『出雲国風土記』にみる社名帳の現象を生み出したのであろう。

Ⅵ　鹿蔵山遺跡と出雲国造家

出雲郡神社回廊の西端で発見された鹿蔵山遺跡は出雲市大社町杵築南、出雲大社の南方約八〇〇メートル、小高い砂丘上に位置している。すでに大社町教育委員会から正式報告書が出されており、同遺跡の基本情報は詳細に提供されている(9)。鹿蔵山遺跡は出雲大社に最も近い本格的な遺跡であり、大社、そしてその周辺の歴史を考える上で欠くことができない存在である。

鹿蔵山遺跡は砂丘上という性質上、遺構は少なく、注目されるは漆塗り櫃を枠として転用した井戸である。遺物は豊富で、墨書・刻書土器が一一九点確認されている。文字で注目されるのは「林原」「大成」「高志」「三家」で「林原」が中心を占める。その他に「堂」「宮」「社」などが見える。また奈良三彩多口瓶・緑釉土器・帯金具・手捏土器などが出土している。

幸いすでに同遺跡の性格についてはいくつかの見解が出されている。石原聡氏は報告書のまとめの箇所で、遺跡の所在地が『出雲国風土記』にみえる出雲郡杵築郷であることから杵築郷の「郷家」、また末端官衙とする見解、また井戸、祭祀的遺物が多いこと、出雲大社に近い点を踏まえて「出雲大社と関連のある官人の滞在施設、維持管理に関係する施設」、そして仏教施設をともなう可能性もあるとの見解を紹介する。また同遺跡出土の奈良三彩を調査した高橋照彦氏は同報告書で「出雲大社にかかわる宮司などの有力者の［家］、あるいは館に相当するような施設がこの付近にあった可能性が高い」とする。内田律雄氏は『出雲国風土記』にみえる企豆伎社の一つ、また井戸遺構には出雲大社の御饌井祭のような祭りを想定している(10)。

ここでは同遺跡が出雲大社の南下する境内参道の向かう方向に位置している点に着目したい。境内参道の尽きるところは大鳥居のある勢溜りであるが、その勢溜りもよく観察すると鹿蔵山と同じ小高い砂丘であり、原風景を思い浮かべれば大社の南には南北に縦に砂丘が三条、波状に存在していたことがわかる。現在、勢溜りの地は上部が削平されかつての面影はないが、鹿蔵山を一回り大きくした丘であったことが判明してくる。かつては南原地域の乙見山、神光山とも繋がっていたという。寛文造営時に削平され、原形を失ったところについて論を巡らすことは非学問的との誹りを受けそうであるが、鹿蔵山遺跡を念頭に置き、なぜ参道が勢溜りを目指したのかを考えると、勢溜りも鹿蔵山と同様な性格を持つ空間であったと思われる。

現・境内の参道がいつまで遡るかは不明であるが、出雲国造千家尊祐氏所蔵の鎌倉時代宝治の造営時の「絹本着色出雲大社并神郷図」には境内を南下する参道が明確に描かれており、勢溜り付近を目指していることがうかがえる。明治初年の『杵築古事記』をひもとくと神話の「浮橋」に準え、参道が「大社浮き道」と呼ばれていたことがわかり、参拝者のための参道という以上の意味合いが込められていたようである。

遺跡から出土した土器に記された「宮」「社」は、その地が即座に神社であることを意味しないが、神社にかかわる何らかの施設の存在をうかがわせる。出土文字で一番数が多い「林原」は地名と考えられるが、古今大社付近にその地名を拾うことはできない。出雲全体に目を広げると出雲国庁の西、松江市佐草町、八重垣神社の南西部に字「林原」が見えており、また『出雲国風土記』にみえる出雲国造の潔斎の地であった仁多郡三澤郷域にも「林原」の字を拾うことができる。ともに出雲国造に縁のある場所であり、出雲国造と「林原」の関係も興味が持たれる。

その点を念頭におくと先の高橋照彦氏の「出雲大社にかかわる宮司などの有力者の「家」、あるいは館に相当するような施設」との見解が重みをもってくる。しかし、神社と宮司・祝らの「家」、あるいは館に関して言及した研究はほとんどなく、その実態的あり方は不明であり、それを想定する手がかりもない状態である。

ここで出雲大社にも縁のある鹿島神宮に関する古伝承を残す『常陸国風土記』香島郡条に目を向けてみたい。年別の四月十日に、祭を設けて酒灌す。卜氏の種属、男も女も集会ひて、日を積み夜を累ねて、飲み楽み歌ひ舞ふ。その唱にいはく、「あらさかの　神のみ酒を　飲げと　言ひけばかもよ我が酔ひにけむ」。神の社の周匝は、卜氏の居む所なり。地體は高く敞かにして、東と西とは海に臨み、峯谷は犬の牙なし、邑里と交措れり。山の木と野の草とは自ら内庭の藩籬を屏て澗の流れと崖の泉とは、朝夕の汲流れを涌かす。嶺の頭に舎を構りて、松と竹と垣の外を衛り、谿の腰に井を堀りて、薜蘿壁の上に蔭す。

この鹿島神宮周辺の記載は美文の中に卜氏一族の居住形態を具体的に詳細に述べている一級史料である。卜氏一族の多くは神社の周囲に居住し、地形により一般集落とも交錯するが、神社は自然が生み出した垣で内庭を抱え、谷の流れと泉は人びとに朝夕の汲み水を提供していたという。卜氏の一部は最も高い所を占地し、松と竹で垣根を作り、中に「舎」を構え、そして井戸を掘り、「外」とは異なる生活をしていたという。ここにみえる「舎」を構えていた卜氏は「香島」の神を祭る一族の首長家であったと思われる。

鹿蔵山遺跡で確認された住環境も明らかに周囲よりも高くなった砂丘上の高地であり、また井戸を有しており、『常陸国風土記』に見える卜部氏の住環境と見事に重なることがわかる。同じ祭祀にかかわるという点でその一致は貴重である。

出雲大社の神祭りの主体は『出雲国風土記』編纂時点で出雲国造であった出雲臣広島であるが、出雲臣に関しては当時の本拠地を意宇郡国庁・郡家付近、現在の大庭付近とされ、杵築への移転に関しては平安時代以降とする見解が一般的である。しかしそのような「移転」論は実態を無視した論であることに思い至る必要がある。当時の出雲臣広島はたしかに意宇郡大領であるが、風土記での署名で明らかなように出雲国造を兼ねていたのである。意宇郡大領としては郡家付近に居宅を構え、杵築の地にて大国主神を祭る出雲国造として当然、大社付近に居宅を構えていたと考えられる。

鹿蔵山遺跡は参道、すなわち「浮き道」の向かう方向であり、出雲臣一族の居宅跡の可能性が大きい。ただし、出雲国造の居宅としては「浮き道」の目指している勢溜りの方が相応しいのではないかと考える。

ここに至り鹿蔵山遺跡が宙に浮くことになるが、問題は今までの出雲国造観にあったのではなかろうか。出雲国造家は史上天皇家と並ぶ伝統を持つ氏族として知られる。祖先神の天穂日命以来、その御魂を「火継」の形で受け継ぎ、大国王神を杵築の地にて奉祭し、今日に至るという。出雲国造は現在まで八十四代を数えるが『出雲国風土記』

編纂開始の出雲臣果安以降、『続日本紀』『日本後紀』『類従国史』等にみえる神賀詞奏上儀礼などから、広島・弟山・益方・国上・国成・人長・門起・旅人・豊持と国造職は継承されたと考えられる。『千家文書』では若干異同があり、千國・兼連の名がみえており、ここではひとまずすべての人物を取り入れ、広島・弟山・益方・国上・国成・人長・千国・兼連・門起・旅人・豊持としておきたい。

ここに列挙したのはあくまで出雲国造職の継承であり、その前後関係が父子関係とは断定はできない。たとえば広島・弟山の関係についても父子・兄弟など種々想定される。国上・国成、人長・門起が兄弟とする見方もあるが、ここでは別の要素から考えておきたい。

それは鎌倉時代の出雲国造家の千家・北島家の分離でも明らかなように複数の国造を出す「家」が存在したのではなかろうかという発想である。

ここでは史料そのものに関して偽書の問題があるとされる『大同類従方』を素材として活用する。『大同類従方』は偽書の問題を越えて、今までの古代出雲国造家観を再検討する貴重な情報を提供していると考える。

多萬木薬　出雲国国造之家仁世々所伝之方元者大穴持命之神方

於保久佐薬　出雲国出雲臣人長家ニ伝不流方

伊努羽薬　従六位下出雲国乃国造出雲臣人長之家之方元者同国伊豆毛乃郡波之神社ニ伝不流方

三木薬　出雲国乃国造国成之上奏流方元者杵築大御社之御伝之方也

墨戸根薬　正八位上出雲圀国造国成之家ニ所伝之方

灰崎久須里　出雲国乃国造臣国成之後国麻呂乃聚

『大同類従方』のこの部分に名前を残す、「出雲国乃国造出雲臣人長」・「出雲国造国成」は先の国造就任順においては国上・国成・人長・千国となっており、ほぼ同時期の人物と考えられるが、父子、兄弟の関係かは不明である。そのどちらにしても注目すべきは「人長之家」、「国成之家」とされており、同時代に国造を出す「家」が複数あったということになろう。

この複数の出雲国造「家」に関しては『大同類従方』の記載が真実かどうかは別として出雲国造家についての単体的な理解に再検討を迫る見方を提供したといえよう。鹿蔵山遺跡の性格について、高橋照彦氏の出雲大社にかかわる宮司などの有力者の「家」との理解を受けるとき、勢溜りと並ぶ鹿蔵山は出雲国造家の「出雲臣」を構成する、国造を輔弼する一族の出雲臣の居宅にかかわる遺跡ではなかろうか。

Ⅶ　聖なる回廊

杵築大社（出雲大社）の創設に関しては『日本書紀』斉明天皇五（六五九）年条の「出雲国造（名を闕せり）に命せて、神宮を修厳はしむ」にみえる神宮を同社に充て、斉明朝とする説が有力である。しかしそこには出雲大社とは「何か」という問題が置き去りにされている。つまり出雲大社の指標である。

そもそも出雲大社は神話の現実世界への顕現、反映であり、鎮座地は杵築、祭神は大国主神、祭主は天穂日命（その子孫の出雲国造）、社殿は高層を旨とするものである。厳密にいえばその一つも欠いてはならないのである。この出雲大社の特質は『古事記』『日本書紀』にみえる国譲神話に由来しており、出雲大社の創設は国譲神話の形成と不可分であることを忘れてはならない。その場合、出雲大社が高層であったことから国譲神話が構想されたのか、国譲神話により高層性が求められたのかが問題となるが、出雲大社のみが高層であったとの見方は説明が不可能であり、国譲神話の形成とのかかわりの中で探求すべきであろう。

出雲大社の創設問題は国譲神話の形成の問題と転化するが、出雲大社の創設を斉明天皇五年とした場合、『古事記』の編纂命令がわずか十年余の天武朝であり、記紀の国譲りを含んだ全神話大系が『古事記』『日本書紀』の成立までの四十余年の間に形成されたとするのは無理があろう。

先に述べた欽明朝の日置部の「出雲」への派遣、そして「政」が出雲大社の鎮座地選定、大社創建にかかわるとするならば、それは記紀神話の原形の成立を前提にしたものであろう。「本牟智和気」の出雲大神参拝伝承の道、『出雲国風土記』の阿遅須枳高日子命の伝承地、国譲神話登場地に関しては杵築の現・境内地を抜きには語れないのである。その空間、すなわち「神門水海の北岸」地域は「原」記紀神話の舞台であり、大和から出雲大社への道、最終の聖なる回廊であった。

出雲郡の当該地域に「同社」が急増した時期に関して確たることを示す史料はない。ここで注目しておきたいのは、『出雲国風土記』出雲郡条にみえる「伊努社」「伊農社」である。本来、『出雲国風土記』段階の「伊努郷」は神亀三年の民部省の口宣での改名であり、それ以前は「伊農郷」であったことがわかる。出雲郡にその旧郷名を冠した「伊農社」が存在し、また新郷名の「伊努社」もみえる点は重要である。なぜならそれは神亀三年の新名の「伊努社」の「同社」が複数確認できるという興味深い事実が見えるからである。それは「伊努社」の「同社」は神亀三（七二六）年以降の成立ということを意味しているといえよう。

この七二六年の時点においては、すでに中央では七一二年に『古事記』、七二〇年に『日本書紀』が編纂されており、七一六年には出雲国造果安が国護の事跡を踏まえた神賀詞奏上を行っており、出雲大社・出雲国造の祭政上の位置づけが明確になり、上昇した時期といえるであろう。そのような環境の中で出雲大社が鎮座する出雲郡に多くの「摂社」的な「同社」が創設され、出雲郡を神郡化したのであろう。その具体的な「同社」大量創設は出雲郡を東西に結ぶような配置でなされ、「神門水海」の北辺地域を聖域としたのである。

註

（１）拙稿「古代道を探す・出雲国風土記の世界」（『古代交通研究』一〇号、二〇〇一年）。
（２）拙稿「佐太神社とその周辺」（『重要文化財・佐太神社』鹿島町立歴史民俗資料館、一九九七年）、「熊野大神の周辺・出雲国造尾の原郷」（島根県古代文化センター調査研究報告書７『出雲国風土記の研究Ⅱ　島根郡朝酌郷調査報告書』島根県古代文化センター、二〇〇〇年)。
(3)『島根県古代文化センター調査研究報告書34　出雲国風土記の研究Ⅲ　神門水海北辺の研究(資料編)』(島根県古代文化センター、二〇〇六年)。
(4)原重夫『とびのす東・西林木町　ふるさとの歴史』(一九九〇年)。
(5)拙著『風土記と古代社会』(塙書房、一九八四年)。
(6)松尾充晶「文字資料が出土した出雲平野の遺跡」(『出土文字資料が語る　古代の出雲平野』島根県埋蔵文化財調査センター、二〇〇三年)。
(7)拙著『出雲国風土記註論』(明石書店、二〇〇六年)。
(8)『式内社調査報告二十山陰道3』(皇学館大学出版部、一九八三年)。
(9)大社町教育委員会『鹿蔵山遺跡』(二〇〇五年)。
(10)内田律雄「出雲の神社遺構と神祇制度」(国士舘大学考古学会編『古代の信仰と社会』六一書房、二〇〇六年)。

第八章　涼殿祭の始源

Ⅰ　出雲大社涼殿祭の拝観

出雲大社の神事は年間七十三余に及ぶという。神在月とのかかわりで全国的に著名な神在祭、そして出雲国造家の新嘗祭である古伝新嘗祭は世間に注目される神事である。そのような数ある神事の中、ここで取り上げる涼殿祭は地域では「真菰《まこも》神事」とも呼ばれ、大社町の人びとの生活の中にも溶け込んでいる祭礼である。それは出雲郡神社回廊の出雲大社の最終地点といえる出雲の森を主舞台として執行される。

平成十（一九九八）年六月一日、島根県古代文化センターの品川知彦氏にご同行いただき、涼殿祭の一部始終を拝観する機会を持つことができた。

当日、朝の十時過ぎ、本殿における祭祀を終えた白い斎服に身を包んだ出雲国造（千家尊祀宮司）を先頭に十数名の神官らが本殿東二〇〇メートルに所在する「出雲の森」に出向き、「出雲の森」の神木（椋木）の前で粢《しとぎ》団子などを供え、祝詞を読み上げ、拝礼する。その後、戻る形で大社境内の「御手洗井（みたらしのゐ）」に進み、井の前にて大きな御幣を両手に黙祷祈念して神事は終わる。

この神事をまた「真菰」神事という。「出雲の森」から「御手洗井」に至る道筋にほぼ直線状に、三〇センチ間隔で稲佐浜で採ってきた砂を盛り（立砂）、国造が歩む度に一名の雑仕（箒役）が竹箒にてその立砂を掃き平らに広める。そして左右の神職（出仕役）が緑々とした真菰をその砂の上に敷き、その砂・真菰の上を国造が踏みしめながら進む。普段は日常生活の中で何気なく接する真菰が、祭儀の中では不思議な真菰として登場することから名付けられたことは容易に理解できる。

真菰は「雑仕」という役の人が大社町・出雲市・斐川町などの湖・河川から刈り取り、奉納するものを使うが、その年は神西湖に流れ込む十間川の真菰二千本が使用されたという。国造の歩みとともに信徒、町民、観光客の人並みは波のように動き、人びとは競って国造によって踏まれ神威を付された真菰を奪い合い、厳粛な中にも激しい争奪戦が展開される。人びとの間ではその真菰を持ちかえり、神棚に供え、お風呂に入れたり、財布に入れたりすると、夏の無病息災が得られるという言い伝えがあるという。

この「真菰」神事は思いの外に短時間で終了した。短時間に凝縮された「真菰」神事に関しては不明な点が多いとされ、謎の神事とされている。

ここでは「真菰」神事の流れを拝観して感じたことを根底に、「真菰」神事、すなわち涼殿祭の歴史を概観し、その狭間に神事の始源形態とその性格を読み取ろうとするものである。筆者は日本古代史を専門にするものであり、中世・近世文書に疎い面もあり、誤認を恐れるが、古代史研究の観点を積極的に打ち出し、前掲の課題に迫りたいと思う。

Ⅱ　史料上の涼殿祭

出雲大社の年中神事を知る史料として至便なのものに千家家所蔵の『出雲大社年中行事』がある。成立年代は微妙であるが、延享元（一七四四）年の御造営より以後の記録という。それによれば六月は北島抱月（出雲大社の神事担当を原則として奇数月は千家家、偶数月は北島家が担当するしきたり。六月は偶数月で北島家の担当）でありながら、「朔日　涼殿神事（国造千家昇殿あり、後に其の祭りを出雲森に奉る。歩行執行なり）、廿八日夜　同神事（国造北嶋同じく執行、尤も昇殿なし）」とみえ、六月一日の涼殿神事の執行が千家国造であったことがうかがえる。

また同神事においては「国造千家」の本殿への「昇殿」も認められる。それは現在六月一日に執行されている千家国造の涼殿神事につながるものである（旧暦・新暦の相違はある）。注目すべきは六月二八日にも「同神事（涼殿神事）」が行われていた事実である。それは「国造北嶋」の手になる涼殿神事である。六月は北島抱月であるが、「昇殿なし」の一文が目をひく。この六月二十八日の涼殿神事は現在には伝えられていない。

千家国造家所蔵の『御神事式』には六月一日の神事として次のような説明を載せる。

①一今朝下井ノ御神事、俗ニ涼殿御神事といふ也、（略）扨又直ニ御下殿、涼殿御越被遊、一涼殿出雲森といふ也、先達て造酒小徳二ツ、粢五ツ土器二ツに盛、外ニ盃土器二ツ重ニシテ小盆に居へ備之置事、（略）夫より御歩被遊候、次第は先立掃除番上下着、モリ砂を掃事、次に別火殿幣を捧げ歩行有之　別火殿神人長柄傘持也、次に西掃除番上下着、モリ砂を掃事、次に石田家役にてチカヤ敷也、次に宮横目衆狩衣着御先拂、夫より御上御装束シキヤウ弓ノツリニカケ、時之随身役持之、御上御祝詞幣御持被遊歩行被遊事、長柄御傘さしかける、御太刀持・近習其外御供方・御跡押上官衆なり、御手洗井迄御歩行被遊、御手洗井之垣ノ本にて御神拝御祝詞、相済直

に御幣ヲ受取り御神前へ納置事、御上ハ御手洗井より御輿にて御歸館被遊候事、

この『御神事式』には北島家の「廿八日夜」の同神事の記載はみえないが、それは『御神事式』が千家国造家の神事のみに限定したからであろう。後述するが注目すべきは「涼殿御神事」を俗称とし、「下井ノ御神事」を「正式」名としている点であろう。

『御神事式』とほぼ成立が同時期（江戸末）の北島国造方の『祭典式大略』（千家国造家蔵）には「六月二十八日」の神事として「涼殿神事」を載せる。

②涼殿神事　兼日八足門ヨリ涼殿マテ路次一行ニ砂ヲ置ク、宮承知指揮之、涼殿御手洗井役ノ中官竝長神人、兼掃除之、夜ニ入、長神人開八足門、涼殿御手洗井點検、設神事之具、次ニ別火涼殿ニ出勤、次御杖代乗輿、上官以下涼殿参向ス、次御杖代向東着座、御醴・御餅・御贄供之、次中官柳木ノ幣帛ヲ別火に渡ス、別火御杖代ニ捧之、奉幣祝詞、次別火中官ヨリ柳木ヲ受取リ奉幣祝詞、次長ノ神人御酒別火へ出ス、別火ヨリ始上官・中官以下頂戴、次別火幣帛ヲ持歩行、掃除番道ヲ掃ヒ中官眞薦ヲ敷ク、次宮中御手洗井ニテ奉幣祝詞、次・別火ノミ八ツ足門内ニ入、神事執行、此時松明ヲ消、相済御杖代八足門ヨリ乗輿、行列歸宅、次長神人閉八足門退出、

これによれば『出雲大社年中行事』にみえた六月二十八日の北島国造執行の涼殿神事は夜に執行されていたことが判明する。『出雲大社舊祭日・御祭典式略図』をみると松明に先導され、歩行する北島国造の様子がみえる。

それを遡る寛文年間の千家国造家の日記（寛文四年）にも六月一日・二十八日の二度の涼殿神事の執行が確認される。六月一日、国造千家尊光の涼殿神事においては、「自神殿涼森江参之時、亦用輿、自涼殿森御手洗之井マテ行歩の規式也」が強調される。この千家国造家の日記で注目されるのは北島家の二十八日の涼殿神事にも言及している点であろう。「六月小」の「廿八日」条に「涼殿御還御之神事、夜に入、六ツ半時計北島国造恒孝勤之、儀式者御内殿者不開、涼殿自御手洗水ノ井マテ行列、於井有祝詞ソレヨリ御神前行列、御神前御垣の内於高楼（楼門）下有規式、自是帰宅」とみえ、北島国造執行の涼殿神事を「御還御之神事」と呼称していることが判明する。この「御還御」は

①出雲の森

②北島国造、真菰の上を歩行。松明がみえることから夜の神事であることがわかる。

③立砂をならし、真菰を敷く。

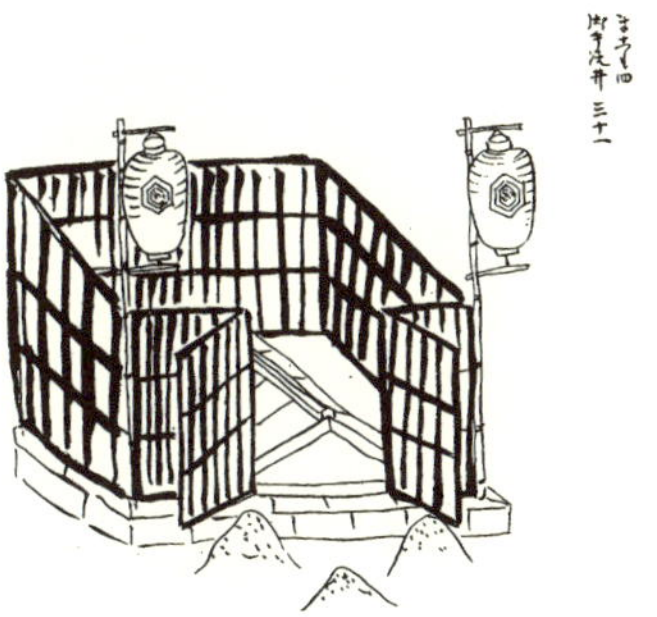

④御手洗井と立砂

図34『御祭典式大略』（千家国造家所蔵）

『御神事式』にみえた「下井（おりゐ）ノ御神事」に対応（来る・帰る）するのであろう。

　この対応関係については井上寛司氏が天正十二（一五八四）年の『杵築大社年中行事目録写』に着目し興味深い見解を示している（「中世杵築大社の年中行事と祭礼」『大社町史研究紀要』三号、一九八八）。

　『杵築大社年中行事目録』とは杵築大社の千家方上官長谷広佐が天正十二年九月十三日にまとめたものである。そこには千家方の年中行事が記されているのであるが、六月二十八日の夜の千家国造執行神事として「涼見殿より明神御くわんきよの神事有之、国造殿涼見殿へ御出仕御祝有之、同影向ノ井ニテ柳之御幣にて御祝有之、同南之井垣の本にて御神ニ御向テ御祝有之、左候而二ツノ柳之御幣両門客人へ納也、涼見殿之御神田とて御田有之、しかる上ハ四月晦日夜の御神事茂可有之事存候」と「御くわんきよの（還御）神事」をあげる。井上氏はそこにみえる「四月晦日夜の御神事茂可有之事存候」に着目し、同『行事目録』四月二十九日の記載「廿九日おりゐ之神事とて、御神慮御涼見殿被成御影向候、国造殿涼見殿へ御出仕にて神楽参候、神事昔ハ有之、いつの時より断絶候哉、只今ハ無之」にも着目する。井上氏はこの二つの記事を次のように整理される。

表 17　涼殿神事の変遷過程

1584	天正12年	〔9月13日掟書〕 4月29日　おりゐの神事（千家） ⇩ いつの時より断絶 6月28日夜 涼見殿明神御還の神事（千家）
1591	天正19年	5月晦日 ←
1592	文禄1年	6月朔日
1598	慶長3年	6月28日涼見殿御祭り
1653	承応2年	〔懐橘談〕 6月朔日 6月28日
1664	寛文4年	〔日記〕 6月1日　涼殿御神事（千家） 6月28日　涼殿還御之神事（北島）
1665	寛文5年	〔日記〕 6月1日　涼殿御神事（千家）
1694	元禄7年	〔出雲水青随筆〕 6月1日　涼殿神事 昔五月晦日 6月28日　涼殿神事
	天保～明治はじめ	〔日記定格〕 6月1日　涼殿神事（千家） 〔出雲大社年中行事〕 6月01日　涼殿神事（千家） 6月28日　同神事（北島） 〔御神事式〕 6月1日　下井ノ御神事（千家） 俗：涼殿御神事 〔祭典式大略〕 6月28日　涼殿神事（北島）

a　かつて四月二九日に行われていた「おりゐ」神事は天正一二年時点では絶え、時期も不明確で意味も不明。

b　六月二八日の神事を「還御」神事と考え、出掛ける神事を四月の「おりゐ」神事と理解し（後述するが近世にそのような「諺」があったことは佐草自清の著述にある）、四月八日の影向神事（『千家方年中行事目録』に「四月八日ニ於長廊神事有、影向之御神事と云也」）と実態は同じであるにもかかわらず、別個の神事として位置づけた。

c　「おりゐ」神事の不安定さが日時を四月二九日から五月晦日（天正一九年）、さらに六月一日（文禄元年）へと変化させた。

さらに井上氏はその整理をふまえ、古くは四月八日の「田神迎えの神事」と六月二十八日の「水神事（御手洗井神事）」があったが、のち神の影向《ようこう》する場として出雲森が選ばれ、御手洗井神事（水神事）も出雲森（涼見殿）から神を迎える神事へと変化し、さらに「涼見殿」という名称から本殿にある神が出雲森に「涼みに行き」、そして「還御」するという「涼見殿」と「御手洗井」を神が往復する神事が形成されたと推測する。

この井上説は複雑な神事を整理し、その変遷過程を描いた注目すべき、学ぶべき見解であるが、未だ大きな問題点を残しているようである。それは、なぜ、「神の影向する場として出雲森」が選ばれたのか、またなぜ「出雲森」を涼殿というのか、そもそも「涼」殿とは何なのかである。ひとまず井上氏の整理をふまえ涼殿神事の変遷過程を表にするならば表17のようになろう。

Ⅲ　「すずみ」殿の考察

涼殿神事の歴史を語るためには、まずその神事の場であった、根源であった「涼殿」に注目する必要がある。

北島国造家の上官であった佐草自清『出雲水青随筆』（元禄七年・一六九四年千家国造家本を使用）に「涼殿」の説明がみえる。かなり長文であるが、全文を引用する（括弧内は割注）。

涼殿（去一ノ鳥居ノ東、今路尺二町許）、有壇（今二圍許リノ椋一株茂盛ス）、無社、名所集所載之出雲森是也、堀川百首源仲實歌、千早振出雲森瀰和（神酒ノ事也）居テ禰宜懸紅葉散、櫻讀リトナン、六月朔日・同二十八日祭之（神田三石在杵築之内、両国造領知之玉フ）、朔日神事之儀式、辰刻計国造（束帯）上官（大紋）社入、下殿乗輿至涼殿（天正十九年迄ハ五月晦日修之、有事自文禄元年六月朔日ニ改ムル）、森（引注連）之下土器盛粢、役人備置之、森之西設座、畳、国造向東祝言、畢醴酒出、別火並上官醴酒給、然後国造白幣ヲ棒ケ持ツ、中官芽草ヲ路次ニ敷キ（別火不敷之、国造而巳也）、此上歩行、別火（狩衣、當時着祭服）幣帛捧持御先へ行ク、

上官後陣行、至御手洗水井（引注連）、前立向南祝言、畢乗輿館ニ歸リ玉フ（八足御門ヨリ涼殿マテ、路次一行二杵築地下夫出テ兼日砂ヲ置ク、涼殿御手洗ヲハ、役神人兼日掃除ス、廿八日同前、但此度拝殿西、歩行之路次砂ヲ置ク）、廿八日神事之儀式、及黄昏国造（束帯乗輿）上官（大紋）至涼殿（引注連）、柳ノ枝ニ紙手三ツ付為幣（別火幣モ同前）、別火（狩衣、當時着祭服）奉之、森西設座、畳、向東祝言、畢醴酒出、土器米少入、盞、別火給ヘ、上官（下段ニ居ル）給、畢国造柳ノ幣ヲ捧ケ持チ歩行、中官路次に茅草ヲ敷ク事如朔日、於御手洗水井前ニ立テ向南祝言、其ヨリ歩行、拝殿西廻、八足御門之内、国造東ニ立テ西ニ向ヒ、別火ハ西ニ立テ東ニ向（此間ハ續松ヲ消ス）、祝言申、畢テ其幣ヲ別火ヨリ中官請取、国造ノ御幣ハ西門神社ヘ、別火幣ハ東門神社ヘ納メテ、八足御門ヨリ国造乗輿、館ニ帰リ玉フ（涼殿神事ハ祕決也）、諺ニ朔日ヲ下居、二十八日ヲ還御ト云ハ非也（愚按ルニ）夏祓ノ神事ナルベシ、蛇山與亀山ノ中潤ノ小川、能野川ト號ス、人麿之哥ニ、八雲立ツ出雲子等ガ黒髪ハ能野ノ河ノ奥にナズソウ、昔ハ此川ノ奥ニ子良館アリト云へり、古ヘノ涼殿森下、東ヘ流タルトナン、（愚按ルニ）涼殿御手洗水両所ニテ禊事修シテ後、於御庭祝言、除天下之不祥、祈国家之福祐者也、

現在の出雲森は南方の道路からみると北島国造邸の東南隅塀外の一角に椋木を中央に抱える石垣壇の様相を示すが、北側（北島嶋造邸）の造成が原形を損なっている感じもする。『出雲水青随筆』の「有壇（今三圍許リノ椋一株茂盛ス）、無社」の描写はそれを物語っているのであろう。その様相は『出雲国風土記』意宇郡条にみえる国引神話の「所謂意宇杜者、郡家東北辺、田中在塾是也。圍八歩許、其上有一以茂」を思い出させる。まさに古代世界の神にかかわる「杜《もり》」につながるものである。現在に至っては確認する術はないが、「意宇の杜《もり》」に対して「出雲の杜《もり》」を意識していた可能性も否定はできない。

涼殿を考える際に注目しなければならないのは涼殿の原環境である。佐草自清は先の記載の末尾に出雲大社の荒垣の外の東側を南流する吉野川（能野川）について言及し、「古ヘノ涼殿森下、東ヘ流タルトナン」とし、かつての川の流れは現在と異なり南に直流せず、東に向きを変え、涼殿森下に流れを寄せていたとする。佐草のいう「古ヘ」の

世はいつ頃にあたるであろうか。

　現在のように吉野川が出雲大社の荒垣の東沿を直線的に南流するようになったのは「寛文度造替」にともなう寛文四年の吉野川流路改修事業によると考えられる（千家和比古「出雲大社の、いわゆる神仏習合を伝える絵図の検討」『古代文化研究』第四号、一九九六）。その際に吉野川の左右に石垣を築いたことも判明する。「紙本着色寛文四年杵築物図」をみるに吉野川は大社境内の東端を直線的に南流するが、銅鳥居の東方地点において直角的・人為的に左に折れ（東流）ている様子がうかがえる。この吉野川の東流は「寛文度造替」にともなう真名井と大社を結ぶ「真名井筋（東西路）」の整備とかかわりをもつものであろう。

　しかし、この吉野川の流路もあくまで人工的な造成であり、本来的なものではなく、佐草のいう「古ヘノ涼殿森下、東ヘ流タルトナン」とは異なる空間であろう。

　鎌倉前期の古地図、宝治二年の造替を描いたと考えられる「出雲大社并神郷図」では吉野川の流路は自然であり、佐草のいう「古へ」の世の吉野川の環境に相応してみえる。そこには涼殿の位置が示されており、北から東へと斜流し涼殿に接近しながら吉野川が流れている様子が描かれている。涼殿の東北には命主社が描かれており、同社の不動性を考慮すれば吉野川は本来的には現・北島国造家の邸内を斜めに涼殿に向けて流れていたと考えられよう。

　その原環境を考慮すれば涼殿（出雲森）は単なる森ではなく、水場と一体化した祭場であったのである。佐草自清は「愚按ルニ」とひかえめながら「涼殿御手洗水両所ニテ禊事修シテ」と涼殿と御手洗の両所を「水」とからめてとらえようとしたのは卓見といえよう。「おりゐ」に関しては「下居」とみる見解もあるが、「水」とのかかわりを重視し、『御神事式』にみえる「下井ノ御神事」を正式名とする見解を受けるならば「下（降）井（ゐ）」と理解すべきであろう。吉野川の流れを「井」と表現することに違和感を持つ向きもあろうが、古代びとの「井」は現代人のそれとは相違し、「流れる」井も認めていたのである。

　井上寛司氏は四月八日の影向神事と四月二十九日の「おりゐ」神事の「涼見殿被成御影向」の類似性から両者は本

表18　千家・北島国造の涼殿祭の斎行形態

6月1日（おりゐ）千家	6月28日（還御）北嶋
辰の刻	黄昏
国造：大社昇殿有り	国造：大社昇殿無し

↓

涼　殿

a　粢を入れた土器 b　醴酒 c　東向き祝詞 d　白幣	a　米を入れた土器 b　醴酒 c　向東祝言 柳ノ枝ニ紙手三ッ付為幣

↓

茅草ヲ路次ニ敷キ・路次一行ニ砂ヲ置ク此上歩行

↓

御手洗水井
向南祝言

↓	↓
乗輿館ニ歸リ玉フ	歩行、拝殿西廻、八足御門之内、国造東ニ立テ西ニ向ヒ、別火ハ西ニ立テ東ニ向（此間ハ續松ヲ消国造ノ御幣ハ西門神社へ別火幣ハ東門神社へ納メ八足御門ヨリ国造乗輿、館ニ歸リ玉フ

来的には同一神事とする。

たしかに神の「影向」にかかわる神事という共通性は認められるが、影向神事は長廊という建物内において行われ、「おりゐ」神事は「涼（見）殿」という自然祭場での神事であり、両者は本来的にも別の神事と考えるべきではなかろうか。『杵築大社年中行事目録』によれば天正十二年当時、影向神事は確実に行われていたのであり、一方の「おりゐ」という神事が影向神事のように長廊ではなく、涼殿で行われていたという記憶が残っていたという事実は重要であろう。

涼殿神事と吉野川が根源的に密接不可分とするならば、環境的に涼殿神事の起源は吉野川が自然流路を保持していた寛文四年の吉野川流路改修事業以前に逆上ることは確実である。それは文献上でも涼殿神事が天正十二年にまでたどれることと重なってくる。

本来、涼殿神事は涼殿（出雲の森）の東側を流れていた吉野川の水際で行われていたのであろう。近世の涼殿神事において国造が椋木の「西側に着座し、東向きに」祝詞を奏したのは、吉野川の西岸で川に向かって神事を行った古層を継承したものと理解できないであろうか。

Ⅳ　『出雲国風土記』と『懐橘談』

『出雲国風土記』意宇郡母理郷条に「所造天下大神大穴持命、越の八口を平け賜ひて、還りまし し時、長江山に来まして詔りたまひしく、我が造りまして、命らす国は、皇御孫の命、平けくみ世知らせと依さしまつらむ。但、八雲立つ出雲国は、我が静まります国と、青垣廻らし賜ひて、玉珍置き賜ひて守らむ、と詔りたまひき。故、文理といふ」とみえる。母理郷は八束郡伯太町（安来市）に相当する。「所造天下大神大穴持命」、すなわち大国主神が越遠征の帰途、最初に出雲に足を入れたのが母理郷の長江山というのである。

江戸時代初期、『懐橘談』を著した黒沢石斎は「母理」について言及し、「母理の郷は今能儀郡なり、大穴持命青垣山廻給て守ると詔故に文理と云、聖武天皇の御宇、神亀三年に字を母理と改めぬ、大社の左に母理と云所あり、これ御神の御旅所と云、此地を杵築へ移しがるなるべし」との見解を示す。この「大社の左（本殿から南を向いて左との認識・千家和比古氏のご教示）に母理と云所あり、これ御神の御旅所と云」は黒沢個人の見解ではなく、大社地域における認識と考えて大過あるまい。ただし、「此地（母理の郷・筆者）を杵築へ移したるべし」は黒沢の個人的憶測のようでもある。ここで黒沢がその大社（杵築）について述べた文を紹介しよう。そこでは出雲大社の「三井」に言及し、その最後に御手洗井に関して次のように述べる（『懐橘談』は続々群書類従本を使用）。

三に曰く御手洗これは六月一日廿八日に祭あり、此三井は神の井なれば人恐て汲む事もなし亀山の麓に森あり、出雲の森と云、一には母理と書、今能儀郡の母理を爰に移したり共いへり、涼殿を是をいふ是も六月一日廿八日国造出て祭ありされば古歌によみ人しらず、心ありや出雲の森の桜花その神垣の八重に咲くなり

ここで注目すべきは「此地を杵築へ移したるべし」は黒沢の個人的見解ではなく、大社地域では「共いへり」とあるようにそのような理解があった事実である。またその大国主神が出雲に最初に足を入れ、姿を現した母理の地を移したのが「出雲の森」、すなわち「涼殿」という認識はその事実関係はさておき「涼殿」に「おりゐ」する神を理解する上で貴重な素材提供といえるであろう。「涼殿」と出雲の森、そして母理（母理の意は「杜・森」である）郷が

重なるという理解は涼殿祭を考える上で無視できないと考える。「涼殿」に「おりゐ」とは間接的に大国主神の出雲への「おりゐ」という意義づけがあったのであろう。そこにはまた大国主神が出雲大社に鎮座した依代は涼殿であるとの意識がそこに垣間見られるのではなかろうか。

V　涼殿神事の変遷

先に年表形式に整理した涼殿神事関係史料を整合的に把握した場合、どのような涼殿神事の変遷過程が析出できるのであろうか。

現在、確認できる最古の涼殿神事は『杵築大社年中行事目録』にみえる千家国造執行の天正十二年六月二十八日の夜の「涼見殿より明神御くわんきよの神事」である。ところが六月が北島抱月ということもあり、六月二十八日の涼殿神事は北島国造家に「分付」され、千家国造家はかつて絶えていた四月「廿九日おりゐ之神事とて、御神慮御涼見殿被成御影向候、国造殿涼見殿へ御出仕にて神楽参候、神事昔ハ有之、いつの時より断絶候哉、只今ハ無之」を『御神事式』にみられる六月一日の「今朝下井ノ御神事、俗ニ涼殿御神事」という形で復活させたのではなかろうか。その千家国造執行の六月一日の涼見神事は神の「影向」、すなわち「おりゐ」神事として、また北島国造執行の六月二十八日の涼見神事は神の「還御」神事として対比されたのは井上氏が指摘されたとおりであろう。前述したとおり現実に「朔日ヲ下居、二十八日ヲ還御ト云」う理解があったことは、その理解の是非は別として疑いない事実である。以後は承応二（一六五三）年成立の『懐橋談』が六月朔日・二十八日の二度の涼殿神事の執行を並記して以降、寛文四（一六六五）年の『千家国造日記』、元禄七（一六九四）年の『出雲水青随筆』、そして江戸末の千家方『御神事式』、北島方の『祭典式大略』まで連綿と二度の涼殿神事の執行が確認されるのである。

呼称、そして祭日の変遷も複雑であるが神事そのものにも変化がみえる。神事次第に詳しい佐草自清の『出雲水青随筆』で確認できる最古の近世前期の涼殿神事についてまとめてみたい。

この二度の涼殿神事は涼殿・御手洗井における次第ではほとんど相違はない。ただし、一日の御幣は白幣であり、二十八日のそれが紙手付き柳という相違がうかがえる。白幣は神を迎える清浄さを、柳の幣には「や・なぎ」、すなわち「弥（いや）・薙（なぎ）」の意が込められていると考えられ、還御する神の荒魂を鎮め、和魂の顕現を願ったものであろう。

六月一日は神事に先立ち大社本殿への昇殿があり、神事後は国造の帰館で終了するが、六月二十八日の場合、神事はただちに涼殿ではじまり、逆に御手洗井神事後に煩雑な次第が続くという対称的展開をとる。そこには「おりゐ」と「還御」という「始めの神事」、「終わりの神事」という相違が反映していると考える。

二十八日の神事の最後に国造が八足門内（端垣内）の東に立ち、西向きの姿勢を、別火が西に立ち、東向きの姿勢を取り、祝詞奏上後、国造の幣を西の門社に、別火の幣を東の門社に納める儀式は八足門の北側に×（あや）空間を構成したことであり、魂の封じ込めを意識したものではなかろうか。

その封じ込めの終了後に国造が乗輿にて帰館し、六月一日の昇殿から始まった涼殿神事のすべてが終了するという意識が働いているのであろう。そのような神事構造が近世をとおし理解されたかは不明であるが、六月一日は千家国造家の涼殿神事、二十八日のそれは北島国造家の涼殿神事との見方が支配的になっていったのは当然のことであった。現在、北島国造執行の涼殿神事は絶えたが、それも両神事が一体的な存在であったとの認識が薄くなってきた反映と考えられる。その結果、当然、涼殿神事は謎の神事と化したのである。

Ⅵ　「すずみ」殿神事の深層

涼殿神事は「国造歩行而勤仕之」儀式として特筆される。国造が境内を歩く機会は涼殿神事に限定されており、他の儀式で本殿に参内する際には輿に乗るしきたりという。しかし、国造が真菰の上を「踏む」行為は涼殿神事だけではなかったという事実を確実におさえるべきであろう。

佐草自清の『出雲水青随筆』によれば「国造（東躰乗輿）、出館（上官斎服冠浅沓）、行列ニハ鼓ヲ鼕々ト静ニ平鉦撃、濱床下ニテ腰輿ヲ出、浅沓ヲ（神前ニハ深沓ヲ忌）穿、御階下ニテ沓ヲ脱キ、葉薦ヲ踏、裾ヲ引キ、随鼓鉦（鼓ヲ鼕、鉦ヲ甲ト撃ツ）、静カニ大床へ昇リ給フ」とみえ、国造が館より本殿に渡御する際、館から輿で本殿下の浜床に出向き、そこで輿から下りる際に足が浜床に触れないように葉薦を踏み、そして本殿の階段に歩を進める様子が認められるのである。この「葉薦ヲ踏」は日常の本殿渡御に際して必ず行われたものであろう。まさに、国造は一歩でも境内を歩かない規式があったのである。

この「葉薦ヲ踏」と涼殿神事の「国造歩行而勤仕之」とは基層的には「国造は境内を歩かない規式」で共通するが、涼殿神事は「勤仕之」とあり、「歩行」そのものが神事である点で相違することがわかる。六月一日の神事においても国造は輿で本殿に行き、また輿で涼殿に移っている。涼殿での神事後、境内の御手洗井までは立砂を掃いた上に敷かれた真菰の上を「歩行」する。まさに「国造歩行而勤仕之」である。御手洗井の神事後は「乗輿館ニ歸リ玉フ」とある点をおさえると、涼殿から御手洗井までが「国造歩行而勤仕之」儀式であり、神事の中核がそこにあることを示す。二十八日では涼殿から御手洗井、そして八足門内までが「国造歩行而勤仕之」に相当する。

この「国造歩行而勤仕之」神事とは具象的にとらえた観察による説明である。本来、国造は境内を「歩行」しないのであり、その国造が「歩行」するということは涼殿から御手洗井・八足門内までの「歩行」する国造は国造でありつつ国造ではないということを物語っているのであろう。そこに「おりゐ」した神、そして「還御」する神の姿、あるいは神がよりついた姿をそこに垣間みることができよう。しかし、正しくは国造自身が神事の主体であることをおさえれば、国造自身が普段は境内歩行しない大社境内に神を招き呼び奉祭するための清浄な道として真菰が敷かれたものと推察される。出雲大社では新嘗祭の御火切を薦で包み、また国造の「稜威之席」も菰葉で編まれており、「菰・薦（こも）」は神が「籠（こも）」る神聖な植物として扱われている点も注目されよう。

佐草自清がいち早く指摘しているように涼殿神事の真菰敷は『延喜式』の「御斎服入大嘗宮、其道者大蔵省預鋪二幅布單、掃部寮設葉薦、御歩ニ随テ、布單ノ上ニ敷ク、前ニ敷キ後ヲ巻ク」に通じるものであろう。ここでは大嘗宮への道には大蔵省が「布單」を鋪き、掃部寮が歩行に従い「布單」の上に「葉薦」を敷くとみえる。砂・布單の相違はあるが形式的には同様の儀式といえるであろう。その点を考慮するならば涼殿神事は古代の儀式と深層的に共通する面を内包しているといえよう。

さらに注目すべきは神事で重要な役割を担う物が菰、砂というよう水辺に深くかかわる点である。出雲の森、すなわち「涼（見）殿」の意に関して井上寛司氏は間接的ながら「おそらくは〔涼見殿〕という名称ともかかわって、元来本殿にある神が出雲森に〔涼みに行き〕そして〔還御〕する神事が本来の意味であったかのように理解され、ここに涼殿神事の名称」が生まれたとする。そこには「涼（見）殿」、涼みに行くという理解がみえる。井上氏は「すずみ」を原型名のように理解しているようにうかがえるが、本来は「涼殿」であり、「すず（み）どの」と読むのが正しいのではなかろうか。

「すず」はいかなる意なのであろうか。ここでは吉野川が流路を近づける、そして菰・砂という水辺のものにかかわる「涼殿」を念頭に置いて考える方法をとろう。「すず」という言葉から直ぐに連想するのは「鈴」であろう。「鈴」と水といえば伊勢神宮の五十鈴川が思い浮かぼう。その「五十鈴」の意については一般に「多くの鈴」と考えられているが、本来「五十（い）」は「斎（い）」であろう。問題は「鈴（すず）」であるが、「すず」には「鈴」以外にも、「水・酒、流れ出る・注ぎ出る」意があるのである。

天元四（九八一）年の『琴歌譜』には「高橋の甕井の須美豆」とみえ、「須美豆」、すなわち清水がみえる。「すず」は「す（み）ず」の訛化であろう。錫を「すず」と訓じるのも、錫を酒の容器とするからという。地方によっては竹、笹を「みすず」と読むという。

注目すべきは『万葉集』九六の「水薦苅る信濃のま弓吾引かば」の「水薦」を「みこも」ではなく「みすず」と読む説が広く支持されている事実である。『時代別国語大辞典』によれば「この枕詞をミスズカルと訓む説もかなり広く行われている。スズを篠竹・すすき・稲藁などと称する語とし、篠のシノやしなのきのシナとの関係からシナノにかかると考える」という。語源的には水、すなわち清水を根源とし、水辺の薦などの呼称にも援用され、水辺の爽やかさから「涼しい」という言葉も派生したのであろう。五十鈴川は「斎水（い・すず）」川の意と思われる。涼殿の「すず」を「薦（すず）」と考えることも可能であるが、より根源の「清水（すず）」を想定するのが妥当ではなかろうか。

Ⅶ　涼殿祭の重層性

以上、いくつかの課題設定を据え、涼殿神事について考察をめぐらしてきた。古伝の神事は長い時を耐えてきたこともあり、それだけ変遷を繰り返してきたということであろう。しかし、そういう中で古伝の神事はその神事の中核を保持してきているのである。本章がその変遷を、また中核をどれだけすくい上げることができたかは不明である。

今、朧気に筆者の前に浮かんでみえた涼殿神事を紹介しておきたい。

①涼殿神事の始源は室町時代中頃に遡り、「下井の神事」と呼ばれ、四月二十九日に行われていた。
②当時、出雲森（涼殿）は吉野川西辺の壇であり、神木を一茂を擁し、『出雲国風土記』の意宇杜に準える存在であった。
③涼殿は「清水（すず）」殿の意であり、水辺の森に神を「影向」する祭場であった。
④その神を大国主神とする認識は潜在的ながら存在していた。
⑤涼殿に「下井」した神を国造が清浄なる砂・真菰の道を通り、境内の御手洗井（影向井）に遷した。
⑥六月二十八日にはその神を送る涼殿「還御」の神事が行われていた。
⑦天正年間には「下井の神事」は絶え、千家国造家が執行する六月二十八日の涼殿「還御」の神事のみになる。
⑧六月は北島抱月につき二十八日の涼殿「還御」の神事は北島国造執行として「分付」される。

⑨千家国造家は「下井の神事」を復活させ、当初、五月晦日に執行するが、文禄元年に涼殿神事の「始め」「終わり」を考慮し、翌日の六月一日に変更し、二度の涼殿神事体制が確立する。
⑩当初、「下井の神事」「還御の神事」の名称であったが、俗に「涼殿神事」と呼ばれるようになり、その後、「真菰神事」という新たなる俗称が生まれ、広まった。
⑪北島国造執行の六月二十八日の涼殿神事はその後に絶え、千家国造執行の六月一日の涼殿神事のみが残り現在に至る。

涼殿祭は、以上のように史料上、また古環境復元の上からみて室町時代中期までしか遡れないが、「菰の信仰」、「水辺の信仰」などから古代的神事の古層を継承していると考えられる。近年の考古学の各地での発掘はその古代的神事の存在を遺構、遺物で具体的に語りはじめている。

なお、本章では多様な神事の史料を活用した。煩雑になるのを避け、註形式ではなく論中おいて史料などを示した。

第九章　熊野大神の周辺

Ⅰ　熊野大神への視座

『出雲国風土記』島根郡朝酌郷条に次のような記載がみえる。

朝酌郷　郡家の正南一十六里六十四歩なり。熊野大神の命、詔りたまひて、朝御饌の勘養、夕御饌の勘養に、五つの贄の緒の処と定め給ひき。故、朝酌といふ。

この伝承によれば朝酌郷の郷名は熊野大神の言葉により命名されたという。またその朝酌地域は熊野大神にかかわる「五つの贄の緒」が置かれた場所として位置づけられている。その二点からしても朝酌は熊野大神ときわめて深い関係をもった地域と認識されていたことがわかるであろう。それは朝酌地域社会を解明するためには熊野大神を、また熊野大神を理解するためには朝酌を明らかにすることが必要となる。それも二つの課題を総合的に俎上に載せて検討することが肝要と考える。

熊野大神は謎に包まれた神であり、今までも本格的な検討がなされていない神である。それは最近、熊野大神に言及した瀧音能之氏の見解をみても理解できるであろう(1)。

瀧音氏は熊野大神に関して三つの疑問、なぜ熊野大神が出雲国造の祭神なのか、熊野大神・櫛御気野命という神の本質は何か、朝酌郷伝承の熊野大神の性格は何か、を投げかけるが、自問自答の結果、「この神の本質を不明なものとしている」、「熊野大神について知ることは困難である」とする。そういう中で瀧音氏は「熊野」という名称に切り口を求め、各地の「熊野」との地理的共通面を析出し、「まず近くに海があり、さらに付近の海岸線はリアス式などになっていて複雑な様相を示し、そこから平野になっていて、その背後に山がある」とし、そういう地域に「熊野」という地名が生成するというのである。しかし、それはあくまで地図上の主観的観察であり、熊野大神の鎮座地である「熊野」からリアス式の海岸線（島根半島の北海岸）などは明らかに近いとはいえないであろう。

そういう意味で瀧音氏の見解には与しえないが、「熊野」なる地名、神名が検討の対象として重要という指摘には耳を傾けるべきであろう。ここでは熊野大神の神名を切り口にして、熊野大神を奉祭する出雲国造と朝酌地域との史的かかわりを考察する。

Ⅱ　熊野大神の神名が語る世界

『出雲国風土記』には次の三条に熊野大神の名がみえる。

a　意宇郡熊野山条

熊野山　郡家の正南一十八里なり。（檜・檀あり。謂はゆる熊野大神の社、坐す。）

b　島根郡朝酌郷条（前掲）

c　意宇郡出雲神戸条

出雲神戸　郡家の南西のかた二里廿歩なり。伊弉奈枳乃麻奈古坐　熊野加武呂乃命と五百つ鉏の鉏猶取り取らして天下を造らしし大穴持命と、二所の大神等に依さし奉る。故、神戸といふ。

史料a・bでは素直に「熊野大神」とみえるが、cでは長大な「伊弉奈枳乃麻奈古坐　熊野加武呂乃命」として表されている。ここで合わせて注目したいのは出雲国造の神賀詞にみえる「熊野大神」の神名d「伊射那伎真名子加夫呂伎熊野大神櫛御気野命」である。

abcdの神名ですべてに共通しているのは「熊野」である。その「熊野」は「熊野山」という事例をおさえれば地名であることが判明する。そうであるならば熊野大神は「熊野」山に鎮座する神ということになろう。

個々で注目したいのはaにみえる「謂はゆる熊野大神」という表現である。「謂はゆる□□」の「□□」は聞き手が当然知っている、世間でも知られている言葉（事物）への置き換え表現である。つまり「謂はゆる」はより身近な表現への置き換えということになろう。aの事例でいうならば「謂はゆる熊野大神」は「あの有名な熊野に鎮座する大神」という意味合いである。ただし、「熊野」大神とは原型名ではなく、あくまで鎮座した地名である「熊野」に因む神名であることにも注意しておく必要があろう。

神の本来的神名は八束水臣津野命のように神の属性（性格）によるとも考えられる。なぜなら熊野地域の人びとにとって「熊野」大神の名は本来的に不必要であり、不自然と考えられるからである。

ここでcの「伊弉奈枳乃麻奈古坐　熊野加武呂乃命」に目を転じると「坐」が気になる。一般には「伊弉奈枳の麻奈古でいらしゃる熊野の加武呂の命」と理解されているようである。しかし、『出雲国風土記』意宇郡大草郷条の「須佐乎命御子、青幡佐久日古命」、同山代郷条の「所造天下大神命大穴持命御子、山代日古命」の事例をみても、そこには「いらっしゃる」という意の「坐」は確認できないのである。

その点を考慮するならば「坐」は「熊野」とかかわり、「熊野に坐す」と解釈すべきではなかろうか。すなわち、「伊弉奈枳の麻奈古である、熊野に坐す加武呂の命」の意となろう。先の「謂はゆる」観を付け加えて総合的に解釈するならば、『出雲国風土記』編纂の頃には熊野大神は熊野は当然として熊野以外の広範囲の地域でも「熊野の坐す」大神として圧倒的に知られていたのであろう。

熊野大神の神名で最後に問題となるのはcとd、すなわち『出雲国風土記』意宇郡出雲神戸条と神賀詞での神名の現れ方の共通・相違性である。

ここに両者の神名をわかりやすくするために対比的に示す（傍線は共通する箇所を示す）。

〔出雲神戸〕伊弉奈枳　乃　麻奈古　坐　熊野　加武呂乃命

〔神賀詞〕伊射那伎　日真名子　加夫呂伎　熊野大神　櫛御気野命

まず注意したいのは出雲神戸条の「加武呂」と神賀詞の「加夫呂」である。一般に「加武呂」は「カムロ」と訓まれ、古くは横山永福の『出雲風土記考』以来、祖神と解釈され、異説はないようである。因みに加藤義成氏の『出雲国風土記参究』、秋本吉郎氏の『風土記』もその見解を踏襲している。しかし、「加武呂」は明らかに神賀詞の「加夫呂」に対応しているのであり、「カブロ」と訓む可能性も捨てきれないのである。定説的に「カムロ」と読み、「祖神・神祖（みおや）」とした場合、「伊弉奈枳乃麻奈古坐　熊野加武呂乃命」は「イザナギの愛児である熊野の祖神」となり、子供神が「祖神」という奇妙な神名と化すのである。この点の説明がない限り、「カムロ」・「祖神」説に与することはできないであろう。

ここでは神賀詞の「加夫呂」に着目し、「加武呂」・「加夫呂」とも「カブロ」と読んでおきたい。「カブロ」と「禿（かぶろ）」である。「かぶろ」とは「幼童の髪の末を切りそろえ垂らしておくこと。それより幼童の意に用いる」（『時代別国語大辞典　上代』）とあり、「童」のことである。「伊弉奈枳乃麻奈古坐　熊野加武呂乃命」とは「幼童にして優れている」という意であり、麻奈古・日真名子に対応して用いられているのであろう。

神賀詞の「加夫呂」には接尾語と思われる「伎」が付されている。「加夫呂伎」は当然「カブロ＋ギ」と分けられるのであろう。『延喜式』祈年祭祝詞の「皇睦神漏伎命・神漏彌命」、また著名な皇祖神である「イザナギ」・「イザナミ」の事例を念頭におけば「伎」は男女神を示す接尾語、ここでは男神として理解できるであろう。

Ⅲ　櫛御気野と出雲国造

前節で熊野大神の神名を検討してきたが、未だ取り残してきたのが神賀詞の「櫛御気野命」である。熊野大社の祭神とされる「櫛御気野命」であるが、じつは他にも同神を祭神とする神社が存在するのである。

『出雲国風土記』にみえる各郡ごとの社名帳は一般に社格順に神社名を挙げているとされている。因みに意宇郡条をみると、

熊野大社　夜麻佐社　売豆貴社　加豆比社　由貴社　加豆比高守社　都俾志呂社　玉作湯社　野城社　伊布夜社

支麻知社　夜麻佐社（以下は略）

とみえる。

ここで注目したいのは社格二番目、十二番目に名をみせる二つの「夜麻佐社」の存在である。一般に二番目の「夜麻佐社」は『延喜式』の「山狭神社」に、十二番目の「夜麻佐社」は『延喜式』の「同社坐久志美気濃神社」に比定されて久しい。現在この二つの「夜麻佐社」の信仰系譜を継承したと思われる山狭神社が広瀬町の上山佐、下山佐にそれぞれ鎮座している。ともに自社が二番目の「夜麻佐社」であるとの主張を通し、長く論社として対立していたら

しい。現に下山佐の山狭神社では十二番目の「夜麻佐社」にあたる「同社坐久志美気濃神社」をも境内社として祭っていることがそれを物語っている。

ここでは論社の問題には立ち入らないが、注意したいのは、熊野山を東西に挟み、熊野大社の祭神、「夜麻佐社」の祭神がともに「クシミケヌ」であった点である。この点に関しては千家尊統氏『出雲大社』がいち早く注目しているところである(2)。

「櫛御気野」という神名に関しては「クシ」、「ミケヌ」に分け、「クシ」を「奇し」、「ミケヌ」を「御饌」と解釈し、食物神とする理解が一般的である。その食物神を祀る山狭神社（二社とも）は現在、飯梨川上流の山佐川の左岸に、熊野大社は意宇川上流の左岸に鎮座している。神社の社地の移動は十分に想定できるが、ともに古代において飯梨川、意宇川上流に鎮座していたことだけは想定できよう。

飯梨川は安来平野を、意宇川は意宇平野を形成した流れであり、その幸をもたらす、ときには洪水という災いを投げかける川の源流に神を祀ったのであろう。「櫛御気野」を祀った人びとの生活空間はその安来平野、意宇平野にあり、そこに農業生産の場を求めていたのである。

山狭神社が守る飯梨川下流域の安来平野に目を向けると、飯梨川左岸に著名な仲仙寺墳墓群・荒島古墳群が展開していることがわかる。仲仙寺墳墓群は四隅突出型墳丘墓、荒島古墳群は四隅突出型墳丘墓から方墳・前方後方墳を機軸とする四世紀から五世紀にわたる地域首長の奥津城である。しかし、六世紀になると該地域における古墳築造は影を潜めていく。この仲仙寺墳墓群・荒島古墳群の被葬首長家が安来平野を農業生産の拠り所としていたと考えられるならば、その首長家と山狭神社の祭神となる「クシミケヌ」との関係が浮かんでくる。当初、熊野山鎮座の「クシミケヌ」神を奉斎していたのは山狭川（風土記の野城・飯梨河）下流域の仲仙寺墳墓群・荒島古墳群の勢力と想定できそうである。安来平野を堆積で生み出した飯梨河の上流の熊野山を奉斎し、のちには山峡の地に「クシミケヌ」を勧請したのであろう。『出雲国風土記』にみえる「夜麻佐社」はその後裔と考えられる。

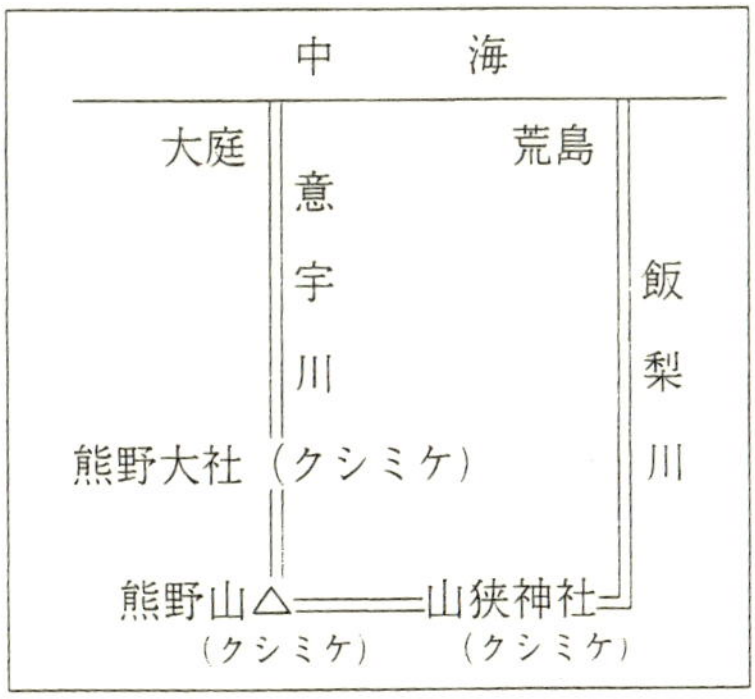

◀図35　飯梨川・意宇川と熊野大神

表19　安来・意宇の古墳群の消長

	4世紀	5世紀	6世紀
安来	仲仙寺	荒島古墳群	
意宇		大草古墳群	

一方、四世紀の時点の意宇平野では特に目立った墳墓群、古墳群は確認されておらず、該地域で掌握されている早期の古墳は五世紀前半の竹矢岩舟古墳が最初であり、以後六世紀にかけて山代二子塚古墳に象徴される大草古墳群を形成していく。この安来・意宇地域における古墳の時代的消長を鳥瞰すると五世紀を境として、四世紀は安来、六世紀は意宇という対称的造営現象がみえてくる。

その現象をいかに考えるべきなのであろうか。大草古墳群を育んだ意宇平野を出現せしめた意宇川上流には「クシミケヌ」神を奉祭した熊野山、熊野大社が存在する。その関係は安来平野・「クシミケヌ」神・「夜麻佐社」・熊野山の関係とまったく同じである。そこに同じ神を祀る首長（氏）家を想定することができるであろう。今までは安来平野を基盤に飯梨川上流の熊野山鎮座の「クシミケヌ」神を奉祭していた首長（氏）家が基盤を意宇平野に移し、意宇川の上流の熊野山鎮座の「クシミケヌ」神を奉祭するようになったのであろう。その首長家の安来から意宇への移転が前述した仲仙寺・荒島古墳群と大草古墳群の五世紀を中にはさんだ変遷に対応しているのではなかろうか。

松江市大庭に展開する大草古墳群と出雲国造家とのかかわりはすでに説かれているところであり、その点を組み入れて考えるならば、飯梨川上流の熊野山の「クシミケヌ」神を奉祭していた荒島古墳群の勢力（原出雲国造・意宇臣氏）が六世紀には西の大庭に移動し、今度は意宇川から上流の熊野山の同じ「クシミケヌ」神を奉祭するようになったと理解できよう。

出雲国造家の発祥地について正面から取り上げた研究はないが、一般的には大来地方に求められそうである。

庭地域と考えられているのであろう。しかし、古墳の地域別変遷、熊野山・「クシミケヌ」信仰を考え合わせると安

Ⅳ　熊野大神の神域

「伊弉奈枳乃麻奈古坐　熊野加武呂乃命」の名は『出雲国風土記』意宇郡出雲神戸条にみえる。出雲神戸は「伊弉奈枳乃麻奈古坐　熊野加武呂乃命と五百つ鉏の鉏猶取り取らして天下を造らしし大穴持命と、二所の大神等に依さし奉る」とみえるように熊野大社、出雲大社（杵築大社）の神領とされていたことがわかる。その規模は出雲神戸が郷里制下において里二から構成されていたことから大体の様子がうかがえるが、「新鈔格勅符」によれば奈良時代においては二十五戸で構成されていたらしい(3)。

その出雲神戸がどこに位置していたかについては未だ定説的な理解はないようである。加藤義成氏は「今の神魂神社付近の地が出雲神戸の里で、路程から見て里正の家は、この部落の入口、今の黒田畦の辺」（『出雲国風土記参究』）とする(4)。また最新の『おおばの歴史』も黒田畦付近を想定している(5)。また、明確な根拠はないが秋本吉郎氏の『風土記』巻末地図は山陰道と隠岐への抂北道の間、意宇郡家の「東北」に設定していることがうかがえる(6)。しかし、出雲神戸は「（意宇）郡家の南西」であり、黒田畦でも、また秋本説でも方角が合わないという問題を残す。

『出雲国風土記』は意宇郡大草郷への距離・方角を「南西のかた二里一百廿歩」とし、出雲神戸「南西のかた二里廿歩」とほぼ同所のように記している。しかし、記事の数値をそのままとし、両地を設定した場合、東西の観点からいえば、出雲神戸が大草郷家より東に位置することになろう。

簡単に図示するならば図36のようになる。朝山皓氏は「郡家正南一十八里熊野山」などをふまえ、「熊野村を神戸里とする説に左袒」との姿勢を表明する(7)。図のように理解するならば十分に支持できるであろう。

今までは出雲神戸の「郷家」の位置に論議が集中してきたが、朝山氏のように出雲神戸の領域の確定も重要であ

る。その点に関して『八束郡誌』は「岩坂・熊野村」を想定している。[8] 出雲神戸が熊野大神にかかわる神戸という点をふまえるならば、その鎮座地とされる熊野山までを含む空間を想定すべきであろう。

そのように理解して初めて意宇郡社名帳にみえる前社・布吾弥社・田中社・詔門社・楯井社・速玉社が理解できるのである。以上の六社は現在は熊野大社に合祀されているが、それは明治四十一年の神社整理の際、一村一社の指令によるものであり、それ以前は熊野村の各地でそれぞれ奉祭されていたことがわかる。熊野神社に残る貴重な絵図はその旧社地を見事に伝えており『風土記』六社の裔が近世において脈々と活きていたことを示す。[9]

この六社が古代においていかなる郷に所在していたのか明確な研究はないが、大草郷とするならばなぜ、普通の郷にそれだけの官社が密集していたのか問題を残すことになる。一般集落においてはすでに島根郡を事例に一集落に一神社が一般的であるといわれている。[10] そこで『風土記』六社が鎮座する域は熊野大社、熊野大神と深いかかわりを持つ一般の郷ではない特別な出雲神戸を想定する方が妥当と考える。それは想定した出雲神戸領域内の諸社を一つずつ検討していけば、納得できるのではないかと考える。

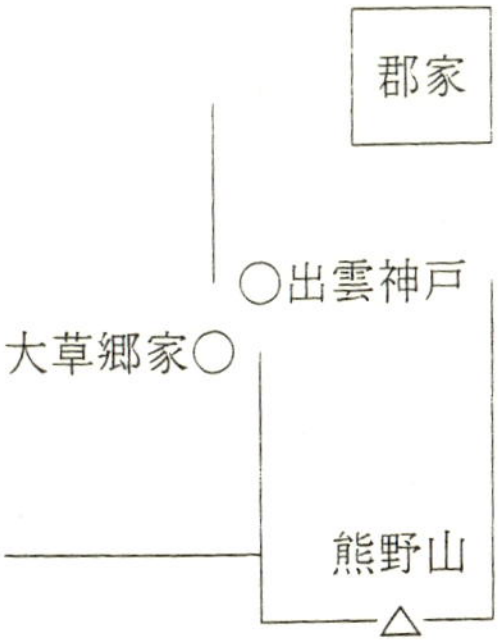

出雲神戸が大草郷家より東に所在することが判明する。

図36　出雲神戸の方向と所在地

熊野大神の名前として先に出雲神戸条の「伊弉奈枳乃麻奈古坐　熊野加武呂乃命」、神賀詞の「伊射那伎日真名子加夫呂伎熊野大神櫛御気野命」をあげ、その神名について検討した。そこで「加武呂・加夫呂」の意味に関しては幼童神との考えを示した。『出雲国風土記』には熊野大神の他に幼童神としては秋鹿郡・島根郡条に姿をみせる秋鹿郡神戸里の佐太御子社に鎮座の「佐太御子」神がみえる。

その幼童神「佐太御子」神鎮座の神戸里に関しては「佐太御子」を守り、育てる保護・養育の神が鎮座する比多社・御井社・垂水社・宇多貴社・田仲社の存在を想定したことがある。[11] その一群の社を「子ども神などを支える神の社」、すなわち「摂社」として位置づけた。先の六社がすべて村落神とは捉えられないのであり、同じ幼童神の熊野大神にも同様な「摂社」の存在が想定されるのである。

意宇郡の神祇官社「前社」は「サキ」と訓む。「サキ」は「崎」であり、海岸の突端部をいうが、内陸部においても丘陵の突端を「サキ」という事例は多い。『播磨国風土記』揖保郡条にも「三前山」なる山名がみえ、「三前山　此の山の前、三つあり。故、三前山といふ」と説明がなされる。まさにこれは山の尾根が三方に張り出し、その突端を「前（サキ）」といった具体例であろう。

『摂津国風土記』逸文に「時に沼名椋の長岡の前（前は今の神の宮の南の辺、是れその地なり）に到りまして、乃ち謂りたまひしく、「斯は実に住むべき国なり」とのりたまひて、遂に讃め称へて「真住み吉し、住吉の国」と云りたまひて、仍ち神の社を定めたまひき」とみえる。ここに登場する住吉大神は神功皇后の加護神であり、海神である。その鎮座地は「今の神の宮の南の辺」の「前（サキ）」であったことがわかる。

布吾弥社は一般に「フゴミ」と訓まれている。しかし、『万葉集』の事例を勘案すると布「吾」弥の「吾」は「ア」と読むことが判明する。布吾弥社は「フアミ」社と読むのであろう。「フアミ」は「乾（干）網」である。網は網霊信仰（おおだま）の民族事例から信仰の対称であり、布吾弥社には漁業神の性格をうかがうことができそうである。

田中社は「佐太御子」神の田仲社の際にも論じたように田神、農耕神であることは自明であろう。

詔門社は「ノリト」と読む。加藤義成氏は「詔門」は借字であり、「祝詞」との意だとする。詔門社の旧社地をみるに熊野の谷の入口を抑えており、「門」を神門・北門・御門の「門」に通じるものと理解し、「宣り門」と理解すべきではなかろうか。

楯井社に関しては熊野高裕氏の研究が詳しい(12)。楯井は一般に「タテヰ」と読まれるが、『万葉集』巻一七・三九〇八に「楯並めて」の事例、また楯井社旧社地の小字、また伝承では「タタヰ」とよんでいたらしい。井としては石井・臼井・板井・坪井などの事例があるが、井戸枠に楯を用い作られた井ということになろうか。まさに「楯並め」た井神の鎮座社である。

最後の速玉社（ハヤタマ）は問題を含む社である。「速玉」を名乗る神としては『日本書紀』神代第五段（一書一〇）の「唾く神を名づけて速玉之男と曰ふ」をあげることができる。岩波古典文学大系『日本書紀』の頭注は唾と玉の関係を示唆する。それを受け一般には「ハヤは美称」とするが、「ハヤ」は「はや・す」、「はや・し（たてる）」の「はや」と考えたい。「唾く神」速玉之男の行為は山幸が玉を口に含み、唾はく行為に重なるものであり、「ハヤ」は「栄えあらしめる」という意なのではなかろうか。

以上、出雲神戸域内に鎮座していたと思われる神祇官六社を個別に検討してきたが「幼童神」である熊野大神を支える摂社としての側面が浮かび上がってきたのではなかろうか。その六社の旧社地は熊野大社図により想定可能である。それをふまえ出雲神戸を舞台にした熊野大神の世界を図示すると図37のようになる。熊野大神の鎮座地は熊野山であるが、熊野大神の風土記時代の神域は詔門社以南の意宇川の流域に比定できそうである。

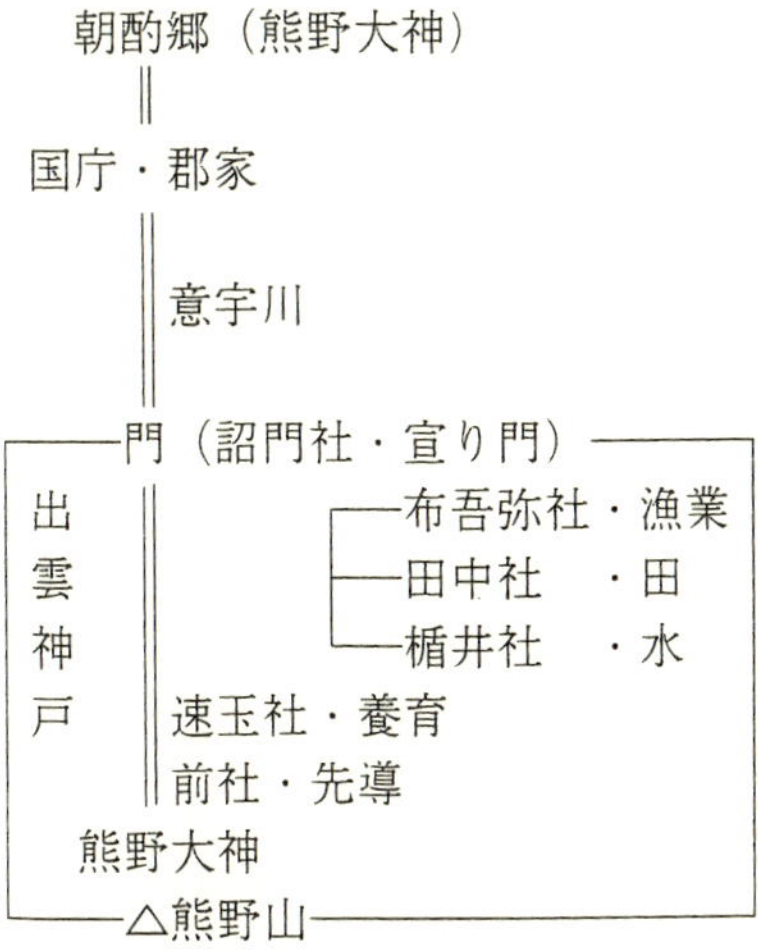

図37　熊野大社と摂社の空間

熊野山の頂上から北方を眺めるとその神域を越え、国庁・郡家域の茶臼山（神名樋野）、そして朝酌郷域も望むことができる。まさに実感的、視覚的に朝酌郷に熊野大神にかかわる伝承が残されたことが理解できる。熊野大神の視野に入った神域を越えた朝酌郷域を含む世界は熊野大神の信仰、活動圏といえよう。その熊野大神の世界の中央を北流していくのが意宇川である。図37で理解できるように熊野山に源を持つ意宇川は北流し、国庁・郡家域を通り、朝酌郷域に達する。熊野大神の鎮座地、そして熊野大神を奉祀する出雲国造の本拠地の意宇郡家（国庁）域、そして熊野大神の伝承を残す朝酌郷を貫流する意宇川はきわめて重要であろう。すでに別に述べたところであるが[13]、これは川が神々の通り道であるとする古代びとの意識を反映したものであ

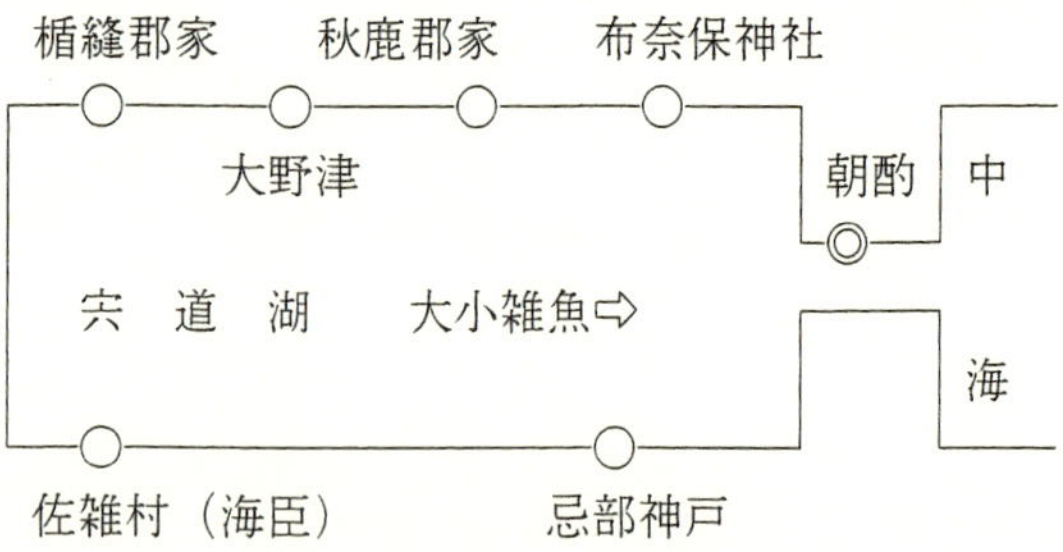

図 38　宍道湖水上交通網図

ろう。意宇川は熊野大神の道だったのである。

V　熊野大神と朝酌

朝酌郷域には朝酌渡、朝酌促戸渡が存在していた。『出雲国風土記』全体を通覧すると朝酌促戸渡が出雲国全体における交易の中心的存在として描かれていることに気がつく。「浜譟がしく家闐ひ、市人四より集ひて、自然に鄽を成せり」は活き活きとした表現で朝酌促戸渡の繁栄ぶりを物語る。朝酌促戸渡条には「大き小き雑の魚」が促戸に集まる様子が活写されているが、「大き小き雑の魚」という表現は今一カ所秋鹿郡条に「南は入海春は則ち、鯔・須受枳・鎮仁・鰕等の大き小き雑の魚」とみえる。ここにみえる「南は入海」は宍道湖のことであり、宍道湖の魚が季節により朝酌促戸に集まってくるのであろう。まさに朝酌促戸は宍道湖の海幸の宝庫として認識されていたのである。

宍道湖の水上交通の拠点としては忌部神戸の「海中を洲に沿ひ」の浜（意宇郡条）、秋鹿郡大野郷の「大野津社」の津、そして島根郡生馬郷に比定される「布奈保社」の津が想定される。「布奈保」とは『肥前国風土記』神埼郡条にみえる「諸の氏人等、落挙りて船に乗り、帆を挙げて、三根川の津に参集ひて、天皇に供へ奉りき。因りて船帆の郷といふ」にみえる「船帆」であろう。

また宍道湖に面した地にあったと考えられる秋鹿郡家・楯縫郡家にも津が付設されていたと考えられる。また意宇郡郡司主帳の海臣の本拠地と考えられる佐雑村（出雲郡条）にも船泊はあったであろう。以上、想定される六カ所以外にも船泊は考えられるが、その宍道湖の水上交通の最大の要は宍道湖と中海の結節地であった朝酌促戸であった。「促戸」は「瀬戸」であり、根源的には「瀬門」とであろう。朝酌の「瀬門」はまさに「南の入海」、宍道湖の「瀬門」、出入口にあたるのである。

出雲国造がそのような交易拠点を放置するはずがなく、朝酌郷条にあるとおり出雲国造の奉祀神である熊野大神の朝御饌の勘養、夕御饌の勘養に、「五つの贄の緒の処」として位置づけたのである。その「贄の緒」とは『播磨国風土記』賀古郡条の「(景行天皇)摂津国高瀬の済に到りまして、此の河を度らむと請欲はしたまひき。度子、紀伊国人の小玉、申さく、我は天皇の贄人たらめや」を勘案すると、渡船業をも営む漁民集団であった。以上述べてきたように朝酌の地は「南の入海(宍道湖)」を袋とするならばその縛り口にあたり、まさに出雲国の臍の位置を占めていたといって過言ではないといえよう。

註

(1)瀧音能之『出雲国風土記と古代日本』(雄山閣、一九九四年)。
(2)千家尊統『出雲大社』(学生社、一九六八年)。
(3)国史大系　新抄格勅符抄・法曹類林・類聚符宣抄・続左丞抄・別聚符宣抄(新訂増補　新装版、二〇〇七年)。
(4)加藤義成『出雲国風土記参究』(原書房、一九五七年)。
(5)『おおばの歴史』(おおばの歴史編纂委員会、一九九八年)。
(6)秋本吉郎『風土記』(岩波書店、一九五八年)。
(7)朝山晧「出雲国風土記に於ける地理上の諸問題」(『出雲国風土記の研究』島根県古代文化センター、一九九八年)。
(8)『八束郡誌』(名著出版、一九七三年)。
(9)熊野大社『くまくましいクニ』(熊野大社・熊野大社氏子会、一九九四年)。
(10)拙著『日本古代社会生活史の研究』(校倉書房、一九九四年)。
(11)拙稿「佐太大神の周辺」(『重要文化財　佐太神社』一九九七年)。
(12)熊野高裕「出雲国風土記所蔵楯井社考」(『出雲古代史研究』九、二〇〇一年)。
(13)拙著『古代出雲世界の思想と実像』(大社文化事業団、一九九七年)。

第十章　佐太大神と地域社会

Ⅰ　狭田国への関心

本章の課題の一つは、『出雲国風土記』秋鹿郡恵曇浜条の検討をとおして風土記時代の地域信仰世界を復元することにあるが、その理解のなかで恵曇浜を包む地域社会の歴史的変遷を明らかにするという課題も視野に入れたい。そういう中、当該地域が属していた「狭田国」、島根半島の成立を神話化した『出雲国風土記』冒頭を飾る国引詞章も避けて語ることが不可能となってきた。

国引詞章は出雲古代史を考える上できわめて重要な神話であり、今までにも多くの優れた研究が蓄積されてきている。(1) ところが今までの研究ではその国引詞章の世界のなかで論じられる傾向にあり、それと深いかかわりがあると考えられる在地社会の動向への考察が不十分であったと考えられる。

ここでは、その「深いかかわりがあると考えられる」部分を根底に据え、国引詞章で「国来々と引き来縫へる国は多久の折絶より、狭田国、是なり」の「狭田国」に着目し、そこに今も鎮座する佐太大神・佐太神社とのかかわりを想定し、地域社会の歴史空間、そして展開を追ってみたいと思う。

Ⅱ　佐太大神の世界

著名な国引詞章そのものに関する分析に関してはすでに小論二編を公にしているのでそれに譲る。(2) ここで注目したいのは国引した「引き来縫へる国」がどの地域にあたるかという点である。国引詞章は長大であるので、ここでは「引き来縫へる国」の地域を語る部分のみを示しておこう。

a　去豆の折絶より、八穂爾支豆支の御埼なり。
b　多久の折絶より、狭田国、是なり。
c　宇波の折絶より、闇見国、是なり。
d　三穂の埼なり。

国引詞章は出雲国の初源的形態を「狭布の稚国なるかも。初国小さく作らせり」とする。図40で見れば、「狭布の稚国」はほぼ神門・大原・飯石・仁多・意宇郡の地域に相当すると考えられる。それに対して「作り縫はな」の「引き来縫へる国」が残りの出雲・楯縫・秋鹿・島根郡の島根半島地域ということになる。

　この国引きで奇妙なのは「引き来縫へる」いわゆる四「国」の表現が二形態をとっていることである。「引き来縫へる国」と言いながら両端は「埼」としてとらえられているのである。

三穂埼	宇波の折絶⇐ 闇見国	多久の折絶⇐ 狭田国	去豆の折絶⇐ 八穂爾支豆支御埼

図39　国引神話構成概念図

　『出雲国風土記』で使用されている「埼」という語句は「前原埼」、「美保埼」、「瀬埼」、「加賀神埼」というように自然地形への呼称である。ところが中央の二地域は「国」と表され、趣を異にしているのである。aの「去豆の折絶」から「八穂爾支豆支の御崎」という表現は図40の「去豆浜」から「杵築御埼」までの領域を一つの塊として表していることになる。dの「三穂埼」は文の上では現れないが、図39を念頭に置きつつ、cの「宇波の折絶より、闇見国、是なり」を勘案すると、「宇波の折絶」より東、「三穂埼」までを一つの領域の塊として心底ではとらえられていたと考えられる。

　しかし、bの「多久の折絶よ、狭田国」、cの「宇波の折絶より、闇見国」の場合は表現上、イメージ的に様相が違うようである。「埼」とは異なり、「国」は当初から地域的空間を持つものである。本来、「引き来縫へる」地域全体を表すならば、a・d的にb「多久折絶より、去豆の折絶」、c「宇波の折絶より、多久の折絶」ということになるはずである。問

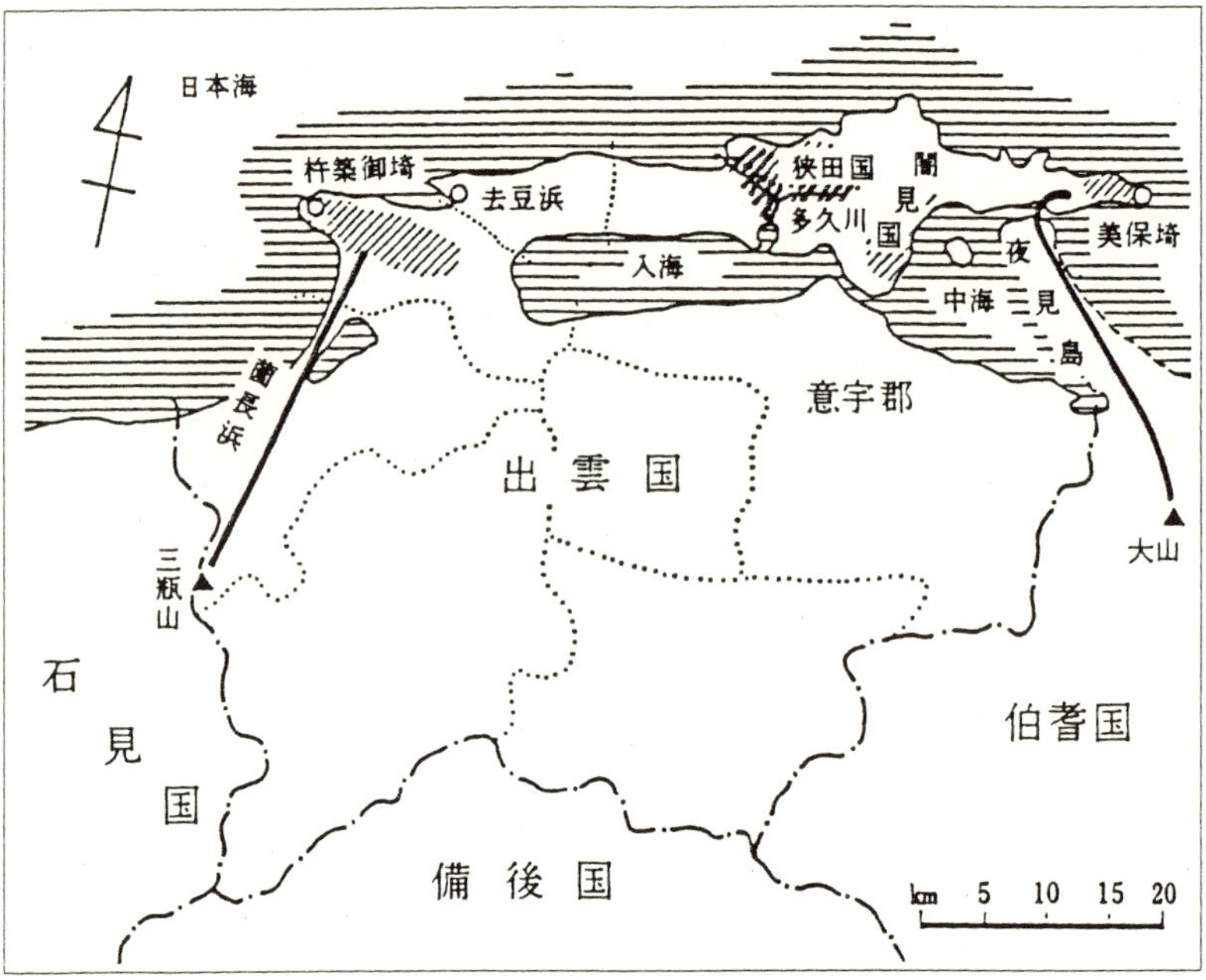

図 40　国引神話鳥瞰図（瀧音能之氏作図『出雲国風土記と古代日本』）

題の「狭田国」の場所、領域に関して加藤義成氏は「狭田の国は佐太の地というに同じい。もとの多久川の切れ目から平田市の小津の切れ目までを狭田の国といったのは、この地塊に佐太大神の鎮まります土地という意である」とする。[3]

佐藤四信氏も同様に基本的には「狭田国は今日の島根郡鹿島町佐田本郷から、多久川の切目の西、今日の平田市から小津浦に抜ける佐太地溝の線までの、朝日山山塊を構成する丘陵地域」を指すとする。[4]この理解は図39の構造をそのままおさえれば正しいであろう。しかし、国引詞章はそれを承知で「多久の折絶より、狭田国」、「宇波の折絶より、闇見国」としたのは該地域で「狭田国」、「闇見国」が象徴的な地域政治勢力として存在していたからではなかろうか。

そこで注目したいのは一九八九年に鹿島町歴史民俗資料館が作成した『古代狭田王国の興亡』の理解である。[5]同書では、「狭田王国」を近年の古墳などの発掘成果をもとに鹿島町から宍道湖北岸の秋鹿郡大野町付近までを想定する。はたしてそこで指摘された三グループの古墳群が同一氏族で「狭田王国」を構成していたのか、それとも複数の地域首長の奥津城なのかは問題ではあるが、「狭田国」を「去豆の折絶」まで拡大しなかった点は、「狭田国」・「闇見国」のあり方を考える上で興味深い。

その「狭田国」にかかわると考えられる伝承が『出雲国風土記』島根郡条に見える。

○加賀郷（略）佐太大神の生れまししところなり。御祖、神魂命の御子、支佐加比賣命、「闇き岩屋なるかも」と詔りたまひて、金弓もちて射給ふ時に、光加加明きき。故、加加といふ。

○加賀神埼即ち窟あり。高さ一十丈ばかり。周り五百二歩ばかりなり。東と西と北とに通ふ。（a謂はゆる佐太大神の産れまししところなり。産れまさむとする時に、弓箭亡せましき。その時、御祖神魂命の御子、枳佐加比賣命、願ぎたまひつらく、「吾が御子、麻須羅神の御子にまさば、亡せし弓箭出で来」と願ぎましつ。その時、角の弓箭水の随に流れ出でけり。その時、弓を取らして、詔りたまひつらく、「此の弓は吾が弓箭にあらず」と詔りたまひて、擲げ廃て給ひつ。又、金の弓箭水の随に流れ出で来けり。即ち待ち取らしまして、「闇き窟なるかも」と詔りたまひて、射通しましき。即ち、御祖支佐加比賣命の社、此処に坐す。今の人、b是の窟の辺を行く時は、必ず声磅礚かして行く。若し、蜜に行かば神現れて、飄風起り、行く船は必ず覆へる。

この島根郡条の二伝承は「狭田国」に深いかかわりがあると考えられる佐太大神誕生神話であるが、その佐太大神の鎮座地は隣郡の秋鹿郡条に登場してくる。

神名火山　郡家の東北のかた九里卅歩なり。高さ二百卅丈、周り一十四里なり。謂はゆる佐太大神の社は、即ち彼の山下なり。

この点に関して近藤正氏は「加賀の神埼は海の洞穴である。それにたいして佐太大神の鎮まります所は神名火という山の麓である。のみならず『風土記』によれば、大神の鎮まります佐太のあたりは狭田の国とよばれ、ここ加賀のあたりは闇見の国とよばれていた。闇見の国の海辺洞穴でうまれたもう若御子神が、隣国の狭田の神名火の麓に大

神として鎮まりましたということになるわけで、この事態をなんと見るか」という問題を提起する。(6)

ここで問題にすべきは近藤氏が前提とした「加賀のあたりは闇見の国とよばれていた」の再確認である。それは国引詞章に見える「闇見国」「狭田国」の国の堺である「多久の折絶」をどこに比定するかにかかわるといえよう。「多久の折絶」の「折絶」とは何であろうか。上記の加藤・佐藤両氏は「切れ目」とする。たしかに「折絶」、すなわち「オリ・タエ」の「オリ」には「境目」「区切り」の意が、「タエ」にも「タエマのある地形」の意があり、(7)大地の「切れ目」として「谷」的な地形を想定するのが適当となろう。「加賀」を「闇見国」内とする見解は現鹿島町から佐太神社までの谷をその「折絶」に充てたことによって成立していることがわかる。

しかし、問題は「多久」という地名である。『出雲国風土記』島根郡条には「多久川」が見える。「多久川」、すなわち現講武川は図41を見ても理解できるように標高五〇二メートルの大平山（『風土記』にいう小倉山）を源として西流し、佐陀川に合流、南下して佐太水海に注ぐ川である。島根郡条の神名帳に見える「多久社」も講武川の谷に鎮座している。(8)「多久の折絶」の「多久」に注目するならば「多久の折絶」は現鹿島町から佐太神社までの谷ではなく、講武川の谷とするのが正しい（図41）。ちなみに「多久川」の源流の小倉山からは「加賀川」、すなわち「源は郡家の西北のかた廿四里一百六十歩なる小倉山より出で、北に流れて大海に入る」が流れていることが注目される。この「加賀川」は加賀に注ぐ澄水川と考えられており、「多久の折絶」は「多久川」、そして「加賀川」の谷を結ぶラインとして想定される。(9)

Ⅲ　「狭田」・「佐太」考

「狭田国」の「狭田」に関して、加藤義成氏は「山間に開墾した細長い水田」とし、佐藤四信氏は「狭田国はその地名の示すやうに、山間の傾斜面に開墾された狭い水田の多い農耕地帯」とする。「狭田」が「サタ・サダ」で「佐太」に通じるとすると、なぜ、農耕神である「サタ・サダ」大神が近藤氏がいみじくも指摘した「海辺洞穴でうまれ

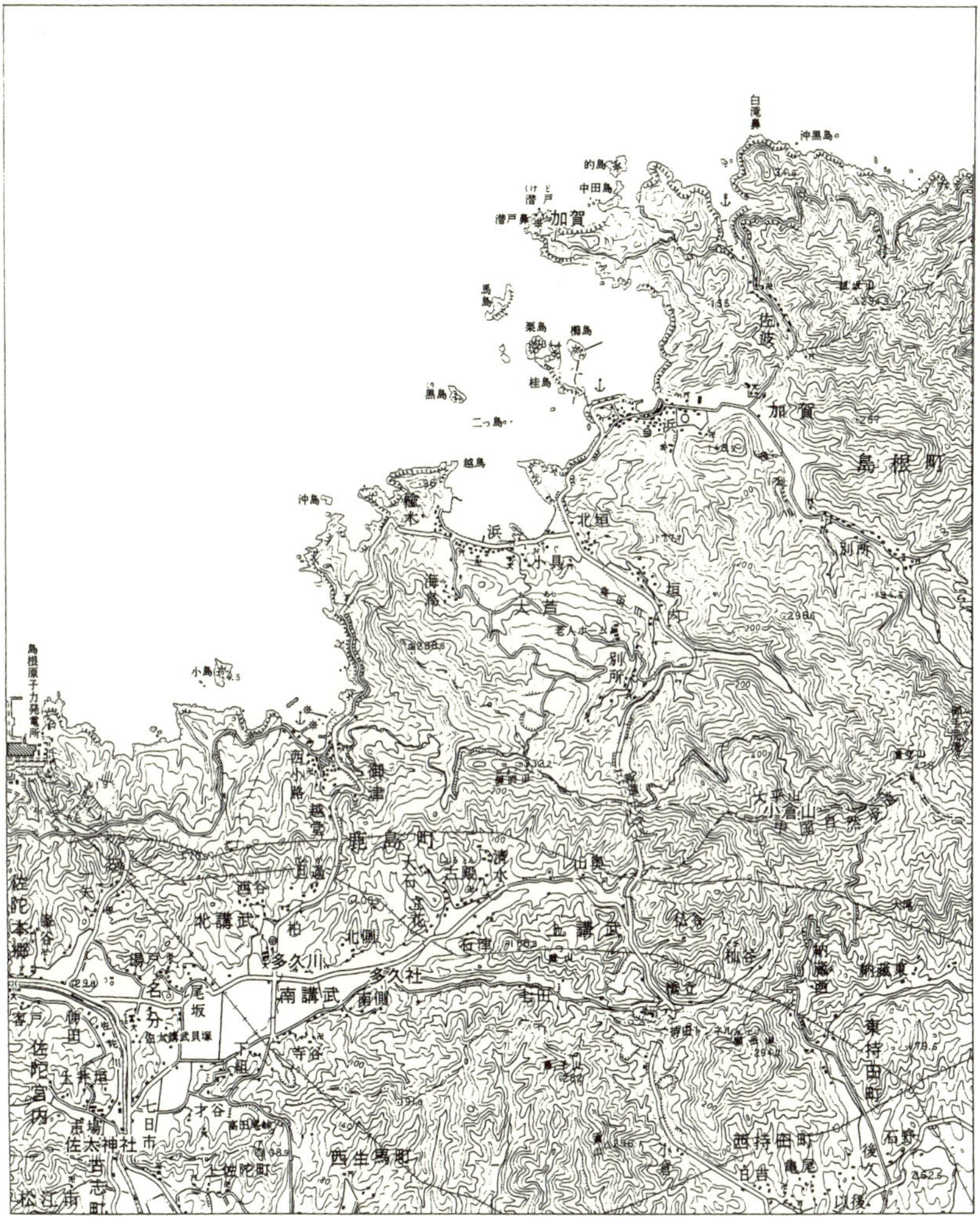
白滝鼻
沖黒島
的島
中田島
潜戸《くけど》
潜戸鼻
加賀
馬島
栗島
櫛島
桂島
黒島
二っ島
越島
沖島
佐波
加賀
島根町
浜
北垣
小具
大芦
海崎
垣内
別所
別所
小島
島根原子力発電所
御津
西小路
鹿島町
大平山
小倉山
佐陀本郷
北講武
多久川
南講武
上講武
多久社
名分
尾坂
佐太講武貝塚
佐陀宮内
佐太神社
七日市
寺谷
石津
西生馬町
西持田町
東持田町
亀尾
松江市
古志町
上佐陀町

図 41　「多久」地域地図

たもうた若御子神」となるのであろうか。

加藤・佐藤両氏の理解は借字の「狭田」に引きずられ過ぎたのではなかろうか。まずは「サタ・サダ」で考えるべきであろう。民俗学者の石上堅氏によれば「サタ・サダ」は「岬のこと。あるいは先端に立ちたもう神の義」という。長文になるがきわめて興味深い氏の見解をここに紹介しよう。(10)

「記・紀」の天孫降臨の露払い役をつとめた「猿田彦」の「サルタ」は山詞で、サダテは男根のこと、鼻の出張りをいうのと関係があろう。青森県西津軽郡地方で山路に出る怪物サダが、人に憑くと鼻水が出てきりがないという。なお、悪霊を足踏みをして、鎮めることもサダであり、そうすると自然にその所に、新たなよい霊魂・神がよってくる所と信じた場所がサダで、つまり、左太の浦（足摺岬）など地名（愛媛県・高知県・鹿児島県ほか）に現存している。このサルタ・サダの神は、特に峻厳な神であったゆえ、その前を横切、通過する時に、足摺（足踏み・地団太踏）をして、正式に戒慎状態を示して過ぎねばならなかったのだ。それが岬の神への作法にひかれて、次第にその意中を、はっきり示すことを要求する神でもあった。

石上氏のこの見解はまったく「狭田国」・佐太大神のことに関知せず導き出した見解である。著名な佐多岬の名も十分に納得いく説明である。氏の見解を是とすると佐太大神は岬の名を冠した神となろう。先に引用した加賀神埼伝承の「b是の窟の辺を行く時は、必ず声磅礚かして行く。若し、密に行かば、神現れて、飄風起り、行く船は必ず覆へる」は、石上氏の言う「その前を横切、通過する時に、足摺（足踏み・地団太踏）をして、正式に戒慎状態を示して過ぎねばならなかったのだ」の一つの異なった形態と見なすことができる。現在、伝承地の加賀潜戸のある岬を「潜戸鼻」と呼んでいることも石上見解を支持できる点である。

ここで注意しなければならないのは、佐太大神の「佐太」は岬で生まれたことによる命名ということである。なぜなら「b是の窟の辺を行く時は、必ず声磅礚かして行く。若し、密に行かば、神現れて、飄風起り、行く船は必ず覆へる」神威を発揮しているのは、加賀神埼に鎮座している（「御祖支佐加比賣命の社、此処に坐す鎮座している」）母神の支佐加比賣命が「岬の神」であるからである。

Ⅳ　佐太大神と蛇神信仰

では神名火山の山麓の鎮座し、「岬」の意である「サタ・サダ」を名に冠する佐太大神はいかなる神なのであろうか。ここで記紀に見える「カンナビ」山で有名な三輪山伝承に目を向けてみたい。

○勢夜陀多良比賣、その容姿麗美しくありき。故、美和の大物主神、見感でて、その美人の大便まれる時、丹塗矢に化りて、その大便まれる溝より流れ下りて、その美人の陰を突きき。（『古事記』神武記）

○倭迹迹日百襲姫命、大物主神の妻と為る。然れども其の神常に昼は見えずして、夜のみ来す。倭迹迹姫命、夫に語りて曰はく、君常に昼は見えたまはねば、分明に其の尊顔を視ることを得ず。願はくは暫留まりたまへ。明旦に、仰ぎて美麗しき威儀を観たてまつらむとと欲ふ、といふ。大神対へて曰はく、言理灼然なり。吾明旦に汝が櫛笥に入り居らむ。願はくは吾が形にな驚きまそ、とのたまふ。爰に倭迹迹姫命、心の裏に密に異ぶ。明くるを待ちて櫛笥を見れば、遂に美麗しき小蛇有り。その長さ大さ衣紐の如し。則ち驚きて叫啼ぶ。時に大神恥ぢて、忽に人の形と化りたまふ。（『日本書紀』崇神紀十年条）

『古事記』神武記伝承では、大物主神が丹塗矢に形を変え、女と性交したことがわかる。一方、『日本書紀』崇神紀十年条伝承で大物主神の本性が蛇神であったことが判明する。この点に関しては国文学の永藤靖氏が研究を整理しながら端的にまとめられている。(11) 氏は『山城国風土記』逸文の賀茂の玉依日売が「丹塗矢」に感じて「別雷神」を孕んだ例などを引用しつつ、大物主神を中心とする三輪山信仰に水神と日神の二側面を読み取ろうとする。後者の日神の信仰はともかくとして水神信仰を認めるのは正しいであろう。永藤氏はさらに出雲の神名火山信仰を考察するなかで、出雲大社・佐太神社の神在祭に言及し、祭られる対象である「龍蛇さま」に注目する。さらに今日、出雲各地で展開されている種々の蛇にまつわる神事、習俗を紹介し、「海神を寄り来る神をとして斎き祭った習俗は、古代出雲人の古い神の観念を表している」と論じる。

永藤氏は出雲の蛇神信仰に言及する際に神在祭の「龍蛇」を取り上げたが、まずは加賀神埼伝承を検討すべきではなかろうか。加賀神埼伝承では、佐太大神の誕生前に母神が「弓箭」を亡くし、「吾が御子、麻須羅神の御子にまさば、亡せし弓箭出で来」と願ったところ、角の「弓箭」が「水の随に」流れてきたという。母神は、自分の亡くした「弓箭」ではないと角の「弓箭」を捨てたところ「金の弓箭」が流れ出てきたので、それを取り、その「金の弓箭」で窟を射通したと伝える。

この伝承で不思議なのは佐太大神の誕生神話であるはずが、結局佐太大神の誕生場面が描かれていない点である。(12)伝承の「金の弓箭」が流れ出てきた点をおさえると、この神話は先に引用した『古事記』神武記の丹塗矢伝承と根底において共通していると判断できよう。

ここで『日本霊異記』中巻四一話に目を転じると次のような興味深い伝承に出会う。

河内国更荒郡馬養里に、富める家有り。家に女子有り。大炊天皇のみ世に、天平宝字三年己亥の夏四月、其の女子、桑に登りて葉を揃く。時に大蛇有り。登れる女の桑に纏ひて登る。路を往く人、見て嬢を示す。嬢見て驚き落つ。蛇も亦副ひ堕ち、纏ひて婚ふ。慌れ迷ひて臥しつ。父母見て、薬師を請ひ召し、嬢と蛇と倶に同じ床の載せて、家に帰り庭に置く。稷の藁三束を焼き（三尺を束に成して三束と為す。）湯に合はせ、汁を取ること三斗、煮煎りて二斗と成し、猪の毛十把を剋み末きて汁に合はせ、然して嬢の頭足の當てて、橛を打ちて懸け釣り、開の口に汁を入る。汁入ること一斗、乃ち蛇放れ往くを殺して棄つ。蛇の子白く凝り、蝦蟆の子の如し。

この伝承にみえる蛇が「纏ひて婚ふ」とは明らかに蛇が女性器に入ることにより妊娠する展開であり（「開の口［女性器］」に堕胎薬の汁を流し入れ、中に入った蛇を外に出す）、蛇が男性器の象徴として語られていることがわかる。その点を勘案し、蛇の化現が「矢」であることをおさえれば、「金の弓箭」、「丹塗矢」ともに生命誕生にかかわる男性器の象徴ということになる（表20）。

佐太大神の誕生地である加賀神埼は今日観光地となっており、船で一周することが可能である。加賀の港を漁船的観光船で出港し、旧潜戸・新潜戸と回るが、海上から見た洞窟はまさに女性器として目に入ってくる。旧潜戸の内部は小石が積まれた賽の河原状態と化し、幼くして死んだ子供たちのランドセル、人形、運動靴などの遺品が所狭しと置かれている。この洞窟を他界への入口と見る見方も成り立つが、不憫な子供を母の胎内に戻すという意識が働いているのではなかろうか。まさに形態的には古今、加賀神埼は女性器であった。その女性器に「金の弓箭」、すなわち男性器を「射通す」行為は性交、すなわち結果としての佐太大神の誕生へとつながるのである。佐太大神の父神の名は直接的には伝承には登場しないが、そのようなケースは記紀・風土記神話に数多く確認できるものである。

表 20　蛇神の変化の様相

連想	男性器
	（『日本霊異記』）
化現	丹塗矢
	（『古事記』神武記）
現神	大物主神
	（『日本書紀』崇神紀十年条）
本性	蛇　神
	（『常陸国風土記』那賀郡条）
性格	雷　神（水神⇒農耕神）

V　神名火山の歴史的展開

神名火山　郡家の東北のかた九里卅歩なり。高さ二百卅丈、周り一十四里なり。謂はゆる佐太大神の社は、即ち彼の山下なり。

島根郡の加賀郷で誕生した佐太大神は、『出雲国風土記』編纂段階において、秋鹿郡の神名火山の山麓に鎮座していたことがわかる。佐太大神はなぜ、どのような過程を経て、神名火山の山麓に鎮座したのであろうか。まずは他の神々の動きと比較して考えてみたい。

『出雲国風土記』の郷名起源伝承などに見える神々の鎮座事情をまとめると表21のようになる。無印、および☆印の神々は巡行し、その郷に鎮座した神であり、★印はその郷に鎮座している神

表21　神々の動向一覧表

意宇郡	屋代郷	天津子命	出雲郡	伊努郷	赤衾伊努意保須美比古佐倭気能命
	山国郷	布都努志命			
	大草郷	青幡佐久佐日古命		美談郷	和加布都努志命
	山代郷	山代日古命		宇賀郷	★綾門日女命
	野城駅	★野城大神		神名火	★伎比佐加美高日子命
	熊野山	★熊野大神	神門郡	朝山郷	★真玉著玉之邑日女命
嶋根郡	山口郷	都留支日子命		鹽冶郷	★鹽冶毗古能命
	美保郷	☆御穂須須美命		八野郷	★八野若日女命
	方結郷	国忍別命		高岸郷	阿遅須枳高日子命
	生馬郷	八尋鉾長依日子命		滑狭郷	★和加須世理比売命
	法吉郷	宇武加比売命		多伎郷	★阿陀加夜努志多伎吉比売命
	千酌駅	都久豆美命			
秋鹿郡	恵曇郷	磐坂日子命	飯石郡	飯石郷	★伊毗志都幣命
	多太郷	衝桙等乎与留比古命		須佐郷	神須佐能袁命
				波多郷	波多都美命
楯縫郡	神名樋	☆多伎都比古命		来嶋郷	伎自麻都美命
出雲郡	健部郷	宇夜都弁命	仁多郡	布勢郷	大神
	漆沼郷	天津枳比佐可美高日子命		阿伊村	玉日女命
			大原郡	斐伊郷	樋速日子命

(鎮座以前に関しては言及されていない。それゆえ、鎮座以前に巡行したかどうか確定できない)、もしくは鎮座事情不明の神である。『風土記』の伝承を概観すると、多くの神々が人びとの祭祀を受けるために、あるいは鎮座する場所を求めて、地域を巡行するものと考えられていたことがわかる。

移動した神々の中で、比較的鎮座までの事情が詳しい『出雲国風土記』島根郡条美保郷の御穂須須美命、楯縫郡条の多伎都比古命の場合(表21☆印神々の動向一覧表)を検討しよう。

美保郷　郡家の正東廿七里一百六十四歩なり。天の下造らしし大神の命、高志国に坐す神、意支都久辰為命のみ子、俾都久辰為命のみ子、奴奈宜波比賣命にみ娶ひまして、産みましし神、御穂須須美命、是の神坐す。故、美保といふ。

この伝承によれば、美保郷の神である御穂須須美命は、「天の下造らしし大神の命」、すなわち大国主神が「高志国」、すなわち北陸の神・

奴奈宜波比賣命のもとに通い生まれたことになる。大国主神が北陸方面に出向いたとする神話は『出雲国風土記』意宇郡条母理郷・拝志郷の伝承にも見え、『古事記』でも確認される。この伝承では御穂須須美命がどこで誕生したのかは不明であるが、『古事記』によれば「高志国の沼河比売を婚はむとして幸行でましし」とあることから、「高志国」と意識されていたと考えられよう。御子神の御穂須須美命は何らかの事情で父神の本拠である出雲国の美保郷に移り、鎮座したと考えられていたものと思われる。

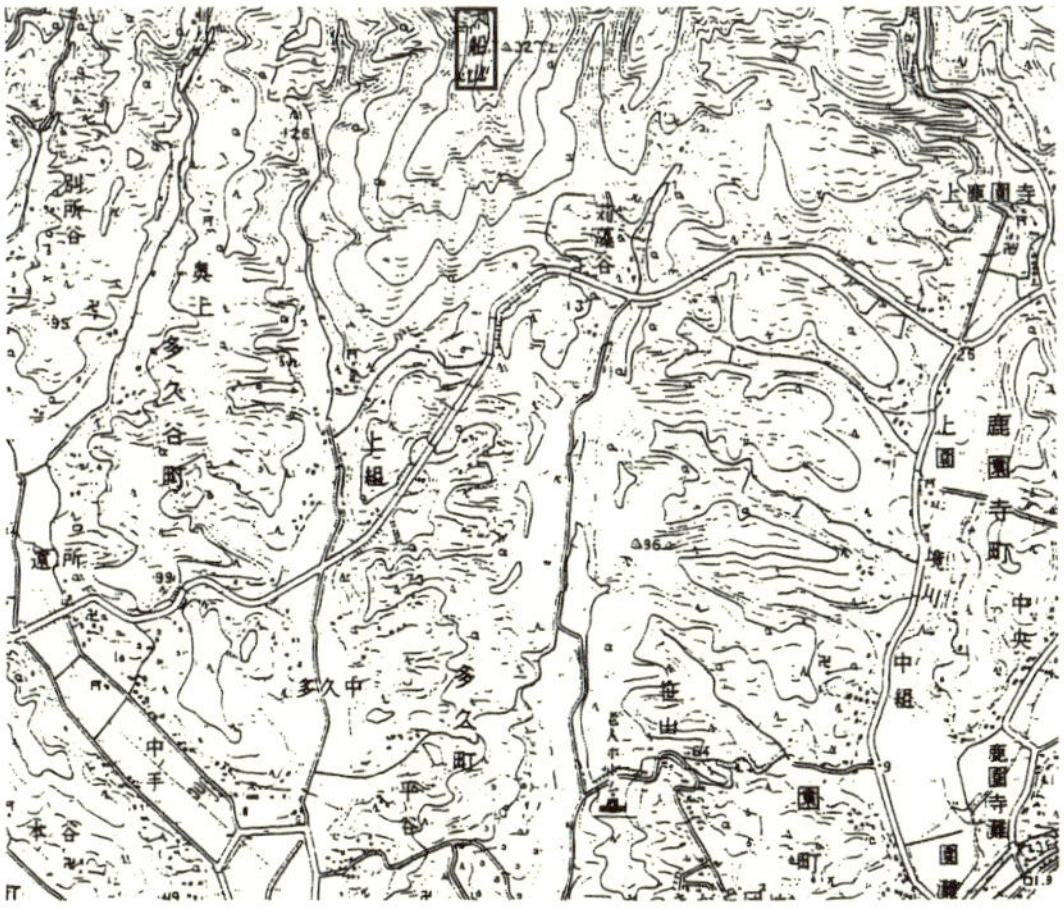

図 42　大船山（神名樋山）と多久神社

神名樋山　郡家の東北のかた六里一百六十歩なり。高さ一百廿五尺、周り廿一里一百八十歩なり。嵬の西に石神あり。高さ一丈、周り一丈なり。往の側に小き石神百余ばかりあり。古老の伝へていへらく、阿遅須枳高日子命の后、天御梶日女命、多久村に来まして、多伎都比古命を産み給ひき。その時、教し詔りたまひき。謂はゆる石神は、即ち是、多伎都比古命の御託なり。旱に当りて雨を乞ふ時は、必ず零らしめたまふ。

この神名樋山伝承によれば、神名樋山に鎮座している多伎都比古命は、阿遅須枳日子命と天御梶日女命の間に生まれた神とされている。その誕生地は「多久村」と伝える。「多久村」は楯縫郡条にみえる「多久川　源は郡家の東北のかたなる神名樋山より出で、西南のかたに流れて入海に入る」多久川の流域に展開した村であろう。現在も平田市に多久町、多久谷町が遺称として残っている。神名樋山と思われる大船山（三二七メートル）の南麓には風土記社である多久神社が鎮座している（図42）。

以上の点をふまえれば、多伎都比古命は多久村で誕生し、その後、移動して神名樋山に鎮座したことが判明する。このような二つの事例を参考にすれば、佐太大神が加賀神埼に誕生し、その後、移動して神名火山の麓に鎮座したのは不思議ではない。

Ⅵ　神名火山と佐太大神

多伎都比古命の最終の鎮座の場所はどこであろうか。先に「多伎都比古命は多久村で誕生し、その後、移動して神名樋山に鎮座したことが判明する」としたばかりであるのに、この発問は何であろうか。それは神名樋山に「鎮座」したとしたことにかかわる。なぜなら、神名樋山の「嵬の西の石神」は多伎都比古命そのものではなく、あくまで「謂はゆる石神は、即ち是、多伎都比古命の御託」であったからである。「御託」とは依代と考えられる。実際は神名樋山の麓の多久社が最終的な鎮座地であろう。たとえそこに鎮座せず、神名樋山にいたとしても日照による雨不足（旱に当りて雨を乞ふ時は、必ず零らしめたまふ）以外は山麓の多久社で祭られていたと思われる。

これに関連して興味深い史料は『常陸国風土記』那賀郡条の次の伝承である。

古老いへらく、兄と妹と二人ありき。兄の名は努賀毗古、妹の名は努賀毗咩といふ。時に妹室にありしに、人あり。姓名を知らずに、常に就て求婚ひ、夜来りて昼去りぬ。遂に夫婦と成りて、一夕に懐妊めり。産むべき月に至りて、終に小さき蛇を生めり。明くれば言とはぬが若く、闇れば母と語る。是に、母と伯と、驚き奇しみ、心に神の子ならむと挟ひ、即ち、浄杯に盛りて、壇を設けて安置けり。一夜の間に、已に杯の中に満ちぬ。更、瓰に易へて置けば、亦、瓰に内に満ちぬ。此かかること三四して、器を用ゐあへず。母、子に告げていへらく、汝が器宇を量るに、自ら神の子なることを知りぬ。我が属の勢は、養長すべからず。父の在すところに従きね。此にあるべからず、といへり。時に、子哀しみ泣き、面を拭ひて答へけらく、謹しみて母の命を承りぬ。敢へて辞ぶるところなし。然れども、一身の独去きて、人の共に去くものなし。望請はくは、矜みて一の小子を副へたまへ、といへり。母のいへらく、我が家にあるところは、母と伯父とのみなり。是も亦、汝が明らかに知るところなり。人の相従ふべきもの無けむ。爰に、子恨みを含みて、事吐はず。決別るる時に臨みて、怒怨に勝へず、伯父を震殺して天に昇らむとする時に、母驚動きて、𥑐を取りて投げ觸てければ、子え昇らず。因りて此の峯に留まりき。盛りし𥑐と甕とは、今も片岡の村にあり。其の子孫、社を立てて祭を致し、相続ぎて絶えず。

これも典型的蛇婚伝承である。語るところは、正体不明の「神」（先に述べたとおり父神の正体は不明である）と努賀毗咩との間に生まれた蛇神が天に帰る際に伯父を「震殺」したが、母の投げた𥑐にあたり、峯に止まったという内容である。また、一族（母・努賀毗咩はその後何らかの形で結婚したというのであろう）の子孫はその蛇神を祭るために社を立てて、その祭りを現在まで継承しているという。この蛇神の性格は「震殺」した点をおさえるならば雷神ということになろう。不可抗力という点には配慮しなければならないが、注目すべきはその雷神が最終的には「此の峯に留まりき」というかたちで鎮座したと伝える点である。雷の本拠である天には戻ることはなかったが、地上で雷神があえて選んだ場所が「峯」であったことは重要である。

雷神は先に『古事記』神武記、『日本書紀』崇神紀十年条、『山城国風土記』逸文などの検討から本源的には水神であることを確認してきた。『出雲国風土記』楯縫郡の神名樋山の多伎都比古命は加藤義成氏が論じているように「多伎（滝）」の神であり、水神である。[14] その点をおさえるならば、水神である佐太大神も「佐太大神の社は、即ち彼の山下なり」ではなく、本来的には神名火山に鎮座していたのであろう。

「カンナビ」の意については多様な見解があるが、『播磨国風土記』印南郡条の著名な印南別嬢の伝承に見える「島に遁げ度りて隠（ナ）び居りき。故、南毗都麻といふ」の「隠び（南毗）」に注目すれば、神が籠もり鎮座した山ということになろう。『出雲国風土記』出雲郡条の「曽支能夜の社に坐す伎比佐加美高日子の社、即ち此の山の嶺にあり。故、神名火山といふ」などはそれを如実に示している具体例である。『万葉集』に見える「カムサビ（神さび）」は「カンナビ」状態とは正反対の「神らしい状態」、すなわち活動する神を示す動詞と考えられる。

佐太大神は誕生地の岬の「サタ・サダ」を名に冠するが、その性格は父神の蛇性（弓箭）を引き継ぎ水神であり、地域一帯の農耕神として神名火山に「籠もり鎮座した」と人びとに認識されるようになったと考えられよう。

Ⅶ　地域神と村落神―「謂はゆる」考―

佐太大神を祭る神社は秋鹿郡の神名帳の最初に見える「佐太御子社」である。その所在地は「神名火山　郡家の東北のかた九里卅歩なり。高さ二百卅丈、周り一十四里なり。謂はゆる佐太大神の社は、即ち彼の山下なり」と見える。ここで注目したいのは些細な表現であるが「謂はゆる」である。「謂はゆる」とは「世間で言う」という程度の意味であろう。『日本霊異記』中巻七話の「是は豊葦原の水穂の国に有る、所謂智光法師か」などの類例が参考になる。

『出雲国風土記』を通覧していくと意外と「謂はゆる」という表現が目につく。「謂はゆる某」と書くということは、最終の編者である神宅臣金太理が、その「某」が世間一般で知られているということを「知って」いたからであろう。

『出雲国風土記』で使われた「謂はゆる某」は、第一部の表2にまとめたとおりであるが、この「謂はゆる某」という書き方は編者の神宅臣金太理の常套表現方法であったと思われる。表2をみると、島根は四例、秋鹿は三例、楯縫・出雲は二例、意宇・神門・飯石は一例、仁多・大原は〇と神宅臣金太理の知識に偏在性があることがわかる。島根・秋鹿が多いのは神宅臣金太理が「秋鹿郡の人」であり、地元ということであろう。ここで注目したいのは「謂はゆる佐太大神」という表現である。なぜなら佐太大神の正式名は神名帳に登録された「佐太御子」であったと考えられるからである。しかし、人びとの間では「謂はゆる佐太大神」とあるとおり「佐太大神」で親しまれていたのである。その親しまれた「謂はゆる佐太大神」という表現はじつに鎮座する秋鹿郡だけではなく、島根郡でも確認されることがわかる。その事実は佐太大神が島根・秋鹿郡地方で圧倒的に知られ、親しまれ、信仰されていたことを示しているといえよう。島根・秋鹿郡には「佐太御子社」以外にも数多くの村落神が確認できるが、佐太大神はそれらの神々の上に立つ、島根・秋鹿郡地域全体（「狭田国」）に信仰の裾野を広げた地域神であったのであろう。

Ⅷ　秋鹿郡の神名火山の位置

佐太大神と深くかかわる神名火山は今日のどの山にあたるのであろうか。「郡家の東北のかた九里卅歩なり。高さ二百卅丈、周り一十四里なり。謂はゆる佐太大神の社は、即ち彼の山下なり」の記事から一般には朝日山（三四一メートル）とされいる。石塚尊俊氏は朝日山と佐太神社の位置関係について志谷奥遺跡の位置、現在の佐太神社鎮座地が出雲国造の祭る大神の神戸にあたることなどを念頭に置きつつ、『風土記』時代の佐太大神の社は、「もともと現在地よりかなり西北の、神名火山により近い、少なくとも神戸里とは関係のないところにあったと考へられる」と重要な興味深い問題を提起する(15)。

当初、筆者も氏と同じように『風土記』時代の佐太神社は現社地より西（『風土記』にいう恵曇郷、今日の鹿島町佐陀本郷）にあったと考えたが、佐太大神が一村落神ではなく広範囲に活動（島根郡・秋鹿郡）する地域神である点をふまえると、その場所では地理的空間からして不適当と考えるようになった。現社地は佐太川、多久川の合流地域であり、南下すれば佐太水海、そして入海（宍道湖）と河川だけを考えても重要な地域であることがわかる。各河川に沿っては水稲耕作が可能な平地が広がる場所でもある。地域神の社の所在地としては絶好地と考えられる。

石塚氏は現・社地の領域は秋鹿郡条に見える「神戸里」にあたるとされる。その「神戸里」は「出雲なり。名を説くこと、意宇の郡の如し」とあることから、佐太大神の鎮座地としては問題が残るとされる。なぜなら、「意宇の郡の如し」とは「伊弉奈枳の麻奈古熊野加武呂の命と、五百つ鉏の鉏猶取り取らして天の下造らしし大穴持命と、二所の大神等に依さし奉る。故、神戸という」ことであり、「出雲国造の斎く奉る大神達」のための神戸に佐太大神の社があったとは考えられないというのである。しかし、「二所の大神等」の「等」、そして出雲国造の神賀詞に見える

「いざなぎの日まな子、かぶろぎ熊野大神、くしみけの命、国作りましし大なもちの命二柱の神を始めて、百八十六社に坐す皇神等を、某甲が弱肩に太襷取り挂けて」の部分を勘案すると、出雲国造は「二所の大神」だけではなく「百八十六社」、すなわち『出雲国風土記』に見える「在神祇官」社の神々をも奉祭しているのである。当然、「百八十六社」には問題の佐太神社も含まれるのであり、その点を考えれば佐太神社がその「神戸里」に所在していたとしても不思議ではない。

しかし、石塚氏の問題提起にそれで応えたわけではない。明らかに神名火山とされる朝日山の「山下なり」という記事とは相違して、二キロは離れることには変わりはない。一方でその距離を縮めるために神名火山を佐太神社の裏手の小山に比定する見方もあるが、他の「カンナビ」山の規模（仏経山・茶臼山・大船山）と比較すると俄に従うことはできない。

ここで注目したい史料がある。それは寳永三（一七〇六）年の「佐陀大社勧文」である。その概況報告の「祭礼」の項には「神在祭者四月十日同式也。従十一日至十七日云上忌、従廿日至念五日云下忌、此間神門之外　曳注連縄、雖社司不入于神庭、念五日有神送之神事、神主社人潔齋而登於當社之西北十餘町　神目山、行行事、十月者必龍蛇有浮来」と見え、付属の項には「神目山、在秋鹿郡本郷村、此山四月十月神在祭之神事場也」とも見える。[16]ここで目を引くのは「神目山」であろう。佐太神社で最大、かつ最も重要な祭祀である神在祭は現在でもその「神目山」で行われているのである。人びとは「神目山」を「カンノメ」山と呼称する。この「神目山（カンノメ）」こそ「カンナビ」山の呼称の「訛り」ではなかろうか。

『時代別国語辞典』によれば「万葉にナマルという語があって、同じく隠れる意と考えられる。バ・マが転換することはしばしばある」という。[17]「バ・マの転換」は次の例に典型的にうかがえる。木下良氏は国府研究を展開するなかで、国府所在神社の宮目神社に注目される。その論の中にきわめて興味深い「バ・マの転換」に事例が紹介されている。下野国府跡は栃木市田村町字宮野辺（ミヤノベ）とされるが、そこに所在する「宮延神社（ミヤノベ）」は

『栃木県神社誌』では「宮目神社（ミヤノメ）」と呼称されているというのである。また、上野国府跡と目される前橋市元総社の北部中央に「宮鍋様」と呼ばれる小祠があるという。氏は「宮鍋が宮目と同一であることは疑いがない」と断定される。[18] この「ミヤナベ」から「ミヤノメ」への転換は「カンナビ」から「カンノメ」への転換の可能性が大であることを示しているといえよう。

a　恵曇地域からの朝日山

b　講武平野からの朝日山

恵曇地域から朝日山を眺めると、たしかに際立った高さを誇るが左右に山並みが続き、いわゆる世間で知られる「カンナビ」山、野本寛一氏の言葉を借りれば「広い意味では神奈備型に包括されるもののなかに、いわば『森山型』とでも呼ぶべき標高百から二百メートル前後の半球型ないしは円錐型の樹木に蔽われた山」とは形態が異なってみえる。[19] しかし、佐太神社のほぼ前方、すなわち東に広がる多久川沿いの平野部から眺める朝日山はほぼ「森山型」の形をとって目に入ってくる。また、二キロの距離が重なることにより、佐太神社は朝日山の麓に位置するようにも見えることになる。「地域神の社の所在地としては絶好地」の付近から眺めることにより朝日山は「カンナビ」山として生きてくるのである。[20]

佐太大神は加賀の神埼に誕生後、巡行し、地域の農耕神として朝日山に「籠もり鎮座した」が、『出雲国風土記』編纂段階においては、山頂から現・佐太神社に勧請されたのであろう。「神名火山」の呼称は朝日山から離され、近世段階ではすでにその訛称である「神目山」が一般となるが、「神目山」の所在地が佐太神社の北西七、八〇〇メートルに位置している点をおさえれば、「神名火山」と呼ばれた、意識された山の領域がもともと広かったのであり、その結果の表記が「山下なり」となったと考える。

Ⅸ　社部氏と佐太大神

『出雲国風土記』は郡ごとの編纂責任者名を郡記事の最後に署名の形で残している。島根郡条、また隣郡の秋鹿郡の最後のところには次のような署名が見える。

〔島根郡〕
郡司　主帳　无位　出雲臣
大領　外正六位下　社部臣
少領　外従六位上　社部石臣
主政　従六位下　勲十二等　蝮朝臣
〔秋鹿郡〕
郡司　主帳　外従八位下　勲十二等日下部臣
大領　外正八位下　勲十二等　刑部臣
権任少領　従八位下　蝮部臣

当地域における郡制（評制も含めて）施行以前においては、当然、島根・秋鹿郡の領域は存在せず、すでに論じたように秋鹿郡から島根郡西部（加賀付近まで）に及ぶ「狭田国」が存在していたと考えられる。となれば令制下の島根・秋鹿郡の領域にとらわれない「狭田国」一帯を領域にした在地首長の存在を想定することが可能となろう。島根・秋鹿郡で有力な氏族としては署名に見える島根郡の大領の社部臣、少領の社部石臣、主政の蝮朝臣、そして主帳の出雲臣、秋鹿郡では大領の刑部臣、権少領の蝮部臣、そして主帳の日下部臣であろう。

この諸氏族のなかで注目されるのは二郡で郡司職に就く蝮（部）一族である。ただし、この二郡での蝮一族の位置は主政・権任少領であり、ともに主導権を握るまでには至っていないようである。蝮一族の出雲国での基盤は大領に就任した仁多郡であったと思われる。

蝮一族以外で島根・秋鹿郡の両郡、先の「狭田国」で注目されるのが、すでに論じた社部一族である。島根郡では大領を社部氏が占め、そして次官の少領にも同族と考えられる「社部石臣」が就任していることがわかる。社部は外正六位下、社部石臣は外従六位上と他氏族と比較しても格段の位についていることが判明する。出雲国造で意宇郡大領である出雲臣広島と大原郡大領の勝部臣が「正六位上」で最高位であり、三番手が「正六位下」の社部臣と出雲郡の高善史、次が「従六位上」の社部石臣となる。そのように位に関してみれば三十四名の郡司のなかで社部一族はじつに二氏ともベスト五にランクされているのである(21)。この点はほとんど注目されていないが社部一族を考える上で重要な事実であろう。じつにその点からいえば社部一族は出雲一族に次ぐ勢力を擁していたとも言えるのである。

X　社部氏の動向と佐太大神

その「大領　外正六位下　社部臣」に関しては別の重要な情報がある。それは『出雲国風土記』秋鹿郡条の恵曇浜条の次の部分である。

恵曇浜　広さ二里一百八十歩なり。東と南とは竝びに家あり。西は野、北は大海なり。即ち、浦より在家に至る間は、四方竝びに石木なし。白沙の積れるがごとし。大風の吹く時は、其の沙、或は風の随に雪と零り、或は居流れて蟻と散り、桑麻を掩覆ふ。即ち、彫り鑿てる磐壁二所あり。(一所は厚さ三丈、広さ一丈、高さ八尺なり。一所は厚さ二丈、広さ一丈、高さ一丈なり。)其の中に川を通し、北に流れて大海に入る。(川の東は島根郡、西は秋鹿郡の内なり。)川の口より南の方、田の辺に至る間は、長さ一百八十歩、広さ一丈五尺なり。源は田の水なり。上の文に謂へる佐太川の西の源は、是の同じき処なり。凡て、渡村の田の水の南と北とに別れるのみ。古老の伝へていへらく、島根郡の大領社部臣訓麻呂が祖波蘇等、稲田の澇に依りて、彫り掘りしなり。

文末に見える「島根郡の大領社部臣訓麻呂が祖波蘇」に注目すれば先の「大領　外正六位下社部臣」は「訓麻呂」

であることがわかる。ここで問題となるのは、島根郡の大領である社部臣訓麻呂の先祖である波蘇が「秋鹿郡」で河川の工事に携わった点である。それは波蘇の開発が決して令制下の島根・秋鹿郡段階ではなく、「狭田国」の世界でのものであることを示しているといえよう。

恵曇地域は標高がほとんどなく海岸部分は砂丘でおおわれ、湧水した水は恵曇・深田・杜原・峰峙・佐久羅池に流れ込むと考えられるが、池の容積を上回る水は平地部分を湿地化し、水はけの悪い地域であったと考えられる。波蘇は湿地化の元凶である溜まった水を砂丘の一部に露呈していた岩盤を穿つことにより、日本海に排水する川を通したのである。この土木事業は恵曇地域の平地部の美田化をもたらしたと思われる。恵曇地域の存立にかかわるこの事業を主導した波蘇こそこの地域の有力首長であったろう。

『出雲国風土記』の編纂は第一段階として郡ごとでなされた。それは先に触れた郡司の署名で確認されることである。秋鹿郡の郡司は刑部臣、蝮部臣、そして日下部臣である。彼らは自郡内の開発の功績を隣郡の郡司の祖先とする伝承を臆面もなく報告するのである。他郡の氏族の功績話をあえて載せたのは、この地域にとっていかにその土木事業が重要であったかを示すものであり、また「島根郡の大領社部臣訓麻呂が祖波蘇」の活躍が該地域では有名であり、否定、無視することが不可能であったからであろう。それはまた、令制以前の段階で島根・秋鹿郡、すなわち「狭田国」に勢力を張った社部一族の勢いをうかがわせるものでもある。ここで島根・秋鹿二郡にわたって活動する神と在地首長が浮かび上がってきた。すなわち「狭田国」で広範囲に信仰された佐太大神と社部臣氏である。この両者の活動空間が重なることは示唆的である。

「社部」氏の「社」は「コソ」と訓じられているが、意は「ヤシロ」であろう。すなわちもともとは神を奉祭することを職掌とする氏族であろう。その神とは佐太大神と社部臣氏の活動領域が重なる事実をふまえると佐太大神の可能性が大となろう。(22)

令制以前において島根半島の中央部には社部氏を頂点とする「狭田国」という地域世界が存在した。その社部氏は地域神である佐太大神を奉祭し、開発事業を主導し、該地域における在地首長として地位を固めたものと思われる。しかし、令制段階になるとその強大さゆえに領域である「狭田国」は島根・秋鹿の二郡に分断され、社部氏は嶋根郡内に押し止められることになり、佐太大神・佐太神社とも切り離されたのではないだろうか。

XI　佐太大神の様相

『出雲国風土記』の国引詞章に見える「狭田（サタ・サダ）国」、そして恵曇郷の南に聳える神名火山の麓に静まる「佐太（サタ・サダ）大神」に焦点を合わせ、令制下では島根・秋鹿郡に分断された地域社会、すなわち「狭田国」の実像を祭祀を中心に追う基礎的作業を展開してきた。

その中で論及しえた部分はささやかなものであるが、最後に、簡単に整理しておきたい。

a　地域社会の神である「佐太大神」の誕生から鎮座までの過程を神名火山信仰とのかかわりで追究し、かつ「佐太大神」の性格を農耕神として位置づけ、地域社会で根強くその信仰が広がった様を描き出した。

b　また今まで問題とされてきた神名火山と佐太神社の地理的関係を現地踏査を踏まえ、かつ近世文書の「神目山」に着目し、解決を試みてみた。

c　島根郡郡司家の社部氏の出雲地域における在地首長としての地位を確認し、「佐太大神」の信仰圏と令制以前の社部氏の支配の重層性に注目し、想像をまじえながら「狭田国」から郡制への移行、そして社部氏と佐太大神・佐太神社のかかわりの変遷について素描してみた。

註

（1）武広亮平「『国引神話』研究史」（『出雲古代史研究』創刊号、一九九一年）。

（2）拙稿「国引詞章と出雲の在地首長」（『風土器と古代社会』塙書房、一九八四年）。「国引詞章の原型」（『歴史手帖』十二—

十二、一九八四年）。
（3）加藤義成『出雲国風土記参究』（原書房、一九六二年）。
（4）佐藤四信『出雲国風土記の神話』（笠間書院、一九六四年）。
（5）鹿島町歴史民俗資料館『古代狭田王国の興亡』（一九八九年）。
（6）石塚尊俊・近藤正『出雲文化財散歩』（学生社、一九七七年）。
（7）石上堅『日本民族語大辞典』（桜楓社、一九八五年）。
（8）多久社は現在の鹿島町講武にある熊崎神社を合祀する多久神社にあたる。講武川の左岸、平野部が谷化する場所である。旧社地はさらに山側の宮迴という。
（9）古代文化センターの野々村安浩氏にご同行いただき、一九九四年七月十三日、佐太神社を参詣し、朝山芳圀宮司に該地域の地理的感覚についてお話をうかがった。山を越えた加賀地域は決して異境ではなく、船での行き来も簡単であり、隣接地域（同じ狭田国）としての意識が強いとのことであった。その点も考慮して考えるならば、近藤氏が提起された問題は佐太大神誕生の地である「加賀」も国引詞章の「狭田国」内となり、加賀郷誕生の佐太大神は「狭田国」の祭神とする考え方に問題はなくなるだろう。
（10）註（7）に同じ。
（11）永藤靖『風土記の世界と日本の古代』（大和書房、一九九一年）。
（12）加賀神埼伝承は原文において混乱があるようである。本論では『日本古典文学大系・風土記』岩波書店を用いた。「『吾が御子、麻須羅神の御子にまさば、亡せし弓箭出で来』と願ぎましつ。その時、角の弓箭水の隨に流れ出でけり。その時、弓を取らして、詔りたまひつらく、「此の弓は吾が弓箭にあらず」と詔りたまひて、擲げ廃て給ひつ」の下線部は諸本により異なる。秋本吉郎氏は脚注（13）で、「取弓詔此弓」五字、底・諸本「所子詔子此」。解は「所生御子詔此」、田中本は「取之詔子此」としているが、「所」は下文及び倉本の字體により「取」、「子」は字體の近似により「弓」の誤として訂す、とする。

a　所子詔子此　〔底・諸本〕
b　所生御子詔此　〔解〕
c　取之詔子此　〔田中本〕

d　取弓詔此弓〔秋本〕

aは置くことにしてbの場合は「詔」の主体が御子（佐太大神）となるc・dの場合は母神が「詔」の主体となる。筆者はここでは一応dの校訂を引用しておき、後者c・dの母神の「詔」とする立場を取る。

(13)この表を概観すると神門郡に★印が集中している。本稿の論旨に関係ないことであるので検討を省くが、一つの課題となろう。

(14)加藤義成「古代祭祀遺跡」（『八雲立つ風土記の丘周辺の文化財』一九七五年）。

(15)石塚尊俊「佐陀神社」（『式内社調査報告・第二十巻　山陰道3』皇學館大学出版部、一九六三年）。

(16)勝田勝年編『鹿島町史料』（鹿島町、一九七六年）。

(17)『時代別国語大辞典』（三省堂、一九七一年）。

(18)木下良『国府』（教育社、一九八八年）。

(19)野本寛一『神々の風景』（白水社、一九九一年）。

(20)渡辺貞幸氏よりご教示。

(21)ここでは内位・外位については言及しない。大町健氏の研究『日本古代国家と在地首長制』第2章（校倉書房、一九八六年）を参照。

(22)秋鹿郡条の「神名帳」には注目される在神祇官社の「許曽志社」が見える。加藤義成氏は社部氏に言及するなかで「松江市の古曽志に許曽志社があるが、その地はもとこの社部氏の故地であったのではあるまいか」とする。許曽志社の祭神は猿田毘古と天宇受売命とされているが、猿田毘古は「サダ」大神との関連を示すものとも考えられる。藪信男氏によれば許曽志社は中世においては巨曽石郷に属していたという。この巨曽石は「社部石」につながる可能性もあり注目される。

第十一章　佐太神社とその周辺

I　佐太大神の誕生

『出雲国風土記』島根郡加賀郷条に次のような伝承がみえる。

加賀郷（略）佐太大神の生れまししところなり。御祖、神魂命の御子、支佐加比賣命、「闇き岩屋なるかも」と詔りたまひて、金弓もちて射給ふ時に、光加加明きき。故、加加といふ。

また、島根半島海岸描写のなかで佐太大神は再度、登場する。

加賀神埼即ち窟あり。高さ一十丈ばかり。周り五百二歩ばかりなり。東と西と北とに通ふ。a謂はゆる佐太大神の産れまししところなり。産れまさむとする時に、弓箭亡せましき。その時、御祖神魂命の御子、枳佐加比賣命、願ぎたまひつらく、「吾が御子、麻須羅神の御子にまさば、亡せし弓箭出で来」と願ぎましつ。その時、角の弓箭水の随に流れ出でけり。その時、弓を取らして、詔りたまひつらく、「此の弓は吾が弓箭にあらず」と詔りたまひて、擲げ廃て給ひつ。又、金の弓箭水の隨に流れ出で来けり。即ち待ち取らしまして、「闇き窟なるかも」と詔りたまひて、射通しましき。即ち、御祖支佐加比賣命の社、此処に坐す。今の人、b是の窟の辺を行く時は、必ず声磅磕かして行く。若し、蜜に行かば神現れて、飄風起り、行く船は必ず覆へる。

この佐太大神は、国引詞章にみえる国引して生成した「狭田国」にかかわる神と考えられる。「大神」と呼称されていること自体、佐太大神が「狭田国」で祭られた神々の中で最も信仰を集めた有力神であったことを示している。

「狭田国」の「狭田」と佐太大神の「佐太」は同音と考えられ、「狭田」の意に関しては、加藤義成氏は「山間に開墾した細長い水田」(1)、佐藤四信氏は「山間の傾斜面に開墾された狭い水田の多い農耕地帯」(2)と理解し、「狭田」の漢字の意から考えようとする。

しかし、「狭田」が「佐太」に転じる点をおさえると、漢字の意にとらわれることなく、音の「サタ」に注目すべきであろう。先に筆者は民俗学者の石上堅氏の理解、(3)「サタ・サダ」は「岬のこと。あるいは先端に立ちたもう神の義」を是とし、その見解を高く評価した。(4)しかし、この説は石上堅氏よりも早くすでに民俗学の父・柳田國男が明確に論じていることが判明した。ここに柳田の文を引き、訂正しておきたい。(5)

出雲の佐陀は島根半島の中央にて、現今の社地は海角には非ず候へ共、此の半島は即ち狭田ノ国にて、西も東にもミサキは之れ有り候　岬をサダと申し候は独此の地に止らず　伊予の御鼻と称する佐田岬　大隅の佐多岬之れ有り候上　土佐の足摺崎もまた亦蹉陀岬にて　船人が大隅のと区別する為に之をアシズリと唱へたるに外ならざるべく候　かく迄類例ある上はサダはミサキノ義なること最早疑なく　而してミサキのミは水とは関係なく、始めて此の国に入り立ちたまひし御時には響導の義なりしと同じく　既に此の国に鎮まりたまひて後は　国ノ境即ち直に外域に対する地方をさしてミサキと申すこと、なり　延いては一邑落一平原のサカヒ又はソキをもミサキと呼びサダと唱へしかと存じ候

いささか長い引用となったが、サダをミサキ、すなわち岬としたのは卓見である。たしかに佐太大神が誕生した加賀の潜戸は小さいが、加賀鼻と呼ばれるれっきとした岬であり、その岬の名「サタ・サダ」を冠して呼称されたのであろう。ただし注意すべきは、真の岬の神は、そこに鎮座している母神の支佐加比賣命である点である。

Ⅱ　佐太神社の所在地—佐太大神の鎮座

加賀の地で誕生した佐太大神は『出雲国風土記』編纂時には別の場所に鎮座していることが判明する。

神名火山　郡家の東北のかた九里卌歩なり。高さ二百卅丈、周り一十四里なり。謂はゆる佐太大神の社は、即ち彼の山下なり。（『出雲国風土記』秋鹿郡条）

この神名火山は現在の朝日山であり、「カンナビ」の山名が事情をかたるように、神が籠もる山と考えられる。しかし、神名火山に『出雲国風土記』編纂段階に神が鎮座していたとは限らないのである。なぜならば、『出雲国風土記』出雲郡条の神名火山の場合は、「曽支能夜の社に坐す伎比佐加美高日子命の社、即ち此の山の嶺にあり。故、神名火山といふ」とみえ、すでに当初、神名火山に籠った伎比佐加美高日子命は、山麓の曽支能夜の社に勧請され、山を降りていることがうかがえるからである。また意宇郡条の神名樋野では「カンナビ」の呼称を残しながら、祭神・山代日子命はじつに山下の山代社に鎮座していたのである。

佐太大神の場合も当初は現在の朝日山に遷移し、籠もったのであろう。それゆえ、神名火山の呼称が成立したのである。しかし、地域住民にとり標高三四二メートルの山頂の神を祭ることは、日常的には無理であり、時代の推移とともに佐太大神を「佐太大神の社は、即ち彼の山下なり」とあるとおり、神名火山の東麓に勧請したものと考えられる。

前章で触れたように石塚尊俊氏は『出雲国風土記』編纂段階の佐太神社の位置について異論を唱える。氏は「佐太大神の社は、即ち彼の山下なり」に注目し、現在の佐太神社の場所では神名火山（朝日山）の「山下」とはいえず（じつに二・五キロ離れている）、現在地西北一・二キロ地点の青銅器を出土した佐陀本郷字志谷奥付近に求めようとする。(6)

たしかに興味深い見解ではあるが、現在の佐太神社の社地は神名火山の「山下」の域に入っているとみなして差し支えないと考える。なぜなら神名火山に関して『出雲国風土記』は、その周囲を「周り一十四里」、すなわち約七・五キロとしており、朝日山に連なる尾根、少山塊をも含めて「一つの山塊」と考えている風がみえるからである。

そのような神名火山意識は形を変えながら今日まで無意識に続いていると考えられる。佐太神社の有名な祭礼に神在祭がある。同祭の最後は十一月二十五日深夜、宮司を先頭に西北一キロに位置する神目山に登り、神送りをすることで終了する。祭祀の場である「神目山」は「カンノメ」と訓じる。明らかに「カンナビ」の訛りであり、遺称と考えられる。

この祭礼、および「神目山」はすでに寛文八（一六六八）年の『佐陀大明神縁起』にみえており、近世初期の段階においても、神名火山の山容はかなり広範囲なものとして認識されていたことが理解されよう(7)。朝日山での祭祀が困難なため、佐太神社から比較的近い、そしてあまり高度を持たない、かつ神々を海に送ることから海がみえる地点で祭祀を行ったのであろう。その地点が「神目山」である。

以上の諸点を考慮すれば、石塚氏の疑問は氷解し、『出雲国風土記』が語る佐太神社の位置は現在地と考えて間違いないであろう。ただし、現佐太神社から北方のすぐのところに字「御子垣」が確認できる。『出雲国風土記』にみえる「佐太御子社」の社名を見るとき、大変気になる地名である。

Ⅲ 「神戸」一里の規模

佐太大神が最終的に鎮座した佐太神社は律令行政区画でいうと、秋鹿郡神戸里に属していたことがわかる。秋鹿郡神戸里は『出雲国風土記』に次のようにみえる。

神戸里（出雲なり。名を説くこと、意宇郡の如し。）

「意宇郡の如し」をふまえて意宇郡条に目を転じると次の一文がある。

出雲神戸　郡家の西南のかた二里廿歩なり。伊弉奈枳の麻奈古に坐す熊野加武呂の命と五百つ鉏の鉏猶取り取らして天の下造らしし大穴持命と二所の大神等に依さし奉る。故、神戸といふ。（他郡どもの神戸も是の如し。）

「神戸」如何に関してここでは深く論究しないが、神祇令（第六）によれば「凡そ神戸の調庸及び田租は、並に神宮造り、及び神に供せむ調度に充てよ」とあり、神社（官社）に属す神社「周辺」の人びとが負担する「調庸及び田租」がその神社経営に充てられる「戸」のことと考えられる。

「出雲神戸」は「伊弉奈枳の麻奈古に坐す熊野加武呂命と五百つ鉏の鉏猶取り取らして天下造らしし大穴持命」、すなわち熊野大社と杵築大社に奉仕する「神戸」であった。秋鹿郡のそれも、「意宇郡（神戸）の如し」であり、熊野大社と杵築大社にかかわる「神戸」であったことがわかる。

この点に関しても先の佐太神社の旧社地の問題とからめて石塚尊俊氏の異説がある。氏は、佐太神社が熊野大社と杵築大社にかかわる「神戸」の領域内にあるのは不自然とし、佐太神社を「神戸」の領域外、すなわち先の佐陀本郷字志谷奥付近に求める合理性を主張する。

しかし、先の「出雲神戸」はあくまで「出雲」の「神戸」であり、特に熊野大社と杵築大社の二つに限定されるものとは考えられないのである。それを証するように「二所の大神等」というように「等」の一文字が付されていることに注意しなければならない。著名な出雲国造神賀詞には同じ表現を「伊射那伎の日真名子、加夫呂伎熊野大社櫛御気野命、国作り坐しし大穴持命二柱の神を始めて、百八十六社に坐す皇神等」としている点は見逃せない事実である。ここでは「等」が具体的に「百八十六社に坐す皇神」とされているからである。

「百八十六社」は『出雲国風土記』にみえる神祇官社の「百八十四（六）社」に対応するものであり、その中にはもちろん、佐太神社も含まれるのであり、「神戸」の領域内に佐太神社が所在することを否定するものではないのである。

その「神戸」の領域であるが、天和三年の岸崎時照の『出雲風土記鈔』は次のように述べる。(8)

佐田宮内也。蓋庄村常相寺古志古曽志西濱佐田及名分上佐田下佐田等也

天保元（一八三〇）年の横山永福の『出雲風土記考』では『出雲風土記鈔』を引用しつつ、次のように述べる。(9)

（『出雲風土記鈔』が）後代朝山氏の領地なるへし里といふ地も大方ハひと志かるへし此九村ハ中む可し神宮の神領なること雲陽誌尓見へたり

ここで言及されている『雲陽誌』は享保二（一七一七）年、黒沢長尚によってまとめられた地誌であり、その秋鹿郡の「宮内」項には「昔佐陀神領七千石あり」としている。(10)

この近世の見解は加藤義成氏の『出雲国風土記参究』に基本的に継承されている。また『岩波古典文学大系・風土記』の秋本吉郎氏は頭注において「松江市佐陀宮内から古志・古曽志にわたる佐陀川・古曽志川流域」とする。『鹿島町誌』は加藤氏の見解をそのまま引用している。[11] 吉田東伍の『大日本地名辞書（三巻　中国・四国）』も明確ではないが、それを踏襲しているようである。[12]

しかし、これらの研究の問題点は、「意宇郡の如し」に惑わされて、秋鹿郡の「神戸」と意宇郡のそれの相違に目を向けなかったことにある。『出雲国風土記』総記に次のような文がみえる。

意宇郡　郷は一十一（里は卅三）、餘戸は一、駅家は三、神戸は三（里は六）なり。
秋鹿郡　郷は四（里は一十二）、神戸は一（里は一）なり。
楯縫郡　郷は四（里は一十二）、餘戸は一、神戸は一（里は一）なり。
出雲郡　郷は八（里は廿三）、神戸は一（里は二）なり。
神門郡　郷は八（里は廿二）、餘戸は一、駅家は二、神戸は一（里は一）なり。

これによれば、意宇郡で神戸は三、秋鹿郡・楯縫郡・出雲郡・神門郡ではそれぞれ各一となっている。なお意宇郡の神戸には「出雲」・「賀茂」・「忌部」という名称が冠せられている点が注目される。今、神戸を表22に整理にする。

虎尾俊哉氏は同様の表を作成し、神戸里に言及し、「各神戸がわずかに数戸といった少数の戸から成り立ってゐたとは考へ難い」とする。[13] 意宇郡条の神戸は「神戸は三（里は六）」とみえる。意味は意宇郡には神戸が三カ所あり、それは六里で構成されているというのである。周知のとおりその「里」とは「小里」、すなわち郷里の「里」のことである。

表22　『出雲国風土記』の神戸一覧

郡	神戸名	里	注書
意宇郡	出雲神戸	2	
	賀茂神戸	2	
	忌部神戸	2	
秋鹿郡	神戸里	1	意宇郡の如し
楯縫郡	神戸里	1	意宇郡の如し
出雲郡	神戸郷	2	意宇郡の如し
神門郡	神戸里	1	意宇郡の如し

すでに別稿で明らかにしたように、郷里制下においては郷は基本的には「里」三つから構成されるが、「里」二つも郷として承認された。それは飯石郡の波多・来島郷がそれぞれ「二里」で構成され、「郷」として登録されていることから理解できるであろう。一般民戸の場合、「一里」では余戸として把握される(14)。

表をみてもわかるように意宇郡の神戸は三「神戸」とも里二から成り立っている。また出雲郡のそれも二里で成り立っていることから神戸「郷」として扱われるのである。

しかし、他の秋鹿・楯縫・神門の場合は里一であり、一般民戸の例でいえば余戸に相当するのである。余戸が里一で構成されるということは、一般「郷」の三分の一の規模の「集団」ということになろう。単純計算で一七戸程度、人口で三〇〇人余である。今まで秋鹿郡神戸里に比定されていた「佐田宮内也。蓋庄村・常相寺・古志・古曽志・西濱佐田、及び名分・上佐田・下佐田等」ではあまりにも広すぎるのではないだろうか。

ここで問題になるのは庄村・常相寺・古曽志の地域である。

Ⅳ　神戸里の西側領域

神戸里の位置を単純にいえば恵曇郷と多太郷の間ということになろう。恵曇郷の領域が佐陀本郷の中田付近までということはほぼ判明しているが、問題は神戸里の西隣の多太郷の東側領域がどこまで追っていたかである。

多太郷　郡家の西北五里一百廿歩なり。須作能乎命の御子・衝桙等乎与留比古命　国巡回り行で坐しし時、此処に至り坐して、詔りたまひしく、吾が御心は、照明く正真しく成りぬ。吾は此処に静まり坐さむ、と詔りたまひて、静まり坐しき。故、多太といふ。

この多太郷に関して『出雲風土記鈔』は「岡本大垣合両村為一郷」、すなわち岡本・大垣村の領域とする。『出雲風土記考』は先と同様に『出雲風土記鈔』を勘案し、「岡本村より多太社また多太川あり秋鹿村の西なり」とする。『出雲国風土記参究』は「今の松江市東長江・西長江・秋鹿の大部分」とし、『出雲風土記鈔』・『出雲風土記考』よりも東に多太郷の領域を拡大する。『岩波古典文学大系・風土記』も『参究』に近く、「松江市長江から秋鹿村にわたる地。東長江・長江・秋鹿の三川の流域」とする。

この多太郷の中心的神の一つは郷名起源伝承にかかわる衝桙等乎比古命であろう。その衝桙等乎与留比古命の鎮座社が多太社である。

『出雲国風土記』には多太社が「多太社・同じき多太社」と二社みえる。その両神社の比定は近世以降なされており、それらを総括し、『岩波古典文学大系・風土記』は「秋鹿村岡本の多太（羽鳥）神社に擬している」、もう一社を「右の南東方にあった友田神社としている」とし、自身がそう判断したとはせず、近世の学説紹介に終わる。『参究』もほぼ同様である。

「秋鹿村岡本の多太（羽島）神社」は多太社の可能性は強いが、別稿で明らかにしたように友田神社の祭神は近世において猿田彦であり、祭神衝桙等乎与留比古命を祭る多太社に比定するのは困難である。

ここで注目したいのは『雲陽誌』秋鹿郡の「長江」項にみえる多太明神である。祭神を衝桙等乎而留比古命としている。また、「古曽志」項にも同神を祭る多太大明神がみえるのは重要である。この「長江」・「古曽志」地域は衝桙等乎而留比古命信仰、多太社信仰圏に入っていたことがうかがえよう。『風土記』の多太社の一つはこの二社のどちらかにあたるのであろう。その多太社の鎮座は当然、多太郷の東側領域を神戸里側に押し寄せ、該地域（古曽志が多太郷であれば、地理的に古曽志川上流地域の庄村・常相寺）も多太郷に入っていたと考えられる。

V　佐太神社周辺の神社

古代、神戸里に鎮座した佐太神社周辺には多くの神社が分布していたと思われる。異説はあるが田仲社・垂水社・内社・比多社・宇多貴社・御井社・大井社がそれである。まことに神戸里に相応しいといえよう。ただし、これらが人口三〇〇人余の地域に鎮座していたということになれば、それらがすべて村落神とはいえなくなるのではなかろうか。

佐太神社は旧・「狭田」国の有力祭神の佐太大神を祭る神社として別格であるが、他の、特に佐太神社のごく近くに鎮座していたと思われる神社にも注意しなければならない。あまりにも接近した神社には何らかのつながりがあったと予想することが可能であろう。神戸集団がいくつかの神社を奉祭する世界を想定すべきなのであろう。それは、現在でも水神・稲荷・天神・荒神を同一地域で奉祭している状況を重ねればいいのであろう。

最後に憶測となるが、具体的に現在、近いがゆえに佐太神社に合祀されている（境内社という意も含む）垂水社・比多社・宇多貴社、そして田仲社についてそのあり方を想定してみたい(15)。

垂水社に関しては、『出雲風土記鈔』・『雲陽誌』宮内項には「佐陀大社」の末社として垂水社を載せる。『出雲神社巡拝記』は「佐陀大社」の境内社として位置づける(16)。垂水社の旧社地は佐太神社の北側の谷の上流に「垂水」の字が広範囲に分布しており、現地調査でも涌水が確認されるその付近であると考えられる。

比多社は、『出雲風土記鈔』には「佐太宮内村に在り」とあり、『出雲風土記考』では「佐田宮内にて道の左右田中にある小社」とする。

宇多貴社は、『出雲風土記鈔』に「佐太宮内村に在り」とあり、『参究』は「佐太神社の馬場の東側に小社があって下照姫を祀ったが、社殿損壊により佐太神社に合祀し、その跡に清原太兵衛の紀功碑が立てられた」とする。清原太兵衛の紀功碑の所在する地の小字は「宇多貴」であり、旧社地の可能性が大である。

最後に田仲社について『雲陽誌』は「佐太の宮内にあり、佐太橋の西を北に折れたところに在る。二殿あって東に木花咲耶姫、西に盤長姫を祀る」とする。現在、社殿二棟が背中合わせに鎮座している地点の小字を「田中」と呼んでいる。比多社の厳密な旧社地は不明であるが、佐太神社を中心に一キロ四方に四社が鎮座していたことになろう。すべての神社、その祭神が同一的な性格であったならば、このような併存状況はありえず、早く統合されていたはずである。佐太大神は前述したように地域神として理解できるが、比多社は「日足」す、「養」す意で佐太大神、すなわち佐太「御子」大神を補佐する摂社としての性格を付与されていたのではなかろうか。

問題は宇多貴社であるが、『出雲神社考』は『日本書紀』雄略紀の「やすみしし　吾が大君の　遊ばしし　猪の怒聲（うたき）畏み　我が逃げ登りし　在丘の上の　榛が枝　あせを」の「怒聲（うたき）」に注目している。[17]同様の記事は『古事記』雄略記にもみえる。

又一時、天皇、葛城の山の上に登り幸でましき。爾に大猪出でき。即ち天皇鳴鏑を以ちて其の猪を射たまひし時、其の猪怒りてうたき（宇多伎）依り来つ。故、天皇、其のうたき（宇多岐）を畏みて、榛の上に登り坐しき。爾に歌曰ひたまはく、やすみしし　我が大君の　遊ばしし　猪の　病猪の　うたき（宇多岐）畏み　我が逃げ登りし　あり尾の榛の木の枝とうたひたまひき。

この「うたき」とは、「猪など獣のうなること」の意である。猪・鹿・蛇・熊を神とする古代的宗教思考のなかではまさに神の声となろう。宇多貴社の「うたき」がこの「うたき」に通じるならば、宇多貴社は狩猟関係の神を祭る神社と考えられよう。

以上、佐太神社周辺の神社についてその位置、性格に思いを巡らしてきたが、大枠において次のようなことが指摘できるのではなかろうか。垂水社は地域の水源に位置する水神、また田仲社は神戸里の農耕神として佐太大神に奉仕する性格を付与されていたと考えられる。同様に宇多貴社は神戸里のなかで狩猟関係を分担する神の社として位置づけられていたのであろう。

註

（1）加藤義成『出雲国風土記参究』（原書房、一九六二年）。

（2）佐藤四信『出雲国風土記の神話』（笠間書房、一九六四年）。

（3）石上堅『日本民族大辞典』（桜楓社、一九八五年）。

（4）出稿「佐太大神と地域社会」（『古代文化研究』三、島根県古代文化センター、一九九五年）。
（5）柳田國男「みさき神考」（『柳田國男全集』十五、ちくま書房、一九九〇年）。
（6）石塚尊俊「佐陀神社」（『式内社調査報告第二十巻・山陰道3』皇学館大学出版会、一九三八年）。
（7）勝田勝年編『鹿島町史料』（鹿島町、一九七六年）。
（8）岸崎時照『出雲風土記鈔』（一六八三年）。
（9）横山永福『出雲国風土記考』（一八三〇年）。
（10）黒沢長尚『雲陽誌』（『大日本地誌体系』雄山閣、一七一七年）。
（11）『鹿島町誌』（鹿島町、一九六二年）。
（12）吉田東伍『増補大日本地名辞書（三巻　中国・四国』（冨山房、一九七〇年）。
（13）虎尾俊哉「出雲国風土記所蔵の神戸里について」（『出雲国風土記の研究』皇学館大学出版会、一九七四年）。
（14）拙著『風土記と古代社会』（塙書房、一九七四年）。
（15）拙著「出雲国風土記註論」（『古代文化研究』四、島根県古代文化センター）で秋鹿郡所在神社すべてについて詳述した。
（16）渡部彝編『出雲神社巡拝記』（一八八三年、國學院大学河野省三博士記念文庫蔵）。
（17）『出雲神社考』は個人蔵。

第十二章　野城大神の消長と信仰圏

Ⅰ　野城大神研究への扉

杵築大神（出雲大社）・熊野大神（熊野大社）・佐太大神（佐太神社）の名前は有名である。しかし『出雲国風土記』をひもとくとさらに野城大神（野城神社）なる大神の存在がみえてくる。古代史研究者の間で「四大神」に数えられる神である。しかし、今までなぜ、野城神が「大神」なのかを明らかにした研究は皆無である。

ここに野城大神にかかわる『出雲国風土記』意宇郡条の記載を示しておこう。

野城駅　郡家の正東廿里八十歩なり。野城大神の坐すに依りて、故、野城といふ。

以上である。この史料に関しては「野城大神の鎮座地が野城駅のあたりであるということは理解できるが、その他の点についてはまったくといってよいほど不明である」と誰もが嘆かざるをえないのである。(1)その他には社名帳（日本古典文学大系『風土記』による）に「野城社」が三社、そして「野代社」が一社確認される。前掲史料はただその神の野城駅空間での存在を語るだけで、他に何の情報も提供しない。今までの研究が手も足も出ないのはやむをえないのかもしれない。ここではそのような史料の量的絶対的不足という研究条件のなかで新たな検討手法を用い野城大神の「大神」たる所以を野城大神の消長を析出する中で探り出してみたい。

そこに今までみえなかった古代出雲の一面が浮かび上がってくると考える。また古代出雲の神話研究の新しいあり方も提示できるのではなかろうか。

Ⅱ　「四大神」論の是非

野城大神を取り上げる際に必ず出されるのが出雲の「四大神」というとらえ方である。鳥越憲三郎・上田正昭氏の研究が早い方であるが、(2)最近、出雲国造とのかかわりで「四大神」論を積極的に展開したのは瀧音能之氏である。(3)氏は「四大神の個別検討を行い、その上で四大神を全体的にとらえ、出雲国造との関係について考察」するとし、野城大神に関しては地理的、考古学的な考察を加え、「野城大神の役割は出雲東端の神」、「東の境の神であるという一点」で「四大神」に位置づける。

その考察視点には新しい面も見られるが、はたして野城大神の鎮座する野城社が出雲の東端なのかというとそれも疑問であろう。

はたして野城大神は「四大神」なのであろうか。『出雲国風土記』をひもとくと、たしかに「大神」が付されるのは「所造天下大神」、「熊野大神」、「佐太大神」、そして「野城大神」だけである。その「四大神」にかかわる『出雲国風土記』の記述を通覧すると「所造天下大神」はほぼ全郡にわたり豊富な伝承を誇り、「熊野大神」は朝酌郷・出雲神戸・熊野山の項、「佐太大神」は加賀潜戸（加賀郷の項にも姿をみせるが、加賀郷伝承は本来欠けており、加賀潜戸伝承で再構成、創作された可能性が高い）・神名火山にその姿をみせる。しかし、それに比し、前掲したように「野城大神」に関する記載はあまりにも貧弱といわざるをえないであろう。大神の称号を与えられなかった神々の中にも「野城大神」以上に豊富な伝承を持つ事例も数多いことをふまえると不思議である。

ここで『出雲国風土記』意宇郡条にみえる社名帳（神祇官社のみ。日本古典文学大系『風土記』）を示す。

熊野大社	夜麻佐社
賣豆貴社	加豆比社
由貴社	加豆比高守社
都俾志呂社	玉作湯社
野城社①	伊布夜社
支麻知社	夜麻佐社
野城社②	久多美社
佐久多社	多乃毛社
須多社	眞名井社
布辨社	斯保彌社
意陀支社	市原社

久米社　布吾彌社
宍道社　賣布社
狭井社　狭井高守社
宇留布社　伊布夜社
布志奈社　同布志奈社
由宇社　野城社③
野城社④　佐久多社
意陀支社　前社
田中社　詔門社
楯井社　速玉社
石坂社　佐久佐社
多加比社　山代社
調屋社　同社

以上の卌八所は竝に神祇官に在り。

『出雲国風土記』は各郡ごとに社名を社格の順で載せる。「所造天下大神」の鎮座した杵築大社は「大社」の名で登場し、出雲郡一二二社名の最初を飾る。「熊野大神」も同様に熊野の「大社」に鎮座し、意宇郡六七社の先頭を占める。「佐太大神」の鎮座した社は「大社」ではなく「佐太御子」の「社」であるが、「所造天下大神」・「熊野大神」を祀った神社と同じく秋鹿郡二六社の頭に名をみせる。それらはたしかに「大神」の名に恥じない「神威」をもった神々であることが理解できる。

しかし、「野城大神」は「熊野大神」と同じ意宇郡に鎮座しており、その鎮座した野城社はじつに「熊野大社　夜

麻佐社　賣豆貴社　加豆比社　由貴社　加豆比高守社　都俾志呂社　玉作湯社　野城社」というように九番目にランクされているのである。

また注目すべき事実は「所造天下大神」・「熊野大神」・「佐太大神」が鎮座した社は一つの社であるのに対して、「野城大神」がかかわった神社は前述の①野城社の他にも一三番目の②野城社、三五番目の④野城社がみえる点である。また③野代社も後述するように「野城大神」とかかわりが想定されそうである。このように分散、奉祀されている状況は、「野城大神」の複雑な歴史的変遷とかかわっているとみなすべきであろう。

今までの研究は「野城大神」の「大神」の二文字に引きつけられすぎたのではなかろうか。「野城大神」はたしかに「大神」と表現されているということで「四大神」の範疇に入るが、それは『出雲国風土記』をひもとけば誰もがわかる観察であり、それだけの指摘では「野城大神」は姿を現さないであろう。

「野城大神」はたしかに「大神」の呼称はもつが、『出雲国風土記』編纂段階では「大神」としての「神威」を失っていたと考えられる。いいかえればかつて「野城大神」として待遇され、ある地域の有力神として信仰されていたのである。そのため「野城大神」を考察するためには時代・地域、そして神々の体系化という観点を入れなければならないのである。

Ⅲ　野城空間と地名変遷

今日、島根で「のぎ」といえば「野城大神」ではなく、誰もが松江市の「のぎ」のことと思うであろう。「のぎ」なる地名「乃木」は松江市南部に上乃木・浜乃木・乃木福富（町）と広範囲に広がっており、また奇妙にも「乃白」町の名も残る。現在、乃白町には野白神社が、浜乃木町には野代神社が鎮座しているのも奇妙といわざるをえない。

一方、安来の能義神社の所在地には今日「野城」の地名はみえない。この地名の混乱は何を物語っているのであろうか。この松江市の「のぎ」なる地名域は『出雲国風土記』がいう山代郷域に重なる可能性が大であり、出雲国庁・意

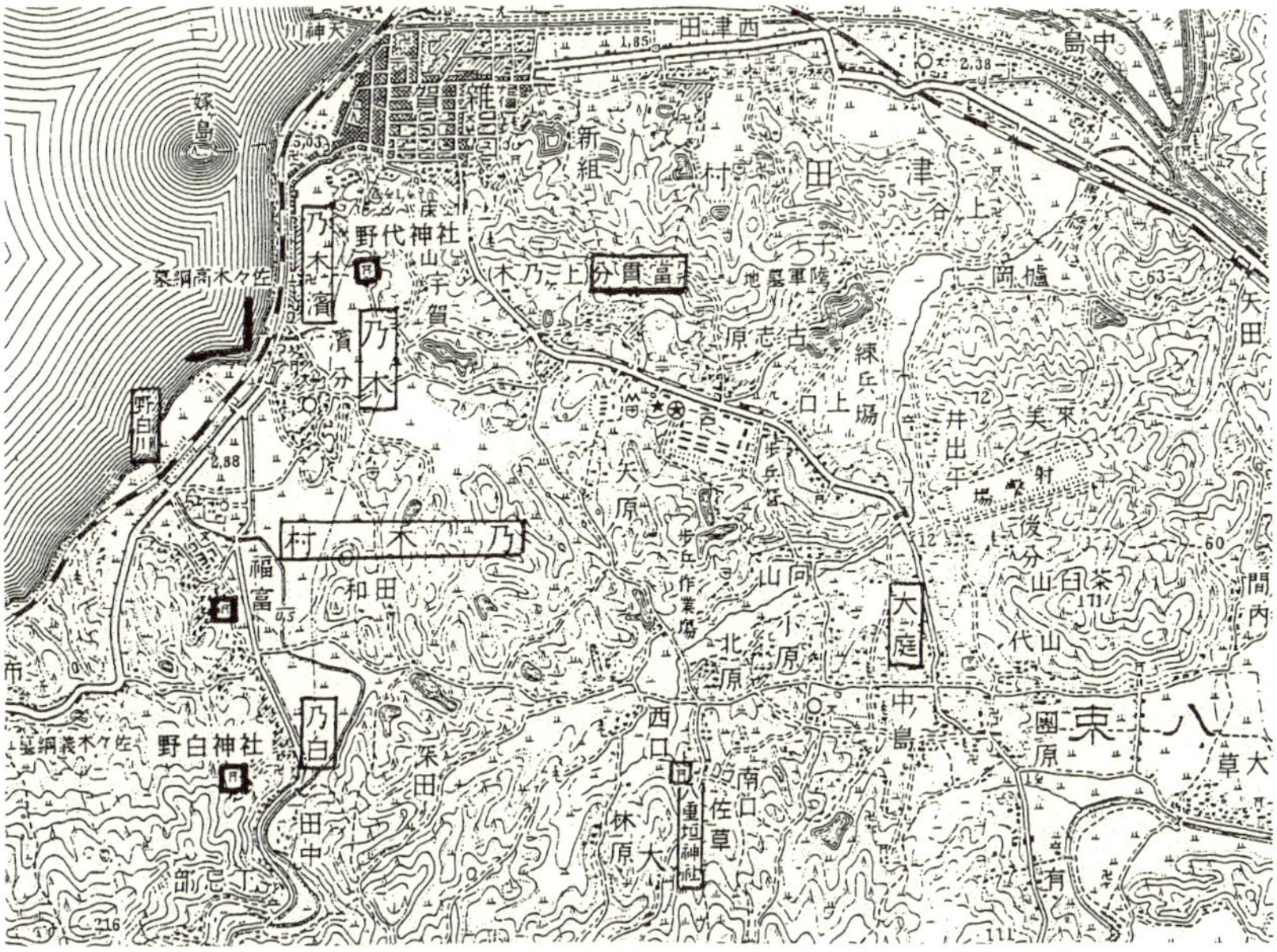

図 43　乃木地域の昭和 8 年図（『乃木郷土誌』）一部加筆

右手が〔大庭〕十字路、すなわち乃木地区は出雲国庁から西に数キロの至近距離であることが判明する。地図上に野代神社・野白神社の名前を示した。

宇郡家の西側、指呼の位置を占めている点は重要であろう。

野城大神が鎮座していた野城駅は『出雲国風土記』では郷、余戸、駅、神戸と併置され行政体として立項されている。郷（里）は編戸「五十戸」で構成されていたことから領域をもたないというきわめて法制的な理解が主張されることが多い。たしかに本来的には人間集団であるが、大地に住み、そこを歩き、生産に励んでいれば自ずから郷（里）はその人間集団が生活する地域的空間に重なっていくと考えるのが自然であろう。出雲を通る山陰道は「小路」に位置づけられ、出雲国には駅が六カ所設置され、各駅に馬が五疋充てられた。また駅運営を支える駅戸も何戸か設定されたと考えられる。

天平十一年の『出雲国大税賑給歴名帳』にみえる狭結駅、多伎駅には五戸がそれぞれ認められる。駅空間には駅家の官舎は当然のこととして駅戸の集落、口分田、そして二町の駅田（駅起田）などが展開していたと思われる。

野城大神が野城駅の駅家（館）の中に祀られていたとは考えられず、駅は小さいながらも郷・余戸・神戸と同じように一つの行政・生活単位としての地域的空間（領域）をもっており、その中に鎮座した野城社を想定するのが自然であろう。

野城駅の成立は律令の駅制の出雲地域への施行とかかわる。その駅制の施行、すなわち駅路・駅家の設置、そして駅戸の配置などは出雲国の場合はいつ頃なされたのであろうか。この点に関してはすでに詳述したので簡単に言及する。(4)

『出雲国風土記』には黒田駅の移転がみえる。旧黒田駅は意宇「郡家の西北のかた二里の黒田村」にあったという。その「郡家の西北のかた二里」の地は山代郷域であり、かつては独立した行政体としての駅ではなく、山代郷の中に設定されていた可能性が強い。ところが、黒田駅は「郡家の西北のかた二里」から「郡家の東」側に移転したのである。

この移転は当然のこととして今まで「郡家の東」側に広がっていた郷の一部を取り割くことであり、その五十戸からなっていた郷（三里）はその体裁を失う結果となる。ところがその郷の東側にも野城駅が置かれたことにより、その郷は郷としての最低基準の二里も形成できず余戸里（一里）として掌握されたのである。その余戸里の設置は『出雲国風土記』によれば神亀四（七二七）年であることがわかる。今までは郷の中に設定されていた駅が神亀四年に独立した駅に昇格したのである。

それは「ある郷」の西部に黒田駅、東部に野城駅が置かれ、その残された中間地域が余戸里として再編成されたことを意味している。その「ある郷」の名前を推定するならば「野城郷」であろう。憶測の域を出ないが「野城郷」の「野城」なる地名は律令時代以前にさかのぼる該地域を広範囲に包む地名だったと思われる。その空間は『出雲国風土記』編纂時点でいえば東から野城駅、余戸里、黒田駅、国庁・意宇郡家、そして山代郷域に及んだと考えられる。

本来、「野城」なる国（類例として狭田国）があり、その中央部に国庁、意宇郡家が置かれ、さらに黒田駅も設置

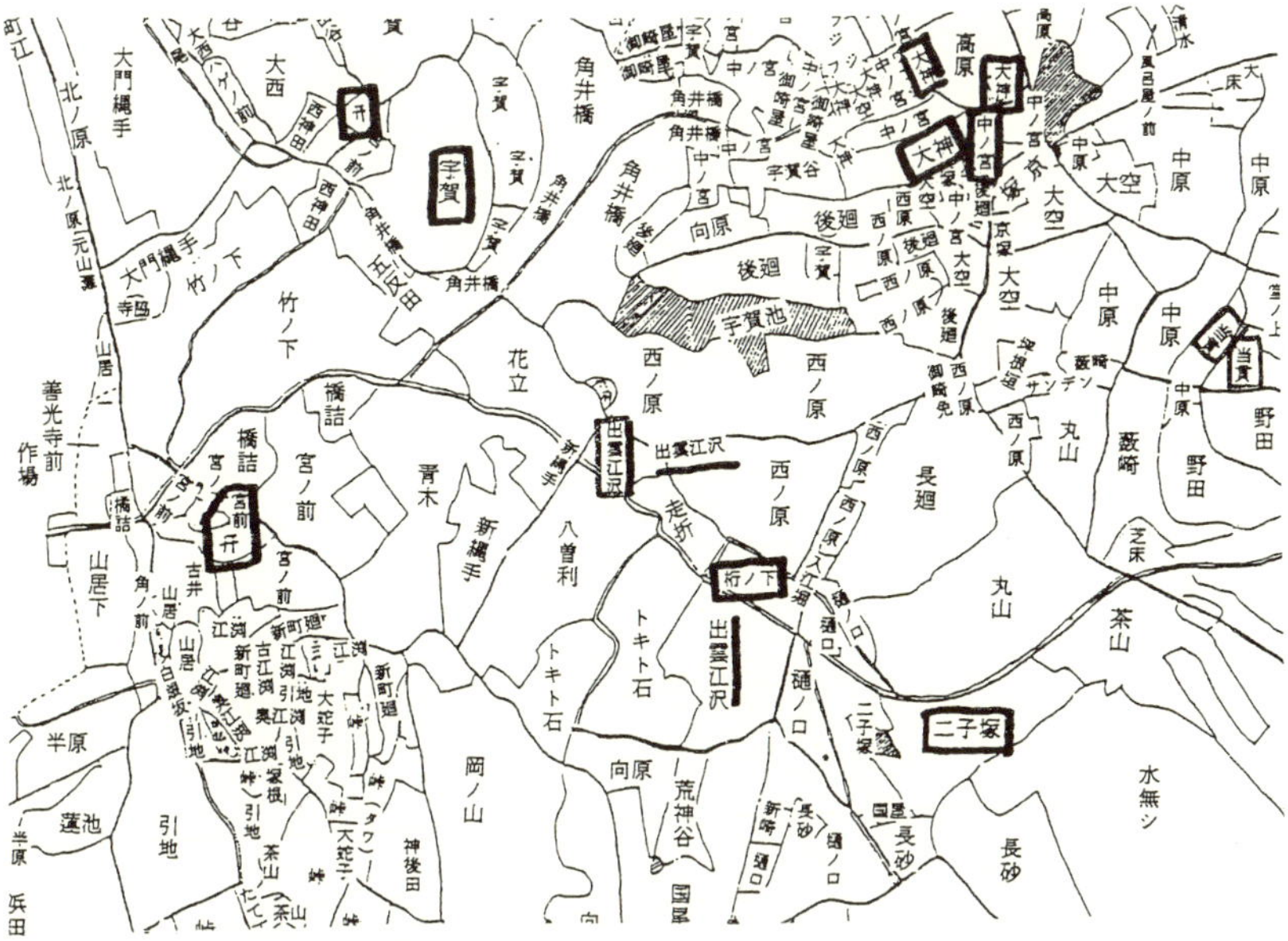

図44　明治初期の乃木地域図（『乃木郷土誌』）一部加筆
右下の〔二子塚〕は乃木二子塚古墳、その左上に〔桁ノ下〕がみえる。また左手〔宮前〕は野代神社にかかわる字。上部に〔大神〕の字が集中している。

され、「野城」の地は東・西に分断され東・西に「のぎ・のしろ」なる地名が残ったと考えられる。その西部の地が前述した今の松江市乃木・乃白一帯である。「乃木・乃白」は古代の「野城・野白・野代」の遺称であろう。

ここで改めて「野城」の訓について考えてみたい。「野城」の名を継承した「能義郡」の名が『和名抄』にみえており、間違いなく「のぎ」と訓みそうである。しかし「能義」が「のぎ」と訓めるから「野城」を「のぎ」とするのは学問的手続きとしては明らかに問題であろう。

現在、島根県では常識となっている読み「のぎ」は本源的に正しいのであろうか。当然のこととして『出雲国風土記』には「野城」の読みは付されていないのである。ここで注目したいのは先に示した『出雲国風土記』社名帳にみえた③「野代社」である。今までの研究では①②④「野城社」を「のぎ」、③を「ぬ（の）しろ」と読んできたが、①②④「野城社」も「ぬしろ」と読むのではなかろうか。漢字が異なっても読みは同じという事例は『出雲国風土記』に「伊努社」「伊農社」はともに「いぬ」であり、「来坂社」「久佐加社」は「くさか」、「御前社」「御埼社」は「みさき」、「鹽冶社」「夜牟夜社」は「やむや」というように事例は数多くみえる。

江戸初期の『懐橘談』は次のような一文を載せる。

野城は野城の大神の坐す故に野城と云、又野白の明神あり、

この一文にみえる「野城」、「野白」を何と読めばいいのであろうか。「野城」に「野白」明神が鎮座しているというのである。また『懐橘談』は現在の松江市「乃木」についても触れ「乃木保に能儀の明神あり」ともいう。これは『懐橘談』の混乱なのであろうか。

「野城」は本来、「野白」・「野代」と同じく「ぬ（の）しろ」と訓ばれていたが、後に「のぎ」と呼ばれるようになり、「乃木」にも転じていったのであろう。その「ぬしろ」から「のぎ」への変換は一部の地域では『出雲国風土記』の編纂時点にも始まっていたと考えられる。

『出雲国風土記』意宇郡条に「津間抜《ぬき》池　周り二里卌里　鳧・鴨・芹菜あり」とみえる。この池に関して後藤蔵四郎は『出雲国風土記考証』で「乃木の今の善光寺から東南へ直線に五町半にあたって、百六十間ばかりの通路が東西に亘る。これを大桁という。この大桁を北の境としてその南を字ツバという。これが津間抜池の跡であろう」とする。大桁の字名は消えたが現在も大桁橋に名を残しており、「津間」の遺称と考えられる「ツバ」もその付近と推定される。そこは乃木二子塚古墳の西北にあたる場所であり、明治初期の地図には「桁の下」、「出雲江沢」、「入江堀」などかつて池が存在したことを示す字名が残っている。また付近には「当貫《あてぬき》」なる地名も残っている。この「貫」は「乃木」のことであろう。自然地名ではあるが、『出雲国風土記』編纂段階で「津間抜《ぬき》」と読む地名があったことは「野城」の読みの変遷を考える上で興味深い。

Ⅳ　「ぬしろ」社考

先に『出雲国風土記』意宇郡の神祇官社の社名帳を示した。引用は秋本吉郎氏の日本古典文学大系『風土記』である。ところが社名帳に載せた①野城社、②野城社、③野代社、④野城社の社名に関しては論者によって校訂が異なる。秋本氏の校訂は掲載とおりであるが、田中卓氏は①を野城社、②を野城社、③を野代社とするところまでは秋本氏と一致するが、④は野代社と校訂する[5]。加藤義成氏の『出雲国風土記参究』は田中氏と同様である[6]。

ここで諸氏が校訂した写本をみるに、①の野城社に関しては諸写本とも「野城社」で問題はない。②の野城社に関しては「野城社」とした写本はないのであり、万葉緯本・『出雲風土記抄』は「野白社」としている。また③の野代社は諸本「野代社」であり、④の野城社も諸本「野代社」となっていることは注目を要する。ひとまず今日の『出雲国風土記』写本を恣意性を排除し、最大公約的に整理するならば、①野城社・②野白社・③野代社・④野代社ということになろう。

秋本吉郎氏があえてそれを①野城社・②野城社・③野代社・④野城社と校訂した背景には『延喜式』神名帳の影響が認められる。『延喜式』では意宇郡から能義郡が分離、建郡された形で神名帳がまとめられている。意宇郡には「野代神社」がみえ、「能義郡」グループと思われる「山佐神社」以下の社名に「野城神社　同社坐大穴持神社　同社坐大穴持御子神社」とみえることから「野城社」が三社なくてはならないと判断し、②・③を「野城社」と校訂したのである[7]。しかし、それは「野城社」を「のぎ」と読み、「野代・野白」を「ぬしろ」と訓んだことによる勇み足ではなかろうか。「野城・野代・野白」をすべて「ぬしろ」と訓じるならば「野城神社　同社坐大穴持神社　同社坐大穴持御子神社」の二つの「同社」をあえて「野城社」と校訂する必要はなく、「野代社」のままで問題はないのである。

この『出雲国風土記』にみえる①野城社・②野白社・③野代社・④野代社の四社はその後、いかなる展開をとったのであろうか。

社名からして②の野白社が『延喜式』にみえる意宇郡の「野白神社」である可能性は高いであろう。①野城社が『延喜式』にいう「野城神社」とするならば、③・④の「野代」二社は『延喜式』段階において能義郡に所在し、「野城神社」の「同社」として合祀されていたと考えられる。

享保二（一七一七）年に成立した『雲陽誌』は意宇郡、現松江市乃木・乃白、能義郡、現安来市能義（松井）について次のように説明する。

〔乃木〕野木神社　祠官是を中の宮といふ、大己貴の社を青木の宮といふ、事代主の宮を西の宮といふ、三坐由来する所をしらす……婦島　古老語て云往昔旱魃すれば野木明神を此所に神行なし奉り

〔乃白〕野白社　『風土記』に野白社とあり、友田山にまつる

〔松井〕能義明神　天穂日命をまつるといふ……古老伝云『風土記』に載る所の野城社是なり。

これによれば『雲陽誌』がみた『風土記』には②「野白社」とあったことがわかる。また①野城社に関しては「能義明神」との見解を示す。ただし、③、④の野代社については言及せず、「野木神社」の存在を語る。天保元（一八三〇）年の横山永福『出雲風土記考』は②野城社（筆者がいう野白社）、③野代社、④野代社として次のような解釈をこころみる。

①野城社　式の同社なるべし、されど今二社あれは社数不足せり、下に在る野代二社は城の誤りにもや、今乃木村青木といふに野城大明神といふあり

③野代社　式云野白神社　野白村友田山にて今舳田大明神

④野代社　もしくは代は城のあやまりなるべし

横山永福は②を野城社とした結果、③の野代社を野白神社に結びつけたのであろう。

『雲陽誌』と重ねあわせると、野白村の友田山（田和山）に鎮座していた社は近世において「野白社」の系譜を引く神社とみなされていたことがわかる。それは『雲陽誌』がいみじくも指摘した『出雲国風土記』の②「野白社」の

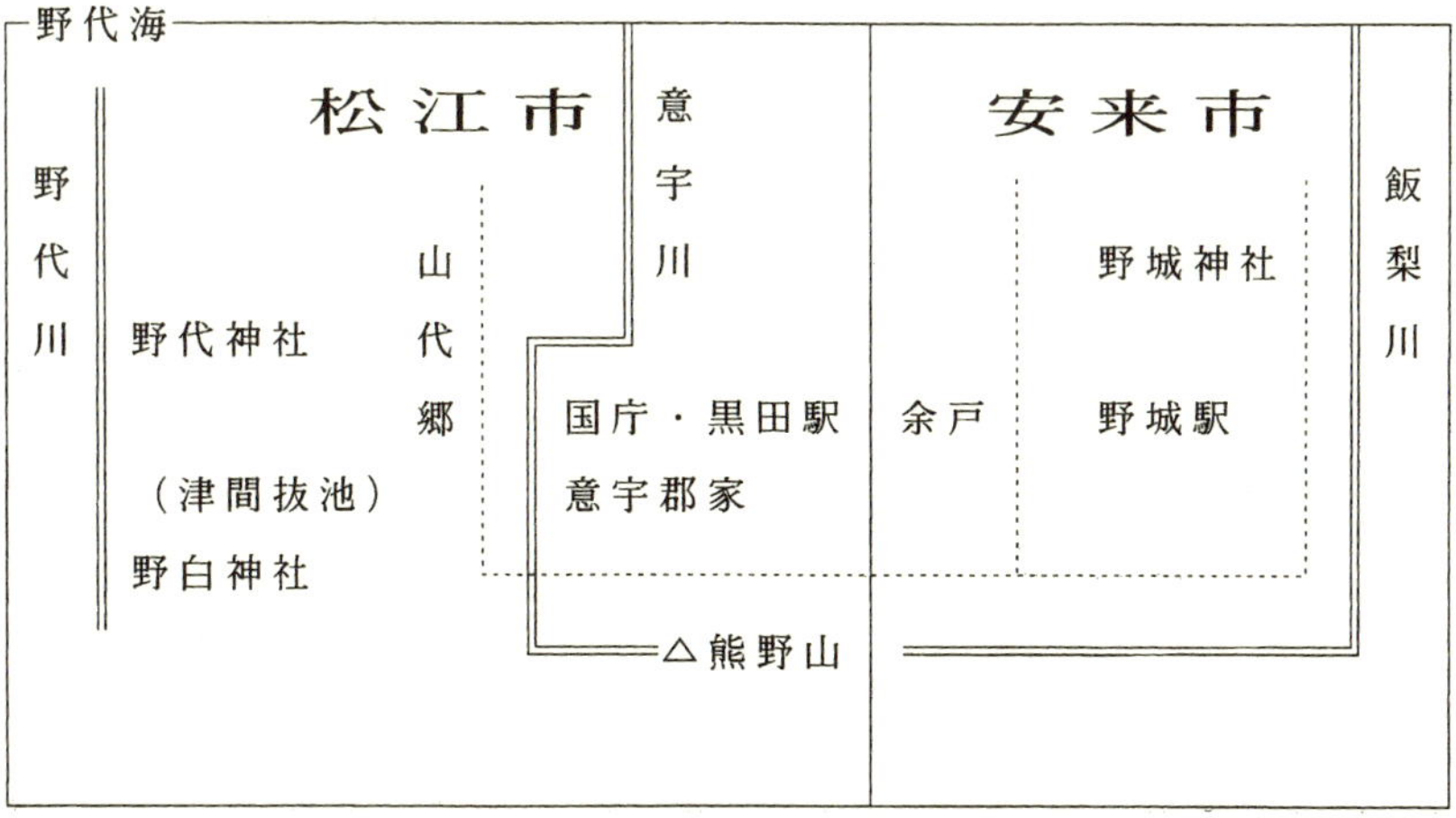

図45　松江市・安来市対比歴史地図

信仰系譜を引く神社であろう。

問題は③の野代社、④野代社であるが、『延喜式』によれば①野城社に合祀されていることになるが、注目すべきは近世において野木神社（『雲陽誌』）・野城大明神（内山真龍『出雲風土記解』）が乃木に鎮座していた事実である。その神社は近世初期の『懐橘談』にも「乃木保に能城明神あり」とみえる。『風土記解』の②の文を勘案するに『延喜式』の野城神社、同社を意識しており、当然『風土記』の「野城社・野代社・野代社」とのかかわりを念頭においていた様子がうかがえる。明治初期の乃木地域の地図をみるに「中の宮」付近に天照大神か、野城大神かは不明であるが「大神」の字名が集中的に認められることは示唆的である[8]。

この近世における乃木・乃白地域における「野城（木）大神」の信仰は明らかに「のぎ」であり、『出雲国風土記』が注目されはじめた近世における新たな動きであろう。

しかし、この地域にそのような信仰が芽生えたのにはそれなりの歴史的背景があったと考えられる。たしかに③野代社・④野代社は『延喜式』段階では安来の①に合祀されていたが、『出雲国風土記』の段階では西の松江の乃木・乃白地域に鎮座していたと考えられるからである。『出雲国風土記』には同じ「野代」を冠する「野代川」・現野白川、「野代海」・現嫁ヶ島付近の海、そして「野代橋」

がみえる。その「野代」の「川」、「海」、「橋」はすべて乃木・乃白地域に集中する地名であり、「野代」の「社」も当然その地域に所在を求められるからである。

以上論じてきたように『出雲国風土記』段階では①野城社は安来に、②野白社、③野代社、④野代社は松江市乃木・乃白地域に所在していたと考えられる。野城大神を奉祀した神社は以上のように東は安来から西は松江市の西端にまで確認されるのであり、野城大神を信仰した地域の広がりがそこに垣間みられる。そこにかつて「大神」として奉祀された所以がある。

V　考古学からの予察

今までの野城大神の考察では考古学の知見が大きな比重を占めている。考古学は不案内ではあるが、野城大神周辺に展開した墳墓、古墳を観察し、野城大神を理解する上での一助にしたい。あくまで本節は素描である。

神祇官社の①野城社の鎮座地は安来市能義町であり、地形的には飯梨川が扇状地を急に広げる右岸堤防の脇の小丘上の北端に所在する。周辺には赤江町の仲仙寺墳墓群が三世紀の前半頃から展開し、注目された四隅突出形墳丘墓が現出する。仲仙寺八・九・十号墓、そして安養寺二号墓（安養寺墳墓群）、宮山四号墓（宮山墳墓群）と連綿と造成される。いわゆる古墳時代に入ると、墳墓域を西の荒島丘陵にその中心を移し、方墳系の大成古墳（方墳）、造山一号墳（方墳）、造山三号墳（方墳）、そして造山二号墳（前方後方墳）と続く荒島古墳群を形成する。この安来地方に展開する古墳造成は以後も五世紀中頃に当該地域最大の径五二メートルに及ぶ前方後方墳・宮山古墳を生むに至る。この古墳群造営の勢力と野城大神に深い関わりを想定することは十分可能であろう。安来の古墳に詳しい東森市良氏も「能義大神」を仲仙寺古墳群、荒島古墳群を築いた豪族の祀った神との理解を示す(9)。以後も古墳造営は奥の院古墳、毘売塚古墳、十勝山古墳、客神社古墳、西母里古墳と続くが、それらの多くは円墳系である。

この方墳系古墳の該地域における造営の頓挫は方墳造営の放棄ではなく、方墳系の古墳造営の主体が松江市方面に移るという現象を示す。それは安来地方を拠点にしていた首長の移動としてとらえることができそうである。松江市南郊の大草古墳群は「出雲」国造家の奥津城と考えられており、方墳築造勢力の移動をふまえれば「出雲」国造勢力の前身は安来市の方墳群に求められる。

かつて「大神」として安来地方を拠点として西は松江付近まで広がる「のしろ」空間で奉祭されていた野城大神は「出雲」国造勢力の移動とともに「大神」の名を残しながらも大きく変質していくのである。

Ⅵ　天穂日命と野城大神

前節において墳墓、古墳の動向から大胆に「出雲」国造勢力の発祥を安来の墳墓、古墳造営地域に求めてきた。『出雲国風土記』は出雲国造出雲臣広島のもとに編纂がなされたのであるが、出雲臣の祖先神の天穂日命、また出雲国の中心の国庁、出雲臣広島の勤めた意宇郡家に関しての記述はきわめて少ない。本来ならば天穂日命の活躍が『風土記』の要になってしかるべきであるが、天穂日命はその存在が示されるのみである。

ここで注目したいのは野城神社の祭神である。本来ならば野城大神であるはずであるが、社伝では出雲国造の祖先神である天穂日命とする。現在も主祭神は天穂日命である。享保二（一七一七）年の『雲陽誌』松井項にはそれを物語るように「能義明神　天穂日命をまつるといふ」とみえる。

『出雲国風土記』に直接的に出雲国造・意宇郡大領の拠点である意宇郡家が出てこないのは出雲国の中心として記述の起点になっており自明の事柄だからであろう。また出雲国造の祖先神の天穂日命が名前しかみせないのも、出雲国造自身が「天穂日命」の霊（ヒ）を受け継いだ「天穂日命」自身として存在したからと考えられる。「天穂日命」はあくまで大国主神を「祀る側」であり、「祀られる側」ではないという認識があったのであろう。『出雲国風土記』段階において出雲国造祖先神の「天穂日命」を祀る社がみえないのは当然のことであった。

そういう意味で野城社の祭神が「天穂日命」という言い伝えは重要である。それは言い換えれば野城大神が「天穂日命」という認識であろう。野城（能義）神社の社伝には「古来主祭神が出雲国造の祖たる天穂日命とされてきたため、国造家の代替りには、千家・北島の両家とも新国造が参拝奉幣する慣ひになってゐる」とある。(10)

ここで考えられるのは地域神である野城大神を奉斎した「出雲」国造が後に『古事記』、『日本書紀』で「天穂日命」の子孫という立場になり、神賀詞にみえる熊野大神、大国主神を祀る立場になった時点において野城大神の立場はなくなり、その社格が下がったのではなかろうか。「天穂日命」の子孫の「出雲」国造が杵築大社の奉斎にかかわると「出雲」国造家の中でも野城大神にかかわる機会は減少したと考えられる。

「天穂日命」を主祭神にする神社がある。安来市吉佐町の支布佐神社である。「吉佐」は「支（布）佐」であろう。この神社は通称「天津社」と呼ばれ、『出雲国風土記』意宇郡条にみえる二つ非神祇官社「支布佐社」のうちの一つにあたると考えられている。この支布佐神社の鎮座する吉佐町付近は古代においては「屋代郷」に属していたとされる。

『出雲国風土記』意宇郡屋代郷条には次のような伝承がみえる。

屋代郷　郡家の正東卅九里一百廿歩なり。天乃夫比命の御伴に天降り来ましし伊支等が遠つ神、天津子命、詔りたまひしく、「吾が静まり坐さむと志ふ社」と詔りたまひき。故、社といふ。（神亀三年、字を屋代と改む。）

ここにみえる「社」が支布佐神社と考えられるのである。支布佐神社の通称「天津社」は伝承にみえる「天津子命」を意識した名称である。

ところで天穂日命が祀られる立場として認識されるようになるのは平安期に入ってからであり、『文徳実録』によれば仁寿元（八五一）年に天穂日命に従五位下が与えられ、天安元（八五七）年には天穂日命神社が官社に預かったとみえる。九〇五年の『延喜式』には「能義郡一座（小）天穂日命神社」と位置づけられる。この「能義郡一座（小）天穂日命神社」に関しては近世において野城神社とする考えと通称「天津社」の支布佐神社とする考えが交錯していたようである。

たしかに「天津社」といえば支布佐神社の祭神は天津子命のように考えられ、天穂日命神社を野城神社とする理解も成り立つと思われる。また「天乃夫比命の御伴に天降り」は天乃夫比命とともに「天降り」したのではなく、先に屋代郷に「天降り」していた天穂日命のお伴になるために「天降り」したと考えられるのであり[11]、支布佐神社を天穂日命神社とする余地も十分に認められる。現在、そのどちらを正しいとするかは困難であるが、大切なのは出雲国造の原郷が松江の大庭ではなく、出雲国の東部の野城、屋代地域に求められている点ではなかろうか。天穂日命の鎮座地が野城か屋代かは不明ではあるが、『出雲国風土記』によれば天穂日命のお伴の天津子命が東部の屋代に「天降り」し、「吾が静まり坐さむ」と発した一連の行動は、主神の天穂日命がその近隣に鎮座していたことを雄弁に物語っている。

Ⅶ　野城大神の諸様相

とらえどころのない野城大神に関してとらえどころのない文を連ねてきた。野城大神に関してこれだけの分量の論が書けたのは驚きである。以下、論旨を整理し「まとめ」としたい。

○　野城大神はかつては安来の野城から松江の乃木・乃白に及ぶ地域で奉祀された「大神」の名に恥じない存在であった。
○　それを奉祀したのは「出雲」国造の原勢力と考えられ、その本拠地は墳墓、古墳群でいえば仲仙寺墳墓群・荒島古墳群にあたる。
○　「野城」は「のぎ」ではなく「の（ぬ）しろ」と読むのではないか。
○　『出雲国風土記』神社帳の野城大神関係の神社は野城・野白・野代・野代と校訂される可能性が高い。
○　「出雲」国造の原勢力が西の松江市大庭に移転したことにより野城大神の神威は低下し、神社も東西に分断される。

表23　野城大神の歴史的展開

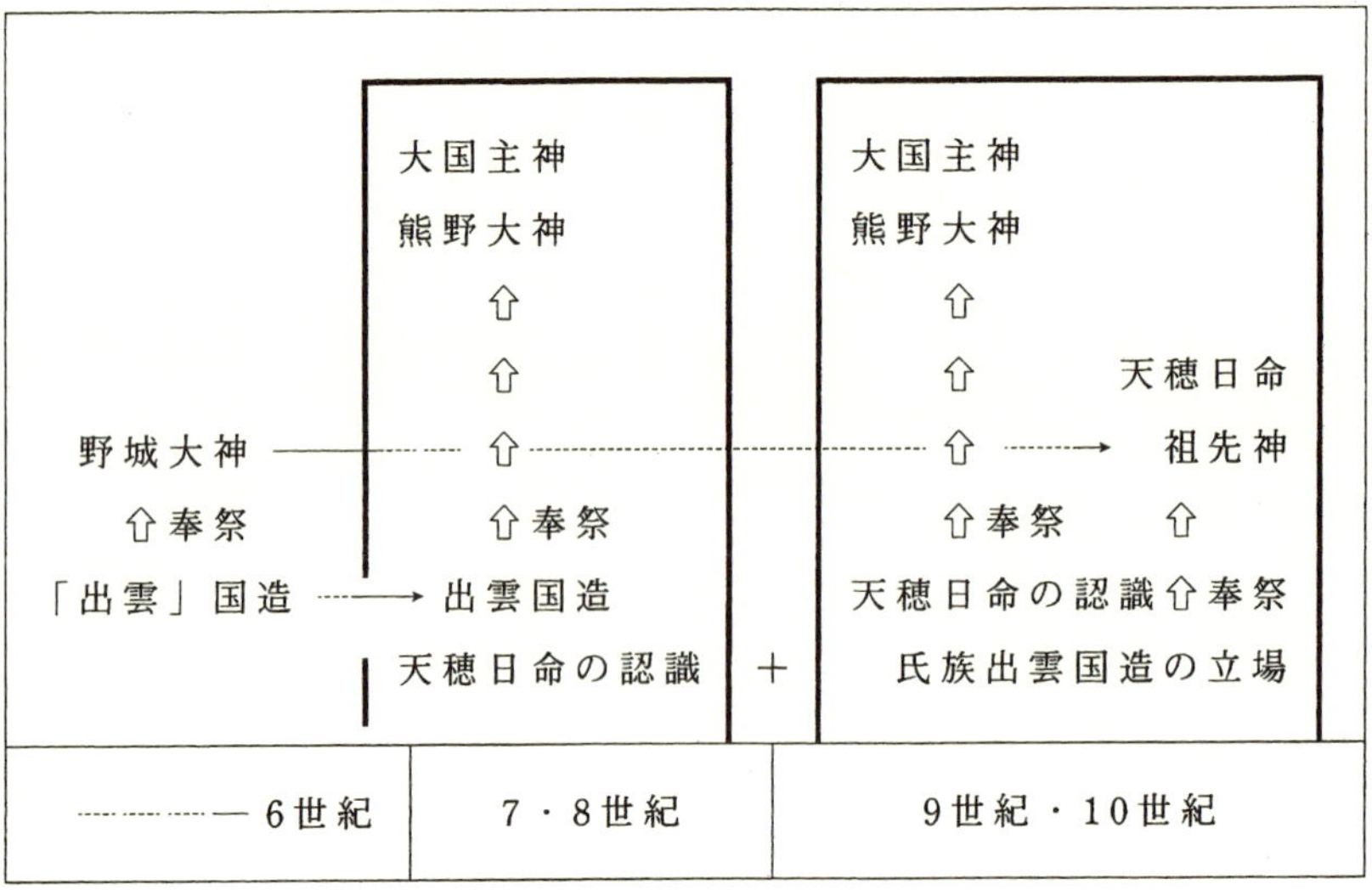

○「出雲」国造が『古事記』、『日本書紀』とのかかわりで祖先神を天穂日命とした段階で出雲国造と野城大神とのかかわりは薄くなり、出雲国造は熊野大社の大国主神・熊野大神の奉祀を天穂日命としての自覚のもとに専門とするようになる。

○『出雲国風土記』編纂段階で野城大神は「大神」の称号を持つが、それは過去の名称であり、いわゆる四「大神」併存論は問題を含む。

○平安時代に入ると出雲国造の氏として祖先神を祀る意識が生まれ、祀る立場の天穂日命を一方において祀る状況が形成される。

○出雲国造家は「出雲」国造の原勢力の発祥の地を『出雲国風土記』意宇郡屋代郷伝承に求め、また野城大神の過去の記憶に頼り、天穂日命神社を東の地域（屋代・野城）に設定し、奉祀するに至る。

以上、本論が憶測を交え、近世史料・古地名に頼りながら析出した野城大神の消長の歴史である。方法的に問題を含むが、わずかな史料を生かしながらアプローチをする一つの道と考える。

本論が注目した松江市乃木・乃白の地域は考古学で論じら

れる古代出雲論ではまったく無視されてきた地域であった。大庭・玉造に挟まれた狭間として認識されてきたのであろう。しかし、この地域は乃木二子塚古墳をはじめとして有数の古墳群を抱えているのである。田和山遺跡の発見で急に注目を浴び始めているが、一時的興味本位で終わることなく、野城とのかかわりは当然のこととして、忌部地域、そして隣接する大庭とのかかわりなど多面的に当該地域の検討が必要となろう。

註

（1）瀧音能之『出雲国風土記と古代日本』（雄山閣、一九九四年）。
（2）鳥越憲三郎『出雲神話の成立』（創元社、一九六六年）、上田正昭「神々の原像」（上田編『出雲の神々―神話と氏族』筑摩書房、一九八七年）。
（3）註（1）に同じ。
（4）拙稿「古代官衙群の地域展開試論」（上田正昭編『古代の日本と渡来の文化』学生社、一九九七年）。
（5）田中卓「校訂出雲国風土記」（『出雲国風土記の研究』出雲大社、一九五三年）。
（6）加藤義成『出雲国風土記参究』（原書房、一九六二年）。
（7）『延喜式』神名帳では能義郡には天穂日命神社一社しか配していないが、明らかに山佐神社以降の諸社は能義郡内所在が認識されていたことを勘案し、「能義郡」グループなる用語を用いた。
（8）『乃木郷土誌』（乃木公民館、一九九一年）。
（9）東森市良「能儀の大神とその勢力圏」（『歴史手帖』一二―一二）。
（10）『式内社調査報告　第二十巻山陰道』（皇学館大学、一九八三年）。
（11）この理解は千家和比古氏の説である。ここに紹介することをご快諾頂いたことに感謝の意を表したい。

第十三章　西伯耆に残る出雲神話

Ⅰ　「伯耆国風土記」逸文

世に「五風土記」というが、その他にも貴重な「風土記逸文」がある。ここで取り上げる「伯耆国風土記」逸文は数行が残っている程度である。ただその数行は西伯耆、米子付近の相見郡、弓ヶ浜に鎮座する粟島神社にかかわる伝承である。残された「伯耆国風土記」逸文が出雲国との境に近い部分であることは、それなりの意味、事情があるのであろう。

何事ものの境、辺縁に問題点が表出することをふまえると出雲・伯耆の「国界」にかかわる「伯耆国風土記」逸文はきわめて貴重な情報になりそうである。

出雲と伯耆は現在、島根県と鳥取県に分かれているが、古代においては密接不可分の関係にあったと思われる。

幕末、浜田藩の国学者岡部春平が『出雲国風土記』の研究のために出雲に滞在し、「壬辰年」、一八三二年に「伯耆大山記」を著わしている。その成果を生んだ伯耆大山登山には出雲滞在中に投宿して親しい関係にあった平田の国富の金築春久をはじめ斎藤篤麿・金築重賢・高橋正茂が同行した。一行は松江から加賀神埼、「三穂」神社と歩き、そこから船で「堺浦」に渡り、粟島の神を拝し、米子里に五月二十八日に宿り、翌朝、「大神山に出立つ」たとある。その旅の途中に話題になったのであろうか「伯耆大山記」で「粟島の神」について特に言及している。(1)

粟島の神を拝む。此の神なむ少彦名命におはします。彼ノ粟茎に弾かれて、常世国に渡り坐し、古蹟は此の島なり。此の島往古は出雲国に属せしを、寧楽の大宮の末頃より伯耆の国に隷けられたりき、されば出雲ノ風土記にも、意宇ノ郡の内に収れり、と説明し、粟島ははじめの頃は出雲国であったが、奈良時代の末には伯耆国に変更されたとする。この伯耆と出雲の国堺に関しては岡部のこの見解以上のものはないであろう。今、改めてこの国堺について地域社会、ひいては神話世界を視野に入れて考察をこころみてみたい。

Ⅱ　出雲・伯耆の国堺と所属替え

『出雲国風土記』は意宇郡条で具体的に出雲国と伯耆国の堺について言及をしている。ここでは岩波古典文学大系『風土記』から転載する。

　北は入海。
　門江浜　伯耆と出雲と二つの国の堺なり。東より西へ行く。
　子島　既に礒なり。
　粟島　椎・松・多年木・宇竹・真前等の葛あり。
　砥神島　周り三里一百八十歩、高さ六十丈なり。椎・松・莘・薺頭蒿・都波・師太等の草木あり。
　賀茂島　既に礒なり。
　羽島　椿・比佐木・蕨・薺頭蒿あり。
　塩楯島　蓼螺子・永蓼あり。

『出雲国風土記』の記事によれば海岸部で確認できる雲伯国堺は明白で「門江浜」である。「門江」の地名は現在の門生町に受け継がれているが、現在の門江町は島根・鳥取の堺ではなく、西に二キロほど離れている。江戸時代の文政年間村々絵図では門江村の東隣の吉佐村の東際に角柱の「御境杭」が描かれている。古代においては「門江浜」と呼ばれた浜は現・門生町の域をこえ、吉佐の海岸まで広がっていたのであろう。「門江」よりも東の吉佐地域も出雲国であったことは、意宇郡不在神祇官社の「支布佐社」が現在吉佐町に鎮座していることがそれを物語っている。

「吉佐」が「支布佐」であることを確認しておきたい。

国堺は浜という長い地形とは似合わない存在であり、出雲・伯耆の堺と認識されたのは長江山から母塚山、そして「ドウド山」と南北を走る山稜が「入海」の浜に尽きるところであったと思われる。

「東より西に行く」とは『出雲国風土記』編纂の情報収集のための調査船の航行を意味している。まずは「子島」、そして問題の「粟島」である。

ここで問題になるのは写本の細川本の島の順番は加藤義成・秋本吉郎の校訂、子島・粟島・砥神島・賀茂島・羽島とは異なり、粟島・砥神島・賀茂島・子島・羽島としている点である。現時点においてどちらをとるべきか迷うところであるが、大きく順番が異なる「子島」は島というより「礒」であり、岩石のようなものであったろう。現在、埋め立てでいくつかの礒は内陸化しそれを比定することはできない。

粟島は米子市彦名の粟島で間違いないであろう。加藤義成氏は『出雲国風土記参究』で「鳥取県西伯郡の夜見ケ浜に入っている粟島神社の岡」、秋本吉郎氏は「米子市彦名の粟島の地」としている。現在は陸続きであるが、古代において島であったことは十分に理解できるところである。景山粛の『伯耆志』によれば「土人或るは略してアジマと呼ぶ」とあり、注目すべきは『日本書紀』の少彦名命神話にも字は異なるが「淡島」とみえていることであろう。米子市「彦名」町の町名の由縁である。

粟島は『出雲国風土記』においては明らかに出雲国所在となっているが、『伯耆国風土記』逸文では伯耆国所属として取り扱われている。

相見郡。郡家の西北のかたに餘戸里あり。粟島あり。少日子命、粟を蒔きたまひしに、莠実りて離々りき。即ち、粟に載りて、常世国に弾かれ渡りましき。故、粟島といふ。

この点に関しては困惑しながらも彦名町の粟島とは別に出雲国にも同名の島があったとし、『雲陽誌』能義郡飯島項にみえる「飯島権現（略）丑寅の方に粟島あり」に注目し別の粟島があったとするが、「丑寅」を考えればこれも彦名町の粟島と考えるべきであろう。

『出雲国風土記』では出雲国、『伯耆国風土記』逸文では伯耆国と、その所属が揺れる粟島であるが、島が移動することはなく、考えられることは管轄の移動であり、それを解く鍵は両風土記の成立年代であろう。『出雲国風土記』の成立年代は明確であり、天平五（七三三）年であり、これは動くことはない。

問題は『伯耆国風土記』逸文の時代性、成立年代である。逸文はわずかな史料であるが、情報が凝縮されていることに驚く。まず「餘戸里」は『出雲国風土記』意宇郡条の「神亀四年の編戸に依り、一つの里を立てき。故、餘戸という、他郡もかくの如し」とあり、その「餘戸里」の成立が神亀四（七二七）年以降であることだけは確実である。また所属郡が「相見」郡になっており、『延喜式』の「会見」郡の表記でないことも注意しておきたい。

ここでまず一案として伯耆国から出雲国への変更を想定するならば七二七年時点は伯耆国、七三三年では出雲国となるが、現在は伯耆国領域であることをおさえると伯耆→出雲→伯耆という二転の事態を想定することになる。その後者、出雲から伯耆への再転換、『出雲国風土記』の編纂、七三三年以降の出雲国から伯耆国への所轄の変更はありえないことはおさえておきたい。

次に出雲から伯耆への所轄変更の場合は『伯耆国風土記』（逸文）の成立を神亀四（七二七）年ではなく、それ以降、それも『出雲国風土記』の天平五（七三三）年以降と想定しなければならない。『出雲国風土記』の成立が風土記編纂の命が出てから二十年、それよりも遅い『伯耆国風土記』の編纂ということになる。はたしてそのような遅い時期の風土記は存在したのか不安もある。

この『伯耆国風土記』（逸文）は鎌倉末、卜部兼方によって編まれた『釈日本紀』に掲載されている。卜部兼方の手元にあった『伯耆国風土記』が和銅六年の風土記撰進の命に対応した風土記なのか気になるところである。

ここで『出雲国風土記』秋鹿郡の郡名起源伝承の部分を示す。

　秋鹿と号くる所以は、郡家の西北に秋鹿日女命坐す。故、秋鹿といふ。

「郡家からの方角と距離」、そして最後に「故、……といふ」という文章構成が『伯耆国風土記』（故、粟島といふ）に似ていることに気がつこう。可能性として『出雲国風土記』の体裁にならった可能性もあるが、「相見郡」を使用している点、「餘戸」の使用など古い様相を有しており、『出雲国風土記』より少し遅れて編纂された古風土記と考えていいのであろう。

幕末に『伯耆志』を著した景山粛（安永三［一七七四］年―文久二［一八六二］年）は会見郡項で粟島について言及し、「出雲風土記は出雲とし、伯耆風土記には伯耆とせるは伯耆風土記は稍後に勘造せしなるべし」としている。(2)なお、「餘戸」であるが、境港市に余子神社があるが古代にさかのぼるものではない。また景山の『伯耆志』によれば粟島神社の山を「餘戸山」、付近の海岸を「餘戸浜」というという。境港の「余子」といい、「餘戸山・浜」といい、逸文の「餘戸」が地域に浸透していることを感じることができる。

問題の粟島の所属であるが、『出雲国風土記』編纂時点までは確実に出雲国に属し、『延喜式』の頃までに伯耆国に所属替えがなされたのであろう。それは粟島の所属だけではなく、夜見島の所属にもつながる問題である。

Ⅲ　国引神話と「綱縄」

粟島は現在は弓ヶ浜半島の一部に組み込まれているが、その半島の形成は平安時代頃であるとされ、応永五（一三九八）年の『大山寺縁起絵巻』には弓ヶ浜半島が描かれている。粟島が半島に組み込まれたのは江戸の中頃で砂州の発達と干拓によってであった。

粟島の所属が出雲、そして伯耆と揺れた背景はそれ以前の地域事情、さらに神話事情があったと思われる。弓ヶ浜半島は『出雲国風土記』の時代には島であり、「夜見島」と呼ばれていた。

『出雲国風土記』の意宇郡の冒頭で「八束水臣津野命」の国作り、いわゆる「国引神話」が語られる。出雲国は小さすぎたので各地から土地を引き、つなぎ合わせたという。四回の国引きにより、島根半島の西端の「支豆支の御埼」は朝鮮半島の新羅から、その間の「闇見国」と「狭田国」はそれぞれ「北門の佐伎」、「北門の裏波」、東端の「三穂の埼」は北陸から引いてきたと伝える。

本章では西伯耆を対象としているので、ここでは四回目の最後の「三穂の埼」の国引き部分を検討する。

「高志の都都の三埼を、国の余りありやと見れば、国の余りあり」と詔りたまひて、童女の胸鉏取らして、大魚のきだ衝き別けて、はたすすき穂振り別けて、三身の綱うち挂けて、霜黒葛くるやくるやに、河船のもそろもそろに、国来々と引き来縫へる国は、三穂の埼なり。持ち引ける綱は、夜見島なり。堅め立てし加志は、伯耆国なる火神岳、是なり。

島根半島の東端域の「三穂の埼」を国引きした際に使用した「綱」が「夜見島」、後の弓ヶ浜半島、その綱を結びつけた「加志（杭）」が「火神岳」、伯耆大山というスケールの大きな神話である。この国引神話はあくまで出雲の国作りを主題にするが、不思議にも『出雲国風土記』が編纂された当時において隣国の伯耆国の「夜見島」、そして「火神岳」がその国引き作業の主要大道具として登場しているのである。出雲国は伯耆国の協力をえて国作りができたということになろう。

ここで大道具の「綱」を考えるために『古事記』の天岩戸神話をのぞいてみたい。

是に天照大御神見畏みて、天の岩屋戸を開きて刺許母理坐しき。爾に高天の原皆暗く、葦原中国悉に闇し。此れに因りて常夜往きき。是に万の神の声は、狭蝿那須満ち、万の妖悉に発りき。是を以ちて八百万の神、天安の河原に神集ひ集ひて、高御産巣日神の子、思金神に思はしめて、常世の長鳴鳥を集めて鳴かしめて、天安河の河上の天の堅石を取り、天の金山の鉄を取りて、鍛人天津麻羅を求ぎて、伊斯許理度売命に科せて鏡を作らしめ、玉祖命に科せて、八尺の勾たまの五百津の御須麻流の珠を作らしめて、天児屋命、布刀玉命を召して、天の香山の真男鹿の肩を内抜きに抜きて、天の香山の天の波波迦を取りて、占合ひ麻迦那波しめて、天の香山の五百津真賢木を根許士爾許士て上枝に八尺の勾たまの五百津の御須麻流の玉を取り著け、中枝に八尺鏡を取り繋け、下枝に白丹寸手、青丹寸手を取り垂でて、此の種種の物は、布刀玉命、布刀御幣と取り持ちて、天児屋命、布刀詔戸言祷き白して、天手力男神、戸の掖に隠り立ちて、天宇受売命、天の香山の天の日影を手次に繋けて、天の真拆をかづらと為て、天の香山の小竹葉を手草に結ひて、天の石屋戸にう気伏せて蹈み登抒呂許志、神懸り為て、胸乳を掛き出で裳緒を番登に忍し垂れき。爾に高天の原動みて、八百万の神共に咲ひき。

須佐之男命の行状に対して天照大神は「天の岩屋戸」に隠れ、高天原・葦原中国が闇と化したにもかかわらず笑い声がし、天照大神は不思議に思い、「天の岩屋」の「戸」を少し開けたという。

是に天照大御神、怪しと以為ほして、天の石屋戸を細めに開きて、内より告りたまひけらく、「吾が隠り坐すに因りて、天の原自ら闇く、亦葦原中国も皆闇けむと以為ふを、何由以、天宇受売は楽を為、亦八百万の神も諸咲ふぞ。」とのりたまひき。爾に天宇受売白言しけらく、「汝命に益して貴き神坐す。故、歓喜ひ咲ひ楽ぶ。」とまをしき。如此言す間に、天児屋命、布刀玉命、其の鏡を指し出して、天照大御神に示せ奉る時、天照大御神、逾奇しと思ほして、稍戸より出でて臨み坐す時に、其の隠り立てりし天手力男神、其の御手を取りて引き出しまつりき。即ち布刀玉命、尻久米縄を其の御後方に控き度して白言しけらく、「此れより内にな還り入りそ。」とまをしき。故、天照大御神出で坐しし時、高天の原も葦原中国も自ら照り明りき。

天照大神が「戸」より姿をみせた瞬間に手力男神が手を引っ張って引きずり出し、布刀玉命が「尻久米縄《しりくめなは》」を天照大神の後ろ、「天の石屋」の開いている「戸（入口）」の前に張ったという情景がみえてくる。今も神社の神門の両脇に布刀玉命（太玉命）の子神の豊磐間戸命・櫛磐間戸命が祀られているのはその故事によるのであろう。

国引神話では「綱」で土地を引く、それは「つなぐ」行為であり、天岩戸神話の「尻久米縄」の場合は遮断するという意味合いである。「綱」「縄」、日常生活においては明確に使い分けられているが、本質的には同じ部類の品といえよう。「綱縄」にはその使用によって二つの働きが生じる。「つなぐ」と「わける」の二重性である。

出雲国の国作り、国引きに「夜見島」を「綱」として用いたということは、かつて「夜見島」は出雲国であったという意識がうかがえる。また国引神話の綱についても「綱縄」がもつ二重性を勘案すると、「夜見島」は国引きの「綱」であるとともに「縄（尻久米縄）」でもあり、「わける」性格をもち、その「夜見島」が出雲国と伯耆国の境界でもあったことになろう。

境界、すなわち「堺《さかい》」が「綱縄」で語られること自体、そこが揺れうごく不安定な場所であることを意味している。

神が登場する場所は当然、人の世と神の世の境であり、不安定な場所とされる。「夜見島」、「粟島」は出雲・伯耆の国堺として揺れ動いた神々の降りくる場所であったと思われる。

Ⅳ　キサカヒ姫の世界

鳥取県米子市淀江町に佐陀神社が鎮座している。美保湾が一番南に入りこんだ日吉津の佐陀川左岸である。ただ「さだ」神社といえば島根県松江市鹿島町の佐太神社が有名である。

『出雲国風土記』島根郡条に佐太神社にかかわる伝承が残されている。

加賀郷　郡家の北西のかた廿四里一百六十歩なり。佐太大神の生れまししところなり。御祖、神魂命の御子、支佐加比売命、「闇き岩屋なるかも」と詔りたまひて、金弓をもちて射給ふ時に、光加加明きき。故、加加といふ。神亀三年、字を加賀と改む。

加賀神埼　即ち窟あり。高一十丈ばかり、周り五百二歩ばかり、東と西と北に通ふ。謂はゆる佐太大神の産れまししところなり。産れまさむとする時、弓箭亡せましき。その時、御祖の神魂命の御子、枳佐加比売命、願ぎたまひつらく、「吾が御子、麻須羅神の御子にまさば、亡せし弓箭出で来」と願ぎましつ。その時、角の弓箭、水の随に流れ出でけり。その時、弓を取りて子に詔りたまはく、「此は弓箭に非ず」と詔りたまひて擲げ廃て給ふ。又、金の弓箭流れ出で来けり、即ち待ち取らして、「闇鬱き窟なるかも」と詔りりたまひて、射通しましき。即ち、御祖支佐加比売命の社、此処に坐す。今の人、是の窟の辺を行く時は、必ず声磅礚して行く。若し密かに行ば、神現れて、飄風起り、行く船は必ず覆へる。

この「佐太」大神に関しては、国引神話にみえる「狭田国」との関連で水稲耕作にかかわる神名と理解されるのが常であったが、すでに詳述したように「さだ」は水田ではなく、岬・半島の意であることは九州最南端の佐多岬、四国の南の蹉跎（足摺）岬、西端の佐田岬の事例を勘案すれば理解できるであろう。佐太大神が生まれたという「加賀神埼」も地名自身「埼」、岬であることを主張しているのである。

この加賀郷、加賀神埼伝承、即ち佐太大神誕生の神話で中心的な役割を担っているのが母神である「支佐加比売命」であることは重要である。

そこで注目したいのは加賀郷の南の法吉郷の伝承である。

法吉郷　郡家の正西一十四里二百卅歩なり。神魂命の御子、宇武加比売命、法吉鳥と化りて飛び渡り、此処に静まり坐しき。故、法吉と云ふ。

先の加賀郷の神・支佐加比売命は「神魂命の御子」であり、この宇武加比売も「神魂命の御子」であり、両女神は姉妹、ともに「加比」すなわち「貝」神であることがわかる。

この二神であるが、『古事記』にも登場する。

是に八上比売、八十神に答へて言ひしく、吾は汝等の言は聞かじ。大穴牟遅神に嫁はむ。爾に八十神怒りて、大穴牟遅神を殺さむと共に議りて、伯伎国の手間の山本に至りて云ひしく、「赤き猪此の山に在り。故、和禮共に追ひ下しなば、汝待ち取れ。若し待ち取らずば、必ず汝を殺さむ」と云ひて、火を以て猪に似たる大石を焼きて、轉し落しき。爾に追ひ下すを取る時、即ち其の石に焼い著かえて死にき。爾に其の御祖命、哭き患ひて、天に参上りて、神産巣日之命に請しし時、乃ち𧏛貝比売と蛤貝比売とを遣はして、作り活かさしめたまひき。爾に𧏛貝比売、岐佐宜を集めて、蛤貝比売、待ち承けて、母の乳汁を塗りしかば、麗しき壮夫に成りて、出で遊行き。

『出雲国風土記』の支佐加比売命、宇武加比売は『古事記』では𧏛貝比売、蛤貝比売の名でみえる。なお、「きさかひ」は赤貝、「うむかひ」は蛤のことである。

大穴牟遅神（大国主命）が兄神の謀で火傷して死んだ際に、高天原の「神産巣日之命」が𧏛貝比売、蛤貝比売を大穴牟遅神のもとに派遣して再生させたという。ここに二神の派遣主体の神が「神産巣日之命」とあるが、それは『出雲国風土記』にみえる「神魂命」につながるものである。

なお、大穴牟遅神の火傷を直すために赤貝の殻を削り粉状にして蛤の白い汁で溶いたものを治療に使ったという。その薬方は『大同類聚方』巻之一百の火傷の項には「神戸薬　出雲国造の家に伝る方なり。ヤキハダヤミハ男女共ニ謬リテヤキハダシテ疼キ痛者。キサガヒ。一味ヲ焼、チノオモニ練リ合セ付クベシ方ナリ」と見え、「キサガヒ」を用いており、ほぼ『古事記』と同じで出雲国造家に伝わっているとあるのは興味深い(3)。

支佐加比売命、宇武加比売の最終鎮座地はそれぞれ加賀郷、法吉郷であるが、『古事記』の伝承をふまえればそれ以前には高天原から伯耆国の「手間の山本」に横たわる大穴牟遅神の元に降り立ったことがわかる。

先に社名をあげた米子市淀江町の佐陀神社に関して景山粛の『伯耆志』は「産土神佐陀大明神　在佐陀村」として立項し、当時の祭神は伊弉諾・伊弉冉とするがそれは誤りであって、「大己貴命・蚶貝比売とする諸説あり」とし、古くは「蚶貝比売（支佐加比売・𧏛貝比売、きさかひ）」を祭神にしていたといい、近世のはじめに島根県の佐太神社から勧請したとする。貴重な情報であるが、問題はなぜ、佐太神社から勧請したかであろう。

さらに『伯耆志』をめくると、「口陰田村」の項に櫃田氏の奉仕の「天津大明神」の名をあげ、その社地は「出雲国能儀郡屋代郷吉佐村」にあり、「当郡臺貝姫の故事あるを以て世人此吉佐村又当社に彼神の由あるへく思ふが故に之を記す」としている。その「吉佐」村にある「天津大明神」の「天津」に関しては『出雲国風土記』意宇郡条に次の情報がある。

屋代郷　郡家の正東三十九里一百二十歩なり、天乃夫比命の御伴に天降り來ましし、印支等が遠つ神、天津子命詔りたまひしく、「吾が静まり坐さむと志ふ社」と詔りたまひき。故、社と云ふ。神亀三年に字を屋代と改む。

この屋代郷は岸崎時照によれば「吉佐村・安田宮内・末明・関村」の地とされている。出雲国造家の祖先神「天乃夫比命」のお伴として降ってきた「天津子命」を祀る神社が天津大明神であろう。その近世の天津大明神は現在、吉佐町に支布佐神社として鎮座している。吉佐が支布佐の訛化であることは理解できるであろう。そしてその「支布佐」が「支佐加比」「𧏛貝」の「きさ」につながることにも気がつくと思う。

「キサカヒ」姫といえば出雲国島根郡加賀郷の神、そして佐太大神の母神とする理解が一般的であるが、『古事記』からみれば伯耆国の西端の「手間の山本」、『出雲国風土記』からすると「支布佐社」の鎮座する出雲国の東端の「屋代郷」と雲伯国堺にその足跡を残していることに気がつく。近世はじめに淀江に佐陀神社が勧請された背景にはこの一帯に「キサカヒ」姫の故事が広がっていたからではなかろうか。

なお、安来の郷土史家である安松琴之助が昭和八年に出した『島田村の史蹟と伝説』によれば、支布佐神社からほど近いところにある神代塚古墳では石室の底に赤貝の殻が二寸ほど敷き詰めてあったという(4)。赤貝、すなわち「きさかひ」である。古代から中海は赤貝の産地、「キサカヒ」の世界であったことがうかがえる。

この「キサカヒ」姫は佐太大神の母神であるが、『出雲国風土記』は父神については多くは語らない。父神として可能性が高いのは「吾が御子、麻須羅神の御子にまさば」の「麻須羅神」である。「麻須羅（ますら）神」とは益荒男に通じ、加藤義成氏の言葉によれば「勇健な男神」の意で、「他の古典にみえない神」という。

「キサカヒ」姫周辺の出雲の神々においてそのような「麻須羅神」を求めれば、「キサカヒ」姫が命を救った「麗しき壮夫」しかいないのではなかろうか。すなわち「大国主神」である。この点は出雲神代史の根幹をなす大国主神と佐太大神、ひいては出雲大社と佐太神社の関係にもかかわることでもある。

その点に関して、先の『伯耆志』が「産土神佐陀大明神」の祭神として「大己貴命・蚶貝比売」を挙げたのは興味深いところである。この景山の情報は千家俊信訪問、出雲大社参拝の記録、衣川長秋の『田蓑の日記』によるものらしい(5)。衣川は大社からの帰路、淀江の佐陀神社の勧請元の出雲の佐太神社に参拝し、「世の人伊邪那岐伊邪那美命を比婆山より写し祭れりといへるは誤りにして、大汝命の荒魂、きさか姫命を祭れりと俊信翁いへりき」と記している。大国主神ときさか姫命を組み合わせる発想は本家本元の出雲大社の千家俊信に求められるが、そこには二神が夫婦、その子が佐太大神とする下地があったのかもしれない。大変興味深い情報源である。

V　ウムカヒ姫の世界

キサカヒ姫の妹神であろうウムカヒ姫の「ウムカヒ」は「はまぐり」であるが、その名称は「浜栗」に由来するが、古語の「ウムカヒ」は民俗学的には形状から生殖器に比され、まさに「生む」につながる名称であった。法吉郷伝承では宇武加比売命が一時法吉鳥、すなわちウグイスに姿を変え、飛んできて、後の松江城の近くの地に鎮座したのでそこを「法吉」と呼ぶようになったという。宇武加比売命、すなわち貝神が鎮座したというのであるから、古代においては松江城近くまで「入海」が入り込んでいたのであろう。

この伝承では貝が鳥、そして元の貝へと変身するのであろうが、伏見稲荷の形成神話などにみられる丸餅の白鳥変身神話と同種の伝承であろう。中国の『礼記』には「入大水為蛤（雀、大水に入り蛤となる）」ともある。具象的にみて餅が稲魂であるならば、貝は漁魂であったのではなかろうか。

未だ宇武加比売命はどこから飛んできたのかを問題にしたことがない。すでに「キサカヒ姫の世界」で論じたように西伯耆の「手間の山本」がその故地として浮かんでくる。「法吉」に関してはウグイスの鳴き声「ホーホケキヨ」とのかかわりで注目されるが、それは伝承上の妙であり、じつは「法吉（ほほき）」の元は「伯耆（「ほうき」、もとは「ははき」）」であることが理解できよう。

「ウムカヒ」姫は、現在は松江の法吉町の法吉神社に鎮座しているが、もともとは伯耆国から渡ってきたという言い伝えが出雲の地にあったのであろう。先の「キサカヒ」姫、そして「ウムカヒ」姫とも『古事記』が語るように元は伯耆国の地に坐した神であった。

Ⅵ　原・国譲りの空間世界

『古事記』の神話伝承地である「手間」、『和名抄』では伯耆国会見郡に「天万」という郷名がみえる。現在、鳥取県西伯郡南部町に天萬があり、隣接する寺内の地には大国主神の遭難の地と伝えられる「手間の山本」に赤猪石神社が鎮座している。

手間という地域は広く、出雲国との国境に置かれた「剗」も手間剗であり、その空間の一角を占める清水川村（南部町清水川）には『伯耆志』に次のような伝承が残されている。

於婆御前（無社）村中山に属きたる小林の名なり。昔は社もありしや蚶貝比売、蛤貝比売命を祭ると云へり。次に略伝を記す。

清泉　右の林の西、人家の傍に在りて周五間許の浅井なり、上に椋の木あり、当村の名此水に因れり、土人の伝に蚶貝比売、蛤貝比売、大己貴命を蘇生せしめ給ひし時、彼の貝の粉を此水に和して塗らせ給ひしなりと云へり。

この大己貴命、すなわち大国主神の蘇生の地・伯耆国手間、その西が出雲国の手間剗であり、また領域的には出雲国意宇郡の母理郷・屋代郷でもある。

ここに『出雲国風土記』意宇郡母理郷の伝承を載せる。

母理郷　郡家の東南三十九里一百九十歩なり。天の下造らしし大神、大穴持命、越の八口を平け賜ひて還りまし時、長江山に来まして詔りたまひしく、「我が造りまして命らす国は、皇御孫の命、平らけく世知らせと依さしまつらむ。但、八雲立つ出雲の国は、我が静まります国と、青垣山廻らし賜ひて、玉珍置き賜ひて守らむ」と詔りたまひき。故、文理と云う。神亀三年、字を母理と改む。

この母理郷の長江山は大国主神が拝志郷から「越の八口」に遠征し帰還した場所であり、青垣廻らした出雲国以外の地を「皇御孫の命、平らけく世知らせと依さしまつらむ」と語り、国譲りを宣言した場所である。有名な稲佐浜の国譲り交渉の前段階と位置づけられる第一次国譲りの舞台である。母理郷の北側の屋代郷には記紀神話において最初の国譲り使者として派遣されたアメノホヒ命が「天乃夫比命」との表記で登場し、その隣郷の楯縫郷には最後の国譲りの使者である「布都努志命」も姿をみせており、出雲国意宇郡の最東部に国譲りにかかわる神々が集中して伝承を残していることが判明する。

V　雲伯国堺の宗教性

出雲・伯耆の「国堺」、揺れる「綱縄」、その堺は神々が姿をみせる聖域であった。周知の通り『古事記』では伊邪那美神の葬送地が「出雲国と伯伎国との堺の比婆之山」とする。考えれば「出雲国と伯伎国との堺」は黄泉国との堺でもあった。大国主神が越から帰還したのも出雲・伯耆の「国堺」の長江山、そして天穂日命が天下ったのも「国堺」の屋代郷であった。『古事記』によれば須佐之男命が出雲の地に姿を見せたのは「出雲国の肥の河上、名は鳥髪といふ地」とする。その「鳥髪」の山、鳥上山は『出雲国風土記』によれば『伯耆と出雲の堺なり」と紹介されている。政治の世界は中央をめざし、神々は「堺」を好む。不安定な「堺」、その揺れ動きの中から神々は「幽（神）」の世界から「顕（あらは・人間）」の世界に姿を現すのであろう。出雲・伯耆の「国堺」には山陰道が通るが、神々の「山陰道」は多様であった。その多様性については今後の課題となろう。

註

（1）岡部春平『伯耆大山記』（大梁灰儿文庫蔵、『島根評論』十三・八）

（2）景山粛『伯耆志』（因伯叢書、一九一六年）。
（3）槇佐知子『大同類聚方』（新泉社、一九九二年）。
（4）安松琴之助『島田村の史蹟と傳説』（一九三三年）。
（5）衣川長秋『たみの、日記』（無窮会蔵、文政五年・一八二二年）。

第三部　地域社会とその広がり

第一章　『出雲国風土記』記載の神原郷

Ⅰ　揺れる「神財」

『出雲国風土記』大原郡条に見える神原郷は、加茂岩倉遺跡が発見された際に考古学・古代史研究者によって一斉に注目された経緯を持つ。それは神原郷の郷名起源伝承がきわめて魅力的であることによる。まず書き下し文で該当部分を示す(1)。

a　秋本吉郎『風土記』(日本古典文学大系)

神原郷　郡家の正北九里なり。古老の伝へていへらく。所造天下大神、御財を積み置き給ひし処なり。則ち、神財郷と謂ふべきを、今の人、猶誤りて神原といへるのみ。

b　加藤義成『出雲国風土記参究』

神原郷　郡家の正北九里なり。古老の伝へに云へらく、所造天下大神の神御財積み置き給ひし処なれば、神財郷と謂ふべきを、今の人、猶誤りて神原と云ふのみ。

現在、一番流布している二つの文には明らかに相違点が見える。すなわちａ「所造天下大神、御財」とｂ「所造天下大神の神御財」である。意味的にはほとんど変わりはないが、手続き上、確定しておくべきであろう。今日残る写本の多くはその部分を「所造天下大神之御財」としているが、一部『出雲風土記鈔』などが「所造天下大神々御財」としている。秋本氏は前者の「之」を、加藤義成氏は「々」を採用したことがわかる。しかし、両者とも明確な根拠を示すことはない。

注目すべきは同じ大原郡屋代郷の郷名起源伝承である。そこでも「所造天下大神」の所有物を示すが、「所造天下大神之」としていることがわかる。神原・屋代は並んで記載されており、ここでは秋本の所有を示す「所造天下大神、御財」を採るべきであろう。

研究者の多くはこの伝承に見える「御財」を大量出土の銅鐸に見立てようとしたのである。この点に関してはすでに拙稿「加茂岩倉遺跡の史的発掘」で、加茂岩倉遺跡の地は『出雲国風土記』の時代には神原郷域ではなく屋代郷であることを指摘し、神話と考古学の安易な結び付けを批判したところである。(2)

その加茂岩倉遺跡と切り離しても、神原郷伝承そして神原郷域の歴史の重要性が消去されるわけではない。ここに改めて『出雲国風土記』の同伝承の基礎的検討を試み、神原郷域の古代世界を再構成し、神原神社古墳にも言及したい。

Ⅱ　神原郷域の想定―研究史―

郷の前身の里は、律令の規定（戸令）では「五十戸」で構成されており、本来的属性としては人間集団であり、領域を持たない。しかし、当然のこととして「五十戸」の人びとが生活する地域空間は実質的に形成され、すでに『出雲国風土記』の編纂段階では、ある程度、郷の領域は固まりつつあったと考えられる。ここではそのことを踏まえ

『出雲国風土記』が語る神原郷域を想定する。

古代史研究で一般に使用される『出雲国風土記』の校本は、先に言及した日本古典文学大系『風土記』（秋本吉郎）である。その頭注によれば、神原郷は「加茂町の西半分、神原・下神原。斐伊川支流の赤川流域地」とし、郷土が生んだ『出雲国風土記』研究の第一人者の加藤義成氏は『出雲国風土記参究』において朝山晧氏の見解「今の加茂町の神原・延野・大竹等を含む地域であった」を支持しつつ、郷庁は「路程からすると今の宇治の字土居周辺に当たると考えられる。さすれば宇治もこの郷に入っていたであろう」とする（図46）。

ほとんど注目されていないが、昭和三十一（一九五六）年に出版された『加茂町史考』も重要である。[3] 加藤義成氏の『参究』の前年に加茂町神原在住の郷土史家である中林季高氏がまとめたものである。丁寧な論証を行い神原郷を「神原に延野・大竹」に、屋代郷を「加茂を中心として宇治・南加茂・三代に及び、北は砂子原・新宮・東谷・岩倉・猪尾・大崎」と想定する。加藤義成氏は参考文献として『加茂町史考』を明記しているので、中林氏の考えが加藤説に与えた影響は大なのであろう。

秋本・加藤両見解は一部重なるところもあるが、秋本説では赤川の南地域に限定され、加藤説は赤川の北岸の延野・大竹が含まれていることで異なる。ここで近世初期からの研究を振り返り、両説の問題点を指摘しながら改めて神原郷域を想定してみたい。

古く天和三（一六八三）年に岸崎時照によって書かれた『出雲風土記鈔』は「今の神原村にして神宝大明神の社有り」とする。きわめて穏当な見解であり、神原村域が古代の神原郷を構成する中心地域であることはその遺称から間違いないであろう。問題はその「神原村」域以外にどこまで神原郷が広がっていたかである。その場合、a河川とのかかわり、b郡家からの距離と他郷とのかかわり、の二点からアプローチするべきであろう。

秋本説ではbの視点が欠如し、加藤説ではaの視点が弱いのではなかろうか。幕末の横山永福の『出雲風土記考』は「此の郷は郡の西北なり（南は加茂川を堺、西は大川を中に置て神門郡上郷、北は三代村に堺、南東は屋裏郷に堺たり）」とする。この一文では南東に屋裏郷を想定するなど基本的な問題点はあるが、河川、そして他郷との境を視野に入れて考察している点は注目される。

『出雲神社考』は直接的に郷域には言及しないが、神原郷内神社として神原社・矢口社をあげている。渡部彝の『出雲神社巡拝記』も神原神社を上神原村に、矢口神社を下神原村に比定していることから、『出雲神社考』と同じイメージを持っていたことがわかる。その見解は古く文化三（一八〇六）年の千家俊信の『出雲国式社考』にすでに見え、ともに郷域を赤川の南（ただし小字の下神原は赤川北岸まで広がる。矢口神社は赤川南岸の下神原に所在している）に想定しており、岸崎の見解とともに秋本説の基礎をなしている。

大原郡の諸郷については昭和五十九（一八五九）年に出された『加茂町誌』が比較的詳しく言及している(4)。加藤義成氏の研究も踏まえたものであり、現時点において最新の成果と言えるであろう。『町誌』では、まず大原郡家から神原郷への路程、「郡家の正北九里」から神原「郷庁」を宇治集落の宇土居に求め、神原郷が三里から構成されていることを踏まえて、宇治・才明寺「宇治里」、神原・延野「神原里」、下神原・大竹「矢口里」と想定する。加藤義成氏の見解を基本的に継承したものであろう。

地名といえば『角川日本地名大辞典　三二　島根県』、『日本歴史地名大系　島根県の地名』が注目されるが、前者は加藤義成氏の執筆であり、後者も『出雲国風土記』の記事の紹介の域を出ない(5)。

Ⅲ　神原郷と屋代郷

以上の近世以降の研究を見ても、常に二つの見解が並立し、それが秋本・加藤氏の見解として今日に至っていることが判明する。大原郡家は現在の木次町里方の菟原であり、神原郷家はその真北九里、すなわち約五キロの地点にあたる。その間の古代「郷道」が現在の54号線沿いとするならば、神原郷家は加藤が想定する宇治地域となろう。加藤氏は「宇土居」に注目するが、現在見えるのは「宇土井」である（図46）。

その宇治地域から西への広がりには問題がある。先に矢口神社を神原郷域とする諸説を紹介したが、古代、現・矢口神社の所在地は屋代郷域に組み込まれていたと思われるからである。

屋代小川　郡家の正北の除田野より出で、西に流れて、斐伊大河に入る。（魚なし。）

この屋代小川は加茂町の三代を西に流れ、現在は赤川に流入している奥田川のことであろう。なぜなら当該地域で東側から西流し、直接的に「斐伊大河（斐伊川）」に流入する川は奥田川以外に存在しないからである。その奥田川、すなわち「屋代」小川のほぼ川筋に矢口神社が鎮座している点を押さえると、不思議にも下「神原」は古代においては屋代郷に属していたことが判明する。

図46　大字「宇治」周辺の小字分布図（『加茂町誌』）
㉞が小字「土井」、付近に字「元宮」もみえる。

なお「屋代」は、平城京長屋王家跡出土木簡には「大原郡矢代里」と見える。「矢口」は「谷口（矢と谷はその形から通じる）」であり、「屋（矢・谷）」地域の入口にあたることを勘案すれば決して不思議ではないのである。

屋代郷の郷家への方角・距離「郡家の正北一十里一百一十六歩」、高麻山への距離「郡家の正北一十里一百歩」を勘案すると、屋代郷家は現高麻山の麓が想定されそうである。しかし、『出雲国風土記』が示す方角は東西南北、そしてその中間の東南、西北などであり、示された方角は方位角四十五度の扇形であることを忘れてはならない。同じ「正北」の方角でも両地が一直線上に並ぶとは考えられないのである。

屋代郷の郷家は、郷内に置かれた正倉が加茂中の慶用寺付近に想定されることを考慮すれば、その付近に想定される可能性もある。(6)『風土記』から確認される屋代郷の領域は、東は正倉の推定地の加茂中、西南は三代地域となろう。その両地域を結ぶ空間は大竹・延野・大崎（岩倉・東谷・新宮も含む）ということになる。また、その所在地が不明とされている屋代郷内所在の非神祇官社「矢代社」「屋代社」の所在地も、新出史料『大原郡屋代郷（加茂村・大崎村・延野村・新宮村）神社萬差出牒』（宝永四［一七〇七］年・宝暦十四［一七六四］年）で、それぞれ加茂中（現・加茂神社）、大崎（現在は廃社、加茂中の加茂神社に合祀。旧社地は字元宮、隆法寺の対岸）に比定されそうである。(7)その屋代郷の地域空間は、隣接する神原郷の西、北の堺にあたることを踏まえれば、神原郷は神原・宇治・南加茂、そして近松・立原という赤川南岸流域に広がっていたと考えられる。

屋代郷の領域は変形的になり、疑問も生じるが、そこに神原・屋代地域、ひいては大原全体を考える上での重要な謎が秘められている。われわれはどうしても県庁所在地の松江市、古代においては国庁の所在地を中心とする地域観を持っているのではなかろうか。

そこで注目したいのは大原郡条の社名帳である。『出雲国風土記』の社名記載順は社格順と言われている。大原郡に鎮座の神社は計二十九社を数えるが、その第一番が「矢口社」となっている。大原郡域は本来、斐伊川文化圏であり、その文化の波は神門郡地域から流入してきたのであろう。「矢口社」は大原地域におけるその受け入れ口であり、そこから赤川沿い、奥田川沿い、斐伊川沿いに開発が進んでいったと思われる。「矢口社」が『出雲国風土記』編纂段階において筆頭社として位置づけられたのは、そのような過去の栄光が背景にあったのである。その文化、開発の大原地域への波及の軌跡が屋代郷の領域に形として表れているのであろう。(8)

『延喜式』神名帳の記載順は参拝地域順と考えられている。起点となる神社は意宇・島根・秋鹿・楯縫・出雲・神

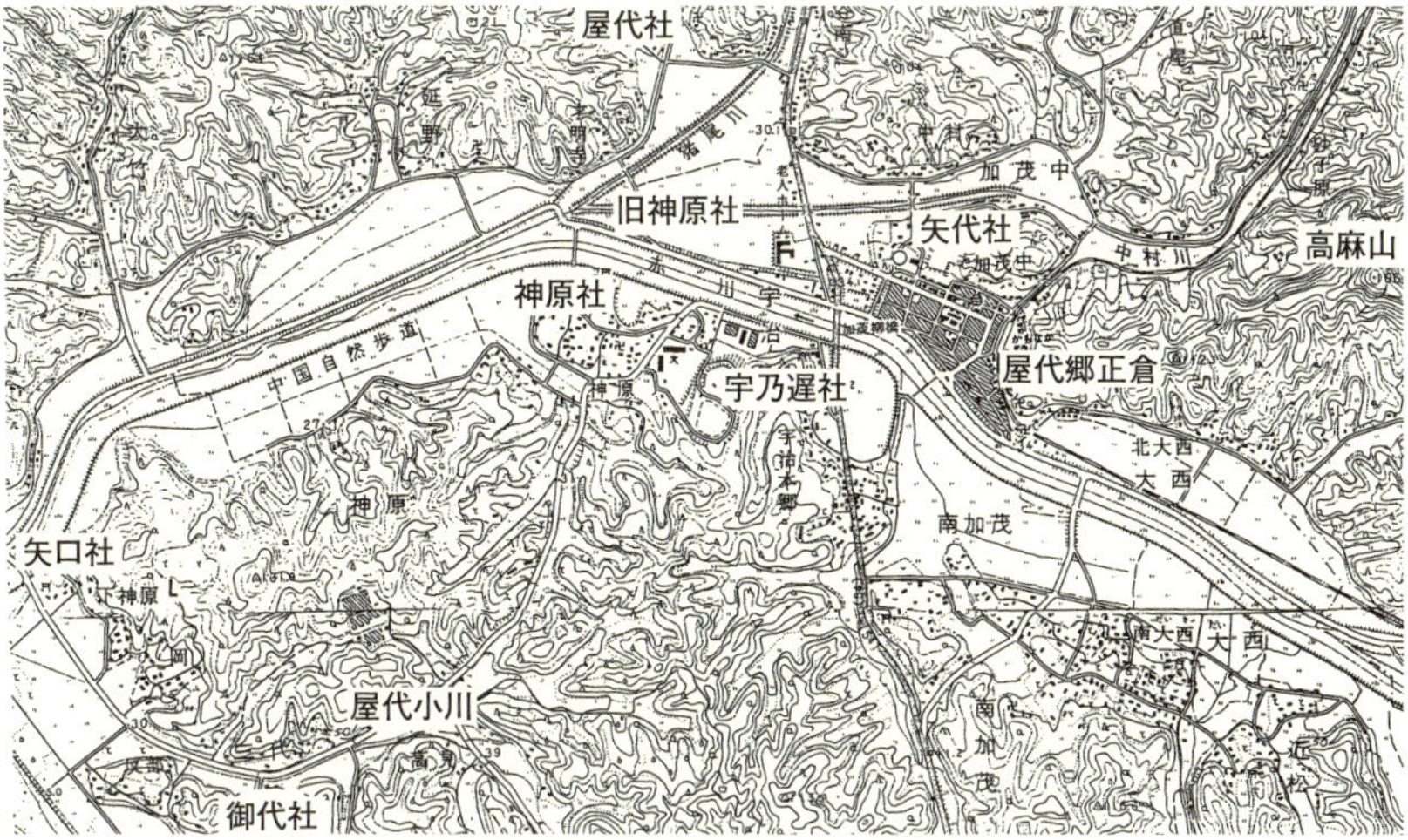

図47　『出雲国風土記』登場地（国土地理院地図に地名加筆）

門の場合は『出雲国風土記』の社名帳の筆頭社となっている。しかし、雲南三郡の場合は揃って起点神社が変わっていることに気がつく。大原郡は「矢口社」から「宇能遅神社」、飯石郡は「須佐社」から「御門屋社」、仁多郡は「三澤社」から「伊我多気社」の変更である。これは主に国庁・意宇郡家から神祇官社を回る際の交通上の便にかかわっての変更と思われる。大原郡の場合も明らかに「矢口社」よりも「宇能遅神社」が国庁・意宇郡家に近いことがわかる。それは別の観点から見れば、大原郡社会全体が律令地方行政の整備の過程において、神門郡よりも意宇郡に顔を向けたことを物語っているのである。そこには新しい事態に取り残された矢口社の衰退も一方にあったのであろう。

　神原地域はその点を踏まえるとより複雑である。神門郡・意宇郡、そして宍道湖との交通（国道54号線ルート）の要に広がる神原世界は時代を越え、重要な位置を占めたと思われる。先に想定した「神原・宇治・南加茂・近松・立原」地域に広がる神原郷世界には二つの構成要素がうかがえる。その点に関しては『出雲国風土記』の「神」関係伝承を検討することにより考察を行う。

Ⅳ　神原郷の神の世界

想定された神原郷域に存在した『出雲国風土記』所載の神祇官

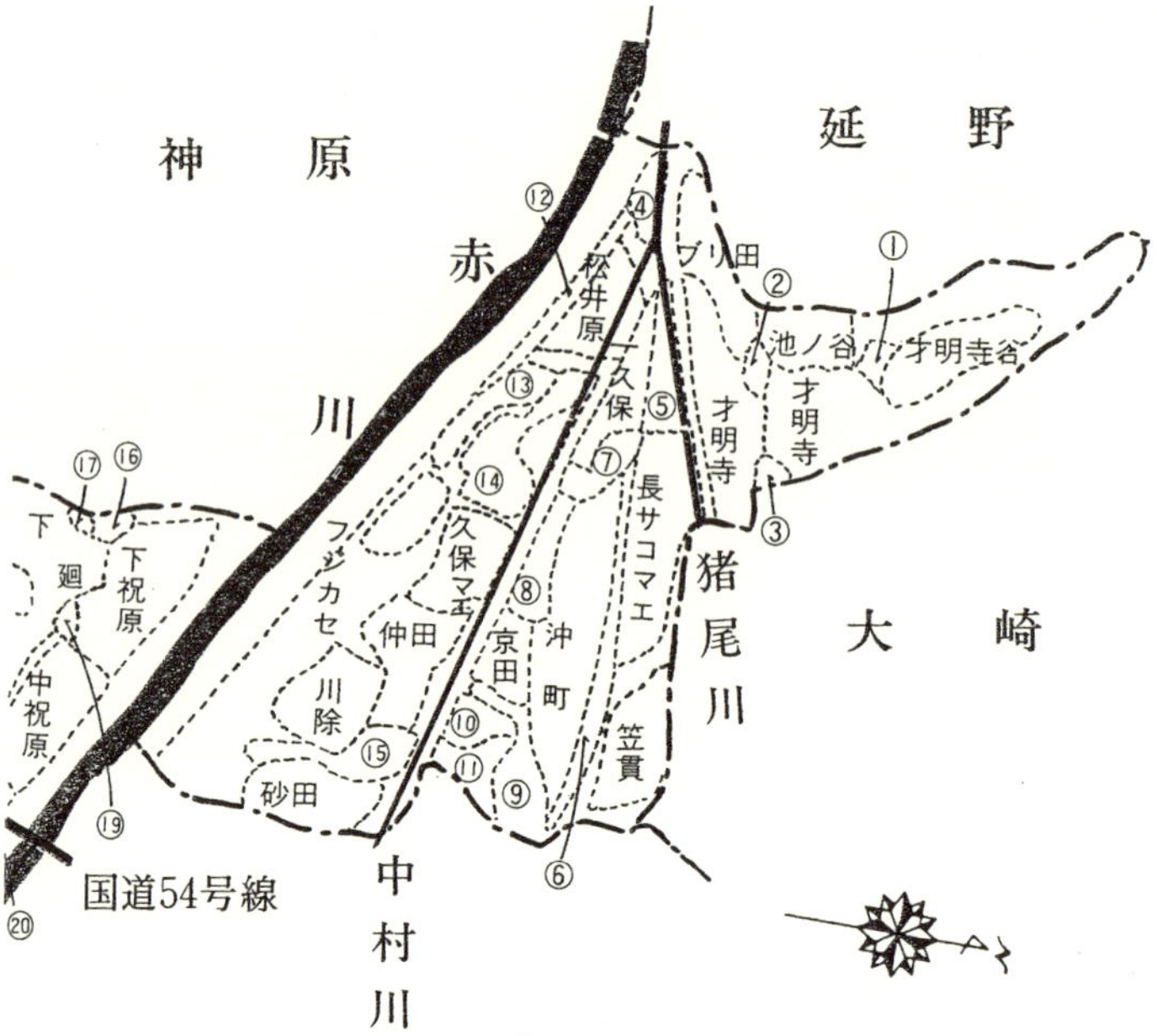

図48　赤川と小字「松井原」（『加茂町誌』）
小字「松井原」が赤川の右手、中村川との間にみえる。神原神社の旧社地か。

社は、神原社・宇乃遅社・宇乃遅社の三社である。非神祇官社は確認できない。

神原社は、現在、加茂町大字神原字松井原に鎮座している。しかし、一九七二年までは現在地の五〇メートル北であり、社伝では、古くは「今の赤川に対岸、才明寺の東南に今も字松井原の東南端」であったという[9]。たしかに現在も赤川と中村川の間に松井原なる小字が見える（図48）。

その点については神原神社所蔵の慶長十六（一六一一）年の棟札に「神原松井大明神」と見えることからも信憑性がある。宝永五（一七〇八）年に広沢漆拾によって書かれた「神原神社縁起」にも「神原郷神原神社松井大明神」、「松井社神宝大神宮」と見える。また享保二（一七一七）年の地誌『雲陽誌』大原郡神原の項には次のように見える。

神寶明神『風土記』に載る神原社なり。

また、同書は神原村内の土手について触れ、「上神原より下神原の間千四百間あり、此土手下を昔止屋の淵といふ、松井淵ともいふ」とし、古伝に彩りを添える。ただし、早い段階から「神原社」の名は絶え、中世には「松井大明神」、近世では『風土記』に見える「御財」を出雲振根の「神寶」と解釈し、「神寶明神」と呼んでいたこともわかる。改めて「神原神社」となったのは明治になってからである。

『風土記』の神原郷の伝承では、本来郷名は「神財」であったとする。そうであるならば、当然「神原」社の元社名も「神財」社であったと思われる。『出雲国風土記』の時代には、その「御財」は所造天下大神、すなわち大国主神のそれとされていたのであろう。この付近の郷の伝承には所造天下大神の活動が集中的（屋代郷・屋裏郷・来次郷、城名樋山）に認められる。

二つの宇乃遅社は『延喜式』では「宇能遅神社」、「同社坐須美（義）彌神社」となっている。すなわち『出雲国風土記』のときには二社あったのが、『延喜式』段階では後出の宇乃遅社が相殿になったのであろう。宇乃遅社の祭神は、社名から見て本来は二社ともに海潮郷伝承に登場する「宇能治比古命」であったと思われる。この神は楯縫郡沼田郷条にも姿を見せており、斐伊川を通路とする「海の道（うのぢ）」の神と考えられる。その「宇能治比古命」の足取りは海潮・沼田伝承からすれば明らかに神原郷を西から東へと向かっていることがわかる。

近世の地誌である『雲陽誌』[10]を見ると加茂の立原にも「宇治明神（宇治は宇能治の訛り）」が見え、「宇能治比古命」伝承の広がりがうかがえる。この神原地域を被う所造天下大神、「宇能治比古命」の二神の神話には時代的な差異があったと思われる。古層は地名を神名に負う「宇能治比古命」であろう。

この神話は明らかに斐伊川にかかわっており、先に指摘した神門郡（楯縫→神門郡）から大原郡への斐伊川文化圏の流入に重なるものであろう。一方、神原郷はまさに交通の拠点であり、出雲国造が杵築大社（出雲大社）から都に上り、神賀詞を奏上するルートに乗っていることに注目しなければならない。また、神原を含む屋代・来次・斐伊（城名樋山）郷の地域は、律令国家の地方行政支配の上で国庁から大原・飯石・仁多郡への重要な交通路でもあり、宗教・政治の二つの道からも目が離せなかったのであろう。旧来の「宇能治比古命」神話の世界に被さるように、大国主神神話が宗教・政治の交差するところで語られたのである。

『出雲国風土記』は斐伊川の流れを上流から説き起こし、仁多郡の横田・三処・三澤・布施郷とし、大原郡内では来次・斐伊・屋代・神原の郷を流れるとしている。もし郷名の列挙順が上流から下流へと整然と挙げられているとするならば、屋代郷よりも神原郷は下流域、すなわち北に位置することになる。しかし、『出雲国風土記』大原郡条に見える神原・屋代郷への郡家からの路程記事からは確実に屋代が神原の北に立地することになる。郡家から屋代郷への距離が屋裏郷と同値であることから、屋代郷への距離を神原より短く理解することも可能ではあるが、神原郷の南に一郷を想定することは不可能と言わざるをえない。現状においては『出雲国風土記』の関係記述（屋代・神原郷への路程、屋代小川、出雲大川の記事）をすべて矛盾なく解釈することは不可能であり、どこかに手を入れる必要がある。今後の課題としたいが、考えられるのはまずは配列は正確なものではない、次に屋代・神原の順番誤写、最後に屋代郷への距離・方角の誤写・すなわち神原郷が北に位置する、の三ケースであろう。ここでは神原郷が斐伊川に沿うのがきわめて短いことがそうさせたとしておく。上流の「三澤・布施」の場合も順番は微妙であり、それをも視野に入れて考える必要があろう。

V　神原郷と古墳

古墳時代初期の神原神社古墳と『出雲国風土記』の世界は結びつくのであろうか。前に指摘したとおり、両者を直結することは時代差を考慮すれば問題を含むであろう。しかし、すべてを否定するのも問題である。神原神社古墳が築造された歴史空間の継続の中で、やがて『出雲国風土記』が編纂されたのは明白な事実だからである。本章では千年も時代が異なる近世の史書、地誌を用い、古代世界へと手探りを入れてきた。それも時空を越えて流れる歴史の息吹の存在が確信できるからである。

あらためて神原郷伝承を噛みしめてみよう。「所造天下大神、御財を積み置き給ひし処なり」という説明は立体的

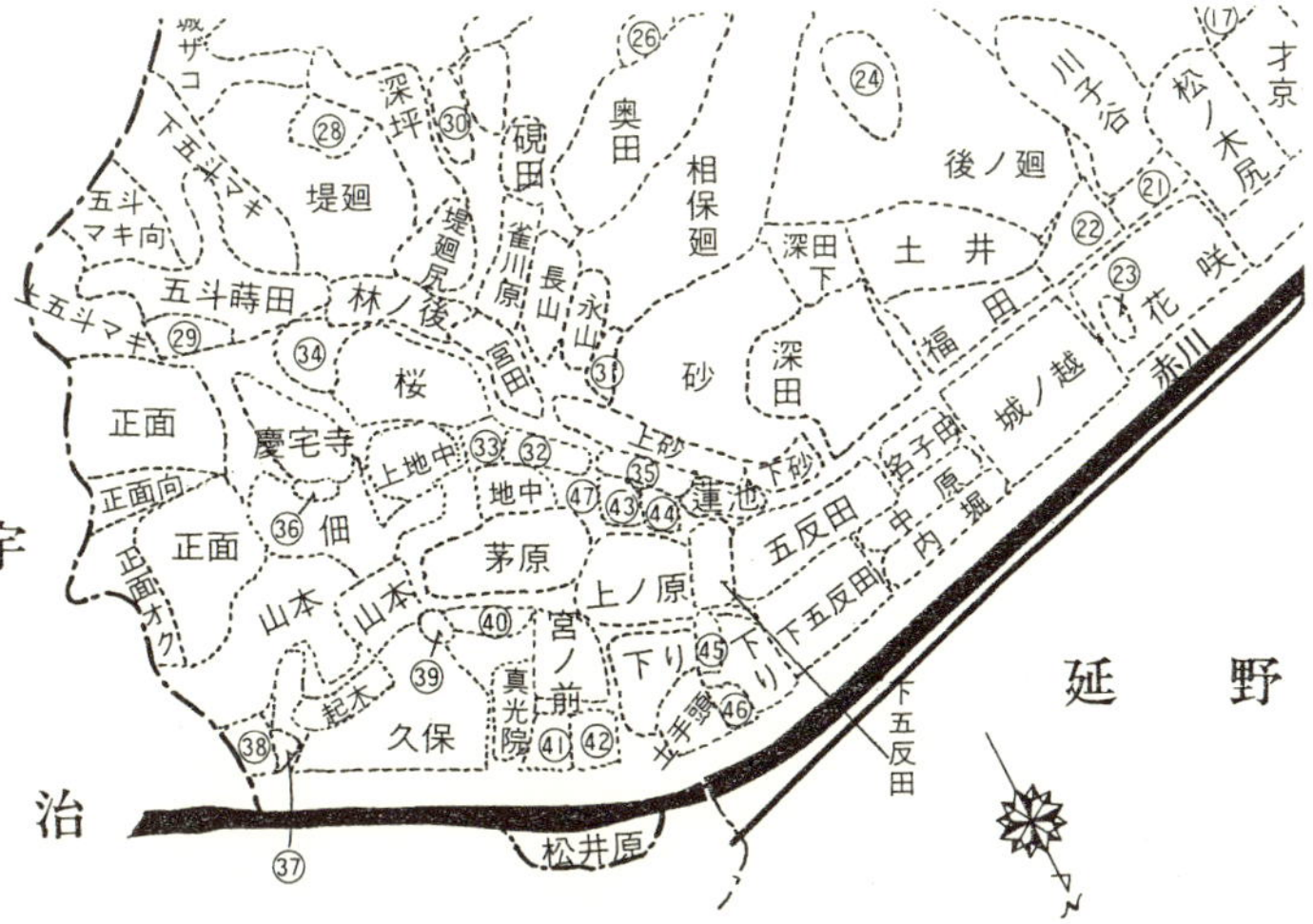

図 49　大字「神原」の小字分布図

『加茂町誌』掲載小字分布図転載。下方の太線が赤川。中央の「上の原」は「かみのはら」か。「宮の前」などの小字が注目される。現神原神社付近。左手「正面」には古墳群あり。また㊳は字「学院」。『近世村々絵図』にみえる「学栄」塚の所在地か。

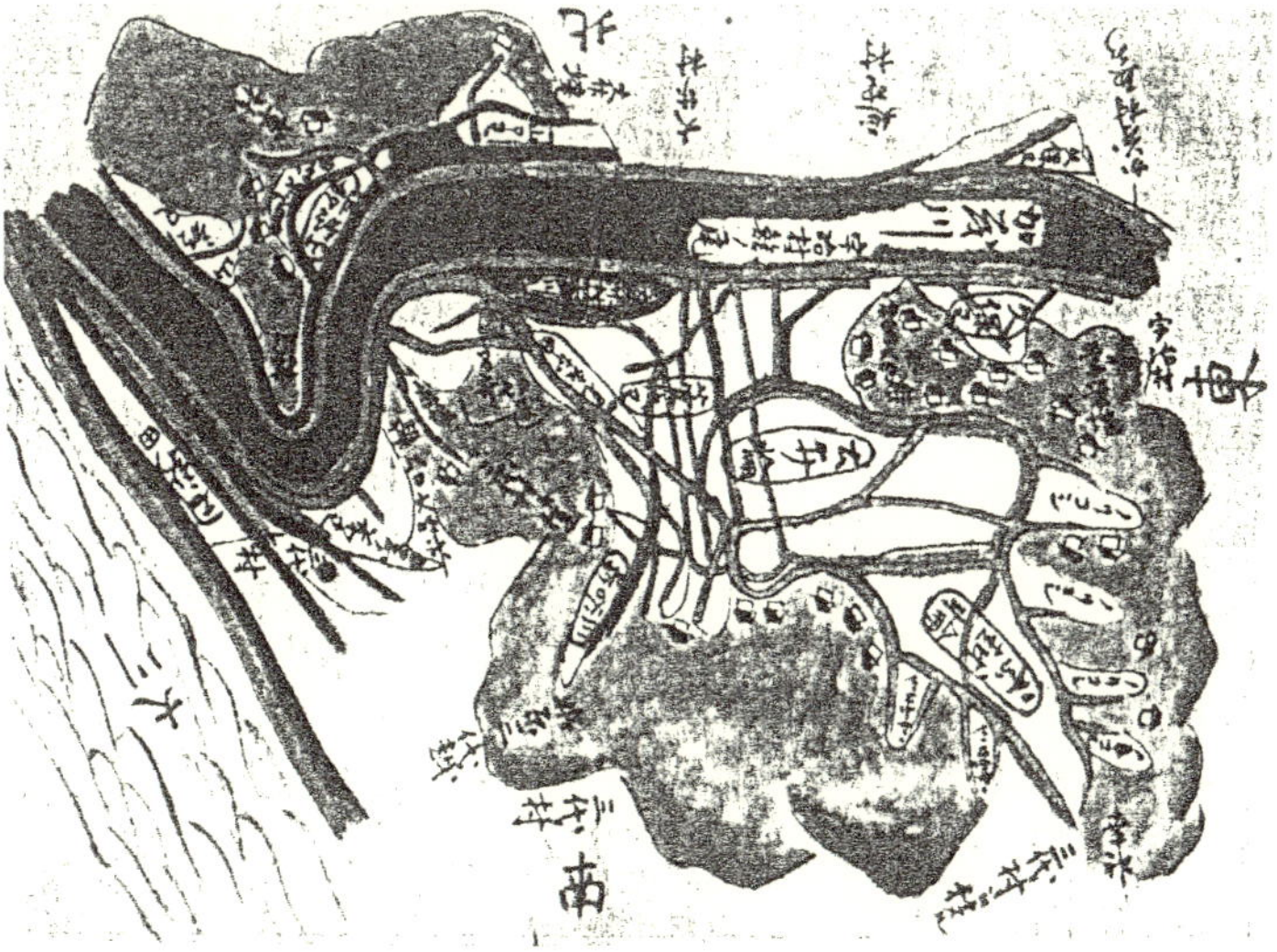

図 50　個人蔵『文政年間村々絵図』神原村

絵図中央、右手から延びる小丘陵の先端に「神寶大明神」とある。また右手の宇治村境に「学栄塚」と見える。

である。「所造天下大神」、「御財」を消去して考えるならば、神原郷域に「何かを積み上げた」ように見える地上物があった可能性が大と思われる。それを「所造天下大神」の「御財」と見なして伝承が誕生したのであろう。それが神原神社古墳である可能性も高いのではなかろうか。

『風土記』にはいくつか古墳にまつわる伝承が見える。その中には古墳を古墳とせずに叙述している場合が多い。たとえば『常陸国風土記』久慈郡条などでは「石を以て垣となし、中に種属甚多く、并、品の宝、弓・桙・釜・器の類、皆石となりて在れり」と山上の古墳を描いている。「種属」とは人物埴輪、「品の宝、弓・桙・釜・器」は露出した副葬品などを表現していると考えられる。神原郷伝承の「御財を積み置き」も当時の人びとの古墳観を示していると考えられよう。

近世の地誌『雲陽誌』は神原の項に次のような記事を残している。

兄塚　振根の墓なり、塚頭古木あり。
すくも塚　入根の墓なり、松の老樹あり。
大舎押　神原中の高山なり、古振根隠れたる所なり。

「すくも塚」、すなわち宿米塚は神原神社の西方一〇〇メートルの所にあるという(11)。「兄塚」、「大舎押」も人びとが目にしたものであろう。また文政年間の『近世村々絵図』神原村図（図50）には神宝大明神の東、宇治村堺の丘陵上に樹叢で表現された「学栄塚」が見える(12)。現在の小字「学院」の場所にあたるのであろうか。近辺には数十基からなる群集墳、神原正面遺跡群の存在も知られている。この『雲陽誌』の言い伝えには近世の人びとの古墳への関心がうかがえるとともに、「所造天下大神」に代わって『日本書紀』崇神六十年条の出雲振根・入根伝承が浸透しはじめたことも判明する。古墳観は時代とともに変化しているのであり、神原神社古墳に関して言えば『出雲国風土記』の時代の人びとは、目に見えた土盛りを「所造天下大神」の御財を積み上げた遺跡として考え、接触していたものと思われる。

註

（1）秋本吉郎『風土記』（日本古典文学大系、岩波書店、一九五八年）。加藤義成『出雲国風土記参究』（改訂増補新版、原書房、一九六二年）。秋本・加藤の論は以下同じ。
（2）拙論「加茂岩倉遺跡の史的発掘」（『祭祀考古学』二、祭祀考古学会、二〇〇〇年）。
（3）中林季高『加茂町史考』（加茂町史考頒布会、一九五六年）。
（4）『加茂町誌』（加茂町誌編纂会、一九八四年）。
（5）『角川日本地名大辞典32　島根県』（角川書店、一九七九年）。『日本歴史地名大系　島根県の地名』（平凡社、一九九五年）。
（6）註（2）に同じ。
（7）『大原郡屋代郷（賀茂村・大崎村・延野村・新宮村）神社萬差出牒』（宝永四年・一七〇七年、宝暦十四年・一七六四年）。報告者として伊古美定重、伊古美八坂の名前が見える。伊古美氏は加茂神社の社官である。なお、『出雲国風土記』大原郡矢代社・屋代社については別の機会に論じる。
（8）屋代・神原郷の領域を考える上でどうしても解けない謎がある。それは、未だかつて問題にされていないが、『出雲国風土記』出雲郡条に見える出雲大川、現斐伊川の流れと流域の郷との位置的関係である。
（9）『式内社調査報告　第21巻　山陰道4』（式内社研究会、一九八三年）。
（10）拙稿「出雲国風土記註論　その2楯縫郡条」（『古代文化研究』五、島根県古代文化センター、一九九七年）。
（11）註（8）に同じ。
（12）個人蔵仮称『近世村々絵図』文政年間成立。

第二章　日置と塩冶世界

Ⅰ　「塩冶」地名の移転

古代の出雲を考える上で中心に据えられるのは出雲国造であろう。しかし、その出雲国造、そしてその奉祭する出雲大社（杵築大社）の歴史を考える際に日置一族を無視することはできない。

それは出雲国造が奉祀する出雲大社の鎮座地である出雲郡において最も有力な地域首長は出雲国造ではなく、じつに日置臣であったことで理解できるであろう。

『出雲国風土記』出雲郡条の記事の最後に署名した出雲郡の郡司は次の四人である。

郡司　主帳　无位　若倭部臣
大領　外正八位下　日置臣
小領　外従八位下　太臣
主政　外大初位下　（日下）部臣

「部臣」については「日下部」の「日下」の脱とみる。出雲郡郡司の長は「大領　外正八位下　日置臣」であり、次が「小領　外従八位下　太臣」、そして「主政外大初位下　日下部臣」と続き、最初に名を見せる「主帳　无位若倭部臣」は書記官にあたる。普通に考えるならば出雲大社が鎮座する出雲郡の最大首長は出雲国造と思われるが、不思議にもその姿は見えない。

当然、出雲郡の四郡司と出雲国最大の首長である出雲国造との関係が問題となろう。そこに日置一族と出雲国造との微妙な関係が潜んでいるのである。なお、日置一族は出雲東部の意宇郡舎人郷にも足跡を残すが、本章はあくまで塩冶世界を舞台にするものであり、出雲西部の出雲・神門郡域に視野を限定する。
　現在、「塩冶」の名がつく町名は塩冶・塩冶有原・塩冶神前・塩冶町南・塩冶原・上塩冶と広範囲に分布している。その中、塩冶有原・塩冶神前・塩冶町南・塩冶原は昭和五十五（一九八〇）年以降に付けられた町名であるが、旧塩冶村域であった。その広大な「塩冶」領域は、中世以降の塩冶氏の領域拡大、移動の結果であり、『出雲国風土記』の時代の「塩冶郷」の領域は秦清一『塩冶旧記』が指摘するように現・「塩冶」地域とは重ならず、秋本吉郎『風土記』の「出雲市の今市・大津・武志・高岡など各町」辺りとするのが妥当である。この点は現・塩冶地域の歴史を考える上でまずはおさえておくべきことである。本章の論題にみえる「塩冶」とは現在の塩冶地域であり、古代の「塩冶郷」ではないことを断っておきたい。なお、本章はあくまで塩冶地域の古代史のデッサンであることを一言しておきたい。

Ⅱ　日置と塩冶地域

『出雲国風土記』神門郡条に次のような日置一族にかかわる伝承が残されている。

日置郷　郡家の正東四里なり。志紀嶋の宮に御宇しめしし天皇の御世、日置の伴部等、遣され来て、宿り停りて政為し所なり。故、日置といふ。

　この中央から派遣された「日置の伴部等」が「宿り停りて政為し所」の日置（郷）の地について、江戸時代の岸崎時照の『出雲風土記鈔』は「塩冶村の内、伴部・大井谷・馬場・神原等の地を併せ（日）置郷と為す」とし、郷土史家秦清一氏が昭和九（一九三四）年に著した『塩冶旧記』[1]は「郷標は今の上塩冶伴部の地にあり、大井谷、安井、伴分、神原、弓原、馬場、古の日置郷の地ならん」とする。この比定の説明は重要で、後の『大系』の「上塩冶町付近の地、神戸川の北岸地域」、加藤義成氏の「今の出雲市塩冶地区の西（ママ・東）南半」の説明も間違いではないが、そのような記述からは新たな発想は生まれてこない。

なぜなら、この地域のことを探求する際の鍵は『風土記鈔』『塩冶旧記』が示した近世に遡る古地名の「伴部」だからである。この地名は現在も出雲市上塩冶町に字「半分」として残されており、「出雲国風土記」にみえる「日置の伴部」の「伴部」を今に伝えるものと考えられる。

この「伴部」、すなわち現・半分地域では近年発掘が進み、三田谷Ⅰ遺跡・上塩冶横穴墓群遺跡が注目されているが、明治時代に日の目を見た六世紀末頃と想定される半分古墳（割石積みの推定全長九・四メートルの横穴式石室を擁する全長四〇メートルの前方後円墳）の存在も注目される。

三田谷Ⅰ遺跡は郡家の出先機関、半分古墳は神門臣との関係などが指摘されている。たしかに神門郡の郡司に「大領　外従七位上　勲十二等　神門臣」が認められ、出雲市今市町の大念寺古墳、また朝山郷域内に構えた厳堂を擁する新造院などから神門臣を無視することはできない。『出雲国風土記』が語る「宿り停りて政為し所」の日置一族との関係を積極的に考えるべきであろう。また半分古墳の周辺には上塩冶築山・地蔵山古墳も存在し、そこに半分・上塩冶築山・地蔵山古墳と続く地域首長家の存在をうかがうこともできる。三田谷Ⅰ遺跡から木簡、墨書土器が出土しており、墨書に「日□」がみえるが、また記号とも見られる丸印の則天文字も「日」ではないかともされている。「日置」を念頭に置くとき、その文字は気になるところである。

半分・三田谷Ⅰ遺跡の古代の行政体名を暗示するものとして墨書の「荏原」がある。「出雲国大税賑給歴名帳」によると日置郷下の里として「荏原《えばら》」・桑市・細田が確認でき、墨書「荏原」は古代における郷里制下のその「荏原」里を示しているものと考えられよう。今まで『塩冶旧記』などは荏原を弓原の地に求めていたが、土器の移動という側面も考慮しなければならないが、「荏」原→「弓」原の訛化を想定するのは問題を残そう。注目すべきは、弓原の東方の塩冶神社が、建武四（一三三七）年九月九日塩冶高貞の判物（富家文書）に「桑日八幡宮」の社名で記されている点である。(2)この「桑日」は「歴名帳」の「桑市」とみなして間違いないであろう。「桑市里」が塩冶神社の地を含み、「荏原里」が墨書から三田谷の地を含むとすると、消去法に残された弓原地域が「細田里」となるのではなかろうか。

ここで問題として浮上するのが『出雲国風土記』にみえる朝山郷の新造院の取り扱いである。

新造の院一所　朝山郷の中にあり。郡家の正東二里六十歩なり。厳堂を建立つ。神門臣等が造るところなり。

この新造院に関しては古く『出雲風土記鈔』が神門寺に比定して以来、有力な説となっているが、問題は現・神門寺付近が朝山郷域に比定されるという大きな障害が湧出してくる。しかし、この神門寺は山本清氏らが説くように古志郷の新造院に比定される可能性もあり、朝山郷新造院は加藤義成氏が想定した「馬木不動の台地」など、すなわち三田谷の地よりも南に求めるべきであろう。

なお、三田谷Ⅰ遺跡の出土文字には「神門」「高岸」「矢野」が、また封緘木簡木製品も出土しており、「継続的な文書処理」が行われた機関の存在を認め、それを神門郡の「郡家別院、出先機関」とする見解が有力である。

しかし、「高岸」「矢野」という「郷」は三田谷Ⅰ遺跡の地点とは神門郡家に比定される古志本郷遺跡とは反対側であり、三田谷Ⅰ遺跡にあるとされる「郡家別院、出先機関」が郡家を越えて関与する地域でないことは明白であろう。また、神門郡家に比定される古志本郷遺跡から半分・三田谷Ⅰ遺跡の地は距離にしてわずか二キロ程度であり、神戸川をはさんだといえども別院・出先機関を作る環境でもない。そもそも「郡家別院・出先機関」という用語は造語であり、史料上においてその存在は確認されていないのである。三田谷Ⅰ遺跡では六世紀後半に倉庫群と平地式建物からなる建物群の出現から始まるとされており、『出雲国風土記』の日置郡条の「遣され来て、宿り停りて政為し所」という一文を勘案する際の一つの素材となろう。

Ⅲ　日置と杵築大社

「出雲国大税賑給歴名帳」を見ると日置郷に「日置部」が二戸、「日置部臣」が三戸確認され、かつてこの地域に「宿り停りて政為し」た日置一族の片鱗がうかがえる。問題は欽明天皇の時代に中央から派遣された「日置の伴部等」

が行った「政」の内容である。「日置」は「幣岐」ともみえることから「へき・へぎ」と訓じるようである。「日置」に関しては太陽信仰を担う一族などと言われているが、神祇祭祀にかかわる氏族であることは確実である。大和王権が日置部を派遣して、なさしめた「政」とは「政」が「まつりごと」であることを勘案すれば宗教的挙事・事業と考えられる。

古代出雲に大和王権が介入する宗教的挙事・事業とは「何か」を、われわれに与えられた『古事記』『日本書紀』「風土記」から得られる様々な歴史事象の中で抽出するならば、それは杵築大社造営以外にはないのではなかろうか。『出雲国風土記』によれば杵築大社の鎮座する出雲郡大領に日置氏が就任しているが、この点はそういう意味で示唆的である。

杵築大社（出雲大社）の成立に関しては諸説あり、『日本書紀』斉明五（六五九）年条の「是蔵、出雲国造（名を闕せり）に命じて、厳神の宮を修めしむ」が注目されているが、その時点であくまでも「厳神の宮を修めしむ」という「再」修築であり、欽明朝までの前史も視野に入れるべきである。杵築大社は記紀の国譲神話からして造営の主体は大和王権以外にはないのであり、その祭祀は天穂日命の子孫である出雲国造でなければならないのである。派遣された「日置の伴部等」の「政」の最大任務は杵築大社の鎮座地の選定、そして大社の造営、そして杵築大社の祭祀者である出雲国造との交渉にあったのであろう。

「日置の伴部等」は大国主神を祀る杵築大社の環境を整えること、すなわち「政」に携わったと考えられる。「日置の伴部等」は、神門郡「日置郷」を本拠としながらも杵築大社が鎮座する出雲郡にも勢力基盤を広げていったことがわかる。それは出雲郡大領に「日置」の氏名がみえることから理解できるであろう。「出雲国大税賑給歴名帳」で確認できる氏族分布をみると、その「日置」の出雲郡進出は神門臣とのかかわりの中で出雲郡河内郷へと展開されたのであろう。『出雲国風土記』出雲郡条に「新造院一所河内郷の中にあり、厳堂を建立つ。郡家の正南一十三里百歩なり。旧の大領日置臣布彌の造るところなり。（今の大領佐底麿の祖父なり。）」とみえる。「日置」氏は大領職を「布彌」、そして子（名前不明）、孫の「佐底麿」と、三代にわたり継承する確固たる地位を七世紀には築いていることが判明する。

Ⅳ　河川と塩冶地域

本章は古代の「日置郷」、現・塩冶地域における「日置」氏の動向について素描を試みたものであるが、この地域には古代山陰道が通っており、「日置郷」の西には「神門川」、東には「出雲大川」が流れ、古代の河川交通の二つの大河川に挟まれた地域であったことをおさえる必要がある。鳥瞰するならば山陰道を頭に構成される□の形で囲まれた空間が「日置郷」、すなわち現・塩冶地域なのである。

「大税賑給歴名帳」によれば「日置郷」には若倭部・鳥取部・品治部・刑部など多数の氏族が確認できる。古代の陸上・水上交通と氏族分布、そして「日置の伴部等」の「等」などにも目配りをして改めて考察する必要があろう。

註

（1）秦清一『塩冶旧記』（塩冶公民館、一九七〇年）。
（2）島根県古代文化センター『富家文書』図版編（一九九七年）。

第三章　飯石郡頓原世界の歴史諸相

I　はじめに

飯石郡頓原に関する文献古代史料として最も古いのは天平五（七三三）年に完成した『出雲国風土記』である。同書をはじめとする風土記編纂の企画、命令が出されたのはじつにそれを遡る二〇年前であった。

意宇郡家、出雲国造館には当時、出雲国造であり、また意宇郡の大領であった出雲臣果安がおり、出雲一国にかかわる地誌編纂責任者として適格者とみなされたからと思われる。果安、そして広島の二代にわたる出雲国造のもとで『出雲国風土記』飯石郡条の作成にかかわったのが飯石郡の大領「大私造」氏であったが、その下には少領の出雲臣弟山がいたことは注目される人事であった。

この弟山は出雲臣広島の死後に国造職を世襲する人物である。出雲臣広島と弟山の血縁関係がいかなるものであったか知る由もないが、「弟」山の名前に着目し、古代の命名方法を勘案するならば広島の弟の可能性も捨てきれないであろう。飯石郡の少領に出雲国造家の中枢にかかわる人物がいたことは飯石郡の歴史を考える上で重要な要素と思われる。

風土記編纂の官命で注目されるのは「古老の相伝ふる旧聞・異事を史籍に載せて言上」の部分である。この「古老の相伝ふる旧聞・異事」とは具体的に飯石郡条ではどの記述にあたるのであろうか。

飯石郡条を通覧した場合、それは各「郷」などの説明に付された神話に相当するのであろう。古代びとのいう「旧聞」は単に「昔の話」ではなく、神話世界も含むものであった可能性が高いのである。

ただし、神話がその地域で誕生し育まれ、地域に根ざして「旧聞」となったのかどうかに関しては、その「旧聞」

を収録した『出雲国風土記』を丁寧に読み取ることから判明すると考える。

Ⅱ　飯石郡の神話世界

まず『出雲国風土記』飯石郡条にみえる神々が登場する部分を示す。

a　飯石郡郡名起源
飯石と号くる所以は、飯石郷の中に、伊毗志都幣命、坐す。故、飯石といふ。

b　熊谷郷
熊谷郷　郡家の東北のかた廿六里なり。古老の伝へていへらく、久志伊奈太美等與麻奴良比売命、任身みて産みまさむとする時、生む処を求ぎたまひき。その時に、此処に到来りまして、詔りたまひき。甚く久麻久麻しき谷あり。故、熊谷といふ。

c　三屋郷
三屋郷　郡家の東北のかた廿四里なり。所造天下大神の御門、即ち此処にあり。故、三刀矢といふ。（神亀三年、字を三屋と改む。）即ち正倉あり。

d　飯石郷
飯石郷　郡家の正東一十二里なり。伊毗志都幣命、天降りましし処なり。故、伊鼻志といふ。（神亀三年、字を飯石と改む。）

e　多禰郷
多禰郷　郡家に屬けり。所造天下大神、大穴持命と須久奈比古命と、天の下を巡り行でましし時、稲の種を此処に墮したまひき。故、種といふ。（神亀　三年、字を多禰と改む。）

f　須佐郷

須佐郷　郡家の正西のかた一十九里なり。神須佐能袁命、詔りたまひしき、此の国は小さき国なれども、国処なり。故、我が御名は石木には著けじ。即ち、己が命の御魂を鎮め給ひき。然して即ち、大須佐田・小須佐田を定め給ひき。故、須佐といふ。即ち正倉あり。

g　波多郷

波多郷　郡家の西南のかた一十九里なり。波多都美命　天降りましし家あり。故、波多といふ。

h　来島郷

来島郷　郷家の西南のかた卅六里なり。伎自麻都美命、坐す。故、伎自真といふ。（神亀三年、字を来島と改む。）即ち正倉あり。

i　琴引山

琴引山　郡家の正南卅五里二百歩なり。高さ三百丈、周り一十一里なり。古老の伝へて云へらく、此の山の峯に窟あり。裏に所造天下大神の御琴あり。長さ七尺、広さ三尺、厚さ一尺五寸なり。又、石神あり。高さ二丈、周り四丈なり。故、琴引山といふ。（塩味葛あり。）

以上、九条にわたり神々の伝承が残されている。なお、頓原町域にかかわる伝承は、g波多郷、h来島郷、i琴引山である。

伝承を神々で分類していくとfは「スサノヲ」の神話であり、bはその「スサノヲ」の妃神である「久志伊那太美等與麻奴良比売命」の出産神話である。c・e・iは「大国主神」を中心とする神話であり、残りのa・c・g・hの伝承は他に姿、名前をみせない飯石郡内の地域神を主人公にしていることがわかる。

その点からするならば飯石郡の神話は大きくみて三群に分けることが可能になる。この三群の神話がいかなる関係を構成していたかは出雲神話全体にかかわる問題となる。

ここでは論及を飯石郡内に限定するが、最も大きな問題は古代の波多・来島郷の神話パターンが類似している点である。また飯石郷の場合も同様のパターンであり、「〇〇神がそこに鎮座したので〇〇郷という」というきわめて単純な構造をもっていることもおさえておく必要がある。

1　波多都美命の登場

『出雲国風土記』飯石郡にみえる神社帳の部分をみても波多郷の「波多都美命」、来島郷の「伎自麻都美命」にかかわる神社がないのは不自然といわざるを得ない。「波多都美命」「伎自麻都美命」の二神は風土記編纂段階で地名起源を説明するために机上において創作された可能性も否定できない。

しかし、古老の伝承は形成されていたが、いまだ神社が創設されていないというプリミティブな信仰状況を反映しているとも考えられる。そうであるならば、不自然でも風土記にみえる伝承こそ「古老の相伝ふる旧聞」であったことになろう。

gの「波多都美命」は他の史料にみえない神であり、その性格は不明といわざるを得ない。『出雲国風土記』研究で著名な加藤義成氏の『出雲国風土記参究』は、来島郷の「伎自麻都美命」にみえる「都美（つみ）」に着目し、「都は助詞」で「美は見に通じて見守る意」と解釈し、波多地域の守り神とする。しかし「都美」を二つに分解するのは問題で、「都美」は「海神」を「和多都美（わたつみ）」、「大山祇神」を「おおやまつみ」と読むように「神」の古語とすべきである。

「波多都美命」の「波多」は「波多郷」の郷名であることは間違いない。ただし、伝承では逆で「波多都美命」の神名から郷名がついたことになっている。問題は「波多」の意味であるが、「機・秦（はた）」「簱」なども思い浮かぶが、「波多」の遺称と思われる「畑村」の存在を考慮すると「畠・畑（はた）」であった可能性が高い。当時の波多郷の生産状況を反映した神で、その生産を守る神であったと思われる。

『出雲国風土記』にはみえないが、現在掛合町大字波多字宮内に「波多都美命」を主祭神とする波多神社が鎮座している。加藤義成氏の『出雲国風土記参究』をはじめとして波多神社の旧社地に関しては「波多小川」の源流の「志許斐山」の麓を想定し、現・野田山（標高七二二メートル）の麓、字・宮ヶ瀬としている。しかし地元で「しこひ山」と呼び親しんでいる山は波多神社の南東の裏山であるという（波多神社宮司勝部正善氏談）。従うべき見解であろう。

気になるのは来島郷には「伎自麻都美命」が降臨、そして鎮座した神社がみえない点である。波多郷においても『出雲国風土記』段階では波多都美命にかかわる「波多社」はみえないが、それでも郷域内には別に「志志乃村社」がみえる。

2　伎自麻都美と須佐郷

一方の来島郷にも『出雲国風土記』が載せる飯石郡の神社が一座もみえない。集落と神社との関係を考慮するならば問題を残すであろう。古代において集落形成、すなわち「村立て」においては地域の神を祀ることが必須であった。たしかに『出雲国風土記』において社名帳に登場しない神社もみえるが（例：出雲郡神名火山）、飯石郡南部の地にそのような事例が集中するのは異例ではなかろうか。古く江戸時代の末に『出雲神社考』が来島郷に風土記社がないのを不審としたのはさすがである。

先のhの「伎自麻都美命」も他の古代史書にみえない不明の神である。この神に関しては江戸時代末の国学者である横山永福が注目しており、その大著『出雲風土記考』で次のように論じている。

来島神社

此の御神名ハ古事記に大国主神の御末に甕主日子神の御子に多比理岐志麻流美神あり

横山によれば「伎自麻都美命」は『古事記』にみえる「岐志麻流美神」ではないかというのである。「きじまつみ」「きしまるみ」の類似性からの発想である。加藤義成氏はこの横山説を受け継いでいる。

なお、現在「伎自麻都美命」を祀った来島神社は赤来町下来島の来島貯水池湖畔キャンプ場の手前の右手に鎮座している。元の社地は直線距離にしてその南方二キロあまりの小字「加田」といわれている。「加田」は「神田」の転訛というが、「額田」の転訛の可能性も視野に入れておく必要があろう。

この頓原地域に鎮座した「波多都美命」「伎自麻都美命」の鎮座地を概観すると、『出雲国風土記』がいう「須佐川」流域であることがわかる。

須佐川　源は郡家の正南六十八里なる琴引山より出て、北に流れて、来島・波多・須佐等の三つの郷を経て、神門郡の門立村に入る。こは謂はゆる神門川の上なり（年魚あり）。

この「須佐川」は出雲国二大河川の一つ「神門川」の上流の呼称である。この川筋に二神の伝承があることは川が「神の道」であることを認識するとき、大変興味深い事実であろう。

3　大国主神神話の語る世界

大国主神関係の伝承は三屋郷・多禰郷・琴引山に分布している。この三地域を鳥瞰すると『出雲国風土記』飯石郡条にみえる斐伊川の支流の「三屋川　源は郡家の正南廿五里なる多加山より出で、北に流れて斐伊の川に入る。（年魚あり。）」、すなわち現・三刀屋川沿いであり、古代の出雲から備後国へ進む荒鹿坂越え、三坂越えの「南西道」に重なることが判明する。

この荒鹿坂「越え」、三坂「越え」とは何を越えるというのであろうか。個々の山という理解も成り立つが、出雲国を取り囲む「青垣山」と考えるべきであろう。『出雲国風土記』意宇郡条母理郷条に大国主神の言葉として「八雲立つ出雲国は我が静まり坐さむ国と、青垣山廻らし賜ひ」とみえる。

この「青垣山」の山稜の壁に向かう「三屋川」に添うラインは大国主神の神話群を考える上で重要である。大国主神と「青垣山」とのかかわりは仁多郡条にもみえており、意宇郡の拝志郷からの越への出発を除けば出雲の大国主神が他の地域とかかわる出入口は二カ所あったようである。その一つ、仁多郡の場合は母理郷の長江山に帰還した大国主神は長江山を含む「青垣山」から斐伊川を下る「入り口」として仁多郡を位置づけ、その後、大原郡は八十神との抗争の場としていたのであろう。

飯石郡の場合はその状況は大きく変わり、「多禰郷」「琴引山」の伝承でわかるように平穏時の姿しかみせない。この平穏時という点を重視するならば、大国主神の出雲への帰還後の伝承という位置づけがなされるのかもしれない。「多禰郷」伝承の大国主神の「須久奈比古」との同行巡行伝承は『伊予国風土記』逸文の道後温泉開発伝承などでわかるように各地への広がりをみせており、その全国に及ぶ大国主神話体系の要となっていた可能性もある。今後の発想を変えたさらなる神話研究が望まれる。

4　大国主神神話の地域的軌跡

飯石郡における大国主神の伝承は三屋郷、多禰郷、そして琴引山にみえる。この三カ所は大枠で南北に線で結ぶことができる。それはその南北の線が飯石郡条の末尾にみえる二本の伝路と重なるからと思われる。

備後国の恵宗郡の堺なる荒鹿坂に通るは、卅九里二百歩なり。（径、常に剗あり。）

三次郡の堺なる三坂に通るは、八十里なり。（径、常に剗あり。）

この二通の伝路については別に詳述するが、この伝路は斐伊川の支流の「三屋川」沿いを基本とし、備後国へと南下するコースとみなすことができる。注目すべきはその二つの伝路が「琴引山」を間に挟み包む形で分路している点である。そのような観察が正しいとすると、先の「波多都美命」「伎自麻都美命」が「神門川」流域であったことが重要な知見として浮上してくるのである。なぜなら『出雲国風土記』は「神門川」の源流を「琴引山」と認識していたからである。「琴引山」こそ「波多都美命」「伎自麻都美命」という地域神の「神の道」である「神門川」の源流であり、一方において大国主神の伝承を象徴する場として重なってくる。

5　琴引山神話の世界

琴引山　郡家の正南卅五里二百歩なり。高さ三百丈、周り一十一里なり。古老の伝へて云へらく、此の山の峯に窟あり。裏に所造天下大神の御琴あり。長さ七尺、広さ三尺、厚さ一尺五寸なり。又、石神あり。高さ二丈、周り四丈なり。故、琴引山といふ。（鹽味葛あり。）

ここでは明らかに「古老の伝」として情報を載せている。言い伝えでは「琴引山」の「山の峯に窟」に大国主神の「御琴」があったというのである。なぜ、ここで大国主神は「琴」を持っていたのであろうか。

江戸時代の末、『出雲風土記考』の横山永福は「琴引山」登山を試み、頂上を制覇し、「清水出る峯より十間計下に石神坐、古なるは石神左なる御琴の岩なり、この御琴そ古事記に見えたる大国主神の天乃詔琴なるべく覚ゆ」と述べている。横山永福は「琴引山」の琴は『古事記』にみえる「天乃詔琴」であろうというのである。

ここで『古事記』に目を転じると「（大国主神）その妻須世理毘売を負ひて、即ちその大神（スサノヲ命）の生大刀、生弓矢、及びその天詔琴を取り持たして、逃げ出ます時に、その天詔琴、樹にふれて地動鳴く」とみえる。「天乃詔琴」と「天詔琴」は同じものであり、神の声を聞く祭祀具と思われる。

なお、『播磨国風土記』伊和里条でも大国主神が琴を持っていたことが記されている。この大国主神と琴の関係が『古事記』と『出雲国風土記』に共通してみえるということは、『出雲国風土記』編纂段階において『古事記』と『出雲国風土記』には共通の基礎情報があったということを示唆している。

琴引山は出雲でよく知られた山である。頓原町・赤来町の境界に位置する標高一〇一四メートル、いわゆる「弥山」である。『出雲国風土記』の琴引山伝承は近世にも受け継がれ、『出雲風土記鈔』は「俗呼んで琴神山といふ是なり。（略）山頂に権現祠あり、謂はゆる所造天下大神なり」、『雲陽誌』には「琴引山　風土記に見へたり、古老伝云此峯の窟裏天下を造所の大神の御琴あり、長さ七尺広さ三尺厚さ一尺五寸、故に琴引山といふ、今土俗琴引山といふ権現座す。是即大神ならむ」とみえる。

『雲陽誌』の著者は『出雲国風土記』をみているが、地域の人びとにどの程度、その内容が伝承されていたかは疑問である。ただ「琴神山」という山名が「俗」世間で使われていたということは、ある程度「所造天下大神」の「御琴」の言い伝えは広がっていたのであろう。『風土記鈔』・『雲陽誌』にみえる「権現」は現在の琴弾山神社に相当すると考えられる。『風土記』がいう窟は頂上より下にある岩と言われている。しかし、大神と呼ばれる北斜面の石群がそれにあたる可能性も否定できない。

問題は『出雲国風土記』の大国主神の所有の琴は明らかに『古事記』の「天詔琴」につながるという点である。なぜ、大国主神はスサノヲ命の元からあえて琴を持ち逃げしたかである。それは「琴《こと》」は「言《こと》」であり、古代において琴は神の言を聞く祭具であり、また神を降ろす祭具でもあった。大国主「神」自身がその琴を持つこと事態に疑念も生じるが、大国主神が神の声を聞くことは仁多郡三澤郷伝承でもみえており、その点では人間的であり、また神の象徴性として具備していたと考えたのであろう。

祭具で重要な比重を持つ琴が琴引山にあったということは大国主神の祭祀が単に出雲大社の聖地に限定されたものではなく、青垣山に囲まれた出雲の地すべてが同様に意識されていたのであろう。そういう中で特に琴引山の岩窟が重要な役割を付されたのである。

それは琴引山が神門川水系と斐伊川水系の結節点と意識され、かつ「波多径」「須佐径」「志都美径」という備後への道、また「荒鹿越え」「三坂越え」という備後への道の要として意識されたことが大きかったのであろう。

6　スサノヲ神の立場

今まで地域神の「波多都美命」「伎自麻都美命」の神話群、大国主神の神話群の二つを析出し論じてきた。問題は残されたスサノヲ神の神話群である。「須佐郷」と「熊谷郷」である。この二つの郷は明らかに離れており、また水系を異にしていることが注目される。「須佐郷」はスサノヲ神、「熊谷郷」は妃神の稲田姫である。なぜ、夫婦神が神の道（河川）でつながらない地にそれぞれ伝承を残しているのか甚だ不思議である。それも前述の二つの神話群のそれぞれの根元の部分に伝承地があるのも興味深い事実であろう。

『出雲国風土記』の大国主神の神話が「線」でつながるのに対してスサノヲ神話は「点」の形でしか表出しないのである。それも『出雲国風土記』全体でわずか四カ所である。これは出雲神話全体にかかわる問題であり、すでに別に論じたところである。

ここで論じてきた三神話群は南の琴引山をトライアングルの頂点として逆三角形の形で配置されていることがわかる。琴引山から北に伸び出る二本の神話群が切る形で配置されているのがスサノヲ神話群といえるであろう。

7　忘れ去られた神

ほとんど注目されていない神が存在する。それは琴引山の項の「又、石神あり。高さ二丈、周り四丈なり」の「石神」である。この「石神」については稜線上にある烏帽子岩としている。『出雲国風土記』楯縫郡条の「神名樋山」の「石神」は「高さ一丈、周り一丈」と小さいながら「石神は、即ち是、多伎都比古命の御託」となりと丁寧な説明がなされている。その二倍以上大きさの「石神」に『出雲国風土記』はあまりにも冷たい。

今のところこの「石神」がいかなる神なのか知る手掛かりはない。ただし、楯縫郡条の石神を念頭におくと神の「御託（みよさし）」、すなわち依代のようなものとして考えられていたのであろう。「琴引山」の所在地が郡家からの距離からして「来島郷」域の山野と認識されていたことをふまえると、石神は「来島郷」の神である「伎自麻都美命」である可能性が高いであろう。

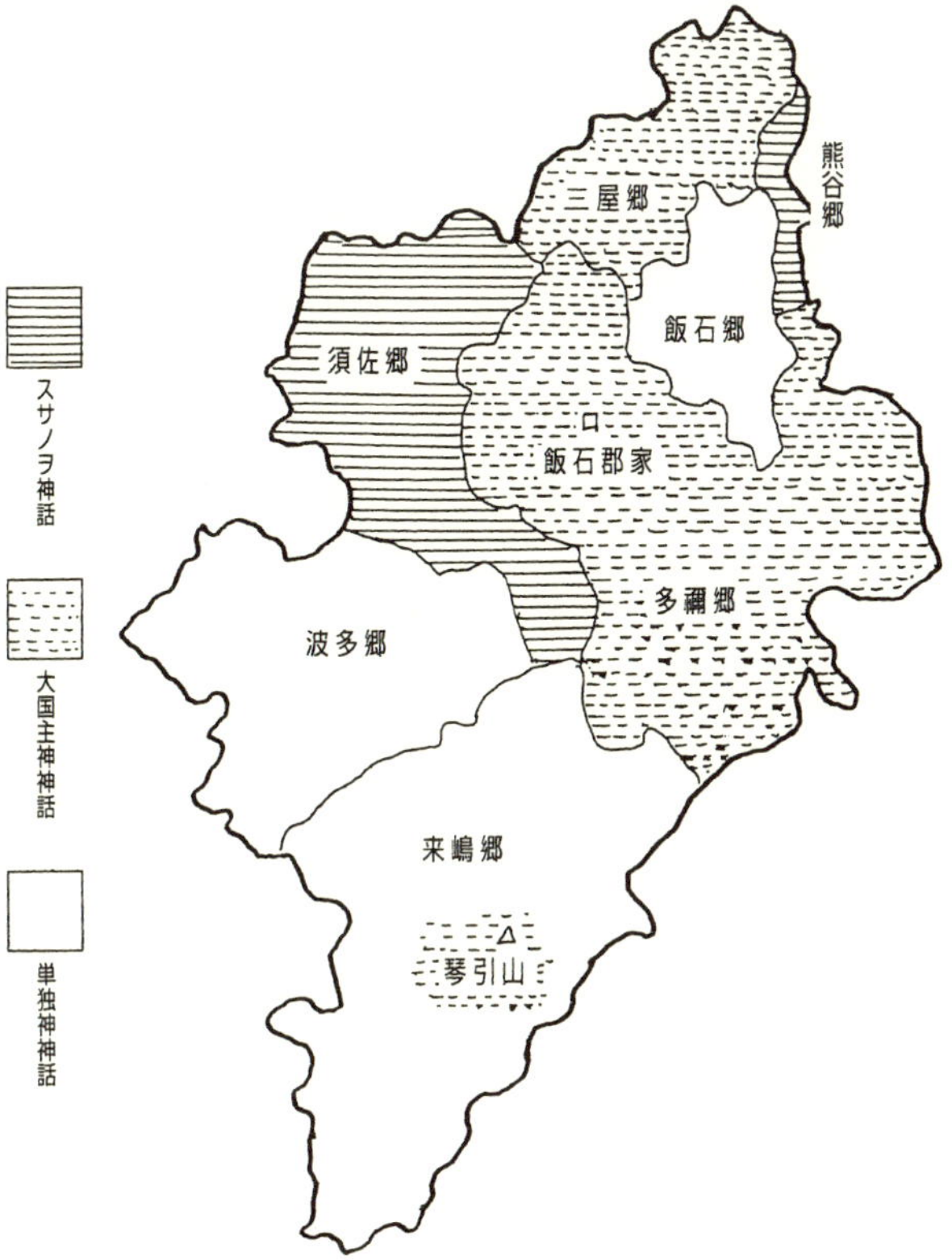

図51　飯石郡内の三神話圏

本来、「伎自麻都美命」はその神名から考えて来島地域の土着神であり、その鎮座地は琴引山であったが、大国主神伝承の浸透の中で忘れ去られたのではなかろうか。一つの憶測であるが「琴引山」の旧名は「来島」山であった可能性もあろう。現に『肥前国風土記』逸文には「杵島県。県の南二里に一孤山あり。坤のかたより艮の方を指して、三つの峰相連なる。是を名づけて杵島と曰ふ」という記述があり、人びとは「酒を携へ、琴を抱き」て春秋に登ったという。ともに「琴」に縁があるというのも偶然の一致ではなかろう。この肥前の「杵島」もきわめて宗教性の濃い山であり、琴引山と共通している点には注目しておきたい。

8　志志乃村社を訪ねて

『出雲国風土記』の神社帳をひもとくと二様の神社がみえる。中央政府の神祇官に登録された神祇官社と中央政府に登録されていない非神祇官社である。ただし非神祇官社をあえて『出雲国風土記』が登記したということは出雲国庁で掌握していたことを示しているのであろう。神祇官社は平安時代の『延喜式』にも社名表記こそ異なるがほとんどみえており、一般的には『延喜式』の「式」を採り、「式内社」とも呼ばれる。

『出雲国風土記』に記されている飯石郡の神社は次のとおりである。

須佐社　河辺社　御門屋社　多倍社　飯石社（以上五所　竝在神祇官）
狭長社　飯石社　田中社　多加社　毛利社　兎比社　日倉社　井草社　深野社　託和社　上社　葦鹿社　穴見社
粟谷社　神代社　志志乃村社（以上一十六社　竝不在神祇官）

飯石郡には「神祇官社」が「以上五所　竝在神祇官」でわかるように五社、非「神祇官社」が一六社で、計二一社あったことがわかる。この記載順は神社の「社」格順と考えられ、根本的には「神」格順なのであろう。

頓原地域に比定される「波多郷」「来島郷」に鎮座していたと思われる神社は非神祇官社の「志士乃村社」である。現在、志々乃村神社は飯石郡頓原町大字八神に鎮座している。ただし、同社は明らかに遷座しており、旧社地は同町大字獅子の公会堂脇であり、旧社地を示す石柱も立っている。江戸時代初期の『出雲国風土記』の研究書、岸崎時照の『出雲風土記鈔』をみると「波多郷獅師村の剣大明神」とみえており、旧社地にあった志々乃村神社は近世初期において剣大明神と呼ばれていたことがわかる。

江戸時代末の渡部彝の『出雲神社巡拝記』も「獅子村剣大明神（記云）志志乃村社（祭神）たごりひめの命」としており、近世を通じて風土記の志志乃村社を剣大明神に充てていることがわかる。所在地名からしてその剣大明神が風土記の志志乃村社の信仰系譜を継承していたと考えて間違いないであろう。

「志志乃村社」という社名表記は飯石郡社名帳の中では異質である。また『出雲国風土記』全体に目を向けても同様である。注目したいのは「村」が付されている点である。『出雲国風土記』にみえる神社で社名に「村」の字を含むのは「志志乃村社」以外には意宇郡条の「田村社」がみえるだけである。

村の形成と神社の関係は深いものがあるが、その神社の多くは山・山麓・野・島・海辺・川辺に鎮座しているのが普通である。神々は季節を選び、鎮座地から村に移ってくるのである。そういう中で「志志乃村社」は社名の中に明確に「村」の字を擁し、すなわち「志志」という「村」の「社」と呼ばれていたのである。「村社」からは村の中に鎮座している神社が想定できるが、信仰的には「志志」の村びととのみ強く結ばれた特殊な神社像が浮かんでくる。

Ⅲ　律令の浸透と飯石郡

1　評から郡へ

遠く都のある飛鳥地域では大王家と諸有力首長の抗争が続き、西暦六四五年には大王家の中大兄皇子が腹心の中臣鎌足らと飛鳥の板蓋宮でクーデターを起こした。中大兄皇子は自ら蘇我臣入鹿を暗殺し、父の蝦夷を自殺せしめ蘇我の本家を滅ぼした。翌年、中大兄皇子（後の天智天皇）らは天皇中心の中央集権国家体制を築くために、政治方針を「大化改新の詔」として打ち出していった。

「大化改新の詔」は『日本書紀』に残されているが、その文には一部後世の潤色もあるといわれている。しかし、そこに示された方針は徐々ではあるが確実に実行されていったようである。当時、すでに都と出雲の交流は展開しており、『出雲国風土記』によれば欽明天皇の時代には意宇郡舎人郷の「倉舎人君」一族の先祖の「日置臣志毘」なる人物が都に上り、天皇に仕えたと言い伝えられている。

また同じころ、都から出雲へ「日置伴部」一族が派遣されていることもうかがえる。そのような人的交流の歴史の蓄積は「大化改新」という事件、政治方針の変化をいち早く出雲へも伝えたと思われる。

新たに発足した天皇を中心とする王権は内外的な危機を乗り越えながら、近江令・飛鳥浄御原（律）令という新しい法典を整備し、「大化改新の詔」の具体化を図っていった。それを示すものとして出雲国府跡から出土した木簡に書かれた「大原評」の文字は重要である。

「大化改新の詔」から始まった律令の整備は大宝元（七〇一）年の大宝律令の編纂でひとまず完成するが、そこにみえる行政地域区分制度は国・郡・里といわれる重層的なものであった。出雲国府跡で出土した「大原評」は大宝律令にみえる「郡」制の古き時代の呼称である。「評」に関しては藤原宮跡からも「出雲評支豆支里」「楯縫評乃呂志里」と記す事例もあり、「評」制は現時点においては天武十二（六八三）年から大宝律令の施行までとされており、飯石郡の隣りの大原「評」の地まで確実に律令の政治は浸透してきたのである。

2　伊鼻志から飯石へ

「大原評」の時代、飯石地域はどのような行政区分がなされていたのであろうか。単純に考えるなら出雲国府跡出土の「大原評」木簡から「飯石評」の表記が浮かんでくる。しかし、『出雲国風土記』飯石郡飯石郡条は「飯石」という地名に関して「伊毗志都幣命の天降りましし処なり。故、伊鼻志といふ。神亀三年、字を飯石と改む」とみえている点は見逃すことはできないであろう。「飯石」なる地名は「神亀三年（七二六）」に誕生したというのである。その点をふまえると「飯石評」ではなく、「伊鼻志評」であった可能性が高いのではなかろうか。

「飯石郡」の郡家の所在地に関しては古く天和三（一六八三）年に岸崎時照が『出雲風土記鈔』で「郡家は多祢郷懸（掛）合村の中、今郡と云ふ所」として以来ほぼ定説化している。現在の掛合町の字・郡である。『出雲国風土記』で確認できる範囲であるが、郡名と一致する郷（出雲郡家は出雲郷、神門郡家は神門郷）が存在した場合、郡同名郷に郡家が置かれていることがわかる。飯石郡の場合は同名の飯石郷がありながらなぜ、多禰郷域に置かれたのかが問題となる。

中央の王権は郡家の設置を地域支配を円滑にするために、当初はその地域の有力首長の本拠、もしくはそれに近い場所を選定する方法をとる傾向が強かったようである。大原郡家も当初は有力首長であった「額田部臣」の本拠地の屋代郷に置かれたが、後に律令支配が整うと交通の要所であった斐伊郷に移されていることがわかる。

飯石郡の郡家は「大私造」の本拠の熊谷郷ではなく、「多禰郷　郡家に属けり」とあり、「多禰郷」域に置かれていたことは注目すべき点である。この場合、飯石郡の場合を例外とするか、かつて飯石郷にあった郡家が大原郡と同様にある時点で多禰郷に移転した可能性も想定できよう。もし、そのような事態が想定されるならば、その転移は「伊鼻志評」家の段階に遡るのであろう。

その「伊鼻志評」が「伊鼻志郡」となり、神亀三年段階に「飯石郡」と表記されるようになったのである。

Ⅳ　飯石郡の郡司

出雲地域と畿内の王権との関係を文献史料から検討するには多様な研究の手続きが必要となる。たしかに『古事記』『日本書紀』などをひもとくとそこには「国譲神話」「神宝献上」など出雲と大和の交流を示す神話がみえる。今までの多くの研究はそれを素材として考える傾向にあった。しかし、そこで描かれた像は「神話」を素材とした結果、いまだそれは「神話」世界にあり、真の意味での「歴史」像を構成しているとは言いがたいのである。またその舞台が意宇・出雲・神門郡であり、その結果、飯石郡を含む雲南三郡と大和との関係はほとんど言及されることもなかった。ここではそのような研究の道をひとまず閉ざし、『出雲国風土記』の記事を中心にすえて飯石郡の様子を垣間みようと思う。

『出雲国風土記』飯石郡条の末尾に風土記編纂段階における飯石郡の郡司に就任した氏族名が紹介されている。

律令は郡をその大きさから大・上・中・下・小の五ランクに分類している。具体的には郡のランクはその中に含まれる郷（里）数で決まり、大郡は二〇里から一六里、上郡は一二里以上、中郡は八里以上、下郡は四里以上、小郡は二里以上と規定されていた。飯石郡は『出雲国風土記』によれば熊谷・三屋・飯石・多禰・須佐・波多・来島の七郷（里）で構成されており、下郡としての位置づけが与えられたのである。

この郡に置かれた役人が郡司であるが、その人員枠は郡のランクで規定されていた。基本となる中郡には当時の「四等官」制で大領・少領・主政・主帳の四名が任命されたが、下郡の飯石郡では三等官目の主政は置かれなかった。主政は「郡内を糾判し、文案を審署し、失を稽え、非違を察する」ことを任務とする重要な官職であった。この欠員は地域統制の上で大きな弊害があるが、「文案を審署し、先を稽え、非違を察する」のは主帳の日置部が、他のことは大領・少領が総括的にあたっていたのであろう。

1　郡司群像―出雲臣

郡司に関しては地域社会の有力な首長が任用されるのが一般的であったが、飯石郡の場合、少領の「出雲臣」だけは例外であった。

新造院一所　山代郷の中にあり。郡家の西北二里なり。厳堂を建立つ。（住める僧、一躯あり。）飯石郡少領の出雲臣弟山が造りし所なり。

この『出雲国風土記』意宇郡条の記事からみれば飯石郡の「少領　出雲臣」の名前は「出雲臣弟山」であり、その本来の本拠は新造院を造った意宇郡山代郷であったことが判明する。この「出雲臣弟山」は風土記編纂完成時の国造「出雲臣広島」の後を継ぎ、国造に就任した人物である。それは『続日本紀』天平十八（七四六）年条に「外従七位下出雲臣弟山に外従六位を授け出雲国造となす」とみえることから確認される。

その「出雲臣」一族は出雲国内で計八名が郡司に任用されており、勢力の強さがうかがえる。ただし、「出雲臣」が郡司に任用された郡は意宇・島根・楯縫郡と雲南地域の飯石・仁多郡である点は注目されよう。特に「出雲臣」の本居と考えられる意宇郡からみれば大原郡を介在して遠く離れた飯石・仁多郡に「出雲臣」がともに「少領」として任用されたことにはそれなりの事情があったと思われる。

飯石郡の少領であった「出雲臣弟山」は意宇郡に本拠をもっており、出雲国造家から飯石郡に派遣されたとするならば、仁多郡の少領の「出雲臣」も同様の可能性が高いのではなかろうか。そこで注目されるのは飯石郡には「天下造らしし大神の御門」の三屋郷、仁多郡には出雲国造の神賀詞奏上にともなう沐浴の聖地があった三澤郷が存在したことである。飯石・仁多郡の両「少領」はその大国主神にかかわる神事儀礼の場との関係で派遣された可能性が考えられよう。

2　郡司群像―大私造

一方、残りの大領の「外正八位下　勲一二等　大私造」と「郡司　主帳　无位　日置部」の二人は飯石郡の地域首長として考えられそうである。

まず大領の「大私造」であるが、「大私造」は「おおきさいち（ノ）みやつこ」と読むのであろう。この一族に関しては天平六（七三四）年の『出雲国計会帳』に別の情報がみえる。

一　廿三日進上私部大島死去替事

右附熊谷軍団百長大私部首足国進上

ここにみえる「熊谷軍団百長大私部首足国」という人物がただちに飯石郡を基盤にしていたとはいえないが、「熊谷軍団」が雲南三郡にかかわる点と『出雲国風土記』の「大領外正八位下　勲十二等　大私造」の記述から「大私（造・部）」一族が飯石郡を基盤に勢力をもった有力な地域首長であったことは間違いないであろう。

「私部」は『日本書紀』敏達六（五七七）年条の「日祠部・私部を置く」とみえ、皇后・后妃の名前を氏名として冠せられ、その性格は皇后・后妃に物資の貢納などで奉仕する氏族集団であったが、それを一般化し皇后・后妃全般に奉仕するという意味で「きさき（私）」部を冠せられたのである。すでに律令制の浸透により「きさき」に限定して奉仕することはなくなり一般の公民となったが、氏名だけは旧姓のまま残されたのである。「大」の一字が気になるが、春日氏に大春日が、中臣氏に大中臣の氏名が与えられた事例もある。

飯石郡条の郷名起源伝承をみていくと、地域自己完結的な内容である飯石・波多・来島郷地域、大国主神にかかわる多禰・三屋郷、そして須佐之男命伝承につながる熊谷・須佐郷に分けられる。「大私造」は中央とかかわりが想定されるので、その基盤は後者の郷に求めるべきであろう。

大領の本拠地といえば基本的に郡家所在域の多禰郷を想定すべきであるが、多禰郷が郡家として選地されたのは出雲・備後の伝路という交通上の要地という背景があったからと思われる。
そこで注目されるのが軍団の置かれた熊谷郷である。

熊谷郷　郡家の東北のかた廿六里なり。古老の伝へていへらく、久志伊奈太美等與麻奴良比売命、任身みて産みまさむとする時、生む処を求ぎたまひき。その時に、比処に到来りまして、詔りたまひき。甚く久麻久麻しき谷なり。故、熊谷といふ。

熊谷郷の伝承は、須佐之男命の妃である久志伊奈太美等與麻奴良比売（櫛稲田姫）の産屋の地とするものであり、「私部」の任務とも重なるであろう。「大私造」一族にとって熊谷郷の伝承は須佐之男命、そしてその妃にかかわる内容であり誇り高いものであったと思われる。この伝承には「大私造」が何らかの形でかかわりをもったのであろう。

3　郡司群像―日置首

次に「郡司主帳無位」であった「日置首」に目を向けると、他に郡司クラスで出雲郡の大領の「日置部臣」、大原郡の主政の「日置臣」の存在を知ることができる。また神門郡には「日置郷」があり、「志紀島宮御宇天皇の御世に日置伴部等遣はされて来て、宿停りて政為し所なり」との伝承を残す。

この伝承にみえる中央から派遣された「日置伴部等」は後に「日置郷」と呼ばれた地に「宿停」したとあり、注目すべきはそれが一時的な滞在であった点である。その「宿停」の目的は「政《まつりごと》」であり、その「政」とは一般的な「政治」ではなく、神事・祭祀にかかわる政務であったと考えられる。一時的な、しかしあえて「政」と明記するような重要な神事・祭祀、それを担ったのが都から派遣された「日置」一族であるという諸条件を勘案すると、その「まつりごと」として浮かんでくるのは出雲大社の創設事業である。

出雲大社の創設は国譲神話と深くかかわっており、国譲神話の出雲地域への浸透が不可欠である。国譲神話を頂点とする大国主神の神話群はこの「日置伴部等」の畿内からの派遣と深くかかわっていたのであろう。

その時期は「志紀島宮御宇天皇の御世」、すなわち欽明天皇の時代とされている。欽明天皇の時代に出雲と大和の関係が画期的であったことは、意宇郡舎人郷においても「志貴島宮御宇天皇の御世、倉舎人君達が祖、日置臣志毗、大舎人と仕え奉りき」とみえ、出雲の日置臣志毗が都に上り、宮中に奉仕したことからもうかがえよう。

『出雲国風土記』をみると出雲大社の鎮座する出雲郡の大領には出雲国造の「出雲臣」ではなく、「日置部臣」が就任していることがわかる。それは出雲大社の場所の選地、高層社殿の建設など、その大事業の「政」の責任を果たした功績からと考えられる。

「日置」一族の勢力基盤、範囲は神門郡東南部、出雲郡西南部に及ぶものであり、飯石郡最北部の三屋郷はその「日置」世界と境をともにしていることが注目される。三屋郷は『出雲国風土記』によれば「天下所造大神の御門」のあった地とされ、出雲大社との宗教的かかわりの強い地域であった。その地は出雲国造が神賀詞奏上の際に潔斎したと伝える仁多郡三澤郷への通路にもあたることも重要と思われる。飯石郡の「日置首」は出雲大社創設にかかわる日置一族の「政」とのかかわりの中で後の「三屋郷」に基盤を置いたのではなかろうか。飯石郡の「少領」としての任務とともに「天下所造大神の御門」にかかわる神事にも携わっていた可能性が高い。

以上、『出雲国風土記』にみえる飯石郡の三郡司について検討を試みたが、律令以前に遡る地域首長としては「大私造」「日置部」が確認できた。『出雲国風土記』の伝承を勘案すると、「大私造」は熊谷郷、「日置部」は三屋郷をそれぞれ基盤にしていたのであろう。現在のところ頓原地域の波多・来嶋郷地域に本拠を置いた地域首長の氏族は史料上確認はできていない。しかし、頓原町域に目を向けると志津見地区だけでも七世紀の比久尼塚・中原・門・貝谷古墳の存在が知られており、何らかの首長層の存在が想定される。文献史料からの探究には限度はあるが、平城宮跡から「須佐里丹比部百鳥」と書した木簡が出土したことに思いを巡らすと、今後の頓原地域にかかわる文字資料の出土が期待される。

V　律令制下の頓原町域

『出雲国風土記』飯石郡条には七つの「郷」がみえる。頓原町の古代の「郷」名を正確にあげることは難しいが、

表24　『出雲国風土記抄本』の四郷比定域

須佐	宮内　朝原　反部　大路　原田　入間　竹尾　穴見
多禰	掛合　多根　松笠　坂本　乙多田　加食田　掛合宮内　吉田
波多	畑村　四津見　八神　角井　刀根　志師村
来島	（上中下）来島　赤穴　佐見　油木　花栗　長谷　都加賀

天和三（一六八三）年に書かれた岸崎時照の『出雲風土記鈔』を参考にして比定しておく。まず頓原町域に一部でもかかりそうな「郷」としては「須佐」「多禰」「波多」「来島」郷の四郷がある。ここで『風土記鈔』の見解を表24にまとめてみよう。

　江戸時代の村名での区分けであるが、『出雲国風土記参究』の加藤義成氏もそのまま継承しており、大枠で認められると思う。この区分けからするならば「波多郷」の志津見・八神・角井・志師村、「来島郷」の都加賀・花栗・長谷・佐見・油木が現在の頓原町域となり、「多禰」「須佐」郷域には及ばないことが判明する。

　頓原町を構成した「波多郷」の「波多」は古代では「須佐郷」域であり、現在は掛合町字・波多として残っている。また字・宮内には「波多神社」が鎮座している。「波多」の郷名の意に関しては「旗」「機」「端」「秦」などが考えられるが、一番可能性が高いのは当時の生産事情、そして中世において畑村と呼ばれていたことを考慮すると「陸田（はた・畑）」の可能性が高いのではなかろうか。

　「来島」郷の名称はもともと「支自真（きじま）」であった。伝承では「伎自麻都美」という神名を起源とするが、その「伎自真（麻）」の意味が問題となる。「きじま」という地名はそれほど珍しいものではなく、『肥前国風土記』逸文にも「杵島県」「杵島岳」が、また『肥前国風土記』そのものにも「杵島郡」がみえ「此の郡は、牂島の郡と謂ふべしと詔りたまひき。今、杵島と謂ふは訛れるなり」とする。船を岸につなぐ杭（かし）が訛り、「杵」嶋になったというのである。「杭」が「杵」に訛ったというが、むしろ「杭」と「杵」の形状の類似と見た方がいいのではなかろうか。現・赤来町を頓原町から南下していくと平地部は常に細長く、また来島地域と赤名地域は明らかに括れ部で二分されているようにみえる。まさに杵を南北に置いた形状のように思える。

本章は『頓原町誌』の再掲であるが、以上述べてきたように古代においては有機的、完結的な「頓原」世界は存在しなかったのであり、以後は頓原世界を包み込んでいた「波多郷」「来島郷」を舞台に論じていくことになる。

1　波多・来島郷の誕生と余戸

『出雲国風土記』飯石郡条の冒頭部分に次のような記載がある。

熊谷郷　今も前に依りて用ゐる。
三屋郷　本の字は三刀屋なり。
飯石郷　本の字は伊鼻志なり。
多禰郷　本の字は種なり。
須佐郷　今も前に依りて用ゐる。以上の五郷別に里は三なり。
波多郷　今も前に依りて用ゐる。
来島郷　本の字は支自真なり。以上の二郷別に里二なり。

ここにみえる「郷」の呼称は、『出雲国風土記』に「右の件の郷の字は、霊亀元年の式によりて、里を改めて郷となせり」とあるように霊亀元年（七一五）に新たに用いられた行政区分名である。ただし、その際に里から郷となった新たな「郷」のもとにさらに細分化した地域組織の「里」を新設する施策が導入されたことに注目しておきたい。須佐郷のところにみえる「以上の五郷別に里は三なり」の説明は、「郷」の下には基本的に「里」が三つ設けられたことを意味している。「郷」の下に「里」を置くいわゆる郷里制の採用は、細部にわたり人びとを支配しようとした律令国家の意欲の現れであったといえよう。

「郷（かつての里）」は律令の規定では「五十戸」で編成することになっていた。その「戸」に関しては幸いに養老五（七二一）年に作成された下総国葛飾郡大島郷戸籍（東京都葛飾区付近）が正倉院に残されており、一「戸」あたりの人員が平均にして二〇人あまりであることが判明する。この「戸」はあくまで戸籍作成の過程で編成（編戸）されたものであり、ただちに生活をともにする実態（同居）家族とみなすことは危険である。現在でも戸籍が家族の実態をそのまま反映していないのと同じである。

「波多」「来島」郷における郷里制で注目されるのはともに「里は二なり」とみえ、他の三里からなる平均規模の郷とは異なり、郷の規模が小さかったことがわかる。

『出雲国風土記』を通覧していくと二里からなる郷よりもさらに小規模な一里からなる「余戸」と呼ばれる最小の行政組織を見出すこともできる。この「余戸」は『出雲国風土記』によれば「神亀四年の編戸依り、一つの里を立てき。故、余戸といふ」とあり、「神亀四年」、すなわち西暦七二七年に新たに生まれたものであった。

「波多」「来島」郷の誕生は『出雲国風土記』の「その郷の名の字は神亀三年の民部省の口宣を被りて改ぬ」を参考にすると、「神亀三年（七二六）」に着目すれば「波多」「来島」の名称は「神亀四年」より以前に存在していたことがわかる。

一方、「神亀四年」に成立した「余戸」を擁する意宇・島根・楯縫・神門の四郡には必ず「駅戸」「神戸」が併置されていることに気づく。これは三里からなる「郷」に「駅戸」「神戸」を設置した結果、「郷」の「戸」数が減り、残りの一「里」を「余戸」とした結果であろう。

ただし、「余戸」の編成の時期はその「神亀四年」以前にもあったと思われる。それは「五十戸」編成の施行の際に、やむなく五十戸以上となった場合、余った「戸」を「余戸」として編成した場合である。

2　波多・来島の二つの世界

「波多」「来島」世界における「二里」編成を考える場合、具体的に飯石世界全体を視野に入れて考える必要がある。

「郷（以前の里）」は基本的に「五十戸」編成であるが、その編成の拠点としては飯石郡家が考えられる。飯石郡家を中心に一つひとつ「戸」を編成し、「五十戸」の「郷（以前の里）」が作られたと考えるのが普通であろう。問題なのは規定不足の「二里」で構成される「波多」「来島」郷がなぜか飯石郡の南方に集中して誕生していることである。この「波多」「来島」郷の「二里」編成の問題は、飯石郡家ではなく出雲国庁を中心に、国家的視点を導入する

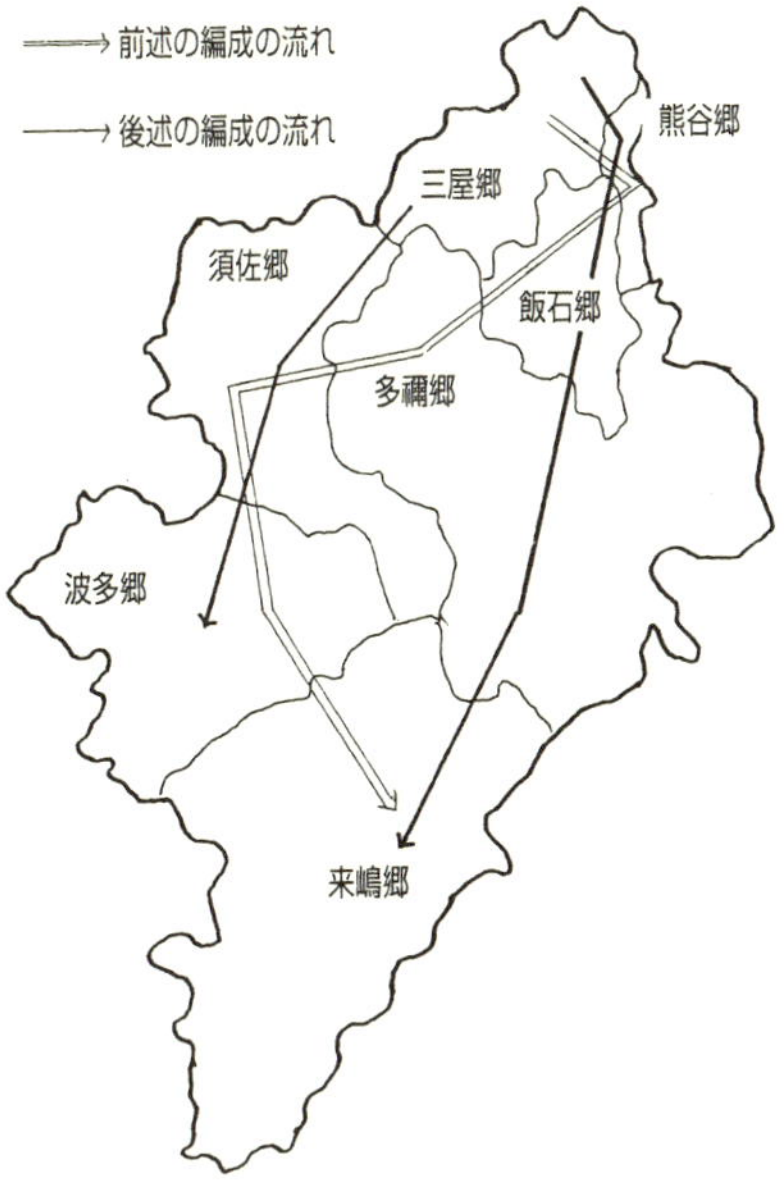

図 52　飯石郡内の五十戸編成二つの道

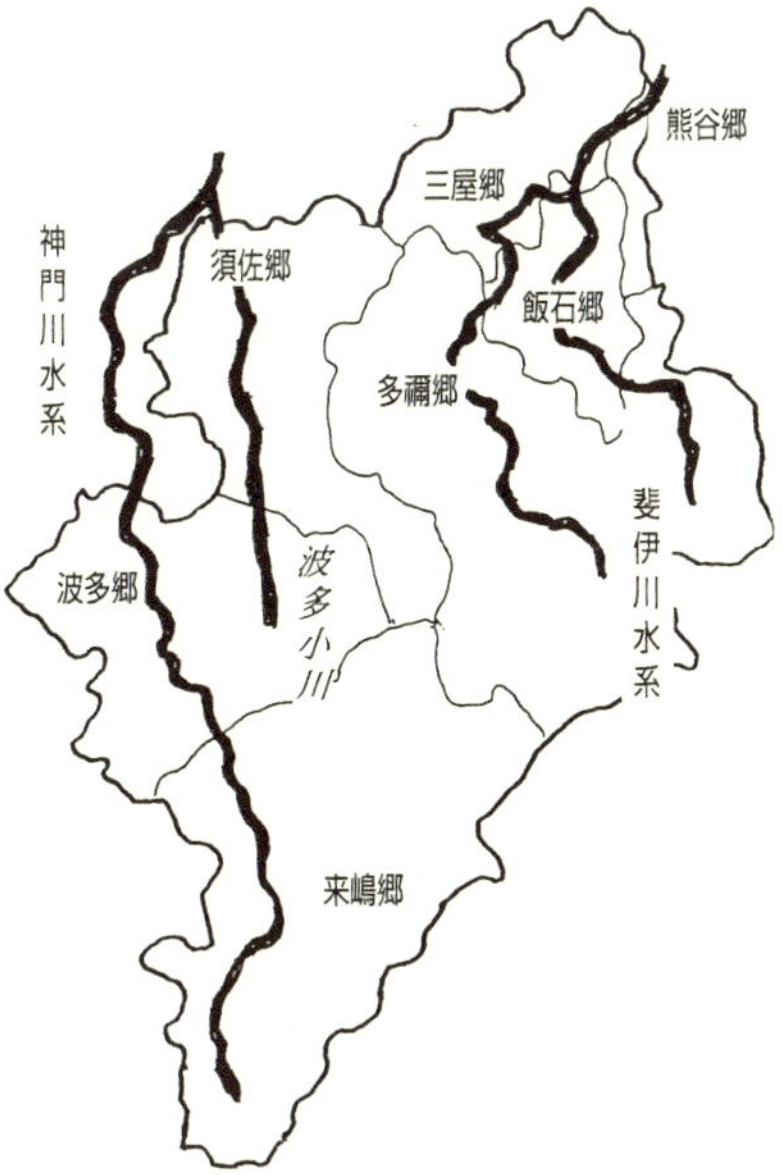

図 53　飯石郡内の河川流路と郷域

ことによって解けるであろう。「五十戸」編成を出雲国庁に近い三屋郷から始め、熊谷・飯石・多禰・須佐へと展開し、最後に飯石南端の「波多」「来島」に及んだのではなかろうか。その結果、最終的な「編戸」が飯石郡の南部でなされ、その地域に「五十戸」では編成しきれない六〇から七〇程度の「戸」が残ったと考えるのである。

　その場合、当然のこととして国庁・郡家に近い「波多」地域を中心に「五十戸（三里）」編成を行い、残りを「余戸（一里）」にするのが基本的な方法である。しかし、あえてそれをせず、それぞれ「二里」からなる「波多」「來嶋」の二郷を編成したことにはそれなりの事業があったと思われる。

　現在（平成九年）、「波多」「來嶋」郷域は市町村合併などでほぼ頓原町・赤来町に編成されているが、その行政区分の空間は古代にも遡る地域的な「塊」であったのではなかろうか。長い歴史を経て形成されてきた「波多」「来島」という二つの地域「塊」を「郷」と「余戸」、すなわち三里対一里で分断することは地域破壊につながると考えられたのであろう。

今までは規定外の「二里」編成がなされたのは「僻地」であるか、あるいは人口希薄にその要因を求める傾向が主流であったが、律令国家の力をしても切りがたい「波多」「来島」という二つの世界がすでに形成されていたことを重視すべきと考える。

ただし、別の編成も想定される。まず三屋郷から須佐郷へと神門川水系に進み、「五十戸（三里）」編成を行い、余りの「二里」を波多郷とし、次に斐伊川水系に転じ、熊谷・飯石・多禰と編成し、最後に余った「二里」を来島郷としてまとめた場合である。

この水系別に二回の編成がなされたと考える方が実務上において合理的である。しかし、どちらにしても明らかに「波多」と「来島」は別世界を構成していた点では同じである。

3　それぞれの「二里」　今まで「波多」「来島」郷の編成、領域については概観してきた。次の問題は「波多」「来島」郷を構成したそれぞれの「二里」がどこにあたるかである。その場合まず考えるべきは集落生活を支える河川との関係であろう。「波多郷」の「二里」を考える場合、『出雲国風土記』にも姿をみせる「須佐川」と「波多小川」が注目される。

須佐川　源は郷家の正南六十八里なる琴引山より出で、北に流れて来島・波多・須佐等の三つの郷を経て、神門郡の門立村に入る。此は謂はゆる神門川の上なり。（年魚あり。）

波多小川　源は郡家の西南のかた廿四里なる志許斐山より出で、北に流れて須佐川に入る。（鉄あり。）

まず「波多小川」であるが、神戸川の一支流であり、古代、波多郷域を流れていたことによる名称と考えられる。波多郷の郷家は『出雲国風土記』によれば「郡家の西南のかた一十九里」であり、現在の字・波多付近に求めることができる。波多を中心に「波多小川」流域に点々と集落が展開していたのであろう。「波多小川」の上流の刀根地域も視野に入れるべきかもしれない。

波多郷を構成するもう一つの「里」に関しては「須佐川」流域を想定すべきである。当然、「志志乃村」は獅子付近に比定され、それ以外にもいくつかの拠点集落が存在したと考えられる。発掘で明らかにされた門遺跡、森遺跡などで「里」の広がりをおさえることができる。それは志津見・八神・獅子・長谷・角井に及ぶ空間であろう。

来島郷に関しても「須佐川」の流れ、「来島・波多・須佐等」の流路を中心に考えるべきである。来島郷を構成した二「里」についてはまず拠点の場所を想定する必要がある。

来島郷の郷家は「郷家の正南卅六里」とあり、距離的には「卅五里二百歩」の琴引山が参考になる。またほぼその所在地が判明する「石次」野が郡家からの距離を「四十里」とされていることから、来島郷家は野萱付近に求めることができる。

「里」の一つはその野萱を中心に北は下来島、南は上来島までの広がりをもつ「須佐川」流域の集落群であった可能性が高い。今一つの「里」は「石次」野で分断された南方の下赤名、さらに上赤名付近、「神戸川」最上流の空間が想定できよう。

Ⅵ　山間部飯石郡の人びとの暮らし

1　班田収授の施行と地域実情

律令国家の基本は「公地公民」制といわれる。「公地公民」とは字のごとく基本的にすべての田地を国家のものとし、またすべての民を国家の民とする体制である。しかし、律令国家といえども自ら全国の田地を耕作することは不可能であり、そこで公地を公民に配分し耕作させる「班田収授」法を施行したのである。「班田収授」法を展開するためには戸籍を作成し全国の民を掌握し、またすべての田地をもその管理下に置く必要があった。

それを物語る史料としては『日本書紀』大化二年正月条の「大化改新の詔」がある。

其の一に曰く、昔在の天皇等の立てたまへる子代の民、処々屯倉、及び別には臣・連・伴造・国造・村首の所有る部曲の民、処々の田荘を罷めよ。

文意からみて、天皇が所有していた民（子代の民）と土地（屯倉）、そして地域の首長（臣・連・伴造・国造・村首）らが所有していた民（部曲）と土地（田荘）を廃止するという決意がうかがえる。その民と田地を「公地公民」にするというのである。

その「班田収授」法は大宝元（七〇一）年に制定された大宝律令にその全文がみえる。

凡そ口分田を給わんことは、男に二段。（女は三分之一を減ぜよ。）五年以下には給わざれ。

個人に給付される田地を「口分田」という。条文によれば給付対象は六歳以上であり、男子には「二段」、女子にはその三分の二の「一段二百四十歩」が分かち与えられたことになる。一般にこの「班田収授」法は全国で画一的に完全施行されたと理解され、給付を受けた人びとを「班田農民」と呼ぶ用語まで造語されている。このような理解は「市町村」史・誌を叙述する上で大きな影響力を与えており、日本全国どの地域でも古代の人びとの生活が金太郎飴のように同じ姿で描かれているという問題を生んでいるのである。

それは「班田収授」法という法令を十分に吟味せず、前掲の引用箇所の後に続文があることに注意を払わなかったことから派生した問題であった。

其の地に寛狭あらば郷土法に従れ。

この続文は「班田収授」法を各地で実際に運用する際に起こる問題を想定した条文である。海浜部・山間部などもともと田地がない、あるいは少ないところでは「二段」を配ることなく、「郷土法」で対応せよというのである。出雲国の島根半島の海浜部の「郷」に目を向けてみても多くの田地は期待できないであろう。もともとその地域では農業よりも漁業に生業基盤を置いていた「海人」が多かったのであり、本来、田地は不要だったのである。

現在こそ山間部に田地が確保され、農業の盛んな頓原地域であるが、河川の護岸整備がなされていなかった古代の「波多」「来島」郷の時代には、山間部の平地に今以上に河川敷が広がっていたことは容易に想像がつくであろう。「波多」「来島」郷域で展開された班田収授はその「郷土法」にもとづくものであったと考えられる。「郷土法」の精神は班田する田地が少ない場合は「少々均分」することにあった。その実態は現状では不明といわざるをえないが、その点に関しては「波多」「来島」郷域の人びととの生業全般を明らかにすることで浮かんでくると考える。

2　非農業の生業

飯石郡といえば、その宝は山河である。その山河を舞台にした農業以外の生業も盛んであったと思われる。そこで参考になるのは『出雲国風土記』意宇郡宍道郷条の大国主神にかかわる次の伝承である。

宍道郷　郡家の正西卌七里なり。所造天下大神の命の追い給ひし猪の像、南の山に二つあり。（一つは長さ二丈七尺、高さ一丈、周り五丈七尺、一つは長さ二丈五尺、高さ八尺、周り四丈一尺。）其の形、石と為りて猪、犬に異なることとなし。今に至るまで猶あり。故、宍道といふ。

伝承では、大国主神（所造天下大神の命）が犬を使って追い込むという猪《しし》猟が語られている。そこには古代に狩猟犬を使った猪猟の存在がうかがえるが、秋鹿郡大野郷条にも別の猪猟が語られている。

大野郷　郡家の正西一十里廿歩なり。和加布都努志能命、御狩為ましし時、即て郷の西の山に待人を立て給ひて、猪犀を追ひて北の方に上らす、阿内谷に至りて、其の猪の跡亡せき。

この伝承では「待人」を立たせ、そこに猪を追い込み、捕獲する狩猟が物語られている。この待人は当然「ヤリ」を持ち、待機していたのであろう。

『出雲国風土記』には各郡ごとに神社名が網羅されているが、その中で注目されている社名として「志志乃村社」「葦鹿社」「兎比社」がある。「志志乃村社」は現在、頓原町字八神に鎮座するが、旧社地は大字「獅子」であり、その「獅子」は猪《しし》と考えられる。また「葦鹿社」の「葦鹿」に関しては『常陸国風土記』信太郡条に「葦原の鹿」とみえており、鹿にかかわる名称であることが判明する。また「兎比社」の「兎」も気になるところである。

『出雲国風土記』飯石郡条によれば当時、飯石郡域には「鷹・隼・山鶏・鳩・雉・熊・狼・猪・鹿・兎・獮猴・飛鼯」が棲息していたことがわかる。『頓原町誌民俗・文化編』によれば飯南町頓原の八神の野兎狩りが詳細に報告されており、「オオガリ・メッソオイ」という大勢でやる古風な狩猟方法が紹介されている。また同地域では猪猟が盛

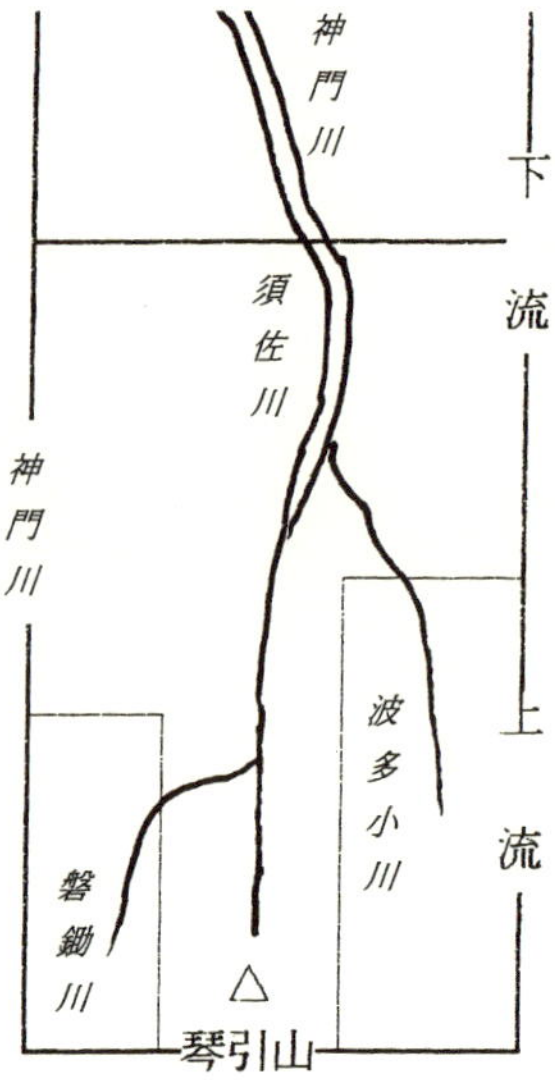

図54　神門川の流路、上流・下流

んであったといい、犬も動員したとみえる。「オオガリ」の方法は大野郷伝承にみた狩猟法であろう。かつて「待人」が握った「ヤリ」を連想させる「しし槍」が頓原町民俗資料館に提示されているのをみると、民俗資料館の中に古代の世界が浮かんでくる。

3　波多・来島の年魚

『出雲国風土記』飯石郡条には同郡域を流れる河川が紹介されている。その中で「波多」「来島」郷域にかかわるのは次の三河川である。

須佐川　源は郡家の正南六十八里なる琴引山より出で、北に流れて、来島・波多・須佐など三つの郷を経て、神門郡門立村に入る。此は謂はゆる神門川の上なり（年魚あり）。

磐鉏川　源は郡家の正南のかた七十里なる箭山より出で、北に流れて須佐川に入る（年魚あり）。

波多小川　源は郡家の西南のかた廿四里なる志許斐山より出で、北に流れて須佐川に入る（鉄あり）。

この三河川は同一水系である、基本は神門郡条にみえる「神門川」である。

神門川　源は飯石郡琴引山より出で、北に流れ、即ち来島・波多・須佐の三つの郷を経て、神門郡餘戸里の門立村に出で、即ち神戸・朝山・古志等の郷を経て、西に流れて水海に入る。即ち、年魚・鮭・麻須・伊具比あり。

この神門川水系を図示する図54のようになる。

ここで注目したいのは神門郡条の「神門川」の項では「年魚・鮭・麻須・伊具比」の棲息を記しながら、その上流の「須佐川」には「年魚」しかみえない点である。これは「須佐川」に「鮭・麻須・伊具比」が溯らなかったというのではなく、『出雲国風土記』作成時における神門郡と飯石郡の担当者の採択の基準の相違であろう。現在は環境変化もあり、神門川に鮭が遡上することはないが、伊具比（ウグイ）は広範囲に、またアユは神門川上流に生息しているという。

ただし、不思議なのは「須佐川」に注ぐ「波多小川」には同一水系ながら「年魚」の記述がみえない点ではなかろうか。そこで注目されるのは「波多小川」の「鉄あり」の記事である。

4　冬の生活

頓原地域は豪雪地域として知られており、平均降雪量も四メートルという時代もあったという。現在でも降雪により交通麻痺が起きることがあり孤立集落も出るという。古代、頓原地域の人びとはどのようにして厳冬時期を乗り切っていたのであろうか。

天平宝字三（七五九）年、万葉歌人大伴家持は因幡国守として正月一日の国庁の宴で次のような一首を残している。『万葉集』四五一六首の中で最後の記念すべき歌である。

新しき　年の初めの　初春の　今日降る雪の　いや頻け吉事

因幡国府に降った雪は出雲国飯石郡にも同じように降ったであろう。都人の大伴家持の雪歌には、当時の都の貴族の雪観が垣間みられるが、雪に豊作の前兆を見出し、「いや頻け吉事」と歌ったのであろう。この正月儀式は雪を「めでたきもの」とするものであり、都の儀式、初雪の日に貴族が参内する「初雪見参」につながるものである。それは雪と戦い日常生産活動をせざるを得ない民衆の雪観とは異なるものであった。

雪国越後の人、鈴木牧之（一七七〇〜一八四二）は『北越雪譜』の中で「往古より今年にいたるまで此雪此国に降らざる事なし」とし、「寒国に生たる不幸なるといふべし」と続ける。そこには雪に悩まされた人びとの心がうかがえよう。

長元二（一〇二九）年の八月、「当（飯石）郡須佐郷枚田村」に季節外れの雪が降り、多くの被害をもたらしたという。飯石・仁多の雲南地方の冬期の雪は曲者であり、人びとの生活に多大な影響を与える。鈴木牧之の「我国の深山幽谷雪の深事はかりしるべし」の言を待つまでもない。古代の竪穴「建物」はその雪の中で果たして耐えることができたのであろうか。

『新古今和歌集』には「つねよりも　篠屋の軒ぞ埋もるる　けふは都に　初雪や降る」、「降る雪にまことに篠屋いかならむ　けふは都に　跡だにもなし」、『千載和歌集』には「山ざとの　垣根は雪にうずもれて　野辺とひとつになりにけるかな」とみえ、農村の雪景色情況がうかがえる。豪雪地帯では竪穴「建物」は埋まってしまう可能性もあったのである。ときには積雪の重さで潰れることもあったのではなかろうか。『夫木和歌集』には「夜もすがら伏屋が上に　積む雪を　幾たびかきつ　越の里人」という歌がみえる。場所は北陸であるが、一晩中何度も屋根の雪をおろす様が歌われている。

木製品が残りやすい各地の低湿地から水稲耕作用の木鋤が出土している。考古学ではその木鋤を何の疑いもなく「水稲農耕」で使用した耕作用の鋤とするが、果たして一概にそのように言えるのであろうか。

頓原町民俗資料館に展示されている雪鋤は豪雪地帯においては必須の道具であった。古代においても当然竪穴「建物」の雪おろし、入口確保などに用いる木鋤は当然存在したと考えるべきであろう。雪国地域で発見された木鋤に関してはすぐに耕作用と断定せずに改めて考え直す必要があろう。一歩ひいて木鋤はすべて農耕用としても冬期においては雪鋤に転用されたことは否定できないであろう。

また雪の被害をさけるための雪垣の存在も想定される。雪国の古代「建物」については、柱・屋根の構造、竪穴の深さ、入口の位置、炉・竈など雪の観点を入れ、もう一度考え直す必要がある。竪穴「建物」の遺構など、無積雪地域と自ら構造が変わっていたはずである。また厳しい寒さを考えれば、暖房の面でも工夫があったであろう。

5　雪中の生産活動

古代、雪に覆われた白い世界、そこで人びとは息をひそめて時を過ごしたと考えられがちである。しかし、「暖国」にはないその白い空間を雪国の人びとは農業一辺倒の生産の場ではなく、多様な場として開いていくのである。

みやこにも　初雪降れば　小野山の　真木の炭竈　焚きまさるらん（『後拾遺和歌集』四〇一）
すみがまに　たつ煙さへ　小野山は　雪げの雲に　見ゆるなりけり（『金葉和歌集』二九〇）

雪ふかみ　人もかよはぬ　をしほ山　真木の炭竈　けぶりたゆらん（『夫木和歌集』読人不知）

炭の産地である小野山を詠じた二首を載せた。注目したいのは雪の季節の中で作品が構成されている点である。「初雪降れば　小野山の　真木の炭竈　焚きまさるらん」は、雪の到来が炭焼きの季節の始まりという認識を示しているといえよう。また「をしほ山」では「けぶりたゆらん」とみえるように盛んな炭焼きがうかがえる。

わが国における炭焼きは文献上では『日本書紀』神武即位前期に確認でき、『日本書紀』の編纂時にはすでに始まっていたことが判明する。赤来町上赤名中区の砂子田横穴から副葬品とともに木炭が出土していることは当該地域における炭焼きの歴史を物語る。鉄生産ともかかわる炭焼きは古代から冬の作業として組み込まれていたのであろう。

頓原町教育委員会は頓原町民俗資料館を創設し、その一環として雪に関する報告書をまとめ、多面的な雪文化を再現し、雪と人間の交流の姿を示している。その第五集『雪の文化』では農閑期の冬の木出しから炭焼きまでを冬の仕事と位置づけ、第四集『冬ごもり』でも冬仕事について言及し、茅簀編み・紙漉き・鉄穴流しを紹介する。鉄穴流しは「冬の間中、特別な大雪の日を除いて絶えず続いた」、「雪のしたの寒さの中で採った小鉄が（略）より上等のものであった」、「寒い雪時の外仕事ではあったが増し儲けをする頼みの綱」であったという。頓原町の古代を語る『出雲国風土記』飯石郡条には「波多小川　源は郡家の西南のかた廿四里なる志許斐山より出で、北に流れて須佐川に入る（鉄あり）」、「飯石小川　源は郡家の正東一十二里なる佐久礼山より出で、北に流れて三屋川に入る（鉄あり）」とみえる。

同地域は古代以来の鉄の産地でもあった。古代の同地域の鉄生産が専業であったかどうかは判明はしないが、良質な鉄を獲得するために好んで冬期の寒さ、雪の中でなされたのであろう。神門川水系にありながら「年魚」がいない「波多小川」は川からの砂鉄採集にともなう弊害で「年魚」を追いやっていたのかもしれない。そうであるならば今でいう公害の片鱗であるが、逆にみればそれだけ鉄生産が盛んであったことを物語っているのであろう。

冬期における豪雪地帯の外での生産活動を想定する場合、明らかにする必要があるのは雪上歩行の問題である。

頓原地域における近年までの履物補助は「雪輪（わかん・かんじき）」であった。民俗資料館には多様な雪輪が展示されているが、雪輪の起源に関しては今まで言及がなく、古代びとの雪上歩行にかんしてはまったく不明である。

雪輪に関して古い記述は延慶三（一三一〇）年に編纂された『夫木和歌集』の源仲正の歌である。

かじきはく　こしの山路の　旅すらも　雪にしづまぬ　身をかまふとか

ここにみえる「かじき」は「かんじき」の古語と思われるが、その効果が「雪にしづまぬ」とみえており、雪輪のことであることがわかる。史料上には鎌倉時代末までしか確認できないが、人間の知恵として当然古代にまでも遡るものであろう。それは「かじき」の古代における活用は弥生時代の水田遺跡から出土する田下駄の存在を念頭におけば十分に想定できるであろう。また、いまだ実物は不明であるが、『夫木和歌集』にみえる「あとたゆる　あらちの山の雪越えに　そりのつなでを　ひきぞわづらふ」、「はつみ雪　ふりけらしな　あらち山　こしの旅人　そりにのるまで」にみえる「そり」も活用されたのではなかろうか。

古代、頓原地域の人びとは単に雪の中に籠もるだけではなく、その厳寒期に合う生業を見出し暮らしていたのである。

Ⅶ　飯石郡の道と正倉

1　波多・来島郷への「郷道」

『出雲国風土記』飯石郡条の末尾の道路関係の記事は古代における国境付近の交通を考える上で貴重な情報を提供する。ものごとの本質は中心部よりも境界域に現れてくる。また飯石郡の記事は『出雲国風土記』の他郡の同種の記載よりも内容は充実しており、古代の飯石郡の地域交通の実態を具体的に物語ってくれる。ここでは地域社会に張りめぐらされた日常使用の道を追ってみたい。

波多郷　郡家の西南のかた一十九里なり。波多都美命の天降りましし家あり。故、波多といふ。

ここにみえる飯石「郡家」から波多郷への距離「郡家の西南のかた一十九里」とは何を表しているのであろうか。この点に関しては郷の境、郷柱までの距離などの見解も出されているが、「郷家」、あるいは郷長宅までの「道」の距離と考えられる。『出雲国風土記』の注釈、研究においては、その数値を単に波多郷までの道の距離とし、ほとんど具体的にその道筋を検証しようとする姿勢はみえない。秋本吉郎『風土記』・加藤義成『出雲国風土記参究』掲載復元地図をみても波多郷への道は示されていない。

飯石「郡家」から「波多郷」に向かう場合、地図と重ね合わせてみると次のようになろう。

〔飯石郡家から〕

①南西道は、五十七歩にして、斐伊川に至る。

②渡は二十五歩也。渡船一。

③又、南西のかた十九里一百八十歩にして、飯石郡家に至る。

④又、「郡家より南のかた八十里にして国の南西の堺に至る。（備後国三次郡に通る。）」という道を南西に下り、来島郷域の三叉路に至る。

⑤三叉路から北北西に向かう道に入り、再び北上迂回して波多郷に至る。

実際にそのような経路が活用されることはないであろう。またその大回りをする行路を「郡家の西南のかた一十九里なり」と書き表したとも考えられない。

2　「郷道」の発見　ここで波多郷より南に展開していた来島郷の記載を紹介しよう。

来島郷　郡家の正南のかた卅六里なり。伎自麻都美命、坐す。故、支自真といふ。（神亀三年、字を来島と改む。）
即ち正倉あり。

もし、飯石郡家から波多郷へ「南西道」を用いた場合、当然のこととしてこの来島郷を通る迂回路になり、波多郷への距離「一十九里」は宙に浮かんでしまうことになる。「郡家の西南のかた一十九里」は「南西道」とは別個の飯石郡家と波多郷を直接結ぶ道で、「郷家」への経路を報告したものと考えられる。そのような道をここでは試みに「郷道」と仮称しておきたい。

古代の官道（公道）には中央と地方の国府を結ぶ「駅路（国道）」と、その国府と各郡家を結ぶ「伝路（県道）」とがあった。しかし、そのような駅路・伝路上に位置しない「郷」は全国的にみても広範囲に存在したのである。当然、地域の生活を考えればそのすべての郷への道は厳然として存在したのである。今までの古代史研究においては駅路・伝路が研究対象であり、一般民衆の日常の生活路は取り上げられることはなかった。ここでは地域史という観点から「郷道」という用語を提起することにより、今まで看過されていた地域社会の要になる「新たな道」研究が開かれる契機としたい。

それが可能なのは道史料が充実している飯石郡だけであることを忘れてはならない。

3　波多郷への「郷道」の役割

では波多郷への「郷道」はどう想定されるのであろうか。図55で示したようにまずは飯石郡家から伝路と同じ道（西南道）で西南に進み、都加賀付近で伝路と分かれ、右折（西方）し、波多神社付近へと進んだものと思われる。波多郷域を流れる河川としては須佐川、波多小川がある。その中心的川は須佐川であり、『出雲国風土記』には次のように紹介されている。

須佐川　源は郷家の正南六十八里なる琴引山より出で、北に流れて来島・波多・須佐等の三つ郷を経て、神門郡の門立村に入る。此は謂はゆる神門川の上なり。

文意によれば須佐川は来島・波多・須佐郷の順に北流していることがわかる。この須佐川は神門川の上流の呼称であるが、注目すべきは須佐川の流域に来島・波多・須佐の三郷が上流から下流に展開している点である。

飯石郡は計七郷からなるが、その中、熊谷・三屋・飯石・多禰の諸郷が三屋川（下流は斐伊川）水系であるのに対し、来島・波多・須佐の三郷は明らかに水系を異にする世界を構成していることが判明する。すなわち飯石郡は二つの異なる水系地域世界で成り立っていたのであり、本来は別の空間社会であったのである。

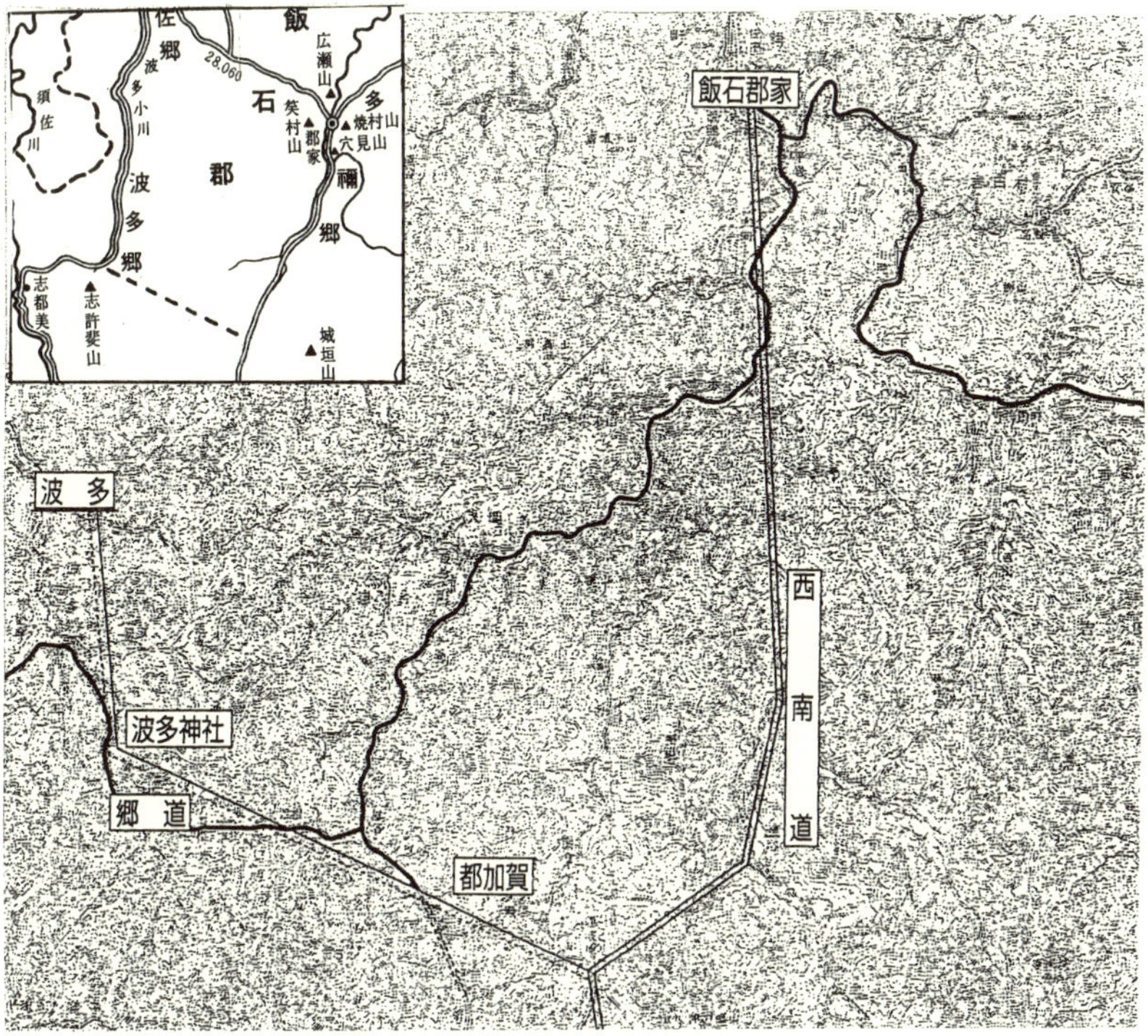

図55　飯石郡家から波多郷家への「郷道」

では飯石郡内の神門川水系世界、斐伊川水系世界を結ぶ主要通路はどこに求められるのであろうか。

斐伊川水系世界に置かれた飯石郡家から神門川水系世界の三郷への郷里は須佐郷が一九里、波多郷が同じく一九里、来島郷が三六里という。須佐郷・波多郷ともに一九里であるが、波多郷への道はその多くが「伝路・西南道」と重なっており整備されていた可能性が強い。

道路の整備は郡関係の役所と深くかかわっていたであろう。そこで注目されるのは、須佐郷・来島郷条の記載には「正倉あり」とみえ、波多郷にはその記載がなく、正倉が設置されていなかった点である。それは同じ距離でも須佐郷より波多郷への「波多郷道」の方が地理的に至便であったことによるのであろう。波多郷の人びとは納める正税を「波多郷道」を用い、飯石郡家付属の正倉まで運んだのであろう。一

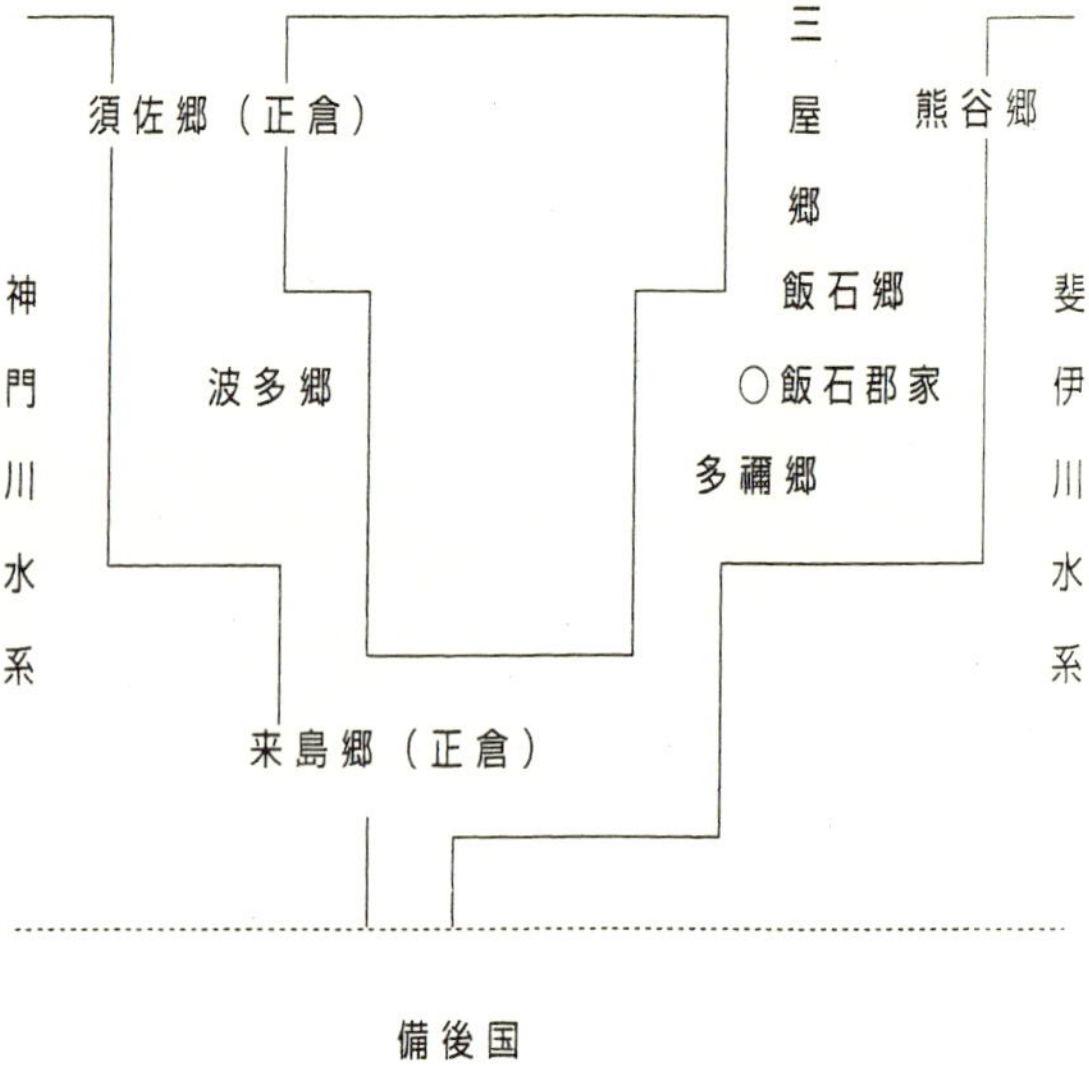

図56　神門川水系と斐伊川水系と郷

方、須佐郷・来島郷は飯石郡家の正倉までの運搬が困難をともなうとされ、それぞれの郷内に正倉が設置されたと考えられる。

史料の行間に眠っていた郡家から波多郷への道が明らかになったことにより、本来二つの世界からなっていた飯石郡がその道を介在することにより有機的な地域社会を構成していたことが明らかになった。駅路・伝路の重要性は当然であるが、それらを交通体系として生かせていたのはこのような地域の道であったのである。

4　第三の道・「径」の謎　飯石郡内には駅路、伝路、「郷道」という区分では整理しがたい道も存在している。

波多径・須佐径・志都美径、以上の径は常は剗なし。但、政ある時に当りて権に置くのみ。竝に備後国に通る。

これほど理解困難な箇所はない。この三「径」に関する『風土記』、『出雲国風土記参究』の復元路をみても明らかに異なっていることがわかる。

『日本古典文学大系』（岩波書店）の秋本吉郎氏の『風土記』は「波多小川沿いに南下する道（波多道）、須佐川沿いに南下する道（須佐道）があり、この二道が合して頓原町志津見を経て（志都美道）」とする。一方、加藤義成氏の『出雲国風土記参究』は須佐径・波多径を南北につながる道、志都美径はそれと平行に西側を南北に走る道と考え、両道が合流する様を想定している。このように異なる見解が出されるのは『出雲国風土記』の記事に対するアプローチの方法に問題があると考えられる。三「径」の経路を地図上で模索する前に該当史料から三「径」の特色を読み取ることが必要である。

まずおさえるべきは『出雲国風土記』は通路を基本的に各郡家からの方角、距離で示しているという点である。しかし、三「径」の場合は他の道の表記と異なり郡家からの距離、そして方角の記載がない。このような事例は『出雲国風土記』全体を通覧しても他に例をみることはできない。そのことは三「径」が飯石郡家とは「直接」的には結ばれていないということを物語っているのである。

その事実をおさえた時、なぜ『出雲国風土記』飯石郡条の執筆分担を行った飯石郡司グループは飯石郡家と「直接」的に結ばれていないこの三「径」を取り上げたのが問題として浮上してくる。飯石郡家からの距離、方角が記されない三「径」は史料が語るようにあくまで「竝に備後国に通る」道であり、それも神門郡家から「備後国に通る」道であったことによるのであろう。

5　三「径」の性格

『出雲国風土記』の編纂の基準からいえば、飯石郡家と「直接」的に結ばれていない三「径」に関して飯石郡司グループは記事にする必要はなかったのである。憶測の域を出ないが、国庁・意宇郡家→神門郡家→三「径」→備後国への道を載せる必要があったのは「国司・意宇郡司・出雲国造」の側にあったと考えるべきであろう。

この三「径」記事は『出雲国風土記』編纂過程において、出雲国造のもとに提出された「飯石郡」風土記草稿に最終勘造者の神宅臣金太理の手によって付け加えられた可能性が大きい。史料中にみえる「但、政ある時」の「政《まつりごと》」が出雲大社の祭事にかかわる「まつりごと」であるならば、出雲国造監修のもと勘造者の神宅臣全太理の補訂が入った事態は十分に想定できるのであろう。

この三「径」は「国庁・意宇郡家」→大原郡家→飯石郡家→備後国という「伝路」のコースに対し、「国庁・意宇郡家」→出雲郡家→神門郡家→備後国という「駅路」をベースにしたコースと色分けができそうである。

図57　飯石郡家と神門郡家を結ぶ二つの伝路

神門郡	與曾紀村	二八里	飯石郡
	堀坂山	二一里	

6　神門郡家と三「径」

では問題の神門郡家と三「径」との関係はどのようなものだったのであろうか。ここで注目したいのは神門郡家と飯石郡家を結ぶ伝路である。飯石郡条の最後に飯石郡家から隣郡への道をまとめた記事がある。

大原郡の堺なる斐伊川の辺に通るは、廿九里一百八十歩なり。
仁多郡の堺なる温泉川の辺に通るは、廿二里なり。
神門郡の堺なる與曽紀村に通るは、廿八里六十歩なり。
同じき郡の堺なる堀坂山に通るは、廿一里なり。

この記事で注目すべきは神門郡への道のみが二路あることである。本来、伝路の性格を考えるならば郡家間の道は一路あれば十分であり、現に『出雲国風土記』の中で郡家を結ぶ伝路が二つ記されているのは飯石・神門郡家の間だけであり、異例中の異例といえそうである。

駅路・伝路の整備は政治、軍事面など中央と地方を結ぶ基幹政策であり、距離・安全などを考慮なされたことは容易に理解できる。まず飯石郡家から神門郡家までの「二つの伝路」を図57にまとめ比較する。このように両路に明らかに距離に差がみえており、伝路の性格・役割をふまえた場合、当然道のりが短い堀坂山路が正式な神門郡家・飯石郡家の伝路であったと考えられるであろう。

ではなぜ、七里も距離が長い與曽紀路が設置され、報告されたのであろうか。堀坂山路と與曾紀路は神門郡家から南下し、神戸川沿いに所原までは同一路であった可能性がある。その場合、堀坂山路は所原から見々久町の上大月を通り、寺領の旧・宝坂（堀坂）神社付近を経て、佐田町の朝原に出て、東に進み飯石郡家に至ったのであろう。

一方の與曽紀路には問題がある。以上、述べてきた堀坂山路・與曽紀路が当初同じ道とすると與曽紀路は難所の立久恵を通ることになる。もしそれが不可能であれば、当初より與曽紀路は別のコースをとり、芦渡町の保知石（比布知神社の谷）を遡上し、立久恵を避け、乙立町上田代に出た可能性もある。そして見田原・川北を経て「與曽紀村」の故地と推定される「いそぎ（磯木）」なる地名のある佐田町八幡原に至ったのであろう。

飯石郡条において突如として三「径」が登場してくるが、その道は神門郡内のどの道につながっていたかが問題である。神門郡条にみえる飯石郡への道は二つあり、一つが飯石郡への伝路であれば、與曽紀路こそ三「径」の続きの道にあたるのであろう。

7　三「径」は一直線

『出雲国風土記』が基本的に記す道は駅路・伝路である。飯石郡側からみれば三「径」は郡家と直結しない道であるから本来は記事として報告する必要はない。三「径」は神門郡側（神門郡を通して出雲国庁・意宇郡家・出雲国造）からみて備後国への道として必要であったと思われる。可能性として前述した通り『出雲国風土記』作成調整段階において與曾紀路の延長線上として記入されたのではなかろうか。

ただし「政ある時に当たり権に置のみ」の「置く」主体は三「径」の所在地である飯石郡家にあったと思われる。その責任上、飯石郡からも與曽紀路が整備され、記載されたのであろう。

その場合、問題になるのは三「径」の立項順である。三「径」が神門・備後間の道ならば表記としては北側から①須佐径、②波多径、③志都美径の順番が自然である。しかし、そうではなく、②波多径、①須佐径の逆転表記は何を意味しているのであろうか。たしかに三「径」は神門・備後の通路であったが、すでに波多「郷道」のところで言及したように飯石郡家からは「郷道」を通して②波多径が一番近くを通っていたからであろう。

三「径」は「竝に備後国に通る」とあるが、現実的にどの「径」をとっても、その「径」だけでは「備後国に通る」ことはできない。問題は「竝に」の解釈である。今までは「竝に」を並列的に理解していた。しかし、その理解が成り立たないことは今述べたとおりである。「並びに」には『万葉集』四二六四「四つの舟　舟の舳奈良倍　平けくはや渡て来て」のように「並ぶことによりつながる、連なる」という意もあることに思い至る必要がある。

三「径」が並列ではないとすると須佐道・波多道・志津美道は「並ぶ（連なる）」道であり、備後に向かう一筋の

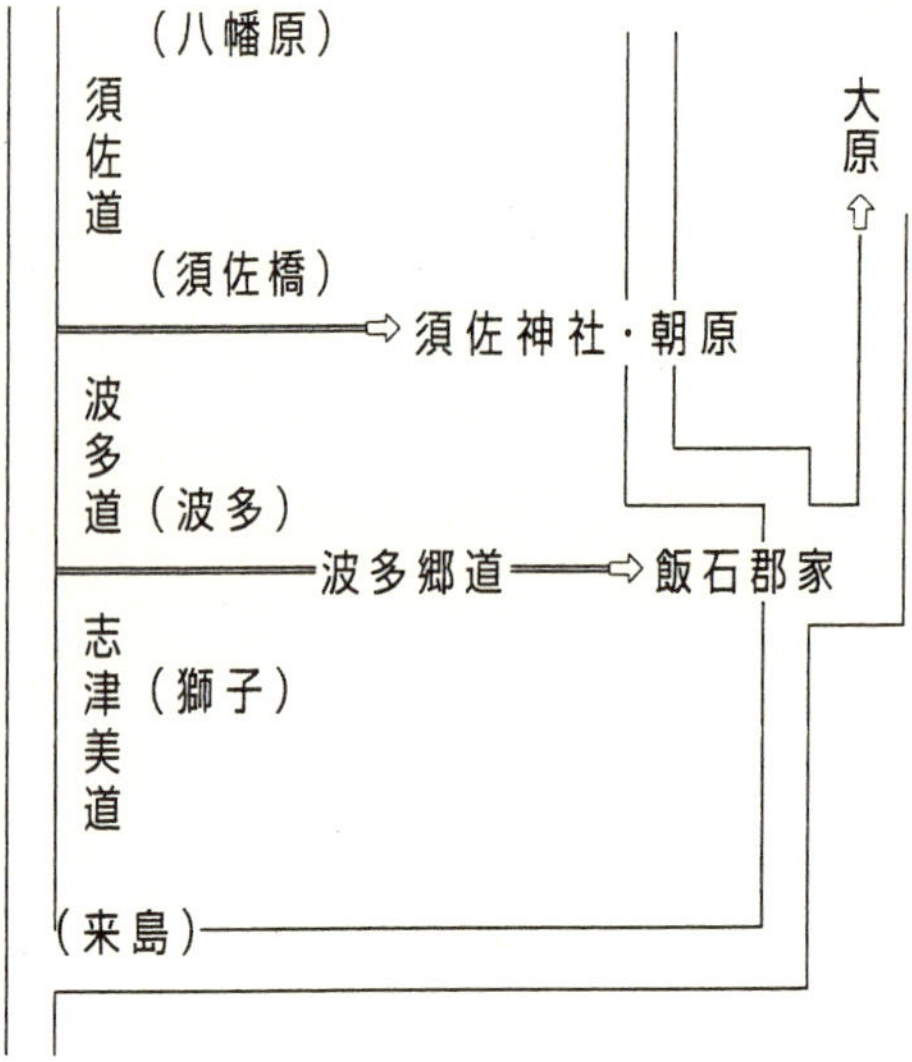

図 58　飯石郡の三「径」の並び方と飯石郡家

道と理解すべきである。三「径」が一筋の道であるならば須佐道・波多道・志津美道などと呼ばず一つの名称で済むはずである。しかし、あえて個別の名称がつけられたのにはそれなりの背景があったのである。「須佐」道・「波多」道・「志津美」道の名称は神門川水系空間と斐伊川水系世界を結ぶ道を区切りとして呼称がつけられたのであろう。

一筋の三「径」に東側から三つの道が合流してくるという事実がある。その交差点までの名称として通称的な呼び名として「須佐道・波多道・志津美道」は用いられたのではなかろうか。「須佐径」は須佐郷内を通ることによる呼び名と考えられる。「波多径」も同様に波多郷内を通ることによる命名であろう。しかし、残る「志都美」は郷名ではなく、明らかに波多郷内の一地名でしかないのである。波多径・志都美径が一筋の道であるならば、ともに波多郷内の径であり、「波多径」として一括して呼ばれるはずであるが、交差点で区切った結果、ポイントとして当時存在した集落「志都美」村の名称を取り入れたものと思われる。「志都美」は郷里制下の「里」名とも考えられるが、二文字ではないので「村」名と考えるべきであろう。

8　飯石郡内の正倉

『出雲国風土記』は郷の伝承記事の後に「正倉あり」と付すことがある。意宇郡では山国・舎人・山代・拝志郷と賀茂神戸、島根郡では手染郷、出雲郡では漆治・美談の二郷、仁多郡では三澤・横田の二郷と漆仁川辺、大原郡では屋代郷にみえる。肝心の飯石郡には三屋・須佐・来島の三郷に置かれたことがわかる。

この「正倉」に関してはいわゆる大化前代の朝廷の直轄地の「屯倉」にその起源を求める向きもあるが、律令制下における班田給付の見返りの田租（正税）などを収納する倉のことである。班田収授にともなう税は「租」といい、律令田令によれば口分田一段について二束二把の稲が課せられたとされる。

「正倉」は郡ごとに置かれ、基本は郡家の付近に設置されたが、地域によっては郡内にいくつかの分置をすることもあった。「正倉」記事がみえない秋鹿・楯縫・神門郡は郡家付近だけに設置され、飯石郡の場合は郡家付近の他に地域の交通を配慮して三カ所に置かれたものである。すでに他の事例については言及したのでここでは「来島郷」に限定する。

頓原地域では「来島郷」に「正倉」が置かれたが、それはどの地域の正税を収納したのであろうか。「来島郷」の「正倉」の位置について定見はないが、下来島の小字「手倉」に着目する見解がある。それによれば「てぐら」は「みてぐら」であるという。一つの説として注目しておきたいが、今一つ下来島の加田の古城山に「正倉」峠がある。その麓の可能性が高いのではなかろうか。

「波多郷」には「正倉」は置かれなかった。では「波多郷」の人びとは正税などをどこに運んだのであろうか。隣接する「来島郷」、また「須佐郷」の「正倉」がすぐに着目されるが、交通路・距離からみて飯石郡家付随の「正倉」が割り当てられていたのである。

Ⅷ　飯石郡の国堺と剗

1　律令の関と剗

「剗」に関しては不明なところが多い。律令の軍防令などによれば「関」は国境に置かれ兵士が配置され、交通検査を行う機関であり、「過所」などの通行許可書のない者は通行を認めず、違反した場合には「徒」などの刑を与えた。その実態を知ることにより古代国家の交通、領域支配の様相をうかがうことができる。ただし『出雲国風土記』では「関」ではなく「剗」の字を用いているが、両者は混用されることもあるという。また、「剗」は「関」よりも軍事的色彩が強いとする見方もある。

『出雲国風土記』は出雲国に直接かかわる国家的施設に関しては郡ごとではなく、巻末にまとめて報告をする。それは駅路・伝路、軍団、烽、戍に及ぶ。注目すべきはそこに「剗」だけがみえない点である。そこに『出雲国風土記』が「関」ではなく「剗」とした鍵があるのではなかろうか。可能性として「剗」は国家的・軍事的・政治的な関所ではなく、出雲大社・出雲国造の祭祀にかかわる宗教的な「結界」としての施設ではなかろうか。

2　「常は剗なし」考

「常は剗なし」の問題は「以上の径は常は剗なし。ただし政ある時に当りて権に置く」の理解にかかわる。一般に三「径」それぞれに「剗」が置かれたと考えるが、果たしてそうであろうか。「以上の径」を「一筋の道」と理解するならば、常識的に考えるならば一つの「剗」ということになろう。現在の交通事情をふまえて考えるならば、この一筋の三「径」は最終的には西南道に合流すると考えるのが普通であり、西南道には「三次郡の堺なる三坂を通るは、八十里なり（径、常に剗あり）」と常置の剗が置かれている点を考慮すれば本来的には「剗」は不要であろう。

しかし、この三「径」は出雲国の最西端を南北に走る、石見国との国境際の道であることに注目する必要がある。『出雲国風土記』にはみえないが当然、飯石郡と邑智郡とを結ぶ道は想定されるのであり、それとの関係で「ただし政ある時に当りて権に置く」施策が必要であったとも考えられよう。

ここにみえる「政ある時」の理解であるが、一般に政治的な非常事態を想定しているようである。しかし忘れてならないのは『出雲国風土記』には「政《まつりごと》」の記事がもう一つみえることである。

日置郷　郡家の正東四里なり。志紀島宮に御宇しめしし天皇の御世、日置伴部等、遣され来て、宿停まりて政為し所なり。故、日置といふ。

これによれば「志紀島宮に御宇しめしし天皇の御世」、すなわち欽明天皇の時代に大和から「日置伴部等」が派遣されてきて、一時的に留まり、「政」をしたという。この「日置伴部」等は軍事面ではなく、祭祀にかかわる氏族であり、「政」は神祇にかかわる施策であった可能性が高いのである。中央とのかかわりで考えられる一大施策としては出雲大社の創設があげられよう。

『出雲国風土記』は現実に存在する諸機関を記載しているのであり、未だ存在しないものを書き残すことはないであろう。今後起こるかどうかわからない事態を想定した「ただし政ある時」と考えるのも不自然である。

この「政ある時」は確実に「あるもの」であり、すでに過去においても「あった」、現実に何らかの形で施設があったと考えるべきものである。その点を総合的に「日置伴部」などの性格をふまえて考えるならば出雲国造の神賀詞奏上にともなう潔斎が浮かんでくる。出雲国造の潔斎一年に及ぶものであり、出雲国一国全体を閉じることで穢れの出雲への侵入を排除したのであろう。

「関」ではなく「剗」という字が強調的に使用されている点も興味深い。「剗」には「戈」の字が二つ使用されているが、それはまさに国境において邪なるものを排除する道の両側に立てられた祭祀用の武器なのではなかろうか。

3　志都美の「剗」はどこに

三「径」に設置された非常置の「剗」は、しばしば「志都美剗」と呼称される。この「志都美剗」に関しては平成四（一九九二）年に発掘された門遺跡に比定する見解が有力である。門遺跡は頓原町志津見に所在し、七・八世紀の竪穴建物群・掘立柱建物群・柵列（溝状）が検出されている。山間部の一般民戸の集落とはとらえられない遺跡との評価から特殊な「志都美剗」にあてられることになった。地元では「志都美剗」の所在地は門遺跡とは神戸川を挟んだ対岸の妙剣神社付近であろうとの伝承があるという。門遺跡からは鉄塊、鍛造剥片などが建物跡から出土しており、全体として「剗」ではなく鉄生産にかかわる集落との見方もできる。

しかし注目すべきは遺跡所在地の字の「門」であろう。「剗」の何らかの入口を表しているのかもしれない。また当該地域における遺跡の立地を観察したとき、門遺跡は神戸川左岸にあり、石見の大田方面へも交通が展開できる。「以後（えご・小谷）」を抱えていることがわかる。その点を勘案し、同遺跡を「志都美剗」とするならば、その立地は石見との交流を意識したものといえよう。

Ⅸ　おわりに

飯石郡頓原町は平成の市町村合併において平成十七（二〇〇五）年に赤来町と合併し、現在は飯石郡飯南町となった。その結果、「頓原町」が消滅したが、本章は平成九年の執筆であり、旧頓原町域を中心に歴史叙述を行ったもので、地名・資料館などは当時のものを用いている。なお、「頓原」の地名は地区名として生きている。

多くの市町村史・誌が世に問われているが、山間部・豪雪地域の地域史は稀である。今までにない視点で描いた地域史として問題を提起できたのではなかろうか。もともと町誌としてまとめたものでここでは註は本文に組み込んである。

第四章　藤原宮出土木簡「室原」

Ⅰ　一片の木簡

奈良文化財研究所の報告によれば藤原宮朝堂院回廊の東南隅から「癸卯……月―日記出雲国……室原□」と墨書された三片分離、中が欠落した木簡が出土している。出雲国にかかわる木簡の数はさほど多くはなく、年次をともなう貴重な木簡とみるが、注目された様子はない。年次が「癸卯」年、藤原宮跡からの出土であれば、その年は大宝三年、七〇三年であることは間違いない。まだ大宝律令が制定されて二年、律令国家成立当初の事情を語る貴重な資料と位置づけることができよう。「出雲国」の「室原」とは地名と思われるが、果たしてどこなのか。残念ながら郡名が欠けており、アプローチが困難にみえるが、筆者は「室原」の名をみて即座にその所在地が浮かんできた。

Ⅱ　『出雲国風土記』にみえる「室原」

「室原」なる地名、かつて拙著『出雲国風土記註論』を執筆した際にすでに「室原」なる地名は目にし、そして現地にも幾度か足を運んだことがある。「室原」は現在も島根県奥出雲町の八川、木次線出雲坂根付近を源流とする河川「室原川」にその名を残している。じつは「室原」は古代にさかのぼり、『出雲国風土記』仁多郡条には次のように記されている。関係部分と合わせて引用する。

a　鳥上山　郡家の東南のかた卅五里なり。伯耆と出雲の二つの国の堺なり。塩味葛あり。

b　室原山　郡家の東南のかた卅六里なり。備後と出雲の二つの国の堺なり。塩味葛あり。

c　室原川　源は郡家の東南のかた卅五里なる鳥上山より出でて、北に流る。謂はゆる斐伊河の上なり。年魚少々しく有り。

d　横田川　源は郡家の東南のかた卅六里なる室原山より出でて、北に流る。此は謂はゆる斐伊大河の上なり。年魚・麻須・魴・鱧等の類あり。

ここに紹介したのは一番古い写本細川本である。また管見の写本すべてが同一である。しかし、一見して誰もが疑問に思うであろう。「室原川」の源流が「室原山」ではなく「鳥上山」では辻褄が合わない。その点に関しては後藤蔵四郎が大正十五年『出雲国風土記考證』で指摘し、記事の錯綜を想定し、cを「横田川」、dを「室原川」の説明として表題の川名を入れ替える校訂を試みている。以後、その見解は秋本吉郎・加藤義成氏に受け継がれてごく自然に取り扱われているのが現状である。

この「室原川」は現在の室原川のことであろう。一三〇〇年余の間、維持されてきた貴重な歴史地名である。問題は「室原山」であるが、現在、「室原」の名を冠する山はないが、室原川の源流の山であり、大枠において想定できそうである。早く江戸時代初期の岸崎時照の『出雲風土記鈔』は「備後国油来村と横田郷八川村との堺の山名」としている。そのことを受けてその山名を求めると島根・鳥取・広島県堺の三国山（標高一〇〇三メートル）が候補として浮上してくる。現在、三国山の西を室原川の源流に沿いながら国道三一四号線、そして木次線が走り、南北交通の重要路線となっているが、『出雲国風土記』の「通度」条にはそのルートは載せられていない。

なお、先の『風土記鈔』は室原川について「横田川は横田郷八川村の九折下より来て北に流て横田市次に於て室原川に合流する」とし、遺憾ながら岸崎は「横田川」と「室原川」の名を入れ違う間違いをおかしているが、それは彼が所持していた風土記が校定前のｃ「室原川」、ｄ「横田川」を使用していたからである。ただ、岸崎の一文は近世初期においても「室原」の名があったことを物語っている。

問題は藤原宮跡出土木簡にみえる「室原」であるが、一般的に考えて山・川名とは考えられないであろう。「癸卯……月―日記出雲国」というように年月日、行政国名が記されており荷札木簡と考えられ、「室原」は国・郡以下の行政地名と考えられる。

その「室原」の地名に関しては、はやく朝山晧氏がその遺稿『出雲国風土記私考』仁多郡において「室原川」について言及し、「室原川」は「室原山より出でゐるので名づけたのであらう。或はこの川の流域が室原里といふコザトであったかも知れぬ。これも亦斐伊川の主な水源の一つで、今は八川村を流れるものである」と論じている。そして横田郷には「横田村・室原里（又は村）・或るは鳥上村（又は里）などがあったであらう」ともいう。「室原」を行政地名とする唯一の、それも郷里制下の「コザト」の里とする見解である。ただし、この「室原」木簡は藤原京時代の「癸卯」年、大宝三年、西暦七〇三年であることを思えば、郷里制下でないことだけは事実である。

Ⅲ　室原・横田

仁多郡は『出雲国風土記』によれば三處・布施・三澤・横田の四郷で構成されており、近世以降の考証により、幸いに四郷のそれぞれの郷域はほぼ想定されてきている。室原川流域は地名残存から横田郷域と考えられる。その横田郷について岸崎は『風土記鈔』で具体的に「竹崎・代山・中帳・五反田・馬場・角村・横田市・大曲・下横田・原田・樋口・稲田・久羅屋・福頼・八川など十五所と合せて横田郷となす」とし、平成市町村合併以前の横田・鳥上・八川町域を相当していたと考えられる。

横田郷の郷名に関して『出雲国風土記』は「横田郷　今も前に依りて用ゐる」とあり、横田の郷名には変更がないことが判明する。ただしそれは『出雲国風土記』にみえる「神亀三年の民部省の口宣を被ぶりて改めぬ」、すなわち神亀三年・七二六年の時点においては名称の変更はなかったということであり、それ以前の郷・里名について言及しているわけではない。

郡里制下で編纂された『播磨国風土記』を通覧すると、里名の変更は戸籍作成の庚午年・六七〇年、丙子年・六七六年、庚寅年・六九〇年に行われている事例がみえる。里名・郷名の変更は時宜に応じてなされることがあったことがわかる。神亀三年以前、「癸卯」年（大宝三［七〇三］年）以降といえば、たとえば和銅元（七〇八）年の戸籍編成時、そして霊亀元（七一五）年の郷里制施行時期などが想定されるであろう。

朝山晧氏の見解を基調にして「室原」木簡の年次を勘案すると、大筋として仁多郡室原里から仁多郡横田郷への改称は確実ではなかろうか。なお、同じ藤原宮木簡の「島根郡副良里伊加贄廿斤」の「副良里」も同様ではなかろうか。

先に示した現存写本のｃ「室原川」、ｄ「横田川」という紹介は横田郷を流れる川の紹介としては掲載順に違和感がある。まずは郷名を冠する「横田川」が後藤蔵四郎の校訂のように先にくるのが自然である。ではなぜ、郷名を冠する「横田川」より先に「室原川」が先に記されるという事態を招いたかというと、かつて「室原里」という里名が行政名として重きをなしていたからではなかろうか。すでに論じたところであるが、河川名は行政地名を冠するのが基本であり、「室原」もその可能性が高い。

「室原」の里名は消えたが『出雲国風土記』編纂時、室原山・室原川の呼び名は残り、今、室原山の呼称は消えたが、室原川が奥出雲を流れているのである。

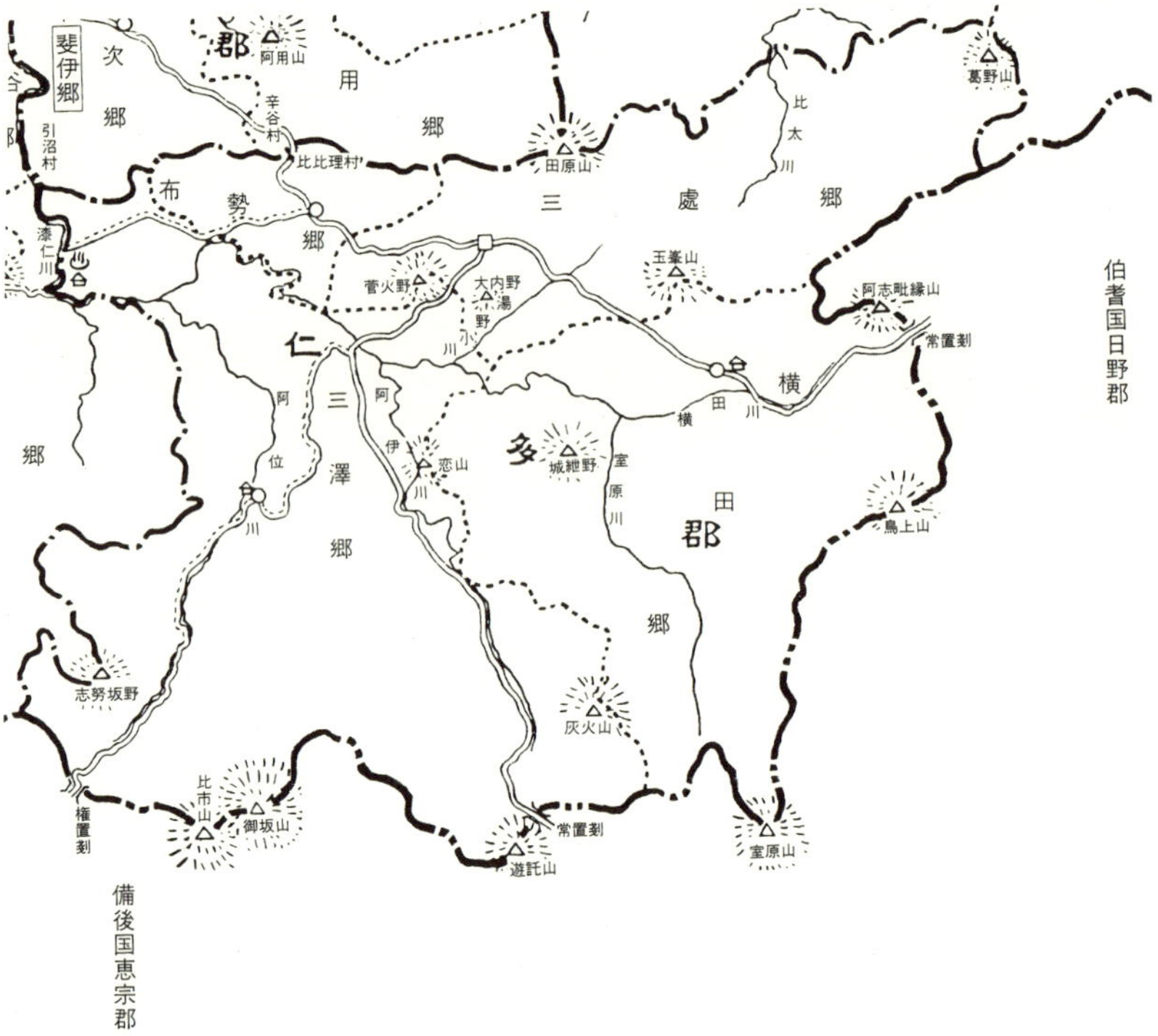

図59　仁多郡地図（加藤義成氏作成図の一部）

Ⅳ　「室原」考

『続日本紀』和銅六年条の風土記撰進の命によれば、「郡郷の名は好き字を著けよ」とある。「室原」から「横田」への地名変更はその趣旨に沿ったのであろうか。「原」から「田」へ、自然から人造、まさにそれを象徴する変更であり、そこには農耕へのあつい思い入れがあるのであろう。

「室原」という地名はじつは『播磨国風土記』揖保・讃容郡条にもみえる。

室原泊　室と号くる所以は、此の泊、風を防ぐこと室の如し。故、因りて名と為す（揖保郡）。

室原山　風を屏ふること、室の如し。故、室原といふ。人参・独活・藍漆・升麻・白朮・石灰を生す（讃容郡）。

泊・山の相違はあるが、ともに風が吹き込まない「室」のような安住の場所なのであろう。「室原泊」は兵庫県たつの市御津町の室津であり、古代以来の良港であり、まさに風土記が語る通りである。同じ『播磨国風土記』宍禾郡では「此の地は小狭くて室の戸の如し」ともみえ、こじんまりとした生活に適した土地なのであろう。

室原山では「人参・独活・藍漆・升麻・白朮」などが産出したと特記されており、そういう意味で注目されるところであったと思われる。

「室原川」の読みに関しては現在「むろはら」川であり、『出雲国風土記』研究においても異同はないようである。しかし、『播磨国風土記』では「室原」泊を「むろふ」、「室原」山も「むろふ」と読ませる習わしである。

『万葉集』巻十一・二八三四に次のような表現がみえる。

大和の　室原の毛桃　本繁く　言ひてしものを　成らずは止まじ

この「室原」は「室生」のことであり、「むろふ」と読まれている。果たして出雲の「室原」も「むろふ」と読まなければならないかといえば「大原」「神原」「前原」もあり、一概にそうは言えないであろう。歴史を経ながら今なお「むろはら」川の呼称が訛らずに残されている事実は重いであろう。

V　地名の変遷

『出雲国風土記』大原郡条に「御室山　郡家の東北のかた一十九里一百八十歩なり。神須佐乃乎命、御室を造らしめ給ひて、宿らせたまひき。故、御室といふ」とみえる。神話の流れからして八俣大蛇を退治した須佐乃乎命が稲田姫と安らかな生活を送る「御室」である。「室」に籠められた地域の豊潤さ、出雲国仁多郡「室原」里の人びとはその地域の何を都に納めたのであろうか。

「室原」はやがて「横田」となる。

横田郷　郡家の東南のかた廿一里なり。古老の伝へていへらく、郷の中に田あり。四段ばかりなり。形聊か長し。遂に田に依りて、故、横田といふ。即ち正倉あり。以上の諸郷より出だすところの鉄堅くして、尤も雑の具を造るに堪ふ。

郷名は農業からの命名であるが、この地域に向けられた目は「鉄堅くして、尤も雑の具ふ」だったのであろう。仁多郡「室原」の木一片、藤原宮で出土したということはそれなりの歴史があったのである。

第五章　出雲と阿波・伊予

Ⅰ　玉作湯神社への参拝

島根県松江市玉湯町に『出雲国風土記』に名を残す玉作湯神社（『出雲国風土記』には「玉作湯社」とみえる）が鎮座する。同神社周辺は古代出雲における玉生産地として知られている。玉作湯神社の遠藤融宮司の案内で同神社の宝物館に納められている鏡石を拝観した際に、平型の砥石に私の目は釘付けになった。遠藤宮司にその砥石について質問したところ、それは「いよと石」と言い、原石は出雲産ではなく愛媛の石との説明を受けた。当然「いよと石」は「伊予砥石」なのであろう。そのとき、雲南市の加茂岩倉遺跡出土の銅鐸と四国徳島出土の銅鐸の中に同じ鋳型で作成された兄弟銅鐸があったことを思い出した。

出雲の大地から出土した「伊予砥石」、そして銅鐸は古代出雲と四国との関係、交流を物語るが、その考古学上の事実は文献上においてどのような姿をもって現れているのであろうか。本章においては古代出雲と四国の阿波・伊予との関係、交流を探り、今まであまり問題とされなかった四国と出雲の関係について鳥瞰することにより、研究の先鞭をつけたいと思う。

Ⅱ　『出雲国風土記』の玉作り情報

『出雲国風土記』は周知の通り郷名起源伝承を骨子に編纂されている。玉作湯神社が鎮座する松江市玉湯町は古代の行政区分では出雲国意宇郡「忌部神戸」に属していた。しかし、残念ながら「忌部神戸」条には同地での玉作りを物語るような記述は確認できなかった。

岩波古典文学大系の秋本吉郎校訂『風土記』では「忌部神戸」条は次のようにみえる。

忌部神戸　郡家正西一里二百六十歩　国造神吉詞望　参向朝廷時、御沐之忌里　故云忌部　即川辺出湯　出湯所在　兼海陸　仍男女老少　或道路駱駅　或海中沿洲　日集成市　繽紛燕楽　一濯則形容端正　再沐則萬病悉除　自古至今　無不得験　故俗人曰神湯也

（忌部神戸　郡家の正西廿一里二百六十歩なり。国造、神吉詞望ひに朝廷に参向ふ時の御沐の忌の里なり。故、忌部といふ。即ち、川辺に湯出づ。出湯の在るところ、海陸を兼ねたり。仍りて、男も女も、老いたるも少きも、或いは道路に駱駅り、或は海中を洲に沿ひて、日に集ひて市を成し、繽粉ひて燕楽す。一たび濯げば形容端正しく、再び沐すれば、萬の病悉に除ゆ。古より今に至るまで験を得ずといふことなし。故、俗人、神湯といふ。）

この報告からは現・玉造温泉の古代における様子はうかがえるが、玉作りに関しては言及がない。「忌部神戸」の世界で玉作生産が行われていたことは考古学の成果、そして『出雲国風土記』意宇郡条の「玉作湯社」の社名、「玉作山　郡家の西南のかた廿二里なり（社あり）」にみえる「玉作」山という山名からも推測できるであろう。「忌部神戸」が古代を代表する玉作り生産地でありながら、その地名伝承にそれをうかがわせるような気配がないのも不思議である。

その不思議さの問題は「国造神吉詞望　参向朝廷時、御沐之忌里」の校訂に求められる。加藤義成氏の『出雲国風土記参究』も当初、その部分に関しては岩波『風土記』と同じあったが、その後、『出雲国風土記』写本の細川本が

世にでることにより、「御沐之忌里」に部分に関しては大きな修正が行われた。今、その修正の元となった細川本の該当部分を示すと次のようになる。

御沐之忌里→沐之忌玉作

この校訂が正しいならば、「忌部神戸」の地名起源伝承の中に「忌玉」の製作が組み込まれており、先に感じた「不思議」さが消えていく。現状において細川本による校訂を採用すべきと思われる。この校訂により「忌部神戸」域内において出雲国造が国造就任に際し、朝廷に「神吉詞（神賀詞）」を奏上する際に用いる「御沐之忌玉」を製作する聖地であったことが判明し、玉造温泉周辺での玉製品、関連遺物の大量出土の象徴的な側面を物語ることになる。

なお、「忌部神戸」は「忌部」の地名が玉湯町の東隣の忌部川流域の西忌部、東忌部町に残っていることから、現・玉湯町に限定されるものではなく、東方の署名な田和山遺跡付近までを含んでいたと思われる。すでに第一部で論じたように「忌部神戸」は大きく見て二つの地域に分けられそうである。玉造と忌部である。

現在、玉作りの中心は発掘成果により玉造に求められているが、「忌部」の地名の遺存からいえばまずは忌部地域を想定するべきであろう。今後の発掘において忌部地域の玉作りの重要性が高まる可能性も多く、開発の進展の度合いを考慮して、予知的な観想も必要と思われる。とはいえ現状の玉造地域における発掘成果は無視できるものではない。大切なのは先入観的に「玉造」の名に引きずられて地域を固定することなく、「忌部神戸」の全体像、「忌部神戸」内における「玉作り集団」の地域的あり方を検討することである。

因みに玉造地域には前述した玉作湯神社（『出雲国風土記』「玉作湯社」）が鎮座し、忌部地域には「久多美社」「野代社」の鎮座が想定される。ここで注目したいのは『風土記』社ではないが、松江市東忌部町の字・「神戸」に忌部神社が鎮座している事実である。現在の祭神は天太玉命であり、玉造湯神社の祭神・櫛明玉命と異なっている。なお、この「忌部」の神戸がどこにかかわる、奉仕する神戸なのかに関しては諸説があるが、虎尾俊哉氏が指摘するように「阿波國麻殖郡に坐す忌部神社」と考えるべきであろう。[1]

Ⅲ 「わなさ」の道と阿波

「忌部神戸」は「意宇（おう）」郡であり、阿波国の忌部神社が「麻殖（をゑ）」郡である点は重要である。「意宇」は『出雲国風土記』の国引伝承からいえば「意恵（おゑ）」とされており、またその「意恵」は本来「訖（を）へつ」であった。その伝承が伝えることを勘案すると、「忌部神戸」、忌部神社とも出雲、阿波の国の相違はあるがともに「をゑ」の地であったことが判明してくる。古代における出雲と阿波の関係の深さを読み取ることができそうである。

「忌部神戸」の忌部域から南へ忌部街道を進むと大東町北村、街道の左手、赤川右岸に細長い丸みを帯びた小山がある。この忌部街道は現在松江と内陸部の雲南市を結ぶ大動脈であるが、『出雲国風土記』の郡末・巻末の通度条の意宇・大原郡を結ぶ伝路としては姿を見せない。しかし忌部街道沿いには久多美社・須賀社・得鹽社・日原社が鎮座しており、公的な伝路以外の重要な生活道路があったと思われる。

船岡山　郡家の東北一十九里一百八十歩なり。阿波枳閇委奈佐比古命、曳き来居ゑましし船、則ち此の山、是なり。故、船岡といふ。

その生活道路に沿う形でその船岡山がある。その小山は『出雲国風土記』に「船岡山」として登載され、「阿波枳閇委奈佐比古命」が引き据えた船が山となった、との伝承を残す。なお、「船岡山」には風土記社の「船林社」が鎮座しており、祭神は「阿波枳閇委奈佐比古命」である。

その「船林社」に関して加藤義成氏は『出雲国風土記参究』で「大東町北村の船岡山に鎮座の船林神社」とする。[2]「船岡山」は眺めるとあたかも船を逆さにしたような山容を呈しており、方角・距離なども含めて勘案してもまず古代の「船岡山」であることは間違いない。「船林社」で注目すべきは祭神の「阿波枳閇委奈佐比古」である。この祭神は加藤義成氏が説くように「阿波来経和名佐日子」と考えられ、阿波から「来り経」た「和名佐日子」という意な

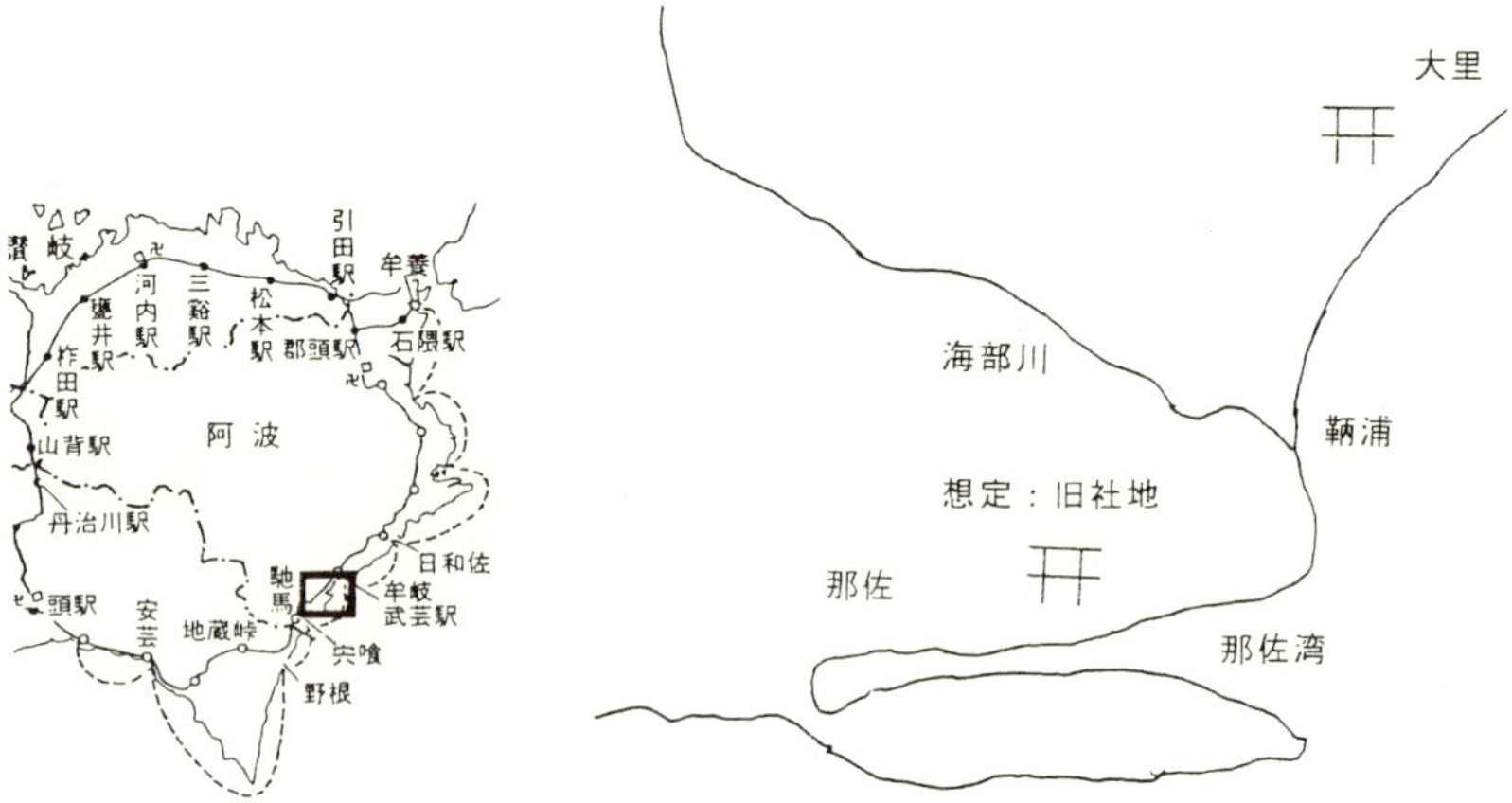

図60　和名佐意富曾神社の移転（右図は左図□内の拡大）

のであろう。なお、北西の宍道町上来待に字・和名佐があり、和名佐神社が鎮座している。和名佐神社は来待神社の境外社であり、祭神は和名佐日子という。

この「和名佐」に関しては『播磨国風土記』美嚢郡志深里条に注目すべき伝承が残されている。

志深里（土は中の中なり。）志深と号くる所以は、伊射報和気命、此の井に御食したまひし時、信深の貝、御飯の筥の縁に遊び上がりき。その時、勅りたまひしく、「此の貝は、阿波国の和那散に、我が食しし貝なる哉」とのりたまひき。故、志深里と号く。

ここに見える「阿波国の和那散」という地名は伝承が物語るように『延喜式』神祇神名下の阿波国那賀郡の項に載る「和奈佐意富曾神社」の社名で確認できる。ただし、同郡にみえる「和耶神社」も「わさ」神社と呼ばれ、『和名抄』に「和射」郷、平城宮出土木簡に「阿波国那賀郡中男海藻六斤　和射」とみえることから「和奈佐」の関連地名と考えられる。なお、『阿波国風土記』逸文に「奈佐の浦。（奈佐と云ふ由は、其の浦の波の音、止む時なし。依りて奈佐と云ふ。海部は波をば奈と云ふ）」とも見えており、「わなさ」「わさ」「なさ」の地名の関連が問題となる。

『徳島県神社誌』によれば「和奈佐意富曾神社」は海南郡海南町大

里の八幡神社（もと鞆奥の大宮山にあり）」としている。[3] その大里の八幡神社の伝では当初は鞆浦（那佐浦）に鎮座していたという。「和奈佐意富曾神社」は古くは那佐（奈佐）湾の入口付近に鎮座していたようである。「和奈佐意富曾神社」の鎮座する「和射郷」は海部川流域から海岸部に広がっていたと考えられ、隣郷の「海部郷」と同様に海部の生活空間であったと思われる。

出雲と四国との地域間交流を考える際に、海部の活動には注意する必要があろう。『出雲国風土記』飯石郡の社名記載に「粟谷神社」を見つけることができる。現在、雲南市三刀屋町大字粟谷に粟谷神社として鎮座している。同所は出雲から吉備（備後）への重要な交通路に位置し、同社は近世の地誌『雲陽誌』、史書『出雲風土記考』には「吉備津（大）明神」と見えており、祭神も「きびつひこ」とされている神社である。社伝によれば旧社地は飯石川対岸の小山上であり、その字は「天辺《あまべ》」であるという。「粟谷」は「あわだに」と読み、意味的には「阿波谷」なのであろう。『古事記』神代記が「阿波国」を「粟国」と表記していることは周知の事実である。

出雲の忌部神戸から「舟林社」、そして「粟谷社」、そして出雲・備後国境を越え、さらに播磨国美嚢郡への交流の道があったのであろう。なお、出雲国意宇郡の郡司に「海臣」の氏名が見えるが、その本拠地は同郡の宍道郷周辺と思われ、宍道湖畔の佐々布に字「海部」が濃密に分布していることが判明している。また宍道川の上流の来待地域にも「海部」の字があるとされ、[4] 先に言及した上来待に字・和名佐に重なってくることも示唆的ではなかろうか。

Ⅳ　伊予砥石の道と故郷

伊予砥石は「伊予」の名称を冠するように伊予（愛媛）を原産地とする。その産地は伊予郡砥部町であり、現在は砥部焼の町として知られている。

文政年間の野田石陽の手になる『予陽古蹟志』には「〈浮穴郡〉砥部邑　一石　山　皆砥なり。因って砥山と呼び、外山とも作る。また通じるか。その石刀を磨くに宜し。自他これを称して〈伊與砥〉と曰ふ」とみえ、明治二

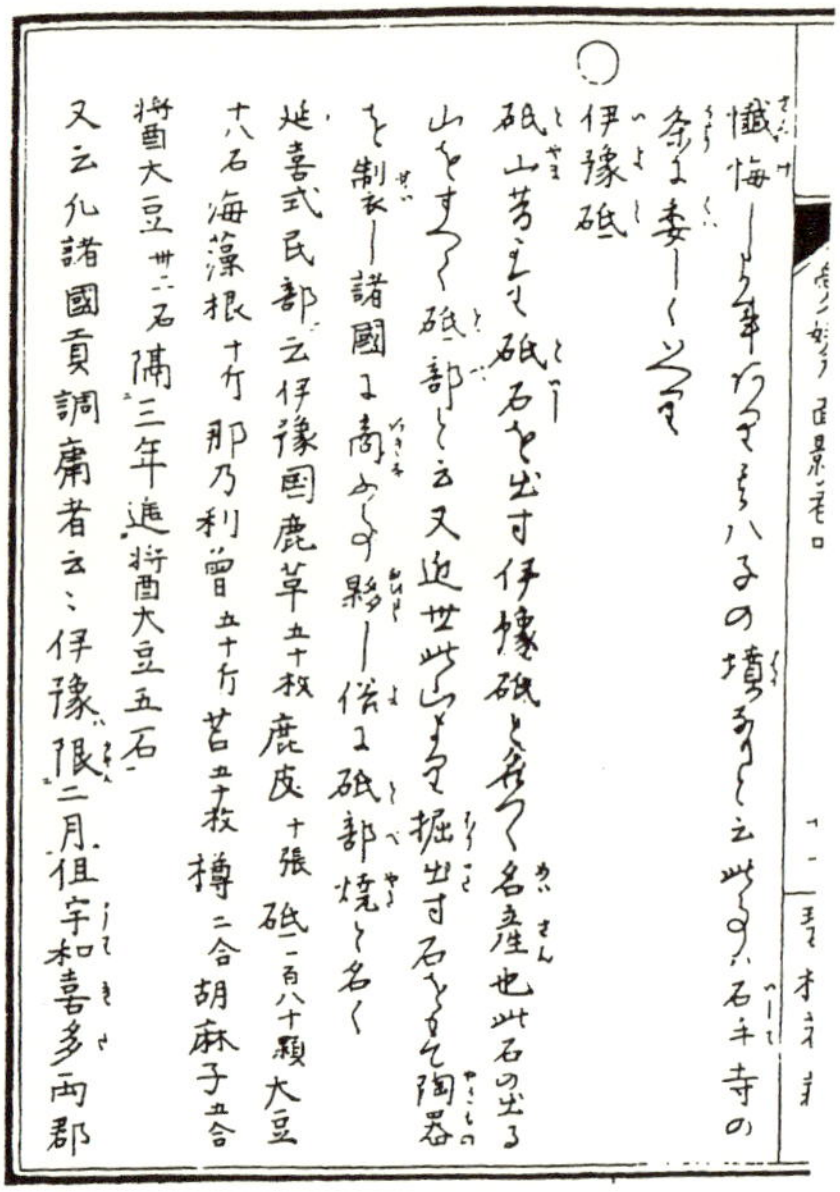
懺悔し…年…八子の墳あり…云此…石手寺の
条ま委しくえす
○
伊豫砥
砥山昔より砥石を出す伊豫砥と名く名産也此石の出る
山をすべて砥部と云又近世此山より掘出す石をもて陶器
を製し諸國に商ひす影し俗に砥部焼と名く
延喜式民部云伊豫國鹿革五十枚鹿皮十張砥一百八十顆大豆
十六石海藻根十斤那乃利曽五十斤苔五十枚樽二合胡麻子五合
將曹大豆卅二石隅三年進將曹大豆五石
又云凡諸國貢調庸者云々伊豫限二月但宇和喜多両郡

図61　『愛媛面影』伊予砥の記述

年、半井梧庵の『愛媛面影』四巻浮穴郡条には「砥山昔より砥石を出す。伊豫砥と名づく。名産也。此石の出る山をすべて砥部と云」とある（図61）。また「砥山」の全景、採石作業の様子を示す（図62）。

現在も砥部町役場の西南に「砥山」の名を継承した外山と呼ばれる山がある。近世においては主に刀剣の研磨に用いられた「伊予砥石」は現在は砥部焼に用いられているという。

この伊予砥石は『延喜式』民部下にみえる交易雑器の「伊予国」の項に「砥一百八十顆」にあたると思われ、内匠寮に

図62　『愛媛面影』砥山の挿絵

みえる「朱漆器」の項に「伊予砥」とあり、中央においても細かな仕上げ器材として重要視されていたことがうかがえる。神賀詞奏上の際に用いる「忌玉」類の加工の仕上げ器材として伊予原産の伊予砥石が出雲の玉造一帯に持ち込まれ、玉生産において使用されたのであろう。問題は、伊予砥石がどのような情報の中で、また具体的にどのような交通路を経て、出雲にもたらされたのかであろう。

出雲と伊予との交通を考える場合、『出雲国風土記』巻末記の通度条が参考になる。それによれば「玉作街」は「正西道（山陰道）」と「正南道」の分岐点とされており、山間部へと南下する「正南道」については次のような道程を示している。

正南の道は、一十四里二百一十歩にして、郡の南西の堺に至る。又、南のかた廿三里八十五歩にして、大原の郡家に至り、即ち、分かれて二つ道と為る。（一つは南西の道、一つは東南の道なり。）

現・玉造温泉から玉造川に沿って南下し、和名佐神社付近を通り、「林垣」を越えて大原郡大東町（雲南市）に入り、仁和寺付近（旧・大原郡家址）を経て、木次町に新設された大原郡家に至ることがわかる。大原郡家から現・国道54号線に沿いながら掛合の字・「郡」の飯石郡家を通り、備後国、広島県の三次を経て、瀬戸内海方面に進んだと思われる。一般的に最短で行くとすると大枠で想定したコースから大きく外れることはないであろう。

『出雲国風土記』大原郡条にみえる神社の中にはそのコース付近に鎮座するいくつかの神社が確認できる。その一つが非神祇官社の「伊佐山社」である。この神社に関して岸崎時照の『出雲風土記鈔』は「未だその処を知らず」としており、近世初頭の頃は不明であったことがわかる。『参究』は「今の大東町遠所に伊佐山神社がある」とし、『大系』も「大東町遠所の伊佐山神社に擬している」と紹介に止める。

その遠所地域に注目するならば享保二年の『雲陽誌』は遠所の項で「伊豫渡明神」「宇佐八幡」「丑寅明神」「高木明神」「十二社権現」の社名をあげる。横山永福の『出雲風土記考』は「伊佐山社　遠所村伊與殿大明神」とし、『出

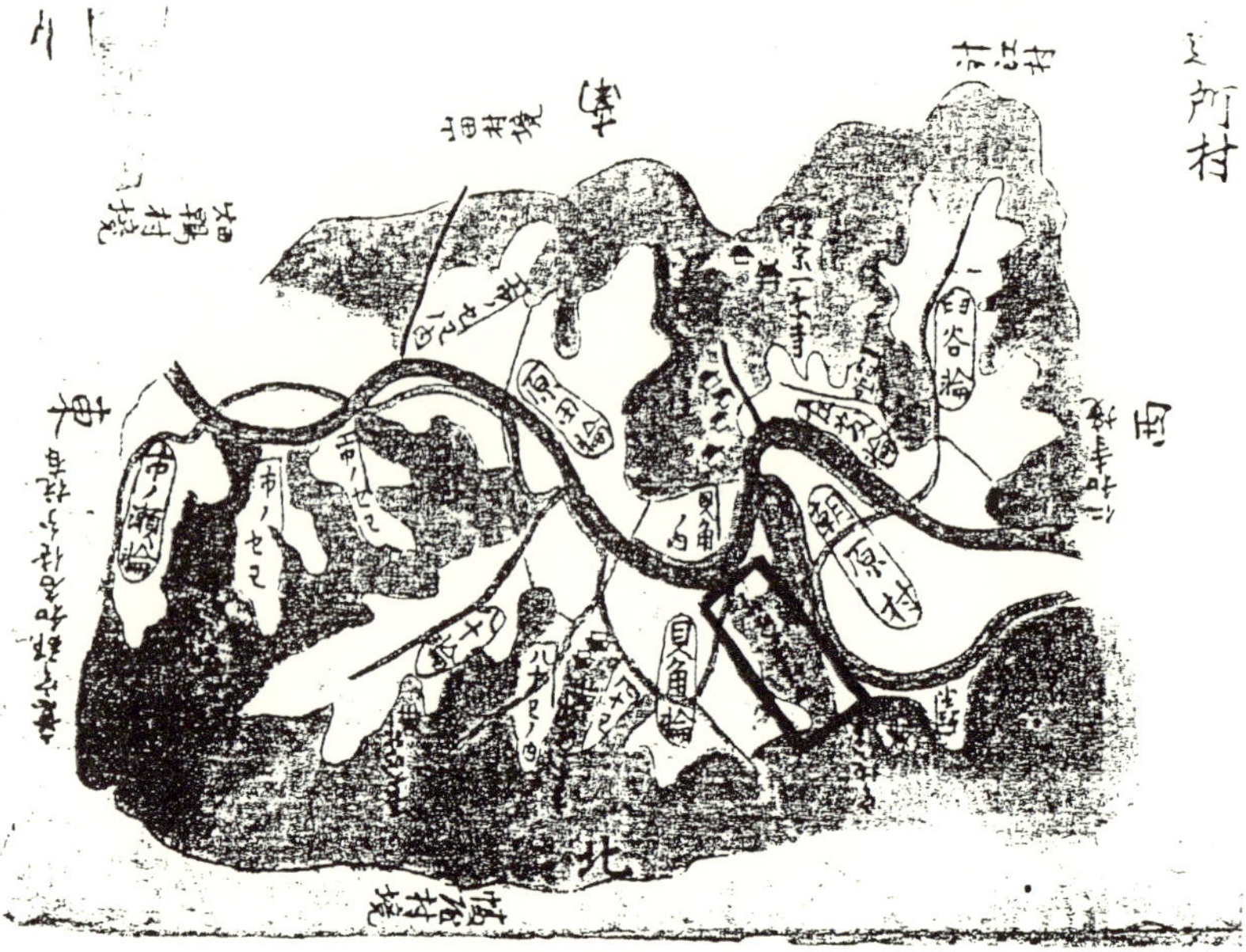

図 63　個人蔵『文政年間村々絵図』遠所村
地図上斜四角で囲んだ箇所に逆さ字で「伊豫渡大明神」の記載

雲神社巡拝記』は「遠所村伊豫殿大明神（記云）伊佐山社（祭神）このはなさくやひめ」とする。文政年間『大原郡村々絵図』で確認される「伊豫渡大明神」の鎮座地は現・伊佐山神社に重なることがわかる。現在も同所には上宮追・宮ノ追・宮ノ前・宮の字とともに「イヨド」の字が確認できる。

問題は古代の「伊佐山社」がなぜ、近世において「伊豫渡（伊與殿）明神」と呼ばれていたかである。『出雲国風土記』での社名、近世での社名と限定された比較である点に問題はあるが、「伊豫渡・伊與殿」とも「いよと」と読み、「伊予」砥につながる名称ではなかろうか。古代の「伊佐山社」は古い段階で「いよと」と呼称されていた可能性もあろう。

『延喜式』神祇神名下の伊予国伊予郡の項に「伊豫豆比子命神社」の社名がみえる。

伊予郡四座（大一座・小三座）
伊予神社（名神大）　伊曾能神社　高忍日賣神社　伊豫豆比子命神社

「伊予豆比子命（いよつひこのみこと）」神社は現在、松山市居相町に鎮座し、その祭神として、「伊予豆比子命」を祀っている。古代の式内社の「伊豫豆比子命神社」の信仰系譜を受け継いでる神社とみなして間違いないと考える。

「伊豫豆比子命は特定のものをさしたのではなく、伊予を統治する神の意とする」が、『播磨国風土記』神前郡条の「冑岡といふ」にみえる「伊與都比古の神」と同神なのであろう。

「伊豫豆比子命」に関しては定見がなく、『愛媛県の地名』（日本歴史地名大系・平凡社）は「主祭神の伊予豆比子命は、伊與都比古の神、宇智賀久牟豊富命と、相闘ひし時、冑、此の岡に落ちき。故、冑岡といふ」にみえる「伊與都比古の神」と同神なのであろう。

『播磨国風土記』を通覧すると揖保郡条に「讃岐国の宇達郡の飯の神」、託賀郡条に「讃伎日子の神」が姿を見せており、瀬戸内海を四国の神が渡り、広範囲に活動している様子が描かれており、「伊與都比古の神」が播磨で抗争する神話もその一環ではなかろうか。「伊與都」は「いよと」とも読め、「伊佐山社」の別名の「伊豫渡・伊與殿」に通じ、「忌部神戸」から伊予への通路上に鎮座する「伊佐山社」の存在の重要性が増してこよう。

次に問題となるのは「伊佐山」の社名と「イヨト」の関係であろう。ただ「伊佐」というと『伊予国風土記』逸文にみえ「伊佐邇波」の岡が浮かんでくる。

（上文略）天皇等の湯に幸行すと降りまししこと、五度なり。大帯日子の天皇と大后八坂入姫命と二躯を以ちて、一度と為す。帯中日子の天皇と大后息長帯姫命と二躯を以ちて、一度と為す。及、侍は高麗の恵慈の僧・葛城臣等なり。時に湯の岡の側に碑文を立てき。其の碑文を立てし処を伊社邇波の岡と謂ふ。伊社邇波と名づくる由は、当土の諸人等、其の碑文を見まく欲ひて、いざなひ来けり。因りて伊社邇波と謂ふ、本なり。（下文略）

この碑文にみえる「湯」は現在の道後温泉にあたり、碑文とは有名な道後温泉碑である。道後温泉碑の存否・真偽などに関しては未だ十分な研究はなされていないが、碑文では「湯の岡」の側の「伊社邇波の岡」に碑文は立てられたとされている。なお、「伊社邇波」に関しては『延喜式』神祇神名下の伊豫国条に同名社がみえる。

温泉郡四座（大一座・小三座）

阿治美神社（名神大）

出雲崗神社

湯神社

伊佐尓波神社

現在、その「伊佐尓波神社」は伊佐邇波神社として松山市道後湯之町に鎮座している。古代における社地は現社地とは異なり「伊社邇波の岡」であったが、河野通盛が湯月城を築いた際に移転したという。旧社地の「伊社邇波の岡」に関して『愛媛面影』は「今八幡宮の後柿木谷より古城の辺まで昔は山つづき此をすべて伊佐尓波岡といへり」としており、現在の岩崎付近と考えられる。なお、新紹介の文政十（一八二七）年、山田正温の手になる『温泉郡古跡俗談（并温湯之略記）』は古老の伝として「湯月古城ノ東御仮屋山柿ノ木谷ノ辺ヲ凡テイサニハノ岡ト云」という一文を載せる（本資料に関しては東京町田市玉川学園に所在する無窮会専門図書館で閲覧・複写させて頂いた。同資料は道後温泉・温泉碑などに関する興味深い伝承を残す）。

『出雲国風土記』の「伊佐山」神社が「イヨト」神社と呼ばれるようになり、「伊予」との関係が推測される中、「伊佐山」の社名が伊予の「伊佐邇波」岡、「伊佐尓波」神社と「いさ」を共有している事実は無視できないと考える。なお、「伊佐山」の名は「いさ・山」と分解できるであろう。そこで気になるのは「いさ」であるが、伝承ではその意を「いざなひ（誘い）」とするが、全国的にみえる名称「砂石」の「いさ」の意と思われる。

V　伊予の「出雲」

先に示した『延喜式』神祇神名下の伊予国条の「出雲崗神社」は社名からして注目すべき神社であろう。また、出雲国意宇郡忌部神戸に鎮座の「玉作湯社」、「由宇社（湯社）」と同名社の「湯神社」が同史料に見えることも出雲と伊予の関係を考える上で示唆的である。

伊予国温泉郡の「出雲崗神社」の祭神は稲田姫命であり、『愛媛面影』には「祭神ノ稲田姫命也。是、素尊妃・大己貴命ノ母也。俗に號出雲御前」との説明が見え、「出雲崗」の「出雲」に須佐之男命と櫛名田比売（稲田姫命）の間で歌われた「八雲立つ　出雲八重垣　妻籠みに　八重垣作る　その八重垣を」の「出雲」が深くかかわっていたことがうかがえそうである。しかし、なぜに直接関係が想定できない稲田姫命が伊予の温泉郡で奉祀されたのであろうか。

一方の「湯神社」の祭神は大己貴命・少彦名命とされており、それは『伊予国風土記』逸文の道後温泉の起源にかかわる伝承によると考えられる。

湯郡。大穴持命、見て悔い恥ぢて、宿奈毗古那命を活かさまく欲して、大分の速見湯を、下樋より持ち度り来て、宿奈毗古那命を漬し浴ししかば、蹔しが間に活起りまして、居然しく詠して、真蹔、寝ねつるかも」と曰りたまひて、践み健びましし跡処、今も湯の中の石の上にあり。

伝承では道後温泉の効能を、岩座（湯中の石）を素材として、「大穴持命（大国主神。以下この神名を代表して用いる）」の温泉開発によって「宿奈毗古那命（少彦名命。以下この神名を代表して用いる）」が復活したという形で説明を試みている。「温泉郡古跡俗談（并温湯之略記）」は「出雲岡《ママ》神社」に言及し、「湯神社破壊ノ時、湯神社ヲ以、出雲岡神社御同殿ヘ移シ相殿ニ鎮メ奉リテ終ニ長ク湯神社再興スル事ナク、剰ヘ出雲岡ノ本社ヲ以今湯神社ノ本社トシ出雲岡神社ハカヘツテ傍ノ小社ニ坐シテ湯神社の摂社ノ如シ嗚乎惜哉」と述べ、湯神社に母屋を取られた出雲岡（崗）神社を惜しんでいる。その古老伝に従うならば「出雲崗」は現在の湯神社が鎮座する冠山に相当するのであろう。また湯神社の旧社地に関して同書は「往昔、湯神社温泉ヨリ四五町来た梵宇大禅寺の前ニアリ、今其舊地畑トナリテ絶エテ松樹七八本ヲ残シテ旧社地ノ験トス其所ヲ二神ト唱ヘ畑ノ穂ノ記ナル二神トハ則湯ノ神社大己貴命少彦名命ノ二神也」、「冠山」に関して「温湯ノ上ノ山ニアリ所祭神ニ大己貴命也。此山ノ名ヲ冠山ト申傳フ」とし、その山名に関して『日本書紀』の大国主神・少彦名命の共同事跡を引用し、「百姓」がその「恩頼」を受けたことにより、「此山ヲカウムリ山」というようになったと伝える。この古伝承を勘案するならば、「出雲崗」の「出雲」は稲田姫との関係ではなく、本来は大国主神・少名彦命とのかかわりの中で命名された可能性が高いといえよう。温泉郡の四社の中、伊佐尓波神社・出雲崗神社・湯神社の三社に出雲との関係が読み取れるという事実、そしてその三社がともに指呼の空間に鎮座していることは注目すべきであろう。

その点に関しては『伊予国風土記』逸文の少彦名命の「眞蹔、寝ねつるかも」の一文に注目したい。この点に関しては前段の「宿奈毗古那命を活かさまく欲し」の部分と重ね合わせ、仮死状態から目覚めたと理解するのが一般的である。そこで看過してはならないのは仮死状態の少彦名命を見て、「大宍持命、見て悔い恥ぢて、宿奈毗古那命を活かさまく欲し」と思ったとする部分である。大国主神が「悔い恥ぢ」た少彦名命との軋轢、仮死状態に陥れた責任が問題となろう。

『日本書紀』神代上（一書六）によれば、「大己貴命、少彦名命に謂りて曰はく、吾等が所造る国、豈善く成せりと謂はむや、とのたまふ。少彦名命対へて曰はく、或は成せる所も有り。或は成らざるところも有り、とのたまふ。是の談、蓋し幽深き致有らし。其の後に、少彦名命、行きて熊野の御碕に至りて、遂に常世郷に適しぬ」とあり、「国造り」に関して大国主神と少彦名命との間に意見の対立があり、両者は別れ、その後少彦名命は「常世郷」に行く展開となっている。「常世」に関しては未だ定まった見解はなく、それは古代においても多様な理解がなされていたことの反映と思われる。われわれが手にしている歴史資料の中で、大国主神の「悔い恥ぢ」の元として析出できる事態は少彦名命の「常世郷」行き以外はないと考えられる。そこから得られるものは、少彦名命の出雲からの「常世」行き、そこにおける仮死状態、伊予の道後温泉における仮死状態からの目覚、復活という展開であり、大国主神・少彦名命の二神を介する出雲と伊予との強い関係である。その関係の機軸は玉造温泉と道後温泉の「湯」にまつわる神話であろう。

出雲の玉作湯神社の祭神は「玉作」にかかわる「櫛明玉神」、「湯」にかかわる大国主神・少彦名命であり、その祭神の性格から古代から不変と思われる。温泉と大国主神・少名彦命との関係からするならば「出雲崗」、すなわち「冠山」は「大己貴命」と「少彦名命」にかかわる伝承地であり、「出雲」が冠せられたのではなかろうか。

その「出雲崗」の麓に湧く道後温泉の治癒の聖なる力を祀る「湯神社」に大国主神・少名彦命が祀られ、「出雲崗」に大国主神の「母とされた」稲田姫が勧請されたのは自然の成り行きと思われる。

Ⅵ　「促戸」に歴史を見る

玉作湯神社の遠藤融宮司の案内から始まった本章の執筆は、古代出雲と四国との交流を文献史料から描くことに目的をおいていた。

古代史料の少なさゆえ、論の多くが推測の形での展開となった。しかし、伊予砥石・銅鐸が示す古代出雲と四国との関係は紛れもない事実であり、本論が推察した交流のあり方がまったく無関係とはいえないであろう。どこまで事実に近づいたかは不明であるが、一つの道筋はつけられたと思っている。瀬戸内海はまさに「狭戸」であり、『出雲国風土記』はその「せと」を「促戸」と表している。それはその部分の海流の流れの速さを意識しているのであるが、「促戸」に交流の「促し」を見出せそうである。瀬戸内海は中国・四国を切り離す存在ではなく、むしろ一体化する役割を果たしていたのであろう。

『出雲国風土記』・『伊予国風土記』逸文・『播磨国風土記』はそれぞれ独立した史料であるが、『古事記』『日本書紀』との重なりをおさえることにより、今まで見えなかった「新しい神話空間」を描くことが可能になる。その瀬戸内海を越えた「新しい神話空間」はそれを支えた、伝承した古代地域社会の反映であり、神話の中に地域の歴史を汲み取ることもできるのである。

註

（1）虎尾俊哉「出雲国風土記所載の神戸里について」（田中卓編『出雲国風土記の研究』国書刊行会、一九八八年）。
（2）加藤義成『出雲国風土記参究』（原書房、一九五七年）。
（3）徳島県神社庁教化委員会『徳島県神社誌』（徳島県神社庁、一九八一年）。
（4）黒田祐一『宍道町歴史史料集（地名編）』（宍道町教育委員会、一九九五年）。

第四部　古代出雲研究と近世国学者

出雲古代史研究の中心史料は『出雲国風土記』であることは論を待たない。その『出雲国風土記』に関しては国文学者の加藤義成氏の『出雲国風土記参究』（昭和三十二［一九五七］年）が聖典とされ、氏の校注をはじめとする研究は出雲地域においては圧倒的な広がりをもっている。その偉大なる業績は、以後の『出雲国風土記』研究において、氏の研究成果がスタートとなり、それ以前の研究は俎上に載らないという問題を包み込んでいた。その不問の期間はすでに半世紀も続いていることになる。

『出雲国風土記』の研究は近世初頭に『出雲国風土記』の写本が紹介され、黒澤石斎の『懐橘談』をもって始まるが、本格的な研究は岸崎時照の『出雲風土記鈔』（天和三［一六八三］年）を待たねばならなかった。松江藩士の岸崎時照は郡奉行という地位にあり、仕事との関係で地域を巡る機会も多かったようである。序文では「直政公より綱近公まで御三代予既に三十余二年四季に国中を巡り」と述べており、神社仏閣を訪れ、村々差出帳・神社差出帳・棟札・扁額などを目にし、村びとの話にも耳を傾けたのであろう。『出雲風土記鈔』の情報は地域密着型であり、われわれが知ることができない、未だ風土記世界の残像が満ち満ちていた近世初頭の報告であった。

岸崎の『出雲風土記鈔』の見解は遠江の国学者で出雲に遊学した内山真竜の『出雲風土記解』（天明七［一七八七］

年）に受け継がれた。内山は『出雲風土記解』を出雲大社に奉納したこともあり、本居宣長に師事し出雲国学・和歌の中心的存在であった出雲国造家の千家俊信にも影響を与え、俊信を介して『出雲風土記鈔』の見解は出雲各地に広まっていった。また俊信は木版本『訂正出雲風土記』を出版し、『出雲国風土記』研究の裾野を広げ、出雲各地で古代出雲への関心を高めた。

俊信と同世代の神門郡の比布智神社の神官であった春日信風は『訂正出雲風土記』に刺激を受け、独自の『出雲国風土記』研究を推進し、江戸末期には松江の商人の渡部彝が『出雲稽古知今図説』『出雲神社巡拝記』を、松江藩士横山永福が『出雲風土記考』、森為泰が『御島日記』、平田の商人の小村和四郎重義が『風土記社参詣記』などを著す。

幕末に隆盛する出雲古代学は、現地を徹底的に歩き調査する岸崎時照の「四季に国中を巡り」を継承した地域学であった。

ここで改めて加藤義成氏の『出雲国風土記参究』をひもとくと、その参究の柱は岸崎時照の『出雲風土記鈔』に限定されており、岸崎の学問を受け継いだ一連の近世国学の成果については踏み込むことがなかったことが判明する。それは加藤氏の時代に『出雲風土記鈔』以外は手に入らないという学問状況だったのであろう。

近世初頭の岸崎の見解を重用する加藤義成氏の『出雲国風土記参究』を基礎とする現在の研究は、岸崎の現地主義を柱とした近世国学の成果を顧みない中で展開してきたのである。

学問は積み重ねである。研究者はすぐに古代出雲の研究に没入するが、じつは古代出雲の研究、『出雲国風土記』の研究は近世の国学とともに展開したことを認識すべきであろう。筆者自身、この数年、出雲古代史研究の行き詰まりを感じ、改めて出雲古代史研究の近世の先学者の姿を追い、学問を見つめ、古代出雲研究の再出発を期しているところである。

第一章　渡部彝の復権と周辺の人間模様

Ⅰ　渡部彝、見えざる姿

埋もれた国学者、業績を奪われた国学者、渡部彝《わたなべつね》（時に渡邊と書す資料もある）。それは幕末という武士世界の崩壊の中、未だ学問は武士という社会の中で生まれた悲運であった。渡部彝は「小笹の彝」という名で知られているが、その姿を垣間見ることはできない。一般には近年ようやく『出雲神社巡拝記』の著者として知られるようになってきたが、じつは彝の残した学問、『出雲国風土記』、古社の調査・研究は膨大であり、その全貌は不明のままである。

その背景には彝が他の国学者と異なり商人身分であり、松江藩、あるいは出雲大社などの関係資料に姿を見せなかったことにもよるのであろう。

周知のとおり古代出雲研究の中心的史料である『出雲国風土記』の写本は近世に入って見出されたものであり、当然その研究も近世に始まる。松江藩郡奉行であった岸崎時照の『出雲風土記鈔』はその先駆けであり、出雲にきて調査を行い『出雲風土記解』を著した遠江の内山真龍、享保年間にまとめられた黒澤長尚の『雲陽誌』、江戸後期になると本居宣長に師事した出雲大社の千家俊信の『訂正出雲風土記』が流布し、その影響のもと『訂正出雲風土記密勘』『官社参詣記』『出雲神社考』『出雲風土記考』『出雲稽古知今図説』『出雲雑記』『出雲風土記集解』など多くの著作が現れる。また出雲大社の参拝、風土記社の巡拝が盛んになり、『出雲神社巡拝記』『三十社順路』のような参詣案内、また『風土記社参詣記』をはじめとし、『出雲路日記』『八雲路日記』など多くの参詣旅日記が書かれた。

しかし、現在の『出雲国風土記』の研究はその近世の研究成果をほとんど顧みることなく、先行研究としては加藤義成氏の『出雲国風土記参究』を基本として各研究者が直接に古代出雲研究に乗り込むというのが一般的である。そこには近世の『出雲国風土記』研究を担った国学者、その人に関心を向けることはなく、渡部彝に至っては師であった『出雲神社考』『出雲風土記考』『出雲雑記』の著者とされている国学の大家・岡部春平の影に隠れ、その存在も忘れ去られているというのが現状である。

筆者はこの数年、近世の出雲国学、そして神社参詣記などの著作を通読してきた。また国学者の奥津城を探し求めてきた。幸いに松江の桐岳寺に渡部家の墓が確認されたが、現在は寄せ墓となり残念ながら国学者・渡部彝の奥津城そのものは歴史の霧の彼方にあった。

Ⅱ　渡部彝の位置づけ

近年、島根県では古代文化センターを中心に筆者も参加する『出雲国風土記』の総合的研究が進められている。そういう中で参考資料として近世の国学の成果「風土記注釈書・地誌類」が取り上げられ、たとえば『懐橘談』『出雲風土記鈔』『雲陽誌』『出雲鍬』『雲陽大数録』『出雲風土記解』『出雲神社考』『出雲国式社考』『出雲風土記考』『雲州式社集説』の関係部分が紹介され、各資料に関して文献解題が付される。(1) その文献解題の『出雲神社考』のところで渡部彝の名が登場する。いささか長いがまずは論の入口として引用する。

上下二巻、二冊。国学者松田（岡部・大江）春平著。天保四年（一八三三）の序文、弘化三年（一八四六）の跋文がある。本書は『出雲国風土記』に記載された神社三百九十九社の考証を実地踏査を基になしたものであり、一部郷名解釈もおこなっている。本文には「松江　渡部彝　謹撰」とあり、「出雲神社巡拝記」「出雲稽古知今図説」の著者であり、春平の門人とされている松江石橋町の商人渡部彝（わたなべ・つね。小笹屋良兵衛）の著述のようにみえる。しかし本書の底本に用いた写本（個人蔵）の職語に「このふみは、松田春平大人の著述にして、もと文は三谷大君の御庫におさまりしを、小笹の彝によりて乞得て写しおきぬ」（弘化三年、児玉篤恭跋文）、また「此書籍は、先の三谷長照大君の深き御力を蒙りて、小笹彝かもとめによりて石見国人松田令太郎大江春平かあらはすところなり、しかしておのれ板にゑりなん志なりしから（中略）おのれも老ぬれハ、今ハ弥ものせん力もあらす成にたり」（年不詳、渡部彝跋文）とあるところから、本書は、彝のもとめにより春平が著し、松江藩の重職三谷氏の庇護のもとに彝が出版する積もりであったところ果たせず、やむなく三谷氏の文庫に納めたことが知られるのである。なお春平には本書の他に「出雲風土記考」「出雲雑記」「出雲風土記国引解」などの著作があることが知られているが、現在のところ伝存状況も含めてほとんど解明がなされていない。今後新たな研究が待たれる国学者である。

遅れること十年あまり瀧音能之氏が「出雲国風土記の注釈書と出雲研究」（『神道古典研究所紀要』）において同様に『出雲神社考』について触れ、同書には渡辺彝の「謹撰」とあるが、古代文化センターの説明、そして朝山皓氏の研究「平田大人と大江春平」を参照にし、児玉篤恭跋文から松田春平の著作としている。(2)

ここで瀧音氏が参照した朝山皓氏の「平田大人と大江春平」（『國學院雑誌』三八—九、昭和七年）には早い段階から『出雲神社考』の作者に関しては謎めいた雰囲気があったことが記されている。それによれば当時、『出雲神社考』の著者は渡邊彝とされているが、疑問視されていたようで、明治七年の末に神社掛の袖山訥夫が中村守手に、『出雲神社考』は渡邊彝ではなく「松田春平（岡部春平・大江春平、また東平とも称す。本稿では岡部春平を用いる。註・関）の著述ト申事ニ承居候其通ニ相違無之候哉」と尋ねたのに対し、守手は次のように答えたという。

出雲神社考之事、松江人渡邊彝後撰と有之、右之者は石橋町之商小笹屋良兵衛と云ふものニ候、出雲神社巡拝記之作者ニ候、然処此書は仮之者を出し候迄ニ而全クハ松田春平が述作ニ相違無之候

中村守臣の養子、守手はその学力を評価され出雲大社中より松江藩に招かれ、譜代士に列し、藩校修道館皇学助教となり、明治六年には熊野神社（熊野大社）宮司、権大講義を兼ねた人物である。その学問・宗教上の威光は甚大であった。この守手の答えがその後に影響を与えたことは間違いないであろう。なお、その見解を紹介する中で朝山氏

は「文中にいふ巡拝記も春平の力による」という当時の認識を示し、「神社考と相似た説の見ゆればさもあるべきか」とする。

『出雲神社考』には明白に「松江　渡邊彝　謹撰」とあるにもかかわらず、その業績が無視されるのはあえて守手が「石橋町之商小笹屋良兵衛と云ふものニ候」というように商人身分であったこと、そして写本に付された弘化三年の児玉篤恭の跋文「このふみは、松田春平大人の著述にして、もと文は三谷大君の御庫におさまりしを、小笹の彝によりて乞得て写しおきぬ」の影響が大きいのであろう。

児玉篤恭は島重老門下であり、横山永福を師と仰ぐ松江藩士、国学者・歌人である。弘化三年の児玉の跋文は『出雲神社考』（天保四年、一八三三年）成立から十年余を経過しており、『出雲神社考』の著者に関する疑念に対する児玉の見解と受け止めるべきで、それをもって「松江　渡邊彝　謹撰」を反古にすることはできないであろう。『出雲神社考』は岡部春平の著、『出雲神社巡拝記』も疑わしいとの流れ、しかし、渡部彝には厳然として『出雲稽古知今図説』という大著が残されている。むしろここから渡部彝が改めて生まれてくるのであろう。

Ⅲ　湯本文彦の『出雲稽古知今図説』への思い

渡部彝の著作『出雲稽古知今図説』、われわれが今、それを手に取ることができるのは湯本文彦の御蔭である。『出雲稽古知今図説』の序は「明治辛巳」年（明治十四年、一八八一年）の湯本文彦の文になる。

出雲稽古知今図説序

出雲稽古知今図説一巻　余至松江之初得而閲之後　太古至藩時地理之沿革及名勝旧蹟物産詩歌　苟関出雲者広集採録間作図説以附之頗有明較可擩（拠）者而系書作者氏名恠（怪）而問之或曰文政天保之間　有渡邊彝者作此書而其家甚衰今獨存其一老姪　余喜此著而哀其不幸且惜其名無伝也　乃問其媪得概傳　蓋彝者出雲之商也　世饒資産至彝少衰而彝嗜諷詠好考証以文墨自娯常遊四方探口蹟不治生産其作書也　躬跋渉山川捜古書問石碑傍求学老考

案盡　数十年之力而後克成其功蔫爲之蕩家産失邸宅至僑屋以歿云　距今蓋三十余年矣　夫尋地執之変遷知経理之沿革固政務之所先況如出雲神明之所開而古史関係之最多者分　方今大政維新重職方之事稽古昔存旧物有所修挙而文献系足考兼（無）方者何限而献出雲則前有風土記之存後有此書之作以得稽古千載之古而知其変遷因革之今豈非幸号哉　嗚呼彝以好古　破其産卒窮以死可哀耳　而幸得此書存世以供聖政探訪之一端則其功不霊而彝亦可以瞑也　但是書体未甯紘繆　猶多因今欲冊正纂補改写其図加以現図以就整理而猶有未遑者也　姑誌其由於巻端併録彝之行事以使系没其労云爾

明治辛巳霜降前二日題于碧雲湖北信美楼之南軒

鳥取　湯本　文彦

湯本は鳥取県出身、島根県庁・京都府庁に勤務し、平安京の調査、そして『平安通志』の著作で知られる歴史家である。(3)「明治辛巳」（十四）年、西暦一八八一年の「出雲稽古知今図説」序において同書との出会いについて「余至松江之初得而閲」と記している。

島根県に赴任した湯本文彦は『出雲国風土記』以後の最高の良書として「渡邊彜（湯本は部を邊としている）」の「出雲稽古知今図説」を取り上げ、渡部彝の業績を広め、その労に報いるため、その出版を志したという。湯本の出雲への関心はいかにして培われたのであろうか。

湯本は天保十四年、一八四三年に鳥取藩に生を受け、藩校尚徳館に学び、藩校が閉校になった後、明治五年には因幡国一宮の宇倍神社権禰宜に任命され、その後、明治七年には鳥取県から「鳥取県歴史」編纂の要請を受けたがそれを断り、明治十二年、島根県令境二郎の招聘により島根県庶務課修史御用掛となっている。(4)このときには鳥取県は島根県と合併し、島根県となっている。序においていう「余至松江之初得而閲」のときはその明治十二年のことであったと思われる。

鳥取県の誘いを断り島根県に奉職したのは、若い頃に抱いた関心が歴史家として出雲に向かわせたからであろう。

そしてその選択が渡部彝、「出雲稽古知今図説」との出会いを生み出したのである。湯本が若い頃に「誰を師として国学や儒学を学んだのか」は不明であるが、藩校尚徳館には出雲を志向する学問的土壌があったのではなかろうか。

そこで注目されるのは本居宣長・春庭の弟子で鳥取藩に招聘された衣川長秋（明和二〔一七六五〕年―文政五〔一八二二年〕）の存在である。衣川は享和三（一八〇三）年、鳥取藩主池田斉邦に招かれ、国学教授として活躍し、文政元（一八一八）年には以前から親しかった出雲大社の千家俊信に招かれ、大社参詣の旅に出て、『出雲国風土記』の世界を逍遥している。その出雲への日記が『田蓑の日記』であり、文政五年に刊行されている。

その尚徳館の国学教授として活躍した国学者に門脇重綾（文政九〔一八二六〕年―明治五〔一八七二年〕）がいる。出雲に近い伯耆国会見郡渡村（境港市）の日御崎神社の神官の家に生まれたが、景山粛の影響のもと歴史に通じ、万延元年には出雲を通り、九州まで旅をしており、その記録『西遊紀事』を著している。出雲国内は安来・広瀬・山佐・奥田原・木次・飯石・頓原・赤穴という順路をとり、歌を詠い旅するが、飯石神社・鳥上山・琴引山については『出雲国風土記』に思いを馳せて考察をめぐらしている。

門脇は博多の大田東彦亭で出会った吉村千秋とは特別に懇意になり、千秋の案内で博多の名所を巡っている。千秋は天保五年に出雲大社を参拝し『出雲路日記』を著した吉村千春の長子である。二人の親交は出雲を介してなされたのであろう。千秋は送別の際に門脇の故郷、そして出雲を思い「伯耆なる大神山」の歌を贈っている。父の千春の『出雲路日記』の序はその千秋の手になるものである。

慶応四年、山陰道鎮撫使西園寺公望の松江藩来訪、それは親幕府であった松江藩にとって藩の存亡まで問われる窮地であったが、公望の御用掛であった門脇重綾の弁護によって松江藩は存続を許され、明治を迎えることができたという。そこにも門脇の出雲への思い入れがうかがえるであろう。

湯本が出雲、そして『出雲国風土記』に関心を寄せた背景には藩校尚徳館に衣川、そして門脇という出雲に精通し、心寄せる国学者の存在があったからではなかろうか。

湯本は明治十二年に島根県庶務課修史御用掛として松江に赴任し、暫くして『出雲稽古知今図説』を閲覧し、太古から藩政時までの「地理沿革及名勝旧蹟物産詩歌」を「広収採録図説」したものとして高く評価し、その出版を決意したという。しかし序文の行間には単に歴史の成果だけではなく著作者の渡部彝の学問、そしてその生き方に共鳴した湯本の心が垣間見られる。湯本は、『出雲国風土記』をはじめ学問にすべて投じ、財産を失い、「窮以死」した商人「小笹の彝」を学者「渡邊彝」として心を寄せたのである。

湯本は渡部彝の生き方を求め、渡部家を訪ね、ただ一人の老いた姪に彝の生涯について聞いたという。姪の話では彝は富裕な商人であったが、学問を好み、四方に旅し、山川・石碑・学老を求め数十年、その間にすべての財産、邸宅を失い、最後は「僑屋（仮住まい・借家）」で亡くなったという。

ところが渡部彝の晩年に関しては別の情報が伝えられている。それは朝山皓氏の聞き覚えである。[5] 大変興味深いので関係部分を引用する。

『出雲神社考』の著者として名を出してゐる渡部彝は明治初年までは松江の石橋にゐたらしいが、後には末次の権現町辺の小路に落魄してゐたものの如く思ふ。それは今から十年ばかりも前、即ち大正の十二三年頃に松江の歌道の宗匠家であつた小豆澤氏を訪問した時、同氏は『出雲稽古知今図説』の著者は権現町の小路に住んでゐて性狷介であつたと云ふやうな話をした。

私は當時他の目的で同氏を訪うてゐたので、此は何れ又改めてと思つて、つひにそれ成りになつて了たわけで、慥かなことは明瞭せぬが、もし『出雲稽古知今』の著者が果して渡部彝であるならば、同人のおわりを調査する手がかりと思ふので右の挿話をここに加へて置く。

湯本が彝の老姪から聞いた話と朝山皓氏の挿話では渡部彝が晩年に家屋敷を失い、没落し借家住まいをしていたことは重なっている。問題は石橋町の家・屋敷を失い、末次権現町の「僑屋」に移り住んだという情報の真偽である。朝山皓氏が訪れ、情報を得た歌道の小豆澤家は末次の酒造、後に札座を営んだ豪商であった。一族からは歌人小豆澤常悦を輩出しており、松江商人の歌道を牽引し、末次権現社の永岡家、佐太神社の朝山家とも交流があった名家である。朝山氏が面談した小豆澤「某」も当然末次の状況については熟知していたであろう。

末次権現といえば須衛都久（末次）神社であるが、須衛都久神社宮司永岡家の屋敷は当時「邸城」の呈をなしていた。西の永岡小路。北側の二丁目筋、東の権現丁（大通り）、南方は湖岸に囲まれ、邸宅の周囲には現在の東鳥居の北側から始まり、北の二丁目筋沿いに計二十軒余の借家が立ち並び、宮司宅へは権現丁からの狭い路地を入る形になっていたという。老姪のいう渡部彝の最後の「僑屋」はその借家の一軒ではなかろうか。その「邸城」内は、人家が変わり、人は移動したが、今も細長い路地的な空間、そして井戸等も残り、古い時の空間を今も漂わせている。

彝の晩年で一番問題なのはその末年がいつかということである。湯本は老姪から聞いた話を総合し、「距今蓋三十余年矣」としている。明治十四（辛巳）年から「三十余年」前といえば嘉永の頃と思われる。しかし、朝山氏の小豆澤「某」からの伝聞によれば渡部彝は「明治初年までは松江の石橋にゐたらしいが、後には末次の権現町辺の小路に落魄してゐた」と言い、嘉永と明治初年では二十年余の開きがあり、困惑するところとなる。

もし、明治の初めまで渡部彝が存命であったならば、湯本が彝の老姪にあった明治十二年（頃）は未だ彝死後、それほど時を経ていないことになろう。湯本の序にそのような雰囲気を読み取ることはできない。

ここで注目したいのは朝山皓氏の報告「明治初年までは松江の石橋にゐたらしいが、後には末次の権現町辺の小路に落魄してゐた」らしいは、文の流れからして小豆澤「某」から直接聞いたことではなく、朝山皓氏が聞いた話を総合して「ゐたものの如く思（ふ）」ったことであり、「同人のおわり」の「明治初年」には氏が自ら述べているように「慥かなことは明瞭せぬ」面があるように思える。彝の死に立ち会ったであろう身内の老姪が湯本に伝えた「距今蓋三十余年」、すなわち嘉永の頃が真実に近いのではなかろうか。また、末次権現町への引越しに関しても疑念がある（子孫の渡部家は現在も石橋町で大きな商店を開いている）。渡部彝の『出雲神社巡拝記』の神社巡りの起点が末次権現町の須衛都久神社であることと何らかの関係があるのではなかろうか。渡部彝の没年、住居に関しては疑点を挙げるに止め、定見は今後の課題としておきたい。

Ⅳ　渡部彝謹撰『出雲神社巡拝記』を支えた人びと

渡部彝に関心を寄せ、好意を寄せ、渡部彝を世に出そうとした湯本の情報は貴重なものである。今までは渡部彝に関しては「いつの間にか」松江石橋町の商人で別に小笹屋良兵衛と名乗ったと紹介されてきたが、その情報の出所は不明であった。

そういう中で出会った資料が飯石神社宮司家の「佐藤家古記録」である。飯石神社宮司佐藤家は永禄年間の佐藤貞次までは確実に遡る旧家であり、平成の今、宮司は佐藤美彦氏である。「佐藤家古記録」は現在島根県立図書館に収められているが、それは大正七年に島根県史編纂掛が当時の飯石神社の佐藤美雄宮司所蔵の原本を借りて写したものである。現在、残念ながら原本は飯石神社には伝来していない。

「佐藤家古記録」とは、飯石神社宮司であった佐藤（駿河）貞綱の天明三年から文政十一年までの異聞記録である。宮司家で現存「佐藤家文書」を閲覧する機会をいただいたが、古記録の多くは佐藤貞綱の筆になるものであり、貞綱が当時雲南地域では指導的な立場にあった国学者であったことが判明する。

「佐藤家古記録」で注目されるのは文政十二年、貞綱八十七歳の時、松江石橋町の小笹良兵衛なる人物が出雲国内の「式内式下之神社」の社号・祭神・社司の調査で飯石・仁多の神社を巡り、飯石神社の佐藤貞綱の下を訪れたときの記録である。

文政十二年己丑四月廿七日　九つ過

式内式外之儀　書状致持来写し

口上

此度式内式下之神社去方心願ニ付　御神徳相広度存立御座候ニ付　其社にて御神号并ニ社司之名前等細ニ相記

度依而石橋町小笹屋良兵衛と申者御国内順郷為仕候間　右之者罷出候ハヽ御銘々御社記并御名前等委敷御書記御渡可被成下候　扨又此度之儀は余之儀とは違銘々職道之儀ニ御座候間夕方罷出候ハ御一宿之程奉願上候　余は拝顔ニ万々御物語可申上候　若御不審ニ被為思召候儀御座候ハヽは　私共へ御尋被下候へは尚又細敷御咄し可申上候呉々も右之趣宜敷御取扱奉願上候　以上

三月廿四日　御城下惣代　テルトコ

御社中　幡垣級戸

御社司中様　島根惣代　長海村

佐々木八穂

右石橋町小笹屋良兵衛御咄して飯石・仁多郡は相済申候　此儀ニ付銭六拾メ文　諸雑用ニ入申事ニ御座候　乙部九郎兵衛様　三谷権大夫様より御出し被成候　筈ニ御座候　然共三谷権大夫様は当時御役御勤被成候へは御用捨も有之趣　然共実は銭御出し被成候　式内式外紙壱枚壱枚相認致持参候　御国内相済候へは　杵築千家清主様江差出し筈に御座候　ひらかな書にして下賎の者に而も相分り候様　此書他国江も出す積りに而御座候と咄し申候

佐藤恰貞綱八十七歳ニ而印置

大正七年三月　飯石郡飯石村

佐藤美雄蔵原本に依り謄写ス

島根縣史編纂掛

文政十二（一八二九）年、松江城下石橋町の小笹屋良兵衛なる人物が松江藩の家老である乙部九郎兵衛・三谷権大夫から資金の援助を受け、出雲国内の式内・式外神社の調査を行い、その途次飯石神社を訪れたことがわかる。その際、渡部彝が持参した紹介文には差出人の「御城下物代　テルトコ　幡垣級戸　島根物代　長海村　佐々木八穂」の署名が三月二十四日付で認められている。幡垣級戸は「御城下」、すなわち松江の諸社の惣代であった。名前の後の「テルトコ」は照床であり、ここでは級戸の在所名である。幡垣級戸は出島神社の棟札に天保八年、文久三年に「神主　幡垣級戸政意」として名を残している。

佐々木八穂は長海村の杵田大明神の社司で島根郡神社の惣代であった。慶応二年に同社を参拝した小村和四郎重義に対応し、朱印帳に「佐々木八束穂」と自著しているので「八束穂」が実名であろう。

島根半島東部の神社を監督する二人が小笹屋良兵衛を推薦したのである。責任を持って紹介しているところを勘案すると旧知の仲ですでに城下、島根郡の神社調査は終わり、「小笹屋良兵衛」と信頼関係があったものと思われる。二人の紹介文には夕方到着の際には「御一宿」の提供を、もし不審の点があれば自分たちが細かに説明をする旨が添えられており、ともに渡部彝の『出雲国風土記』調査に理解を示した人びとであった。

その紹介文を携えて小笹屋良兵衛が飯石神社を訪れたのが四月二十七日であるので、飯石・仁多の調査でじつに一カ月の時を経ていることがわかる。それは湯本が老姪から聞いた「学問を好み、四方に旅し、山川・石碑・学老を求め数十年、その間にすべての財産、邸宅を失」ったという渡部彝の調査活動に重なってくる。松江藩家老の乙部九兵衛・三谷権大夫からの一商人渡部彝への資金援助は彝の調査・研究が計画的であり、当時の松江藩の意に叶ったものであったからであろうが、財の補塡であった可能性もあろう。

また最終的に出雲大社の千家俊信の監修を受けようとしたが、出雲大社の関係者が「式内・式下」の判定にかかわることは神社世界への影響が大であることから断られたことがわかる。ただし、その成果は四年後の天保四（一八八三）年に『出雲神社巡拝記』、また後述する『出雲神社考』として世に出ることになる。

『出雲神社巡拝記』序文は出雲大社北島国造下の上官・佐草美清の手になるものである。佐草氏は著名な学者佐草自清を輩出し、そして千家国造家ともつながりが深い名家である。「出雲大神上官佐草氏系譜」によれば美清は茂清の子、文清の父にあたり、寛政六年生まれ、没年は文久二年、享年六十九歳であった。(6)千家俊信の門下であり、歌をよくし、富永芳久の『出雲名所歌集』にも「八雲立つ出雲の宮の朝霞年をこめても春は来にけり」などの歌を残している。(7)なお、一般に美清の没年は未詳とされているが、「出雲大神上官佐草氏系譜」で文久二年であることがわかった。

『出雲神社巡拝記』の跋文は鈼廼舎道麿なる人物の手になるが、そこには「渡部彝なる人つねに歎きおもひ岡野衛訓・松瀬徳能ぬしにあらましを告て萬を頼みものし、過ぎし丑のとしより五とせの春秋を経て国内ことごと隈もおちず廻り詣でし」とみえる。

「岡野衛訓」に関して詳細は不明であるが、『松平定安公傳』（一九三四年）をひもとくと安政三年に松江藩江戸藩邸に派遣された藩士に目付役の岡野権十郎がいる。『列士録』で同時代の人物を探すと、七代目の岡野深右衛門が浮かんでくる。岡野家は松江城下には一軒であり、現・石橋町の北西部に居が確認でき、渡部彝の家とは指呼のところにあったことがわかる。年代的、地域的にみても権十郎が「衛訓」であった可能性は高そうであるが、同『列士録』によれば慶応四年に家老乙部九郎兵衛の申し出で「士列」に取り立てられた岡野善三という人物がおり、渡部・岡野・乙部という繋がりがあった可能性もあろう。今後の課題としておきたい。

松瀬徳能の「松瀬」氏は島根ではあまり目にしない氏名であり、現在、出雲市に一軒、「松瀬」姓は北陸に多い。先祖は北陸方面からの移住と考えられる。

なお、跋文の「過ぎし丑のとしより五とせの春秋」の「丑」年は文政十二年己丑（一八二九）年のことであり、巡拝記の情報収集は、城下・島根郡・仁多・飯石の順で文政十二年から始まったのではなかろうか。

『出雲神社巡拝記』の奥付には「渡部彝編」、そして「天保四年癸巳冬刻成」、「売弘所　松江石橋町　小笹屋良兵衛
同京店京橋詰　岡田屋重蔵」の他に「上梓補助」として三名の名が残されている。それは「意宇郡来海村　犬山尚平
楯縫郡島村　吉田綱武　松江　吉川正平」である。因みに『出雲神社巡拝記』の来海村の大森大明神の項をみると

「当社の古書縁起神宝数多有りしも、康暦の頃の乱亡の依て、過半失ぬ。其後二百年を経て天正の頃、広く此辺の地頭犬山尚吉信仰に依て漸く当社少々は取立ぬ。今、猶犬山尚平とて爰に其家を営む」とみえる。その犬山尚平である。

現在も犬山家は来待の田根に健在である。犬山氏は中世から近世初頭にかけて製鉄、輸送で財をなしたという[8]。犬山尚平は出版に際して経済的な支援を行ったのであろう。

なお、松江藩の医師山本良臣の『雲州採薬記事』（弘化三年頃成立）によれば天保十五年八月に山本良臣一行十名余が「意宇郡来海村菅原に採薬に出向いた際に「其土豪犬山権重を訪ふて休憩し各々午餐を弁す」とみえる[9]。その「土豪犬山権重」は年代的にみて犬山尚平、その人であろう。経済的な面だけでなく、犬山家、犬山尚平は地域の宗教・学問などを指導する立場にあったと思われる。

残りの二人、吉田綱武・吉川正平については現状では十分な検討はできていない。楯縫郡の島村にはたしかに吉田家が確認できる[10]。大正年間に起きた斐伊川改修計画反対運動の中心であった地元の名士に吉田和左衛門がいる。和左衛門は明治二十年生まれであるので「綱武」が同族直系であるならば祖父にあたるのであろう。なお、灘分の浮洲神社の宝永七（一七一〇）年の棟札には「年寄　吉田六右衛門」、吉田屋文書の天明四（一七八四）年には「吉田屋覚左衛門」の名がみえる。吉田家は地域の豪農の部類に属すのであろう。

吉川正平の「吉川」家であるが、松江商人の中に「吉川家」を名乗る者はなく、城下地図の月照寺付近に藩士「吉川」家が確認できる。可能性として正平はその家の人物であろう。『列士録』には「吉川友右衛門　拾八石　五人扶持」の家、一家が確認でき、四代の「吉川平兵衛」が文政十一年に死去しているので可能性として五代目の友右衛門が浮上してくるが、今後の課題である。

V 『出雲稽古知今図説』は語る

近世の国学系の諸本、先に挙げた『出雲風土記鈔』『出雲風土記解』『雲陽誌』『訂正出雲風土記』『官社参詣記』『出雲神社考』『出雲風土記考』『出雲稽古知今図説』『出雲雑記』『出雲風土記解』『出雲神社巡拝記』『三十社順路』『風土記社参詣記』『出雲路日記』『八雲路日記』などに関し一般に一書をすべて通覧することはあまりないようである。たとえば岸崎時照の『出雲風土記鈔』に関していえば、『出雲国風土記』の研究に際してその一部の事象にかかわる部分が参照されるのが一般的であり、『出雲風土記鈔』そのものの研究が未だ存在しない状況においてすべてを通覧する事態はないのであろう。

筆者は上記の諸資料についていては数度通覧する中で新しい事実に遭遇している。たとえば横山永福の『出雲風土記考』の成立年代に関して同書を通覧することなく論議されてきたという事情がある。ところが『出雲風土記考』の中にその成立年代を明証する記述があったのである。(11) 近世諸資料に関しては、単に『出雲国風土記』の傍証資料としての一部参照、あるいは他の研究者の引用の孫引き的活用からは卒業すべきであろう。

湯川によって史料として提供された『出雲稽古知今図説』であるが、そのすべてを通覧すると随所に古代出雲、『出雲国風土記』にかかわる言及がある。たとえば「所以号嶋根者」のところでは「是モ鸛寮君ニ謀リシニ君曰左モ有ナシ但島根ハ只島ト云程ノ事ニテ根ト云ニ深キ理モアリマジ大和島根等云モ推テ知ルヘシ」とみえる。「島根郡」名に関しては大いに疑問を抱き、「鸛寮君」に疑問を投げ掛けている。「鸛寮君」はそこでは「是モ鸛寮君ニ」とあるように渡部彝にとって学問上の友であった可能性が高い。別のところでも「鸛寮君ニ謀リシニ君曰神名帳ニ……」とみえる。「鸛寮」は幸いに読みが付されており「くつのや」と読むことがわかる。

この「鸛寮君」は号ゆえに人物比定が困難であるが、追及の手立てとして、石橋町在住の渡部彝と比較的交流が便利な松江城下に住む、また『出雲国風土記』など古代出雲に精通している人物、の二点を挙げることができる。

そこで注目されるのが先に挙げた松江藩医師山本良臣の『雲州採薬記事』である。じつは山本家は渡部彝の住む石橋町（乾隆明氏によれば舩杉力修氏の作成地図からみて千手院入口の右手角に「小笹屋」があったという）からほど近い北堀町にあり、歩いても十分程度、日常的往来が可能であり、また佐野正巳氏によれば松江城下の天倫寺過去帳に「氷川院良臣徴聖居士　明治六年十月五日　山本鸎寮」とあるという(12)。しかし、『出雲神社巡拝記』が成立したのが天保四年であり、渡部彝が調査・執筆した時期、そして彝が相談する相手としては少し若すぎるのではないかという疑問が沸いてくる。幸いに昭和十四年に藤井準一郎氏が天倫寺の墓石を調査し山本家の墓石銘を書き残している(13)。

　　楞園山本先生之墓　門人建立

　　楞園斎居士　　山本安良父逸記

　　　文政四辛已年正月二十九日歿

　　鸎寮山本先生之墓門人　建之

　　鸎寮院良皐景岐居士　山本安良弘化三七日歿

　この墓石の写しでは「鸎寮山本先生」「鸎寮院良皐景岐居士」の死は「弘化三年」とされており、その名は「山本安良」であったことがわかる。因みに松江藩の『列士録』では、山本家は七代藩主松平治郷が山城から招聘した本草学者である山本逸記を祖とする御側医師の家柄であることがわかる。逸記は北堀町に享和四（一八〇四）年に漢学・和学・筆道・算道に私塾である餘文社を設け、文化三（一八〇六）年には存済館を開設し松江藩の本草学の基を築いた人物である(14)。逸記が文政四年に死去し、家督を継いだのが二代安良、鸎寮（くつのや）であった。山本家は御側医師としてより医学教育・研究において活躍したようで安良は天保九年には『食延山海産物』をまとめ、褒賞を受けている。

　先の『雲州採薬記事』の松江藩医師山本良臣はその安良の子で、父自刃後に家督を継いでいる。天倫寺の過去帳の記事から「鸎寮」について「鸎寮・安良」とすることに疑問を抱く向きもあるが、過去帳に錯誤があるのであろう。因みに息子・良臣の号は簡斎・氷川、そして字は徴聖である。

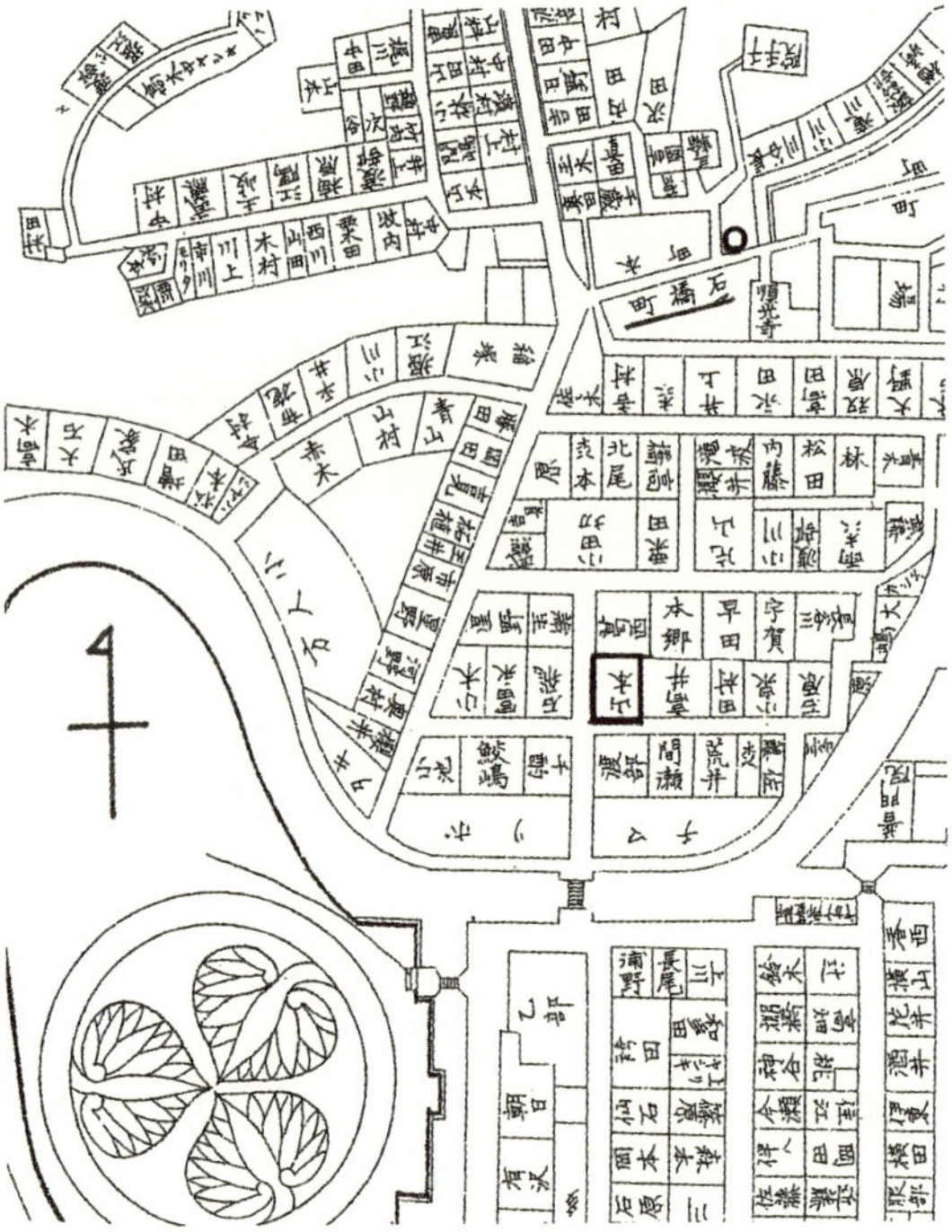

図64　松江城下
中原健次『松江藩格式と職制』付図より、一部転載・加筆。北堀町に山本家、そして北西の石橋町、千手院入口の右手角が小笹屋・渡部家。徒歩でわずかである。

『雲州採薬記事』は山本良臣がまとめた天保十五年から弘化三年までの二十回に及ぶ薬草採集研修の旅の記録のあり、序文は父の安良の手になっている。採薬の旅行には医師・学生・塾生などが多いときには二十八名も同行するが、父安良も参加することもあった。秋鹿郡古浦への採薬の際の記録には古浦と江角について安良が『出雲国風土記』を参照して「江角訓曰依須美」などと論じている様子が残されている。そのような薬草研究の積み重ねの中で、安良は『出雲国風土記』にみえる植物などの物産について論じた『出雲風土記物産解』を出すに至るのである。『物産解』に関しては野津左馬之助・朝山皓・田中卓氏らが注目するが、田中氏をして「未だ管見に入らず」というようにその詳細は不明である。

渡部彜にとって学問分野が異なりながら『出雲国風土記』を通して結ばれた「鸚寮君」は貴重な学問上の相談相手であり、石橋町・北堀町、それは隣町であり、武士・商人を越えた大切な学問の同士であったと思われる。しかし、安良は天保十五年頃より眼病を患い、『雲州採薬記事』の序文を用意した際も「時患眼、不能揮灑」状態にあり、代筆を頼むほどであったという。弘化三年の「鸜寮君」の突然の「乱心自滅」は渡部彝に大きな衝撃であったであろう。「乱心」は眼病による学問の挫折が背景にあった可能性もあるが、それにしても彝にとって大きな痛手であったと思われる。彝の末次権現町への引越しが事実ならばそれは経済的破綻が要因であるが、北堀町の「鸜寮君」を失った心の痛手もあったのかもしれない。

Ⅵ　『出雲神社巡拝記』の広がり

『出雲神社巡拝記』は携帯用の横長の冊子であり、神国出雲の三百九十九の神社を順を追って参拝できるようにまとめたガイド神社誌である。松江城下の末次熊野神社から始まり、島根・秋鹿・楯縫・出雲・神門・飯石・仁多・大原・能義・意宇郡、最後は白潟天満宮で終わる。風土記の時代を大切にしながらも松江藩の松江城下を中心にまとめている。その中心が渡部彝の最後の棲家とされる末次茶町権現横丁の末次神社が起点というのも感慨深い。凡例には「三百九十九社を巡拝する人の為に」とあり、風土記社の参拝を意識しているが、当然風土記社には論社もあり、著名な寺院なども含めて説明がなされている。

この巡拝記の販売は松江では渡部彝、すなわち石橋町の小笹屋良兵衛、京店京橋詰の岡田屋重蔵の二軒の「売弘所」で行われた。その販売実績がどの程度であったかは不明であるが、小林准士氏によれば天保四年に出雲旅行をした安芸国の国学者・後藤夷臣（一七九一～一八四一）が『出雲神社巡拝記』の内容を現地に訪ねて検証しているという(15)。後藤の旅日記『八雲路日記』をひもとくとたしかに小林氏の指摘通りに後藤は現地を訪れ古跡の検証を行い、渡部彝の見解を取り上げ、「国人渡邊某云」「渡邊主云」としている。ただし、直接に『出雲神社巡拝記』を見たとの記述は見えない。後藤が出雲を訪れたのが六月であり、『巡拝記』が出版されたのが同四年冬とされており、手にすることはなかったと思われる。ただし後藤はそれ以前にも何回か出雲大社に参拝しており、出雲大社の富永芳久とも交流があり、渡部彝の見解はそれ以前に別のルートで手に入れたであろう。

そういう中で注目されるのは平田の商人小村和四郎重義の神社参詣記である。小村は慶応二年の風土記社の参詣を思い立ち、松江城下の末次神社から参拝を始める。その参拝順路は渡部彝の『出雲神社巡拝記』と同じである。小村が書きのこした旅日記『風土記社参詣記』、そして神社参拝の際に作成した朱印帳『出雲国内寺社参拝帳』をみるにほぼ『出雲神社巡拝記』の参詣路を参考にしていることがわかる。小村重義の子孫の平田の小村宅には重義が作成した『出雲神社巡拝記抜書』の冊子が現存しており、重義が参拝の際の携帯にさらに便利なように作成したものと思われる。残念ながら『出雲神社巡拝記』そのものは残っていない。

そういう中では島根県立図書館所蔵の「冨能加神社略記」は『出雲神社巡拝記』が本としてどれだけ流布していたかだけではなく、その業績がどれだけ認知されていたかを物語っている。

図書館の「冨能加神社略記」は旧島根縣史の編纂の際、大正元年に杵築の富永量三所蔵の原本を写したものである。「冨能加神社略記」は明治三年に「神門郡稗原村神主古瀬正二之助」がまとめた二一頁に及ぶ冊子である。古瀬家は稗原の旧家であり、現当主古瀬倶之氏は医者、市森神社の宮司も兼務している。冨能加神社は式内社、『出雲国風土記』には「保乃加社」とみえる古社であり、所原にも論社があり、そういう中で稗原の市森神社の宮司の古瀬正二之助が境内社の星宮神社を冨能加神社として「確証」するためにまとめた大変興味深い社記である。

その「確証」資料として「松田春平先生出雲国神社考」「雲陽誌」「出雲稽古知今図説」「横山先生風土記考」と並んで「巡拝記」が紹介されており、「巡拝記」が歴史の「確証」資料として認知され、山間部の稗原でも読まれていたことがうかがえる。古瀬正二之助はその明治三年の「略記」の中で正倉院文書の大税賑給歴名帳を引用し、また考古学的知識も披露するなど歴史学的素養を示しており、注目される人物である。地域の神社に奉仕する神官、古瀬正二之助が果たしてどのようにして「巡拝記」、大税賑給歴名帳を閲覧したのか大変興味ある問題である。果たして購入したものなのか、または大社、松江に出かけ、何らかの学術・宗教機関施設で目にしたのか、当時の地域社会における研究環境の問題として今後の課題になろう。

ただ注目すべきは渡部彝の著『出雲稽古知今図説』が『稗原村諸家管見』（淡斎著、一九三一年）によれば昭和四年には稗原町野尻の旧家牛尾家に伝わっていたという事実である。

同家に、珍本出雲稽古知今図説を蔵せり。天平年中の出雲国に関する図説にして、地方書籍中珍重すべきもの、一なり。其の写本、県庁並に松江中学共用一部あり。原本は乃ち同家の秘蔵する所にして、門外不出のものなりといふ。

そこには原本とありそれも注目すべきであるが、国学的関心からであろうか地域社会への歴史出版物の広がりがあったことをうかがわせる事例である。

Ⅶ　『出雲神社考』と渡部彝

一般に『出雲神社考』は「松田春平先生出雲国神社考」とあるように岡部春平の著作として紹介されている。それは先に示した島根県古代文化センター、そして瀧音能之氏の文に象徴されている。しかし、現存『出雲神社考』をめくると「出雲神社考巻之一」、改行して「松江（人）　渡邊彝　謹撰」と明らかに渡邊（渡部）彝の著作とされているのである。その事実を無視して、岡部春平の著作とする根拠は主に弘化三年の児玉篤恭の跋文「このふみは、松田春平大人の著述にして、もと文は三谷大君の御庫におさまりしを、小笹の彝によりて乞得て写しおきぬ」にあることは前述したとおりである。児玉篤恭は横山永福の弟子、国学者・歌人であるが、跋文の内容は『出雲神社考』の著者の名が不明になった時点での伝聞のようであり、その一事をもって「松江（人）　渡邊彝　謹撰」を排除することは大きな誤りといえるであろう。なぜなら渡部彝著者説を否定した論者は、どうもその『出雲神社考』を読まずに結論を導いているのではないかという疑問が浮上するからである。著書を読まず、著者を否定するのは渡部彝に対して大変失礼なことではなかろうか。

なお、『出雲神社考』の成立は「出雲殿人」の寄せた序に「天保止云年能四年能秋八月廼朔日」とあるので『出雲国神社巡拝記』と同じ天保四年、その秋八月一日であったことがわかる。序の執筆者の「出雲殿人」が誰かは不明であるが、「出雲殿人」はその序の中で『出雲神社考』に関して未熟なところがあるが、それは今後の課題として板行に同意している。『出雲神社考』をそのように論評し、著者もその序文の論評を受け入れた「出雲殿人」とはいかなる人物なのであろうか。

「出雲殿人」とは自ら敬称の「殿」を付す奇妙な名号である。問題は「殿」の理解である。「殿」は人物に付す敬称ではなく建物の「殿」と理解すべきではなかろうか。「出雲」の「殿」といえば思いあたるのはただ一つ出雲大社の「社殿」しかないであろう。出雲大社にかかわる人で大著『出雲神社考』を批評できる、そして渡部彝と面識がある人物ということになろう。以下に引用する「大旨」に登場する「千家梅舎翁」、すなわち千家俊信をおいて他に思いあたる人物はいない。

なお、千家俊信の『訂正出雲風土記』の板本奥書には「出雲国杵築人千家清主出雲宿禰俊信」と記している。この署名について森田康之助氏はそこに俊信の「感慨深」さが見えるとする。(16)「出雲殿人」は「出雲国杵築人」をさらに昇華した表現ではなかろうか。

しかし問題がないわけではない。先の『出雲神社巡拝記』作成の際に渡部彝から「監修」を頼まれた千家俊信がそれを断っている事実である。ただし。作成にかかわる「監修」と「序」では自ずと性格は異なるであろう。

その点を念頭に置きながらまず巻一の頭書きの「大旨」の部分に注目したい。

出雲神社考巻之一

松江人　　　　渡邊彝謹撰

大　旨

神社とは風土記に所見たる三百九十九社にて此の図にしてむ甚も止事なき神社（みやしろ）どもなるを既（はや）く廃頽（すたれ）たるも少からず存在ても其処ぞ此処ぞなどおぼつかなく論争（いひあらそ）なともありて

分明（さたか）ならぬは更なり又往古（いにしへ）の随なるをそ何とも思たらで凡（おほら）かに打過る人のみ多くて神御徳も自然落れやうな時に思ひ為（なさ）るる方さへ有るを年頃も嘆息（いきつか）しくいかで世間（よ）に顕（あらは）さずやと思起（おもひたち）しぞ今より四年許も以前の事にぞ有れは然ど出精（おりたち）て学問せし我にも非ねば如何にして良（よけ）むと思躊躇つる間（ほど）に彼三百三十九社の神々もや諾ひ給ひけむ止事無御方よりも然せよ如此せよなど子細（こまやか）に仰（おふ）する旨もありてまづ我か松江乃城下（きべ）より始めて国内（くぬち）ことこと行廻らす社司にも問聞（とひきき）古老の諸説をも採展（とりひろけ）て且々（かつがつ）も書記（かきしる）す事とはなりぬ然もなほ鬱陶して千家梅舎翁の御許に参りて何くれと問参らせつれど我ぞ彼ぞと論争へる社司数多ありて我家より其にもか是にもかと云定めてと却（なかなか）に事の喧嘩ともなりてまし又其分別（わかた）ずて徒に物すとならば三百九十九社は千社となりても飽足まじくや此は甚難義なる義　とのなひてつやつや事も行かさりつるを今年の夏六月濱田なる松田葛根堅室大人杵築大社に参詣まして国造両御館にて古事記を講説（よみとき）ますと聞てよき時節を得つさらば杵築に参出て此の事委細（つぶさ）に問明らめましと振延（ふりはへ）するに既（はや）く大人を国富村なる都牟自神社に参詣て神主金築若子春久主許拘すして弟子等集会て出雲風土記を購説に間（ほど）なきけり故云々乃思起なむ侍ると春久主に著（まり）て乞願しかばいとよき志願なりさらむ其書令見（みせ）てよとて一通（ひとわたり）見は給ひて此処は然あらむ彼処は如此らむなど委細に論ひ直し坐せもなほ事竟さりしかば秋七月の季より大人の葛根堅室に濱田の城下に参り往還（かよひ）て或は墨消し或は書添などして如此までも成就竟つされどなほ片葉なる書（もの）なり返復読考て後こそ世間にも公にも為へき事なれど許容とせる形状とも見えぬ物からしやの大人著述し終へる風土記考も嗣て出る事なれど此謬誤（ひがごと）もそれにてこそ著明にす直るたれま○此は少しも速く世間に布施らして神徳を赫潦（かがやか）さむとかき取急ぎて櫻木に今香（ひほは）こととはなりぬ。

まず注目したいのは「まづ我か松江乃城下（きべ）より始めて国内（くぬち）ことこと行廻らす」の「我が松江乃

城下」との表現であり、岡部春平は浜田藩出身であり、その著『伯耆大山記』において「松江の城下に旅寓（たびね）しける」と表現しており、長く松江に居住した形跡もみえない。「我が松江乃城下」は松江城下の石橋町の住人、地域を思う渡部彝だからこその表現であろう。

また「今年の夏六月濱田なる松田葛根堅室大人杵築大社に参詣まして国造両御館にて古事記を講説（よみとき）ますと聞て」とあり、「松田葛根堅室大人」とは岡部春平のことであり、自著において自らをこのように書くことはありえないことであり、「古事記を講説ますと聞」いたのは著者である渡部彝と考えるのが普通であろう。

また「今年の夏六月」、諸説があるが岡部春平の出雲来訪は天保四年といわれており、その六月に出雲にきた岡部春平が四年の月日をかけて天保四年に出版された『出雲神社考』、そして『出雲国巡拝記』を含めて執筆することはできないのである。これは一例であり、『出雲神社考』を通読すれば随所に同様の記載があることに気がつくはずである。

なぜか渡部彝の業績を抹消する流れはあったようである。個人蔵の『出雲神社考』の中には「松江　渡邊彝謹撰」の「渡邊彝謹撰」の部分を切り取り、裏紙から紙を貼り付け名前を抹消している写本も残っている。

なお、島根県古代文化センター編『出雲国風土記の研究Ⅰ　秋鹿郡恵曇郷調査報告書』では岡部春平について次のようにまとめている。

なお春平には本書の他に「出雲風土記考」「出雲雑記」「出雲風土記国引解」などの著作があることが知られているが、現在のところ伝存状況も含めてほとんど解明がなされていない。今後新たな研究が待たれる国学者である。

たしかに岡部春平も不明の点が多い人物であるが、より渡部彝の方に「新たな研究が待たれる国学者」との評価が与えられるべきであろう。因みに岡部春平の著とされている『出雲雑記』も同様に岡部春平ではなく渡部彝の著であることはその内容からみて間違いないところである。

Ⅷ　新資料の出現

ここにおいてどうも追い風が吹き始めたようである。渡部彝の執念かもしれない。『開府四百年記念　松江誕生物語』（山陰中央新報社）の「版木と出版事情」の項によれば、前年暮れに松江市白潟本町の園山興造氏が松江市に多数の版木を寄贈され、その中にじつに『出雲神社巡拝記』の大作、版木七五枚があるという。ここで改めてその著者が注目され、渡部彝に目が向けられそうな状況が現出した。『松江誕生物語』でその項の執筆を担当した山陰中央新報社報道部の伊藤英俊氏は端的に渡部彝に言及している。

「巡拝記」は超大作というだけでなく、歴史研究家であった松江の商人渡部彝（つね）が「出雲国風土記」記載の寺社を現地調査し、自ら版元となって発刊した歴史研究書として知られる。

力強い味方が松江の街の中から現れた。渡部彝の歴史研究はそういう人びとの支えの中で熟成されたのであろう。未だ探求は終わっていない。しかし、渡部彝の奥津城に参り、研究成果を報告する時は明らかに近づきつつある。

註

（1）島根県古代文化センター編『出雲国風土記の研究Ⅰ　秋鹿郡恵曇郷調査報告書』（一九九七年）。
（2）瀧音能之「出雲国風土記の注釈書と出雲研究」（『神道古典研究所紀要』七号、二〇〇一年）。
（3）角田文衛『平安通志』復刻版（一九七七年）。
（4）『資料調査報告第九集　湯本文彦関係資料』（一九八二年）。
（5）朝山晧「松田春平大人」（『島根評論』一九三六年）。
（6）「出雲大神上官佐草氏系譜」は出雲大社権宮司千家和比古氏のご提供による。
（7）芦田耕一、蒲生倫子著『出雲名所歌集―翻刻と解説』（ワン・ライン、二〇〇六年）。
（8）きまち史話会『きまち書留帳』（一九九七年）。
（9）田籠博「雲州採薬記事」（『島大言語文化』一九九七年）。

(10)『灘分郷土誌』(一九九一年)。
(11) 拙稿「横山永福とその周辺」(『古代文化研究』十六、二〇〇八年)。
(12) 佐野正巳『松江藩学芸史の研究』(一九八一年)。
(13) 藤井準一郎『市内墓しらべ』(一九三九年)。
(14) 池橋達雄「幕末維新期における松江藩・松江県の教育」(『山陰史談』一三、山陰歴史研究会、一九七七年)。
(15) 小林准士「『延喜式』と『出雲神社巡拝記』」(『淞雲』六号、島根大学図書館、二〇〇六年)
(16) 森田康之助「出雲国造家の伝統と学問」(『出雲学論攷』一九七七年)。

第二章　萬延二年『御嶋日記』にみる国学者

I　『御嶋日記』とは

島根県立図書館の郷土資料室に『御嶋日記』なる史料が眠っていた。大正元年に島根県史編纂掛が杵築町の富永量三所蔵の原本を写したものである。表紙には『萬延二年　御嶋日記　千竹園』とあり、書名の「御嶋日記」を正中に右上に「萬延二年」、左下に「千竹園」と配置されている。成立年代、書名、そして著者名の順である。「萬延二年」は一八六一年である。著者は「千竹園」とある。

この書は未稿とされており、また巻末には、「萬延二年」の成立であるべきところ「元文四　未稿何月何旬　梅松軒竹叟」と洒落た、ふざけた署名がなされている。

本史料は、未だ研究者の目に触れた形跡はなく、既往の研究においても書名さえも紹介されたことはないようである。本章ではその基本的な検討を行い、「千竹園・梅松軒竹叟」なる人物を浮上させ、「萬延二年」、幕末の彼を取り囲む世界を復元し、かつ、史料の語る情報を古代史研究の立場から取り上げてみたいと思う。

Ⅱ　雅号「千竹園」とは誰か

史料の冒頭は次のように始まる（句読点を付す）。

萬延二年辛酉春三月四日、秋鹿郡魚瀬浦なる御嶋の松見にとて、暁起出ぬ。風土記に御嶋　高さ六丈、周八十歩、松三株あり、又出雲国地理沿革図といふものに御嶋、松今猶ありとあれは、そのあたりにすめる浦人に逢度毎にとへるに、神代以来かれし事なし今に立栄へぬといひ、さはかりのものにはあらす、といふ人もありてたしかなる事しりたきけれは、行て見る外はなしとかねてちきり置きてともなひ出だしたるは松井会正、三上吉利、土岐国彦、和多田伊後、子息永雅等なりけり

この史料は「萬延二年」に「千竹園」が主催した秋鹿郡の御嶋への旅日記である。しかし、署名部分には「元文四」年の年次が記されている。元文四年は一七三九年であり、じつに万延二年の一二〇年あまり昔である。本来なら偽文書として処理されても仕方がないであろう。

この「奥付（仮に用いる）」の年代は正しくは「元治元年（一八六四）」のことと思われる。じつは元治元年二月二十日に文久への改元があり、「元治」と「文久」の「元」と「文」を合わせ、「梅松軒竹叟」が造語した軽妙な「私年号」と思われる。万延二年の御嶋への旅を二年後の「元文四」年に記録したのである。

名前の「梅松」軒は「竹叟（園）」から思いついた戯号であろう。「千竹園」はじつに洒落た文化人として浮かんでくる。このような雅号からの人物比定は素人には困難であるが、「千竹園」という雅号は幸いに中澤伸弘氏の『徳川時代後期出雲歌壇と國學』に見出すことができたのである(1)。

中澤氏の出雲歌壇の研究の対象の一人として取り上げた人物として幕末に活躍した松江藩士・森為泰がいる。中澤

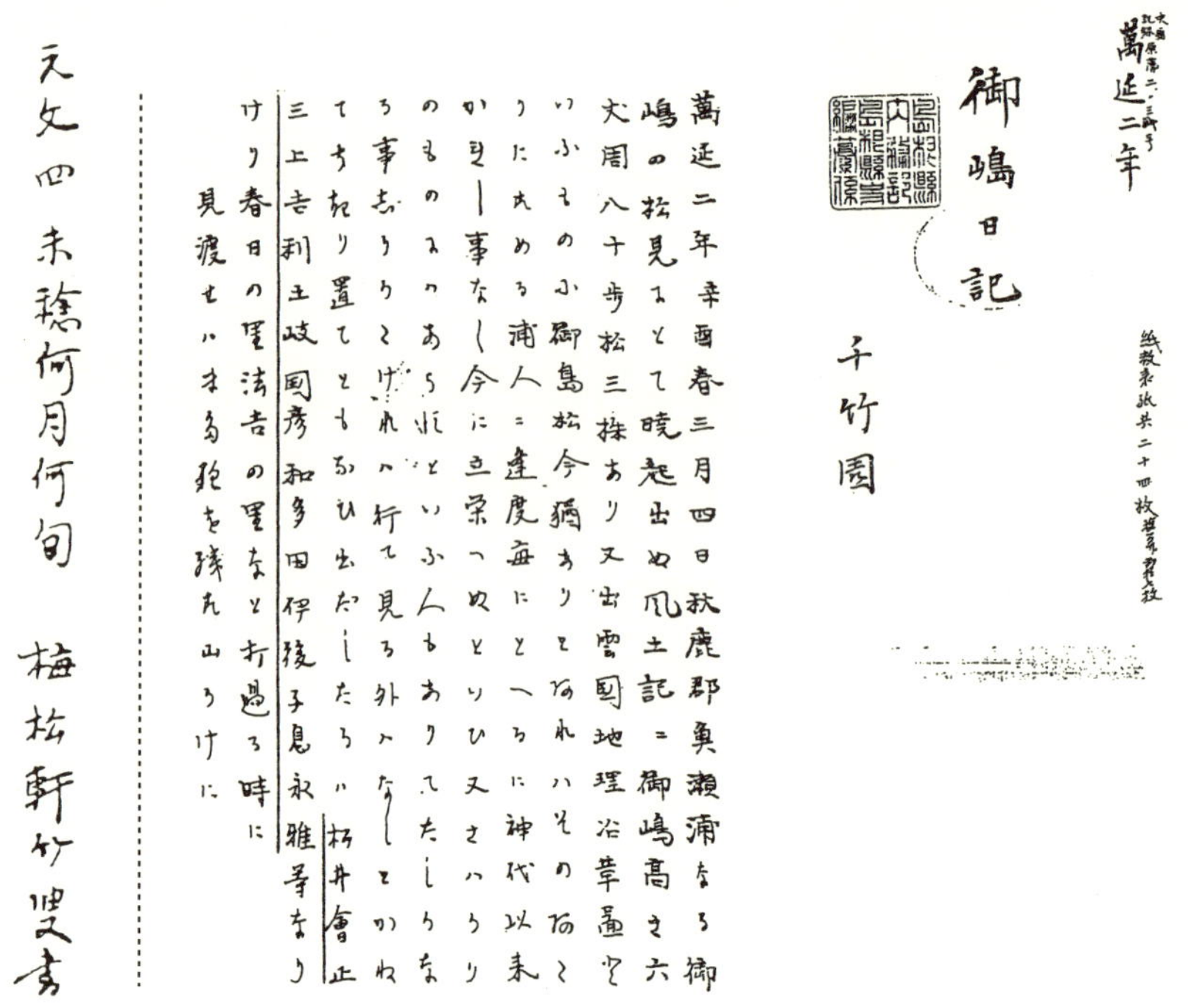

図 65　『御嶋日記』の表紙と書き出し部分（点線右）および奥付（点線左）
傍線部に御嶋への旅の同行者の名前。奥付には「元文」の年号がみえる。

氏は、その森為泰に関してあまり明らかではないとしつつ、松江の「四光院」にある墓誌に伝記があるとし、実際は『國學者傳記集成』に載る略伝を示す(2)。

文化八年に二月生る。（中略）千竹園と號す。中村守臣、千家尊孫宿禰に従ひてものを學び、又弓槍剣馬に秀で出雲琴をよくす。門人二百人に余けり。松江侯に召出されて、皇學館歌學訓導となり、出雲歌集を撰ぶべき仰を愛く。明治四年三月、年六十にして家を男永雅に譲り、朝夕歌と琴とをものす。明治八年四月十六日歿す。年六十五（以下略）

中澤氏の著により『御嶋日記』の著者「千竹園」が幕末の歌人松江藩士であった森為泰であることが判明することになった。ただ森為泰の墓所とされた「四光院」は松江城下には見出せず、昭和十四年の文泉漁翁と号す藤井準一郎氏の労作『市内墓しらべ』によればその菩提寺は外中原の「清光院」であることがわかった。(3) 墓碑には次のように刻されていたという。

森為泰大人碑　千竹園大人明治丁丑年五月杉間道外書門人建為泰通称左馬之丞竹園と号す千家尊福中村守臣の門人明治八年四月歿享年六十五

墓碑が建てられたのは「明治丁丑年」、為泰の歿の二年後、一八七七年であった。墓碑の内容は簡潔であるが、中澤氏の紹介とほぼ同じである。清光院を訪れ、墓碑の確認を行ったが、残念ながら昭和十四年から七十余年、見出すことはできなかった。森家の墓域はあるが、墓石は撤去され、仮の所有権を示す標示板があるのみである。墓碑・墓石を文化財とする精神的風土がないのであろう。家族形態の変化、家族の県外への流出とともに松江市内の墓地では急速に寄せ墓化が進行している現実をみる。

問題は墓碑によれば森為泰は「千家尊福・中村守臣の門人」とある点である。千家尊福大人は弘化四（一八四五）年の生まれであり、じつに為泰よりも三十四・五も年下であり、為泰の師としては違和感が残る。中澤氏が言うように森為泰の師は尊福の祖父の千家尊孫（たかひこ）大人であろう。墓誌は門人が建てたものであり、その記述内容に誤りはなく、墓石の刻字が薄くなっていたことにより藤井氏が読み間違えたのであろう。墓石がない今、確認する術はないようである。

Ⅲ　森為泰の事蹟

「千竹園」は文化八（一八一一）年に森家五代目森洞之助の子として生まれ、『列士録』によれば天保八（一八三七）年、二十七歳のときに家督を嗣ぎ、二十石・五人扶、大番組に編入したことがわかる。その際、弟の準之助は広瀬藩の内藤敬之丞の養子となっている。また冒頭の貼紙には「六代目　森勘兵衛　生国出雲」とあり、通称を「勘兵衛」といったことが判明する。『千種園雑記』の明治六年条によれば、「為泰御門に入奉りしは二十三の時にして、今年四十一年の間ご教授給わりし」とあることから千家尊孫に入門したのは二十三歳のときであった。『國學者傳記集成』の略伝では森為泰が文武両道に長けていたとあり、安政二（一八五五）年、四十五歳のときに藩から武蔵国本牧の警備、江戸勤番を命じられている。この勤番がいつまで続いたかは不明であるが、「褒美」を受けるなど鉄砲方などで活躍したことがうかがえる。

安政四（一八五七）年に父の洞之助が死去しており、それを機に松江に戻った可能性が高い。その後、『列士録』は安政六年に「砲術」で「褒美」を受けた旨の記載があるのみで、文久二（一八六二）年に「代官役」に就くまでその動静をつかむことはできない。

ここで注目されるのが「萬延二（一八六一）年」の御嶋への旅である。それは為泰、五十一歳の旅であった。『御嶋日記』を書いたのは文久元年である。この頃を境に、為泰の環境に変化があったらしく、文久三年には「文武館調役」に就任し、慶応二（一八六六）年には修道館の春祝歌会に出席している。今までの「武」から「文」に生活の比重が移り、千家尊孫大人に師事した成果が実を結んだようである。

慶応二年の歌会については平田の商人・小村和四郎重義が慶応二年の旅日記『風土記社参詣記』に詳細に記している。それは和四郎が国谷の若き神官入江歓之助から聞いた話であった。

昨廿九日、殿様被為在候ニ付、士列并ニ神主而已出席被仰付候ニ付、四拾人都合の由、御入之砌、春祝といふ哥の題被為出。出詠に廿三首、市川、森勘兵衛両人加筆いたし候様御直に被仰付候由。

これによれば慶応二年三月廿九日の歌会で森為泰（勘兵衛）は「市川」某とともに「殿様」、すなわち松平定安から短歌の添削を命じられている。「市川」某は市川虎市のことであり、慶応元年には修道館懸り、そして国学指南役についた松江藩、幕末の中心人物の一人である。

市川虎市は歌人であり国学にも秀でた人物であったようで、歌会の折に「古事記の序文」を素材に「古道之意」なる講釈を行っている。中澤氏のご教示によれば市川の富永芳久宛の書状に「當地は国学もあまり不流行故書物等所持

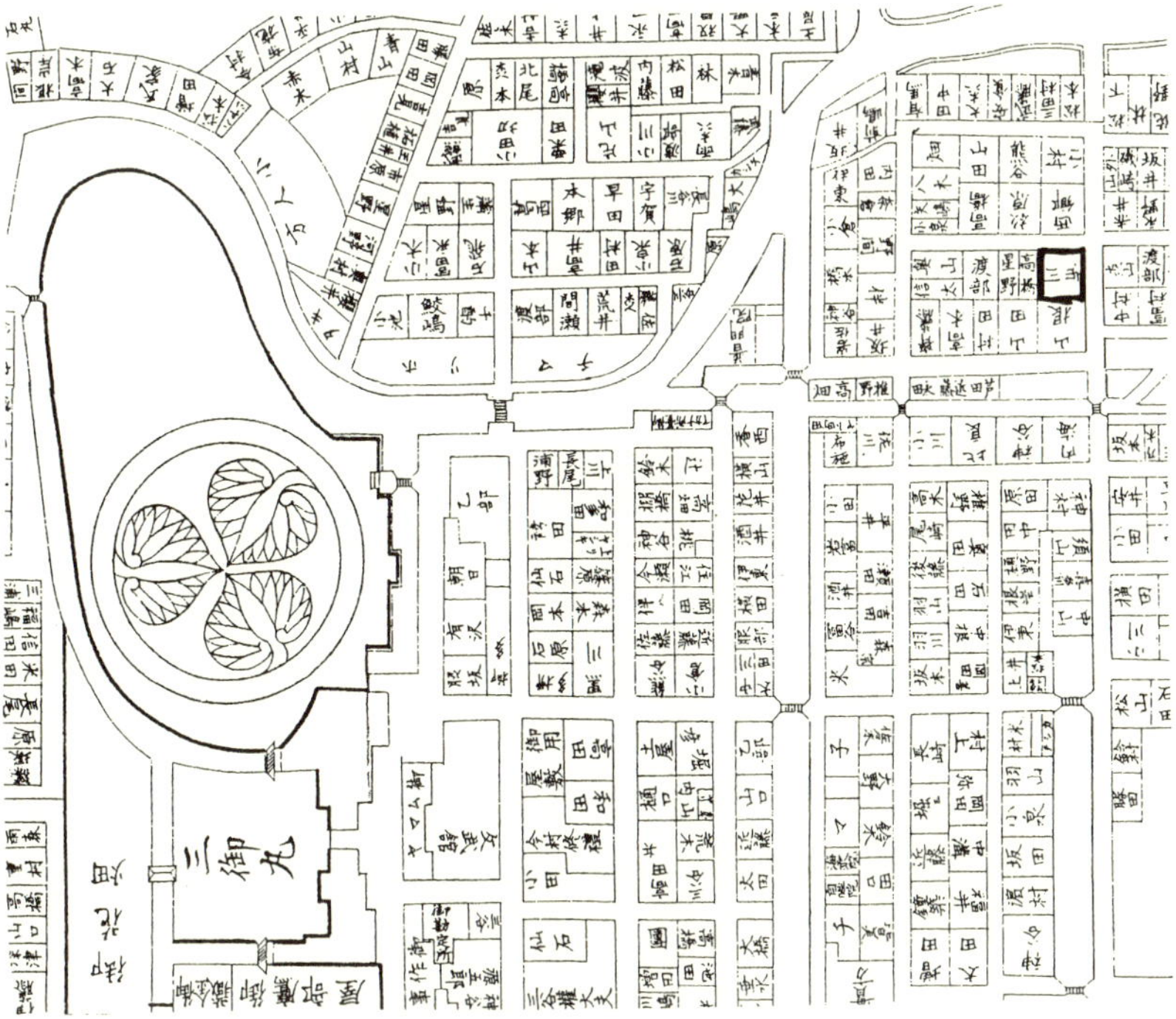

図66　松江城下・市川虎市の居所

中原健次著『松江藩格式と職制』（松江今井書店、1997年）の付録図の一部転載、市川家に□を付す。「北田」の町名は現在もある。城下図ではその一角に「市川」の家が確認できる。「北田町隅」である。そこを拠点に幕末の松江城下を巡るのは貴重な体験である。

仕候方も一向に無之誠ニいたつきなき心地に御座候」と認めている。市川の住居が「北田町之隅」とあるのでその住居跡地は突き止めることができる（図66）。

森為泰はその後、隠岐騒動の中で隠岐郡代に任命されるが、賢くも病気を理由に赴任しなかった。周囲の人びとは喜んだという。明治三（一八七〇）年には藩校修道館訓導に任ぜられ市川虎市、『出雲風土記考』の横山永福と同僚となっている。そのとき、為泰はちょうど還暦を迎え、翌年には子の永雅に家督を譲っている。その後の動静について『列士録』は語らないが、明治八年四月十六日に松江で六十五歳の一生を終えている。

Ⅳ　森為泰の見た「古代出雲」の原形

千家尊孫の門下に二十三歳で入門した為泰であったが、松江藩の藩命で江戸勤番などを命じられ、また杵築と松江という距離もあり、歌学の吸収は困難であったと思われる。しかし、為泰自身も門下生二百名を抱えるようになり、松江藩の歌学の中心的指導者の一人になったのである。門人は歌学の力だけではなく、その人物の人柄、行動力を見ているのであろう。

森為泰の「萬延二年」の御島への旅に同行した人物として日記に名を残しているのは松井会正、三上吉利、土岐国彦、和多田伊後、そして為泰の子の永雅、五人である。

松江城下で一行が待ち合わせたのは石橋町の角（三叉路）と思われる。江戸後期の松江城下の絵地図に藩士の家居が細かに記されているが、一行のほとんどが石橋町の北、奥谷付近に住んでいた可能性が高いからである。握り飯を持ち、朝早く集合したものと考えられる。そこから城の北側を通り、「春日の里」「法吉の里」を通り、佐陀の「大宮」に向かった。その途中、為泰は「ほのぼのと　あらはれそめし　花に鳴く　鶯谷の　春の明ほの」など四首を残している。『出雲国風土記』島根郡条の法吉郷の伝承を意識しての歌であろう。

「法吉の里」から「佐陀橋」近くの「みすみ池」で木柵に囲まれた「身澄池」の石柱、その前の「三角池」を見て、その場所が昔、稲種が天降りしたところとの伝承を思い出している。その池に下りて手洗い、口濯ぎをして、「佐陀橋」を渡り、佐陀の「大宮」の大鳥居の横の灯篭の礎石に腰を掛け、社殿の背後の「三笠の山」を愛でながら握り飯を食べ一休憩となった。

日記に添えられている佐陀の「大宮」の全景（図67）は幕末期の神社の様子を詳細に描いており、大変貴重な情報である。桜並木の参道の左手、現在の清原太兵衛の顕彰碑の所にみえる小祠が『出雲国風土記』秋鹿郡条にみえる「在神祇官社」である「宇多貴社」の姿である。また鳥居の右手の盛り上がりの中に鳥居と社日石柱、そして背を向け並び立つ二つの祠がみえる。現在も同所にそのまま鎮座している「不在神祇官社」の「田仲社」である。参道の左

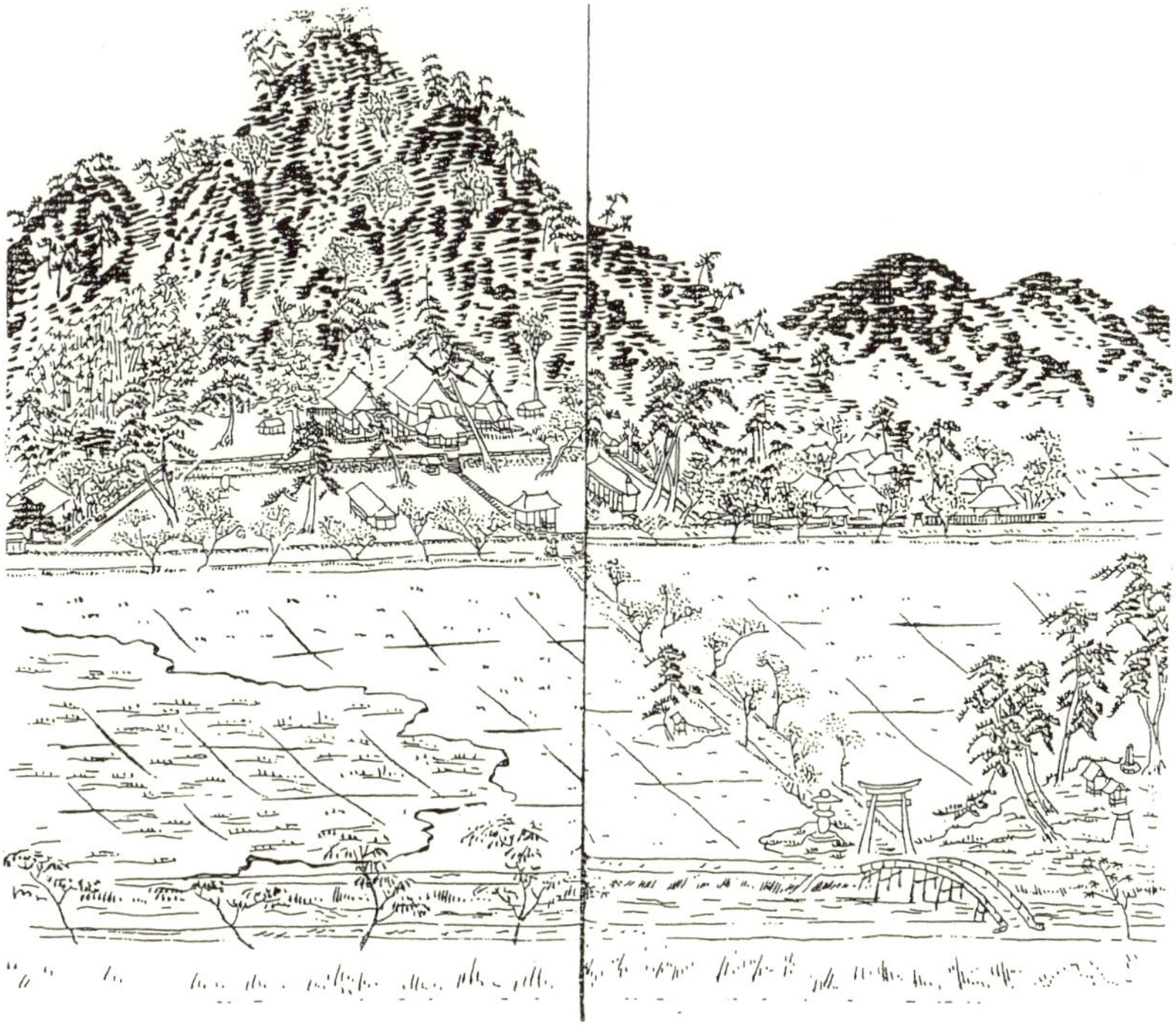

図67　佐太神社の前景図

手の水田には水らしきものが流れ込んでおり、古代の「佐太水海」の北岸を髣髴させるものがある。境内では今に残る大きな狛犬が印象的であり、本殿左手前の松の根本に「弓石」が描かれており、その描写は正確であり、細かである。左手の朝山宮司屋敷、右手には上官の家々が描かれている。ただ一点奇妙なものは前庭左手の卵型の立ち石である。この佐陀の「大宮」の絵は為泰の子、永雅がその場で描いたもののようである。

一行は大宮を参拝し、名分に向かい「下がり松」、世に名高い「古勝間松」、そして「ひよし塚」を訪ねている。為泰は三十年前にこの松を見たことがあるが、改めてみると大変高い松であった。「年を経て、かつま山の松きてみれは　老にける哉　神さふるまで」と詠うと、和多田伊後は松の高さを測り十間九尺ばかりという。為泰自身幹の太さを測ると一丈二尺五寸はあった。この「古勝間松」は小高い丸い丘の上にあり、『出雲国風土記』

島根郡条の「加都麻社」の跡地である。現在、その丸い丘は圃場整備で完全に削平され姿を消している。その跡地には「名勝　小勝間山跡」の木柱が立てられている。

名分村から古浦に向かい、「皆はらすきぬ」といいつつ、巌のあるところで木葉を集めては腰かけ、腹ごしらえして、約束をしていた足羽美生を待つが、障りがあって会うことができなかった。二つの大岩の景色があまりにもよく、永雅に写生するようにいうと、すぐに矢立てから筆を出し、一気に描いた。

古浦からは「六坊浦」、「芦尾」「鎌田」を越えて、「魚瀬」へと向かった。「魚瀬」ではすぐに目的の「御嶋」を探し、「ほそびえめづらしき嶋」と特筆する。

じつは『出雲国風土記』には二つの「御島」が登場する。

御嶋　周り一里一百一十歩、高さ五丈なり。椿・松・小竹・茅・葦あり。（島根郡条）

御嶋　高さ六丈、周り八十歩なり。松三株あり。（秋鹿郡条）

森為泰一行が目指したのは秋鹿郡の御嶋であることはその記述内容、行程から確実である。現在、秋鹿の海岸には「御嶋」なる名の島は存在しないが、一般に「女島」であるとされている。『雲陽誌』秋鹿郡魚瀬項に「三島明神」がみえ、「島の岩窟うけたる中より松三本生出たり」とし、「風土記に御島　高さ六丈周り八十歩松三株ありと載りたり、此島の事ならむ」とある。現在は堰堤で陸とつながるが、不思議にも磐島の上に松が三本立っているのが印象的である。さらに不思議なのは、なぜ一行がこの秋鹿郡の「御島」を目指したかである。『出雲国風土記』の記述内容からして特に特色のある島ではない。急峻な海岸を古浦から辿るだけの価値を見出すことはできない。

Ⅴ　『出雲国名所集』の権威と魅力

出雲地方と和歌のつながりは特に強い。それは出雲が和歌発祥の地という意識が背景にある。それは『古事記』に残る有名なスサノヲノミコトの歌とされる「八雲立つ　出雲八重垣　妻籠みに　八重垣作る　その八重垣を」に起因している。それは出雲に止まらず紀貫之が『古今和歌集』の序文において「素盞鳴尊よりぞ三十文字あまり一文字はよみける」として「八雲立つ」の歌を位置づけたことにより、遍く知ることになったのである。神代の出雲、それは古代出雲に重なり、出雲大社の信仰や必然的に『出雲国風土記』に結びつく運命を辿ったのである。その意識は今にも活き、島根県雲南市の古社、スサノヲ命を祭神とする須賀神社は公に「和歌発祥の地」と唱え、多くの人びとが和歌を奉納している現実もある。

近世における出雲の和歌はそういう背景をもとに隆盛していくが、地域的には古代以来の歴史状況から出雲大社が鎮座する大社を中心に展開することになった。出雲大社の上官、富永芳久は、出雲国学・歌学の中心・千家俊信の門人であり、千家尊孫・尊澄などと近世末の出雲歌壇を主導した人である。その芳久の和歌は国学を礎にしたものであり、その大きな関心は『出雲国風土記』の考究にあった。その成果は『出雲風土記仮字書』に実るが、芳久の特色は「天下つくらしし大神の鎮」まる「八雲立つ出雲国」を和歌を通して広めることにあった。

周知の通り『出雲国風土記』には多くの地名、山、坂、岡、野、原、海、浦、浜、そして島などが記されている。芳久はその『出雲国風土記』の名所地名を集成し、『出雲国名所集』を出版し、『出雲国風土記』に詰まっている歴史豊かな地名を全国に知らしめようとする。またその名所名を織り込んだ歌の投稿を促し、また収集も行い、『出雲国名所歌集　初編』を嘉永四（一八五一）年、『出雲国名所歌集　初編』二編を嘉永六年にそれぞれ上板している。(4) 森為泰ら一行が『出雲国風土記』にみえる「御嶋」への旅を企画し、実行したのは富永芳久の影響が大なのであろう。

芳久の『出雲国名所集』の「嶋」の項には図68にみえるように計五十一の島の名が挙げられている。『出雲国風土記』にみえる島の数が約八十である。両者には数の差はあるが『出雲国名所集』は『出雲国風土記』にみえる島をすべて網羅している事実に出合う。なぜなら『出雲国風土記』にみえる島名には「黒島」「赤島」「粟島」、そして「御島」など複数の同名島が見えており、『出雲国名所集』は同名島を一つしか載せない方針を持っているからである。なお、『出雲国名所集』は『出雲国風土記』所載の島だけでなく、その後の歴史展開で知られるようになった「嫁島」

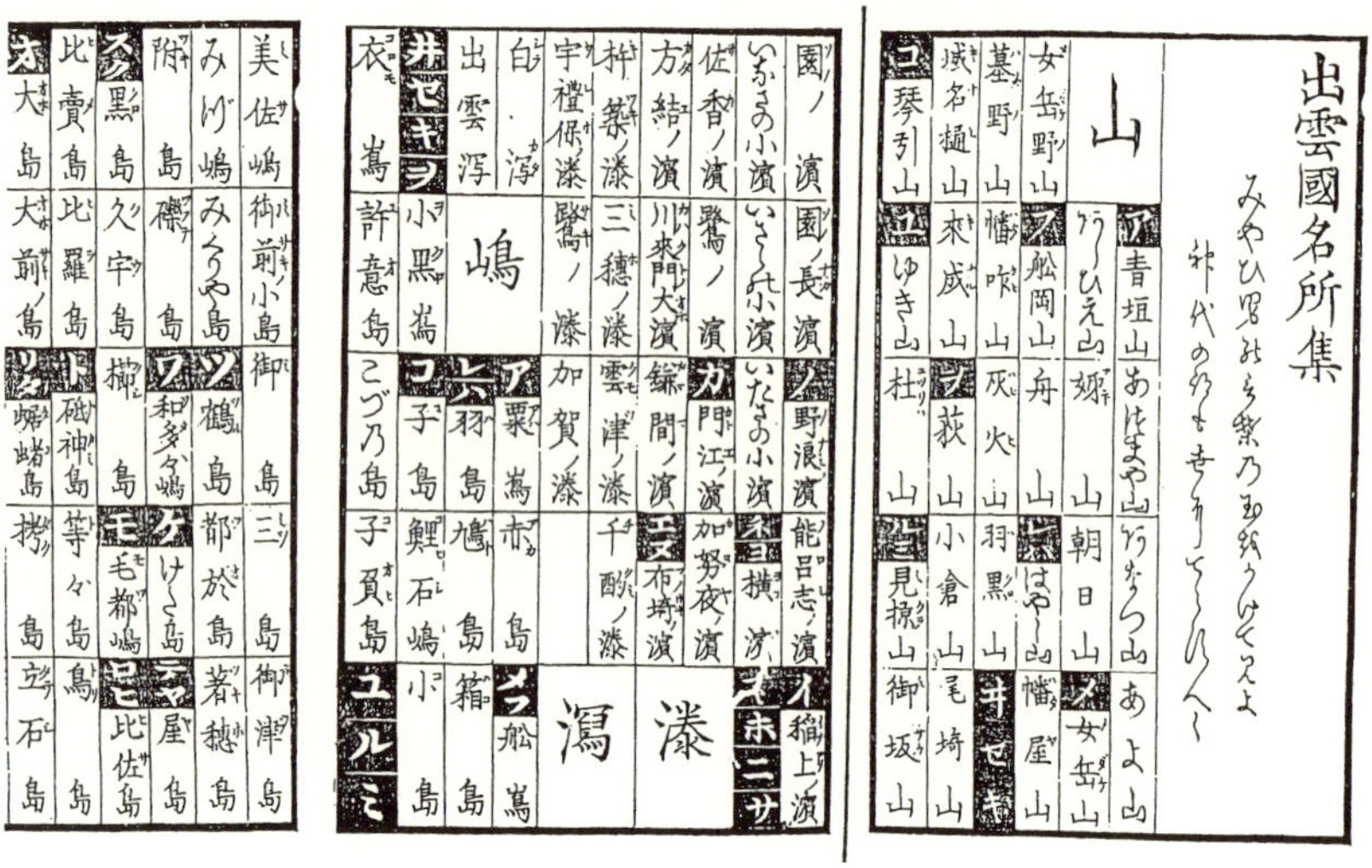

図 68　芦田耕一・蒲生倫子『出雲国名所歌集』の一部

「礫島」「紫菜島」「笠島」なども載せていることに気づく。

島名の列挙順であるが、図68をみるとわかるようにいわゆる「いろは」ではなく、「あめふれは　ゐせきをこゆる　みつわけて　やすくもろひと　おりたちうゑし　むらなへ　そのいねよまほにさかえぬ」の歌を用いて区分け、掲載していることが判明する。この歌は芳久の師である千家俊信が師事した本居宣長の「無同字四十七文字（「いろは」歌と同じく同じ文字を使わない）」の歌であり、そこに宣長・俊信・芳久と流れる国学・和歌の潮流を読み取ることができる。

ここで注目したいのは「御島」である。『出雲国名所集』は同名の島に関しては『出雲国風土記』初掲載の島名を採用し、掲載位置を決めているようである。

先に『出雲国風土記』の島根郡、秋鹿郡の二つの「御嶋」の記事を挙げたが、『出雲国名所集』の「ユルミ」の項では「美佐嶋・御前小島・御島・三島・御津島・みづ嶋・みくりや島」の順で挙げる。『出雲国風土記』では島根郡条の東側から「美佐嶋」「御前小嶋」「御嶋」「三嶋」、秋鹿郡条に移り、「御嶋」、次の出雲郡条では「御厳嶋（みづ嶋）」「御厨家嶋」を順番に挙げている。両者を比べると『出雲国名所集』では「御島」が一つになっていることがわかる。それは同名は最初の一つを代表させる『出雲国名所集』の方針であり、「御島」は島根郡の「御嶋」を形の上で代表していることになる。

為泰らが『出雲国名所集』を見て、「御嶋」探訪を思いついた可能性があろう。

Ⅵ　千竹園の門人の動向

『御嶋日記』に名を残す「松井会正、三上吉利、土岐国彦、和多田伊後、子息永雅」と「足羽美生」はすべて森為泰の門人と思われる。中澤伸弘氏が紹介する村上忠順宛の森為泰書状にみられる「千竹園門人」一覧をみると、「足羽美生」「松井言正」「三上吉利」の名が見え、また村上忠順編の『玉藻集』に森為泰が撰出した歌の作成者として、「松井言正」「足羽美生」「土岐国彦」「三上吉利」「永雅」の名が確認できる。なお、この手紙は差出し年月日が欠けているが、「国造尊孫君今年七十歳春賀会あり」とみえ、慶応元年であることが判明する。残念ながら「和多田伊後」の名は確認できない。

以下、森為泰の下に集い、松江城下を拠点に活動した藩士たちの動向を追いながら出雲歌学の裾野を探ってみたい。

1　土岐国彦

土岐家は『列士録』に二家確認できるが、国彦は初代「松島佐左衛門」を祖とする家筋、三代目が土岐を称し、その六代目の「土岐佐左衛門」と思われる。五代目の「土岐佐左衛門」は五十歳まで嗣子がなく、天保六年、甥の母里藩家中の「柴田岩衛門」の三男「栄五郎」を養子としている。その「栄五郎」が六代目の「土岐佐左衛門」、通称「国彦」である。

安政二（一八五五）年には江戸勤番となるが、文久三（一八六三）年には家督を継ぎ、二十石五人扶持の待遇を受けている。万延二（一八六一）年には森為泰と「御嶋」探訪の旅に出向いていることを勘案すると、家督を継ぐ以前に本国に戻っていたのであろう。

幸いに土岐国彦の歌は二首、『出雲国名所歌集二編』に載せられている。その一首は「神なびの山の松風末見えて恵曇の浦にさわぐしら浪」である。この歌には「神なびの山」「恵曇の浦」という二つ地名が織り込まれている。「神なびの山」、近世には朝日山の名で通じていた。「恵曇」は『出雲国風土記』に「恵曇郷」「恵曇浜」とみえる古地名であるが、近世においては同地域は『雲陽誌』にみるように宮内、本郷、武代、江角、古浦の諸村で構成されており、一般的に「恵曇」の地名は公的には使用されておらず、影を潜めていたことがわかる。

この歌には『出雲国風土記』に関する素養が必要であり、国彦の『出雲国風土記』への関心の強さがうかがえる。「恵曇」の地は万延二年の「御嶋」探訪の際に立ち寄った「古浦」であり、「神なびの山」は古浦の海岸のから南方にその容姿を見せている。可能性としてその折に詠じられた歌であろう。

国彦のもう一首は「猪像石　宍道郷より狭猪山に」のぼりての「題」があり、「神代より今にかはらぬ宍路なる猪像の石みればたふとし」である。これは明らかに『出雲国風土記』意宇郡条の宍道郷の大国主神の猪狩猟伝承を意識しての踏査であり、史料的には断片的であるが、土岐国彦の和歌は『出雲国風土記』の実地踏査と深く結びついていたことが判明する。

芦田耕一・蒲生倫子氏の『出雲国名所歌集―翻刻と解説―』によれば「土岐国彦は松江藩士。重老・芳久を師とする。生没年未詳」とある。そこでは国彦の和歌の師は、島重老、富永芳久とするが、森為泰ではなかろうか。先に森為泰の手紙に見えた「千竹園」の門人として「足羽美生」「松井言正」「三上吉利」の名前を挙げたが、そこには「土岐国彦」の名前は見えなかった。それは森為泰が村上忠順に手紙を差し出した慶応元年、その差し出したときよりも早い慶応元年八月二十五日に国彦が死去していたからである。今まで「国彦」の「生没年」は「未詳」とされていたが、慶応元年ということは確実である。問題は森為泰の記憶である「八月二十五日」であるが、『列士録』によれば、「国彦」、すなわち六代目の「土岐佐左衛門」は「同（慶応元年）九月朔日於出雲死」とあり、若干の錯誤がみられる。為泰の手紙の中には「井原篤之　文久三亥五月死」のように月止めの記事もある点、『列士録』が藩の公式な記録である点を考慮すれば、「土岐国彦」の死は慶応元年九月一日となろう。

2　松井言正

「松井言正」は『御嶋日記』には「松井會正」とみえているが、為泰書状には「言正」とある。ともに通称なのであろう。

淡路の高階惟昌が安政六年に上板した『国学人物志』は全国の当時の国学者の名前を国別にまとめたものであり、また居住地域を付した国学者人名録というものである。(5)少し時代が遡る個人の名前もみえ、掲載基準がどこにあったかは不明であるが、当時の出雲の国学者、歌人の動向を考える上で貴重な書である。出雲国はじつに八十八名を数え、山陰・山陽諸国の中で最も多く、国学の隆盛ぶりがうかがえる。

その『国学人物志』の出雲国の項に「言正　同　松井榮之允」とみえる。「同」とは松江のことである。松井言正はその点をふまえるとたしかな国学者であったことがうかがえる。森為泰の書状では千竹園門人は二百人を越えていたというが、歌人としても歌道執心者として数指に入っていたようである。

『列士録』によれば松井家は四家あるが、「榮之允」は松井平左衛門を元祖とする八代目にあたる。天保十二年江戸勤番中に死去した父の平右衛門の後、家督を継いでいる。嘉永・安政年間に二度江戸勤番を勤め、安政二年以降は本国出雲の松江城三ノ丸にて御扈従番組に配されている。

文久三年以降は幕末の混乱の中で国境警備の出張が増えており、御嶋に遊学した万延二年はそういう意味で松井言正にとって国学、歌学の世界が最も身近な時期であったと思われる。なお、明治十四（一八八一）年の星野文淑の『出雲名勝摘要』（島根県立図書館蔵）には松井言正の和歌が四首採用されている。

3　三上吉利

三上家は『列士録』に元祖それぞれ三上七郎兵衛、三上玄周とする二家が確認できる。万延二年に御嶋に遊学した「吉利」を想定すると七郎兵衛の八代目の「三上七郎兵衛」が該当人物として浮上する。嘉永二年に家督を継ぎ、その後、武州本牧詰、安政五年には大坂表御警備などを勤める。その後、二年ほど不明であるが、文久元年四月に「御次番」に配されている。元治元年五月には病気で「御次番」を依願御免となる。病気持ちのようであるが、七月には「御備戦士」となり、以後は国境警備で出雲各地に出張をしている。御嶋遊学の旅はちょうど「御次番」に配される直前ということになる。

なお、三上玄周を祖とする家は「玄周」の名前が暗示するように「御鍼医」であり、文政年間に松江藩に出仕した家柄であり、万延二年を念頭におくと二代目の三上周哲が同世代の人物であるが、慶応元年九月八日に死んでいるとされている。

ここで注目したいのは先の森為泰の村上忠順宛の手紙に「三上吉利」の名前が確認できることである。その手紙には慶応元年「八月二十五日（『列士録』では九月一日）」に死去した「土岐国彦」については注書きで「死」とされており、もし周哲が「吉利」であったならば、彼の死は「九月八日」であるので、当然「死」の注が施されたであろう。その点をふまえると「吉利」にあたる人物は、先に触れた八代目の「三上七郎兵衛」となる。三上吉利は森為泰の村上忠順宛の手紙では松井言正と並んで優秀な歌人とされている。細かなことであるが、手紙には「三上吉利　仁多郡出張　松江ヨリ十五里」とある。『列士録』をみると「慶応元乙丑年閏五月廿四日御備就御組替　仁多郡横田口屋固御手当被　仰付同月罷越同十一月帰」とあり、先の想定はたしかなものとなる。皮肉なことであるが、三上吉利が松江に戻った十一月、松井言正が入れ替わりで「仁多郡横田口屋」に出向いている。

4　和多田伊後

和多田伊後は『御嶋日記』では同行人物の中では松井會正・三上吉利・土岐国彦の次に紹介されており、為泰の子息永雅とともに若年層であったと思われる。伊後と永雅は率先して動き、御嶋においても他の者が恐ろしく躊躇する荒岩を登るなど若者の行動をとっている。残念ながら伊後の歌は歌集などに残されておらず、「千竹園門人」の中には名は見えていない。ただし、門人は二百余人もいたといわれており、若き将来を期待されていた門人の一人であったと思われる。

和多田家は幕末時に三家確認できるが、和多田奥八の元祖、寛永年間の和多田小右衛門の家筋が本家で、分家した和多田淵蔵、十兵衛の二家があった。本家の石高は他の二家の百石に比し四百五十石で奥八の父が長年の功績で「格式中老」職に抜擢されたことによる。

和多田三家の中で「萬延二年（一八六二年）」に若者であった人物を探すと、まず注目されるのが分家の「和多田淵蔵」である。「淵蔵」は慶応元年、藩侯の内命により修道館助教の桃好裕とともに九州地方の学事諸制度の視察に出向いている人物である。その淵蔵は嘉永四年の古志原の軍用方勤務、その後、安政三年まで武州の本牧警備を勤め、帰郷後の安政五年、父の死後家督を継ぎ、大番組に配されている。『列士録』ではその後、「万延二年」を含んで、文久二年までその動静は不明である。

もう一人可能性があるのは本家の「奥八」その人である。父、八代目の和多田何右衛門が文久元年十二月六日に没し、八日に父の遺跡四百五十石を継いでいる。文久元年とは万延二年であり、御嶋遊学は父の死の九カ月前にあたる。もし「奥八」が「伊後」であるならば未だ家督を継ぐ前ということになる。

今、両者のうちどちらが「伊後」にあたるのか最終判断を持たないが、「淵蔵」が「伊後」であるならば慶応元年の頃、三十歳前後と思われるが、果たして九州視察の重職を任されたかという疑問が起こる。しかし、視察一行の責任者と思われる桃好裕も慶応元年時に三十二歳であったことは念頭に置いておきたい。

5　足羽美生

御島の旅には事情により不参加となった足羽美生《あすはびしょう》であるが、『国学人物志』に出雲国学者八十八名の中に「美生同　足羽唯助」とみえる人物である。『出雲国名所歌集』二編に「天下つくり給ひし神の代をあふげば高し日隅の大宮」の一首が採用されている。その他、中澤伸弘氏によれば『類題鴨川集』・『三熊野集』・『類題青藍集』・『詠史玉藻集』にも選歌されていることがわかる。森為泰から村上忠順宛の手紙で示された「千竹園門人席順」において「此人別ハ御出題等アレハ何時　詠テ可差出社中ナリ」として「格別執心」者として最初に名を残しているのが美生である。芦田耕一・蒲生倫子氏の注によれば「松江藩士。嶋重老、森為泰らを師とする。生年未詳、一八八七頃没」とされている。

松江藩には足羽家は元祖を足羽弥兵衛とする一家だけであり、初代が嘉永三年に没しており、『列士録』によれば万延二年に御嶋に遊学できるのは二代の「足羽丈左衛門」であることが判明する。「丈左衛門」は嘉永四年の家督

（八十石）を継ぎ、留守居番組に配され、その後古志原の砲術訓練にかかわり、数度の褒美を受けている。足羽家の「家伝」は「棒火矢」であり、主に砲術で奉仕していたことがうかがえる。その勤務は文久二年八月の京都御固所番役を命じられるまで続いていたようである。森為泰から御嶋遊学を誘われたのは京都に上る二年前であり、古志原勤務という中で行われたのであろう。その後は隠岐騒動の渦中「隠岐代官役」として「家内」とともに隠岐に渡り、隠岐の農兵砲術指導など慶応三年までその任務を遂行している。その年、功績が認められ「花葵」の御紋の使用を代々認められている。

Ⅶ　藩士の任務と国学・歌学

万延二年の御嶋遊学、ただ一日の遊学であった。森為泰を始め一行の面々は皆松江藩士であり、今にいう地方公務員である。幕末の混乱、松江藩には異国船の来航、そして幕府と長州藩の対立、倒幕運動の展開、隠岐騒動の勃発、藩の命運を左右する事態が起きる中、江戸・大坂・京都へと派遣され、戦士として活躍した忠実な武士であった。

そういう時代の流れの中においても、それぞれ藩士は先祖以来の職務を継承し、武術の訓練を行いつつ、一方において国学・和歌にも精励したようである。その藩士の動向は特に松江藩において顕著のようである。

安政六（一八六〇）年、淡路の高階惟昌が著した『国学人物志』は国ごとの「国学」者の名前を集成した名簿録である。因みに中国地方では但馬四人、因幡三十二人、伯耆八人、石見十六人、美作六人、備前八人、備中十八人、備後四人、安芸八人、周防三十二人、長門十六人であるが、出雲はじつに八十八人を数える。もちろん、幕府の所在する武蔵百六十二、山城は百二人であるが、地方の国としては飛びぬけて輩出していることがわかる。注目すべきは伊勢が本居宣長を含め九十八人の多数を抱えていることであろう。そこには伊勢神宮の存在、伊勢神道の影響が読み取れよう。

伊勢に及ぶ八十八人の出雲の場合、そこに出雲大社、出雲国造家の存在を読み取ることができるであろう。出雲と国学といえばその土壌は『出雲国風土記』そのものである。江戸初期から始まった『出雲国風土記』の研究が江戸後期に本居宣長の影響のもと出雲大社の千家俊信を中心に国学として整い、そして和歌という交流手段を通して隆盛したと思われる。

また親藩大名の松江藩松平家の存在も注目される。松江藩最後の藩主松平定安は朝鮮人参栽培などによる藩財政の再建、学問奨励など積極的な藩政改革を展開した。そういう生き方の一面なのであろうか、幕末の混乱期、長州征討が行われる二カ月前、慶応二年三月二十九日、松平定安が主催した春祝の歌会を主催している。歌会においては和歌と一体化した『古事記』、『出雲国風土記』の講義も行われている。

その会に姿を見せ主導した市川虎市・森勘兵衛・横山永福は当時の松江藩国学・和歌の中心人物であり、四十人の藩士も参加している。その藩士の中には松田言正・三上吉利・和多田伊後・足羽美生、そして森永雅も含まれていたのであろう。

幕末から明治、時代の大転換という事態の中でも出雲は国学の精神でその危機に対応が可能と思っていたのであろうか。

註

（1）中澤伸弘『徳川時代後期出雲歌壇と國學』（錦正社、二〇〇七年）。
（2）『國學者傳記集成』（名著刊行会、一九七八年）。
（3）藤井準一郎『市内墓しらべ』（一九三九年）。
（4）芦田耕一・蒲生倫子『出雲国風名所歌集―翻刻と解説―』（ワン・ライン、二〇〇六年）。
（5）高階惟昌『国学人物志　初編一冊』（安政六年・一八五九年）。

第三章　横山永福・人と学問

Ⅰ　生没年不詳

『出雲国風土記』の研究は近世初頭に産声をあげ、近世を通して確実な成果を蓄積してきた。その代表的な研究は天和三（一六八三）年の岸崎時照の『出雲風土記鈔』であるが、その後、出雲地域に本居宣長の国学が出雲大社千家俊信を介して導入されたことを契機として、多くの『出雲国風土記』に関心を抱く研究者が輩出した。

今、ここに岸崎以降、近世末まで『出雲国風土記』に関心を寄せた国学者の生没年を表25にしてまとめたが、その中でただ一人生没年不詳の人物を見出すことができる。その人は『出雲風土記考』を著した横山永福である。横山永福の『出雲風土記考』の特色は徹底的に現地を歩くところにあり、「研究」というより「調査」という言葉が相応しいものであった。

生没年不詳という事実が語る「謎の国学者横山永福」が歩んだ道を訪ね、その学問の足跡を追ってみたい。また『出雲風土記考』が生まれた人的環境も再現し、幕末の混乱期にも静かに展開していた出雲の国学の底力を感じてみたい。

Ⅱ　横山永福著『出雲風土記考』の評価

今まで横山永福その人に言及した研究はなく、あるとしても著作の『出雲風土記考』にかかわる説明である。

朝山晧「出雲国風土記註釈書解題」（『出雲』三、昭和十四［一九三九］年）

永福は松江藩の地方であつたといふが、彼は通称又兵衛といひ享和の頃郡奉行を勤めてゐた者と血縁の間ではな

表 25　近世国学者生没一覧表

本居宣長	1730	1801
小篠御野	1728	1802
春日信風	1751	1810
内山真龍	1740	1821
衣川長秋	1766	1822
千家俊信	1764	1831
齋藤彦丸	1766	1854
岡部春平	1794	1856
大国隆正	1792	1871
金築春久	1804	1872
千家尊孫	1794	1873
森		1875
富永芳久	1821	1888
横山永福		?

かろうか。列士録を調べたら分かるであろう。兎に角、その研究は既に鈔、解など先人の研究を土台の上に立てればよかつたのだから、比較的容易だつた點もあつたろう。又、その役儀の上で国内実地調査の便があつた點もあらうが、今日の研究者の材料となる所が多い。出雲風土記の研究者としては鈔と共に是非一見しておかねばならぬ書物である。

田中卓「出雲国風土記諸本の研究」（『出雲国風土記の研究』、昭和六十三［一九八八］年）

島根県史によれば、永福は天保の頃の松江藩士にて地方役を勤めし人といふ。（略）而してその註釈も、主として風土記鈔と風土記解により、それに若干補説したもので、特に採るべき卓説も余り認めがたいやうである。

島根県古代文化センター調査報告書Ⅰ『出雲国風土記の研究Ⅰ　秋鹿郡恵曇郷調査報告書』（平成九［一九九七］年）

朝山晧氏によれば、永福は「通称又兵衛といひ享和の頃郡奉行を勤めてゐた者と血縁の間ではなかろうか」と推測されているが、詳細なところは現在不明である。本書の成立年代は明らかでないが、秋鹿郡大野津社の条に「宇智社の神主家原大弐語りけらく、四五十年前弘化三年より海の方夜々光り」てとあり、恐らくは弘化三年（一八四六）を下らない時期に成立したものと考えられる。（略）本書の注釈について田中卓氏は「主として風土記鈔と風土記解により、それに若干補説したもので、特に採るべき卓説も余り認めがたいやうである」とされているが、秋鹿郡深田池の条のように、実地を踏査して検証したと思われる箇所が随所に見られ、注目すべき注釈書といえよう。

以上の三見解は重なり合いながら、まったく意見を異にする部分もあり、微妙である。諸見解をまとめれば、横山永福は「享和」「天保」の頃の人、松江藩の地方役、通称は「又兵衛」という三点、『出雲風土記考』の成立年代については詳細は不明であるが、弘化三（一八四六）年を下らない時期ということになろう。

『出雲風土記考』の注釈書としての評価は『出雲風土記鈔』『出国風土記解』の補説であり、「特に採るべき卓説も余り認めがたい」、「実地を踏査して検証したと思われる箇所が随所に見られ、注目すべき注釈書」というとらえ方もあり、一定していないようである。

このように評価が分かれるのは、未だ誰一人として『出雲風土記考』を通覧していないことによるのであろう。『出雲国風土記』の研究者はいるが『出雲風土記考』の研究者はいないのである。今後の研究のあり方としては感想的な見解を積み上げるのではなく、まずは『出雲風土記考』を読み切ることである。横山永福個人に関しては朝山晧氏の「列士録を調べたら分かるであろう」という提言を受け止めるべきである。

Ⅲ　小村和四郎『風土記社参詣記』の「横山老人」

拙著『古代出雲への旅』で紹介した小村和四郎重義の旅日記『風土記社参詣記』は近世に書かれた諸『出雲国風土記』研究の中でも最も「生活誌」的であり、思いがけない貴重な情報を提供する史料である。

平田在住の小村和四郎は慶応二年、『出雲国風土記』、そして『出雲神社巡拝記』の自作抜書きを手に風土記社参詣の旅にでた。参拝地域は『出雲神社巡拝記』の案内順路に従い島根郡から参拝、調査に入り、まずは島根半島東部を一巡している。和四郎は松江市比津の突貫大明神（風土記社の比津社に比定されている）を参拝した折、「代宮家（宮司家）」で若き神主・入江歓之助から聞いた話に関心を抱き、その内容を詳細に書き残している。

昨廿九日、殿様被為在候ニ付、士列并ニ神主而已出席被仰付候ニ付、四拾人都合の由、御入之砌、春祝といふ哥の題被為出。出詠に廿三首、市川、森勘兵衛両人加筆いたし候様御直に被仰付候由。

講釈

古事記の序文　古道の道　市川先生
風土記　出雲となつくる処　横山老人
古事記　白兎のくたり　国谷神主

入江歓之助

右に付、市川先生始メ修道館懸りの人びと恐悦之由。歓之助咄にて承り、目出度事故書記置候。

これによれば慶応二年三月二十九日、修道館において「横山老人」が『出雲国風土記』を用いて「出雲となつくる処」という論題で講釈を行ったことがわかる。この入江歓之助の口から出た「横山老人」はその講釈の内容からみて横山永福その人であろう。

朝山皓氏が横山永福の通称とした「又兵衛」なる人物であるが、朝山氏が重要性を指摘した『列士録』を通覧すると、たしかに横山三郎兵衛を元祖とする横山家の三代目に「横山又兵衛」が認められる。しかし、その「又兵衛」は嘉永二年に没しており、「横山老人」にあてることはできない。

松江藩士の中には三郎兵衛の家流以外にも二系の横山家が認められるが、注目されるのは元祖を横山「清兵衛」とする横山家である。『列士録』によればその横山「清兵衛」の本国、生国とも出羽国であり、寛文の頃に松江藩に仕えたという。その「清兵衛」の横山家は二代少左衛門、三代半兵衛、四代清兵衛、五代織衛、六代清兵衛、七代三保太と家督を継ぎ、明治維新を迎えている。

六代「清兵衛」は天保二（一八三二）年に家督を継ぎ、大御番組に編入、天保十一年には十カ年皆勤にて賞せられるなど勤勉実直な藩士であった。その後、嘉永六（一八五三）年三月十二日には隠居を願い出て、子の三保太に家督を譲っている。隠居後に「清兵衛（清衛）」は「百衛」と改名したことも判明する。この「清兵衛」こそ『風土記社参詣記』にみえる「横山老人」である可能性が高い。

「横山老人」とともに名を残す「市川先生」とは『列士録』によれば、天保二年に家督を継ぎ、慶応元年六月二十三日に本務以外に「国学指南役」、そして同八月に「修道館懸り」も併せて任命された「市川虎市」のことであろう。市川虎市は「出詠は三首、市川・森勘兵衛両人加筆」とあるように和歌の世界でも一目置かれていたようである。その市川虎市こそ『出雲国名所歌集一編』にみえる「大八州国つくらし丶大神はうべも恵のおほやしろかな」を詠った「市川末広」と考えられる。

森勘兵衛は「春夜の月山桜このころは華もおぼろにさぞ匂ふらん」を載せている歌人、『御島日記』の筆者の「森為泰」と思われる。「勘兵衛」は為泰の通称であり、出雲大社の千家尊孫に師事し、松江藩の歌学訓導となった人物である。

松江藩の歌学の中心にある市川・森と交流があった横山永福も歌を詠み、「ときはある琴引山の松風も秋のしらべことに成にける哉」の歌が『出雲国名所歌集二編』に入集されている。歌の世界でもつながった市川・森、そして横山の関係は公私ともに深かったと考えられる。

『列士録』の横山家の六代「清兵衛」に関する記述は先に述べた程度であり、情報は少ない。しかし、「清兵衛」についてては隠居後の動静が幸いに子の「三保太」の項に比確的詳細に残されているのである。

a　父清兵衛慶応元乙丑年十月十三日市川虎市留守中、国学所相弟子懸引被仰付旨於修道館被仰渡之。
　　同日国学代講相勤ニ付於修道館ニ百疋被下之。

b　父百衛慶応二丙寅年六月九日市川虎市出陣留守中国学所相弟子懸引被仰付。

慶応二丙寅年十二月廿日市川虎市留守中代講就相勤百疋被下之。

父百衛明治二己巳年十二月五日市川虎市留守中相弟子懸引被仰付。

明治二己巳年十二月十九日市川虎市留守中代講就相勤於修道館百疋被下之。

c

この一連の史料は修道館懸の市川虎市が留守の際は必ず横山清兵衛（百衛）が代講していることを物語っている。隠居身分にあった横山清兵衛がその都度に臨時出仕し、その欠を補ったものと思われる。ここでは慶応元年から明治二年に関しての記録が残るが、小村和四郎が入江歓之助から聞いた修道館の「咄」は慶応二年三月十九日であり、そのときは市川「先生」と横山「老人」が同席していたことがわかる。その後についての情報はなく、『列士録』で横山清兵衛の生存が確認できるのはその明治二年十二月十九日までである。

明治十四年に出された谷口為次の『島根儒林伝』に載る「松江藩学事暦」をみると明治二年四月二十六日のところに「中村文太夫皇学助教試補ニ、横山百衛同訓導ニ轉ズ」とみえる。(1)「中村文太夫」とは中村守手のことで当時、修道館皇漢学部門において教授の桃好裕の下で、主に皇学を担当していた。永福、すなわち百衛は再度、乞われてその皇学の訓導として一翼を担っていたのであろう。

なお、『雲藩職制』に載る明治三年度の「御給帳」を通覧すると、四等列下の項に「修道館訓導職金貳十五両　横山百衛」と氏名、そして待遇が記されている。(2)因みに「市川虎市」は「少参事　刑法掛　加米六俵職米一九四俵」、「森勘兵衛」は横山永福の後に名が記され、同じく「修道館訓導職金貳十五両」とみえる。その待遇はともかく、ここで注目しておきたいのは横山永福が明治三年まで生存していたということである。

なお、修道館は明治五年に閉館されるが、その間、人事の異動において横山百衛の名前はみえない。(3)五年四月二十九日に行われた修道館最後の教官会議に横山百衛の姿もあったのであろう。

資料による限り、横山永福の姿を追えるのはそのときまでである。

Ⅳ　横山永福の学問

横山永福の『出雲風土記考』の評価は未だ一定せず、「その研究は既に鈔、解など先人の研究を土台の上に立てればよかつたのだから、比較的容易だつた」、「その註釈も、主として風土記鈔と風土記解により、それに若干補説したもので、特に採るべき卓説も余り認めがたいやうである」との見方もある。しかし、その評価の前に『出雲風土記考』そのものを「読む」ことが基本であろう。今まで、管見の限り研究者が『出雲風土記考』を通読した形跡はみえないのである。

横山永福の研究はたしかに先行研究の岸崎時照『出雲風土記鈔』、内山真竜『出雲風土記解』、千家俊信『訂正出雲風土記』を座右にして展開されたことは確実である。ただし、永福は序において「世に伝はれる梅舎本（筆者註・千家俊信『訂正出雲風土記』）是は近きとし正されしかと誤いと多し」、「天和の頃岸崎時照と云人の抄本あり是も正しからず」、そして「その吉」は採るとの基本方針を示している。

永福が最も参考にした『出雲風土記解』に関しては、「内山翁」「内山翁説に」として見解を引用し「此の人の説を記して後、己れが考をいふべし」、また内山説の校訂「八十足」を引用し、「己れは百千足の方によれり」と述べ、「其故は」と続け、自説を展開する。

そのように先行研究業績に関して単に依存することなく、一つ一つを検証する姿勢がうかがえる。

1　永福の「行見」という現地調査

永福の研究の最大の特色は現地調査にある。永福は、先行業績の岸崎時照『出雲風土記鈔』そして内山真竜『出雲風土記解』、千家俊信の『訂正出雲風土記』を検討するにあたり、「(朝酌郷項で)鈔に相当本庄・新庄西村之中とあれといづことといふは記されず、故行見て能考ふるに土人にも其伝残りて語れり」とあるように、現地に赴き、地域の人びとの情報を集め、それを自らの足で確認する方法をとっている。

また『新撰姓氏録』にみえる垂仁天皇皇子の誉津別伝承にみえる「宇夜江」に関しても現地に赴き、「見るに此山の下までも江なり」と伝承故地の地理的環境を確認している。それは史料の世界、そして先行研究を単に机上ではなく、「行見（永福が好んで使用する言葉、単に現地に行くのではなく、そこで情報を得て考察すること）」して、大地に戻し、そこで「能く考」える研究姿勢であり、不確かな場合は「己度々行見」る完璧性もうかがうことができる。

出雲国が東西に長いことは『出雲国風土記』の「東西は一百三卅九里一百九歩」でわかるが、南北はそれを上回る「南北は一百八十三里一百七十三歩」もあるという思いがけない事実を知る。この南北の長さは、単に長さに止まらず、南へ行けば行くほど山間部に入り、備後国との堺「青垣山」へと奥深き世界をともなう。交通手段がなかった時代は出雲国南部、いわゆる雲南三郡、飯石・仁多・大原郡は松江びとにとっては遠い「くに」であったと思われる。そのことは近世の国学者にも大きな足枷になったと思われる。

近世初期の出雲に関する最古の地誌、黒澤石斎の『懐橘談』、享保年間の地誌、黒澤長尚の『雲陽誌』をみると、その足枷が雲南三郡、特に飯石・仁多に関しては重く、記述内容が薄くなっていることを感じる。

横山永福の「行見」の地域はその記述内容から推し量ることができる。今、その地域を推定する。

意宇郡

安来郷・毘売埼・宍道郷・野城駅・山代郷新造院・熊野大社・夜麻佐社・羽島・熊野山・青垣山・長江山・津間抜池・粟島

島根郡

朝酌郷・片結郷・加賀郷・法吉郷・千酌駅・伊奈頭美社・勝間社・法吉陂・前原陂・張田池・口池・邑美冷水・蜈蚣島・和多々島・美佐島・美保浜・玉結島・大島・葦浦浜・手結埼

秋鹿郡

秋鹿郡・恵曇郷・佐太川・比多社・大野津社・奴多之社・山田川・名原川・草野社・恵曇池・深田池・杠原池・峰峙池・恵曇浜・御島・都於島・著穂島

楯縫郡

楯縫郡・佐香郷・神戸里・神名樋山・宇加川・麻奈加比池・赤市池・許豆浜
出雲郡
建部郷・漆沼郷・河内郷・杵築郷・宇賀郷・御魂社・神名火山・子負島・怪聞崎・二俣島・薗長浜
神門郡
古志郷・滑狭郷・多伎郷・狭結郷・奈売佐社・知乃社・浅山社・阿利社・吉栗山・宇比多伎山・稲積山・陰山・冠山・多伎小川・笠柄池
飯石郡
熊谷郷・飯石郷・穴見社・琴引山
仁多郡
三處郷・三澤郷・三澤社・玉作社・須我非社・灰火山・遊記山
大原郡
屋代郷・佐世郷・海潮郷・斐伊郷・矢代社・幡屋社・須賀山・船岡山・御室山

以上、『出雲国風土記』の項目に合わせて永福の巡回地を示したが、彼の足跡は意宇郡の山間部から島根半島の東端の美保関、同半島の北海岸、西は石見との国堺、雲南地域でも飯石郡の琴引山、仁多郡でも国堺の遊記山に残されており、出雲国全体に及んでいることがわかる。

その記述は「今宍道町の西に南方大原郡に行路あり其を三四町行て東の方なる山に登れは池あり池を通りて少し行は松山の内に二ツ猪の形をした石あり（意宇郡宍道郷）」というように詳細な箇所もあり、「松笠より八重山へ詣る路の左なる草むらに一尺計の御社あり（飯石郡穴見社）」にもみえるように自身が歩む進行方向の「右・左」で所在地を示す臨場感あふれる報告を特色とする。

また山に関してもすべてを登ったとは思われないが、「己れ此山に登りて見るに山上平らにしていかなる大社にても建つべき土地なり（意宇郡熊野山）」、「水、流る水上に登りて見るに田処のあまり水なり（神門郡宇比多伎山）」、「今山に登て登り考ふるに……石神左なるは御琴の岩なり……峯に登れは広き草原にて……佐比売山に似たり（飯石郡琴引山）」というようにきわめて具体的な説明を付す。

島根半島の海岸においては陸上観察ができない場合は、「今、ヒイコ穴といふ船にて行見るに阿やしき処なり（島根郡手結浦）」、「嘉永五年四月川下村にて出船にて行見る（出雲郡宇賀郷）」とあるように船に乗り、調査していることも判明する。

その現地調査は、「己れも度々行きて聞くも（神門郡冠山）」、「弘化二年詣でしに……嘉永三年詣でし時は石垣新に造り（飯石郡飯石郷）」とあるように満足するまで調査を続け、最終的に調査ができなかった所に関しては「予見されは其のさま記されす（楯縫郡）」と説明を付す学問的な姿勢を示す。

2　永福の学問環境

永福が参考にした典籍としては出雲風土記鈔・出雲風土記解・訂正出雲風土風土記・肥前国風土記・伯耆国風土記逸文・丹後国風土記逸文・伊予国風土記逸文・和名抄・延喜式・令義解・続日本紀・日本後紀・三代実録・文徳実録・伊勢物語・土佐日記・竹取物語・大和物語・源氏物語・狭衣物語・国造系図・万葉集抄（仙覚）・東寺秘蔵古文書・日本紀私紀・玉勝間・古事記伝・後釈出雲風土記・古史徵・雲陽誌・海国兵談・土工記・桃洞遺拾（紀伊国小原八三郎良直著）・山彦草子・大和本草・本草啓蒙・神代紀考証・雲中略記・出雲鍬・雲陽大数誌・雲陽軍実記・陰徳太平記・林木社記などが挙げられる。漢籍としては前漢書地理志・玉篇が引用されている。

また書名は見えないが人名が挙げられているのは、岡部春平・児玉久徳・山本光尊（山本安良、松江藩医学館『出雲風土記物産解』の著者）・伊勢貞丈・高井才助・賀茂真淵・千家清足（松舎翁）がいる。

児玉久徳は「己が門人児玉久徳」とみえ、横山永福の弟子である。永福は数カ所で児玉久徳について言及しており、弟子の見解を重用する姿勢を示している。久徳の見解は島根郡和多々島、出雲郡出雲大川・西方江・大方江、神門郡神門水海の条にみえ、「児玉久徳が記」とみえることから書の体裁をとっていたものと思われる。

『列士録』をみると、「児玉」家は一家しかなく、永福の「弟子」という年代、年齢に注目すると児玉家では五代目の「児玉寛平」が浮上してくる。父の平九郎は軍方であり、江戸・大坂での防衛の任にあたり、最後は山城で息を引き取るが、寛平は弘化四年に「地方見習」で出仕し、「地方御用出郷」「地方竿頭」など一貫して地方役であり、ほぼ出雲国内で検地などの村政に関与していたことが判明する。そういう中でも島根・楯縫・出雲・神門地方に縁があったようである。

寛平は万延元年夏の「楯縫郡洪水」で十一月に「出郷」し、慶応元年まで楯縫郡の郡農政にあたっていることがわかる。当時の楯縫郡は広大であり、先の出雲大川・西方江・大方江は児玉寛平の管轄地に含まれていたのである。その寛平、すなわち「久徳」の現地での滞在は長期にわたり、その役儀の狭間で行われた調査は聞き取りを含め貴重なものであったと思われる。「児玉久徳が記」のあり方は不明であるが、手にした師の永福を納得させるものであった。今もどこかで眠っているのであろう。

先に言及した『出雲国名所歌二編』には「児玉篤恭」という人物の「ほのぼのとよみしまかけて霞むなりとのえの関を春やこゆらん」との歌が入集されている(4)。同じ「児玉」姓である。芦田耕一氏によれば児玉篤恭は松江藩士、生没年は未詳という。ここで注目すべきは篤恭の歌で詠われている「よみしま」「とのえの関」である。「よみしま」「とのえの関」は『出雲国風土記』島根郡条にみえる「戸江剗　郡家の正東廿里一百八十歩なり。島にあらず、陸地の浜なるのみ。伯耆の郡内の夜見島に相向かはむ間なり」にみえる「夜見島」「戸江剗」のことであり、『出雲国風土記』に関する知識がないとこの歌は作れないものである。

「戸江剗」は『出雲国風土記』によれば「和多々島」とほぼ同所にあり、その「和多々島」に関しては永福の『出雲風土記考』には「門人児玉久徳の行見て今は陸地なれども島といふべき土地なりとかたり」とあり、明らかに「久徳」が赴いているのである。児玉「篤恭」、児玉「久徳」が松江びとにとってあまり用事がない島根半島の同所に出向いていたのは偶然ではないであろう。松江藩士には「児玉」家は一家であり、「篤恭」と「久徳」は同一人物と考えられる。先の一首は調査の折に詠ったものであろう。

松江市万寿寺境内に建つ元禄庚午年の岸崎時照顕彰碑の脇に後世に寄贈された石柱におぼろげながら「児玉久徳」の刻銘を読み取ることができる。多分、児玉久徳は松江城下居住者なのであろう。安政六年、淡路の人、高階惟昌が編纂した『国学人物志』を開くと「篤恭同　児玉平九郎」とみえる。「同」とは前項者と同じということで「松江」在住のことである。

久徳の「和多々島」調査であるが、『列士録』にみえる地方役儀の傍らに行われたのであろう。この「和多々島」調査に関して久徳は師の永福に「かたり」、詳細に報告したようである。刺激を受けた永福は「己れも行見て考」え、久徳の見解に惹かれたのである。

なお、「久徳」「篤恭」「平九郎」、すなわち児玉寛平は『雲藩職制』にみえる明治三年度御給帳の「五等列上」項に「租税司部　職米三十俵　児玉寛平」として名を残している。お気づきであろうが、拙著が渡部彝の著とした『出雲神社考』弘化三年跋文はこの児玉篤恭のものであった。

その他で注目すべきは、楯縫郡多久川の項に「師は鹿園寺川と云はれき」とみえる「師」である。その他にも数カ所「師」「師説」の記述がみえ、簡略に「師」の説を紹介する。ただし、その「師」の氏姓に、身分に関しては一切言及することはない。

「師」に関する一番詳しい記載は意宇郡熊野山の項で「天保九年卯月十日に師の御供もして登れり」である。記述からは直にうかがえないが、当然のこととして熊野山登山の入口に鎮座する熊野大社にも参拝したであろう。

芦田耕一氏は『出雲国名所歌集・翻刻と解説』で横山永福に関して「横山永福は松江藩士、清兵衛と称する。尊孫を師とする」と説明する。「尊孫」とは出雲国造の千家尊孫（たかひこ）のことである。尊孫は寛政四（一七九二）年生まれ、天保三年に尊之から国造を継ぎ、明治二年に子の尊澄に譲るまでその職にあり、明治五年に没している。

尊孫は幕末から明治初期の出雲歌壇を主導した歌人であった。その歌道は千家俊信に学び、また国学にも造詣が深く、間接的ながら本居宣長の影響を影響を受けているといわれている。(5)永福の没年は未詳であるが、「師」の尊孫よりも年下ではなかろうか。尊孫の弟子には前述した「森勘兵衛」、すなわち「森為泰」がいるが、「為泰」の生年は芦田氏によれば文化七（一八一一）年とされており、尊孫より十七歳年下であった。永福の年齢を考える上で少しは参考になるであろう。天保九（一八三八）年、永福は「師」の御供で熊野山に登っているが、そのとき、「師」の尊孫は四十九歳であった。

3　『出雲風土記考』の成立年代

今まで『出雲風土記考』の成立年代に関しては明確な見解はなく、前述したように弘化三（一八四六）年頃ではないかという程度であった。

今、『出雲風土記考』を手に通覧すると、横山永福は年期が判明するところでは、天保九・十三・十四年、弘化二・三年、嘉永五年、そして文久二年に『出雲国風土記』の調査で出雲各地に足を運んでいることがわかる。

成立年代と想定されていた弘化三年以降も横山永福は楯縫郡宇賀郷に出向き、「嘉永五年四月川下村にて出船にて行見」て、村人の語りに耳を傾け、また大原郡須賀山に向かい、「文久二年此須賀山に登りしに引坂村にて意宇郡熊野村の内、岩ぶろと云ふにつきける」とし、須賀山の頂上を制覇している。じつに文久二年は弘化三年より十六年も後の西暦一八六二年であり、『出雲風土記考』の成立年代は当然それ以降ということになり、今までの推測を大幅に修正することになる。

文久二年といえば永福が子の三保太に家督を譲った嘉永六年からじつに九年後である。その間の永福の動静は不明であるが、調査は継続されていたのであろう。文久二年三月二十九日に藩校修道館で行われた春祝の会合において講演した「横山老人」はそのときの永福の自由な学者としての姿であったのであろう。慶応二年、永福が修道館から不在の市川虎市に代わって国学講師として出講を依頼されたのはまさに「横山老人」として悠遊の学者生活を送り、そしてその時点までに『出雲風土記考』を完成させていたからであろう。

V　横山永福に学ぶ

横山永福について認めてきたが、本章は未だ稿の域をでない。「謎の国学者」横山永福は謎である。生没年未詳、また『出雲風土記考』の成立年代も不明であり、今後の課題として残された。

現在、筆者はその解答を求めて横山永福の奥津城をもとめて歩いている。永福の居住地は『国学人物志』によれば「永福同　横山清兵衛」とみえ、松江城下であることがわかる。残念ながら昭和十四年に出された労作藤井準一郎氏の『市内墓しらべ』には横山家の情報はない(6)。すでに松江市西部の天倫寺・清光寺・月照寺・正覚寺・方眼寺・竜徳寺・龍雲寺、北部の万寿寺・桐岳寺・千手院、南方の寺町の常教寺・長満寺・明宗寺・園照寺、そして新町の洞光寺などの墓地を廻り、墓石の一つ一つに「横山」家の刻銘を探し、二家の横山家を見出したが、残る永福につながる墓石には、未だ出会うことはない。

近年、墓地も様変わりであり、子孫が不明の墓も増え、また古い墓は寄せ墓となり、古い墓石の刻銘を見ることが困難になってきている。また個人情報保護のために、お寺での聞き取りも難しいというのが現状である。墓地を歩き、墓石の間を廻るとき、人びとの流転の歴史を感じるが、変わらぬ永福の「行見」を継承したいという思いが強くなってくる。

ただし、寺院墓石の調査では不十分なのかもしれない。可能性として寺院墓地ではなく、横山家の墓地があるのかもしれない。横山永福は『出雲風土記考』の意宇郡教昊寺の項で国学者らしく「寺は外国のものなれば巻末に記されて事足りぬるに御社よりも前に記されしはあかず口おしきことなり」と述べており、仏教への排他的な文言を考慮すると、神葬の可能性も否定できない。

横山永福はじつに明治初年まで史料上に足跡を残しているのである。永福の子孫にその足跡が今も聞こえていることを願いつつ、まずは松江市内の寺院を継続的に逍遥しようと思う。この期を逸すると寄せ墓、墓石劣化で「時遅し」、永福は遠い存在になろう。永福の『出雲風土記考』の叙述の中にすでに指摘したように「右」「左」という表現が多々見られる。方向を示すのに「東西南北」ではなく、調査で足を進める永福自身の右手、左手を用いる独自の表現方法である。それは彼が「見た」「聞いた」「感じた」、当日の真実であり、臨場感あふれた今に色あせることがない報告である。

しかし、永福が歩いた風土記の故地の景観、地形が変わり、永福の報告が宙に浮くことが多くなってきたのも事実である。調査の過程でしばしば「時遅し」を感じることもある。明日にはないものも「今」は眠っている。その眠りを覚まさせるために「行見」ることが大切なのであろう。

なお、最後に旧島根県史編纂資料（近世筆写編）に謄写されている『阿位の見聞雑誌』（大正二年以前）に「去年（筆者註・明治八年ヵ）秋地方官員横山某調して山頂なる烏帽子岩（古来土人之を神跡と申伝ふ又七本の栂木此岩を繞立するを以て七本栂とも云う）を神陵と定めて方十五間の陵域を建られける」とみえる。この「地方官員横山某」は比婆山陵の認定に携わった歴史に詳しい人物であり、仕事的には横山永福の可能性もあるが、果たして年齢的にどうであったか疑問符がつく。今後の横山永福研究の素材として示しておきたい。

註

（1）谷口為次『島根儒林伝』（覆刻　飯塚書房、一九七七年）。
（2）玉井儀之丞・早川仲『雲藩職制』（歴史図書社、一九七九年）。
（3）池橋達雄「幕末維新期における松江藩・松江県の教育―修道館体制の成立と廃止を中心に」（『山陰史談』一三、一九七七年）。
（4）芦田耕一・蒲生倫子『出雲国風名所歌集―翻刻と解説―』（ワン・ライン、二〇〇六年）。
（5）大谷従二「歌人千家尊孫」（『大社の史話』五六）。
（6）藤井準一郎『市内墓しらべ』（一九三九年）。

第四章　春日信風の基礎的考察

Ⅰ　『和甘草』

出雲市下古志町に鎮座する比布智神社の宮司である春日家が島根県立図書館に寄贈した文書の中に、小冊子の『和甘草』がある。奥付に「文化五年戌辰仲夏　春日信風」とある。春日信風は江戸時代後期の国学者であり、『出雲国風土記』の研究等多くの業績を残している。しかし今までの『出雲国風土記』の研究において春日信風の研究を取り上げたのは後藤蔵四郎、そして佐太神社宮司であった朝山皓氏を除いてほとんどいないという現実がある。

春日信風自身に関する研究は幸いに朝山皓氏の緻密な「春日信風」論があるが[1]、そこに『和甘草』は見えない。本章は朝山皓氏の研究に導かれながら新出史料『和甘草』にみられる新たな知見を加味し、春日信風の生涯、そして学問について概観してみたい。

Ⅱ　春日信風の歩みと学び

春日信風の生涯に関してはすでに朝山皓氏の論文があるが、春日信風の業績を紹介、検討する中で言及する形であり、そこから年譜的な形での理解を得ることは一作業となる。ここではその年譜的な方法で、朝山氏の仕事に学びつつ新たな知見を加えながら信風の生涯とその学びについて追ってみたい。

信風は「出雲国神門郡古志村比布智神社」の社官であった春日紀重の嫡男として宝暦元年、一七五一年に誕生している。名は幼名を友太、元服時に延尹、通称を由緒・織部・大江・真澄、実名を易重、俳号を信風と名乗った。若い頃の事跡は不明であるが、朝山皓氏によれば春日家所蔵文書の跡部良顕の「正神邪神論」の奥書に「明和丁亥五月廿七日夜ル写之春日氏延尹十六歳」と見えるという。今、その文書の所在は不明であるが、若き頃、皇学者、跡部良顕の「正神邪神論」（正徳四［一七一四］年、成立）を学ぶ姿を思い浮かべることができる。

そういう中で早くも安永三（一七七四）年に二十三歳の若さで『官社参詣記』を著している。(2) 同書は「参詣記」と題するが、内容は『出雲国風土記』の「在神祇官社」の研究であり、出雲国式内社の研究の千家信風の『出雲国式社考』に匹敵するものである。

『延喜式意宇郡神社並社号尊号社地所社司姓名』の写本奥書には次のような一文が沿えられている。(3)

> 能儀郡布部村社司恩田能登親、先年意宇郡能儀式内巡拝之節覚書之由、安永三六月朔日恩田氏に一宿、能登此式内神社覚書ノ事物語す。同十二月廿一夜拙宅類焼して神社巡拝之書焼亡す。直後乞求之書写して送之　安永四年十月

ここにみえる「式内神社覚書」は『官社参詣記』の成立にかかわるものと思われるが、ここで注目したいのは信風が能義郡、それも布部にまで足を伸ばし調査をしているという姿勢である。しかし、『官社参詣記』の成立の五カ月後、春日宅は類焼して多くの書籍を失ったという。

また信風の『和甘草』によれば安永七（一七七八）年の頃、「吉備国美作国に逍遥せし時、備前国赤坂郡石上布都之御魂神社」などを訪れている。

さらに『見聞愚抄』では天明五（一七八五）年に「智伊ノ里山本仁兵衛」に誘われて「北国通りより松島」の方まで「遊覧」し、地域の歴史伝承、そして民俗に関心を深めていることがうかがえる。同じ天明五年には京に上り、吉田家から神道行事伝授を受け、その折は京の滞在は七十日余に及んだらしい。(4)

なお、『世事記録』によれば寛政五年二月、「千家様御舎弟、御部屋住清主様へ御参詣此の方え銀一両ちりめんふくさ御持参、私共親子共に他行不懸御目」とあるという。(5) 寛政五年、一七九三年といえば信風四十二歳の時である。「親子」とは父の紀重が未だ健在であり、紀重・信風のことであろう。千家俊信と信風の唯一の出会いの機会は信風

が不在ということで失われることになった。信風の俊信への対抗心、その中にも「千家俊信」への尊敬心もうかがえる貴重な一文である。

『和甘草』に一カ所「予か師」とみえる。『官社参詣記』によれば「僕短才にして神道の奥旨を知らずといへども、唯書籍を好みて古実に志す而巳なり。幼より病身にして遠く師を尋て学ふ事能はず」と述べており、その学風がどこから形成されてきたのか疑問が沸いてくる。

朝山皓氏は『雲陽人物誌』から信風の神学上の「師」は廣瀬百蘿（春信）とし、信風の『自詠和歌集』にも「春信先生」「春信師」とみえていること、また「信風」の俳号も廣瀬の命名と考えられるとする。(6)『雲陽人物誌』は信風の末弟である春日花叔の書であり、弟が観察した廣瀬百蘿を師とする見方は事実であろう。その点をふまえると、『和甘草』にみえる「師」も廣瀬百蘿として間違いないであろう。

ただし、神道から離れ、国学に目を向けると『官社参詣記』において「近世古学者と呼れし多田兵部が門人に増田源五といひし者ありて古記実録の証文なき事は之を用いす。専実学の聞へありける者なりし」とし、「多田兵部」「増田源五」なる名前を挙げ、その「増田源五」の「古記実録の証文なき事は之を用いす」という「実学」の影響を受けたことを述懐している。

「多田兵部」とは江戸時代中期の国学者、京都の多田義俊（南嶺）のことで、多田兵部源満泰（元禄十一［一六九八］年から寛延三［一七五〇］年）を名乗った人物である。(7)『旧事紀偽書考』が有名であるが、古事記・日本書紀・古語拾遺などの古典籍の基礎的研究に秀でていた。その弟子の増田源五であるが、『見聞愚抄』によれば石見国益田の出身であるという。(8)信風がどのような過程で増田源五の学問に触れたかは定かではない。多田の活動が主に京都であることを踏まえると、増田も同じ京都でその学統を受け継いだものと思われる。

その増田に言及した『官社参詣記』が信風二十三歳の著述という点を勘案すると京都であれば信風が明和七年に吉田家から烏帽子狩衣裁許状を受けるために上洛した際に、増田源五の学問に何らかの形で遭遇したのであろう。

その「実学」は信風をして「風土記俗解鈔と号するものあり、岸崎某註解を加るといへり、官社官外ともに三百九十九所今は何村何の社と記し又は延喜式には何の社と書す、然れども其考甚荒に芒して謬錯鮮からす。仍て俗解抄の説を引証せず。たまたま挙げる所の説は謬り伝へて惑となるもの之を弁す」と言わせしめ、岸崎時照の研究を批判・決別し、異なる道を歩むのである。

その後の動向は不明であるが、文化五（一八〇八）年には本章が取り上げる『和甘草』、そして『訂正出雲風土記密勘』を著している。年譜をみると当時にしては遠くまで旅をしているが、『官社参詣記』には「幼より病身にして」と述べており、父紀重に比し若い年齢、文化七（一八一〇）年七月十七日に五十九歳で亡くなっている。奥津城は比布智神社の南東裏手の竹林の中にあり、父紀重ら一族とともに祀られている。もともと病弱にて書籍を中心に神道の奥義、そして『出雲国風土記』・出雲式内社の研究に生涯を投じたが、機会を見つけて各地を逍遥、遊覧し、研究に肉付け、具体性を持たせていることがわかる。その成果の一つが『和甘草』である。

この春日信風の『和甘草』は「西土（中国）」の薬品が日本の社会に蔓延し、古来の「大己貴命・少名彦命」に始まったわが国の医方、薬方の衰退を憂える書である。春日信風はその歴史の流れの過ちを、日本薬品の第一である「天吉葛」について論じ、古代に存した出雲の薬種の功能の秀逸さを論じる。

「天吉葛」は周知の通り『日本書紀』神代・第五段一書第三に登場する。

伊奘冉尊、火産霊を生みたまひし時に、子に焼かれて神退ります。亦云はく、神避りますといふ。其の神退ります時に、則ち水神罔象女と土神埴山姫とを生み、又天吉葛を生みたまふ。天吉葛、此には阿摩能与佐図羅と云ふ。一に云はく、与曾豆羅といふ。

遺憾ながら「天吉葛」に関する記述は唯一ここだけであり、今日まで近年の研究でも明確な説明がなされているとは言いがたい。岩波古典文学大系『日本書紀（上）』頭注では「ヨサツラ・ヨソツラ共に〔ヨシツラ〕の転。当時は形容詞の終止形から体言に連なる語法があった（ウマシ国など）。ツラは蔓。ここではカヅラの意。宿根の蔓草。根から澱粉食料を製する。農耕以前の澱粉採取の重要な材料。よって食料の代表としてここに取り上げたのであろう」としている。

『時代別国語大辞典（上代編）』では「よさづら（名）匏か。ツラは葛の意。↓ひさご。ヨソヅラとも。（引用『日本書紀』）［考］ヨサヅラをひさごとすることは、同じ伝承が〈伊佐奈美乃命……更に生みたまふ子、水の神・匏・川菜・埴山姫四種の物を生みたまひて〉（祝詞鎮火祭）ともあるのによる」としている。食料説は『日本書紀』の記事の範囲内で、「ひさご」説は延喜式祝詞との比較の中で出された見解である。

その研究を念頭において『和甘草』を通覧すると国学者春日信風の特異な学風が浮かび上がってくる。信風が日本薬種の衰退を憂え、『和甘草』を執筆した心情は十分に理解できるが、執筆の直接的契機は「三十年前吉備国美作国に逍遥せし時、備前国赤坂郡石上布都之御魂神社といへるに詣でんとて美作国久米南條郡神目村と云処より六里の行程なれは農家に立より休足しける。其日四月八日なり。亭主甘茶葛を苅来りて細かに伐割けるにより、予問けるは此葛当所にては何と号するそと云けれは是はヨシカヅラともいひ、又アマカヅラともいへる物なり」という見聞にあったと思われる。

「三十年前」といえば安永の頃、吉備国美作国を逍遥したとき、「備前国赤坂郡石上布都之御魂神社」、備前国一宮などを訪れている。その際に南條郡の神目村の農家を訪れ、「甘茶葛」を目にしたことから長年の疑問を解く入口に立ったのである。

信風によれば「天吉葛」は「日本の薬品亦繁多なる中に天吉葛を以て第一とす」とし、それは「伊奘冉尊天吉葛を生玉ふ」ことによると説いている。「天」が付されていることがその尊厳さを示すともいう。その結論の是非は措いて信風は聞き取り調査で「甘茶葛」を当地にて「ヨシカヅラ」「アマカヅラ」と呼んでいることを確認し、「アマ茶カヅラ」が「天吉葛」であることを「たしかに覚悟」したというのである。

その点に関して信風は「古語は辺土に残るといへるも此等の類なり」と述べる。辺境地域に古語が残る、文化中心から言葉は同心円的に内側から外縁へと順次変化しながら広がるという理解は一般に方言周圏論と呼ばれる、柳田国男が一九二七年に「蝸牛考」（『人類学雑誌』）で発表した仮説である。(9) 江戸時代後期、すでに同様の見解が存在し、それが学問的に応用されていたことは方言・古語研究上、否、民俗学史上注目されよう。

信風の民俗学的関心は幅広く広がり、「吉葛」からいわゆる「天児（あまがつ）」に目を転じ、「寶子」に似た「天葛（あまがつ）」という子供用防疫の人形に注目し、「吉葛」が「伊奘冉尊の生玉ふ処とあれは後世、其名を失はさるが為に神の名を以て是を祭」ったのであろうとする。

また『見聞愚抄』よれば天明五年、一七八五年に「智伊ノ里山本仁兵衛」に誘われて「北国通りより松島」の方まで「遊覧」した際には、出羽国の阿曇というところで実見した幸神に関する地域の歴史伝承、そして民俗に関心を深めていることがうかがえる。(10)

Ⅲ　春日信風の学びの流れ

江戸後期、出雲国の比布智神社の社司であった春日信風は『訂正出雲風土記密勘』、『官社参詣記』など多くの著書を残す国学者であるが、当時の出雲は出雲大社の千家俊信の下に出雲の国学が展開しており、その認知度は低かったようである。そういう中、信風の俊信への対抗心は強く、俊信の『訂正出雲風土記』の校訂を批判した『訂正出雲風土記密勘』は貴重な業績でもある。

この数年、近世国学の研究を進める中で徐々に思いもよらぬ研究動向が浮かび上がってきた。それは出雲の『出雲国風土記』、ひいては出雲国学の研究の学統は二つ存在し、未だその成果は共有されていないという現実である。その二つの学統は対立することもなく、交流することもなく、静かに今日に至っているのである。

天和三年に纏められた本格的『出雲国風土記』の研究、『出雲風土記鈔』の岸崎時照、その『風土記鈔』によりながら『出雲風土記解』を天明七年に上梓した遠江の国学者の内山真竜、その成果を受け入れつつ、本居宣長の国学を出雲に導入し、『訂正出雲風土記』を著した千家俊信、その系統は昭和に入り加藤義成氏の『出雲国風土記参究』においで体系化され、『出雲国風土記』研究の本流を今も形成している。

一方、春日信風の研究はその初発から岸崎時照を真っ向から否定するものであった。しかし、その内容はほとんど世にでることなく、大正年間の後藤蔵四郎の『出雲国風土記考證』において取り上げられ、昭和に入り、佐太神社の朝山晧氏によって始めて本格的に検討され、その存在が知られることになる。そこでは信風の『官社参詣記』『訂正出雲風土記密勘』が取り上げられているが、その両書とも島根県立図書館にもなく一般に見ることができない。

また朝山晧氏の論文に関しては近年その大半が島根県古代文化センターによって集成され出版されたが、大著『出雲国風土記私考』は未だ世にでることなくその成果は眠ったままである[11]。

春日信風から後藤蔵四郎、そして朝山晧氏の流れは未だ伏流にあるといっても過言ではない。加藤義成氏の研究が国文学・国語学的であるならば、朝山晧氏は歴史学、そして民俗学的である。その朝山氏の民俗学的関心については柳田国男の昭和十八年の『神道と民俗学』の影響とする見方が根強いが、朝山氏の「民俗学」的研究は神社・祭礼・風土記研究の基層をなしており、「郷土文化史」という認識のもと、氏の研究の早い段階から芽吹いていたと思われる。朝山氏の「春日信風」論は昭和五年に発表されており、そこに春日信風の影響を見ることも可能であろう。

今後の『出雲国風土記』、そして古代出雲の研究の深化のためには、その二つの流れ、その成果を統合、止揚することが肝要である。それがいわゆる「学際的」な研究なのであろう。しかし、今、民俗学の命である民俗行事・伝承などが担い手、語り手の世代の解体により、引き潮のように過去に吸い込まれ、消えようとしている。改めて学際の意味を噛み締め、出雲学のあり方を考える時期なのであろう。

Ⅳ　付・春日信風『和甘草』翻刻

ここに本稿で言及した『和甘草』を紹介する。

西土の薬品甚た繁多なるが中に甘草の功能諸薬の能を消せす。其功を助くるの良能あるが故に必以諸剤の使薬とす。亦一種の功能他薬に倍せりといへり。日本太古の医方は大己貴命少名彦命に始まり、其功績神紀に詳なり。日本の薬品亦繁多なる中に天吉葛を以て第一とす。伊奘冉尊天吉葛を生玉ふ事神紀に見えたり。天地開闢て人生す。人生すれは諸々の食物生す。人是を食て生育すといへとも其食に害せられることあり。又時候の寒暑に犯され不時の天行の障気に触て、病を生す。其病を療ることは草根木皮よりしてももろもろの薬品にあり。其薬品を生することは天地の所為なれとも其能毒をしりて万世に示すは神聖の功績なり。其薬種の最第一なる物は天吉葛なり。是を以て伊奘冉尊自ら産玉ふと筆記せり。少名彦命ガヾミの皮を船とし玉ふことも吉葛に次て良能多く諸人に益ある薬品なるが上に其形象の舟に似たると少名彦命の御容貌小男なれとを取あはせ医術の祖たる尊神なれはガヾミ草の功能をもほのめかしたる文章なり。ガヾミ草は漢名羅摩とし、又白斂とす。吉葛は漢名不詳強て漢名を付会せんとならは日本産の甘草なること異義なし。貝原氏か大和本草に甘草の事あれとも吉葛とは別物ならん歟。天の字を附たるは冉尊の生玉ふと記せし物にして禁廷御薬種の第一なるか故なり。然るに西土の医方来朝せしより年往月去て日本の薬方を用ゆることを漸々に失ひて薬品の和名だも惑説多く定かならさる物鮮からず。たまたま辺土の人民和漢の差別はしらざれども自然に口々相伝せし医方に神代の遺方あり。又大同類聚の薬方衆書の中には抜き出せるあり。伯州散の如き是なりといへり。されは天吉葛の事神紀の説者も其説まちまちにして信用ならさること多し。古説に所謂甘茶葛と世俗の号する物也と云しも亦此の如くなれどもいまた熟得せさりしに三十年前吉備国美作国に逍遥せし時、備前国赤坂郡石上布都之御魂神社といへるに詣でんとて美作国久米南條郡神目村と云処より六里の行程なれは農家に立より休足しける。其日四月八日なり。亭主甘茶葛を苅来りて細かに伐割けるにより、予問けるは此葛当所にては何と号するそと云けれは是はヨシカヅラともいひ、又アマカヅラともいへる物なり。茶に代て煎し用ゆるなり。又小児の虫を殺す能あり。今日釈迦の誕生会なれは是を煎して仏前に供するなりといへり。此言を聞て世俗の所謂アマ茶カヅラは天吉葛なることをたしかに覚悟し侍り。又古言は辺土に残るといへるも此等の類なり。ヨサヅラは反切の語なり。本語はヨシカヅラなり。左の如し。

サ
ヨ　シ　カ　ヅ　ラ

甘き味あれは甘葛ともいへるならん。抑西土の甘草は其性強く吉葛は和産なれは其性よはきを以す。いつしか西土の産を専ら用ることになり吉葛の功能を知る者なく今は其名も其草もさたかならぬは漢学を専にして和学に疎き失錯なるへし。吉葛の功能諸毒を解し、回虫を殺し其外数多の薬能あるを以て太古は戸々に是をたくはへ置、小児は専ら吉葛を以ていろいろの物を作り平生の手遊となせしこと或書にて見たりし故、備忘ために写し留ける○弱年の頃なりし故ただ其事のみをうつして書名を記し置さること残念なり。神代紀に諾冉の二尊諸々の神等を生玉ふ章に天吉葛を生玉ふとあるを以て是も又神明の名と思へるにや。亦は草木に神号を以て祭りたる例あれは天吉葛は薬種の第一たるを以て其霊を祭れるにや。天葛と云人形を作りて是を祭祀する家あり。官家にも祭り玉ふ御方ありといへは故ある事ならんや。武家農家にも是を祭る人あり。其形象は振分髪の美少女の如し。雛祭に寶子といへる者を祭れるに似たり。この宝子の事は別に伝説あり。思ふに吉葛は人命を助くる薬品の第一なるが故に神紀にも其名を挙て伊奘冉尊の生玉ふ処とあれは後世、其名を失はさるが為に神の名を以て是を祭れるにやあらん。偖、日本人は其性質其俗習、勇武超絶震旦、且朝鮮人の及ふべきにあらされとも禀賦薄弱、啅冒柔脆にして純補の食薬多く服餌し難く、多ければ必ず気を塞き、飲食停滞し薬力順らず、故薬小剤を用て大剤を服せず。倭医の甘草を用るは方書に載せる所の分量の五六分の一、或は十分之一を用ゆへし。然らされは閉塞して薬力却て順らず。益なく害有りと貝原氏大和本草に記せり。古人のいへり勇怯は性強弱は地なりと実なる哉。日本人の勇怯蕃国を恐怖すれとも體の柔弱なること土地の性によるとそ。吉葛は其性弱り、甘草は其性強きこと勿論なれは日本人は甘草にかへて吉葛を用ゆへきことならん。其強弱を論せす。西土の医方の分量によることはいかがならんや。其国の産薬を以て其人を療すること理の当然たることを肥後国井沢氏か俗説弁に論せり(12)。いかにも此国になき薬種は震旦天竺にも求むへし。延喜式にも日本諸国より薬種調進の品目いつれも蕃国に求て献上するに非す。今出雲国にて製方する所の薬品僅なることといへり。往古出雲より調進の薬種も六十余種なること延喜式にて考へし、其和名をたも失ひたる品多かるへし。是西土の薬種を尊ひて自然日本産の薬品をいやしむか故なり。

右述べる所まったく医門の人を教示するに非ず。日本書紀に出たる天吉葛の徳を挙て往々惑説多きに迷はさらんか為に嗣子に示す而已。

文化五年戊辰仲夏　　春日　信風

註

（1）朝山晧「春日信風」・「春日信風の『出雲風土記校訂』」・「春日信風の所説に見へたる出雲風土記の諸問題」の三論考は島根県古代文化センター編の古代文化叢書5『出雲国風土記とその周辺』（一九九九年）に収録されている。
（2）『官社参詣記』に関しては佐太神社朝山芳圀宮司に拝読の機会をいただいた。春日信風の自筆本である。
（3）『延喜式意宇郡神社並社号尊号社地所社司姓名』については朝山晧氏は春日家で実見したものと思われる。未確認であるが、現在は島根県立図書館に寄贈されている可能性が高い。
（4）朝山晧「春日信風」（『出雲国風土記とその周辺』）。
（5）『世事記録』、春日信風の寛政四年以来の記録。『新続佐太神社史料』第五巻に所収。未見。
（6）註（4）に同じ。なお、『雲陽人物誌』は島根大学図書館（桑原文庫）蔵であるが、図書館ホームページで写真版で公開されている。
（7）『国学者伝記集成　第一巻』（上田万年監修、一九七二年）。
（8）『見聞愚抄』、成立年代未確認。春日易重（信風）の著。『新続佐太神社史料』第七巻に所収。未見。朝山晧「春日信風の所説に見えた出雲風土記の諸問題」（『出雲国風土記とその周辺』（一九九九年）の引用文による。
（9）柳田国男「蝸牛考」（『定本柳田国男集　第十八巻』）。

（10）「智伊ノ里山本仁兵衛」とは出雲市の出雲民藝館の館長山本家の先祖。
（11）『風土記を解く―歴史学者　朝山皓の眼』（鹿島町立歴史民俗資料館・特別展、一九八八年）。
（12）「井沢氏」：井沢長秀。生年寛文八年（一六六八）・没年享保十五年（一七三一）。『本朝俗説弁』を代表作とする神道・国学者。『今昔物語』の校訂・出版を行い、同書の研究の先鞭をつけた。

第五章　朝山皓大人『出雲国風土記私考』

Ⅰ　『出雲国風土記』研究の泰斗

松江市鹿島町佐陀宮内鎮座の佐太神社は『出雲国風土記』にみえる「四大神」の一柱である佐太大神の神社として有名である。佐太神社（朝山芳圀宮司）には佐太神社前宮司朝山皓大人が生涯をかけた『出雲国風土記』の研究の集大成『出雲国風土記私考』（全五十巻）が残されているが、その存在は知られながらあまりにも大部なゆえに今まで公にされることはなかった。それゆえ、今までの『出雲国風土記』、古代出雲の研究においてその成果の引用、紹介、そして検討の痕跡を見出すことはできない。筆者もその存在を知りつつ拙著『出雲国風土記註論』においてその参照は叶わなかった。

朝山皓氏の『出雲国風土記』、そして古代出雲、民俗、祭祀研究などの論文は氏と親交が深かった出雲大社元宮司・第八十二代出雲国造の千家尊統大人の文庫に所蔵されている。筆者は幸いにも出雲大社の千家和比古氏のご好意によりその多くを拝見する機会を得て、拙著『出雲国風土記註論』においてはその業績の量・質に圧倒されつつも参照・引用・検討したところである。それは朝山氏の研究を世に紹介する筆者ならではの第一歩であった。

また、朝山皓氏の研究を高く評価する島根県古代文化センターは、佐太神社の朝山皓氏の文庫を中心に出雲大社・島根県立図書館などに所蔵されている主要な論文を集大成し、『出雲国風土記論』『出雲国風土記とその周辺』『出雲の神信仰と祭り』の三冊の論文集にまとめ、朝山史学の業績を世に広く紹介した。近年になり朝山史学を再検討する環境は整いつつあるといえるであろう。

しかし、氏のそのような多面的な研究成果の下地として集大成された『出雲国風土記私考』は未だ研究者の目に触れることなく眠っているのである。朝山皓氏の『出雲国風土記私考』を彼岸に置いての研究は歴史を学ぶ者にとってあってはならないことではなかろうか。

この数年、筆者は佐太神社を数回に及び参拝し、宮司宅を訪問し、親しく朝山芳圀宮司に朝山皓氏に関するお話をうかがう機会を得た。朝山宮司はその中で『出雲国風土記私考』をはじめ所蔵諸資料の散逸を避けたい、また公にすることの如何について検討をとのことであった。図らずも朝山宮司は五十巻の中、島根郡条の九巻の貸与を筆者に許された。

この時は事情（鹿島民俗歴史資料館特別展展示中）により冒頭部分の意宇郡条に関しては目にすることはできなかったが、まずは島根郡条に限って検討し、全体の紹介・検討・評価については今後の課題としたい。

筆者はお借りした『出雲国風土記私考』を手にすると、まずは拙著『出雲国風土記註論』執筆に際し最も困惑した『出雲国風土記』島根郡条にみえる「伊奈頭美社」「伊奈阿気社」の部分を開いた。

今、不思議なことに「伊奈頭美社」は美保関町大字北浦「稲倉山」に、「伊奈阿気社」は同町大字「稲積」に鎮座しているのである。なぜ、社名と鎮座地が入れ替わっているのか、そこには複雑な歴史が潜んでいるのであろう。朝山皓氏の『私考』はそのような有り様を浮かび上がらせてくれるのであろう。

本章ではこの二つの神社に関する朝山皓氏の研究を紹介しつつ、「私考」の価値について言及を試み、今後の『出雲国風土記』研究に課せられた「大きな山」越えについての決意を述べてみたい。

Ⅱ　『出雲国風土記』関係史料の提示

『出雲国風土記私考』（以下、『私考』）は注釈という次元ではなく、明らかに朝山晧氏の『出雲国風土記』全編にわたる論文の集大成といって過言ではない。『出雲国風土記』の項目ごとに「私考」が展開されるのである。

『出雲国風土記』の中で本論が取り上げる島根郡条の「伊奈頭美社」「伊奈阿気社」に関しては次にあげる部分が直接・間接にかかわる。

①神社記載（補訂・非神祇官社）

　須義社　　伊奈頭美社　　伊奈阿気社　　御津社

②海浜記載

　須義濱　廣二百八十歩

　衣嶋　周一百廿歩　高五丈　中鑿　南北船猶往来也

　稲上濱　廣一百六十歩　有百姓之家

　稲積嶋　周卅八歩　高六丈　有松木鳥之栖　中鑿　南北船猶往来也

『出雲国風土記』の注釈といえば加藤義成氏の『出雲国風土記参究』（以下『参究』）の右に出るものはない。それは出版された本格的な唯一の『出雲国風土記』の研究書であった。筆者が『出雲国風土記註論』（以下、『註論』）を執筆にするにあたり、再検討の中心に据えたのも加藤氏の研究であった。

現在、『出雲国風土記』研究の中心を占める『参究』と『私考』を比較検討することにより、『私考』の特色、そして価値について考察を巡らしてみたい。

加藤氏の『参究』は「伊奈頭美社」「伊奈阿気社」について次のように「参究」を展開する。

伊奈頭美社は美保関町北浦の伊奈頭美神社で、風土記抄に「伊奈久良大明神」と見え、稲倉魂命・大国主命を祀る。もと村社。昔は島であったが今は陸続きとなっている。

伊奈阿気社は風土記抄に「麻仁祖大明神」と見える。今の美保関町北浦の伊奈阿気神社で、天御中主神・言代主命・蛭児命を祀る。もと村社。もとは大島の麻仁祖山の上にあったといわれる。

稲上浜　廣さ一百六十歩あり。百姓の家あり。

〔参究〕美保関町稲積浦で、広さは二八九米にあたる。

稲積島　周り四十八歩、高さ六丈あり。松林、鳥の栖あり。中を鑿ちて南北に船猶往来へり。

〔通釈〕稲積島は周囲が八六米、高さ一八米ある。この島には松林があり。鳥の棲みかがある。島の中を彫り通して、今も船が南北に往来している。

〔参究〕稲積島は風土記抄に「同処の磯の頭、稲倉大明神鎮座の島なり。」と見えて、北浦の奈倉鼻を当てているが、これは大きすぎる。やはり稲積の名を負うている稲積湾口の東西に並ぶ二つの小島がこれで、その間を船が通ったものと考えられる。当時は今より多く土を戴き、松も茂っていたのであろう。

ここに四項目「伊奈頭美社」「伊奈阿気社」「稲上浜」「稲積島」を示した。その説明の中で冒頭に「風土記抄」を引用しているのが三項目であり、そこに『参究』の注釈スタイルが表出していることがわかる。加藤氏の『出雲風土記抄（鈔）』の著者岸崎時照に対する傾倒は深く、それは昭和二十九年の「岸崎時照伝」（加藤義成『出雲国風土記論究・上巻』に所収）からもうかがうことができる。しかし『参究』では岸崎以降の近世国学の成果に関しては言及が乏しい。

加藤氏の論で気になるところは「風土記抄に見え」「風土記抄に見える」という表現であり、そこでは風土記抄の見解を単に紹介しているのか、肯定・支持しているのかどうか微妙であり、読み手側に判断が委ねられている。また

「伊奈頭美社」「伊奈阿気社」に限定すればなぜ「伊奈頭美社」ではなく「伊奈阿気社」が「稲積」に鎮座しているのかに関しては説明がなされていない。

しかし、「参究」の説明は全体的に簡潔であり、その後の研究者に引用、引き継がれ、また島根各市町村市に紹介され、その見解の多くは今も定説的な位置を占めているのが現状である。

Ⅲ　朝山皓氏『出雲国風土記私考』の紹介

朝山皓氏の『私考』であるが、その文は図69をみてもわかる通り、字形が独特であり、慣れるまでは大変読みにくいというのが正直な感想である。朝山芳圀宮司によれば筆先を真っ直ぐに切り、万年筆のように使って執筆していたという。文字の横引きが少し太くなっているのはそのためであろう。書斎という書斎は持たず、どこでも無我夢中で精力的に執筆していたという。

ここに「伊奈頭美社」をはじめとする四項目についての釈文を載せる。

伊奈頭美社

伊奈頭美社は、仮字書にはイナツミと清音によんであれど、今地名は濁って称へてゐるように、社号も濁音に称へてよかろう。千酌村大字北浦字稲倉山三〇四番地鎮座村社伊奈頭美神社で、明治四年村社に列し、大正元年十月四日幣饌料供進社に指定された。境内は千六十九坪、本殿・幣殿・拝殿・随神門・末社八幡及宗像社があり、これはもと島であったらしいが、打寄する浪によって陸地の浜より砂浜の堤防が出来、遂につづいてしまったもので、近年ここを絶好の海水浴場とするが、大風波の時は勿論、浪は越すわけである。乃ち鈔には伊奈頭美社同所北浦伊奈久良大明神とある。雲陽誌北浦の条には「伊奈久良明神、風土記に載る伊奈頭美社是なり、此所を伊奈都美浦といふ」とある。伊奈都美浦といふはこの北浦の部落の海岸を東に傳って出た鼻の処を今も稲積部落といってゐるので、そのことを云ったものであろう。而してこの北浦の稲積浦に対して、本部落を鈔に本浦といっ

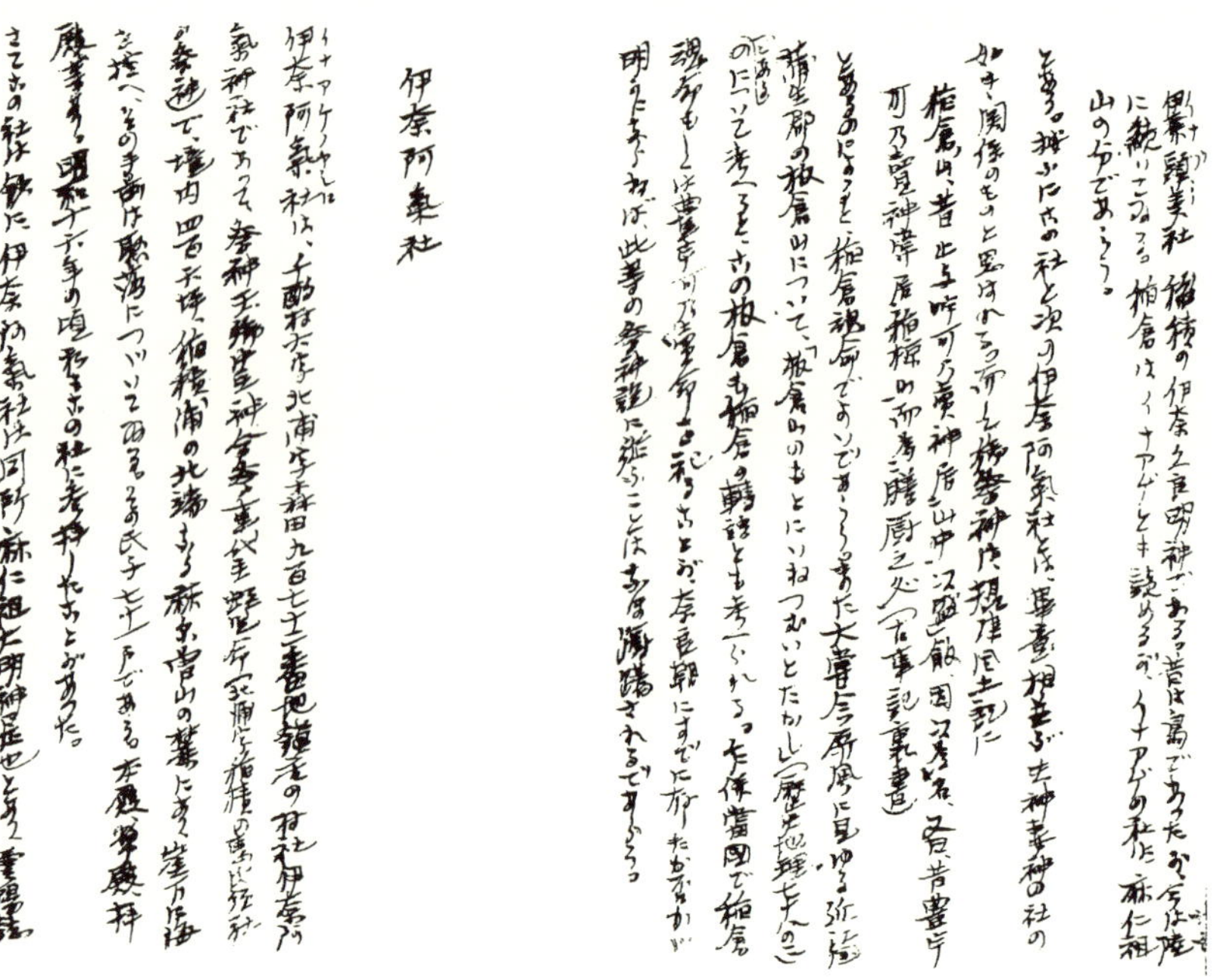

図69　朝山皓大人『出雲国風土記私考』十三巻の一部

たものであろう。また雲陽誌にはこの伊奈久良明神の外に稲倉明神（倉稲魂命）と国吉明神（天児屋根命）を祀る社と二社を記してあるもこの二社と当社との区別関係についてはなほ研究を要するであろう。現在伊奈頭美神社の祭神は稲倉魂命と合祭大国主命となってゐる。この大国主神は北浦字堤石の国司社の祭神であったのを合祀したとあるが、この国司社は雲陽誌の国吉社と思はれる。これを国司に改め、従って祭神も大国主神としたものであろう。又神社考ノ方結郷の条に　伊奈頭美社　北浦の稲積にあり、此地に所依社号なり。社傳に祭神は宇迦之御魂神と云り、稲倉大明神と云は当れりと云べし。摂津国名勝志に稲倉山あり、豊受毘売大神の鎮座し地なるなど思ふべし、稲積、稲倉皆じ意なり記云、稲上濱廣一百六十歩有百姓之家稲積島周り卅八歩高さ六丈有松林鳥之栖中鑿南北船猶往来也とあるなど皆此地に現存せり社官同上とあるのによると、当地を稲積といふやうに思はれるが、当社のある所は、北浦の本浦であって、枝浦の方を今では稲積浦と云ってゐる。しかし、社号を考るともし伊奈頭美社の今の如く北浦にあったものに相違なくば、今の北浦も古は伊奈頭美と云ったに相違ない。乃ち古名伊奈頭美は枝村の今の稲積の地に残り、伊奈頭美社のある浦は北浦と名を改めたものと考へられる。考證に　伊奈頭美社　稲積の伊奈久良明神である。昔は島であったか、今は陸に続いてゐる。稲倉はイナアゲとも読めるが、イナアゲの社は麻仁祖山の分であろう　とある。按ふにこの社と次の伊奈阿気社とは畢竟相並ぶ夫神妻神の社の如き関係のものと思はれる。而して御祭神は摂津風土記に　稲倉山　昔止与宇可乃神居二山中一以盛レ飯、因以為レ名、又曰、昔豊宇可乃賣神等居二稲椋山一而為膳厨之処（古事記裏書）とあるのによると、稲倉魂命でよいであろう。また大嘗会屏風に見ゆる近江蒲生郡の板倉山について、「板倉山のもとにいねつむいとたかし」（歴史地理七十八の二）とあるのについて考へると、この板倉も稲倉の轉語とも考へられる。乍併當国で稲倉魂命もしくは豊宇可乃賣命を祀ることが、奈良朝にまでに存したか否か明らにあらねば、此等の祭神説に従ふことはなほ躊躇されるであろう。

伊奈阿気社

伊奈阿気社は、千酌村大字北浦字森田九百七十二番地鎮座の村社伊奈阿気神社であって、祭神天御中主神合祭事代主蛭児命（北浦字稲積の恵比寿社が祭神）で、境内四百六坪、稲積浦の北端なる麻尓曽山の麓にあり、崖下に海を控へ、その手前は聚落につづいてゐる。その氏子七十一戸である。本殿・幣殿・拝殿等あり。明治十六年の頃私もこの社に参拝したことがあった。

さてこの社は鈔に伊奈阿気社は同所麻仁祖大明神是也とあり、雲陽誌北浦の条に「魔添明神　社四尺四方、南向、祭礼十月十八日なり、風土記に載る伊奈阿気社なるべきか」とある。また「魔那枯山、此山魔添明神の社の後にあり。此は此の明神の祠山頭にありしに海上の通船をとどめ給へり。或は九州の船通しに難に遇て此神に祈願し後に九州より船に土を積来、今の宮地に社を建立したりといひつたふ云々」ともある。

さてイナアゲとは、畢竟伊奈頭美と同義で稲上であろう。乃ち風土記にも稲上浜があるから、そこに御鎮座あったので、社号となったであろう。これを神社考には方結郷にて　伊奈阿気社　同浦（北浦）にあり。稲上浜に所依地名考此処に麻尓曽山と云ふ山あり。故此の神社を麻尓祖大明神を云り、祭神は稚宇迦能賣命なり（社官同前佐々木氏）。

また巡拝記には稲積浦麻仁祖大明神記云伊奈阿気社祭神あめのみなかぬしの命　当社まにそとは、まにそ山に居ます故也云々

また考證には伊奈阿気社これは、北浦の中の稲積浦の麻仁祖明神である。昔は麻仁祖山即ち古の大島の頂上に社があったといふ。社は岩山の麓にある。

稲上濱

稲上濱は上に「伊奈阿気社」とある。伊奈阿気はこの稲上の仮字で語義は同社の条でのべた。神社考にはイナゲノハマとよんでゐる。東京湾の辺に稲毛といふ地名もあるからイナアゲが約つてイナゲとなったのかも知れない。この濱、鈔に稲上濱広百六十歩者今の二町四十間なり、此亦北浦漁戸也とあつて、雲陽誌に、「北浦があって、伊奈久良明神を風土記に載る伊奈頭美社是なり、此所を伊奈都美浦といふ」とあって、現今では千酌村大字北浦の内に、北浦部落（西）と稲積部落とが一つの湾をかこんで相望んで存してゐる。その両部落の浜の距離を合せると、とても広さ一百六十歩などの短いものではない。そこで考證には「今の稲積浦にあたる。北浦と稲積とを合せたものとあれば、古の一里六十歩許りとなる。本文の一百六十歩は文字の誤りか。或は稲積、又は北浦の一つをいつたものか」といふ、註解には「北浦と稲積とを合せれば、古の一里六十歩とはならで、是は稲積ばかりをいつたものか」といつている。処で北浦は後の名として姑らく舎くも風土記に稲上浜とあり、いまは稲積浦といつてゐることの関係はどうかといふに、考に「稲上浜の名にしてすべては稲積といへるなるべし」とある

が、この考のいふ意味は頗るはっきりしない。乃ちこれは濱の古称はイナアゲもしくはイナゲであったとして、そこに鎮座の伊奈阿気社と伊奈頭美社との両社の内、伊奈頭美社の社号のよる土地は地名を後に残し、稲上浜は伊奈阿気社と共にその名を失ひ、或は北浦などと変ってしまったものであろう。

稲積島

稲積島は神社考等にもイナヅミノシマとある。稲積の名義は上にのべた。この島、鈔に「稲積島は同処ノ磯頭、稲倉大明神鎮座島也」といひ、雲陽誌は北浦の条に、稲積島、風土記に見えたり稲倉明神坐す島なり」といひ、考には、「今は島にあらず、白砂積て陸に続けり。此島大島の次にあるべきに、ここに記し、また神社のことを記さるべきに、鳥の栖を記して神社を記さぬもいかが。」とある。風土記の時代にこの神社が果してこの島にあったの否かは疑はしいが、島を浄域として海神を祀らん習は上代にもあったやうなれば、この社はなをあったのかも知れぬ。しかしこの島は考のいふように次の大島の順序と反対になっている。それも記載の際に前後したものと解釈すればすむやうであるが、考証には、「又此の辺には外に稲積島に宛てる島はないが、稲倉鼻の半島は周三十八歩よりも著しく大きい」と云ってある。いずれも三十八歩の上に、一百とか二百とかが脱ちたものとすれば説明もつかうか。乃ち今のこの島にかやうな洞門は存しない。砂に埋ったようにも見えないと云ふ。然らば考証の説のやうにこの島と陸地とが、今はほとんど繋がって白砂の浜となってゐるが、その離れてゐた時に辛うじて船が通へたといふ意味に解されるとするか。されどそれも南北に通へたといふよりも、むしろ東西に通へたといふべき地勢ではあるまいか。それも考証の説によって漸く云へることで、上説のやうに、島自体の中に果た洞門とするのが正しいとすれば、この中鑿云々の九字は、衣島の条にある記文がここにも重出した衍文と見るべきものか。此事はなほ研究すべきものであろう。上記の社はこの岩山の麓に在り、山には今杉椎などが茂ってゐる。

『参究』と『私考』はまったくその性格を異にしていることがわかるであろう。『参究』は直に結論に導くが、『私考』はその「私考」過程を追う形をとる。結果、叙述量をみても『私考』の方が七倍近い量を擁する。そういう点で『私考』の方が多くの情報を提供することになる。

Ⅳ　『出雲国風土記私考』の位置

加藤義成氏の『参究』において問題を含むのは『出雲風土記鈔』の見解を受けて、それを現在に合わせる形で展開し、検討を試みる方法にある。多くが風土記鈔の受容であって風土記鈔の時代と昭和の空間との直結作業である。その一端は「伊奈頭美社」「伊奈阿気社」の項においても顕著にみえる。たとえば「伊奈頭美社」に関しては現在の伊奈頭美神社とし、風土記鈔の「伊奈久良大明神」説を紹介するに留める。「伊奈頭美」と「伊奈久良」の関係などが不明であり、併記の形で終わっている。「伊奈阿気社」では風土記鈔の見解「麻仁祖大明神」を追認し、それを現在の美保関町北浦の伊奈阿気神社とするが、その考証がなされていない点が気になる。また旧社地に関する「麻仁祖山の上にあったといわれる」点に関しても検証作業がみえない。

朝山氏も「伊奈頭美社」に関して加藤氏と同じく現・伊奈頭美神社に比定する。『風土記鈔』の「伊奈久良」に関しては『雲陽誌』の見解を確認し、所在地の「伊奈頭美浦」とし、現・「稲積」部落の名称にも着目し、かつて「いなづみ」は北浦をも含む村であり、その「いなづみ」の地名は枝村に残ったと理解し、「いなくら」に関しては神社考などの「づみ（積）」「くら（倉）」は同意との見解を採る。また『雲陽誌』には「伊奈久良明神」の他に「稲倉明神（倉稲魂命）」があることに着目し、さらなる検討の必要性を説いている。

「伊奈阿気社」についても加藤氏と同様に現・伊奈阿気神社とする。加藤氏が言及しなかった風土記海浜項の「稲上浜」と関連づけて論を展開する。「伊奈阿気」は「稲上」とし「稲上浜」鎮座の神社とする。また『風土記鈔』の見解「麻仁祖大明神」を『雲陽誌』などで確認し、旧社地に関しても『巡拝記』などの見解を紹介し、「麻仁祖」山鎮座を示唆する。

なお、伊奈阿気社の文中に「明治十六年の頃私もこの社に参拝したことがあった」としている。そのときのことは『島根評論』（昭和十六年八月）に掲載された「片江・千酌瞥見」で報告がなされている。

朝山氏の考定は、岸崎時照に止まることなく、以降の近世国学の成果、『雲陽誌』・『出雲風土記考』・『出雲神社考』・『出雲神社巡拝記』、そして後藤蔵四郎の『出雲国風土記考證』に至るまでの見解に耳を傾け、その是非を近世における地形・地名の変遷、また神社の遷移、旧社地の確認など歴史的な観点を導入することにより迫るものである。

そこで報告される知見の中にはすでに廃れたものも多く、朝山晧氏の眼を通し、そして文で残された資料は、昭和初期の出雲の様相を知る手がかりになり、また古代出雲を考察する上で貴重な情報になるであろう。

問題は『出雲国風土記』研究において『私考』の膨大な研究成果が今まで活かされていなかった点に求められよう。すでに別論で論じたように加藤義成氏と朝山晧氏は十歳違いであるが、研究者としての人生は残念ながらすれ違いであり、朝山晧氏の加藤氏の記憶も、朝山氏の述懐によれば晩年に脳溢血で倒れた影響か加藤氏に会ったかどうかも定かではないという程度であった。

しかし、加藤義成氏の『参究』（昭和三十二年）の緒篇の末尾には「出雲国風土記関係文献」が列挙され、そこに朝山晧「出雲風土記私考」と記されているのが注目される。加藤氏はそこでは「関係文献」としており、「参照」としてない点は重要である。現に『参究』において『私考』は参照されていないのである。

筆者が手にしている『私考』島根郡条十一巻は昭和二十二年七月二十二日の稿了、十九巻は同年八月に十九日に稿了している。その間、島根郡条の執筆、約一カ月であり、その量産の様子が伝わってくる。鹿島町立歴史民俗資料館が昭和六十三年に出した特別展『風土記を解く　歴史学者　朝山晧の眼』の冊子にみえる著作目録によれば全五十巻の稿了は昭和二十三年末頃という。

加藤義成氏が朝山晧氏の名声を聞き、朝山家を訪れたとすると、その時期は朝山芳圀宮司の義弟、歴史地理学者中

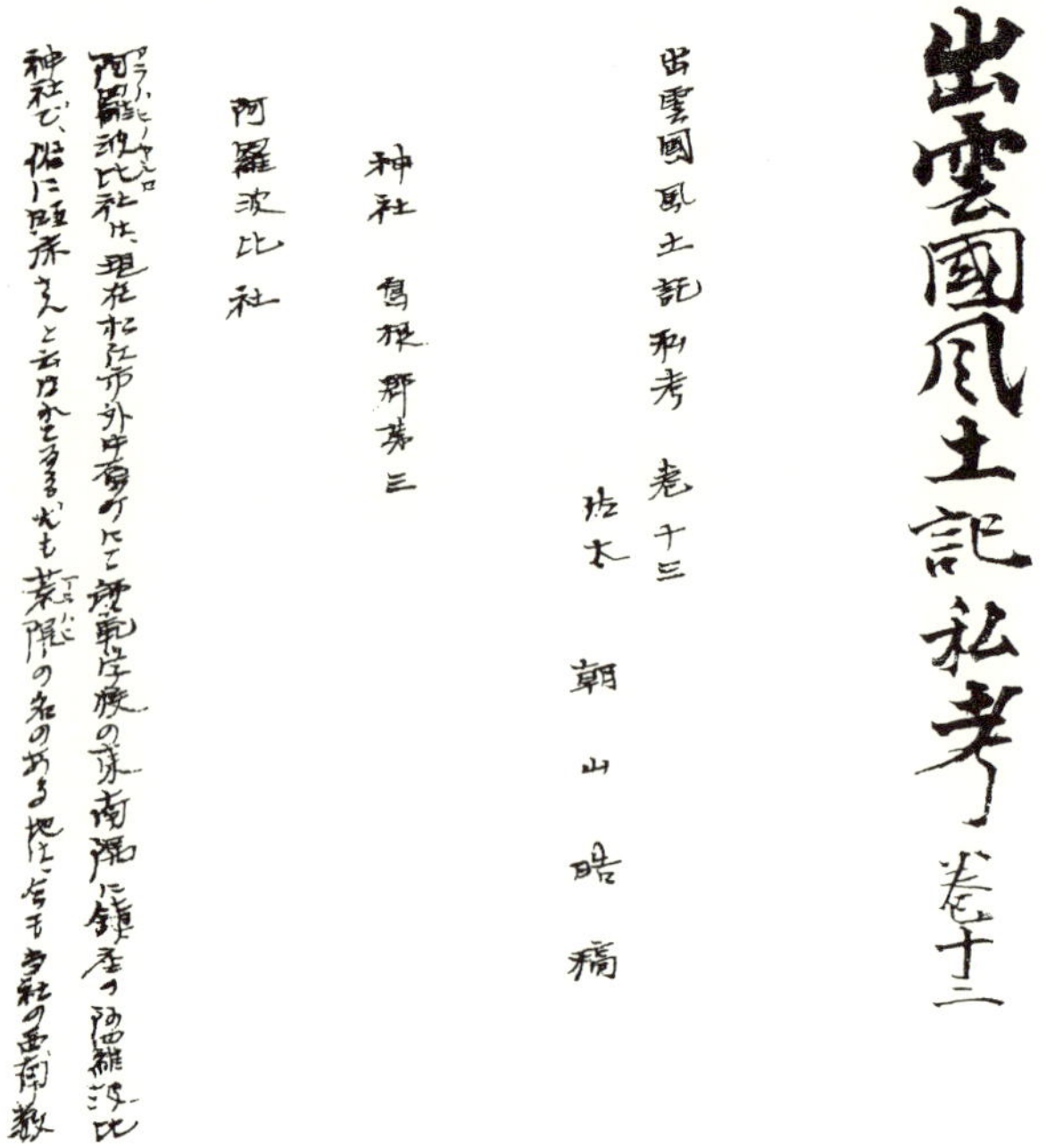

図 70　朝山皓大人『出雲国風土記私考』十三巻の表紙

澤四郎氏によれば朝山皓が病気で倒れた昭和二十六年以降であろうという（「解説」『出雲の神信仰と祭り』所収）。

　じつはその頃加藤氏も肺結核の後遺症で入院、休職中であり、訪問時期を想定するならば、加藤氏が復職した昭和二十九年以降、朝山皓氏が死去した昭和三十二年三月四日の間であろう。皮肉なことにそれから半年後の昭和三十二年十月十日には加藤義成氏の『参究』の初版が世に出るのである。

　果たして加藤義成氏はその朝山家訪問時に『私考』を見たのであろうか。『私考』の存在は知っていたが、多分、直接に見ることはなかったのではなかろうか。筆者の前にある九巻の『私考』はすべて『出雲国風土記私考』の書名を表記している。朝山宮司によれば表紙に貼付された紙片にみえる題字は皓氏の父朝山芳通の筆であるという。また書を開き、そこに見える朝山皓氏自身の書いた題字も『出雲国風土記私考』となっている。

　ここで注目したいのは加藤義成氏が『参究』の緒篇で記した『出雲国風土記私考』の書名である。そこには『出雲風土記私考』とあり、「国」が抜けていることに気づく。『出雲国風土記』の字句一字一字にこだわる加藤氏が朝山宅で『出雲国風土記私考』を見ているならば、そういう誤りはしないであろう。加藤義成氏が『出雲国風土記私考』の存在を知ったのは間接的な伝聞なのではなかろうか。

もし加藤義成氏が『出雲国風土記私考』を手にしたとしても昭和二十九年には『出雲国風土記参究』の初稿を仕上げており、朝山皓氏直筆本全五十冊を前にその成果を組み込むことは不可能であったと思われる。

どちらにしても緒篇でその書名を挙げるのが研究者としての加藤氏の最大の責務であったのであろう。当時、『私考』の業績を継承する研究環境にはなかったというのが正直なところではなかろうか。筆者を含めて誰一人、『私考』を先行研究として取り上げてこなかった現実、そこから目をそらしてはならないであろう。

V　歴史学と国文学の世界

今、朝山皓氏の研究は環境的に目を覚まそうとしている。近い将来、『出雲国風土記私考』が世に出た瞬間、加藤義成氏の『参究』を柱になされた『出雲国風土記』研究に大きな衝撃を与えることは確実である。全五十冊に及ぶ大著である。今までの『出雲国風土記』関係の注釈は全面的に再検討を迫られることになろう。

しかし、われわれはその存在を知りながらそれを路傍に置いてきた。『私考』を路傍から『出雲国風土記』研究の本道に寄せるとき、今までの研究成果をさらに活かすためにその融合をいかに図るかを考えておく必要があろう。

本章においては加藤義成氏の『参究』を足がかりに『私考』の重要性を検証する形をとってきた。しかし朝山・加藤氏二人の研究を鳥瞰するとその研究方法、そして姿勢において見事に棲み分けがなされていることに気づく。それは歴史学・民俗学者の朝山皓、国文学・国語学者の加藤義成としての棲み分けであった。言い換えれば朝山皓の歴史学の眼、加藤義成の国文学の心ということになろう。

加藤義成氏の研究で秀でているのは『出雲国風土記』の写本研究、それにかかわる校訂である。この点に関しては細川本の発見後も含めて加藤義成氏によって飛躍的に研究が昇華したといえるであろう。また氏は字句・語句の解釈においても国語学・国文学の成果、特に神話研究の蓄積、『古事記』の研究成果を組み込む研究方法をとる。

一方、朝山皓氏の研究は近世の国学研究の成果を吸収し、民俗学・地理学的な知見も含めて、地方文書にも眼を配り、現地調査もこなす歴史学の手法で『出雲国風土記』、そして祭祀・神話などにも迫る方法をとる。

われわれは幸いにも新たな『出雲国風土記』研究の柱を手にすることができるのである。二人の研究は相互に乗り入れることなく展開してきた。その二人の棲み分けをしっかりと受け止め、それを融合・止揚するという姿勢を育成することにより『私考』を受け入れることができるのであろう。

本章は朝山皓氏の『私考』の存在を改めて指摘し、今だからこそ必要な朝山史学の一端を紹介してきた。筆者に課せられた課題は重い。まずは今後の古代出雲・『出雲国風土記』研究において『私考』の成果を組み入れること、そして多くの研究者に『私考』の重要性を伝えること、そのような研究活動を行うなかで、古代出雲研究の深化・発展のために全五十巻が絶対不可欠という学問状況を醸成し、究極的にはその情報を共有化するために『出雲国風土記私考』を世に登壇させることにある。それは今まで実現されなかった「大きな山」の山越えである。

第六章　近世国学の功罪

Ⅰ　完本『出雲国風土記』

風土記の説明の中でしばしば「五風土記」という言葉が使われる。それは風土記形式として現存する出雲・常陸・播磨・肥前・豊後の「風土記」の総称である。その「五風土記」の中で特別扱いを受けるのは『出雲国風土記』である。その特別扱いの背景については『国史大辞典1』にみえる『出雲国風土記』項の説明で十分である。

和銅六年（七一三）五月二日、元明天皇によって風土記撰進の詔が出され、諸国から奏進された解文の一つとされる。巻首の総記から巻末の署名まで完全に存する唯一の風土記。

この説明は『出雲国風土記』研究の大家である田中卓氏による一文である。その説明の中で問題となるのは「完全に存する唯一の風土記」という部分である。じつは『出雲国風土記』島根郡条の神社記載のほとんどが脱落である。『出雲国風土記』の詳細な研究を行っている田中卓氏がその点を知らないはずはない。しかし、辞典的な説明の際には他の風土記との色分け、また『出雲国風土記』の価値を高めるために、「完全に存する唯一の風土記」、すなわち「完本」と紹介するのが常であることも事実である。

しかし、研究者の中にはその紹介を受け入れ、『出雲国風土記』は完本と思い論を展開する傾向もうかがえる。実際、『出雲国風土記』は「完本」と思われるほど脱落部分の「補訂」がなされている。ここではその脱落の実態と「完本」と思わせるような「補訂」の痕跡を明らかにしたいと思う。

ただし、『出雲国風土記』が「完本」ではないとしてもその歴史的価値は微塵として揺らぐものではない。逆にその「完本」性を追求した近世の国学の熱意、そして歴史的技量が『出雲国風土記』の価値を高め、今後の『出雲国風土記』研究のあり方を暗示したともいえるであろう。

その「補訂」の実態は岩波古典文学大系『風土記』（秋本吉郎校注）所載の『出雲国風土記』を史料として丁寧に読めば気がつくことであった。

筆者は島根県古代文化センターの協力のもとに新しい『出雲国風土記』の註釈『出雲国風土記註論』の作成を行ってきた。その間の最大の障壁は島根郡条の脱落部分への対応であった。その問題にあたる中で目に見えてきたのは『出雲国風土記』の研究は古代史だけに限定されるものではなく、近世史の分野に入るということであった。極端にいえば古代史研究は近世史に抱かれた存在であり、古代史研究は近世国学の網、功罪を潜ることなくして展開しえないという重い現実であった。

Ⅱ　島根郡条の神社名欠落

古典文学大系『風土記』の『出雲国風土記』島根郡条の神社名部分をみると、たしかに他郡と同じように「在神祇官社」十四社、「不在神祇官社」三十五社の名前が列挙されている。しかし、注意すれば気がつくように「在神祇官社」十四社のすべて、「不在神祇官社」三十五社の中、三十社は括弧でくくられていることがわかる。それは括弧内の記事が『出雲国風土記』の写本で脱落していることを示している。

問題は脱落して確認できない神社名が「補訂」され、なぜ『出雲国風土記』が「完本」として認知されたかである。ここで注目したいのは天和三（一六八三）年成立の『出雲国風土記』の注釈書である岸崎時照の『出雲風土記鈔』である。この『出雲風土記鈔』をみると『出雲国風土記』の諸写本で欠落していた神社名が見事に「補訂」されているのである。

この点に関して最近、平野卓治氏が田中卓氏の研究、『出雲国風土記の研究』を受け止め、風土記写本の諸本を綿密に比較、検討し、神社記載部分のほとんどが脱落した「脱落本」と脱落部分を補訂した「補訂本」に分ける方法を展開している(1)。

『出雲国風土記』は出雲国の神社総数を巻頭で次のように報告する。

合せて神の社は三百九十九所なり。

一百八所は神祇官に在り。

二百一十五所は神祇官に在らず。

また、神社記載に脱落がない意宇・秋鹿・楯縫・出雲・神門・飯石・仁多・大原の諸郡の神社数を各郡の記事でまとめると表26のようになる。表をみてもわかるように出雲国全体の「在神祇官社」数の一八四社から八郡の合計一七〇社を引くと「島根郡」には「神祇官社」が一四社あったことが判明する。また「不在神祇官社」数の二一五社から八郡の合計一七〇社を引くと「島根郡」の「不在神祇官社」は四五社となり、「在」「不在」合せると五九社となる。

しかし、『出雲国風土記』の写本の細川本・倉野本では島根郡には「神祇官社」の名は一つもみえず、「不在神祇官社」もわずかに「大埼社・大埼川辺社・朝酌下社・努那弥社・椋見社」の五社しかみえないのである。それが近世初頭の写本『出雲国風土記』島根郡条の記載の実情であった。ところが『出雲国風土記』の注釈書である天和三年の『出雲風土記鈔』や万葉緯本などには脱落していた神社が「補訂」され、神祇官社は十四社のすべて、不在神祇官社は三十社の社名がみえるのである。

表 26　出雲国各郡神社数一覧

出雲国神社総数	399	
内　訳	神祇官社　184	不神祇官社　215
意宇郡	48	19
秋鹿郡	10	16
楯縫郡	9	19
出雲郡	58	64
神門郡	25	12
飯石郡	5	16
仁多郡	2	8
大原郡	13	16
8 郡計	170	170
計算上の島根郡	14	45

本来、脱落していた古代の神社名を正しく復元することは基本的に不可能である。しかし、田中卓氏がいみじくも指摘したように、「神祇官社」十四社については『延喜式』神名帳の記載を転載し、他郡の形式にならい形を整えたものと思われる[2]。

問題は「不在神祇官社」三十五社の補訂である。島根郡条には先に確認したように「四十五」社が記されていたはずであり、「三十五」社の補訂では「十社」不足しているのである。それは田中氏が説くように現・写本が「大埼社・大埼川辺社・朝酌下社・努那弥社・椋見社」の五社の名を挙げた後に「以上卅五所竝不在神祇官社」として不在神祇官社の数を十社減らし、「三十五」社にしたことによるのである。そうであるならば「補訂」者は「三十五」社を復元し、『出雲国風土記』の「補訂」が完了し、古代の『出雲国風土記』を復元したと自負したのであろう。

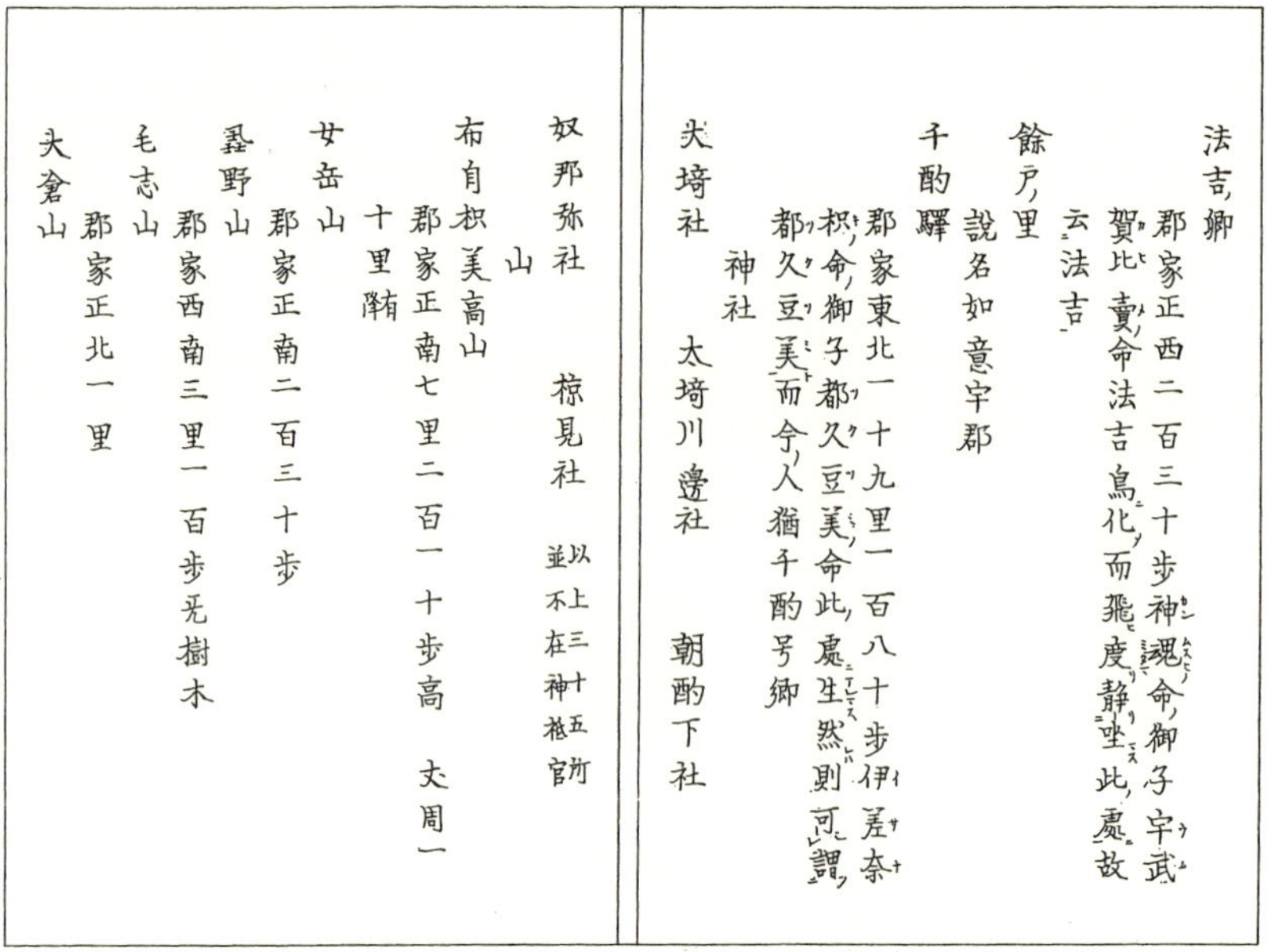
法吉郷
郡家正西二百三十歩神魂命御子宇武
賀比賣命法吉鳥化而飛度靜坐此處故
云法吉
餘戸里
説名如意宇郡
千酌驛
郡家東北一十九里一百八十歩伊差奈
枳命御子都久豆美命此處生然則可謂
都久豆美而今人猶千酌号郷
神社
大埼社　太埼川邊社　朝酌下社
奴那弥社　椋見社　以上三十五所 並不在神祇官
山
布自枳美高山
郡家正南七里二百一十歩高　丈周一
十里䑓
女岳山
郡家正南二百三十歩
蚤野山
郡家西南三里一百歩无樹木
毛志山
大倉山
郡家正北一里

図71　『出雲国風土記』（島根県立図書館蔵）
見開きの中央の神社記載、五社しかみえない。四十社が欠落。

田中氏は「かなり古い」鎌倉時代頃に「島根郡」条の神社名は脱落したが、「不在神祇官社」の補訂は中世においてなされ、それが『出雲風土記鈔』などに受け継がれたとする。平野卓治氏はその点に関して異論を唱え、『出雲風土記鈔』の岸崎時照が出雲国内の神社仏閣調査の上で「補訂」を行ったのではないかと問題を提起する。『出雲風土記鈔』をみると岸崎時照が使用した『出雲国風土記』には「以上卅五所　竝不在神祇官社」とあり、その「卅五」の数値に合わせて復元した可能性が高い。その点を勘案すると補訂者は岸崎時照と考えて間違いないであろう。

Ⅲ　岸崎時照の補訂―「在神祇官社」の場合

岸崎時照はまず「在神祇官社」十四社の補訂を行ったと思われる。岸崎は他の事例から『出雲国風土記』の「在神祇官社」と『延喜式』式内社の間に異同がないことを確認し、『延喜式』式内社の島根郡十四社から『出雲国風土記』の「在神祇官社」十四社を想定し、復元を試みたと考えられる。ここで『延喜式』と復元『出雲国風土記』「在神祇官社」の社名を比較すると表27のようになる。

岸崎時照は『延喜式』と『出雲国風土記』の社名記述の相違に意を注ぎ、『延喜式』の「□□神社」から「神」を取り、『出雲国風土記』の「□□社」表記に変えたことがうかがえる。注意深く『延喜式』と『出雲国風土記』の社名を比較すると『出雲国風土記』の「多気社」「久良彌社」「長見社」「門江社」「横田社」「加賀社」「爾佐社」「法吉社」「生馬社」「美保社」に関しては『延喜式』の社名と同じであり、「神」の字の省きで説明がつく。しかし、「補訂」された「布自伎彌社」は『延喜式』には「布自伎美神社」とあり、微妙に一字だけ表記が異なっていることに気づく。それは他にも「川上」と「河上」、「波夜都武志」と「波夜都武自」、「爾佐加志能為」と「爾佐能加志能為」と同様の操作がうかがえる。岸崎は何を根拠に表記の漢字を変え、『出雲国風土記』の社名を「創作」したのであろうか。

表27　『延喜式』・『出雲国風土記』神社表記対照表

延喜式⇩風土記		すべて「神社」の「神」を削除
布自伎美神社	布自伎彌社	「美」⇩「彌」に変更
多気神社	多気社	
久良弥神社	久良彌社	「弥」⇩「彌」
同社坐波夜都武自別神社	同波夜都牟志社	同社坐⇩同、「武自」⇩「牟志」
河上神社	川上社	「河」⇩「川」
長見神社	長見社	
門江神社	門江社	
横田神社	横田社	
加賀神社	加賀社	
尓佐神社	爾佐社	「尓」⇩「爾」
尓佐能加志能為神社	爾佐加志能為社	「尓」⇩「爾」、最初の「能」抹消
法吉神社	法吉社	
生馬神社	生馬社	
美保神社	美保社	

それに解答を与えるのは筆者が島根県立図書館で見出した『風土記社参詣記』である。『風土記社参詣記』とは、慶応二年に『出雲国風土記』の神社参拝を行った小村和四郎重義の旅日記風の記録である。

和四郎は、師である都武自神社宮司の金築春久から書入れ『出雲国風土記』を借り、それを頼りに島根・秋鹿・楯縫・出雲・神門郡のほとんどの風土記社を参拝している。彼は神社の拝礼だけではなく、神社の「代宮家（よこや・宮司宅）」に立ち寄り、

図 72　和四郎が「閣」と呼ぶ扁額

持参した「社名帳（朱印帳）」に神社名・宮司名・日付などを認めてもらい、風土記社参詣の証しとした。幸いに『風土記社参詣記』にみえる「社名帳」そのものも和四郎の直系子孫の小村家（出雲市平田町）に伝えられており、両史料を合わせると幕末の風土記社のあり様が具体的に浮かんでくる。なお、社名帳の表紙には『出雲国内社寺参拝帳』との題字がみえる。

山はつれに社地あり。此所そ上宇部尾の御社ならんと子供に尋ねぬれは、此所は大海崎の宮なりといふ。詣て見れは、閣に「十二所神社」とあり、拝礼候。

右引用の『風土記社参詣記』によれば、和四郎が地元の子供に何神社かと尋ねると、それは「大海崎の宮」と答えたという。しかし、和四郎は参拝し、神社の「閣」をみてそれが「十二所神社」であることを知ったのである。このように和四郎は神社に参拝し、鳥居・社殿に掛かっている扁額（和四郎は扁額を「閣」と記している）に注目し、当時の社名を確認していることがわかる。

同廿四日、本庄出立。所氏神熊野宮へ詣、拝礼。本庄村之内川辺へ登り、七八丁も行は川あり。則、記にある三草川なるへし。大なる谷川なり。向へ渡れは社あり。川上大明神、閣あり。詣、拝礼候、少し北へ上れは、用水井手あり。此井出を前にして代宮家あり。神名帳相調。

この廿四日に和四郎は『延喜式』の「河上神社」、補訂『出雲国風土記』の「川上社」を参拝するが、そこで「河上」ではなく、「川上」大明神と書かれた「閣」を確認している様子がみえる。じつにその「閣」の社名が岸崎によって「補訂」された『出雲国風土記』の社名と同じであることに気がつくであろう。社名を復元した岸崎時照と小村和四郎では二〇〇年ほど時代差はあるが、岸崎がみた扁額にも同様の「川上」の文字が書かれていたのではなかろうか。岸崎はその知見をもって『延喜式』の「河上神社」を「川上社」に訂正したと考えられる。「爾佐能加志能為」も同様である。『出雲国風土記』の島根郡社名帳を復元する際に、岸崎は訪れた神社の扁額の文字に注目し、地域で活きていた社名を採用したと考えられる。

この点に関しては、『延喜式』から復元された『出雲国風土記』の島根郡条「在神祇官社」を『出雲国風土記』の他郡のそれと同じように取り扱うという問題を生んでいる。それは復元された島根郡条の神社記載に他の『出雲国風土記』の神社列挙方法をあてはめ、最初にみえる「布自伎彌社」が島根郡で一番有力な神社であると考える点に表われてくる。他郡の場合をみると、たしかに郡の冒頭に名をみせるのは意宇郡では「熊野大社」、秋鹿郡では「佐太御子社」というように郡域内で一番社格が高い神社である。

「補訂」島根郡条の「神祇官社」の十四社の列記順は、他郡の列挙順と異なり『延喜式』流に参拝に至便な地域順である。一瞥すると、参拝ルートは布自伎彌社→多気社→久良彌社→同波夜都武志社→川上社→長見社→門江社→横田社が最初のグループであり、次に加賀社→爾佐社→爾佐加志能為社、そして法吉社→生馬社の三コースを廻り、最後の美保社は単独での航行と考えられる。「補訂」島根郡条では「美保社」が十四社の最後に姿をみせるが、それは『延喜式』から補訂されたからであり、社格が一番低いというわけではない。

『出雲国風土記』の国引神話の「三穂の埼」、『古事記』・『日本書紀』にみられる「美保神社」の祭神の事代主神、美穂津姫命の重要性を考えるならば、本来の『出雲国風土記』島根郡神社記載においては「美保社」が神祇官社十四社の筆頭にあったとすべきであろう。

また『延喜式』の「尓佐能加志能為神社」を「爾佐加志能為社」と補訂したのも問題である。岸崎は「尓佐【能】加志能為神社」の最初の「能」を助詞の「の」と考えて削除に踏み込んだと思われるが、『延喜式』神社名に使用される助詞の「の」は「乃」であり、省くのは問題である。「尓佐能」は「幣野」の意ではなかろうか。

そのように社名の異同、そして記載順まで視野に入れて勘案すると、岸崎の「補訂」が完全であったとはいえないのである。

Ⅳ　岸崎時照の補訂―「不在神祇官社」の場合

「不在神祇官社」の場合に関して岸崎がどのような情報を根拠に三十五社の「補訂」を行ったかは不明である。三十五社の中で五社、「大埼社・大埼川辺社・朝酌下社・努那弥社・椋見社」は脱落を逃れた部分であり、古代の『出雲国風土記』の記事と認められる。

岸崎はその五社の記事に「補訂」のための手掛かりを求めたと考えられる。まず、注目したのは「朝酌下社」であろう。『出雲国風土記』の神社名をみていくと、意宇郡に「須多社」「須多下社」、秋鹿郡に「細見社」「同下社」もみえており、常識的に「下社」があれば、「上社」があると判断したのではなかろうか。「朝酌下社」とセットの「朝酌上社」の補訂である。

次に島根郡条に特異的にみえる「神社」記載にも目を向けたであろう。その部分を抄出する。

a　蜈蚣島（略）東の辺に神社あり。
b　美保浜（略）西に神社あり。
c　質留比浦（略）南に神社あり。
d　野浪浜（略）東の辺に神社あり。
e　加賀神埼（略）御祖支佐加比売命の社、此処に坐す。

この五条の記事にみえる神社の中、bの「美保浜」の神社は先にふれた「在神祇官社」の「美保社」である。岸崎は残りのacdeの神社に関してもそれが何神社か当然注目したであろう。cの神社に関して補訂『出雲国風土記』

は「質留比社」、ｅに関しては「加賀社」の社名で立項する。ｄに関してはｃｅの命名からいうならば「野浪社」ということになるが、岸崎はそれを採らず、記述が残された五社の「奴奈弥社」にあてたようである。

問題はａの「蜈蚣島」にあった「東の辺に神社」の復元社名である。ｃｅ方式からいうならば当然「蜈蚣社」ということになろう。しかし、不思議にも岸崎の補訂『出雲国風土記』社名帳には「蜈蚣社」の社名はみえないのである。では「蜈蚣島」の「東の辺に神社あり」は何社として表記されたのであろうか。現在、「蜈蚣島」にある神社は奇妙にも「蛣蜛」神社である。それは復元「不在神祇官社」の五番目の「蛣蜛社」、六番目の「同蛣蜛社」のいずれかというのであろう。しかし、この「蜈蚣島」の現・「蛣蜛」神社が「蛣蜛」の名を冠したのはじつに明治五年の郷社認定の際であり、二つの「蛣蜛社」は和四郎が拝礼した時はともに社名のとおり「蛣蜛」島、現・大根島に鎮座していたようである。和四郎は「蜈蚣島」の「蛣蜛社」を祇園社と呼んでいる。

この事実は重要である。岸崎時照は脱落の「不在神祇官社」を三十五社としてその復元を行ったが、「蜈蚣島」の「東の辺に神社」に関しては見過ごしたのであろう。本来「不在神祇官社」は四十五社であり、未だ十社は不明なのである。ここで岸崎がなし遂げることができなかった不明十社の一つが「東の辺に神社」、すなわち「蜈蚣社」として付け加えることができたのである。なお「蜈蚣社」に比定される「祇園社」は「蜈蚣島」、現・江島の西にあるが、かつては島の東南の字・中村岡に鎮座していたこともわかっている。

Ｖ　今後の補訂について

補訂『出雲国風土記』島根郡条の脱落十社を復元する試みは未だなされていない。それは岸崎時照の三十五「不在神祇官社」の復元が限界という認識があるからであろう。しかし一社に過ぎないがここに「蜈蚣社」の析出に成功した。今後、今までに多く紹介してきた近世史料、そして現地調査を積み重ねることでいくつかの神社の復元は可能である。

その点についてすでに拙著『出雲国風土記註論』で「山口社」「千酌社」「久毛等社（三保社・三社目）」「奴那彌社（二社目）」を想定したところである。その他にも「手染社」「川来門社」の存在も視野に入れるべきであろう。

註

（1）平野卓治「本文校訂及び書誌学的研究」『出雲国風土記の研究Ⅱ』（島根県古代文化センター、二〇〇〇年）。
（2）田中卓『出雲国風土記の研究』（国書刊行会、一九八八年）。

あとの記

今、「あとがき」の時にある。西暦二〇一三年、風土記編纂の官命が出されてちょうど一三〇〇年という区切りがよい歳である。振り返れば私の古代史研究は今からもう四十二年前にさかのぼる。

一九七一年、早稲田大学大学院修士二年のとき、『民衆史研究』八号に「弥生時代中期の階級分化」、『続日本紀研究』一五二号に「書紀編者の歴史観の一断面」を発表したことから始まる。

その後、高校という教育現場に身を置き、教育・研究との狭間の中で、揺れ動きながらも、教育・研究ともに多くの方々に支えられながら今日に至った。教育は共立女子学園共立女子第二中学高等学校において定年前七年間は校長という役職に身を置き、何とか任を全うできた。

それは教育論、教育実践を歴史を考える中で育むことができたからであったと思う。それはいわゆる歴史教育という意味ではなく、日々の教育、生徒指導、教育判断も含めて歴史的に思考するという姿勢である。教育と研究が二足のわらじではなく、関和彦という個体の中で一つになったことが幸いであった。

一九七一年以降、節目もなく多くの論文を認めてきたが、ただ発表するだけで、各論が全体としていかなる文様を描いているか知る由もなかった。

歴史とは「時の流れ」であり、人生はその流れに船を浮かべ、流れる両岸の景色、人びとの生活を眺めるが如きであるが、歴史を感じるためにはその流れに竿を刺し、船を留め、流れ来た上流に目を致すことではなかろうか。

風土記編纂官命千三百年という時の区切りはそういう意味でわたしにとって古代史研究を振り返るための天からの

授かりものであった。時を区切ることなく歴史はない。

人生、今は七十、八十は当然といわれる時代である。そういう長寿社会にありながらも今年、六十年ぶりの出雲大社御正遷宮に供奉することができたことは幸いである。まことにこの齢でその御遷宮という正中の時に出会えたことは幸いである。出雲大社の時の区切り、御正遷宮というよみがえりの時は時代が与えるものであり、神が賜うものでもある。

風土記編纂官命千三百年、出雲大社御正遷宮の斎行年、今一つ関和彦古代史研究四十二年の年でもある。四十二とは区切りとしては今一つであるが、個人の区切りは意志であろう。時は区切られるものであり、区切るものでもある。

一九九七年には出雲大社のご支援をいただき大社文化事業団から『古代出雲世界の思想と実像』の出版という栄誉を頂いた。その栄誉を涸れさせないためにもこの二〇一三年に多くの縁に感謝しながら一九九二年以降の出雲にかかわる研究を集成することに思い至った。

なお、本書に収録した論文の「初出」について示しておきたい。いずれも加筆修正を施している。なお、論題は全体の整合性を考えて変更しているものもある。

第一部　『出雲国風土記』の歴史的探求

第一章　神宅臣金太理の基礎的考察
『出雲古代史研究』十七号（二〇〇七年）。

第二章　水上からの「八雲立つ出雲」世界
『日本海域歴史大系　第一巻　古代篇Ⅰ』（清文堂、二〇〇五年）。

第三章　出雲国庁周辺の官衙群の地域展開

第四章　『古代の日本と渡来の文化』（上田正昭編、学生社、一九九七年）。
第四章　出雲国大原郡に見る古代の地域像
『出雲古代史研究』第九号（一九九九年）。
第五章　水上の十字街・朝酌「渡り」考
『出雲古代史研究』第三号（一九九三年）。
第六章　朝酌郷「大井浜」世界の生業と社会
『大井窯跡群　山津窯跡・山津遺跡発掘調査報告書　第2分冊（松江市文化財調査報告書第１０４集）』
（松江市教育委員会、二〇〇六年）。
第七章　忌部神戸と蛇喰遺跡
『山陰古代出土文字資料集成Ⅰ（出雲・石見・隠岐編）』（島根県古代文化センター、二〇〇三年）。
第八章　恵曇郷・社部氏と地域社会と神社
『出雲国風土記の研究Ⅰ島根郡朝酌郷調査報告書』（島根県古代文化センター、一九九七年）。
第九章　正倉と地域社会
『斐川町文化財調査報告　15　後谷Ｖ遺跡』（斐川町教育委員会、一九九六年）。
第十章　出雲国の五つの烽
『烽の道』（平川南・鈴木靖民編、青木書店、一九九七年）。

第二部　神話の舞台・出雲

第一章　八雲立つ「出雲」の国号
『ふるさと史研究会・講演記録集Ⅱ』（ふるさと史研究会、二〇〇五年）。

第二章　神話の舞台と神々
『別冊太陽　出雲　神々のふるさと』（平凡社、二〇〇三年）。
第三章　復奏儀礼としての神賀詞奏上
『出雲古代史研究』二号（一九九二年）。
第四章　神賀詞奏上と三輪山にみる和魂
『大美和』第一一三号（大神神社社務所、二〇〇八年）。
第五章　かむなび山木霊考
新稿
第六章　青木遺跡と神社空間
『國史學』第一九四号（国史学会、二〇〇八年）。
第七章　出雲郡神社回廊
『出雲国風土記の研究Ⅲ　神門水海北辺の研究（論考編）』（島根県古代文化センター、二〇〇七年）。
第八章　涼殿祭の始源
『出雲大社の祭礼行事　神在祭・古伝新嘗祭・涼殿祭』（島根県古代文化センター、一九九九年）。
第九章　熊野大神の周辺
『出雲国風土記の研究Ⅱ　島根郡朝酌郷調査報告書』（島根県古代文化センター、二〇〇〇年）。
第十章　佐太大神と地域社会
『古代文化研究』第三号（島根県古代文化センター、一九九五年）。
第十一章　佐太神社との周辺
『重要文化財　佐太神社』（鹿島町立歴史民俗資料館、一九九七年）。

第十二章　野城大神の消長とその世界
『祭祀と国家の歴史学』（岡田精司編、塙書房、二〇〇一年）。
第十三章　西伯耆に残る出雲神話
『むきばんだやよい塾　通信』七期六月、二〇〇六年）。

第三部　地域社会とその広がり
第一章　『出雲国風土記』記載の神原郷の世界
『神原神社古墳』（加茂町教育委員会、二〇〇七年）。
第二章　日置と塩冶世界
『出雲塩冶誌』（出雲塩冶誌編集委員会、二〇〇九年）。
第三章　飯石郡頓原世界の歴史諸相
『頓原町誌　歴史』（頓原町誌編纂委員会、二〇〇四年）。
第四章　藤原宮出土木簡「室原」小考
新稿
第五章　出雲と阿波・伊予
『出雲古代史研究』十六号（二〇〇六年）。

第四部　古代出雲研究と近世国学者
第一章　渡部彝の復権と周辺の人間模様
『研究紀要』（松江歴史館、二〇一二年）。

第二章　萬延二年『御嶋日記』にみる幕末の人間模様
『出雲古代史研究』第一九号（二〇〇九年）。
第三章　横山永福とその周辺
『古代文化研究』第十六号（島根県古代文化センター、二〇〇八年）。
第四章　春日信風の基礎的考察　『和甘草』を通して
『出雲古代史研究』第二一号（二〇一一年）。
第五章　朝山皓大人『出雲国風土記私考』
『出雲古代史研究』第二〇号、二〇一〇年）。
第六章　近世国学の功罪
『國語と國文学　風土記研究の現在』（九七二号、二〇〇四年）

四部三十四章で構成してみた。章立てをみると出雲の神々としてしばしば取り上げられる四大神について杵築の大国主神、熊野・佐太、そして野城まで専論で論究していることに気がついた。論集として本書の一つの特色となるであろう。

『出雲国風土記註論』を二〇〇六年にまとめ、この度、既発表の論文集成を果たした。ここで、その両者を並立させることなく、まずは咀嚼してみたい。

当然、両者がかみ合わないという事態が起こる。それは自身の研究の日々の進展であるが、それは過去の研究の至らなさである。本論集では第一部第一章に「神宅臣金太理の基礎的考察」（『出雲古代史研究』十七号（二〇〇七年）を用意した。お恥ずかしい話であるが、二〇〇六年『出雲国風土記註論』では『出雲国風土記』の編纂実務責任者についてまったく知らずに注釈を試みるという失態を侵していた。そういう意味では未だ出雲古代史研究の入口に身を置いているようである。

ただ咀嚼するなかで自身が呑み込めないものが出て来ることを期待している不思議な自分が居る。それは、今、この時期に研究の原点への回帰、よみがえりをなしたいという気持ちの表出であろう。

多くの方々とともに学び今日までできた。古代史研究にとって今は恵まれた時代である。環境でもある。島根県古代文化センター・島根県埋蔵文化財調査センター・古代出雲歴史博物館・島根県立図書館・雲南市教育委員会、出雲大社・熊野大社・佐太神社・美保神社、出雲古代史研究会・風土記を訪ねる会・島根半島四十二浦巡り再発見研究会などで多くの方々にお世話になった。

特に資料に関して全編にわたり出雲大社千家和比古権宮司、そして四部においては佐太神社朝山芳圀宮司にお世話になった。

幸いに本書は同成社の佐藤涼子社長に出版の労をとって頂いた。同成社には一九九五年に山本清編『風土記の考古学③出雲国風土記の巻』でお世話になったことがある。思えば筆者の出雲古代史研究が緒に就いたのはその頃であった。それから十八年余、原点に戻るように、惹きつけられるように同成社にお世話を頂いた。細やかなそしてスピード溢れる佐藤社長のお仕事に敬意を表するとともに雑種な原稿をまとめて頂いた工藤龍平氏をはじめとする編集部の方々に御礼を申し上げたい。

二〇一三年十一月二十三日　出雲大社古伝新嘗祭の夜

関　和彦

古代出雲《こだいいずも》の深層《しんそう》と時空《じくう》

■著者略歴■

関　和彦（せき・かずひこ）

1946年、東京都生まれ。

早稲田大学大学院文学研究科修士課程修了。博士（歴史学：國學院大學）。

2011年、共立女子第二中学・高等学校校長を定年退職。

現在、八王子市史編纂原始古代部会長・雲南市文化財保護審議員。

〔主要著作〕

『日本古代社会生活史の研究』校倉書房　1994年

『古代出雲世界の思想と実像』大社文化事業団　1997年

『新・古代出雲史』藤原書店　2001年

『古代出雲への旅』中央公論新社　2005年

『出雲国風土記註論』明石書店　2006年

『古代に行った男ありけり』今井出版　2012年

2014年8月8日発行

著者　関　和彦

発行者　山脇洋亮

印刷　藤原印刷(株)

製本　協栄製本(株)

発行所　東京都千代田区飯田橋4-4-8（〒102-0072）東京中央ビル　(株)同成社

TEL 03-3239-1467　振替 00140-0-20618

ISBN978-4-88621-669-4 C3021